第七版出版说明

《经济法学》(第六版)(以下简称第六版)是2012年5月定稿的。两年多来,我国经济法的制定和实施取得了不少新的成就,经济法学又有了新的发展。为了及时反映经济法制建设的新成果、新经验,以及经济法理论研究的新水平,将要出版的《经济法学》(第七版)(以下简称第七版)除了对第六版的序言作了少量补充、修改以外,第七版与第六版相比,都是三编,但是由28章增加到30章。这三编补充、修改的主要情况如下:

第七版第一编"经济法总论"与第六版第一编"经济法总论"都是七章。根据两年多来我国经济法的制定和实施取得的成就以及经济法学的发展,对第一编各章的内容作了必要的、较多或较少的补充、修改。

第七版第二编"市场监管法"与第六版第二编"市场监管法"相比,由九章增加了"市场准入与退出法律制度""电信市场监管法律制度"各一章;同时,根据两年多来我国经济法的制定和实施取得的成就以及经济法学的发展,对其他几章的内容作了必要的、较多或较少的补充、修改。

第七版第三编"宏观调控法"与第六版第三编"宏观调控法"都是十二章。根据两年多来我国经济法的制定和实施取得的成就以及经济法学的发展,对第三编各章的内容作了必要的、较多或较少的补充、修改。

总之,本教材第七版在力求反映经济法理论研究与教材编写的最新水平方面,又有了不少进展。

北京大学出版社
2015年2月

21世纪法学系列教材

经济法系列

经济法学

（第七版）

主　编　　杨紫烜　徐　杰

撰稿人（按撰写章节先后为序）

　　　　　杨紫烜　王全兴　时建中
　　　　　张守文　周升涛　肖江平
　　　　　徐　杰　王守渝

图书在版编目(CIP)数据

经济法学/杨紫烜,徐杰主编. —7 版. —北京:北京大学出版社,2015.6
(21 世纪法学系列教材·经济法系列)
ISBN 978-7-301-25787-6

Ⅰ.①经… Ⅱ.①杨…②徐… Ⅲ.①经济法—法的理论—中国—高等学校—教材 Ⅳ.①D922.290.1

中国版本图书馆 CIP 数据核字(2015)第 092551 号

书　　名	经济法学(第七版) JINGJIFAXUE(DI-QI BAN)
著作责任者	杨紫烜　徐　杰　主　编
责 任 编 辑	冯益娜
标 准 书 号	ISBN 978-7-301-25787-6
出 版 发 行	北京大学出版社
地　　址	北京市海淀区成府路 205 号　100871
网　　址	http://www.pup.cn
新 浪 微 博	@北京大学出版社　@北大出版社法律图书
电 子 邮 箱	编辑部 law@pup.cn　总编室 zpup@pup.cn
电　　话	邮购部 010-62752015　发行部 010-62750672　编辑部 010-62752027
印 刷 者	北京虎彩文化传播有限公司
经 销 者	新华书店
	730 毫米×980 毫米　16 开本　32.5 印张　690 千字 1994 年 8 月第 1 版　1999 年 7 月第 2 版　2001 年 3 月第 3 版 2007 年 9 月第 4 版　2009 年 1 月第 5 版　2012 年 7 月第 6 版 2015 年 6 月第 7 版　2024 年 11 月第 9 次印刷
定　　价	55.00 元

未经许可,不得以任何方式复制或抄袭本书之部分或全部内容。
版权所有,侵权必究
举报电话:010-62752024　电子邮箱:fd@pup.cn
图书如有印装质量问题,请与出版部联系,电话:010-62756370

目 录

序 言 ·· (1)

第一编 经济法总论

第一章 经济法的概念 ·· (7)
第一节 经济法概念的语源 ··· (7)
第二节 经济法的调整对象 ··· (8)
第三节 经济法的定义 ··· (18)

第二章 经济法的地位 ·· (22)
第一节 经济法地位的概念 ··· (22)
第二节 经济法是一个独立的法的部门 ····································· (24)
第三节 经济法与相关法的关系 ··· (26)
第四节 经济法的法域属性 ··· (32)

第三章 经济法的体系 ·· (36)
第一节 经济法体系的概念 ··· (36)
第二节 经济法体系的结构 ··· (40)

第四章 经济法的主体 ·· (51)
第一节 经济法主体的概念 ··· (51)
第二节 经济法主体的体系 ··· (52)
第三节 经济法主体资格的取得 ··· (55)
第四节 经济法主体的权利(职权)和义务(职责) ······················· (57)

第五章 经济法的理念和基本原则 ··· (66)
第一节 经济法的理念 ··· (66)
第二节 经济法的基本原则 ··· (70)

第六章 经济法的渊源和经济法的制定 ··· (79)
第一节 经济法的渊源 ··· (79)
第二节 经济法的制定 ··· (83)

第七章 经济法的实施和经济法的责任制度 ……………………………………… (90)
    第一节 经济法的实施 ………………………………………………………… (90)
    第二节 经济法的责任制度 …………………………………………………… (96)

第二编　市场监管法

第八章 市场准入与市场退出法律制度 …………………………………………… (103)
    第一节 市场准入与退出法概述 ……………………………………………… (103)
    第二节 市场准入法的主要内容 ……………………………………………… (107)
    第三节 市场退出法的主要内容 ……………………………………………… (116)

第九章 反垄断法律制度 …………………………………………………………… (123)
    第一节 竞争法的立法模式和反垄断法概述 ………………………………… (123)
    第二节 对垄断协议的规制 …………………………………………………… (126)
    第三节 对滥用市场支配地位的规制 ………………………………………… (130)
    第四节 对经营者集中的规制 ………………………………………………… (133)
    第五节 对滥用行政权力排除、限制竞争的规制 …………………………… (136)
    第六节 反垄断法的实施 ……………………………………………………… (139)
    第七节 违反反垄断法的法律责任 …………………………………………… (142)

第十章 反不正当竞争法律制度 …………………………………………………… (144)
    第一节 反不正当竞争立法概况和反不正当竞争法的概念 ………………… (144)
    第二节 不正当竞争行为概述 ………………………………………………… (144)
    第三节 市场混淆行为 ………………………………………………………… (150)
    第四节 商业贿赂 ……………………………………………………………… (153)
    第五节 引人误解的虚假宣传 ………………………………………………… (154)
    第六节 侵犯商业秘密 ………………………………………………………… (155)
    第七节 违反规定的有奖销售 ………………………………………………… (157)
    第八节 商业诽谤 ……………………………………………………………… (158)

第十一章 消费者权益保护法律制度 ……………………………………………… (160)
    第一节 消费者权益保护法概述 ……………………………………………… (160)
    第二节 消费者的权利与经营者的义务 ……………………………………… (164)
    第三节 消费者权益的国家保护与社会保护 ………………………………… (171)
    第四节 权益争议的解决与法律责任的确定 ………………………………… (174)

第十二章　产品质量法律制度……………………………………（179）
第一节　产品质量法概述…………………………………………（179）
第二节　各级人民政府的产品质量责任和产品质量监督体制……（182）
第三节　产品质量的监督……………………………………………（183）
第四节　生产者、销售者的产品质量责任和义务…………………（188）
第五节　损害赔偿……………………………………………………（190）
第六节　罚则…………………………………………………………（192）

第十三章　广告法律制度………………………………………………（196）
第一节　广告和广告法概述…………………………………………（196）
第二节　广告活动及其一般规则……………………………………（198）
第三节　广告准则……………………………………………………（200）
第四节　广告的审查…………………………………………………（202）
第五节　违反广告法的法律责任……………………………………（203）

第十四章　电信市场监管法律制度……………………………………（205）
第一节　电信市场监管法概述………………………………………（205）
第二节　电信市场的监管体制………………………………………（208）
第三节　电信市场的准入……………………………………………（210）
第四节　电信网络的接入与互联互通………………………………（212）
第五节　电信业务和服务质量监管…………………………………（214）
第六节　电信安全监管………………………………………………（217）
第七节　违反电信市场监管法的法律责任…………………………（220）

第十五章　城市房地产管理法律制度…………………………………（222）
第一节　城市房地产管理法概述……………………………………（222）
第二节　房地产开发用地管理………………………………………（224）
第三节　房地产开发经营管理………………………………………（229）
第四节　房地产交易管理……………………………………………（231）
第五节　房地产权属登记管理………………………………………（236）
第六节　违反城市房地产管理法的法律责任………………………（237）

第十六章　银行业监督管理法律制度…………………………………（239）
第一节　银行业监督管理法概述……………………………………（239）
第二节　银行业监督管理机构及其职责……………………………（240）
第三节　银行业监督管理措施………………………………………（242）
第四节　违反银行业监督管理法的法律责任………………………（245）

第十七章　证券监管法律制度 (247)
第一节　证券监管法律制度概述 (247)
第二节　对证券发行和上市的监管 (252)
第三节　对证券交易的监管 (256)
第四节　对证券市场主体的监管 (259)
第五节　对证券投资基金和期货市场的监管 (265)

第十八章　保险监管法律制度 (270)
第一节　保险监管与保险监管法概述 (270)
第二节　对保险公司的监管 (274)
第三节　对保险中介机构的监管 (280)
第四节　违反保险监管法的法律责任 (284)

第三编　宏观调控法

第十九章　计划和统计法律制度 (287)
第一节　计划法 (287)
第二节　统计法 (298)

第二十章　固定资产投资法律制度 (307)
第一节　固定资产投资法的概念和原则 (307)
第二节　关于投资主体的法律规定 (309)
第三节　关于投资资金管理的法律规定 (311)
第四节　关于投资项目建筑施工的法律规定 (314)
第五节　关于投资程序和管理方式的法律规定 (316)
第六节　违反固定资产投资法的法律责任 (319)

第二十一章　产业法律制度 (321)
第一节　产业的概念和分类 (321)
第二节　产业政策 (323)
第三节　产业法 (327)

第二十二章　国有资产管理法律制度 (331)
第一节　国有资产法概述 (331)
第二节　企业国有资产监督管理 (333)
第三节　行政单位和事业单位国有资产管理 (338)
第四节　国有资产产权登记法律制度 (342)

第五节　国有资产评估法律制度……………………………………(346)

第二十三章　自然资源法律制度……………………………………(350)
　　第一节　自然资源法的概念和原则……………………………………(350)
　　第二节　土地管理法……………………………………………………(352)
　　第三节　森林法…………………………………………………………(359)
　　第四节　草原法…………………………………………………………(362)
　　第五节　野生动植物保护法……………………………………………(366)
　　第六节　水法……………………………………………………………(368)
　　第七节　渔业法…………………………………………………………(371)
　　第八节　矿产资源法……………………………………………………(375)

第二十四章　能源法律制度……………………………………………(379)
　　第一节　能源法的概念和能源立法……………………………………(379)
　　第二节　煤炭法…………………………………………………………(380)
　　第三节　石油法…………………………………………………………(384)
　　第四节　电力法…………………………………………………………(386)
　　第五节　可再生能源法…………………………………………………(389)
　　第六节　节约能源法……………………………………………………(391)

第二十五章　财政法律制度……………………………………………(394)
　　第一节　财政与财政法概述……………………………………………(394)
　　第二节　预算法律制度…………………………………………………(398)
　　第三节　国债法律制度…………………………………………………(408)
　　第四节　财政支出法律制度……………………………………………(411)

第二十六章　税收法律制度……………………………………………(419)
　　第一节　税法概述………………………………………………………(419)
　　第二节　流转税法………………………………………………………(423)
　　第三节　所得税法………………………………………………………(428)
　　第四节　财产税法、特定行为税法和资源税法………………………(435)
　　第五节　税收管理与法律责任…………………………………………(437)

第二十七章　中央银行法律制度………………………………………(443)
　　第一节　中央银行法律制度概述………………………………………(443)
　　第二节　中国人民银行的地位、职责和组织机构……………………(445)
　　第三节　货币政策和货币政策工具……………………………………(448)

第四节 中国人民银行的金融监督管理……………………………(454)

第二十八章 价格法律制度……………………………………………(463)
  第一节 价格法的概念和任务……………………………………(463)
  第二节 价格和价格体系的法律规定……………………………(465)
  第三节 价格管理体制的法律规定………………………………(467)
  第四节 价格监督检查的法律规定………………………………(471)
  第五节 违反价格法的法律责任…………………………………(473)

第二十九章 会计和审计法律制度……………………………………(474)
  第一节 会计法……………………………………………………(474)
  第二节 审计法……………………………………………………(478)

第三十章 对外贸易法律制度…………………………………………(489)
  第一节 对外贸易法概述…………………………………………(489)
  第二节 对外贸易经营者…………………………………………(492)
  第三节 货物与技术进出口制度…………………………………(493)
  第四节 国际服务贸易制度………………………………………(495)
  第五节 对外贸易秩序、对外贸易调查和救济…………………(496)
  第六节 对外贸易促进……………………………………………(500)
  第七节 违反对外贸易法的法律责任……………………………(501)

后 记……………………………………………………………………(504)

序　言

一、经济法学的概念和地位

（一）经济法学的概念

经济法学是研究经济法及其发展规律的法学学科。对此，可以从以下两方面进行分析：

第一，经济法学是一门法学学科。

法学是研究法及其发展规律的社会科学。所谓社会科学，是研究社会现象的学科。法学属于社会科学的范畴，是社会科学体系中的一门学科。它与政治学、经济学、军事学、社会学、文学、史学等同属于社会科学体系的其他学科，既有共性，又有个性。它们之间的本质区别，是各自研究的社会现象不同。法学是以法及其发展规律为研究对象的。

经济法学是一门法学学科。它与法理学、宪法学、行政法学、民法学、刑法学等同属于法学体系的其他学科，也是有共性，有个性。它们之间的本质区别，是各自研究对象的特殊性。

第二，经济法学以经济法及其发展规律为研究对象。

毛泽东同志指出："科学研究的区分，就是根据科学对象所具有的特殊的矛盾性。因此，对于某一现象的领域所特有的某一种矛盾的研究，就构成某一门科学的对象。"[①]可见，我们在正确认识经济法学是一门法学学科的同时，必须明确它的研究对象所具有的特殊的矛盾性，从而搞清楚经济法学不同于法学的其他分支学科的特殊本质，将经济法学同其他学科区分开来。

我们认为，经济法学的研究对象是经济法及其发展规律。这就是说，经济法学不仅研究经济法，而且研究经济法的发展规律；不仅研究经济法的现状，而且研究经济法的历史发展；不仅研究静态的经济法，而且研究动态的经济法。

（二）经济法学的地位

经济法学的地位，是指经济法学在法学体系中所处的位置。所谓法学体系，是由多层次的、门类齐全的法学分支学科组成的有机联系的统一整体。一般认为，可以根据不同的标准将法学分别划分为：国内法学和国际法学、理论法学和应用法学、独立学科和边缘学科、传统学科和新兴学科等等。在第一次划分结束以后，根据实践的需要，还可以继续进行划分。例如，可以将国内法学划分为经济法学、民法学、行政法学等；将国际法学划分为国际公法学、国际经济法学等。

[①] 《毛泽东选集》第1卷，人民出版社1952年版，第297页。

那么,经济法学在法学体系中是一门什么样的学科呢?这可以从以下几方面来回答:

第一,经济法学是一门国内法学。

国内法学是相对于国际法学而言的。国际法学,是指研究国际法及其发展规律的法学学科。国内法学,是指研究国内法及其发展规律的法学学科。人们平时所说的经济法,实际上是相对于国际经济法而言的国内经济法。所以,研究经济法及其发展规律的法学学科,属于国内法学的范畴。

第二,经济法学是一门应用法学。

应用法学是相对于理论法学而言的。理论法学,是指研究法的共同问题和法发展的一般规律的法学学科。应用法学,是指研究多层次的各类法律制度及其发展规律的法学学科。经济法学同社会实践具有紧密联系,实用价值很大,因而是一门应用法学。当然,它也有自己的理论和理论价值。

第三,经济法学是一门独立学科。

独立学科是相对于边缘学科而言的。边缘学科,是指其研究对象跨越两个或两个以上独立学科的研究对象的学科。独立学科,是指具有特定研究对象的学科。作为经济法学研究对象的经济法及其发展规律,不仅具有一定的范围,而且同其他法学学科的研究对象是可以分开的。所以,经济法学是一门独立的法学学科。

第四,经济法学是一门新兴学科。

新兴学科是相对于传统学科而言的。传统学科,是指历史悠久的学科。新兴学科,是指新近兴起的学科。经济法学与民法学等传统学科相比,它问世的时间要晚得很多。经济法学是一门在现代社会应运而生的年轻学科,是一门新兴的法学学科;同时,它也是一门迅猛发展中的学科,具有广阔发展前景的学科。

第五,经济法学是一门重要学科。

判断一门学科是否重要,其重要程度如何,不决定于该学科和其他学科学者的主观愿望,而决定于它实际发挥作用的状况。在现代社会中,经济法学对于加强经济法制建设,维护社会经济秩序,推动经济社会发展,发挥着巨大作用。所以,经济法学是一门重要的法学学科。

二、经济法学与经济法的关系

搞清楚经济法学与经济法的关系,这是从事经济法的制度建设和经济法的理论研究必须首先要明确的一个基本问题。那种断言经济法是一门法律学科的观点,或者认为经济法是一个法律部门和一门法律学科的观点,都混淆了经济法与经济法学的界限,是不可取的。应该说:经济法是一个独立的法的部门,经济法学是一门独立的法学学科,它们之间既有联系,又有区别,不应混淆;看不到它们之间的联系不妥,抹杀它们之间的区别也不对。

经济法学与经济法之间的联系主要表现在两个方面:一是没有经济法,就没有经济法学。经济法及其发展规律是经济法学的研究对象,如果没有经济法就不会有它的发展规律,没有经济法及其发展规律,就不存在经济法学的研究对象,而没有研究对象的学科是不存在的。二是经济法学的产生和发展,为经济法的进一步发展开辟了道路。对经济法及其发展规律研究的开展和深入,经济法学的产生和发展,有助于明确在国家协调的本国经济运行过程中需要制定、认可和修改完善哪些经济法律规范,应该采取哪些正确的立法对策,这样就可以使经济法律规范的数量不断增加,质量日益提高,从而推动经济法的发展。

经济法学与经济法之间的区别主要表现在以下三个方面:一是经济法是法的体系中的一个独立的法的部门;经济法学是法学体系中的一门独立的法学学科。二是经济法具有特定的调整对象;经济法学具有特定的研究对象。三是经济法是由国家制定或认可的,由国家强制力保证实施;经济法学是人们从事学术研究的产物,没有法律约束力。

三、经济法学的产生和发展概述

经济法学的产生,是指作为一门独立的法学学科——经济法学的形成。经济法学产生于20世纪20年代的德国。德国在第一次世界大战期间和战后,制定了《关于限制契约最高价格的通知》《煤炭经济法》《碳酸钾经济法》《防止滥用经济力法令》等不少有关经济法的规范性文件。这一新的法律现象,引起了德国法学界的广泛关注,并进行了研究,随着经济法研究和教学的开展,发表和出版了不少经济法论著,提出了一些有影响的经济法理论,逐步产生了经济法学。此后,经济法学在德国、法国、日本等资本主义国家以及苏联和东欧一些社会主义国家得到了发展。在外国经济法学发展的过程中,陆续形成了一些经济法学说。有些学说还具有相当大的影响,这在一定程度上反映了经济法研究的成就和经济法学发展的水平。应该说,经济法学在国外的发展取得了相当大的成绩。但是,发展的速度不快,存在的问题不少,特别是在经济法基本理论的研究方面还比较薄弱。

在中国,1979年以后,经济立法逐步加强,经济法的教学和研究工作逐步开展,从而发表与出版了一系列经济法论著,于是产生了经济法学。中国的经济法学,产生得晚,发展得快。大家知道,历史上新的正确的东西,在开始的时候常常得不到多数人承认,只能在斗争中曲折地发展。但是,新生事物具有强大的生命力。年轻的中国社会主义经济法学在自己的发展过程中虽然遇到了种种阻力,但它却以任何原有法学学科无可比拟的速度向前发展着。实践表明,三十多年来中国法学领域革命性变革的一个突出成就,是在中国创立了一门独立的学科——经济法学,对经济法的许多重大理论问题和实际问题的研究正在日益深入。应该说,在中国不仅形成了多种经济法理论,而且已经形成了若干经济法学说。这些学说具有中国特色,其水平也并不比国外的经济法学说逊色。目前,从总体上来说,无论在发表和出版的经济法论著方面,还是在经济法研究的广度和深度方面,中国正在、甚至已经走到了世界的前列。同时也必须看到,虽然在经济法的研究方面已经取得了很大成绩,但是对经济法的一些基本问题还远没有形成共识,许多经济法的重大实际问题亟待深入研究,我们的任务是光荣而艰巨的。

四、研究经济法的指导思想和方法①

(一) 研究经济法的指导思想

具有正确的指导思想和科学的研究方法,对于深入开展经济法理论问题和实际问题的研究,发展经济法学,完善经济法制,至关重要。

马克思主义哲学,即辩证唯物主义和历史唯物主义,是关于自然、社会和人类思维的一般规律的科学,是科学的世界观和方法论的统一。研究经济法,必须以辩证唯物主义和历史唯物主义为指导思想和根本方法,决不能搞指导思想多元化。

以马克思主义哲学为指导研究经济法,必须坚持社会存在决定社会意识、社会意识反作用于社会存在的观点。作为法的组成部分的经济法属于上层建筑的范畴,它是由经济基础决定的;同时,它又反作用于经济基础。

以马克思主义哲学为指导研究经济法,必须坚持以普遍联系的观点、发展的观点和全面的观点看待经济法现象,不能孤立地、静止地、片面地看待经济法现象。同其他事物一样,经济法也是遵循着唯物辩证法关于事物发展的普遍规律——对立统一规律、质量互变规律、否定之否定规律——发展的。

以马克思主义哲学为指导研究经济法,必须坚持实事求是的科学态度。这要求我们,研究经济法应该做到主观和客观相统一、理论与实践相结合,一切从实际出发,具体问题具体分析,透过复杂的社会现象,揭示经济法的本质,找出经济法发展的规律,用以指导经济法的实践。

(二) 研究经济法的方法

研究经济法的方法要体现研究经济法的指导思想;研究经济法的方法的创新不能离开研究经济法的指导思想。研究经济法需要采取下列多种方法:

第一,社会调查方法。

进行社会调查,这是坚持辩证唯物主义认识路线的必然要求。因为要做到实事求是必须了解"实事",要从实际出发必须了解实际情况。毛泽东同志指出:在社会领域"要了解情况,唯一的方法是向社会作调查"②。

第二,历史考察方法。

以历史唯物主义为指导研究经济法,必须运用历史考察的方法。人类社会的历史是一个有规律的发展过程。各种社会现象都有其产生和发展的历史。要科学地看待经济法问题,就应该对它的产生、发展情况进行历史考察。

第三,阶级分析方法。

阶级分析方法,是指在存在阶级和阶级斗争的历史条件下,对于社会现象要用阶级和阶级斗争的观点分析其所具有的阶级属性的方法。列宁指出:"马克思主义者不

---

① 在《国家协调论》一书中,杨紫烜教授对这个问题有详细论述,可供参考。参见杨紫烜:《国家协调论》,北京大学出版社2009年版,第7—15页。

② 《毛泽东选集》第3卷,人民出版社1991年版,第789页。

应当离开分析阶级关系的正确立场。"① 进行阶级分析,是马克思主义者分析国家与法等社会现象时必须运用的方法,也是研究经济法的一个基本方法。

第四,经济和社会效益分析方法。

运用经济和社会效益分析方法进行经济法研究,有助于经济资源与社会资源的优化配置,以尽可能低的经济与社会成本,取得尽可能高的经济与社会收益,实现经济法的立法、实施和经济法理论研究的经济和社会收益最大化。

第五,博弈分析方法。

运用博弈分析方法研究经济法,有助于经济法的立法者、实施者和研究者在经济法的立法、实施和经济法的理论研究过程中,分别选择最优策略,取得最佳支付。经济法立法的最佳支付,即经济法立法收益最大化,为经济法主体提供优质行为规范;经济法实施的最佳支付,即经济法实施收益最大化,以利于经济法宗旨的实现;经济法理论研究的最佳支付,即经济法理论研究收益最大化,推动经济法学的发展。

第六,系统分析方法。

系统是由两个以上相互依赖和相互作用的要素组成的、具有新质和相应功能的有机整体。系统分析方法,是指按照事物本身的系统性把对象放在系统的运行过程中来加以考察的方法。② 运用系统分析方法研究经济法,就是要具体运用整体分析、结构分析、层次分析、动态分析等方法,着重对经济法现象的整体与部分、部分与部分、整体与外部环境之间的辩证关系进行考察。

第七,比较研究方法。

运用比较研究方法研究经济法,无论对于国内还是国外的经济法现象、历史上的还是现实的经济法现象,都应该认真研究,全面分析,区别对待:凡是有关国家、地区的成果和经验,应该根据是否符合本国、本地区的情况和需要,决定要不要学习和借鉴;凡是有关国家、地区的教训,要引以为戒。总之,运用比较研究方法研究经济法,是要在明确各自的长处、短处及其原因的基础上,从实际出发,扬长补短。

第八,语义分析方法。

语义分析方法,是指通过对语词含义的分析,以明确概念所赋予语词的思想内容的方法。经济法的语词必须明确,对于明确的经济法的语词必须结合特定的语言环境,准确地把握它所表达的概念,以利于经济法的立法和实施以及经济法的理论研究的开展。

五、本书的结构

本书——《经济法学》(第七版)由序言、第一编经济法总论、第二编市场监管法、第三编宏观调控法和后记组成。

关于各编、章的主要内容,请参见本书目录。需要指出的是,经济法的内容十分

---

① 《列宁选集》第3卷,人民出版社1995年版,第27页。
② 参见冯国瑞:《系统论、信息论、控制论与马克思主义认识论》,北京大学出版社1991年版,第184页。

丰富,本书的各个章节虽然涵盖面已经相当广泛,但是由于篇幅有限,它并没有、也不可能把本应属于学习和研究经济法的内容全部包括在内。例如,属于经济法总论的经济法与经济法学的产生和发展、经济法的特征,属于市场监管法的期货监管法律制度,属于宏观调控法的区域经济调控法律制度等,本书没有专门论述。所以,学习和研究经济法以本书为教材,当然有助于了解一系列经济法的基本理论和经济法制度。但是,学习和研究经济法,又不宜以本书的内容为限。

第一编 经济法总论

第一章 经济法的概念

第一节 经济法概念的语源

"经济法"这一概念,是18世纪法国空想共产主义的著名代表之一摩莱里(Morelly)在1755年出版的《自然法典》①一书中首先提出来的。该书第四篇"合乎自然意图的法制蓝本",被作者称为"法律草案",共12个部分,117条。其中,第二部分"分配法或经济法"有12条,主要就作者所设想的未来公有制社会的"自然产品或人工产品的分配"作出了规定。19世纪30—40年代法国空想共产主义的著名代表之一德萨米(Dezamy)在1842—1843年分册出版的《公有法典》②一书也使用了"经济法"这个概念,并且发展了摩莱里的经济法思想。德萨米认为,最好的分配方式是按比例的平等。在《公有法典》一书的第二章"根本法"中,他明确表示赞成摩莱里的下列论断:人"本着自己的能力、知识、需要和特长参加共同劳动,并同时按照自己的全部需要来享用共同的产品,享受共同的快乐"。这里含有"各尽所能,按需分配"思想的萌芽。在该书第三章"分配法或经济法"中,德萨米进一步指出:"人在权利上是平等的,因而在事实上也应该平等。""这种真正的平等只有伴随公有制而实现。"

我们知道,法国空想共产主义是马克思主义的三个来源之一,具有重大的理论意义。摩莱里和德萨米的经济法思想虽然同空想共产主义的其他观点一样具有"空想"的属性,但是不能低估其理论意义。概念是发展变化的。在18世纪由摩莱里提出的"经济法"这一概念的含义,至今已经发生了重大变化。在当代,经济法明显地不能等同于产品分配法,但是它们又有着内在的联系。可以说,被当代人赋予新含义的经济法概念是对摩莱里和德萨米经济法思想的继承和重大发展。当代经济法学者认为,经济法是调整特定经济关系即物质利益关系的,其目的在于为各类经济法主体之间

---

① 《自然法典》是摩莱里最重要的一部著作。商务印书馆于1959年出版了由刘元慎、何清新根据俄译本译成中文的《自然法典》;1982年出版了由黄建华、姜亚洲根据1970年在巴黎出版的法文原著译成中文的《自然法典》,以后多次印刷。本书引文均出自该书1982年版。

② 《公有法典》是德萨米最重要的一部著作。1959年和1964年先后由三联书店和商务印书馆出版了根据俄文译本译成中文的《公有法典》;1982年商务印书馆又出版了由黄建华、姜亚洲根据1967年巴黎出版的法文原著译成中文的《公有法典》。关于该书的出版时间,有的说是1842年,有的说是1843年,也有的说是1842—1843年,参见商务印书馆1982年版《公有法典》第289、319、322页。本书引文均出自该书1982年版。

物质利益的分配提供法律保障。从这个意义上来说,经济法实质上就是分配法。

进入20世纪以来,德国学者莱特(Ritter)在1906年创刊的《世界经济年鉴》中首先使用了"经济法"这一概念,用来说明与世界经济有关的各种法规,但并不具有严格的学术意义。① 以后,不仅在许多国家的法学论著中,而且在有些国家颁布的法律中,先后使用了"经济法"这个概念。例如,日本经济法学者金泽良雄在《经济法概论》一书中提到,德国于1919年颁布了《煤炭经济法》《碳酸钾经济法》。又如,在1964年,捷克斯洛伐克颁布了《捷克斯洛伐克社会主义共和国经济法典》。

在我国,自1979年以来,不仅在全国人民代表大会及其常委会的文件②和中共中央、国务院的文件③中,在第九届、第十届、第十一届全国人民代表大会常务委员会先后制定的五年立法规划中,都使用了"经济法"这一概念,而且在第九届全国人民代表大会第四次会议批准的《全国人民代表大会常务委员会工作报告》中明确指出,经济法是我国的一个法律部门。与此同时,在我国的法学教材、专著、论文、工具书、资料汇编中,广泛地使用了"经济法"这一概念。

"经济法"这一概念,不论在中国还是在外国,被越来越多的人所承认和使用绝不是偶然的。这表明,作为上层建筑组成部分的经济法的存在,已是客观事实。但是,在社会制度不同的国家,人们对于这一概念的理解各不相同;在社会制度相同的国家以至同一个国家,对"经济法"这一概念的理解也存在着不同的观点。

现在,摆在我们面前的任务,是要从实际出发,认真研究经济法的概念,以便准确了解和使用这一概念。这是发展经济法学的需要,是健全经济法制的需要,是实行依法治国、建设社会主义法治国家的需要。

第二节 经济法的调整对象

一、衡量经济法调整对象问题上的观点正确与否的标准只能是社会实践

经济法的概念问题是经济法理论的首要问题。要对"经济法"这一概念下一个科学的定义,最重要的是要明确经济法的调整对象。明确经济法有没有特定的调整对象以及它的特定调整对象是什么,这是准确了解"经济法"这一概念的关键。而要明确经济法的调整对象,必须以辩证唯物主义和历史唯物主义为指导,真正懂得经济法调整对象问题上的观点正确与否的衡量标准只能是社会实践;否则,产生了不符合实际的观点,还往往以为自己的观点是有所谓"根据"的。

大家知道,经济法的调整对象问题,同民法、行政法、国际经济法等法的部门的调

---

① 参见《中国大百科全书·法学》,中国大百科全书出版社1984年版,第328页;〔日〕金泽良雄著:《经济法概论》,满达人译,甘肃人民出版社1985年版,第2页。

② 《中华人民共和国第五届全国人民代表大会第二次会议文件》,人民出版社1979年版,第2、106页;《人民日报》1986年4月17日;《全国人民代表大会常务委员会公报》2001年第3号,第243页;2002年第2号,第143页;2003年第2号,第197页。

③ 《中华人民共和国国务院公报》1985年第36号,第1173页。

整对象问题具有密切的联系。国内外法学界对经济法、民法、行政法、国际经济法的调整对象都存在着不同的看法。这些法的部门的调整对象究竟怎样界定？它们的调整对象的界限究竟怎么划分？这是经济法与民法、行政法、国际经济法的关系问题讨论中的核心问题。

那么，究竟如何来判断与经济法的调整对象有关的各种学术观点的是非呢？判断是非的标准当然不是看持不同观点的学者人数的多少[①]，不是看持不同观点的学者职称和职务的高低，不是看各种不同的观点哪一种符合国内外的传统说法，也不能以国内外的某些现行法律规定作为衡量各种法学观点正确与否的标准。

应该明确："真理的标准只能是社会的实践。实践的观点是辩证唯物论的认识论之第一的和基本的观点。"[②] 现阶段，在我国，最大量、最重要的实践是坚持"四项基本原则"和社会主义改革开放，是社会主义现代化建设。如果我们确定的中国社会主义经济法的调整对象，是体现坚持"四项基本原则"和社会主义改革开放的要求的，是体现社会主义现代化建设的要求的，那就是正确的；否则，就是不正确的。因此，应该根据坚持"四项基本原则"和社会主义改革开放的需要，根据社会主义现代化建设的需要，来确定我国社会主义经济法的调整对象。

二、经济法具有特定的调整对象

在中国法学界，除了很少一些学者根本不承认或者实际上不承认经济法的存在以外，都认为经济法具有特定的调整对象。那么，为什么说经济法有特定的调整对象呢？

首先，经济法的调整对象有一定的范围，而不是漫无边际的、捉摸不定的。不能认为经济法的调整对象是"综合的"，是"各式各样的社会经济关系"或者"各种经济关系"，甚至是"许多不同种类的社会关系"。把一些本来不属于经济法调整对象范围的经济关系甚至是其他社会关系也说成是经济法的调整对象，然后得出"经济法没有特定的调整对象"的结论，其前提和结论都是不真实的。

其次，经济法的调整对象同其他法的部门的调整对象是有区别的、可以分开的，而不是交叉的、重叠的。能否认为"一种社会关系不一定只由一个法的部门调整"呢？这要具体分析。应该说，对于一种范围广泛的社会关系，如经济关系，"不一定只由一个法的部门调整"有两种含义：如果指经济法、民法等法的部门各自调整不同部分的经济关系，这是正确的；如果指经济法与民法等法的部门可以对经济关系实行交叉调整，那就不能说是正确的。对于一种特定的社会关系，如市场监管关系，说它"不一定只由一个法的部门调整"，好像除了应该由经济法调整以外，同时还可以由民法或别的法的部门对它实行重叠调整，那是不可取的。总之，关于调整对象的"交叉论"、"重叠论"都是值得商榷的。因为这实际上否定了经济法、民法等具有特定的调整对

[①] 真理是不能表决的。多数人的观点不一定正确，少数人的观点不一定错误；反之，亦然。
[②] 《毛泽东选集》第 1 卷，人民出版社 1991 年版，第 284 页。

象,并进而会导致否定经济法、民法等独立的部门法地位。经济法、民法等之所以是独立的法的部门,是以它们各自具有特定的调整对象为前提的,否定了它们的前提,也就否定了其结论。

三、经济法的调整对象是特定的经济关系

经济关系是通过物而形成的人与人之间的关系,简称物质的社会关系或物质利益关系。它同思想的社会关系或思想意志关系是整个社会关系的两大组成部分。社会关系,是指人们在共同的社会活动中结成的相互关系。社会关系是人与人之间的关系,而不是人与物的关系,更不是物与物的关系。列宁指出:马克思、恩格斯的基本思想"是把社会关系分成物质的社会关系和思想的社会关系"。"思想的社会关系是物质的社会关系的上层建筑"。①

经济法的调整对象是特定的经济关系,不是一切经济关系,更不是经济关系以外的其他社会关系。例如,市场交易关系(包括商品买卖关系、证券交易关系等)、财产赠与关系、遗产继承关系等等虽然也是经济关系,但是不属于经济法调整对象的范围。非经济关系,即经济关系以外的其他社会关系,更不属于经济法调整。例如,经济法律关系、权利义务关系等社会关系,显然不属于经济法调整对象的范围。

在法学界,除了有些经济法学者把经济法律关系视为经济法的调整对象以外,在其他一些有影响的法学论著中,也有这样一些论断:民法调整民事法律关系;行政法调整行政法律关系;国际公法调整国家之间的法律关系;国际经济法调整国际经济法律关系;国际私法调整涉外民事法律关系;任何一个法的部门都负有调整一种特定的法律关系的使命,否则,它就不能成为一个独立的法律部门;等等。可见,经济法究竟是否调整经济法律关系?其他法究竟是否调整其他法律关系?法究竟是否调整法律关系?这是长期以来存在不同观点、至今仍然没有解决的基本问题。要解决这个问题,必须明确以下三点:一是什么是法律关系和经济法律关系?我们认为,法律关系,是指根据法的规定发生的权利和义务关系;经济法律关系,是指根据经济法的规定发生的权利和义务关系。应该说:法律关系、经济法律关系是分别根据法和经济法的规定发生的;法律关系、经济法律关系都是法律上的权利义务关系,而不是其他权利义务关系;它们都是思想关系,而不是物质关系。二是先有法、经济法,然后分别有法律关系、经济法律关系?还是相反?我们认为,法律关系的发生以法的存在为前提,是先有法后有法律关系。如果认为法是调整法律关系的,这就等于说只有有了法律关系,才有法的调整对象,法才存在。所以,按照法调整法律关系的观点,必然得出先有法律关系后有法的结论,而这是不符合实际的。同样的道理,经济法律关系的发生以经济法的存在为前提,是先有经济法后有经济法律关系。如果认为经济法是调整经济法律关系的,这就等于说只有有了经济法律关系,才有经济法的调整对象,经济法

---

① 《列宁选集》第1卷,人民出版社1995年版,第19、47页。

才存在。所以,按照经济法调整经济法律关系的观点,必然得出先有经济法律关系后有经济法的结论,而这也是不符合实际的。三是作为法的调整对象的社会关系同法律关系是什么关系?经济法调整的特定经济关系同经济法律关系是什么关系?我们认为,法所调整的社会关系是社会关系的重要组成部分,而不是全部社会关系;法律关系是法所调整的社会关系在法律上的反映,它虽也是社会关系,但不是法的调整对象。经济法调整的特定经济关系,同经济法律关系是属于不同类型的社会关系:前者是物质关系,属于经济基础的范畴;后者是思想的社会关系,是前者在法律上的反映,属于上层建筑的范畴。有些学者之所以把经济法律关系说成是经济法的调整对象,正是因为他们把特定的物质关系和特定的思想的社会关系等同起来,混淆了它们的原则界限,这是违反历史唯物主义的基本原理的。总之,经济法律关系不能成为经济法的调整对象,其他法律关系不能成为其他法的调整对象,任何法律关系都不能成为法的调整对象。

权利义务关系为什么不能作为经济法、其他法的调整对象或法的调整对象呢?因为法律上讲的权利义务关系(包括合同关系、所有权关系、工业产权关系在内)就是法律关系。

四、经济法调整的特定经济关系是在国家协调本国经济运行过程中发生的经济关系

(一) 经济运行需要国家协调

1. 经济运行的概念

经济运行,就是生产和再生产过程。生产,亦称社会生产,是指人们结成一定的生产关系,运用劳动资料作用于劳动对象,创造物质资料以满足自己需要的活动。不断重复和更新的生产就是再生产。再生产包括生产(直接生产过程)、分配、交换、消费四个环节。[1] 正如马克思所指出的:"不管生产过程的社会形式怎样,它必须是连续不断的,或者说,必须周而复始地经过同样一些阶段。一个社会不能停止消费,同样,也不能停止生产。因此,每一个社会生产过程,从经常的联系和它不断更新来看,同时也是再生产过程。"[2]

2. 国家协调的概念

在现代汉语中,"协调"的含义有二:一是配合适宜;二是使配合适宜。前者是形容词,后者是动词。[3] 在"国家协调"这一概念中的"协调"二字,是"协调"的第二种含义,是在"使配合适宜"这一意义上使用的。

国家协调,是指国家运用法律的和非法律的手段,使经济运行符合客观规律的要求,推动国民经济的发展。在这里,协调的主体是国家。协调的对象是经济运行,而不是经济关系。协调的方式是法律的和非法律的手段。其中,法律手段是主要的。

---

[1] 《经济大辞典》,上海辞书出版社 1992 年版,第 434—435 页。
[2] 《马克思恩格斯全集》第 23 卷,人民出版社 1972 年版,第 621 页。
[3] 参见《现代汉语辞海》第 4 卷,光明日报出版社 2002 年版,第 1287 页;《现代汉语规范词典》,外语教学与研究出版社、语文出版社 2004 年版,第 1440 页。

在法律手段中,具有法律形式的经济手段是主要的。协调的目的是使经济运行符合客观规律的要求,推动国民经济的发展。经济运行具有自己的规律。人们不能创造、改变和消灭规律,但是可以发现、认识和利用规律。所以,国家不能随意左右经济运行,而只能因势利导,力求把经济运行协调到符合客观规律的轨道上来。使用"国家协调"这一概念,体现了国家行使经济管理的职能应该符合客观规律的要求,力求避免主观随意性。这就既充分肯定了"国家之手"在经济运行中的作用,又反映了对国家权力的必要限制。应该说,在讲到经济运行时,使用"国家协调"这一概念比较合适,而不宜使用"国家干预"经济运行、"国家管理"经济运行、"国家调控"经济运行或"国家调节"经济运行。

3. 国家协调的必要性和国家协调的发展变化

经济运行之所以需要国家协调,其根源在于:生产力决定生产关系,生产关系对于生产力具有反作用;经济基础决定上层建筑,上层建筑对于经济基础具有反作用。所以,国家要适应经济发展的需要,经济运行需要国家协调。国家对经济运行的协调,体现了国家管理经济的职能,体现了国家对经济活动的干预,体现了"国家之手"在经济运行中的作用。

历史的发展表明,无论是奴隶制国家、封建制国家、资本主义国家,还是社会主义国家,经济运行都不能没有国家协调。在资本主义国家,无论是在实行自由市场经济时期,还是实行现代市场经济时期,经济运行也都不能没有国家协调。在社会主义中国,不仅在新中国成立以后实行计划经济体制的时期,在从计划经济体制向社会主义市场经济体制过渡的时期,而且在建立起社会主义市场经济体制以后的时期,经济的运行也都不能没有国家协调。为什么在实行社会主义市场经济的情况下经济运行也需要国家协调呢?因为在社会主义市场经济条件下,市场对资源配置虽然起着基础性作用,但它并不是万能的,在经济运行中存在着"市场失效"或"市场失灵",市场调节具有自发性、滞后性和一定盲目性。对于资源配置,市场调节是必要的,它是自发调节和基础层次的调节;国家调节是自觉调节和高层次的调节,绝不能重视了市场调节而忽视国家调节的重要地位和作用。实践证明,只有既强化市场机制的作用,又进行必要的国家协调,才能保证国民经济高效正常运行。

在看到国家协调必要性的同时,又要看到它是发展变化的。在不同的国家以及同一个国家的不同时期,国家对经济运行进行协调的广度和深度、内容和方式是不同的或不完全相同的。

(二) 在国家协调的本国经济运行过程中发生的经济关系应该由经济法调整

任何法都是调整一定社会关系的,但是都不调整法律关系,经济法也不例外。需要特别指出的是:经济法调整的社会关系是经济关系而不是经济关系以外的社会关系;这种经济关系是在经济运行过程中发生的而不是在经济运行过程以外发生的;这种经济运行是本国经济运行而不是国际经济运行;这种本国经济运行过程体现了国家协调而不是国际协调。所以,经济法的调整对象,是在国家协调的本国经济运行过程中发生的经济关系。这是本书对经济法调整对象的理论概括。它是从不同历史时期、不同国家的经济法调整的经济关系中概括出来的,是与其他法的部门的调整对象具有本质区别的,是作为一个独立的法的部门的经济法的调整对象。

上述经济关系由经济法调整,能够把经济法的调整对象与民法调整的民事关系、行政法调整的行政管理关系、国际经济法调整的国际经济协调关系以及其他法调整的其他社会关系区别开来,这就可以从根本上划清经济法与民法、行政法、国际经济法等法的部门的界限。同时,这种经济关系由经济法调整,能够体现经济法是国家协调本国经济运行之法,以实现经济法的基本功能,促进资源的优化配置,提高经济效益,推动经济社会协调发展。就中国而言,实现经济法的基本功能,有助于坚持社会主义道路,建立和完善社会主义市场经济体制,促进社会主义现代化建设,推动国民经济的平稳、较快发展,以及经济社会和人的全面发展。

事物都是发展变化的,经济关系也是这样。在历史发展的进程中,经济关系发展的总趋势是越来越复杂多样。作为经济法调整对象的经济关系,即在国家协调的本国经济运行过程中发生的经济关系,在古代和近现代有重大区别,在计划经济时期和市场经济时期也有显著不同。我们认为,在社会主义市场经济条件下,这种经济关系的表现形式应该包括市场监管关系和宏观调控关系。下面,对这两种经济关系的法律调整问题分别作一些论述:

第一,关于市场监管关系及其法律调整。

市场监管,是指法定的国家机关对市场准入与退出以及经营主体在其存续期间的运营进行的监督和管理。市场监管关系,即市场监督管理关系,是指在国家进行市场监督管理过程中发生的经济关系。

实行社会主义市场经济,要形成统一开放、竞争有序的现代市场体系。培育市场体系,充分发挥市场机制的作用,要求各种生产要素的自由流动,坚决打破条条块块的分割、封锁和垄断,不能允许市场交易行为扰乱市场经济秩序。这就需要国家协调,"加强市场监管,维护市场秩序"[①]。市场监管关系应该由经济法调整。这有助于完善市场规则,保护市场活动主体的合法权益,维护市场经济秩序,保障经济安全,实现市场功能,促进经济社会发展。

市场监管关系应该由经济法调整,这在经济法学界已经基本取得共识,虽然在提法上或者对一些问题的认识上还不完全一致。例如,需要国家干预论认为,经济法调整对象的具体范围包括"市场秩序调控关系"。[②] 国家调制论指出,经济法调整的社会关系包括"市场规制关系"。[③] 社会公共性论者说,"市场管理关系"属于经济法调整对象的范围。[④] 在十多年前我们曾主张:"市场管理关系应该由经济法调整"。[⑤] 本

---

① 习近平:《关于〈中共中央关于全面深化改革若干重大问题的决定〉的说明》,载《人民日报》2013年11月16日。
② 参见李昌麒:《经济法学》,法律出版社2007年版,第62、64页。
③ 参见张守文:《经济法总论》,中国人民大学出版社2009年版,第33页。
④ 参见王保树主编:《经济法原理》,社会科学文献出版社2004年版,第27页。
⑤ 杨紫烜:《经济法调整对象新探》,载《经济法制》1994年第2期,第3页。

书第二版将"市场管理关系"改为"市场监管关系"(即"市场监督管理关系")。它们的基本含义是相同的。但也有区别:前者,"管理"是从广义上讲的,包括了计划、组织、指挥、调节和监督五个职能;后者,将"监督"职能从上述五个职能中单列出来,与"管理"并列,这里的"管理"是从狭义上讲的。那么,为什么要将"市场管理关系"改为"市场监管关系"呢?这是由于使用"市场监管关系"这一概念,突出了市场监督的地位,适应了改变监督不力、加强监督工作的客观要求;同时,近年来在党的政策性文件和国家的法律、法规中经常使用"市场监管""监管"和"监督管理"的概念①,使用"市场监管关系"这一概念是有政策、法律上的依据的。

  那么,为什么不使用"市场规制""市场规制关系"这样的语词呢?这首先涉及如何理解"规制"这一语词的含义。有关材料表明,不同的学者对"规制"这一语词有多种不同的理解,如理解为"法则""规则制度""规范制约""国家干预""调整""干预""指导""控制""引导""管制""调节""规整""制约"等等。② 由于人们对于"规制"这一语词的上述种种不同看法,就会导致人们对于"市场规制"这一语词分别将其理解为市场法则、市场规则制度、市场规范制约、市场国家干预、市场调整、市场干预、市场指导、市场控制、市场引导、市场管制、市场调节、市场规整、市场制约等等。其中,有些理解与"市场监管"的含义相去甚远,显然不妥;有些理解虽与"市场监管"的含义具有不同程度的相同或相近之处,但也与"市场监管"的含义仍有不同程度的差别。应该说,与"市场规制"这一语词相比,"市场监管"这一语词是准确表达概念的语言形式。所以,使用"市场监管""市场监管关系"这样的语词,比使用"市场规制""市场规制关系"这样的语词更好一些。

  还需要指出的是:作为市场监管法主要组成部分的竞争法,其调整对象能不能说是"竞争关系""市场竞争关系"或"经济竞争关系"呢?我们的回答很明确:不能这样说。因为竞争法的调整对象是在反对垄断和反对不正当竞争过程中发生的市场监管关系,简称竞争监管关系。这就是说,在经营者之间发生国家禁止的排除、限制竞争行为或者发生不正当竞争行为时,国家为了反对垄断和不正当竞争,于是发生了竞争监管主体与经营者之间的竞争监管关系,这才是竞争法的调整对象。这种市场监管关系不能等同于"竞争关系""市场竞争关系"或"经济竞争关系"。如果误认为竞争法调整"竞争关系""市场竞争关系"或"经济竞争关系",就会得出如下结论:这种经济关系是平等主体之间的关系;调整平等主体之间经济关系的竞争法属于民法的组成部分。而这样的结论,由于其前提不正确,因此显然是错误的。

---

  ① 中共中央《关于完善社会主义市场经济体制若干问题的决定》(2003 年 10 月 14 日)和中共中央《关于制定国民经济和社会发展第十一个五年规划的建议》(2005 年 10 月 11 日)均多处使用了"市场监管"和"监管"的概念;《中华人民共和国证券投资基金法》(2003 年 10 月 28 日通过)第十章是"监督管理";《中华人民共和国银行业监督管理法》(2006 年修改)的名称中使用了"监督管理"的概念;《中华人民共和国证券法》(2005 年修订)第十章是"证券监督管理机构";《中华人民共和国保险法》(2009 年修订)第六章是"保险业监督管理";《国有企业财产监督管理条例》(1994 年 7 月 24 日)这个行政法规的名称中使用了"监督管理"的概念,等等。

  ② 参见杨紫烜:《国家协调论》,北京大学出版社 2009 年版,第 131 页。

第二,关于宏观调控关系及其法律调整。

宏观调控,是指国家为了实现经济总量的基本平衡,促进经济结构的优化,推动经济社会的协调发展,对国民经济总体活动进行的调节和控制。宏观调控关系,即宏观经济调控关系,是指在国家对国民经济总体活动进行调节和控制过程中发生的经济关系。

实行社会主义市场经济,必须建立以间接手段为主的宏观调控体系。有了市场调节为什么还要宏观调控呢?大家知道,市场调节是自发调节,是基础层次的调节,是十分必要的。但是,有些事情是市场调节解决不了或解决不好的,如"经济和社会发展战略目标的选择,经济总量的平衡,重大结构和布局的调整,收入分配中公平与效率的兼顾,市场效率条件的保证以及资源和环境的保护等等"。① 这就需要国家宏观调控。宏观调控关系应该由经济法调整。这有助于发挥宏观调控的长处,弥补市场调节的缺陷,防止或消除经济中的总量失衡和结构失调,优化资源配置,更好地把当前利益与长远利益、局部利益与整体利益结合起来。

经济法调整对象的范围应该包括宏观调控关系。这也是经济法学界基本一致的观点。例如,顾功耘教授指出,"宏观调控关系"属于经济法调整对象的范围。② 需要国家干预论认为,经济法调整对象的具体范围包括"宏观经济调控关系"。③ 国家调制论的观点是,经济法调整的社会关系包括"宏观调控关系"。④

总的来说,市场监管关系和宏观调控关系应该由经济法调整,在中国经济法学界已经基本取得共识。而在企业组织管理关系、社会保障关系和涉外经济关系的法律调整问题上,长期以来一直存在着意见分歧,现在已经到了需要进一步深入研究,逐步取得共识的时候了。下面,就这三个问题分别进行论述:

第一,关于企业组织管理关系及其法律调整。

在企业组织管理关系的法律调整问题上,国内外法学界存在着意见分歧。概括起来说,主要有以下两种观点:

一种意见赞成或者部分赞成企业组织管理关系应该由经济法调整。本章作者曾经认为,国家为了协调本国经济运行,对于企业的设立、变更和终止,企业内部机构的设置和职权,企业的财务、会计管理等,绝不能管得太多、太严,但又不能撒手不管,而应该进行必要的干预。在企业的设立、变更、终止过程中发生的经济管理关系和企业内部管理过程中发生的经济关系,简称企业组织管理关系。为了从法律上保证企业成为自主经营、自负盈亏的合格主体,能动地参与市场活动,改善经营管理,提高经济效益,可否认为,企业组织管理关系应该由经济法调整。⑤

---

① 桂世镛:《社会主义市场经济体制中计划的作用》,载《求是》1992年第23期,第37页。
② 顾功耘主编:《经济法教程》,上海人民出版社2002年版,第16页。
③ 参见李昌麒:《经济法学》,法律出版社2007年版,第62、66页。
④ 参见张守文:《经济法总论》,中国人民大学出版社2009年版,第33页。
⑤ 参见杨紫烜主编:《经济法》,北京大学出版社、高等教育出版社2006年版,第15页。

在经济法学界，有一些学者发表了与上述观点相同或类似的观点。例如，需要国家干预论认为，经济法调整的市场主体调控关系中，包括企业等经济个体因成立审批、商业登记、设权等发生的关系，以及经济个体在实行内部的管理过程中发生的关系。① 管理和协调论认为，企业法是经济法的组成部分，企业法的调整对象中包括企业内部的纵向经济关系，如企业总部与其分支机构（分厂、车间、班组等）的关系。② 国家调制论认为，对于经济法是否调整内部经济关系，回答是肯定的。③ 国家调节论认为，经济法的调整对象包括在国有企业设立、组织与经营管理活动中，国家主管部门相互之间、主管部门同企业之间和企业内部等方面的关系。④

另有一种意见认为，经济法不调整企业内部管理过程中发生的经济关系，对这种经济关系的调整，一般应适用民法等部门法的规定。

近年来，本章作者对企业组织管理关系的法律调整问题作了进一步研究，有若干新的认识。其基本精神是：既不是将企业组织管理关系与市场监管关系、宏观调控关系并列地作为经济法的调整对象，又不是将属于企业组织管理关系范围的一些经济关系一概排除于经济法调整对象之外。例如，在企业的设立、变更、终止过程中因审批和登记而发生的经济管理关系，可以作为市场监管法中的市场准入与退出法的调整对象。至于企业组织管理关系是否应由民法调整的问题，我们认为，企业组织管理关系不是"平等主体之间"的财产关系（即经济关系），不宜由民法调整。

第二，关于社会保障关系及其法律调整。

本书第二版曾经指出，在社会主义市场经济条件下，社会成员遇到风险后的基本生活应当给予保障。可是市场本身无法解决这个问题，因此需要国家进行协调，建立强制实施、互济互助、社会化管理的社会保障制度。在社会保障过程中发生的经济关系，简称社会保障关系。这种关系由经济法调整，有助于充分开发和合理利用劳动力资源，保障社会成员的基本生活权利，维护社会稳定，促进经济发展。⑤

在经济法学界，有一些学者提出了相同或类似的主张："经济法所调整的又一个方面的社会经济关系就是国家在实施二次分配和建立社会保障制度的过程中所形成的社会经济关系"。⑥ 需要国家干预论者对于社会保障关系的法律调整问题提出了这样的观点：经济法所调整的社会分配关系的表现形式之一，是社会保障分配关系，社会保险是我国整个社会保障体系的重要组成部分，社会保险关系应当纳入经济法的调整范围。⑦

---

① 参见李昌麒：《经济法——国家干预经济的基本法律形式》，四川人民出版社1995年版，第274页。
② 参见程信和：《经济法与政府经济管理》，广东高等教育出版社2000年版，第37—38页。
③ 参见张守文：《经济法理论的重构》，人民出版社2004年版，第268页。
④ 参见漆多俊：《经济法基础理论》，武汉大学出版社2000年版，第109页。
⑤ 参见杨紫烜主编：《经济法》，北京大学出版社、高等教育出版社2006年版，第15—16页。
⑥ 朱崇实：《对经济法调整对象的再思考》，载《现代法学》1998年第2期，第32页。
⑦ 参见李昌麒：《经济法——国家干预经济的基本法律形式》，四川人民出版社1995年版，第404、427、428页。

另一种观点认为,社会保障法属于民法的范围,社会保障关系是平等主体之间的经济关系,应由民法调整。有些学者主张,社会保障关系应由社会法调整。

近年来,我们对社会保障关系的法律调整问题又进行了一些研究,也有若干新的认识。总的看法是:不宜将社会保障关系与市场监管关系、宏观调控关系并列地作为经济法的调整对象;至于属于社会保障关系的各个组成部分,既不是经济法都不调整,也不是都由经济法调整。例如,作为社会保障关系重要组成部分的"社会保障基金形成关系,即政府和社会保障经办机构通过各种法定渠道向社会保障基金供给主体筹集社会保障基金的关系,具体表现为特定的税收关系、财政补贴关系、缴费关系、捐赠关系等形式"[①]。其中,财政补贴关系和税收关系,是分别由属于宏观调控法的财政法调整的,而不是民法和社会法调整的。又如,我国《合同法》关于赠与合同的法律规范所调整的社会关系,是财产赠与关系,其中包括社会救助基金的捐赠关系。这种财产关系是合同法调整的平等的财产关系的组成部分,属于作为民法调整对象的民事关系的范围。

第三,关于涉外经济关系及其法律调整。

涉外经济法是经济法的组成部分,属于国内法体系。其调整对象是特定的涉外经济关系。涉外经济关系,即具有涉外因素的经济关系。正确认识涉外经济关系的法律调整问题至关重要。

那么,涉外经济关系同市场监管关系、宏观调控关系是什么关系呢?我们认为,涉外经济关系与市场监管关系、宏观调控关系不是并列关系,而是交叉关系。因为市场监管关系、宏观调控关系包含了、但不仅是涉外的市场监管关系和宏观调控关系;同样,涉外经济关系也包含了、但不仅是涉外的市场监管关系和宏观调控关系。涉外的市场监管关系和宏观调控关系属于经济法调整对象的范围,这没有问题。问题是,不宜把包括了涉外的市场监管关系和宏观调控关系在内的涉外经济关系同市场监管关系、宏观调控关系并列地列为经济法的调整对象。

各种涉外经济关系是否都应由涉外经济法调整呢?不是。涉外经济法的调整对象,是在国家协调的本国经济运行过程中发生的涉外经济关系,它不调整各种涉外经济关系。例如,涉外买卖关系虽然属于涉外经济关系的范围,但应该由民法调整,而不归经济法调整。

能不能说涉外经济关系是国际经济法的调整对象呢?不能。因为国际经济法属于国际法体系,它的调整对象是在两个以上国家共同协调的国际经济运行过程中发生的经济关系,而涉外经济关系是由国内法调整的,国际法与国内法的界限不容混淆。

[①] 王全兴:《社会保障法的一般原理》,载杨紫烜主编:《经济法》,北京大学出版社、高等教育出版社1999年版,第499页。

第三节 经济法的定义

一、对经济法这一概念下定义应该注意的几个问题

（一）在经济法的定义中，要正确地概括经济法的调整对象

对经济法这一概念下定义时，为了用简练的语言揭示经济法这一概念的内涵，即经济法这一概念所反映的事物的本质属性，最重要的是要正确地概括经济法的调整对象。关于经济法的调整对象应该是什么样的经济关系，我们在前面已经作了阐述，不再重复。这里需要指出的是，在经济法的定义中对经济法调整对象的概括，要与对经济法调整对象内容的阐述相一致。

在对经济法这一概念下的定义中谈到经济法的调整对象时，有的论著使用了国家调节社会经济过程发生的各种社会关系的提法。这与其所说的经济法的调整对象包括同行政法的调整对象相交叉的社会关系，包括为保障国家调节，进行调解、仲裁或诉讼过程中有关各方之间发生的关系，是一致的。但是，以上观点同其作出的经济法的调整对象具有特定性，是一种特定的社会关系的正确论断，是矛盾的。

有的论著在对经济法这一概念下的定义中指出，经济法是调整"经济管理关系"的，而在阐述经济法调整对象的范围时，却未包括本来属于经济管理关系范围的企业管理关系，这易于使人对"经济管理关系"这个概念的外延产生误解。

有的经济法定义对经济法的调整对象概括为两类经济关系，其中包括"市场运行关系"，而在专门论述经济法的调整对象时却使用了"一定范围内的市场运行关系"的提法，两者互不一致。人们难以理解的是，能否以定义中使用的概念为准来理解经济法的调整对象呢？

（二）在经济法的定义中，不必列举各种法律规范所共有的属性

任何法都是由法律规范组成的，经济法也不例外。在经济法的定义中，只要指明了经济法是由法律规范组成的，这就表明，经济法具有各种法律规范所共有的属性。所以，在经济法的定义中，不宜再在法律规范之前写上"由国家制定或认可的""体现统治阶级意志的""以国家强制力保证实施的"等各种法律规范所共有的属性。因为这是没有必要的、多余的；这会使定义的文字相当繁琐而不简练；这会使一些缺乏法学知识的人误认为法律规范还有"由国家制定或认可的"和"不由国家制定或认可的"之分，有"体现统治阶级意志的"和"不体现统治阶级意志的"之分，有"以国家强制力保证实施的"和"不以国家强制力保证实施的"之分，从而造成不良影响。

（三）在经济法的定义中，不需要列举经济法的主体

在经济法的定义中，一些学者谈到了国家机关、企业、事业单位、社会团体、公民等经济法主体。在这里应当分析的问题是：在经济法的定义中，是否需要谈经济法的主体？我们认为，以某些主体之间发生的经济关系作为经济法调整的对象，以另一些主体之间发生的经济关系作为民法等法的部门的调整对象或调整对象的组成部分，

这实际上不是在以不同性质的经济关系而是在以不同的主体作为划分经济法与民法等法的部门的标准,这是不能解决问题的。正确的做法应该是,在经济法的定义中准确地指出什么是经济法的特定调整对象,因为只有这个特定的调整对象,才是经济法区别于其他法的部门的具有决定意义的特征。而一一列举经济法的主体的做法,还会使定义的文字很不简练。

(四) 在经济法的定义中,不应该使用含混的概念

在经济法的定义中,"经济法"是被揭示内涵的概念,即被定义项或称被定义概念,用来揭示"经济法"这个被定义项内涵的概念,即定义项或称定义概念。在对经济法这一概念下定义时,使用"一定条件下""某些""主要""次要"或者"纵向""横向"等含混的概念,是违反"定义项中不得使用含混概念"这一定义规则的。含混的概念,是指内涵和外延不明确的概念。下定义的目的,是为了明确被定义概念的内涵,而定义概念本身如果不明确,含糊不清,就无法揭示被定义概念的内涵,就不能达到下定义的目的。

(五) 在经济法的定义中,定义项的外延与被定义项的外延应该相等

定义的规则之一是:定义项的外延与被定义项的外延应该相等。就是说,定义项的外延既不能大于、也不能小于被定义项的外延。

在对经济法这一概念下定义时,在定义项中讲到经济法的调整对象时,使用"各种经济关系"、"许多不同种类的社会关系"的概念,其外延不仅包括了经济法的调整对象,而且包括了属于法的其他部门调整的社会关系。这样,就出现了定义项的外延大于经济法这一被定义项的外延的情况,犯了"定义过宽"的逻辑错误。这样的经济法定义,否认了经济法具有特定的调整对象,混淆了经济法与相关法的界限,为进而否定经济法是一个独立的法的部门提供了所谓"理论根据"。

在经济法的定义中,认为经济法是国家为了保证社会主义市场经济的协调发展而制定的,在定义项中使用"社会主义市场经济"的概念,定义项的外延是相当窄的,而作为被定义项的"经济法"这一概念包括了古今中外的经济法,其外延是比较宽的。这样,就出现了定义项的外延小于被定义项外延的情况,在逻辑学上叫做"定义过窄"。这样的经济法定义,实际上告诉人们,只有在社会主义市场经济条件下才有经济法,在社会主义国家的计划经济时期不存在经济法,在计划经济向社会主义市场经济过渡时期不存在经济法,在实行资本主义市场经济的国家不存在经济法,在奴隶制国家和封建制国家更不存在经济法。这种认识的正确性不是没有问题的。当然,下上述定义的学者不一定就有这种观点,但是这种"定义过窄"的情况至少是提供了一种经不起实践检验的法学信息。

(六) 经济法是以特定经济关系为调整对象的法律规范的总称

关于经济法的定义,我们可以看到几种不同的提法:"经济法是调整……经济关系的法律规范";"经济法是调整……经济关系的法律";"经济法是调整……经济关系的法规";"经济法是调整……经济关系的法规的总称";"经济法是调整……经济关系的法律规范的总称"。

我们认为,上述不同提法中的前几种提法都是值得商榷的。首先,组成经济法的法律规范即经济法律规范,都是调整特定经济关系的。说经济法是调整特定经济关系的法律规范,至少在语言的表述上没有明确地告诉人们,经济法不是由一个或几个而是由许许多多调整特定经济关系的法律规范组成的。其次,虽然相当一部分调整特定经济关系的法律规范,是通过国家最高权力机关及其常设机关制定的经济法律表现出来的,但是更多的调整特定经济关系的法律规范,是通过其他国家机关制定的规范性文件表现出来的;同时,在经济法律中,还常常包括一些属于法的其他部门的法律规范。因此,不能把上述某一个经济法律或是它们的总和同经济法等同起来。再次,调整特定经济关系的法律规范主要是通过大量调整经济关系的各种规范性文件,即广义上讲的经济法规表现出来的,但是也有一部分这样的法律规范不是通过经济法规而是通过其他规范性文件,包括宪法这样的具有最高法律效力的规范性文件表现出来的;同时,在经济法规中,还常常包括一些属于法的其他部门的法律规范。因此,无论把经济法说成是单个经济法规,还是经济法规的总称,都是不可取的。上述最后一种提法是经济法学界多数人的主张,也是我们一贯的观点。由于经济法本来就是由调整特定经济关系的全部法律规范组成的,经济法正是在法学上对于由特定经济关系作为调整对象的全部法律规范的总的称呼。

二、对经济法这一概念应该下一个什么样的定义

我们认为,可以对经济法这一概念下这样一个定义:经济法是调整在国家协调的本国经济运行过程中发生的经济关系的法律规范的总称。这个定义体现了我们对经济法调整对象的基本认识和对经济法这一概念下定义应该注意的几个问题的理解。它既反映了经济法与其他法共同具有的属性,又反映了经济法所特有的本质属性。这就不仅明确了经济法与其他法的部门的联系,而且把经济法与属于国际法体系的法的部门以及同属于国内法体系的其他法的部门区别开来。

下面,对经济法定义的三个方面基本含义进行论述:

第一,经济法属于法的范畴。

经济法同其他任何法的部门一样,都是由法律规范组成的,都是各有特定调整对象的法律规范的总称。因此,经济法属于法的范畴,与其他法的部门有着普遍的联系。

什么是法?法具有哪些特征呢?我们认为,法是由国家制定或认可的,体现统治阶级意志的,以国家强制力保证实施的社会规范的总称。法具有四个特征:一是法是由国家制定或认可的,即由法定的国家机关制定或认可的。非国家机关和不是法定的国家机关都无权制定或认可法。企业、事业单位、政党和社会团体作出的决定、通过的决议、制定的章程和发布的其他文件,都不是法;不能混淆它们与法的界限。二是法是体现统治阶级意志的。统治阶级意志就是掌握国家政权的阶级的意志。这种意志的内容是由统治阶级的物质生活条件决定的。这是法的阶级本质,也是经济法和其他法的阶级本质。三是法是以国家强制力保证实施的,即由国家的专门机关以

国家的名义采取强制措施保证实施的。四是法是由特殊的社会规范组成的。社会规范,是人类社会内部调整人们相互关系的行为规则。组成法的社会规范不同于语言规范、技术规范,也不同于政治规范、道德规范、宗教规范、其他社会团体的规章等社会规范,而是一种特殊的社会规范即法律规范。

第二,经济法属于国内法体系。

经济法调整的经济关系是在本国经济运行而不是国际经济运行过程中发生的。对这种经济运行的协调是一个国家的协调即国家协调,而不是国际协调即两个以上国家①的共同协调。为了运用法律手段进行这种国家协调,制定或认可经济法律规范的是一个国家,而不是两个以上国家。经济法体现的是一个国家的意志,而不是两个以上国家的协调意志。因此,经济法属于国内法②体系,不属于国际法③体系,不同于国际经济法④。

第三,经济法不同于国内法体系中的其他法的部门。

任何法都是调整一定社会关系的。经济法调整的社会关系是特定的"经济关系",而不是政治关系、人身关系等非经济关系。但是,调整经济关系的国内法部门又不仅是经济法。应该认为:不是在"本国经济运行"过程中发生的经济关系,不属于经济法调整对象的范围;在本国经运行过程中发生的经济关系如果不体现"国家协调",也不属于经济法调整对象的范围。所以,经济法不同于国内法体系中的民法、行政法等法的部门。

---

① 这里说的两个以上国家,包括两个以上国家参加的国际组织在内;两个以上,包括本数在内。
② 国内法,是指由一个国家制定或认可的法律规范的总称。
③ 这里讲的国际法,是指由两个以上国家共同制定或认可的法律规范的总称。这是对国际法这个概念的广义的理解;从狭义上讲,国际法仅指国际公法。
④ 对国际经济法这个概念,国内外学者有不同的理解。我们认为,国际经济法是调整在两个以上国家共同协调的国际经济运行过程中发生的经济关系的法律规范的总称。

第二章 经济法的地位

第一节 经济法地位的概念

经济法的地位,是指经济法在法的体系①中所处的位置。为了明确其含义,要搞清楚何谓法的体系,它在法的体系中是不是一个独立的法的部门,它与其他法的部门是什么关系,它是否属于公法,其重要性如何。

法的体系是由多层次的、门类齐全的法的部门组成的有机联系的统一整体。法的部门是由全部现行法律规范,根据调整对象的不同,进行分类组合而成的。就横向结构而言,组成法的体系的法的部门,是门类齐全而不是残缺不全的;就纵向结构而言,组成法的体系的法的部门,是层次分明的而不是杂乱无章的。所谓多层次的法的部门,是指属于第一层次的法的部门可以分别划分为若干个第二层次的法的部门,第二层次的法的部门又可以分别划分为若干个第三层次的法的部门,这样的划分可以一直进行到满足实践的需要为止。就一个国家而言,各层次的各个法的部门虽然都有自己特定的调整对象,但它们又都建立在同一的经济基础之上,体现着同一的阶级意志,具有共同的指导思想和任务,因而形成为有机联系的统一整体。

法的体系不同于规范性文件的体系。因为规范性文件体系是由多层次的、门类齐全的规范性文件组成的有机联系的统一整体。多层次的规范性文件,包括具有最高法律效力的规范性文件——《宪法》以及《宪法》统率下的基本规范性文件、主要规范性文件、辅助规范性文件等。在这里,需要着重搞清楚"中国特色社会主义法律体系"与法的体系的区别。我们认为,中国特色社会主义法律体系,是指由符合中国国情的,体现社会主义基本制度要求的,多层次的、门类齐全的规范性文件组成的有机联系的统一整体。简言之,中国特色社会主义法律体系,是指符合中国国情的,体现社会主义基本制度要求的规范性文件体系。中国特色社会主义法律体系有三个基本标志:一是符合中国国情;二是体现社会主义基本制度要求;三是规范性文件体系。中国特色社会主义法律体系与法的体系的主要区别有二:其一,中国特色社会主义法律体系是由规范性文件组成的体系;法的体系是由法的部门组成的体系。第九届全国人大第一次会议批准的《全国人民代表大会常务委员会工作报告》指出,在第八届全国人大及其常委会任期的五年内,通过法律 85 个、有关法律问题的决定 33 个,共计 118 个,为形成有中国特色社会主义法律体系奠定了基础。② 第九届全国人大第二

---

① 法学界往往把由"法律部门"组成的部门法体系称为"法律体系",但是也有把规范性文件体系称为"法律体系"的。为了避免概念上的混淆,我们主张,将由法的部门组成的体系称为"法的体系",将由规范性文件组成的体系称为"法律体系"。

② 参见《全国人民代表大会常务委员会公报》1998 年第 1 号。

次会议批准的《全国人民代表大会常务委员会工作报告》指出,按照五年立法规划,本届任期内要制定和修改法律89个,初步形成中国特色社会主义法律体系。① 第十届全国人大第二次会议批准的《全国人民代表大会常务委员会工作报告》指出,列入本届人大常委会五年立法规划的立法项目共76件,制定这个立法规划着眼于本届任期内基本形成中国特色社会主义法律体系。② 可见,中国特色社会主义法律体系是由"法律"而不是法的部门组成的。这里说的"法律",不是从部门法意义上讲的,而是从规范性文件意义上讲的。规范性文件有层次之分,它不仅包括全国人大及其常委会制定的法律,而且包括国务院和其他有关国家机关分别制定的法规、地方性法规、规章等规范性文件。所以,由规范性文件组成的中国特色社会主义法律体系,不同于由法的部门组成的法的体系。其二,中国特色社会主义法律体系是由中国的、社会主义的规范性文件组成的体系,其外延不包括外国的、非社会主义的规范性文件组成的体系;法的体系的外延,不仅包括国内法体系,而且包括国际法体系。

法的体系也不同于法学体系。因为法学体系是由多层次的、门类齐全的法学学科组成的有机联系的统一整体。对于法学怎么具体划分分支学科,目前在法学界尚无定论。但是,在法学学科是否多层次的问题上,应该作出肯定的回答。例如,整个法学可以划分为国内法学、国际法学。对于国内法学、国际法学,根据实践的需要,还可以继续进行划分。

由于法的体系是由多层次的、门类齐全的法的部门组成的,因此要回答经济法在法的体系中所处的位置问题,必须说明它是不是一个独立的法的部门。如果经济法是某一层次的一个独立的法的部门,则表明它在法的体系中具有一定的位置;如果经济法在任何层次上都不是一个独立的法的部门,那就是说它不是法的体系的组成部分,在法的体系中没有什么位置可言。

我们认为,经济法是一个独立的法的部门。而独立的法的部门当然不仅仅是经济法。那么,经济法与其他独立的法的部门是什么关系呢?这也是搞清楚经济法的地位需要回答的一个问题。

在法理学上,不少国家将法划分为公法和私法两大法域。在中国法学界,目前一般也认同这种划分。经济法属于何种法域,也涉及其地位问题。这是我们在研究经济法的地位时需要进行论述的问题之一。

每个独立的法的部门都是实践所需要的,但是它们的重要性并不都是相同的。经济法的重要程度如何,也直接关系到它在法的体系中的位置。如何判断一个法的部门的重要性,不决定于研究该法的学者的主观愿望,而决定于该法作用的大小。我国《宪法》明确规定:在社会主义初级阶段,"国家的根本任务是,沿着中国特色社会主义的道路,集中力量进行社会主义现代化建设"。我国经济法之所以是一个重要的

---

① 参见《全国人民代表大会常务委员会公报》1999年第2号。
② 参见《全国人民代表大会常务委员会公报》2004年第3号。

法的部门,从根本上来说,是因为它对于坚持社会主义道路,保障和促进社会主义现代化建设,具有重要作用。

第二节 经济法是一个独立的法的部门

一、为什么说经济法是一个独立的法的部门

在我国,经济法学界相当一致地认为,经济法是一个独立的法的部门;整个法学界绝大多数人也认为,经济法是一个独立的法的部门。当然,重要的问题,并不在于主张经济法是一个独立的法的部门的人是不是占绝大多数,是不是越来越多。重要的问题是,应该实事求是地回答为什么说经济法是一个独立的法的部门。

大家知道,凡调整特定社会关系的全部现行法律规范,就组成一个独立的法的部门。法的体系之所以由多个法的部门组成,决定于法律规范所调整的社会关系的多样性。根据法律规范调整对象的不同,可以把现行的法律规范划分为若干类。这每一类现行的法律规范,在法学上称为一个独立的法的部门。可见,每一个独立的法的部门,必有自己特定的调整对象;没有特定的调整对象,就不能成为一个独立的法的部门。法的调整对象是划分法的部门的标准。

因此,经济法是不是一个独立的法的部门,决定于经济法是否具有特定调整对象。那么,经济法有没有特定的调整对象呢? 有。因为第一,它的调整对象有一定的范围。这个范围就是经济法只调整在国家协调的本国经济运行过程中发生的经济关系,不调整其他经济关系,更不调整非经济关系。第二,经济法的调整对象同其他法的部门的调整对象是可以分开的。就是说,经济法调整的在国家协调的本国经济运行过程中发生的经济关系是有自己的特征的,同其他法的部门的调整对象既不是交叉的,也不是重叠的。所以,有充分的理由指出,经济法是一个独立的法的部门。

我们说的"特定的调整对象",不同于所谓"单一的调整对象"。有一种观点认为,法的部门的建立需以单一的调整对象为前提。就是说,凡是独立的法的部门其调整对象都必须是单一的,调整对象不单一的都不能成为一个独立的法的部门。对此,我们不敢苟同。如果同意这种观点,就意味着否定调整对象并不是单一的民法是独立的法的部门。因为民法调整一定范围的财产关系和人身关系这两种不同性质的社会关系。而否定民法为独立的法的部门,将会造成法学理论和法制建设的混乱。这是我们不愿意看到的。

能不能说,划分法的部门的主要标准是调整对象,同时,应辅之以调整方法呢? 这是一个需要讨论的问题。我们认为,同一次划分法的部门必须按照相同的标准进行,不能在同一次划分终了以前改变划分的标准。如果在同一次划分法的部门时交叉地使用调整对象、调整方法等不同的标准,就会使划分出来的各个法的部门的外延互相交叉,界限不清。这在逻辑学上叫做"多标准交叉划分"。这样做不能使我们通过划分法的部门达到明确法这一概念的外延的目的。

有些法学论著为了证明"经济法是一个独立的法的部门"这一命题的真实性,除了提到经济法的调整对象以外,还列举了经济法的主体、调整方法、处理程序的特殊性,经济法产生的必然性,以及社会主义国家经济管理职能的加强,经济司法机关的建立等作为论据。这实际上等于说,划分法的部门是有许多标准的,从而模糊了划分法的部门的真正标准,因而不能有力地说明为什么经济法是一个独立的法的部门。其实,能否证明"经济法是一个独立的法的部门"这一命题的真实性,并不取决于人们提出的论据数量的多少。如果不是针对命题提出论据,如果提出的论据同命题之间没必然的联系,论据提得再多,对于证明命题的真实性是无济于事的。相反,这倒反而使有些人从中找到否定经济法是一个独立的法的部门的"理由"。

二、对于否认经济法是一个独立的法的部门的观点的评析

法学界有些学者为了否认经济法是一个独立的法的部门,从不同的角度提出了种种论据。这些都是值得商榷的。其中具有代表性的论据之一,是说经济法没有特定的调整对象。这显然不能成立。有些学者认为,经济法的调整对象同民法、行政法、国际经济法的调整对象存在交叉、重叠的现象。这实际上否定了这些法各自都有特定的调整对象。这同他们中的部分学者承认经济法等是独立的法的部门是自相矛盾的。对以上两种观点,前面已经作了分析,不必赘述。为了进一步明确为什么经济法是一个独立的法的部门,我们再来分析一下以下几种观点:

第一种观点认为,在历史唯物主义看来法都是经济的,因此经济法不是一个独立的法的部门,连"经济法"这个名称也不科学。应该指出,各种法都是建立在一定经济基础之上又为这种经济基础服务的,但绝不是各种法都调整经济关系,绝不能把各种法和调整特定经济关系的经济法混为一谈。拿"法都是经济的"作为论据,是根本不能否定经济法是一个独立的法的部门的;说"经济法"这个名称也不科学,这种观点本身就是不科学的。

第二种观点认为,无论是单个的经济法规还是这些经济法规的总和,都不能构成独立的法的部门,因此经济法不是一个独立的法的部门。我们认为,否定经济法是一个独立的法的部门之所以错误,并不是因为无论是单个经济法规还是这些经济法规的总和,都不能构成独立的法的部门这一论据不正确,而是因为持这一观点的学者所省略的另一个论据,即经济法就是"单个的经济法规或是这些经济法规的总和"是错误的。

第三种观点认为,各种单行经济法规只是民法的补充,因此不能说经济法是一个独立的法的部门。应该指出,许多单行经济法规所调整的经济关系,如在国家协调的本国经济运行过程中发生的经济关系,就不是民法所调整的。所以,不能说各种单行经济法规是民法的补充,不能因此否定经济法是一个独立的法的部门。同时,经济法本来就不是各种单行经济法规的总称,因而以"各种单行经济法规只是民法的补充"为论据,来否定经济法是一个独立的法的部门,也是没有道理的。

第四种观点认为,财政法、土地管理法都是独立的法的部门,因此不能认为包括

财政法、土地管理法在内的经济法也是独立的法的部门。我们认为,财政法、土地管理法都有特定的调整对象,可以形成为各自独立的法的部门。但是,它们的调整对象和作为经济法组成部分的其他法的调整对象,同属于在国家协调的本国经济运行过程中发生的经济关系的范围,具有普遍性。而在国家协调的本国经济运行过程中发生的经济关系对于其他社会关系来说,又是具有特殊性的。正如毛泽东同志所指出的:"由于事物范围的极其广大,发展的无限性,所以,在一定场合为普遍性的东西,而在另一一定场合则变为特殊性。反之,在一定场合为特殊性的东西,而在另一一定场合则变为普遍性。"[①]所以,根据马克思主义哲学关于特殊性与普遍性的辩证关系的原理,不能承认了财政法、土地管理法是独立的法的部门(更确切地说,是独立的经济法部门),而否认经济法是一个独立的法的部门。

第三节 经济法与相关法[②]的关系

一、经济法与民法

(一) 经济法与民法的联系

经济法与民法的联系,主要表现如下:

1. 在调整对象方面

经济法与民法各自都有特定的调整对象,都调整一定范围的经济关系。[③]

2. 在渊源方面

经济法与民法的渊源,都包括宪法、法律、法规、规章等规范性文件和习惯法、判例法、法定解释。

3. 在独立地位方面

经济法和民法在整个法的体系中,都属于国内法体系,都是独立的法的部门,而不是综合部门,更不是法学学科。

4. 在作用方面

经济法和民法对于保护当事人的合法权益,维护经济秩序,推动改革、开放和国民经济的发展,都发挥着巨大作用。

(二) 经济法与民法的区别

经济法与民法的区别,主要表现在以下几个方面:

1. 调整对象不同

经济法的调整对象是在国家协调的本国经济运行过程中发生的经济关系,它不

---

① 《毛泽东选集》第1卷,人民出版社1991年版,第318页。
② 法的部门究竟有几个?是哪些?还是远远没有取得共识的问题。可参见杨紫烜:《论建立中国特色法律责任体系》,载《经济法学家》,北京大学出版社2005年版,第37—39页。在本书中,我们论述的经济法与民法、行政法、国际经济法的关系,是从部门法意义上讲的。同时,我们也论述了经济法与商法的关系。对于商法是不是一个部门法,存在着不同的认识。本书是从规范性文件的意义上来讲它与经济法的关系的。
③ 民法所调整的财产关系,实际上就是经济关系。

调整人身关系。民法调整的对象是民事关系,即作为平等主体的自然人之间、法人之间、其他组织之间,以及他们相互之间发生的财产关系和人身关系。

2. 法律关系主体不同

经济法的主体有协调主体和协调受体,包括国家机关、经济组织、市场中介组织,以及农户、个体工商户、个人等。民法的主体是自然人[①]、法人和其他组织。

3. 作用不同

经济法作为国家协调本国经济运行之法,比较注重维护国家利益和社会公共利益,同时维护个人和组织的利益。民法作为体现市场调节机制之法,比较注重维护自然人、法人和其他组织的利益,同时维护国家利益和社会公共利益。

4. 调整方法不同

经济法采取了奖励与惩罚相结合的调整方法;就惩罚而言,对于违反经济法义务而引起的不利法律后果,采取追究经济责任和非经济责任相结合的制裁形式;非经济责任包括行为责任、信誉责任、资格减免责任和人身责任。民法对于违反民法义务而引起的不利法律后果,主要采取民事制裁的形式。

总之,经济法与民法既有联系,又有区别,它们都属于国内法体系,它们之间是并列关系,而不是从属关系,也不是交叉关系。

二、经济法与商法

商法是不是一个独立的法的部门,这是一个颇有不同意见的问题。在阐述经济法与商法的关系时,要注意所谓"商法"是从部门法意义上讲的,还是从规范性文件意义上讲的。下面,谈两个问题:

(一)在中国,有没有必要形成一个"商法"部门

在中国,形成一个"商法"部门究竟有没有必要,应该坚持理论联系实际的原则,经过深入研究,力求取得共识。这是一项事关中国法学发展和中国法制建设发展的大事。但是,中国法学界对此还缺乏深入研究。对于是否需要形成一个"商法"部门,无论作出肯定回答还是否定回答的学者,至今都尚未提出系统的、有充分说服力的论据。

主张形成"商法"部门的学者,在有关论著中提出的论据主要有三个:一是认为,实行"民商分立"的国家不仅制定了《民法典》,而且制定了《商法典》,表明其承认商法是一个独立的法的部门;中国也应实行"民商分立",制定《商法典》,使商法成为一个独立的法的部门。二是认为,中共十四届三中全会作出的《关于建立社会主义市场经济体制若干问题的决定》[②]明确提出在我国要进一步完善商法,而过去我们党和国家始终没有使用过商法的概念。三是认为,使商法成为一个独立的法的部门,是发展

[①] 自然人是法人的对称,指自然界中的人,是民事权利和义务的主体。自然人与公民是两个不同的概念。公民是指具有一国国籍,并根据该国宪法、法律的规定,享有权利和承担义务的人。凡是公民都是自然人,而自然人不一定是公民,不能把自然人等同于公民。

[②] 载《人民日报》1993 年 11 月 17 日。

商品经济、实行市场经济的需要。我们认为,上述观点值得商榷。

第一,在我国没有必要制定《商法典》。

大家知道,由于历史和现实情况的差异,国外在民事、商事立法方面出现了不同立法模式:一部分国家既没有制定《民法典》,也没有制定《商法典》①;一部分国家制定了《民法典》,没有制定《商法典》;一部分国家不仅制定了《民法典》,而且制定了《商法典》。我们中国有自己的国情,对国外的做法不能照搬,只能借鉴。如果因为有些国家制定了《商法典》,而认为中国就应该制定,那么大多数国家没有制定《商法典》,我们为什么不可以借鉴呢?当然,要不要借鉴不能视其数量的多少,而要看制定了《商法典》能否更好地推动国民经济的发展,但是至今并不能证明这一点。

再从商事立法的发展来看,起初其立法宗旨是为了维护商人阶层的特殊利益,后来随着社会化大生产的发展,出现了人的普遍商化和生产职能与流通职能的相互渗透,很多情况下商人与非商人、商行为与其他经济行为已无法区分,商人阶层及其特殊利益不再存在。民法学者也指出:"从我国情况看,把企业和公民分为商人和非商人,把商品经济活动分为商事行为和民事行为,也是行不通的。……不能也不必要单独制订商法典和商法总则。"②

第二,制定《商法典》不等于形成"商法"部门。

法理学告诉我们,是否形成为一个独立的法的部门,同是否制定相关法典没有必然的联系。没有制定《民法典》《经济法典》《行政法典》等相关法典,并不影响民法、经济法、行政法等作为独立的法的部门的存在;反之,制定了《商法典》等法典,并不等于形成了相应的部门法。因为任何一个独立的法的部门都是调整同一类社会关系的法律规范的总称,而不是指某一个规范性文件,即使该规范性文件的名称叫做法典也是如此。

第三,完善商事法律也不等于形成"商法"部门。

中共中央在《关于建立社会主义市场经济体制若干问题的决定》中指出,要遵循宪法规定的原则,加快经济立法,进一步完善民商法律、刑事法律、有关国家机构和行政管理方面的法律,20世纪末初步建立适应社会主义市场经济的法律体系。③ 这里说的"民商法律",就是民事法律和商事法律。商事法律不等于商法。党中央在上述《决定》中并没有使用"商法"这个概念。就商事法律而言,无论其数量多寡,都不能将其视为"商法"部门。要完善商事法律,并不等于要形成"商法"部门。

第四,没有特定的调整对象,不能形成"商法"部门。

有些学者对商法这个概念下了若干定义,归纳起来有两类:一是就其内容下定义;二是就其调整对象下定义。前者,最有代表性的定义是:商法是关于商人和商行

---

① 美国是否制定了相当于一些大陆法系国家制定的《商法典》那样的法典呢?江平教授指出:"美国虽然制定了统一商法典,但它与欧洲大陆国家的商法典有很大不同。它规定的不是上述的各种商法制度,而主要是商品买卖制度。"见江平:《西方国家民商法概要》,法律出版社1984年版,第6页。
② 王利明:《论中国民法典的制订》,载《政法论坛》1998年第5期,第52页。
③ 载《人民日报》1993年11月17日。

为的法律。后者,最有代表性的定义是:商法是调整商事关系的法律规范的总称。什么是商事关系?对商法下定义的学者虽未具体说明,但是联系到他们较为普遍认可的商法的内容来分析,也就不难了解商事关系包括关于商事主体的法律规定和商事行为的法律规定所调整的经济关系。由于这种经济关系分别属于民法和经济法这两个法的部门调整对象的范围,它不是什么特定的调整对象,因此,调整这种经济关系的法律规范虽然数量很多,但并不能形成为"商法"部门。

第五,从中国经济发展的现实需要来看,不需要形成"商法"部门。

根据我国历史的传统和现实的国情,我们已经有了全面调整社会主义市场经济关系的民法和经济法这两大法的部门,它们既充分发挥其各自的功能,又相互紧密配合,共同引导、推进和保障社会主义市场经济体制的建立和完善,推动国民经济平稳、较快发展,因而,不需要也不应该把一部分本应分别属于民法和经济法的法律规范凑合在一起,称其为独立于民法和经济法的"商法"部门。① 在是否需要与可能形成"商法"部门的问题上,有些学者正确地指出:"在我国当前,并无在民法、经济法……之外另立商法部门的客观条件和法学基础。"②"商法本身不可能组成部门法体系"。③

(二) 经济法与规范性文件意义上讲的"商法"的关系

从规范性文件意义上讲的"商法",在有些学者看来,包括公司、票据、保险、海商等方面的规范性文件。就这些规范性文件的内容而言,包括关于商事主体和商事行为两类法律规定。前者,调整的对象包括:在商事主体设立、变更、终止过程中发生的经济管理关系;在商事主体设立、变更、终止过程中发生的市场交易关系;在商事主体内部管理过程中发生的经济关系(简称内部管理关系)。后者,调整的对象包括:在市场交易过程中发生的经济关系(简称市场交易关系);在市场监管过程中发生的经济关系(简称市场监管关系)。

我们认为,上述市场交易关系属于民法调整对象的范围;在被一些学者所称的商事法律、法规等规范性文件中,调整上述市场交易关系的法律规范,实质上是民事法律规范,应该将其归入民法部门。上述经济管理关系属于经济法调整对象的范围;在被一些学者所称的商事法律、法规等规范性文件中,调整上述经济管理关系的法律规范,实质上是经济法律规范,应该将其归入经济法部门。

三、经济法与行政法

(一) 经济法与行政法的联系

经济法与行政法的联系,主要表现如下:

1. 在调整对象方面

经济法与行政法各自都有特定的调整对象,都调整一定范围的管理关系。它们

---

① 参见杨紫烜:《建立市场经济体制与经济法的发展》,载《光明日报》1993 年 6 月 6 日。
② 史际春:《社会主义市场经济与我国的经济法》,载《中国法学》1995 年第 3 期,第 56 页。
③ 王利明:《论中国民法典的制订》,载《政法论坛》1998 年第 5 期,第 52 页。

调整的都是以服从为特征的社会关系。

2. 在渊源方面

经济法与行政法的渊源,都包括宪法、法律、法规、规章等规范性文件和习惯法、判例法、法定解释。

3. 在独立地位方面

经济法与行政法在整个法的体系中,都属于国内法体系,都是独立的法的部门,而不是综合部门,更不是法学学科。

4. 在作用方面

经济法与行政法对于维护国家利益和社会公共利益,对于国家的改革和发展,都发挥着巨大的作用。

(二)经济法与行政法的区别

经济法与行政法的区别,主要表现在以下几个方面:

1. 调整对象不同

经济法是调整在国家协调的本国经济运行过程中发生的经济关系的。这种经济关系是一种包括市场监管关系、宏观调控关系在内的经济管理关系。行政法以调整行政管理关系为宜,而不调整经济管理关系。如果经济管理关系由行政法调整,就意味着主要依靠行政层次、行政区划、行政手段来管理经济,这就会造成政企职责不分,使企业成为国家机构的附属物,压抑企业的生机和活力,不符合我国经济体制改革的方向,不利于国民经济的发展。

2. 法律关系主体不同

经济法的主体包括协调主体和协调受体。作为协调主体的国家机关包括国家权力机关和行政机关。行政法的主体包括行政主体、行政相对人和其他行政法主体。行政主体除了国家授权的组织以外,只能是国家行政机关。

3. 作用不同

经济法对于引导、推进和保障经济体制改革的发展起着重要的作用。行政法对于引导、推进和保障政治体制改革的发展起着重要的作用。经济法在推动国民经济的发展方面所起的作用,比行政法所起的作用更为直接和明显。

4. 调整方法不同

经济法除了实行奖励以外,对于违反经济法义务而引起的不利法律后果,采取追究多种经济责任和非经济责任的制裁形式。行政法除了实行奖励以外,对于违反行政法义务而引起的不利法律后果,主要采取行政制裁的形式。

总之,经济法与行政法既有联系,又有区别,它们同属国内法体系,它们之间是并列关系,而不是从属关系、交叉关系。

四、经济法与国际经济法

(一)经济法与国际经济法的联系

经济法与国际经济法的联系,主要表现如下:

1. 在调整对象方面

经济法与国际经济法各自都有特定的调整对象,都是调整在国家协调的经济运行过程中发生的经济关系的,不调整其他经济关系,更不调整非经济关系(如经济法律关系、国际经济法律关系等等)。

2. 在渊源方面

规范性文件不仅是国际经济法的主要渊源,而且一般来说也是经济法的主要渊源。

3. 在法律关系主体方面

经济法与国际经济法的主体都包括个人、企业和非企业实体(如事业单位、社会团体)。

4. 在独立地位方面

经济法与国际经济法都是整个法的体系中的一个独立的法的部门,而不是综合部门或者边缘性综合体,更不是法的独立学科或者边缘学科。

5. 在作用方面

经济法与国际经济法对于维护经济秩序,推动经济发展,都发挥着巨大的作用。

(二) 经济法与国际经济法的区别

经济法与国际经济法的区别,主要表现在以下几个方面:

1. 调整对象不同

经济法的调整对象,是在国家协调的本国经济运行过程中发生的经济关系。国际经济法的调整对象,是在两个以上国家共同协调的国际经济运行过程中发生的经济关系。

2. 渊源不同

经济法的渊源,包括宪法、法律、法规、规章等规范性文件和习惯法、判例法、法定解释等。在上述法律、法规、规章中,涉外的经济法律、法规、规章也是经济法的渊源。国际经济法的渊源包括条约、国际组织(主权国家参加的)制定的规范性文件和国际习惯法。涉外的经济法律、法规、规章不是国际经济法的渊源。

3. 法律关系主体不同

国家、国际组织、单独关税区一般不是经济法的主体,而是国际经济法的主体。

4. 创制主体不同

组成经济法的法律规范,即国内经济法律规范,是由一个国家制定或认可的。因此,经济法属于国内法体系。组成国际经济法的法律规范,即国际经济法律规范,是由两个以上国家共同制定或认可的。因此,国际经济法属于国际法体系。

5. 作用不同

经济法主要是在维护本国的经济秩序,推动本国经济的发展方面发挥作用。国际经济法主要是在建立国际经济新秩序,推动世界经济发展方面发挥作用。

总之,经济法与国际经济法既有联系,又有区别,它们虽然分别属于国内法体系和国际法体系,但在整个法的体系中它们是并列关系,而不是从属关系或交叉关系。

第四节　经济法的法域属性

一、公法和私法的概念

古罗马法学家 D. 乌尔比安首先提出公法、私法的划分以后,被后代法学家广泛采用。但是,由于国内外法学界对其划分标准存在着意见分歧,因而对于公法、私法的概念至今没有统一的认识。就立法而言,现在还没有一个国家对公法、私法的概念下定义。为了说明经济法与公法、私法这两大法域的关系,需要先谈一谈我们对划分公法和私法标准的认识以及对公法、私法概念的理解。

关于划分公法和私法的标准,主要有三种理论:一是利益论(目的论),即以保护国家利益为目的的法为公法,以保护私人利益为目的的法为私法;二是主体论,即规定法律关系的主体一方或双方代表公共权力的法为公法,规定法律关系的主体双方均为私人的法为私法;三是服从论(权力论),即规定国家与公民、法人之间权力服从关系的法为公法,规定公民、法人之间权利对等关系的法为私法。[1]

上述三种理论都有一定道理,它们相互之间也有密切的联系。按照以上理论,保护国家利益的法,必须有代表公共权力的一方或双方主体参加法律关系,形成主体之间的权力服从关系;而保护私人利益的法,其主体双方均为私人,其相互之间的关系是权利对等关系。

但是又要看到,上述任何一种理论又都各自存在一定的缺陷。例如,按照利益论,保护公民、法人利益的法,被视为保护私人利益的私法。但是,法人包括国家机关法人、企业法人在内,国有企业法人是企业法人中的一种,那么,保护国家机关法人、国有企业法人的利益难道就不是维护国家利益吗? 又如,按照主体论,法律关系的主体只有两类,即代表公共权力的主体和私人,那么,不是"私人"的国家机关难道就只能以公共权力代表的资格参加法律关系吗? 再如,按照服从论,规定国家与非公民的自然人、非法人的企业或其他组织之间的权力服从关系的法律规范被排除在公法之外,规定非公民的自然人、非法人的企业或其他组织之间权利对等关系的法律规范被排除在私法之外,也都值得商榷。

既然国内外法学界对于公法、私法的划分标准长期不能统一认识,而已有的一些划分标准也都存在缺陷,因此,可以考虑在吸取划分公法、私法的有关理论长处的基础上,创立一种新的理论——对象论,即以调整对象作为划分公法和私法的标准。我们认为,调整服从关系的法可称为公法;调整平等关系的法可称为私法。换言之,公法是调整服从关系的法律规范的总称;私法是调整平等关系的法律规范的总称。应该注意的是,作为公法和私法调整对象的社会关系均不包括法律关系,因

---

[1] 参见《中国大百科全书·法学》,中国大百科全书出版社 1984 年版,第 80 页;程信和:《公法、私法与经济法》,载《中外法学》1997 年第 1 期,第 11 页;张文显主编:《法理学》,高等教育出版社 2003 年版,第 81—82 页。

为法律关系是根据法的规定发生的权利和义务关系,它不能作为任何法的调整对象。

二、对否认经济法属于公法范围的观点的评析

在经济法与公法、私法的关系以及经济法的法域属性问题上,国内外法学界否认经济法属于公法范围的观点主要有二:一是认为,经济法兼具公法与私法的性质,但是,并不认为经济法是公法、私法之外的新的法域;二是认为,经济法属于第三法域或第三法域(社会法)的组成部分。

我们认为,对于上述观点进行评析,应该明确以下几个问题:

第一,不能把经济法视为经济法律的总称或经济法律、法规、规章等规范性文件的总称。

有一种观点以经济法律、法规中往往既有公法规范又有私法规范为"理由",得出经济法兼具公法与私法性质的结论。我们认为,经济法律、法规中往往既有公法规范又有私法规范,这是符合实际的。问题是,不能因此就认为经济法兼具公法与私法的性质。有些学者得出上述结论表明,他们实际上是把经济法视为经济法律的总称或经济法律、法规、规章等规范性文件的总称,而这是不正确的。因为许多经济法律、法规、规章等规范性文件中的法律规范并不都是经济法规范,而这些规范性文件以外的成文法或不成文法中还有大量经济法规范。经济法是由全部经济法律规范即经济法规范组成的,只要是经济法规范,无论其表现形式如何,它们都属于经济法的范围;反之,凡不是经济法规范,即使它们是以经济法律、法规、规章等规范性文件为表现形式的,它们也不属于经济法的范围。

第二,不能把经济法视为由公法规范与私法规范组成的第三法域。

有一种观点认为,经济法律、法规中往往既有公法规范又有私法规范,因此,不能将经济法归入公法或私法,应该承认经济法是第三法域的典型代表。我们认为,不能把既有公法规范又有私法规范的经济法律、法规一概划归公法或一概划归私法,这是有道理的。问题是,把经济法律、法规等规范性文件中存在公法规范与私法规范,视为经济法中存在公法规范与私法规范,这实际上就是把经济法视为经济法律、法规等规范性文件的总称,而这是不正确的。还应该指出,上述规范性文件中存在的公法规范与私法规范,并不因为存在于同一个或同一类规范性文件中而改变为第三种类型的法律规范,它们不能组成第三法域。

第三,不能认为经济法只是维护社会公共利益的。

有一种观点认为,经济法以社会为本位,是维护社会公共利益的,因此,它不是公法,也不是私法,而是社会法或社会法的组成部分。需要指出,经济法具有维护社会公共利益的一面,但是绝不只是维护社会公共利益的,那种认为经济法只是维护社会公共利益即全体社会成员的共同利益的观点,是不符合实际情况的,是违反阶级分析的方法的,是片面的。

第四,不能认为"法律三元结构"的观点是科学的。

有一种观点认为,在"三元社会结构"的基础上,产生了"法律三元结构",经济法是作为第三法域的社会法的组成部分。我们认为:在仍然存在着阶级和阶级斗争的现代社会中,认为法的结构的变化产生了只维护社会全体成员利益的社会法是不可取的;法所调整的社会关系按其是否具有隶属性进行划分,只能划分为服从关系与平等关系,按照"对象论"只能将法划分为公法与私法两大法域,而不可能有既不是公法也不是私法的第三法域。对于法域三元论的观点,有些学者早就指出:"认为经济法是与公法、私法相平列的、独立的第三法域的观点是欠妥当的,即三元论的观点是不尽如人意的。"①

三、经济法属于公法的范围

学术界有不少人认为,经济法属于公法的范围,不是公法规范与私法规范的混合,也不是什么第三法域。② 他们分别指出:经济法"属于公法范围"。"经济法属于公法的范畴",是"经济公法"。"从经济法自身的调整对象和立法宗旨,可以认为经济法属于传统公法,具有公法的性质。""经济法属于公法的范围,不属于私法的范围,不是部分公法、私法规范的混合,也不是什么第三法域。""经济法属于公法范畴"。

我们认为,要真正搞清楚经济法之所以属于公法的范围,除了我们"对否认经济法属于公法范围的观点的评析"时所指出的、应该明确的几个问题以外,还必须明确下列四个问题:

第一,明确公法、私法的划分标准。

如前所述,在公法、私法划分标准问题上的"利益论""主体论""权力论"都各有可取之处,又都各有一定缺陷。这就需要总结经验,取长补短,并在此基础上形成一种新的理论——"对象论",即以调整对象作为划分公法、私法的标准。

第二,明确公法、私法的调整对象和概念。

在明确了公法、私法的划分标准以后,还要进一步了解公法、私法的调整对象是什么样的社会关系,这是明确其概念的关键。如前所述:公法是调整服从关系的法律规范的总称;私法是调整平等关系的法律规范的总称。

第三,明确经济法的调整对象与公法、私法调整对象的关系。

应该认为,经济法是以在国家协调的本国经济运行过程中发生的经济关系为调整对象的,这种经济关系属于公法所调整的服从关系的范围,而不属于私法调整的平

---

① 张守文、于雷:《市场经济与新经济法》,北京大学出版社1993年版,第80页。
② 参见〔法〕罗伯·萨维:《法国法律上的经济法概念》,载《法学译丛》1983年第5期;〔法〕阿莱克西·雅克曼、居伊·施朗斯:《经济法》,宇泉译,商务印书馆1997年版,第57—58、74—75页;张守文、于雷:《市场经济与新经济法》,北京大学出版社1993年版,第80页;杨紫烜主编:《经济法》,北京大学出版社、高等教育出版社2010年版,第51页;王家福:《社会主义市场经济的法律保障》,见全国干部培训教材编审指导委员会组织编写:《社会主义法制理论读本》,人民出版社2002年版,第299页。

等关系的范围。

第四,明确经济法与公法、私法的关系。

根据以上对经济法和公法、私法调整对象的关系的分析,可以得出结论:经济法规范是公法规范而不是私法规范,经济法属于公法的范围而不属于私法的范围,它也不是什么第三法域或第三法域的组成部分。

第三章　经济法的体系

第一节　经济法体系的概念

一、研究经济法体系的概念以承认经济法的存在为前提

只有承认经济法,才会承认经济法体系的存在;承认经济法体系的存在,就有研究经济法体系概念的必要。

在第二次世界大战以后,苏联有一种关于经济法的理论——综合部门法论认为,每一个独立的法律部门在法的体系中都有一定的地位,而作为综合部门的经济法在法的体系中"没有任何位置"。①

有的中国学者说:"经济法不是一个独立的法律部门。""经济法没有自己的法律体系"。②

我们认为,在整个法的体系中经济法是一个独立的法的部门,经济法本身又有自己的体系;否认经济法作为一个独立的法的部门的客观存在,否认经济法具有自己的体系,即经济法体系,这不是唯物主义的态度,是不正确的。

二、怎样理解经济法体系的概念

在经济法体系的概念问题上,法学界存在着多种不同的观点。其中,有些观点是正确的或基本上是正确的。他们分别认为:经济法体系,是由多层次的经济法部门组成的有机联系的统一整体;经济法体系,是由多层次的、门类齐全的经济法部门组成的有机联系的统一整体;经济法体系是由经济法规范构成的体系或系统;可将经济法体系定义为由各个经济法部门组成的有机联系的统一整体。③ 此外,另有一些观点分别认为:经济法体系可指经济立法体系,也可指经济法学体系;经济法体系包括经济立法体系、经济法律体系、经济法学体系;经济法律体系,是指经济法这一法律部门的体系;经济法体系即经济法规体系;经济法体系是经济法规体系和经济法学体系的总体;我国经济法的体系包括总论、分论、附论(经济仲裁和经济司法)。应该指出,这些

---

① 参见张世明:《经济法学理论演变研究》,中国民主法制出版社2000年版,第157页。
② 佟柔:《关于经济法的几个理论问题》,载《中国法学》1984年第2期,第62、64页。
③ 参见杨紫烜:《论经济法的若干理论问题》,载《北京大学学报(哲学社会科学版)》1986年第3期,第66页;杨紫烜:《管理—协作经济法论纲》,载《经济法制》1990年第11期,第10页;杨紫烜:《论新经济法体系——关于适应社会主义市场经济需要的经济法体系的若干问题》,载《中外法学》1995年第1期,第1页;肖江平:《经济法学术体系的构造——兼论经济法体系》,载《经济法研究》第3卷,北京大学出版社2003年版,第66页;张守文:《经济法理论的重构》,人民出版社2004年版,第264页;王保树主编:《经济法原理》,社会科学文献出版社2004年版,第69页;顾功耘、罗培新主编:《经济法前沿问题》,北京大学出版社2006年版,第2页。

观点分别混淆了经济法体系同经济立法体系、经济法律体系、经济法规体系、经济法学体系、经济法教材体系的界限,将它们混为一谈,是不可取的。

我们认为,对"经济法体系"这一概念,应该下这样一个定义:"经济法体系是由多层次的、门类齐全的经济法部门组成的有机联系的统一整体。"①其基本含义有三:

第一,经济法体系是由"经济法部门组成的有机联系的统一整体"。经济法体系是由经济法部门组成的。不同的经济法部门各有特定的调整对象,各有自己的特点,但又相互关联、彼此依赖,形成一个统一的整体。

第二,组成经济法体系的经济法部门是"多层次的"。根据经济法律规范的调整对象是否具有某种属性,可以把经济法划分为若干个较大的经济法部门,然后又可以将每个较大的经济法部门再划分为若干个较小的经济法部门。为满足实践的需要,这样的划分可以进行多次。经过连续划分②,必然形成多层次的经济法部门。可见,就纵向结构而言,经济法体系是层次分明而不是杂乱无章的。

第三,组成经济法体系的经济法部门是"门类齐全的"。这里说的"门类齐全",要求属于经济法调整对象范围的每个层次的特定经济关系的各个方面,都有相应的经济法部门予以调整。可见,就横向结构而言,经济法体系是门类齐全而不是残缺不全的。

三、经济法体系的概念与相关概念的关系

(一) 经济法体系同经济立法体系的关系

如前所述,有的学者认为,经济法体系可指经济立法体系。有的学者认为,经济法体系包括经济立法体系。前者,实质上是将经济法体系等同于经济立法体系;后者,实质上是将经济立法体系视为经济法体系的组成部分。这都不妥。

我们认为,经济立法体系,是指由列入经济立法规划的、多层次的、门类齐全的规范性文件组成的有机联系的统一整体。简言之,经济立法体系,是列入经济立法规划的规范性文件体系。

经济法体系不能等同于经济立法体系。它们之间的区别主要表现在三个方面:一是组成经济法体系的是经济法部门,而组成经济立法体系的是列入经济立法规划的规范性文件③;二是组成经济法部门的法律规范都是经济法律规范即经济法规范,而组成经济立法体系的规范性文件(即列入经济立法规划的规范性文件)中的法律规范不仅仅是经济法规范;三是组成经济法部门的经济法规范是现行的,而组成经济立法体系的规范性文件中的法律规范是计划制定或修改的(只有执行了经济立法规划,制定或修改的规范性文件开始施行后,其中的法律规范才是现行的)。

经济法体系同经济立法体系的联系主要表现在两个方面:一是组成经济法体系

---

① 杨紫烜:《论新经济法体系》,载《中外法学》1995年第1期,第1页。
② "连续划分是把一次划分得出的子项作为母项,继续划分出子项,直到满足实践的需要为止。"见吴家麟主编:《法律逻辑学》,群众出版社1983年版,第62页。
③ 这种规范性文件是以经济关系或主要以经济关系为调整对象的。

的经济法部门中的经济法规范,除了以习惯法、判例法、法定解释为表现形式的以外,在现代国家大多数是通过调整或主要调整经济关系的规范性文件表现出来的,少数是通过其他规范性文件表现出来的。因此,在现代国家,建立和实施经济立法体系,制定和修改多层次的、门类齐全的调整或主要调整经济关系的规范性文件,有助于使组成经济法体系的经济法部门中的经济法规范的数量得到增加,质量得到提高,从而促进经济法体系的建立和完善。二是在现代国家,建立和完善经济法体系需要有计划、有步骤地制定和修改多层次的、门类齐全的调整或主要调整经济关系的规范性文件,从而促进经济立法体系的建立和实施。

(二) 经济法体系同调整或主要调整经济关系的规范性文件体系的关系

如前所述,有些学者认为,经济法律体系指经济法这一法律部门的体系;或者认为,经济法体系包括经济法律体系。有些学者认为,经济法体系即经济法规体系;或者认为,经济法体系包括经济法规体系。他们有的将经济法体系等同于经济法律体系或经济法规体系,有的将经济法律体系或经济法规体系视为经济法体系的组成部分。这都混淆了经济法体系同经济法律体系、经济法规体系的界限,是不可取的。需要指出,以上所说的经济法律体系、经济法规体系,实际上指的是调整或主要调整经济关系的规范性文件体系。

我们认为,调整或主要调整经济关系的规范性文件体系,是指由调整或主要调整经济关系的,多层次的、门类齐全的规范性文件组成的有机联系的统一整体。这一定义的基本含义有四:一是该体系是由规范性文件组成的有机联系的统一整体。组成这一体系的不同的规范性文件虽然各有自己的特点,但又相互关联、彼此依赖,形成一个统一的整体。二是这种规范性文件是以经济关系或主要以经济关系为调整对象的。这里说的经济关系,不仅包括经济法调整的市场监管关系、宏观调控关系,而且包括民法调整的平等的经济关系,以及别的法调整的其他经济关系。三是这种规范性文件是多层次的。它包括调整或主要调整经济关系的经济法律、经济法规、经济规章等规范性文件。四是这种规范性文件是门类齐全的。它要求各个层次的规范性文件分别调整或主要调整各类经济关系。

经济法体系同调整或主要调整经济关系的规范性文件体系之间的区别主要表现在两个方面:一是组成经济法体系的是经济法部门,而组成调整或主要调整经济关系的规范性文件体系的是经济法律、经济法规、经济规章等规范性文件;二是组成经济法部门的法律规范都是经济法规范,而组成调整或主要调整经济关系的规范性文件中的法律规范不仅包括经济法规范,而且包括调整平等经济关系的民法规范和调整其他经济关系的其他法的规范。

经济法体系同调整或主要调整经济关系的规范性文件体系之间的联系也主要表现在两个方面:一是组成经济法体系的经济法部门中的经济法律规范,除了以习惯法、判例法、法定解释为表现形式的以外,在现代国家大多数是通过调整或主要调整经济关系的规范性文件表现出来的,少数是通过其他规范性文件表现出来的。从这个意义上来说,认为调整或主要调整经济关系的规范性文件体系是经济法体系的表现形式有一定道理,但是不能简单地说它们是内容和形式的关系。建立和完善调整或主要调整经济关系的规范性文件体系,有助于使组成经济法体系的经济法部门中的经济法规范的数量得到增加,质量得到提高,从而促进经济法体系的建立和完善。二是在现代国家,不制定和修改调整或主要调整经济关系的规范性文件,就不会有经济法体系的建立和完善;建立和完善经济法体系需要制定和修改调整或主要调整经济关系的规范性文件,从而促进调整或主要调整经济关系的规范性文件体系的建立和完善。

(三) 经济法体系同社会主义市场经济法律体系的关系

在全国人民代表大会和全国人大常委会的文件中,多次使用"社会主义市场经济法律体系"[①]这一概念。对于社会主义市场经济法律体系的有关问题,曾经是我国学术界、特别是法学界研究的一个热点问题。

我们认为,社会主义市场经济法律体系,是指由调整或主要调整社会主义市场经济关系的、多层次的、门类齐全的规范性文件组成的有机联系的统一整体。简言之,社会主义市场经济法律体系,是指调整或主要调整社会主义市场经济关系的规范性文件体系。

经济法体系与社会主义市场经济法律体系的区别主要有二:一是经济法体系是由经济法部门组成的体系;社会主义市场经济法律体系是由规范性文件组成的体系。第八届全国人大第三次会议批准的《全国人民代表大会常务委员会工作报告》指出:"为了实现本届常委会任期内大体形成社会主义市场经济法律体系框架的目标,要按照五年立法规划的要求,继续抓紧制定一批有关社会主义市场经济方面的法律,如票据法、保险法、国有资产管理法、合同法、担保法、破产法等。"[②]第八届全国人大第五次会议批准的《全国人民代表大会常务委员会工作报告》指出:"要按照本届内大体形成社会主义市场经济法律体系框架的要求,继续把经济立法放在重要位置,抓紧制定有关市场经济方面的法律,如国有资产法、证券法、期货交易法等。"[③]第九届全国人大第一次会议批准的《全国人民代表大会常务委员会工作报告》指出:第八届"任期内制定的有关市场经济方面的法律,连同以前制定的有关市场经济法律,初步构成社会主义市场经济法律体系框架"[④]。以上说的"市场经济方面的法律",不是从法的部门的意义上讲的,而是从规范性文件的意义上讲的。这里说的规范性文件,不仅包括全国人民代表大会及其常委会制定的经济法律,而且包括其他法定的国家机关制定的经济法规、经济规章等规范性文件。可见,社会主义市场经济法律体系是由规范

---

① 第八届全国人民代表大会第三次会议批准的《全国人民代表大会常务委员会工作报告》,见《全国人民代表大会常务委员会公报》1995年第3号;第八届全国人民代表大会第四次、第五次会议《关于全国人民代表大会常务委员会工作报告的决议》,见《全国人民代表大会常务委员会公报》1996年第3号、1997年第2号;第九届全国人民代表大会第一次会议批准的《全国人民代表大会常务委员会工作报告》,见《全国人民代表大会常务委员会公报》1998年第1号。

② 《全国人民代表大会常务委员会公报》1995年第3号。

③ 《全国人民代表大会常务委员会公报》1997年第2号。

④ 《全国人民代表大会常务委员会公报》1998年第1号。

性文件而不是经济法部门组成的。由规范性文件组成的社会主义市场经济法律体系,不同于由经济法部门组成的经济法体系。二是组成经济法体系的经济法部门,不仅包括社会主义的经济法部门,而且包括非社会主义的经济法部门;组成社会主义市场经济法律体系的规范性文件是以社会主义市场经济关系为调整对象或主要调整对象的,它不包括调整或主要调整非社会主义市场经济关系的规范性文件。

(四) 经济法体系同经济法学体系的关系

如前所述,有的学者认为,经济法体系,也可以指经济法学体系。有的学者认为,经济法体系包括经济法学体系。前者,实际上是将经济法体系等同于经济法学体系;后者,实际上是将经济法学体系视为经济法体系的组成部分。这都不妥。因为上述观点未能正确认识经济法体系同经济法学体系的明显区别以及它们之间的联系,混淆了它们的界限。

我们认为,经济法学体系,是指由多层次的、门类齐全的经济法学的分支学科组成的有机联系的统一整体。

经济法体系与经济法学体系的区别主要有二:一是组成经济法体系的是经济法部门,而组成经济法学体系的则是经济法学分支学科。经济法学分支学科除了与各个经济法部门相对应的经济法学分支学科以外,还包括经济法基本理论、经济法制史学、比较经济法学等学科。二是组成经济法部门的法律规范是国家创制的,具有法律约束力,而经济法学分支学科的观点和内容不是国家创制的,没有法律约束力。

经济法体系同经济法学体系也有密切的联系:一是组成一国经济法体系的经济法部门,是该国经济法学研究的主要内容,它制约着这个国家经济法学体系的形成;二是一国经济法学的发展及其体系的形成,特别是经济法基本理论研究的开展和深入,又会影响该国经济法体系的建立和发展。

(五) 经济法体系同经济法教材体系的关系

如前所述,有的学者认为,我国经济法的体系包括总论、分论、附论(经济仲裁和经济司法)。这是把20世纪80年代的一些经济法教材的结构当做了经济法体系的结构,是不恰当的。

关于经济法体系同经济法教材体系的关系,应该指出:编写经济法教材是供经济法教学用的,经济法教材体系必然会在不同程度上反映经济法体系;但是,它们的区别是不言而喻的,不能把经济法教材体系视为经济法体系。经济法的教学实践表明,不能要求把由多层次的、门类齐全的经济法部门组成的经济法体系的全部内容一一列入经济法教材体系之中,这是一方面;另一方面,根据实际需要,有些虽不属于经济法体系的内容,也可以列入经济法教材体系之中。

第二节 经济法体系的结构

一、经济法体系的结构的概念

由于经济法体系不同于经济立法体系、调整或主要调整经济关系的规范性文件体系、社会主义市场经济法律体系、经济法学体系、经济法教材体系,因此,经济法体系的结构也不同于这些其他体系的结构,不能互相混淆。

要正确认识经济法体系结构的概念,应当以正确认识经济法体系的概念为前提。关于经济法体系的概念,前面已经作了论述,这里不再重复。此外,还需要了解"结构"这一语词的含义。按照《现代汉语规范词典》的解释,结构是"构成事物整体的各个部分及其配搭、组合的方式"[1]。

基于对经济法体系这一概念的理解和上述《词典》对"结构"的解释,我们认为,经济法体系的结构,是指经济法体系究竟是由哪些层次、哪些门类的经济法部门组成(或构成)的。

二、形成经济法体系的结构的依据

形成经济法体系的结构的依据,是经济法调整对象的结构。经济法是以特定经济关系为调整对象的,不同层次的经济法部门是以不同层次的特定经济关系为调整对象的,各个层次的不同门类的经济法部门是以各该层次的特定经济关系的不同方面为调整对象。因此,经济法体系的结构,决定于作为经济法所调整的特定经济关系的结构。也就是说,经济法调整对象的结构,决定了经济法体系的结构。属于经济法调整对象范围的不同层次、不同门类的特定经济关系的结构,决定了经济法体系的结构是多层次的、门类齐全的经济法部门。

如前所述,经济法调整的特定经济关系,是在国家协调的本国经济运行过程中发生的经济关系。这种经济关系有层次之分和门类之别。它们分别成为不同层次、不同门类经济法部门的调整对象。在现代市场经济条件下,经济法体系的结构中第一层次的经济法部门,是市场监管法和宏观调控法。对于市场监管法和宏观调控法,根据实践的需要,还可以继续进行划分。

三、经济法体系的结构的内容

(一) 市场监管法属于经济法体系的结构的内容

1. 市场监管与市场监管法的概念

(1) 市场监管的概念

如前所述,市场监管,是指法定的国家机关对市场准入与退出以及市场经营主体在其存续期间的运营进行的监督和管理。这一定义指明了市场监管主体是"法定的国家机关",即依法赋予市场监督管理职权的主体。市场监管的对象包括两个方面:一是尚未进入市场的个人和组织及其业务准入市场,已经进入市场的市场经营主体及其业务退出市场;二是市场经营主体在其存续期的运营。这里说的"运营",指周而复始地开展业务活动。这里说的"监督和管理",是指监察、督促和管辖、治理。

---

[1] 《现代汉语规范词典》,外语教学与研究出版社、语文出版社2004年版,第669页。

(2) 关于"市场监管法"这一语词的使用

任何概念都是通过语词来表达的。概念是语词的思想内容;语词是概念的语言表达形式。同一个概念不一定只用同一个语词来表达;表达同一个概念的不同语词不一定都是正确的。目前,经济法学界使用的"市场监管法""市场管理法""市场规制法""市场调控法""市场障碍排除法""市场秩序维护法""市场秩序规制法""市场运行法""市场运行规制法"等语词,不同的学者想表达的大体上是同一个概念。但是,在这些语词中,有的合适,有的有一定道理,有的值得商榷。

那么,对于上述语词的使用应该怎样评析呢?究竟使用何种语词才是准确表达概念的语言形式呢?我们认为,需要指出以下几点:一是使用"市场监管法"这一语词,是准确表达概念的语言形式,并且具有政策、法律上的充分依据。二是使用"市场管理法"这一语词是可以的,但不如使用"市场监管法"更好。"市场管理法"这一语词中的"管理"是从广义上讲的,包含了"监督"的内容,就其实际含义而言,它同"市场监管法"是基本相同的,但使用"市场监管法"提高了市场监督的地位。相对来说,使用"市场监管法"这一语词更好一些。对此,笔者在本书第一章中进行了论述,这里不必赘述。三是使用"市场规制法"这一语词当然有道理,但是还以不使用为好。在本书第一章中,我们论述了由于人们对于"规制"这一语词有多种不同的理解,必然会导致对"市场规制""市场规制关系"这两个语词的歧义,因此,这两个语词以不使用为好。根据同样的理由,本书也不主张使用"市场规制法"这一语词。四是使用"市场调控法"这一语词,易与"宏观调控法"相混淆。例如,本应属于宏观调控法范围的对市场供求关系调节和控制的法律规范,就很可能被人们视为"市场调控法"的内容。五是使用"市场障碍排除法"这一语词,也值得商榷。因为在提出这一语词的学者看来,市场障碍,即限制竞争和不正当竞争,这样,"市场障碍排除法"实际上就是指"竞争法",而"市场障碍排除法"或"竞争法"是不包括本来属于市场监管法范围的消费者权益保护法、产品质量法等在内的。六是使用"市场秩序维护法"这一语词,不利于明确经济法与民法的界限。因为属于民法范围的合同法等也具有维护市场秩序的功能。七是使用"市场秩序规制法"这一语词,也不很恰当。因为它不仅包括了"规制"这一容易引起歧义的语词,而且包括了使用"市场秩序法"这一语词的缺点。八是使用"市场运行法"这一语词,不妥。因为它包括了市场交易法、市场监管法两方面的内容,而市场交易法属于民法的范围,将"市场运行法"视为经济法的组成部分,混淆了经济法与民法的界限。九是使用"市场运行规制法"这一语词,同样不妥。因为这不仅包括了"规制"这一容易引起歧义的语词,而且包括了使用"市场运行法"这一语词的不足之处。

(3) 市场监管法的定义

市场监管法的调整对象是,在国家进行市场监督管理过程中发生的经济关系,简称市场监督管理关系,即市场监管关系。

市场监管法,是指调整在国家进行市场监督管理过程中发生的经济关系的法律规范的总称。这个定义有四个基本含义:一是市场监管法属于法的范畴。因为它同其他法一样都是由法律规范组成的。二是市场监管法属于国内法体系。因为组成市场监管法的法律规范所调整的市场监管关系是在本国经济运行过程中发生的,对这种经济运行的协调是一个国家的协调,市场监管法律规范是由一个国家制定或认可的。三是市场监管法属于经济法体系。因为市场监管法调整的市场监管关系属于经济法调整对象——在国家协调的本国经济运行过程中发生的经济关系——的范围。四是市场监管法又不同于同属于经济法体系的宏观调控法。因为作为市场监管法调整对象的市场监管关系,不同于作为宏观调控法调整对象的宏观调控关系。

2. 市场监管法的地位

(1) 市场监管法是经济法体系中的一个独立的法的部门

市场监管法是不是一个独立的法的部门,决定于它是否具有特定的调整对象。市场监管法属于哪一个部门法的体系,决定于它的调整对象属于哪一个法的部门的调整对象的范围。由于市场监管法具有特定的调整对象,其调整对象属于经济法调整对象的范围,因此,市场监管法是经济法体系中的一个独立的法的部门。

(2) 市场监管法是经济法体系中的一个重要的法的部门

市场监管法之所以是一个重要的法的部门,是由于它发挥着重要作用:一方面,它为规范市场活动主体及其业务准入与退出市场的行为提供法律依据,为规范市场活动主体存续期的运营行为提供法律依据;另一方面,它又为规范市场监管主体的市场监管行为提供法律依据。因此,市场监管法的创制和实施,有助于保护市场活动主体的合法权益,维护市场经济秩序,保障经济安全,实现市场功能,促进经济社会发展。

在经济法体系中,能否认为市场监管法是经济法的核心呢?我们认为,回答应该是否定的。因为市场监管法和宏观调控法是经济法体系中的两个法的部门,从它们之间的相互关系来看,不能将市场监管法视为处于核心或中心的地位,而将宏观调控法置于市场监管法周围的地位。

(3) 市场监管法与其他法的关系

对此,需要着重指出两点:一是由于市场监管法与宏观调控法各自都有特定的调整对象,它们的调整对象又都属于经济法调整对象的范围,因此,它们都是经济法体系中的独立的法的部门,它们之间是并列关系;二是由于在整个法的体系中,经济法与民法、行政法是并列关系,市场监管法是经济法体系中的一个独立的法的部门,因此,市场监管法与民法、行政法部门既不是包含关系,也不是交叉关系。

还应该看到,在一些市场监管法律中存在着某些民法规范或行政法规范,但是,不能据此认为市场监管法与民法、行政法是交叉关系。因为市场监管法是市场监管法律规范的总称,而不是市场监管法律的总称;市场监管法律中的民法规范或行政法规范分别属于民法和行政法而不属于市场监管法。

(4) 市场监管法的法域属性

市场监管法是以在国家进行市场监督管理过程中发生的经济关系为调整对象的。这种经济关系发生在法定的国家机关与市场活动主体之间,它属于公法调整的服从关系的范围,而不属于私法调整的平等关系的范围。因此,调整这种服从关系的市场监管法,属于公法的范围,而不属于私法的范围。

有一种观点认为,市场规制法具有公法与私法相互融合渗透的特点。对此,我们不敢苟同。大家知道,在不少有关法律中既有公法规范又有私法规范,这是事实。但是,不能据此认为"市场规制法"是公法与私法的"融合"。因为这种观点,实际上等于说作为一个法的部门的"市场规制法"是关于"市场规制"方面的法律的总称,而这是不能成立的。

3. 市场监管法的体系

市场监管法是经济法体系中的一个独立的法的部门,它本身又有自己的体系。市场监管法体系是由多层次的、门类齐全的市场监管法部门组成的有机联系的统一整体。需要注意的是,市场监管法体系与市场监管法律体系虽有密切联系,但是不能混为一谈:前者,是由市场监管法部门组成的;后者,是由市场监管法律、法规、规章等规范性文件组成的。

要明确市场监管法体系的结构的内容,还应该搞清楚划分市场监管法的标准是什么。我们认为,根据实践的需要,对于市场监管法,可以按照不同的标准进行多种不同的划分。如果以市场监管的行业为标准,可以将市场监管法划分为广告监管法、电信市场监管法、房地产监管法、金融监管法等。对于这些监管法还可以继续划分。例如,可将金融监管法划分为银行业监管法、证券监管法、保险监管法、期货监管法等。这是实践所需要的。但是,要形成市场监管法体系,必须按照调整对象为标准进行连续划分,从而形成多层次的、门类齐全的市场监管法体系。市场监管法体系也正是以调整对象为标准对市场监管法进行连续划分形成的。对于市场监管法,以调整对象为标准可以划分为市场准入与退出法、竞争法、消费者权益保护法、产品质量法等;然后,可以继续划分。例如,市场准入法①可以划分为主体准入法和业务准入法。前者,又可以划分为一般市场主体准入法和特殊市场(国家作出特殊规定的市场,如涉及公共安全的军工产品市场,涉及人民身体健康的食品、药品市场等,下同)主体准入法;后者,又可以划分为商品准入法、服务准入法、投资准入法等。市场退出法②可以划分为主体退出法和业务退出法。前者,又可以划分为一般市场主体退出法和特殊市场主体退出法;后者,又可以划分为商品退出法、服务退出法、投资退出法等。

(二) 宏观调控法属于经济法体系的结构的内容

1. 宏观调控与宏观调控法的概念

(1) 宏观调控的概念

"宏观"一词原是物理学中的一个名词,它与"微观"一词相对,是指能为人的肉眼所见的外界范围。1933 年,"宏观"一词被引入经济学领域。20 世纪 40 年代以后,

---

① 市场准入法,是指调整在准许个人、组织及业务依照法定的条件和程序进入市场过程中发生的经济关系的法律规范的总称。

② 市场退出法,是指调整在已经进入市场的主体及业务依照法定的条件和程序离开市场过程中发生的经济关系的法律规范的总称。

这一概念开始在西方经济学中被广泛应用。在西方经济学中,"宏观"一词总是与国民经济活动所表现出来的那些经济总量相联系的。① 在现代汉语中,"宏观"泛指有关战略整体的或全局的。②

"调控"即调节和控制。调节,是从数量上或程度上调整控制,使符合要求;控制,是掌握、支配,使不越出一定范围。③

关于宏观调控,《现代汉语规范词典》指出,宏观调控,是指从总体和全局上对事物的发展和变化进行调节和控制。④ 这是从广义上讲的,它包括不同领域的宏观调控。

我们认为,从狭义上讲,宏观调控,是指国家为了实现经济总量的基本平衡,促进经济结构的优化,推动经济社会的协调发展,对国民经济总体活动进行的调节和控制。这表明:宏观调控的主体是以具有宏观调控权的国家权力机关和行政机关为代表的国家;宏观调控的客体是国民经济总体活动;宏观调控的功能是对国民经济总体活动进行调节和控制;宏观调控的基本目标是实现经济总量的基本平衡,促进经济结构的优化,推动经济社会的协调发展。人们通常说的宏观调控是从狭义上讲的,仅指经济领域的宏观调控,即宏观经济调控。其根据有二:一是我国现行《宪法》的规定。《宪法》第15条第2款规定的"国家加强经济立法,完善宏观调控"告诉我们:国家通过加强经济领域的立法需要完善的宏观调控,就是经济领域的宏观调控;反之,要完善经济领域的宏观调控需要加强的立法,就是经济领域的立法。二是中共中央关于社会主义市场经济体制的两个《决定》⑤。这两个《决定》中所讲的"建立健全宏观经济调控体系"、"健全的宏观调控体系"、"继续改善宏观调控"、"完善国家宏观调控体系"中使用的"宏观经济调控"和"宏观调控"这两个语词,是在同一个意义上使用的。如果没有特别说明,本书所使用的宏观调控就是从狭义上讲的。

为了进一步明确宏观调控这一概念,了解一下经济学界关于宏观调控的主要任务或宏观经济政策目标的论述是有益的。有的学者认为,宏观调控的主要任务是国际上通行的四个方面,即促进经济增长,增加就业,稳定物价,保持国际收支平衡。但是,与发达市场经济国家不同,中国现阶段的宏观调控,其主要任务,除保持宏观经济总量的基本平衡外,还包含重大结构的调整,如收入分配,以及产业结构、地区经济结构、城乡经济结构、消费结构、投资结构等的调整。⑥ 还有一些学者指出,目前,国内外的宏观经济学界都有将宏观经济政策目标的内容扩大化的趋向。国外有学者将收入分配平等程度纳入宏观政策目标。在国内,比较有代表性的观点是,我国宏观经济政

---

① 参见刘晓西:《宏观经济管理》,载《经济改革名词解释》(第一辑),辽宁人民出版社1981年版,第12页。
② 《现代汉语规范词典》,外语教学与研究出版社、语文出版社2004年版,第541页。
③ 同上书,第1292、754页。
④ 同上书,第541页。
⑤ 《关于建立社会主义市场经济体制若干问题的决定》,载《人民日报》1993年11月17日;《关于完善社会主义市场经济体制若干问题的决定》,载《人民日报》2003年10月22日。
⑥ 张卓元:《转变政府职能,改善经济调控》,载《经济参考报》2002年12月4日。

策目标有三类：一是稳定目标，包括充分就业、物价稳定和对外收支平衡；二是发展目标，包括保持适当的增长率、短期需要服从长期发展；三是平等目标，包括对社会困难群体的关照。① 事物都是发展变化的，宏观调控也不例外，在不同的国家和同一个国家的不同时期，宏观调控的内容和目标是不同的或者不完全相同的。

(2) 关于"宏观调控法"这一语词的使用

在中国经济法学界，普遍认为宏观调控法属于经济法的范围，但是使用了不同的语词，如"宏观调控法""宏观经济调控法""国家宏观调控法""宏观经济管理法""经济调控法""经济管理法""国家对经济的引导促进法"等。

我们认为，在上述语词中，有些语词的使用者虽然主观上想表达的思想内容没有问题，但是，该语词本身是否确切尚需讨论。一是关于"国家宏观调控法"这一语词的使用。我们讲的"宏观调控"本来就是国家进行的调控，因此，使用"国家宏观调控法"这样的语词虽然没有错，但是在"宏观调控法"之前加"国家"实际上并没有必要。二是关于"宏观经济管理法"这一语词的使用。宏观经济管理中的"宏观"是相对于微观经济管理中的"微观"而言的。"微观"本是自然科学、特别是物理学中所使用的概念，原意是"微小"，以肉眼所不能及为限。由于企业管理所涉及的是单个经济单位，所以也就被称为微观经济管理。② 宏观经济管理是相对于微观经济管理而言的，也就是微观经济管理以外的管理，即企业管理以外的管理。可见，宏观经济管理所涉及的范围比宏观调控要广。例如，市场管理并不属于宏观调控的范围，但它不是企业管理，而属于宏观经济管理的范围。所以，使用"宏观经济管理法"这一语词不如使用"宏观调控法"这一语词好。三是关于"经济调控法"这一语词的使用。如上所述，"宏观调控法"即"宏观经济调控法"。"经济调控法"与"宏观经济调控法"相比，少了"宏观"二字，而少了这两个不应缺少的字的语词——"经济调控法"——是不确切的。四是关于"国家对经济的引导促进法"这一语词的使用。据使用这一语词的学者的解释，该语词"大致相当于我国人们所谓的宏观调控法"。"大致相当于"表明，它与宏观调控法是存在差别的。这一差别也就是该语词在准确表达概念的语言形式上的差别。大家知道，语词是概念的语言表达形式。应该说，在上述几个语词中，"宏观经济调控法"、"宏观调控法"（从狭义上讲的"宏观调控"即宏观经济调控，因此，"宏观调控法"即"宏观经济调控法"）才是准确表达概念的语言形式。"宏观调控法"这一语词在我国被法学界、特别是经济法学界广泛使用不是偶然的。因为在我国《宪法》中明确规定了要通过加强经济立法，"完善宏观调控"；在全国人大和国务院的文件中，在中共中央关于建立和完善社会主义市场经济体制的《决定》中，经常使用"宏观调控"这一语词。可见，使用"宏观调控法"这一语词，同《宪法》以及党和国家的文件的精神是一致的。

---

① 中国社会科学院经济研究所课题组：《宏观经济理论研究的新进展》，载《人民日报》2002年12月28日。

② 参见杜月昇：《微观经济管理》，载《经济改革名词解释》（第一辑），辽宁人民出版社1981年版，第14页。

(3) 宏观调控法的定义

宏观调控法的调整对象是,在国家对国民经济总体活动进行调节和控制过程中发生的经济关系,简称宏观调控关系。

宏观调控法,是指调整在国家对国民经济总体活动进行调节和控制过程中发生的经济关系的法律规范的总称。这个定义有四个基本含义:一是宏观调控法属于法的范畴。因为它同其他法一样都是由法律规范组成的。二是宏观调控法属于国内法体系。因为组成宏观调控法的法律规范所调整的宏观调控关系是在本国经济运行过程中发生的,对这种经济运行的协调是一个国家的协调,宏观调控法律规范是由一个国家制定或认可的。三是宏观调控法属于经济法体系。因为宏观调控法调整的宏观调控关系属于经济法调整对象——在国家协调的本国经济运行过程中发生的经济关系——的范围。四是宏观调控法又不同于同属于经济法体系的市场监管法。因为作为宏观调控法调整对象的宏观调控关系,不同于作为市场监管法调整对象的市场监管关系。

2. 宏观调控法的地位

(1) 宏观调控法是经济法体系中的一个独立的法的部门

宏观调控法之所以是一个独立的法的部门,是因为它具有特定的调整对象,这就是前面说的"在国家对国民经济总体活动进行调节和控制过程中发生的经济关系,简称宏观调控关系"。它之所以属于经济法体系,是因为它的调整对象属于经济法调整的特定经济关系的范围,即在国家协调的本国经济运行过程中发生的经济关系的范围。

(2) 宏观调控法是经济法体系中的一个重要的法的部门

宏观调控法在经济法体系中为什么是一个重要的法的部门呢?这可以从以下两个方面来论述:

其一,从宏观调控法与宏观调控的关系来看。

完善宏观调控是实行现代市场经济体制的内在要求。现代市场经济就是市场在国家宏观调控下对资源配置起基础性作用的经济体制。无论在中国还是外国,在现代市场经济条件下,市场对资源配置起着基础性作用。但是,市场调节具有自发性、滞后性和一定盲目性,在经济运行中存在着"市场失效"或"市场失灵"。因此,必须由宏观调控来解决市场调节解决不了或解决不好的问题。

完善宏观调控是推动经济社会的协调发展的需要。要实现经济总量的基本平衡,促进经济结构的优化,推动区域协调发展,提高资源和能源利用效率,增强可持续发展能力,必须完善宏观调控。

可见,宏观调控至关重要。宏观调控法的重要性首先决定于宏观调控的重要性,如果宏观调控本身并不重要,也就谈不上宏观调控法的重要性。

其二,从宏观调控的三种手段的相互关系来看。

关于宏观调控的手段问题,经常见到以下两种、特别是第二种提法:一是宏观调控的手段有经济手段、法律手段、行政手段;二是进行宏观调控以经济手段、法律手段为主，辅之以必要的行政手段。我们认为，在上述提法中，前者容易使人感到三种手段是并列关系，它们没有主次之分；后者会使人感到经济手段、法律手段同行政手段有主次之分，而经济手段同法律手段是并列关系。总之，无论前者还是后者，都没有反映出宏观调控的经济手段、行政手段同法律手段的内在联系，没有反映出这三种手段处在不同的层次之上。

应该指出，宏观调控的经济手段、行政手段同法律手段有着紧密的联系。如果把经济手段、行政手段同法律手段割裂开来或者对立起来，经济手段和行政手段是软弱无力的，不可能发挥应有的作用。虽然不能说实行宏观调控的任何经济手段和行政手段都必须采取法律的形式，但是，在一个法制健全的国家，重要的经济手段和行政手段一般都会采取法律的形式。所以，当我们说宏观调控以经济手段为主，辅之以必要的行政手段时，应该认为：这里说的"经济手段"主要是以法律为形式的经济手段，同时包括未采取法律形式的经济手段；这里说的"行政手段"主要是以法律为形式的行政手段，同时包括未采取法律形式的行政手段。当我们说宏观调控以法律手段为主，辅之以必要的非法律手段时，应该认为：这里说的"法律手段"主要是以法律为形式的经济手段，同时包括以法律为形式的行政手段；这里说的"非法律手段"包括未采取法律形式的经济手段和行政手段。

可见，宏观调控的法律手段至关重要。这表明了依照宏观调控法实行宏观调控的重要性。由于宏观调控法明确规定宏观调控主体和宏观调控受体的权利、义务和相应的法律后果，并以国家强制力保证实施，能够有效地规范宏观调控主体和宏观调控受体的行为，将宏观调控的决策及其实施纳入法治轨道。

宏观调控法是不是经济法的核心？我们认为，在经济法体系中，就市场监管法和宏观调控法这两个法的部门之间的相互关系而言，无论现在和今后都不宜将宏观调控法视为处于核心或中心的地位，而将市场监管法置于宏观调控法周围的地位。

（3）宏观调控法与其他法的关系

在经济法体系中，宏观调控法与市场监管法各自都有特定的调整对象，是两个独立的法的部门，它们之间是并列关系。

在整个法的体系中，经济法与民法、行政法处于同一个层次上，它们是并列关系。宏观调控法是经济法体系中的一个独立的法的部门，宏观调控法与民法、行政法部门既不是包含关系，也不是交叉关系。判断法律规范的部门法属性要以其调整对象作为依据，不能将作为经济法组成部分的宏观调控法的法律规范同时视为行政法的法律规范。

（4）宏观调控法的法域属性

宏观调控法是以在国家对国民经济总体活动进行调节和控制过程中发生的经济关系为调整对象的。它属于公法调整的服从关系的范围，而不属于私法调整的平等关系的范围。因此，宏观调控法属于公法的范围，而不属于私法的范围。

有一种观点认为，宏观调控法具有公法与私法相互融合渗透的特点。这值得商榷。在我们看来，在有些宏观调控法律中确实既有公法规范又有私法规范，但是这并不能作为得出宏观调控法是公法与私法相互融合渗透的"论据"。因为以此为"论据",实际上等于将作为一个法的部门的宏观调控法视为宏观调控法律的总称,而这是不能成立的。

3. 宏观调控法的体系

宏观调控法是属于经济法体系的一个法的部门,它本身又有自己的体系。宏观调控法的体系是由多层次的、门类齐全的宏观调控法部门组成的有机联系的统一整体。需要注意的是,宏观调控法体系是由宏观调控法部门组成的,它与由宏观调控法律、法规、规章等规范性文件组成的宏观调控法律体系虽有密切联系,但是不能混为一谈。

关于宏观调控法体系的结构的内容,我们认为,对于宏观调控法,根据实践的需要,可以按照不同的标准进行多种不同的划分。如果以宏观调控的内容为标准,可以将宏观调控法划分为产业调控法、区域经济调控法、资源与能源调控法、国有资产调控法、对外经济调控法等。这是实践所需要的。但是,要形成宏观调控法体系,必须按照调整对象为标准进行连续划分,从而形成多层次的、门类齐全的宏观调控法体系。宏观调控法体系也正是以调整对象为标准对宏观调控法进行连续划分形成的。对于宏观调控法,按照调整对象为标准可以划分为计划法、财政法、中央银行法、价格调控法等;然后,可以继续划分。例如,财政法可以划分为财政收入法和财政支出法。财政收入法又可以划分为税法、国债法等。财政支出法又可以划分为政府采购法、转移支付法等。

(三) 经济法体系的结构的内容中是否包括其他法

关于企业组织管理法和社会保障法是否应该列入经济法体系的结构之中的问题,经济法学界存在不同意见,需要继续讨论。近年来,本章作者对企业组织管理关系和社会保障关系的法律调整问题又进行了一些研究,有若干新的认识。总的看法是:不宜将这两种经济关系与市场监管关系、宏观调控关系并列地作为经济法的调整对象;至于作为企业组织管理关系和社会保障关系的组成部分的经济关系,既不是都由经济法调整,也不是经济法都不调整。由于经济法体系的结构,决定于经济法调整的特定经济关系的结构,因此,不宜将企业组织管理法和社会保障法与市场监管法、宏观调控法并列地列入经济法体系的结构之中,而是应该将原来调整企业组织管理关系和社会保障关系中属于市场监管关系、宏观调控关系范围的那些经济关系的法律规范分别纳入市场监管法、宏观调控法之中。

在经济法学界,有些学者分别主张,应该将经济组织法、经济秩序法、市场运行法、涉外经济法列入经济法体系的结构之中。对此,需要作一些评析。

有些学者主张,应将经济组织法列入经济法体系的结构之中。我们认为,如果这里所说的经济组织法,指的是经济组织之法(包括经济组织之组织法和经济组织之行为法)、经济之组织法或者组织经济之法,就不宜将其与市场监管法、宏观调控法并列地列入经济法体系的结构之中。

有一种观点认为,应将经济秩序法列入经济法体系的结构之中。我们认为,这种观点有一定道理,因为竞争法、消费者权益保护法等在维护经济秩序方面发挥着重要作用,把它们视为经济秩序法的组成部分是可以的。但是,经济秩序法不仅仅是这些属于经济法体系的法,如果将经济秩序法列入经济法体系的结构之中,就等于把本来属于民法体系的一些维护经济秩序的法也纳入了经济法体系,这就不妥了。

另一种观点认为,应将市场运行法列入经济法体系的结构之中。我们认为,这种主张也是有一定道理的,但有片面性。因为竞争法、消费者权益保护法等属于市场监管法的范围,市场监管法是市场运行法的重要组成部分。但是,市场运行法包含市场监管法和市场交易法,如果将市场运行法列入经济法体系的结构之中,也就等于把本来属于民法体系的市场交易法也纳入了经济法体系,不适当地扩大了经济法体系的范围,损害了其科学性。

还有一些学者主张,将涉外经济法与市场监管法、宏观调控法等并列地列入经济法体系的结构之中。这是值得商榷的。我们认为,涉外经济法是调整在国家协调的本国经济运行过程中发生的涉外经济关系的法律规范的总称。它同市场监管法、宏观调控法不是并列关系,而是交叉关系,把它们并列地列入经济法体系的结构中欠妥。

第四章 经济法的主体

第一节 经济法主体的概念

一、经济法主体的定义及其基本含义

经济法主体,即经济法律关系主体,是指根据经济法的规定发生的权利和义务关系的参加者。简言之,经济法主体,是指经济法律关系的参加者。这个定义,具有以下三个基本含义:

第一,经济法主体是特定社会关系的"参加者"。这里所说的"参加者",包括组织体和个人。不是组织体和个人,不能成为经济法主体;是组织体和个人不一定是经济法主体。

第二,经济法主体参加的是"权利和义务关系"。这里所说的"权利和义务关系"是一种特定的社会关系,属于上层建筑范畴的思想意志关系,而不是属于经济基础范畴的物质利益关系即经济关系。

第三,经济法主体参加的权利和义务关系是"根据经济法的规定发生的"。它就是经济法律关系。任何法的主体都是权利和义务关系的参加者。但是,只有"根据经济法的规定发生的"权利和义务关系的参加者,才是经济法主体。

二、经济法主体与相关主体的区别

经济法主体不同于经济关系主体。因为经济法主体所参加的经济法律关系是在有了经济法以后才产生的一种思想意志关系,而经济关系主体所参加的经济关系是在经济法产生以前就已经存在的一种物质利益关系,这两种社会关系的性质不同,产生的时间也不同,决定了其各自主体之间的区别;同时,经济法律关系是经济法所调整的特定经济关系在法律上的反映,这种特定经济关系只是经济关系的组成部分而不是全部,经济法律关系和经济关系除了性质和产生的时间不同以外,其范围也不同,这也决定了经济法主体与经济关系主体之间的区别。

经济法主体不同于创制经济法的主体。国家权力机关和国家行政机关可以参加根据经济法的规定发生的权利和义务关系,成为经济法主体;也可以根据法定的职权和程序制定或认可经济法律规范,成为创制经济法的主体。但是,不能把这两种不同的主体混为一谈:不能在国家权力机关和国家行政机关参加经济法律关系时,将其视为创制经济法的主体;也不能在国家权力机关和国家行政机关依法制定或认可经济法律规范时,将其视为经济法主体。

经济法主体不同于其他法的主体。经济法主体是经济法律关系的参加者,而其

他法如民法、行政法、国际经济法主体分别是民事法律关系、行政法律关系、国际经济法律关系的参加者。这些不同的法律关系,决定了其各自的主体也是不同的。虽然有些组织体和个人既可以成为经济法的主体,也可以成为民法、行政法或国际经济法的主体,但是,不能混淆经济法主体与其他法主体的界限。例如,企业可以参加经济法律关系,成为经济法主体,也可以参加民事法律关系、行政法律关系或国际经济法律关系,分别成为民法、行政法或国际经济法主体。但是,不能在企业参加经济法律关系时,将其视为其他法主体;也不能在企业参加其他法律关系时,将其视为经济法主体。

第二节 经济法主体的体系

一、经济法主体体系的概念和结构

经济法主体体系,是指由多层次的、门类齐全的经济法律关系的参加者组成的有机联系的统一整体。这一定义,具有三个基本含义:一是经济法主体体系是由经济法律关系的参加者(经济法主体)组成的有机联系的统一整体;二是组成经济法主体体系的经济法主体,在纵向结构上是多层次的;三是组成经济法主体体系的经济法主体,在横向结构上是门类齐全的。

就各个层次、各个门类的经济法主体的内部结构而言,都是"二元结构"。例如,第一层次的经济法主体,包括国家协调主体和国家协调受体。又如,第二层次的市场监管法主体、宏观调控法主体,分别包括市场监管主体和市场监管受体、宏观调控主体和宏观调控受体。再如,第三次层次的竞争法主体、财政法主体等,分别包括竞争监管主体、竞争监管受体和财政调控主体、财政调控受体等。其他层次的各个门类的经济法主体,也是"二元结构"。

经济法主体体系的结构,决定于经济法律关系的结构;经济法律关系的结构,决定于经济法调整的特定经济关系的结构。因此,经济法调整的特定经济关系包括市场监管关系和宏观调控关系,决定了经济法律关系包括市场监管法律关系和宏观调控法律关系;经济法律关系包括市场监管法律关系和宏观调控法律关系,决定了经济法主体包括市场监管法主体和宏观调控法主体。

二、市场监管法主体

市场监管法主体,是指市场监管法律关系的参加者。由于市场监管法律关系是根据市场监管法的规定发生的权利和义务关系,因此也可以说,市场监管法主体,是指根据市场监管法的规定发生的权利和义务关系的参加者。

对于市场监管法主体,根据实践的需要,可以按照不同的标准进行连续划分。例如:

(1)对于市场监管法,按照其调整对象的不同,可以划分为市场准入与退出法、竞争法、消费者权益保护法、产品质量法等;相应地,可将市场监管法主体划分为市场准入与退出法主体、竞争法主体、消费者权益保护法主体、产品质量法主体等。对于这些不同门类的市场监管法主体还可以继续进行划分,如竞争法主体又可划分为反垄断法主体和反不正当竞争法主体。以上不同层次和不同门类的市场监管法主体,都有监管主体和监管受体之分。

(2) 按照市场监管权限的不同,可将市场监管划分为政府监管和政府经济监管部门监管。对于政府监管和政府经济监管部门监管,按照其层级的不同,又可以分别划分为中央政府监管、地方政府监管和中央政府经济监管部门监管、地方政府经济监管部门监管。对于政府经济监管部门监管,按照监管行业的不同,又可以划分为广告业、信息产业、房地产业、金融业等监管。对于金融业监管,还可以划分为银行业、证券业、保险业、期货业等监管。以上不同层次和不同门类的市场监管,有不同层次和不同门类的市场监管法主体。

(3) 按照市场监管法主体类型的不同,可将作为组织体的市场监管主体划分为政府监管主体和政府经济监管部门监管主体,将市场监管受体划分为组织体和个人。对于作为市场监管受体的组织体,又可划分为经营单位(如企业和从事经营活动的事业单位)和非经营单位(如作为经营者利益代表者的行业性中介组织)。对于作为市场监管受体的个人,又可划分为不同类型的个体经营者。

三、宏观调控法主体

宏观调控法主体,是指宏观调控法律关系的参加者。由于宏观调控法律关系是根据宏观调控法的规定发生的权利和义务关系,因此也可以说,宏观调控法主体,是指根据宏观调控法的规定发生的权利和义务关系的参加者。

对于宏观调控法主体,根据实践的需要,也可以按照不同的标准进行连续划分。例如:

(1) 对于宏观调控法,按照其调整对象的不同,可以划分为计划法、财政法、中央银行法、价格调控法等;相应地,可将宏观调控法主体划分为计划法主体、财政法主体、中央银行法主体、价格调控法主体等。对于这些不同门类的宏观调控法主体可以继续进行划分,如财政法主体可以划分为财政收入法主体、财政支出法主体。财政收入法主体还可以划分为税法主体、国债法主体等。财政支出法主体还可以划分为政府采购法主体、转移支付法主体等。以上不同层次和不同门类的宏观调控法主体,也都有调控主体和调控受体之分。

(2) 按照宏观调控内容的不同,可将宏观调控法划分为产业调控法、区域经济调控法、资源与能源调控法、国有资产调控法、对外经济调控法等;相应地,可将宏观调控法主体划分为产业调控法主体、区域经济调控法主体、资源与能源调控法主体、国有资产调控法主体、对外经济调控法主体等。对于这些不同门类的宏观调控法主体可以继续进行划分,如产业调控法主体又可以划分为第一、第二、第三产业调控法主体。以上不同层次和不同门类的宏观调控法主体,也都有调控主体和调控受体之分。

(3) 按照进行宏观调控的国家机关地位的不同,可将宏观调控划分为国家权力机关调控和国家行政机关调控。对于国家权力机关调控和国家行政机关调控,按照其层级的不同,又可以分别划分为中央国家权力机关调控、地方国家权力机关调控和中央国家行政机关调控、地方国家行政机关调控。中央国家行政机关调控和地方国家行政机关调控,又可以分别划分为中央政府调控、中央政府经济调控部门调控和地方政府调控、地方政府经济调控部门调控。以上不同层次和不同门类的宏观调控,有不同层次和不同门类的宏观调控法主体。

(4) 按照宏观调控法主体类型的不同,可将作为组织体的宏观调控主体划分为国家权力机关调控主体和国家行政机关调控主体,将宏观调控受体划分为组织体和个人。对于作为宏观调控受体的组织体,又可划分为国家机关(如使用预算收入的国家机关)和社会组织。对于作为宏观调控受体的社会组织又可划分为企业和事业单位。对于作为宏观调控受体的个人,又可以划分为个体经营者和非经营者的个人。

四、行业性中介组织在经济法主体体系中的地位[①]

(一) 行业性中介组织的概念

市场中介组织,是指依法设立,在国家机关与市场主体之间以及市场主体相互之间从事经济运行的中间服务事业的自治性社会组织。

行业性中介组织属于市场中介组织的范围,是指由同一行业或者具有同一特性的成员组成,并以促进行业或者该集合群体的公共利益为目的的非营利性中介组织,它包括行业协会、商会、同业公会、专业(职业)协会等。在实质意义上,各类行业性中介组织与行业协会的基本功能和特征是相同的,故也可简称为行业中介组织或者行业组织。

(二) 行业性中介组织不属于国家协调主体的范围

行业性中介组织可以接受政府授权,履行与行业有关的资质评定、原产地认证、行业调查、行业统计、制定行业发展规划和引导企业贯彻执行行业发展规划等部分公共经济管理职能,发挥某些市场监管和宏观调控的作用。需要注意的是,行业性中介组织不是国家机关,它只能在接受政府授权的条件下,才能履行以上职能,发挥上述作用,所以,它本身不是国家协调主体。

(三) 行业性中介组织属于国家协调受体的范围

尽管市场监管受体常常是经营者,但有时也可能不是经营者而是其利益的代表者。例如,当行业性中介组织的行为违反市场监管法应受到监管主体的监管时,实施该行为的行业性中介组织也就成为市场监管受体。

行业性中介组织所为的经营指导行为,有时会违反宏观调控法的规定,影响总供给和总需求。因而,在特定情形下,作为经营者利益代表者的行业性中介组织,也会

[①] 参见曾东红:《市场中介组织法律制度》和肖江平:《市场监管法的一般原理》《宏观调控法的一般原理》,载杨紫烜主编:《经济法》,北京大学出版社、高等教育出版社2010年版,第169、172、183—184、209—210、428页。

成为宏观调控受体。

总之,行业性中介组织不属于国家协调主体的范围,在一定条件下可以成为国家协调受体。

第三节 经济法主体资格的取得

一、经济法主体资格取得的概念

经济法主体资格,是指经济法律关系参加者的法律人格。这种法律人格表明了经济法主体的法律地位,具体体现为它享有经济法规定的权利(职权),履行经济法规定的义务(职责)。

经济法主体资格的取得,是指组织体和个人依法成为经济法律关系参加者的法律人格。这一定义的基本含义有四:一是经济法主体资格中的"资格",指的是主体的"法律人格";二是这里说的法律人格不是其他主体的法律人格,而是"经济法律关系参加者"的法律人格;三是经济法关系参加者的法律人格必须"依法"取得;四是能够依法成为经济法关系参加者的必须是组织体或个人。

二、取得经济法主体资格的法律依据

组织体和个人取得经济法主体资格有以下法律依据:

(一)宪法

我国《宪法》的下列规定,为有关组织体和个人取得经济法主体资格提供了基本法律依据:一是关于全国人民代表大会及其常委会、国务院及其组成部门、地方各级人民代表大会和地方各级人民政府、民族自治地方的自治机关的性质、地位、职权、职责的规定;二是关于国有企业、集体经济组织、外商投资企业、私营经济组织的性质、地位和权利、义务的原则规定;三是关于个体经济的性质、地位和权利、义务的原则规定,以及关于公民的基本权利和义务的规定。[①]

(二)国家机关组织法

我国《全国人民代表大会组织法》《国务院组织法》《地方各级人民代表大会和地方各级人民政府组织法》等法律的下列规定,是全国人民代表大会及其常委会、国务院及其有关组成部门、地方各级人民代表大会和县级以上各级人大常委会、地方各级人民政府及其有关工作部门取得经济法主体资格的重要法律依据:一是关于上述国家机关性质、地位和职权、职责的规定;二是关于上述国家机关组织活动原则的规定;三是关于上述国家机关的设立、撤销或者合并的规定。

(三)其他法律,特别是有关经济法律

这些法律也是有关组织体和个人取得经济法主体资格的重要法律依据。例如,

[①] 例如,我国《宪法》规定:"任何公民享有宪法和法律规定的权利,同时必须履行宪法和法律规定的义务"(第33条);"中华人民共和国公民有依照法律纳税的义务"(第56条)。

我国《反垄断法》《反不正当竞争法》《证券法》《保险法》等法律关于反垄断、反不正当竞争、证券、保险等监管机构的性质、地位和职权、职责的规定,是这些机构取得市场监管主体资格的法律依据;上述法律关于经营者及其利益代表者的性质、地位和权利、义务的规定,是有关经营者及其利益代表者取得市场监管受体资格的法律依据。又如,我国《税收征收管理法》《中央银行法》《价格法》等法律关于税务机关、中国人民银行、价格主管部门等宏观调控机构的性质、地位和职权、职责的规定,是这些机构取得宏观调控主体资格的法律依据;上述法律关于经营者及其利益代表者的性质、地位和权利、义务的规定,是有关经营者及其利益代表者取得宏观调控受体资格的法律依据。

(四) 有关经济法规和其他规范性文件

对于有些组织体和个人来说,有关经济法规和其他规范性文件是其取得经济法主体资格的法律依据。例如,《期货交易管理条例》①关于期货监督管理机构的性质、地位和职权、职责的规定,是该机构取得市场监管主体资格的法律依据;该《条例》关于期货业务的经营者及其利益代表者的性质、地位和权利、义务的规定,以及设立、变更、终止的规定,是上述经营者及其利益代表者取得市场监管受体资格的法律依据。又如,《国家科技计划管理暂行规定》②关于科技部计划部门性质、地位和职权、职责的规定,是其取得宏观调控主体资格的法律依据;该《暂行规定》关于国家科技计划项目的承担者性质、地位和权利、义务的规定,是其取得宏观调控受体资格的法律依据。

三、取得经济法主体资格的方式③

对于不同的组织体和个人而言,取得经济法主体资格的方式不尽相同。不同取得方式的实质差异在于国家对主体资格取得的控制程度的强弱。一般而言,取得市场监管主体和宏观调控主体资格,受国家控制的程度强于取得市场监管受体和宏观调控受体资格;社会责任较大的市场监管受体和宏观调控受体,受国家控制的程度强于社会责任较小的市场监管受体和宏观调控受体。

在我国,经济法主体资格的取得方式主要有以下几种:一是根据宪法、法律、法规的规定或者根据有关国家机关的决定、命令和特别授权而取得。这是国家机关取得经济法主体资格的基本方式。二是经审批(特许)和登记注册而取得,即先经有关国

---

① 国务院于 2007 年 3 月 6 日公布《期货交易管理条例》,2012 年 10 月 24 日第一次修订,2013 年 7 月 18 日第二次修订。

② 科学技术部于 2001 年 1 月 20 日发布的《国家科技计划管理暂行规定》,自发布之日起施行。该《暂行规定》分为 6 章,共 26 条。其中,第 2 条规定:"本规定所称的国家科技计划是指:根据国家科技发展规划和战略安排的,以中央财政支持或以宏观政策调控、引导,由政府行政部门组织和实施的科学研究与试验发展活动及相关的其他科学技术活动。国家科技计划是国家解决社会和经济发展中涉及的重大科技问题、实现科技资源合理配置的重要手段。"

③ 参见王全兴:《经济法主体的一般原理》,载杨紫烜主编:《经济法》,北京大学出版社、高等教育出版社 2010 年版,第 100 页。

家机关审批或特许,再由有关国家机关登记注册,才取得主体资格。例如,设立商业银行,应当经国务院银行业监督管理机构审查批准。经批准设立的商业银行,由国务院银行业监督管理机构颁发经营许可证,并凭该许可证向工商行政管理部门办理登记,领取营业执照。三是经登记注册而取得。只要具备规定的条件,无需批准,经有关国家机关登记注册就可取得主体资格。例如,个人独资企业既不从事法律、行政法规禁止经营的业务,又不从事法律、行政法规规定须报经有关部门审批的业务的,登记机关应当在收到设立申请文件之日起15日内,对符合《个人独资企业法》规定条件的,予以登记,发给营业执照。四是经法律、法规认可而取得。例如,个人只要具备《个人所得税法》规定的条件,就当然取得个人所得税纳税义务人即纳税人的资格。

第四节 经济法主体的权利(职权)和义务(职责)

一、经济法主体的权利(职权)和义务(职责)的概念

人们通常所说的经济法主体的权利和义务的概念,有广义和狭义两种理解:一是从广义上讲,经济法主体的权利和义务既包括国家协调主体的职权和职责,也包括国家协调受体的权利和义务[①];二是从狭义上讲,经济法主体的权利和义务,仅指国家协调受体的权利和义务。

经济法主体的职权,即国家协调主体的职权,是指依照经济法的规定,国家协调主体具有自己作为或不作为和要求他人作为或不作为的资格。

经济法主体的职责,即国家协调主体的职责,是指依照经济法的规定,国家协调主体必须作为或不作为的责任。

狭义上讲的经济法主体的权利,即国家协调受体的权利,是指依照经济法的规定,国家协调受体具有自己作为或不作为和要求他人作为或不作为的资格。

狭义上讲的经济法主体的义务,即国家协调受体的义务,是指依照经济法的规定,国家协调受体必须作为或不作为的责任。

关于国家机关的职权和职责的关系,有的学者认为:"职权一词不仅指法律关系主体具有从事这种行为的资格或能力,而且也意味他必须从事这一行为,否则就成为失职或违法。"[②]我们认为,从这个意义上来说,国家机关的职权可以理解为国家机关

[①] 例如,在人们讲到经济法律关系是一种权利和义务关系时,"权利"和"义务"不仅包括作为国家协调受体的社会组织和个人的权利、义务,而且包括作为国家协调主体的国家机关的职权、职责。又如,我国《反垄断法》第41条规定:"反垄断执法机构及其工作人员对执法过程中知悉的商业秘密负有保密义务。"在这里,"义务"这一概念就包括了作为国家协调主体的反垄断执法机构的职责在内。

[②] 沈宗灵主编:《法理学》,北京大学出版社2003年版,第73页。

的职责。例如,我国《产品质量法》第18条第1款规定的四项职权①,也可以理解为四项职责。我们还认为,在有些情况下,国家机关的职责也可以理解为国家机关的职权。例如,《中国人民银行法》第4条第1款规定的十三项职责②,也可以理解为十三项职权。可见,职权和职责的实际含义一般是相同的。但是,不能将职权与职责完全等同起来。因为在有些情况下,法律所规定的国家机关的职责③不宜视为国家机关的职权。所以,对于国家机关的职权,可以理解为国家机关的职责;对于国家机关的职责,在多数情况下可以理解为国家机关的职权,在有些情况下这样理解不妥。换言之,国家机关的职权也就是国家机关的职责;国家机关的职责不一定是国家机关的职权。

二、国家协调主体的职权和职责

对于市场监管法主体中的市场监管主体和宏观调控法主体中的宏观调控主体,可以统称为国家协调主体。换言之,国家协调主体包括市场监管主体和宏观调控主体,它们各自具有法定的职权和职责。下面,分别进行论述:

(一) 市场监管主体的职权和职责

1. 市场监管主体的职权

市场监管主体的职权,简称市场监管权,是指依照市场监管法的规定,市场监管主体具有自己作为或不作为和要求他人作为或不作为的资格。对于市场监管主体的职权,根据实践的需要,可以按照不同的标准进行连续划分。例如:

如上所述,对于市场监管法,按照其调整对象的不同,可以划分为市场准入与退出法、竞争法、消费者权益保护法、产品质量法等。因此,市场监管主体的职权可以划分为:市场准入与退出监管权,如设立国有工业企业,必须依法报请政府或政府主管部门批准,并经工商行政管理部门核准登记;竞争监管权,如由县级以上人民政府工商行政管理部门对不正当竞争行为进行监督检查;消费者权益保护监管权,如各级人民政府应当加强监督,预防危害消费者人身、财产安全行为的发生,及时制止危害消

---

① 根据我国《产品质量法》第18条第1款规定,县级以上产品质量监督部门根据已经取得的违法嫌疑证据或者举报,对涉嫌违反本法规定的行为进行查处时,可以行使下列职权:对当事人涉嫌从事违反本法的生产、销售活动的场所实施现场检查;向当事人的法定代表人、主要负责人和其他有关人员调查、了解与涉嫌从事违反本法的生产、销售活动有关的情况;查阅、复制当事人有关的合同、发票、账簿以及其他有关资料;对有根据认为不符合保障人体健康和人身、财产安全的国家标准、行业标准的产品或者有其他严重质量问题的产品,以及直接用于生产、销售该项产品的原辅材料、包装物、生产工具,予以查封或者扣押。

② 根据我国《中国人民银行法》第4条第1款规定,中国人民银行履行下列职责:发布与履行其职责有关的命令和规章;依法制定和执行货币政策;发行人民币,管理人民币流通;监督管理银行间同业拆借市场和银行间债券市场;实施外汇管理,监督管理银行间外汇市场;监督管理黄金市场;持有、管理、经营国家外汇储备、黄金储备;经理国库;维护支付、清算系统的正常运行;指导、部署金融业反洗钱工作,负责反洗钱的资金监测;负责金融业的统计、调查、分析和预测;作为国家的中央银行,从事有关的国际金融活动;国务院规定的其他职责。

③ 例如,我国《税收征收管理法》第53条第1款规定:"国家税务局和地方税务局应当按照国家规定的税收征收管理范围和税款入库预算级次,将征收的税款缴入国库。"又如,我国《中国人民银行法》第29条规定:"中国人民银行不得对政府财政透支,不得直接认购、包销国债和其他政府债券。"

费者人身、财产安全的行为;产品质量监管权,如国务院产品质量监督部门主管全国产品质量监督工作。对于以上监管权可以继续进行划分。比如,竞争监管权又可划分为反垄断监管权和反不正当竞争监管权。反垄断监管权还可划分为对经营者达成垄断协议监管权、对滥用市场支配地位监管权、对经营者集中监管权、对滥用行政权力排除和限制竞争监管权、对滥用知识产权排除和限制竞争监管权。反不正当竞争监管权还可划分为对欺骗性市场交易监管权、对商业贿赂监管权、对虚假宣传监管权、对侵犯商业秘密监管权、对不正当有奖销售监管权、对诋毁商誉监管权。

按照在市场监管法制建设中环节的不同,市场监管主体的职权可以划分为市场监管立法权和市场监管执法权。对于市场监管立法权,按照国家机关地位的不同,又可以划分为权力机关市场监管立法权、行政机关市场监管立法权。对于权力机关和行政机关的市场监管立法权,按照其层级的不同,还可以分别划分为中央国家权力机关市场监管立法权[1]、地方国家权力机关市场监管立法权[2]和中央国家行政机关市场监管立法权[3]、地方国家行政机关市场监管立法权[4]。对于行政机关的市场监管执法权,按照其层级的不同,还可以划分为中央国家行政机关市场监管执法权[5]、地方国家行政机关市场监管执法权[6]。

2. 市场监管主体的职责

市场监管主体的职责,简称市场监管职责,是指依照市场监管法的规定,市场监管主体必须作为或不作为的责任。对于市场监管主体的职责,根据实践的需要,可以按照不同的标准进行连续划分。例如:

如上所述,对于市场监管法,按照其调整对象的不同,可以划分为市场准入与退出法、竞争法、消费者权益保护法、产品质量法等。因此,市场监管主体的职责可以划分为:市场准入与退出监管职责,如设立外资企业的审批机关应当在收到申请设立外资企业的全部文件之日起90天内决定批准或不批准;竞争监管职责,如国务院规定的承担反垄断执法职责的机构依照《反垄断法》规定,负责反垄断执法工作;消费者权益保护监管职责,如各级人民政府工商行政管理部门和其他有关行政部门应当依照法律、法规的规定,在各自的职责范围内,采取措施,保护消费者的合法权益;产品质量监管职责,如产品质量监督部门和有关部门应当为检举违反《产品质量法》规定的行为的单位和个人保密。对于以上市场监管职责可以继续进行划分,如竞争监管职

---

[1] 例如,我国全国人大常委会先后制定了《反不正当竞争法》(1993年)、《消费者权益保护法》(1993年制定,2009年、2013年修订)、《反垄断法》(2007年)等关于市场监管的法律。
[2] 例如,省、自治区、直辖市的人民代表大会及其常务委员会为了执行关于市场监管的法律、行政法规的规定,根据本行政区域的具体情况和实际需要,可以依法制定关于市场监管的地方性法规。
[3] 例如,国务院先后制定了《期货交易管理条例》(2007年制定,2012年、2013年修订)、《关于经营者集中申报标准的规定》(2008年)等关于市场监管的行政法规。
[4] 例如,省、自治区、直辖市和较大的市的人民政府,为了执行关于市场监管的法律、行政法规和本省、自治区、直辖市的地方性法规的规定,可以依法制定关于市场监管的地方政府规章。
[5] 例如,为了执行我国《反垄断法》的有关规定,国务院反垄断执法机构依法对涉嫌垄断行为进行调查,经核实后认为构成垄断行为的,依法作出处理决定,并可以向社会公布。
[6] 例如,县级以上监督检查部门对不正当竞争行为,可以进行监督检查。

责又可以划分为反垄断监管职责和反不正当竞争监管职责。

按照在市场监管法制建设中环节的不同,市场监管主体的职责可以划分为市场监管立法职责和市场监管执法职责。对于市场监管立法职责,按照国家机关地位的不同,又可以划分为权力机关市场监管立法职责、行政机关市场监管立法职责。对于权力机关和行政机关的市场监管立法职责,按照其层级的不同,还可以分别划分为中央国家权力机关市场监管立法职责、地方国家权力机关市场监管立法职责和中央国家行政机关市场监管立法职责、地方国家行政机关市场监管立法职责。对于行政机关的市场监管执法职责,按照其层级的不同,还可以划分为中央国家行政机关市场监管执法职责、地方国家行政机关市场监管执法职责。

3. 市场监管主体的职权和职责的关系

市场监管主体的立法权,即法定的市场监管主体立法职权。市场监管主体必须依法行使这一职权,既不能放弃,也不能越权。市场监管主体的立法职权和立法职责的实际含义一般是相同的。

市场监管主体执法职权也就是市场监管主体执法职责;市场监管主体执法职责不一定是市场监管执法职权。例如,我国《反垄断法》第38条规定:"反垄断执法机构依法对涉嫌垄断行为进行调查。对涉嫌垄断行为,任何单位和个人有权向反垄断执法机构举报。反垄断执法机构应当为举报人保密。举报采用书面形式并提供相关事实和证据的,反垄断执法机构应当进行必要的调查。"其中,关于"依法对涉嫌垄断行为进行调查"的规定,是反垄断执法机构的职权,也是职责;关于"应当进行必要的调查"的规定,是反垄断执法机构的职责,也是职权;关于"应当为举报人保密"的规定,是反垄断执法机构的职责,而不是职权。

(二) 宏观调控主体的职权和职责

1. 宏观调控主体的职权

宏观调控主体的职权,简称宏观调控权,是指依照宏观调控法的规定,宏观调控主体具有自己作为或不作为和要求他人作为或不作为的资格。对于宏观调控主体的职权,根据实践的需要,可以按照不同的标准进行连续划分。例如:

如上所述,对于宏观调控法,按照其调整对象的不同,可以划分为计划法、财政法、中央银行法、价格调控法等。因此,宏观调控主体的职权可以划分为:计划调控权,如国家发展和改革委员会在宏观调控方面,重点是拟订和组织实施国民经济和社会发展战略、总体规划、年度计划;财政调控权,如中央预算由全国人民代表大会审查和批准,地方各级政府预算由本级人民代表大会审查和批准;(中央银行)金融调控权,如中国人民银行依法监测金融市场的运行情况,对金融市场实施宏观调控,促进其协调发展;价格调控权,如政府可以建立重要商品储备制度,设立价格调节基金,调控价格,稳定市场等。对于这些宏观调控权,可以继续进行划分。比如,财政调控权可以划分为财政收入调控权、财政支出调控权。财政收入调控权还可以划分为税收调控权、国债调控权等。财政支出调控权还可以划分为政府采购调控权、转移支付调控权等。税收调控权还可以划分为税收分配调控权和税收征管调控权。税收分配调控权还可以划分为商品税调控权、所得税调控权、财产税调控权等。

按照在宏观调控法制建设中环节的不同,宏观调控主体的职权可以划分为宏观调控立法权和宏观调控执法权。对于宏观调控立法权和宏观调控执法权,按照国家机关地位的不同,又可以分别划分为权力机关宏观调控立法权、行政机关宏观调控立法权和权力机关宏观调控执法权、行政机关宏观调控执法权。对于上述权力机关和行政机关的宏观调控立法权,按照其层级的不同,还可以分别划分为中央国家权力机关宏观调控立法权[1]、地方国家权力机关宏观调控立法权[2]和中央国家行政机关宏观调控立法权[3]、地方国家行政机关宏观调控立法权[4]。对于上述权力机关和行政机关的宏观调控执法权,按照其层级的不同,还可以分别划分为中央国家权力机关宏观调控执法权[5]、地方国家权力机关宏观调控执法权[6]和中央国家行政机关宏观调控执法权[7]、地方国家行政机关宏观调控执法权[8]。

2. 宏观调控主体的职责

宏观调控主体的职责,简称宏观调控职责,是指依照宏观调控法的规定,宏观调控主体必须作为或不作为的责任。对于宏观调控主体的职责,根据实践的需要,可以按照不同的标准进行连续划分。例如:

如上所述,对于宏观调控法,按照其调整对象的不同,可以划分为计划法、财政法、中央银行法、价格调控法等。因此,宏观调控主体的职责可以划分为:计划调控职责,如国家发展和改革委员会要搞好国民经济综合平衡,维护国家经济安全;财政调控职责,如各级预算由本级政府组织执行,具体工作由本级政府财政部门负责;(中央银行)金融调控职责,如中国人民银行应当向全国人民代表大会常务委员会提出有关货币政策情况和金融业运行情况的工作报告;价格调控职责,如为了适应价格调控和管理的需要,政府价格主管部门应当建立价格监测制度,对重要商品、服务价格的变动进行监测等。对于这些宏观调控主体的职责,可以继续进行划分,这里不再赘述。

按照在宏观调控法制建设中环节的不同,宏观调控主体的职责可以划分为宏观调控立法职责和宏观调控执法职责。对于宏观调控立法职责和宏观调控执法职责,

---

[1] 例如,全国人民代表大会制定了《预算法》(1994 年制定、2014 年修订)。
[2] 例如,省、自治区、直辖市的人民代表大会及其常务委员会为了执行关于宏观调控的法律、行政法规的规定,根据本行政区域的具体情况和实际需要,可以依法制定关于宏观调控的地方性法规。
[3] 例如,国务院先后制定了《预算法实施条例》(1995 年制定)、《外汇管理条例》(1996 年制定,1997 年、2008 年修订)、《企业所得税法实施条例》(2007 年制定)等关于宏观调控的行政法规。
[4] 例如,省、自治区、直辖市和较大的市的人民政府,为了执行关于宏观调控的法律、行政法规和本省、自治区、直辖市的地方性法规的规定,可以依法制定关于宏观调控的地方政府规章。
[5] 例如,为了执行我国《预算法》第 12 条第 1 款的有关规定,全国人民代表大会每年都要审查中央和地方预算草案及中央和地方预算执行情况的报告,批准中央预算和中央预算执行情况的报告。
[6] 例如,为了执行我国《预算法》第 13 条第 1 款的有关规定,县级以上地方各级人民代表大会每年都要审查本级总预算草案及本级总预算执行情况的报告,批准本级预算和本级预算执行情况的报告。
[7] 例如,当市场价格总水平出现剧烈波动等异常状态时,国务院可以在全国范围内或者部分区域内采取临时集中定价权限、部分或者全面冻结价格的紧急措施。
[8] 例如,省、自治区、直辖市人民政府价格主管部门和其他有关部门,应当按照地方定价目录规定的定价权限和具体适用范围制定在本地区执行的政府指导价、政府定价。

按照国家机关地位的不同,又可以分别划分为权力机关宏观调控立法职责、行政机关宏观调控立法职责和权力机关宏观调控执法职责、行政机关宏观调控执法职责。对于上述权力机关和行政机关的宏观调控立法职责,按照其层级的不同,还可以分别划分为中央国家权力机关宏观调控立法职责、地方国家权力机关宏观调控立法职责和中央国家行政机关宏观调控立法职责、地方国家行政机关宏观调控立法职责。对于上述权力机关和行政机关的宏观调控执法职责,按照其层级的不同,还可以分别划分为中央国家权力机关宏观调控执法职责、地方国家权力机关宏观调控执法职责和中央国家行政机关宏观调控执法职责、地方国家行政机关宏观调控执法职责。

3. 宏观调控主体的职权和职责的关系

宏观调控主体的立法权,即法定的宏观调控主体立法职权。宏观调控主体必须依法行使这一职权,既不能放弃,也不能越权。宏观调控主体的立法职权和立法职责的实际含义一般是相同的。

宏观调控主体执法权也就是宏观调控主体执法职责;宏观调控主体执法职责不一定是宏观调控执法权。例如,我国《税收征收管理法》第 28 条第 1 款规定:"税务机关依照法律、行政法规的规定征收税款,不得违反法律、行政法规的规定开征、停征、多征、少征、提前征收、延缓征收或者摊派税款。"其中,依法"征收税款"是税务机关的职权,也是职责;"不得违反法律、行政法规的规定开征、停征、多征、少征、提前征收、延缓征收或者摊派税款",是税务机关的职责,而不是职权。

三、国家协调受体的权利和义务

对于市场监管法主体中的市场监管受体和宏观调控法主体中的宏观调控受体,可以统称为国家协调受体。换言之,国家协调受体包括市场监管受体和宏观调控受体,它们各自具有法定的权利和义务。下面,分别进行论述:

(一) 市场监管受体的权利和义务

1. 市场监管受体的权利

市场监管受体的权利,是指依照市场监管法的规定,市场监管受体具有自己作为或不作为和要求他人作为或不作为的资格。对于市场监管受体的权利,根据实践的需要,可以按照不同的标准进行连续划分。例如:

如上所述,对于市场监管法,按照其调整对象的不同,可以划分为市场准入与退出法、竞争法、消费者权益保护法、产品质量法等。因此,市场监管受体的权利可以划分为:市场准入与退出监管受体的权利,如公司凭公司登记机关核发的《企业法人营业执照》,可以刻制印章,开立银行账户;竞争监管受体的权利,如反垄断执法机构对涉嫌垄断行为进行调查,被调查的经营者、利害关系人有权陈述意见;消费者权益保护监管受体的权利,如"消费者或者其他受害人因商品缺陷造成人身、财产损害的,可以向销售者要求赔偿,也可以向生产者要求赔偿。属于生产者责任的,销售者赔偿后,有权向生产者追偿。属于销售者责任的,生产者赔偿后,有权向销售者追偿"[1];产品质量监管受体的权利,如企业根据自愿原则可以向国务院产品质量监督部门认可的或者国务院产品质量监督部门授权的部门认可的认证机构申请产品质量认证,并在企业的产品或者其包装上使用经认证合格的产品质量认证标志等。对于以上监管受体的权利可以继续进行划分,如竞争监管受体的权利又可划分为反垄断监管受体的权利和反不正当竞争监管受体的权利。

按照市场监管法主体类型的不同,可以将市场监管受体的权利划分为组织体的权利和个人的权利。对于作为市场监管受体的组织体的权利,又可划分为经营单位(如企业和从事经营活动的事业单位)的权利和非经营单位(如作为经营者利益代表者的行业性中介组织)的权利。对于作为市场监管受体的个人的权利,又可划分为不同类型的个体经营者的权利。

2. 市场监管受体的义务

市场监管受体的义务,是指依照市场监管法的规定,市场监管受体必须作为或不作为的责任。对于市场监管受体的义务,根据实践的需要,可以按照不同的标准进行连续划分。例如:

如上所述,对于市场监管法,按照其调整对象的不同,可以划分为市场准入与退出法、竞争法、消费者权益保护法、产品质量法等。因此,市场监管受体的义务可以划分为:市场准入与退出监管受体的义务,如中外合作经营企业合作期限届满或者提前终止时,应当依照法定程序对其资产和债权、债务进行清算;竞争监管受体的义务,如反垄断执法机构对涉嫌垄断行为进行调查,被调查的经营者、利害关系人或者其他有关单位或者个人应当配合反垄断执法机构依法履行职责,不得拒绝、阻碍反垄断执法机构的调查;消费者权益保护监管受体的义务,如经营者发现其提供的商品或者服务存在严重缺陷,即使正确使用商品或者接受服务仍然可能对人身、财产安全造成危害的,应当立即向有关行政部门报告和告知消费者,并采取防止危害发生的措施;产品质量监管受体的义务,如生产者生产产品,不得掺杂、掺假,不得以假充真、以次充好,不得以不合格产品冒充合格产品等。对于以上监管受体的义务可以继续进行划分,如竞争监管受体的义务又可划分为反垄断监管受体的义务和反不正当竞争监管受体的义务。

按照市场监管法主体类型的不同,可以将市场监管受体的义务划分为组织体的义务和个人的义务。对于作为市场监管受体的组织体的义务,又可划分为经营单位(如企业和从事经营活动的事业单位)的义务和非经营单位(如作为经营者利益代表者的行业性中介组织)的义务。对于作为市场监管受体的个人的义务,又可划分为不同类型的个体经营者的义务。

---

[1] 我国《消费者权益保护法》第35条第2款。

(二) 宏观调控受体的权利和义务

1. 宏观调控受体的权利

宏观调控受体的权利,是指依照宏观调控法的规定,宏观调控受体具有自己作为或不作为和要求他人作为或不作为的资格。对于宏观调控受体的权利,根据实践的需要,可以按照不同的标准进行连续划分。例如:

如上所述,对于宏观调控法,按照其调整对象的不同,可以划分为计划法、财政法、中央银行法、价格调控法等。因此,宏观调控受体的权利可以划分为:计划调控受体的权利,如政府有关部门不按规定下达指令性计划的,企业可以拒绝执行;财政调控受体的权利,如供应商自由进入本地区和本行业的政府采购市场,不受任何单位和个人的阻挠和限制;(中央银行)金融调控受体的权利,如商业银行经中国人民银行批准,可以经营结汇、售汇业务;价格调控受体的权利,如消费者、经营者可以对政府指导价、政府定价提出调整建议等。对于以上宏观调控受体的权利,可以继续进行划分。例如,财政调控受体的权利可以划分为财政收入调控受体的权利、财政支出调控受体的权利。财政收入调控受体的权利还可以划分为税收调控受体的权利、国债调控受体的权利等。财政支出调控受体的权利还可以划分为政府采购调控受体的权利、转移支付调控受体的权利等。税收调控受体的权利还可以划分为税收分配调控受体的权利和税收征管调控受体的权利。税收分配调控受体的权利还可以划分为商品税调控受体的权利、所得税调控受体的权利、财产税调控受体的权利等。

按照宏观调控法主体类型的不同,可以将宏观调控受体的权利划分为组织体的权利和个人的权利。对于作为宏观调控受体的组织体的权利,又可划分为国家机关(如使用预算收入的国家机关)的权利和社会组织的权利。对于作为宏观调控受体的社会组织的权利又可划分为经营单位(如企业和从事经营活动的事业单位)的权利和非经营单位(如使用预算收入的事业单位)的权利。对于作为宏观调控受体的个人的权利,又可以划分为个体经营者的权利和非经营者的个人的权利。

2. 宏观调控受体的义务

宏观调控受体的义务,是指依照宏观调控法的规定,宏观调控受体必须作为或不作为的责任。对于宏观调控受体的义务,根据实践的需要,可以按照不同的标准进行连续划分。例如:

如上所述,对于宏观调控法,按照其调整对象的不同,可以划分为计划法、财政法、中央银行法、价格调控法等。因此,宏观调控受体的义务可以划分为:计划调控受体的义务,如承担指令性任务的国有企业必须完成国家指令性计划;财政调控受体的义务,如供应商不得以向采购人、采购代理机构、评标委员会的组成人员、竞争性谈判小组的组成人员、询价小组的组成人员行贿或者采取其他不正当手段谋取中标或者成交;(中央银行)金融调控受体的义务,如商业银行应当按照中国人民银行的规定,向中国人民银行交存存款准备金,留足备付金;价格调控受体的义务,如政府价格主管部门开展对政府指导价、政府定价的价格、成本调查时,有关单位应当如实反映情况,提供必需的账簿、文件以及其他资料等。对于这些调控受体的义务,可以继续进行划分,这里不再赘述。

按照宏观调控法主体类型的不同,可以将宏观调控受体划分为组织体的义务和个人的义务。对于作为宏观调控受体的组织体的义务,又可划分为国家机关(如使用预算收入的国家机关)的义务和社会组织的义务。对于作为宏观调控受体的社会组织的义务又可划分为经营单位(如企业和从事经营活动的事业单位)的义务和非经营单位(如使用预算收入的事业单位)的义务。对于作为宏观调控受体的个人的义务,又可以划分为个体经营者的义务和非经营者的个人的义务。

第五章 经济法的理念和基本原则

第一节 经济法的理念

一、经济法理念的概念

理念(idea)是西方哲学史的重要范畴,指一种理想的、永恒的、精神性的普遍范型。"理念"一词源于古希腊文,原意是见到的东西,即形象。① 在现代汉语中,理念被理解为思想、观念、信念,以及认定和追求的某种目标、原则、方法等。② 我们认为,理念,是指人们关于追求的目标及其实现途径的基本观念。它不仅包括关于人们追求的目标的基本观念,而且包括关于人们追求的目标的实现途径的基本观念。

关于法的理念,德国学者鲁道夫·施塔姆勒(Rudof Stammler)认为,法律理念乃是正义的实现。正义要求所有法律努力都应当指向这样一个目标,即实现在当时当地的条件下所可能实现的有关社会生活的最完美的和谐。③ 他的意思是,法的理念是法所追求的目标的实现。我国学者李双元等认为:"法律理念就是对法律的本质及其发展规律的一种宏观的、整体的理性认知、把握和建构。"④我国台湾地区学者史尚宽先生说:"法律制定及运用之最高原理,谓之法律之理念。"又说:"法律之理念,为法律的目的及手段之指导原则。"⑤本书认为,法的理念,是指人们关于法的宗旨及其实现途径的基本观念。所谓法的宗旨,是指贯穿于法之中的,人们创制和实施法所追求的目标。

何谓经济法的理念?这在我国经济法学界有如下理解:经济法理念"是关于经济法现象产生、发展、变化规律和相关的各种观点学说的理性认识"⑥;"经济法理念是人们关于借助于此法(它同民商法等部门法律互相配合)可以实现理想的社会经济生活目标模式的一种信念"⑦;"经济法的理念是人们对经济法的应然规定性的理性的、

---

① 《中国大百科全书·哲学》,中国大百科全书出版社1987年版,第465页。
② 参见《现代汉语规范词典》,外语教学与研究出版社、语文出版社2004年版,第804页。
③ 转引自〔美〕E.博登海默:《法理学——法律哲学与法律方法》,邓正来译,中国政法大学出版社1999年版,第173页。
④ 李双元等:《法律理念及其现代化取向》,载《湖南政法管理干部学院学报》1999年第1期,第6页。
⑤ 史尚宽:《法律之理念与经验主义法学之综合》,载刁荣华主编:《中西法律思想论集》,台湾汉林出版社1984年版,第259、263页。
⑥ 王保树主编:《经济法原理》,社会科学文献出版社2004年版,第3页。
⑦ 漆多俊:《经济法价值、理念与原则》,载漆多俊主编:《经济法论丛》第2卷,中国方正出版社1999年版,第78页。

基本的认识和追求,是经济法及其适用的最高原理"[①];"经济法的理念,是指经济法的指导思想、基本精神和立法宗旨,是对经济法起长效作用的文化内涵"[②]。我们在对"理念"和"法的理念"进行研究的基础上,基于对这两个概念的理解,结合经济法现象的实际情况,认为经济法的理念,是指人们关于经济法的宗旨及其实现途径的基本观念。任何理念都是一种基本观念,经济法的理念也不例外。"基本观念"属于意识形态的范畴;意识形态属于上层建筑的范畴。经济法的理念不是别的基本观念,而是人们关于经济法宗旨的基本观念以及关于经济法宗旨实现途径的基本观念。还需要指出,经济法的理念有实然性与应然性之分:前者,是指实际贯穿于经济法之中的理念;后者,是指应该贯穿于经济法之中的理念。

二、经济法理念的内容

经济法理念的内容,包括经济法的宗旨和经济法宗旨的实现途径。那么,什么是经济法的宗旨及其实现途径呢?它们的内容又是什么呢?这是下面要回答的问题:

(一) 经济法宗旨的概念和内容

经济法的宗旨,是指贯穿于经济法之中的,人们创制和实施经济法所追求的目标。创制经济法是为了实施经济法,创制经济法所追求的目标也就是实施经济法所追求的目标。作为经济法的宗旨,这种目标是贯穿于经济法之中的,而不是存在于经济法之外的。

在现代市场经济条件下,经济法宗旨的内容是,维护市场经济秩序,防止和消除经济运行中的总量失衡和结构失调,优化资源配置,保障国家经济安全,推动经济发展和社会进步,以实现经济法主体利益的协调发展。从维护掌握国家政权的阶级的根本利益出发,实现经济法主体利益的协调发展,是经济法宗旨的基本内容。对此,需要说明以下两点:

第一,利益的含义和种类。

在现代汉语中,利益就是"好处"。它同"害""弊"相对。所谓"利害"即利益和害处;"利弊"即好处和坏处。[③]

对于利益,根据实践的需要,可以从不同的角度,按照不同的标准,进行不同的划分。从利益内容的角度,可以按不同标准划分为:经济利益、政治利益、文化利益和人身利益;不同阶级的利益,特别是统治阶级利益和被统治阶级利益;根本利益和非根本利益;合法利益和非法利益。从利益所涉及范围的角度,可以按不同的标准划分为:长远利益、短期利益和眼前利益;整体利益、局部利益和个别利益;中央利益和地方利益;多数人利益和少数人利益。从利益主体的角度,可以划分为:个人利益、集体利益、国家利益和社会公共利益。

---

① 史际春、李青山:《论经济法的理念》,载《经济法学、劳动法学》(人大复印报刊资料)2003年第8期,第30页。
② 徐孟洲:《论中国经济法的客观基础和人文理念》,载《法学杂志》2004年第4期,第36页。
③ 参见《现代汉语规范词典》,外语教学与研究出版社、语文出版社2004年版,第808—809页。

第二,"协调发展"这一概念中"协调"的含义。

在我国《宪法》和党的文件中所使用的"协调"概念,往往是指现代汉语中所说的"协调"的第一种含义,即"配合适宜"。本书所使用的"协调发展"这一概念中"协调"的含义,也是从"配合适宜"这一意义上使用的。

1982年12月4日,第五届全国人民代表大会第五次会议通过的《中华人民共和国宪法》第15条第1款规定:"国家在社会主义公有制基础上实行计划经济。国家通过计划经济的综合平衡和市场调节的辅助作用,保证国民经济按比例地协调发展。"1993年3月29日,第八届全国人民代表大会第一次会议通过的《宪法修正案》删除了上述规定。2004年3月14日,第十届全国人民代表大会第二次会议通过的《宪法修正案》,在宪法序言的第7自然段中增加了"推动物质文明、政治文明和精神文明协调发展"的规定。以上在我国宪法中先后两处使用的"协调"概念,均属现代汉语中"协调"的第一种含义。

党的十二届三中全会、十四届三中全会、十六届三中全会先后通过的三个关于经济体制改革的决定①,分别有2处、4处、15处使用了"协调"这一概念。其中,属于"协调"的第一种含义的共有15处,如"协调发展"、"相协调"、"树立全面、协调、可持续的发展观"、"形成行为规范、运转协调、公正透明、廉洁高效的行政管理体制"等。

(二)经济法宗旨的实现途径的概念和内容

经济法宗旨的实现途径,是指贯穿于经济法之中的,实现经济法宗旨的路径、方法。

在现代市场经济条件下,经济法宗旨实现途径的内容是,将经济法协调主体的市场监管行为、宏观调控行为和经济法协调受体的经济活动纳入经济法制轨道,以实现对本国经济运行依法进行国家协调。对本国经济运行依法进行国家协调,是经济法宗旨实现途径的基本内容。

本书所使用的"国家协调"这一概念中"协调"的含义,是从"协调"的第二种含义,即"使配合适宜"这一意义上使用的。马克思主义创始人很早以前就是这样使用的。我国的法律和党的文件往往也是这样使用的。例如:

马克思指出:"一切规模较大的直接社会劳动或共同劳动,都或多或少地需要指挥,以协调个人的活动……"②在这里,马克思所使用的"协调"这一概念,从现代汉语上讲,属于"协调"的第二种含义。

我国《全民所有制工业企业法》(1988年4月13日第七届全国人民代表大会第一次会议通过)有两处使用了"协调"这一概念。其中,第56条规定,政府有关部门要根据各自的职责,依照法律、法规的规定,"协调企业与其他单位之间的关系"。第57

---

① 中共中央《关于经济体制改革的决定》(1984年10月20日);中共中央《关于建立社会主义市场经济体制若干问题的决定》(1993年11月14日);中共中央《关于完善社会主义市场经济体制若干问题的决定》(2003年10月14日)。

② 《马克思恩格斯全集》第23卷,人民出版社1972年版,第367页。

条规定:"企业所在地的县级以上地方政府应当……协调企业与当地其他单位之间的关系"。在这里,"协调"二字均属于现代汉语中"协调"的第二种含义。

在党中央作出的上述三个关于经济体制改革的决定所使用的"协调"概念中,属于"协调"的第二种含义的共有6处,如"协调地区、部门、企业之间的发展计划和经济关系"、"做好综合协调工作"、"加强对经济运行的综合协调"、"综合协调宏观经济政策和经济杠杆的作用"、"协调好改革过程中的各种利益关系"、"加强对区域发展的协调"等。

根据以上分析,经济法理念的内容,可以概括为经济法的宗旨及其实现途径。如果考虑到经济法的宗旨及其实现途径的基本内容,我们认为,经济法理念的基本内容是:对本国经济运行依法进行国家协调,实现经济法主体利益的协调发展。

三、经济法理念的意义

紧密联系经济法制建设的实际,深入研究经济法的理念,以便正确认识并切实贯彻经济法的理念,具有重要的理论和实践意义。这主要表现在以下两个方面:

第一,加深理解和切实实施经济法。

认识来源于实践。人们在经济法的实践中,对经济法的认识从感性阶段发展到理性阶段,逐渐形成了关于经济法宗旨及其实现途径的基本观念。这种基本观念,就是经济法的理念。它贯穿于经济法之中,反映了经济法的精神实质,体现了经济法的本质属性,是经济法的灵魂。认真研究并正确认识经济法理念的实然性,即实际贯穿于经济法之中的理念,有助于明确创制和实施经济法所追求的目标及其实现的路径和方法,从而加深对经济法的理解。

认识可以指导实践。认识并不只是消极的东西,它对实践具有能动的反作用。对于经济法理念的正确认识,可以指导人们通过正确的路径和方法,原原本本地实施经济法,以实现经济法的宗旨,使经济法的实施不会走偏方向。

第二,健全经济法制,推动经济法的制度创新。

认识往往落后于实践。认识不符合实际的情况时有发生。人们对经济法的认识不一定都是正确的,经济法的现行规定不一定都是正确的,实际贯穿于经济法之中的经济法的理念不一定都是正确的。因此,我们除了要认真研究并正确认识经济法理念的实然性以外,还要认真研究并正确认识经济法理念的应然性,即应该贯穿于经济法之中的理念。这有助于全面评析经济法的现行规定和经济法实施的现状,肯定成绩,指出问题,总结经验,提出改进措施,健全经济法制。

事物在发展,实践在继续,人们在新的实践中不断产生新的认识。而经济法具有相对稳定性,实际贯穿于经济法之中的经济法的理念即使在经济法创制的时候是正确的,随着客观情况的发展变化和实践的继续,它也需要丰富和发展。认真研究并正确认识经济法理念的应然性,可以使经济法的理念符合新的实际,并指导经济法的创制和实施,推动经济法的制度创新。

第二节 经济法的基本原则

一、经济法基本原则的概念

在中国,对经济法基本原则概念的研究虽在不断取得进展,但远未取得共识。至今,学界对经济法基本原则这一概念所下的完全不同或部分不同的定义已达30个左右。现在,急需将经济法基本原则的概念的研究进一步引向深入。

我们认为,经济法的基本原则,是指贯穿于各种经济法律规范之中的,在国家协调本国经济运行过程中必须遵循的根本准则。这一定义的基本含义如下:

首先,经济法的基本原则是必须遵循的根本准则。

任何法都是由法律规范组成的,经济法也不例外。法律规范是一种行为准则或称行为规则,它是由国家强制力保证实施的,是人们必须遵循的。经济法的基本原则这种行为准则,也是由国家强制力保证实施的,它不同于法律规范以外的行为准则;同时,它又不同于作为具体行为准则的法律规范,也不同于经济法的具体原则。经济法基本原则是根本的行为准则,即根本准则。对于经济法律规范和经济法的具体原则,它都处于统率的地位,是必须遵循的准则的准则,原则的原则。

有些学者认为,经济法的基本原则是一种"指导思想""总的指导思想""根本指导思想""具有普遍意义的指导思想""带有普遍意义的指导原理"或"基本法律观念"。我们认为,经济法的基本原则属于上层建筑中制度的范畴,具有法律约束力。"指导思想""指导原理""基本法律观念"属于上层建筑中意识形态的范畴,只要其未转化为法,就没有法律约束力。经济法的基本原则对于经济法的制定和实施,固然具有指导作用,但是,它本身不是"指导思想""指导原理"或"基本法律观念"。

其次,经济法的基本原则是在国家协调本国经济运行过程中必须遵循的根本准则。

在对经济法的基本原则这一概念下定义时,其定义概念应该体现经济法基本原则与民法、行政法等其他法的基本原则的本质区别。有些定义指出,经济法的基本原则是经济法的"特征""宗旨""价值"或"本质"的"体现""具体体现"或"集中体现"。我们认为,上述观点有一定道理。因为它有助于区别经济法的基本原则与其他法的基本原则。而经济法的特征、宗旨、价值都决定于经济法的本质,从这个意义上说,认为经济法的基本原则是经济法本质的体现,比较接近真理。那么,经济法的本质(区别于其他法的本质属性)又是由什么决定的呢?由于法的调整对象是划分法的部门的标准,经济法的本质决定于经济法的调整对象。因此,将经济法的调整对象科学地反映到经济法基本原则的定义中去,就可以从根本上划清经济法基本原则与其他法的基本原则的界限。我们认为,经济法的调整对象是在国家协调的本国经济运行过程中发生的经济关系,因此,经济法的基本原则是在国家协调本国经济运行过程中必须遵循的根本准则。

再次,经济法的基本原则是贯穿于各种经济法律规范之中的根本准则。

关于经济法基本原则的定义,之所以要在定义概念中指出经济法的基本原则贯穿于"各种经济法律规范"之中,原因有三:一是经济法的基本原则是整个经济法部门的基本原则,而不是它的某一个组成部分的原则,因此,在"经济法律规范"之前需要加"各种"二字;二是经济法的基本原则属于上层建筑中经济法律制度的范畴,当然是贯穿于各种"经济法律规范"之中的,而不可能以经济法学的论著、负责人的讲话和社会团体的文件等作为载体;三是指出经济法的基本原则贯穿于各种"经济法律规范"之中,有助于进一步明确经济法的基本原则不同于民法、行政法等其他法的基本原则。

有些学者说,经济法的基本原则是贯穿于"经济法律""经济法规""各种经济法规"或"一切经济法律法规"之中的。对此,应该指出:经济法律、法规,即调整或主要调整经济关系的法律、法规;这里说的"经济关系",不仅包括经济法所调整的经济关系,而且包括民法、行政法等其他法所调整的经济关系。因此,不能认为,凡是经济法律、法规,都属于经济法的法律、法规的范围。① 所以,笼统地说经济法的基本原则贯穿于"经济法律"或"经济法规"中不妥;说它贯穿于"各种经济法规"或"一切经济法律法规"中更为不妥。还需要指出,经济法律规范除了以经济法律、法规为表现形式以外,还有不少是通过其他规范性文件和习惯法、判例法表现出来的。而后者,同样是贯穿了经济法的基本原则的。从这个意义上说,认为经济法的基本原则仅仅贯穿于经济法律、法规之中也不妥。

二、经济法基本原则的确认

(一) 经济法基本原则确认的标准

要被确认为经济法的基本原则,必须符合下列标准:

第一,它必须是一种法的原则。②

能否被确认为经济法的基本原则,首先要看是不是法的原则。

何谓法的原则?各家对其下的定义是不同的。《牛津法律大辞典》从法的功能的角度下了这样一个定义:"法律原则[Principles of Law]是许多法律推理所依赖的前提,是不断地、正当地适用于比较特别和具体的规则解决不了或不能充分、明确地解决的待决案件的一般原则。"③《布莱克法律辞典》认为,法律原则是为其他规则提供基础性或本源的综合性规则或原理,是法律行为、法律程序、法律决定的决定性规则。④ 在中国学者中,有的认为:法律原则是"用以进行法律推理的准则"⑤。有的说:

---

① 例如,我国《合同法》是经济法律,但它不属于经济法的法律的范围,而是民事法律。
② 法的原则,在法学论著中一般称为"法律原则"。考虑到"法律"一词有广、狭两义,"法律原则"中的"法律"仅指广义,而狭义的"法律"就是"法",因此,本书主张将"法律原则"改称"法的原则"。
③ 《牛津法律大辞典》,光明日报出版社1988年版,第717页。
④ 参见 Black's Law Dictionary, West Publishing Co., 1983, p.1074。
⑤ 沈宗灵主编:《法理学》,北京大学出版社2001年重排本,第36页。

"法律原则是法律的基础性真理、原理,或是为其他法律要素提供基础或本源的综合性原理或出发点。"①有的指出:"法律原则应是用抽象语言表述的具有标准性和统帅意义的高级法律规则。"②应该说,在上述论述中,那种认为法律原则是一种"准则",一种"综合性规则"或"高级法律规则"的观点,是有道理的;而认为法律原则是一种"原理"的观点,值得商榷。

我们认为:准则即行为准则;规则也是行为规则;准则就是规则。准则,是指在实践中应当遵循的具体规定,即具体准则。原则,是指贯穿于具体准则之中的,在实践中必须遵循的高级准则,是准则的准则。法的原则,是指贯穿于法律规范之中的,在法的实践中必须遵循的高级准则。法的原则与法律规范有联系,有区别。其联系的主要表现是:法律规范是具体准则,法的原则也是一种准则;它们都是必须遵循的;法的原则是法律规范的概括;法的原则贯穿于法律规范之中;法的原则对法律规范的创制和实施具有指导作用。就它们的区别而言,相对于法律规范来说,法的原则具有概括面广、稳定性强、适用范围宽、效力层次高、指导作用大等特点。

关于经济法的基本原则与法的原则的关系,需要指出:经济法的基本原则必须是一种法的原则;不是法的原则,如政治原则、道德原则等,不可能成经济法的基本原则。

第二,它必须是一种经济法的原则。

能否被确认为经济法的基本原则,还要看是不是法的原则中的经济法原则。

如何理解"经济法原则"?有的经济法学者认为:"经济法原则就是,经济法规普遍坚持的,处理各种纷繁复杂经济法律问题的基本准绳";同时认为,它是"贯穿于各种经济法规的一种总的精神实质,是经济法规的灵魂,它必须具有普遍适用性和高度的概括性"。③ 有的学者明确指出:"经济法原则与民法原则、行政法原则不能混同。"④有的学者说:"经济法原则是经济法在其调整特定社会关系时在特定范围内所普遍适用的基本准则。"⑤应该说,在上述观点中,除了使用"各种经济法规""特定"的概念值得商榷外,作者指出了经济法原则是具有"普遍适用性和高度概括性"的"基本准绳"或"基本准则",注意到了经济法原则与其他部门法原则的区别,这是可取的。

我们认为,经济法的原则,是指贯穿于经济法律规范之中的,在国家协调本国经济运行过程中必须遵循的高级准则。对这一定义,有必要说明三点:一是在定义概念中使用"经济法律规范",划清了经济法的原则与民法、行政法等原则的界限;二是在定义概念中的经济法律规范之前未加"各种"或"部分"字样,表明经济法的原则既不能等同于经济法的基本原则,又不能等同于经济法的具体原则;三是在定义概念中使

---

① 张文显主编:《法理学》,高等教育出版社 2003 年版,第 95—96 页。
② 王保树主编:《经济法原理》,社会科学文献出版社 2004 年版,第 34 页。
③ 《经济法理论学术论文集》,群众出版社 1985 年版,第 300—301 页。
④ 同上书,第 290 页。
⑤ 漆多俊:《经济法基础理论》,武汉大学出版社 2000 年版,第 167 页。

用"高级准则",有助于将经济法的原则既区别于作为"根本准则"的经济法的基本原则,又区别于作为"具体准则"的经济法律规范。

关于经济法的基本原则与经济法原则的关系,本书的观点是:经济法的基本原则必须是一种经济法的原则;不是经济法的原则,如民法原则、行政法原则和其他法原则,不可能成为经济法的基本原则。

第三,它必须是经济法原则中的基本原则。

能否被确认为经济法的基本原则,最后还要看在经济法的原则中,是具体原则还是基本原则。

关于经济法基本原则的概念,前面已经作了论述。在这里,着重谈谈经济法的基本原则与具体原则的关系问题。

近年来,一些经济法学者指出:"经济法基本原则,统领其他具体原则"。[①] "经济法的基本原则涵盖整个经济法部门,是该部门所有法律规范及从制定到实施全过程都需贯彻的;经济法的局部性原则,仅贯彻于该部门法中某个或某些种类(经济法的分支)的法律规范。不能将经济法的某个局部性原则,当作经济法的基本原则"。[②] "经济法的基本原则不是离开经济法而存在的,而是贯穿在整个经济法之中的。它不是仅仅贯穿在属于经济法体系的某一个部门经济法之中的,因此不同于经济法的具体原则。"[③] 关于经济法的基本原则与具体原则的关系,以上论述是正确的,但是还需要补充。

我们认为,根据实践的需要,对于经济法的原则,可以按照不同的标准,分别划分为不同经济法部门的原则、不同经济法制度的原则等等。相对于经济法的基本原则而言,这些都是不同类型的经济法的具体原则。可以说,经济法的基本原则是从众多经济法的具体原则中概括出的、经济法领域最高层次的原则。它统率经济法的各种具体原则,是原则的原则。同经济法的具体原则相比,经济法的基本原则概括面更广,稳定性更强,适用范围更宽,效力层次更高,指导作用更大。由于经济法的基本原则和具体原则各有不同的特点,因此不能把某个经济法部门的原则、某种经济法制度的原则等经济法的具体原则,当作经济法的基本原则。

(二)经济法基本原则确认的方法

马克思主义哲学是科学的世界观和方法论,也是我们正确认识经济法基本原则的指导思想和基本方法。毛泽东同志深刻地指出:"实践、认识、再实践、再认识,这种形式,循环往复以至无穷……这就是辩证唯物论的全部认识论"。[④] 还说:"矛盾的普遍性和矛盾的特殊性的关系,就是矛盾的共性和个性的关系。""这一共性个性、绝对

[①] 刘瑞复:《经济法学原理》,北京大学出版社 2000 年版,第 98 页。
[②] 漆多俊:《经济法基础理论》,武汉大学出版社 2000 年版,第 168 页。
[③] 杨紫烜:《建立和完善适应社会主义市场经济体制的法律体系与〈经济法纲要〉的制定》,载李昌麒主编:《中国经济法治的反思与前瞻》,法律出版社 2001 年版,第 12 页。
[④] 《毛泽东选集》第 1 卷,人民出版社 1991 年版,第 296—297 页。

相对的道理,是关于事物矛盾的问题的精髓,不懂得它,就等于抛弃了辩证法。"[①]

要正确确认经济法的基本原则,必须正确确认法的原则。下面,我们分别进行论述:

首先,关于法的原则的确认方法。

按照调整对象的不同,可以将法划分为若干个法的部门。部门法的原则贯穿于组成该法的法律规范之中。法的原则既贯穿于各部门法的原则之中,又贯穿于各种法律规范之中。

认识来源于实践。认识过程从认识特殊的事物开始。在法的实践中,人们首先认识了许多不同法律规范的特殊本质,然后进行概括工作,认识到其中有一类法律规范调整着在国家协调的本国经济运行过程中发生的经济关系,这类法律规范具有共同的本质,被统称为经济法律规范。在经济法律规范中,毫无例外地贯穿着作为其总称的经济法的原则。贯穿经济法的原则,是经济法律规范的共性。同样,分别贯穿民法原则、行政法原则和其他法原则是民事法律规范、行政法律规范和其他法律规范的共性。

根据矛盾的共性和个性的辩证关系的原理,贯穿于经济法律规范之中的经济法原则,同贯穿于民事法律规范、行政法律规范和其他法律规范之中的民法原则、行政法原则和其他法的原则,各有自己的个性,因此,不能把它们互相混淆。与此同时,也要看到在上述个性中存在着共性。随着法的实践的继续,人们在认识了经济法原则、民法原则、行政法原则和其他法的原则的特殊本质的基础上,可以进一步概括出包含于上述原则的个性中的共性,即作为法的原则的共同本质。

但是,对法的原则的认识过程至此并没有完结。人们对法的原则的认识,还须回到法的实践中去发挥作用,并接受检验。同时,社会关系在发展,调整社会关系的法律规范也在发展,需要人们在反复实践中不断深化对法律规范的认识、对部门法原则的认识和对法的原则的认识。

其次,关于经济法基本原则的确认方法。

经济法是一个独立而重要的法的部门。其原则有基本原则和具体原则之分。经济法的具体原则贯穿于部分经济法律规范之中。经济法的基本原则既贯穿于经济法的各种具体原则之中,又贯穿于各种经济法律规范之中。

人的认识离不开实践。在经济法的实践中,人们开始认识到许多经济法律规范的特殊本质,然后通过概括,认识到在这些经济法律规范的个性中存在的共性。这些经济法律规范可以分别组成市场监管法、宏观调控法等不同的经济法部门,或者经济法的主体制度、经济法的行为制度、经济法的后果制度等不同的经济法制度,等等。它们都有各自的原则,这些原则统称为经济法的具体原则。

随着经济法实践的继续,人们在认识了各种经济法具体原则的特殊本质的基础上,通过进一步概括,可以认识到贯穿在这些具体原则之中的共性,即作为经济法基

[①] 《毛泽东选集》第1卷,人民出版社1991年版,第320页。

本原则的共同本质。

但是,对经济法基本原则的认识过程至此并没有结束。人们经过实践得到的对经济法基本原则的认识,必须再回到实践中去发挥作用,接受检验。同时,随着社会经济关系的发展,随着经济法的发展,应该在人们的反复实践中,不断丰富和发展对经济法律规范的认识、对经济法具体原则和经济法基本原则的认识。

三、经济法基本原则的构成

(一) 对于经济法基本原则的构成的研究概况

多年来,经济法学界在研究经济法基本原则的过程中,在回答经济法究竟有哪些基本原则的问题时,提出了许多不同的观点。例如:

第一,认为经济法的基本原则只有 1 个,即"注重维护社会经济总体效益,兼顾社会各方经济利益公平"。[①]

第二,认为经济法的基本原则有 2 个:社会本位原则,效率优先、兼顾公平原则[②];或者是市场竞争原则,宏观调控原则[③]。

第三,认为经济法的基本原则有 3 个:平衡协调原则,维护公平竞争原则,责权利相统一原则[④];或者是经济上的公平与公正原则,违法行为法定原则,经济管理权限和程序法定原则[⑤]。

第四,认为经济法的基本原则有 4 个:经济民主原则,效率优先、兼顾公平原则,可持续发展原则,经济公正原则。[⑥]

第五,认为经济法的基本原则有 5 个:遵循客观经济规律原则,巩固和发展社会主义公有制和保护多种经济成分合法发展原则,国家统一领导和经济实体相对独立原则,市场经济与宏观调控相结合原则,责、权、利、效相结合原则。[⑦]

第六,认为经济法的基本原则有 6 个:按客观经济规律办事原则,坚持和发展社会主义公有制与保护非公有制合法发展原则,国家宏观调控与市场机制相结合原则,实行责权利相结合和国家、集体、个人利益相统一原则,兼顾公平与效率原则,经济民主与经济法制相结合原则。[⑧]

第七,认为我国经济法的基本原则有 7 个:促进和保障社会主义市场经济健康发展原则,促进和保障以社会主义公有制为主体的多种经济成分共同发展原则,遵循客

---

① 漆多俊:《经济法价值、理念与原则》,载漆多俊主编:《经济法论丛》第 2 卷,中国方正出版社 1999 年版,第 87 页。
② 程宝山:《经济法基本理论研究》,郑州大学出版社 2003 年版,第 123、126 页。
③ 邱本:《再论经济法的基本原则》,载李昌麒主编:《经济法论丛》第 2 卷,群众出版社 2004 年版,第 36 页。
④ 史际春、邓峰:《经济法总论》,法律出版社 1998 年版,第 163 页。
⑤ 王保树主编:《经济法原理》,社会科学文献出版社 2004 年版,第 37—38 页。
⑥ 顾功耘主编:《经济法教程》,上海人民出版社 2002 年版,第 57 页。
⑦ 黄菊昌主编:《经济法》,广西人民出版社 1996 年版,第 12—15 页。
⑧ 刘隆亨:《经济法概论》,北京大学出版社 1997 年版,第 55、56、59、63、66、68 页。

观规律原则,实行经济民主原则,促进和保障社会主义公平竞争原则,兼顾国家、集体和个人利益原则,经济效益和社会效益相结合原则。①

第八,认为我国经济法的基本原则有 8 个:资源优化配置原则,国家适度干预原则,社会本位原则,经济民主原则,经济公平原则,经济效益原则,经济安全原则,可持续发展原则。②

近年来,在上述论著中讲到的不同的经济法基本原则有 21 个,如果加上 1996 年以来的其他经济法论著和 1996 年以前的经济法论著中所谈到的不同的经济法基本原则,共有 40 多个。应该说,其中有些观点是有一定道理的,而许多所谓经济法的基本原则实际上并不是经济法的基本原则。之所以出现后一种情况,是由于在经济法基本原则确认的标准和方法上缺乏科学性,其表现有三:一是有些不是原则或不是法的原则(前者如按劳分配等经济规律,后者如实行经济责任制、优化资源配置等经济工作原则),被当作了经济法的基本原则;二是有些虽是法的原则但不是经济法的原则或不是经济法特有的原则(前者如经济立法原则、经济司法原则,后者如法制原则、责权利相统一原则、维护社会经济秩序原则),被误认为经济法的基本原则;三是有些虽是经济法的原则,但只是具体原则(如维护公平竞争原则、保护消费者合法权益原则),被误认为经济法的基本原则。此外,有些学者将社会主义国家经济法特有的原则等同于经济法的基本原则,也不妥。

(二) 对于经济法基本原则的构成应该怎样认识

经济法的基本原则与经济法的理念有着密切的联系。经济法的理念决定经济法的基本原则;经济法的基本原则体现经济法的理念。如前所述,经济法理念的内容,可以概括为两个方面:一是经济法的宗旨,它的基本内容是从维护掌握国家政权的阶级的根本利益出发,实现经济法主体利益的协调发展;二是经济法宗旨的实现途径,它的基本内容是对本国经济运行依法进行国家协调。这就决定了经济法的基本原则由经济法主体利益协调原则和国家协调本国经济运行法定原则构成。这是我们在吸取了有关研究成果的基础上提出的新的理论见解。

第一,经济法主体利益协调原则。

有些论著在谈到经济法的基本原则或我国经济法的原则时,先后提出:"兼顾国家、集体、个人三者的物质利益原则"③;"保障社会主义经济组织、个体经营者和涉外经济组织合法权益的原则"④;"统筹兼顾中央、地方、企业、职工权益的原则"⑤;"兼顾各方利益的原则"⑥;"坚持国家整体经济利益、兼顾各方经济利益的原则"⑦。这些论

---

① 肖平主编:《中国经济法》,中国政法大学出版社 1994 年版,第 23—28 页。
② 李昌麒主编:《经济法学》,法律出版社 2007 年版,第 76、78—80、82—83 页。
③ 许明月主编:《经济法论点要览》,法律出版社 2000 年版,第 344 页。
④ 同上书,第 358 页。
⑤ 同上书,第 371 页。
⑥ 同上书,第 400 页。
⑦ 杨紫烜:《建立和完善适应社会主义市场经济体制的法律体系与〈经济法纲要〉的制定》,载李昌麒主编:《中国经济法治的反思与前瞻》,法律出版社 2001 年版,第 13 页。

断,在一定程度上已经有了经济法主体利益协调原则的思想。

我们认为,对于经济法主体利益协调原则,需要指出三点:一是这里所说的"经济法主体",包括各种经济法主体。对于经济法主体,根据不同的标准可以进行多种不同的划分。根据其在国家协调本国经济运行过程中地位和功能的不同,可以划分为协调主体和协调受体;前者,即协调本国经济运行的主体;后者,即协调本国经济运行的受体。对于协调主体和协调受体,还可以进行划分:前者,可以划分为市场监管主体、宏观调控主体;后者,可以划分为市场监管受体、宏观调控受体。这种划分,可以继续进行下去,直到满足实践的需要为止。二是这里所说的"利益协调"不同于"利益平衡"。因为"平衡"与"协调"不同。平衡的含义,是相等、均等或大致均等。[①] 经济法主体利益协调原则的基本精神是,经济法主体的依法作为或不作为对于经济社会的发展作出了贡献,就应依法获得相应的利益,即在增量利益的总和之中占有一个相对合理的比例,以实现经济法主体之间利益关系的"配合适宜",而并不要求经济法主体之间利益的相等、均等或大致均等。三是在社会制度不同的国家,由于经济法性质的不同,经济法主体利益的协调具有重要区别。例如,在社会主义国家,经济法主体的利益协调应当以维护人民群众的根本利益为前提,而资本主义国家经济法主体的利益协调是以维护资产阶级的根本利益为前提的。

第二,国家协调本国经济运行法定原则。

有的学者认为,在经济法的基本原则中包括:"违法行为法定原则","违法行为法定,即违法行为和犯罪行为由法律明示";"经济管理权限和程序法定原则","经济管理权限和程序法定,即经济管理权限和程序必须由法律明示"。[②] 有的学者指出,经济法的基本原则之一,是"调制法定原则"。"依据调制法定原则,调制的实体内容和程序规范都要由法律来加以规定"。[③] 还有的学者说,经济法的基本原则之一,是"经济协调行为法定原则"。该原则"强调国家特别是政府协调经济运行的职责、权限与程序的法定,强调经济法主体(包括经济管理职能部门、市场主体等)违法行为认定上的法定"[④]。以上论述表明,在中国的一些经济法学者中,已经在不同程度上具有了国家协调本国经济运行法定原则的思想。

我们认为,国家协调本国经济运行法定原则的内容有:经济法主体法定,即经济法主体的种类、取得经济法主体资格的条件和程序法定;经济法主体的行为法定,即协调主体的职权、职责法定和行使职权、履行职责的程序法定,以及协调受体的权利、义务法定,他们的行为合法与否依法的规定为准;经济法主体行为的后果法定,这包括经济法主体行为的法定的有利后果(即有利的法律后果或肯定性法律后果)和法定的不利后果(即不利的法律后果或否定性法律后果)。

---

① 参见《现代汉语规范词典》,外语教学与研究出版社、语文出版社2004年版,第1002页。
② 王保树主编:《经济法原理》,社会科学文献出版社2004年版,第38页。
③ 张守文:《经济法基本原则的确立》,载《经济法学、劳动法学》(人大复印报刊资料)2003年第8期,第51页。
④ 肖江平:《中国经济法学史研究》,人民法院出版社2002年版,第229页。

四、经济法基本原则的作用

（一）有助于加强经济法的创制和实施，维护经济法制的统一

认真研究并正确认识经济法基本原则，有助于对受它统率的各种经济法律规范与经济法的各种具体原则加深理解和切实实施。

在经济法的实践中，一个国家的经济法律规范之间、经济法的具体原则之间、经济法律规范与经济法的具体原则之间，以及经济法律规范、经济法的具体原则与经济法的基本原则之间，往往出现互不协调、相互抵触的情况。对于这种现象应该怎么对待呢？我们认为，由于经济法的具体原则的效力高于经济法律规范，经济法的基本原则的效力又高于经济法的具体原则，因此，凡是符合经济法基本原则的经济法的具体原则和经济法律规范，都是有效的；否则，都是无效的。这就是说，在经济法律规范、经济法的具体原则、经济法的基本原则出现不一致的情况下，经济法的基本原则为人们提供了判断上述规范和具体原则有效性的一个法律标准。这有助于维护经济法制的统一。

由于认识往往落后于实践，经济法的立法工作往往跟不上经济法制建设发展的需要，因此，在经济法的实践中，常常缺乏可供适用的经济法律规范和经济法的具体原则。在这种情况下，经济法的基本原则的作用是：在该基本原则的指导下，创制实际需要的、新的经济法律规范；在该基本原则的指导下，从新的和原有的有关经济法律规范中，概括出新的经济法具体原则；在新的经济法律规范创制出来前后和新的经济法具体原则概括出来前后，该基本原则可以作为经济法主体维护自己合法权益、寻求法律救济的依据或依据之一，可以作为经济执法机关和经济司法机关解决矛盾、处理纠纷、办理案件的依据或依据之一。

（二）有助于推动经济法制度的破旧立新，完善经济法制度

在经济法领域，实际贯穿于各种经济法律规范之中的根本准则，与经济法律规范、经济法的具体原则相比，具有更高的法律效力。由于人们认识的局限性和立法工作的滞后性等原因，国家创制的现行经济法律规范不一定都是正确的，人们从部分现行经济法律规范中概括出的经济法的具体原则不一定都是正确的。

经济法基本原则，对于已经过时的或部分不符合实际需要的现行经济法律规范的废止、修改，能够发挥指导作用；对于现在还没有而实践需要的经济法律规范的创制，能够发挥指导作用；对于人们从现行的经济法律规范中正确地概括经济法的具体原则，也能发挥指导作用。可见，经济法的基本原则，对于推动经济法制度的破旧立新，完善经济法制度，具有重要作用。

第六章 经济法的渊源和经济法的制定

第一节 经济法的渊源

一、经济法渊源的概念

经济法学界在对经济法渊源的研究中,阐述其种类的多,论述其概念的少。而对经济法渊源的种类之所以存在意见分歧,一个重要原因就在于对其概念的认识上存在着不同观点。

明确法的渊源的概念是搞清楚经济法渊源的概念的前提。法的渊源,简称法源。它有实质渊源和形式渊源之分。对于前者,主要有三种观点:一是认为,法出于神的意志;二是认为,法出于全民的公意;三是认为,法出于统治阶级的意志。[1] 对于后者,主要有四种观点:一是认为,"在中外法学多数著作中,法的渊源指效力渊源,即根据法的效力来源,而划分法的不同形式"[2];二是认为,法的渊源,是指"法的创制及表现形式,即法由何种国家机关创制和表现为何种法律文件形式"[3];三是认为,"法的形式渊源,即法律的各种表现形式"[4];四是认为,"形式法源,即法律规范的表现形式"[5]。

我们认为,实质意义上讲的法的渊源,是指法律规范来源于谁的意志。具体来说,法的实质渊源,是指法律规范来源于掌握国家政权的阶级的意志,即表现为"国家意志"的统治阶级意志。其内容是由该阶级的物质生活条件决定的。形式意义上讲的法的渊源,是指法律规范来源于何种法的形式。换言之,法的形式渊源,是指法律规范的表现形式。

经济法的实质渊源,是指经济法律规范来源于谁的意志。具体来说,经济法的实质渊源,是指经济法律规范来源于掌握国家政权的阶级的意志,即表现为"国家意志"的统治阶级意志。经济法的形式渊源,是指经济法律规范来源于何种法的形式。换言之,经济法的形式渊源,是指经济法律规范的表现形式。

在中外法学论著中,无论法的渊源还是经济法的渊源的概念,通常是从形式意义上使用的。除了有特别说明的以外,本书也是从形式意义上使用的。

---

[1] 参见《中国大百科全书·法学》,中国大百科全书出版社1984年版,第86页。
[2] 沈宗灵主编:《法理学》,高等教育出版社1994年版,第303页。
[3] 《法学词典》(增订版),上海辞书出版社1984年版,第613页。
[4] 高树异主编:《国际经济法总论》,吉林大学出版社1989年版,第60页。
[5] 陈安主编:《国际经济法总论》,法律出版社1991年版,第117页。

二、经济法渊源的种类

（一）制定法

制定法，是指由国家机关依照法定的职权和程序制定的，以规范性文件为表现形式的法。在当代，制定法是许多国家法的主要渊源，也是经济法的主要渊源。在当代中国，作为经济法渊源的制定法主要有以下规范性文件：

1.《宪法》

我国现行《宪法》是1982年12月4日第五届全国人民代表大会第五次会议通过的《中华人民共和国宪法》。该《宪法》根据1988年4月12日、1993年3月29日、1999年3月15日、2004年3月14日全国人民代表大会先后四次通过的《中华人民共和国宪法修正案》作了修订。根据我国《宪法》第64条的规定，《宪法》的修改，由全国人大常委会或者1/5以上的全国人大代表提议，并由全国人大以全体代表2/3以上的多数通过。

《宪法》规定了国家的根本制度和根本任务，是国家的根本大法，具有最高的法律效力。它是经济法的最重要的渊源。

2. 法律

根据我国《宪法》的规定，法律包括基本法律和基本法律以外的其他法律。基本法律由全国人大制定和修改，以全体代表的过半数通过；在全国人大闭会期间，全国人大常委会有权对其进行部分补充和修改，但是不得同该法律的基本原则相抵触。基本法律以外的法律由全国人大常委会制定和修改，以常委会全体组成人员的过半数通过。法律在规范性文件体系中的地位，仅次于《宪法》。它是经济法的重要渊源。

全国人大及其常委会作出的规范性的决议、决定，同全国人大及其常委会制定的法律具有同等的法律效力，也属于经济法的渊源。

3. 行政法规

国务院是最高国家权力机关的执行机关，是最高国家行政机关。国务院有权根据《宪法》和法律，制定和修改行政法规。其数量远比法律要多，地位仅次于《宪法》和法律。它是经济法的重要渊源。

国务院发布的规范性的决定和命令，同行政法规具有同等的法律效力，也属于经济法的渊源。

4. 地方性法规

省、自治区、直辖市以及较大的市①的人民代表大会及其常委会可以制定和修改地方性法规。地方性法规以及省、自治区、直辖市和较大的市的人民代表大会及其常委会作出的规范性的决议、决定，也都属于经济法的渊源。

---

① 我国《立法法》第63条第4款规定："本法所称较大的市是指省、自治区的人民政府所在地的市，经济特区所在地的市和经国务院批准的较大的市。"

5. 自治条例和单行条例

民族自治地方的人民代表大会有权根据当地特点,制定和修改自治条例和单行条例。自治条例和单行条例报上一级人大常委会批准后生效。它们也属于经济法的渊源。

6. 部门规章

国务院所属的各部、各委员会、中国人民银行、审计署和具有行政管理职能的直属机构,可以根据法律和国务院的行政法规、决定、命令,在本部门的权限范围内制定和修改规章,发布规范性的命令、指示。这些规范性的文件,也都属于经济法的渊源。

7. 地方政府规章

省、自治区、直辖市和较大的市的人民政府,可以根据法律、行政法规和本省、自治区、直辖市的地方性法规,制定和修改规章,发布规范性的决议、命令。这些规范性文件,也都属于经济法的渊源。

8. 特别行政区基本法和有关规范性文件

我国《宪法》第31条规定:"国家在必要时得设立特别行政区。在特别行政区内实行的制度按照具体情况由全国人民代表大会以法律规定。"根据上述规定,我国全国人民代表大会先后于1990年和1993年分别通过了《香港特别行政区基本法》和《澳门特别行政区基本法》。这两个《基本法》都规定,全国人民代表大会授权特别行政区享有立法权;特别行政区可以根据《基本法》的规定并依照法定程序制定、修改和废除法律。[①] 香港和澳门原有的法律以及其他规范性文件,除同《基本法》相抵触或经依法作出修改者外,予以保留。[②] 可见,我国特别行政区实行的是不同于各省、自治区、直辖市实行的法律制度。但是,特别行政区《基本法》和有关规范性文件也属于我国经济法的渊源。

需要指出的是,在制定法属于经济法渊源的问题上,有两种观点需要商榷:

有一种观点认为,在规范性文件中,只有属于经济法的法律、法规、规章等规范性文件才属于经济法的渊源。我们认为,上述规范性文件固然属于经济法的渊源,但同时也要看到,在其他规范性文件中也往往包括某些甚至相当一些经济法律规范。例如,我国《保险法》将"加强对保险业的监督管理"作为该法立法宗旨的一个重要内容规定到了第1条之中;同时,该法在"总则"部分的第9条作出了"国务院保险监督管理机构依照本法负责对保险业实施监督管理"的规定。不仅如此,这部法律还专设了"保险业的监督管理"一章,共18条;与此同时,该法还规定了违反保险业监督管理的法律规定的法律责任。应该说,关于保险业监督管理的法律规范属于经济法中市场监管法律规范的范围。所以,不能把经济法的法律、法规、规章以外的规范性文件一概排除在经济法的渊源之外。

另一种观点认为,我国缔结或者参加的经济条约属于经济法的渊源。这不妥。

[①] 我国《香港特别行政区基本法》第2、73条;《澳门特别行政区基本法》第2、71条。
[②] 我国《香港特别行政区基本法》第8条;《澳门特别行政区基本法》第8条。

条约是规范性文件,也属于法的渊源,但它属于国际法的渊源而不属于国内法的渊源。当然,国内法与国际法有着密切的联系,在一定条件下可以互相转化。但是,有着密切联系的两个事物仍然是不同的事物,不能混淆。无论把条约还是经济条约视为属于国内法体系的经济法的渊源,都混淆了国内法与国际法的界限,是不可取的。

(二) 习惯法

习惯法,是指由国家认可并赋予法律约束力的习惯。也就是说,习惯经国家认可并赋予法律约束力就起了质的变化,成了习惯法。习惯法是经济法律规范的表现形式之一,属于经济法的渊源。在当代中国,习惯法也属于经济法的渊源,但不是主要渊源。

习惯不同于习惯法。习惯虽然也是一种社会规范,但是把习惯视为经济法的渊源之一不妥。

(三) 判例法

判例法,是指由国家认可并赋予法律约束力的判例。判例法在一些国家是经济法律规范的重要表现形式之一,属于经济法的渊源。在当代中国,除了香港特别行政区以外,有判例而没有判例法。我国的判例在审判实践中有一定的参考价值,但它没有经国家认可并赋予法律约束力,因此不是法,不属于经济法的渊源。

判例不同于判例法。无论在中国还是外国,都不能把判例视为经济法的渊源之一。

(四) 法定解释

法律解释即法的解释,是指对现行法律规范所作的说明。它有广义、狭义之分。从狭义上讲,法律解释即法定解释,亦称正式解释,是指法律授权的国家机关对法律规范所作的具有法律效力的说明。法定解释属于经济法的渊源。广义上讲的法律解释,除了狭义的法律解释以外,还包括非法定解释,亦称非正式解释。在我国,法定解释包括立法解释、行政解释和司法解释。

1. 立法解释

狭义上所说的立法解释,是指全国人民代表大会常务委员会对《宪法》和法律所作的说明。我国《宪法》第 67 条规定,全国人大常委会有权"解释宪法"。根据我国《立法法》第 42 条第 2 款的规定,法律有以下情况之一的,由全国人大常委会解释:一是"法律的规定需要进一步明确具体含义的";二是"法律制定后出现新的情况,需要明确适用法律依据的"。

广义上所说的立法解释,是指法定的国家机关对其制定的规范性文件所作的说明。这除了狭义的立法解释以外,还包括国务院和其他国家行政机关,以及地方国家权力机关及其常设机关,对其各自制定的规范性文件所作的说明。

2. 行政解释

行政解释,是指法定的国家行政机关对于行政工作中具体应用法律、地方性法规的问题所作的说明。这包括两种情况:一是国务院及其主管部门对于行政工作中具体应用法律的问题所作的说明;二是省、自治区、直辖市和较大市的人民政府对于行政工作中具体应用地方性法规的问题所作的说明。

3. 司法解释

司法解释,是指最高审判机关和最高检察机关,对于法院审判工作和检察院检察工作中具体应用法律的问题所作的说明。这包括三种情况:一是最高人民法院对于法院审判工作中具体应用法律的问题所作的说明;二是最高人民检察院对于检察院检察工作中具体应用法律的问题所作的说明;三是最高人民法院和最高人民检察院对于审判工作和检察工作中具体应用法律的共同性问题联合作的说明。

第二节 经济法的制定

一、经济法制定的概念和意义

(一) 经济法制定的概念

经济法的制定,是指国家机关依照法定的职权和程序制定经济法律规范的活动。这里说的"国家机关",有广义、狭义两种理解:狭义,指最高国家权力机关及其常设机关;广义,指最高国家权力机关及其常设机关和其他法定的国家机关。能否认为,从狭义上讲,经济法的制定,是指最高国家权力机关及其常设机关依照法定的职权和程序制定经济法的法律的活动呢?能否认为,从广义上讲,经济法的制定,是指最高国家权力机关及其常设机关和其他法定的国家机关依照法定的职权和程序制定经济法的法律、法规、规章和其他规范性文件的活动呢?我们认为,考虑到经济法律规范主要是通过经济法的法律和其他经济法的规范性文件表现出来的,上述观点不无道理。但是,经济法是由经济法律规范组成的,可以说,经济法是经济法律规范的总称,而不是经济法的法律的总称,也不是经济法的规范性文件的总称。因为在经济法的法律和其他经济法的规范性文件中,往往包括非经济法律规范,即属于其他法的部门的法律规范。所以,严格来说,应该认为:狭义上讲的经济法的制定,是指最高国家权力机关及其常设机关依照法定的职权和程序制定经济法律规范的活动;广义上讲的经济法的制定,是指最高国家权力机关及其常设机关和其他法定的国家机关依照法定的职权和程序制定经济法律规范的活动。本书是从广义上使用经济法的制定这一概念的。

为了明确经济法的制定这一概念,需要了解经济法的制定与经济法的立法的关系。法理学告诉我们:"法区别于其他社会规范的首要之点在于:法是由国家制定或认可的。""由国家制定或认可,是国家创制法的两种形式。"[①]我们认为,创制法即立法,立法包括法的制定和法的认可。根据同样的理由,可以认为,经济法的立法,包括经济法的制定和经济法的认可。可见,经济法的制定不能等同于经济法的立法,它们的关系是从属关系,也就是说,经济法的制定包含于经济法的立法之中。

---

① 沈宗灵主编:《法理学》,高等教育出版社1994年版,第32页。

为了明确经济法的制定这一概念,还需要了解经济法的制定与经济立法的关系。什么是经济立法呢?经济立法,是指最高国家权力机关及其常设机关和其他法定的国家机关依照法定的职权和程序制定或认可调整经济关系的法律规范的活动。这里说的制定或认可的"法律规范",即调整各种经济关系的法律规范,不仅包括调整在国家协调的本国经济运行过程中发生的经济关系的法律规范,即经济法律规范,而且包括调整其他经济关系的法律规范。例如,调整作为平等主体的自然人之间、法人之间、自然人和法人之间的财产关系即经济关系的法律规范。这种法律规范不是经济法律规范,而是民事法律规范。经济立法不仅包括经济法的立法,而且包括其他经济立法。可见,经济法的立法不等于经济立法,它们的关系是从属关系,也就是说,经济法的立法包含于经济立法之中。联系以上说的经济法的制定与经济法的立法的关系,经济法的制定与经济立法是双重的从属关系,也就是说,经济法的制定包含于经济法的立法之中,经济法的立法又包含于经济立法之中。

(二) 经济法制定的意义

社会主义法制建设包括法的创制和法的实施两个方面。前者,要求做到"有法可依";后者,要求做到"有法必依,执法必严,违法必究"。社会主义经济法的法制建设同样包括经济法的创制和经济法的实施两个方面。它们的关系是:经济法的实施以经济法的创制为前提;经济法的创制以经济法的实施为目的。

如前所述,经济法的制定不同于经济法的立法。以成文法为主的中国,经济法的制定比经济法的认可意义更为重要。经济法制定的意义可以从多方面进行论述。仅从经济法的制定与经济法实施的关系来说,要实施好经济法首先要制定好经济法。制定好经济法就要制定出数量足够的、符合经济社会发展需要的,以规范性文件为表现形式的经济法律规范;经济法的制定问题解决不好,出现无法可依的问题,就谈不上经济法的实施,或者虽然制定了经济法,但是质量不高,不适应经济社会发展需要,就不可能有好的实施效果。

二、经济法制定的现状

在对经济法制定的现状进行评价时,应该实事求是地肯定新中国经济法的制定所取得的成绩,清醒地看到存在的差距,防止主观片面性。不能夸大成绩,无视差距,把经济法制定的工作说得十全十美;也不能夸大差距,无视成绩,把经济法制定的工作说得一无是处。

我们知道:经济法是由经济法律规范组成的;在现代市场经济条件下,经济法律规范主要是通过关于健全市场监管、加强宏观调控方面的法律、法规、规章等规范性文件表现出来的。因此,近年来我国在上述两个方面制定了一系列法律、法规、规章等规范性文件,表明了经济法制定的现状和经济法的新发展。例如:

有关市场监管的法律,主要有:《反不正当竞争法》(1993年制定)、《消费者权益保护法》(1993年制定,2009年、2013年修订)、《产品质量法》(1993年制定,2000年、2009年修订)、《城市房地产管理法》(1994年制定,2007年、2009年修订)、《广告法》

(1994年制定)、《银行业监督管理法》(2004年制定,2006年修订)、《农产品质量安全法》(2006年制定)、《反垄断法》(2007年制定)、《食品安全法》(2009年制定)、《药品管理法》(1984年制定,2001年、2013年修订)等。此外,还制定了大量有关法规和规章。

有关宏观调控方面的法律,主要有:《个人所得税法》(1980年制定,1993年、1999年、2005年、2007年、2011年修订)、《统计法》(1983年制定,1996年、2009年修订)、《森林法》(1984年制定,1998年、2009年修订)、《草原法》(1985年制定,2002年、2009年、2013年修订)、《会计法》(1985年制定,1993年、1999年修订)、《邮政法》(1986年制定,2009年、2012年修订)、《矿产资源法》(1986年制定,1996年修订)、《土地管理法》(1986年制定,1988年、1998年、2004年修订)、《渔业法》(1986年制定,2000年、2004年、2009年、2013年修订)、《水法》(1988年制定,2002年、2009年修订)、《铁路法》(1990年制定,2009年修订)、《烟草专卖法》(1991年制定,2009年、2013年修订)、《税收征收管理法》(1992年制定,1995年、2001年、2013年修订)、《农业法》(1993年制定,2002年、2009年、2012年修订)、《预算法》(1994年制定,2014年修订)、《对外贸易法》(1994年制定,2004年修订)、《审计法》(1994年制定,2006年修订)、《民用航空法》(1995年制定,2009年修订)、《电力法》(1995年制定,2009年修订)、《中国人民银行法》(1995年制定,2003年修订)、《煤炭法》(1996年制定,2009年、2011年、2013年修订)、《节约能源法》(1997年制定,2007年修订)、《价格法》(1997年制定)、《公路法》(1997年制定,1999年、2004年、2009年修订)、《建筑法》(1997年制定,2011年修订)、《种子法》(2000年制定,2004年、2013年修订)、《政府采购法》(2002年制定,2014年修订)、《农业机械化促进法》(2004年制定)、《可再生能源法》(2005年制定,2009年修订)、《畜牧法》(2005年制定)、《企业所得税法》(2007年制定)、《车船税法》(2011年制定)、《旅游法》(2013年制定)。此外,还制定了许多相关的法规、规章。

应该肯定,我国在经济法的制定方面取得了很大成绩。但是,这与坚持社会主义道路和进行社会主义现代化建设的要求相比,与贯彻落实科学发展观、转变经济发展方式的要求相比,与依法治国、建设社会主义法治国家的要求相比,还有相当大的差距。其主要表现为:一是有不少急需的经济法的法律、法规,特别是一些起"支架"作用的基本法律,尚未制定出来,应该抓紧制定;有的还没有列入国家立法规划,应该尽快列入。二是有些经济法的法律、法规的内容简单、笼统,可操作性差;或者对有关问题规定不一致,相互抵触,使人无所适从;或者片面突出部门、地区利益,体现整体利益不够;或者对于行为的法律后果、执法机关及其职责、执法机关不执法的后果未作规定或规定不明确;等等。这些质量问题,需要通过对有关经济法的法律、法规的补充修改予以解决。三是有些经济法的法律、法规制定的时候是好的,但是,随着国内外情况的发展变化,已经部分地不适应实际需要了。这就有必要对这些法律、法规进行补充修改,使其得到完善。

三、经济法制定的基本经验

长期以来,我国在经济法制定的实践中积累了丰富的经验。就其基本经验而言,主要有以下六个方面:

(一) 以《中华人民共和国宪法》为依据,贯彻党的基本路线,落实科学发展观

《中华人民共和国宪法》(简称《宪法》)是我国的根本大法,体现了人民的共同意志和根本利益,具有最高法律效力。我国的各项立法工作必须以《宪法》为依据,维护社会主义法制的统一和尊严。任何违反《宪法》的精神和内容的法律、法规和其他规定都是无效的。我国经济法的制定也必须以《宪法》为依据。

党的基本路线是党和国家的生命线。贯彻中国共产党在社会主义初级阶段的基本路线,要求我国经济法的制定要以经济建设为中心,坚持四项基本原则,坚持改革开放。

落实科学发展观,是马克思主义关于发展的世界观和方法论的集中体现,是符合客观规律要求的发展理念。落实科学发展观,要求我国经济法的制定坚持以人为本,贯彻全面、协调、可持续的发展观,以促进经济社会和人的全面发展。

(二) 坚持走群众路线,体现广大人民群众的根本利益,推进民主立法

坚持走群众路线,要求我们一切为了广大人民群众,一切依靠广大人民群众。我们的国家机关行使人民赋予的职权,进行立法工作,是为广大人民群众立法,立广大人民群众需要的法。这就决定了我们必须以体现广大人民群众的根本利益作为制定经济法的出发点和落脚点;在立法过程中,必须发扬社会主义民主,推进民主立法。

经济法的制定,要按照法定的权限和程序进行,防止越权立法和无序立法。要正确处理中央和地方、整体和局部、长远和当前等利益关系,防止通过立法不适当地保护或扩大部门利益和地方利益的倾向。经济法的制定,要正确处理权力与权利的关系,既要确保国家机关坚持执政为民的原则,依法有效地行使权力,又要对国家机关的行为进行必要的监督和制约,确保个人和单位的合法权益不受侵害。

经济法的制定,要深入调查研究,采取座谈会、论证会、听证会、公布经济法的法律、法规、规章等规范性文件的草案等多种形式,广泛听取社会各方面的意见,尤其是基层群众的意见,扩大公民对立法工作的有序参与,使我们制定的经济法的规范性文件充分反映广大人民群众的意志和愿望,体现他们的根本利益。

(三) 正确处理数量与质量的关系

数量与质量是对立的统一。制定经济法的规范性文件,既不能片面强调数量而忽视质量;反之,也不能片面强调质量而忽视数量。但是,在不同时期的不同情况下,在处理数量与质量的关系上侧重点可以有所不同。

在经济法的规范性文件很不完备的情况下,为了着重解决"有法可依"的问题,就迫切需要增加数量。所以,在20世纪80—90年代,中共中央和全国人大及其常委会多次强调要"加快经济立法"。这是必要的。当然,侧重讲数量并不是不顾质量。因为制定出不符合要求的规范性文件,不仅不能起到应有的积极作用,而且可能起消极作用。

吴邦国同志指出:"十届全国人大常委会从一开始就明确提出任期内'以基本形成中国特色社会主义法律体系为目标、以提高立法质量为重点'的立法工作思路,并以此指导立法工作。"①应该说,就整个立法工作来说,适时将提高质量作为重点是正确的。对经济法的制定来说,也需要适时将提高质量作为重点。经济法的制定质量的高低,直接关系到经济法实施效果的好坏和经济法作用的大小,必须予以重视。但是,也要看到,我国在经济法制定的某些方面已经严重滞后,中国特色社会主义经济法规范性文件体系还远没有建立起来。对于这种情况,应该引起足够的重视,并采取相应的对策。

那么,如何提高经济法制定的质量呢?除了在经济法制定的各个环节都要坚持正确的指导思想、坚持走群众路线以外,还应该注意以下几点:一是要明确经济法制定的质量问题,实质上是经济法制定的科学性问题,其根本标准是要符合客观规律,符合实际情况。为此,必须坚持科学立法。二是要编制好年度立法计划和中期甚至长期立法规划,并将经济法的立法作为其内容的一个重要方面。如果不能科学合理地确定立法项目,也就没有相关法律、法规的质量可言。三是优化经济法的法律、法规起草班子的结构,以提高有关法律、法规草案的质量。四是组织好经济法的法律、法规草案的审议工作。对于全国人大及其常委会来说,很重要的一项工作就是做好法律草案的审议。全国人大法律委员会和其他有关专门委员会以及全国人大常委会都要把主要精力放在法律草案的审议上,做好这一工作对于提高立法质量至关重要。

(四) 正确处理稳定性和变动性的关系

经济法和其他法一样,必须在一定时期内保持稳定,不能朝令夕改。这对于维护正常的社会经济秩序,推动经济社会的发展是必要的;同时,也有利于维护经济法本身的权威性。但是,任何事物都是发展变化的,经济法也是这样。经济法的稳定性是相对的,而不是绝对的;否则,它就不能适应经济社会发展的需要,发挥应有的作用。历史唯物主义的态度,只能是把保持经济法的稳定性和对经济法的规范性文件的适时修改、废止结合起来。

所以,我们要根据需要和可能在制定新的经济法的规范性文件的同时,一方面对现行的符合经济社会发展需要的经济法的规范性文件,要保持其稳定性,维护其权威性,充分发挥其积极作用;另一方面,对于过去制定的,已在不同程度上不适应经济社会发展需要的经济法的规范性文件,应该及时进行修改或者废止,以解决"有法难依"的问题。

(五) 立足现实,面向未来

经济法的制定,既要立足现实,又要面向未来。也就是说,要处理好现实性和前瞻性的关系。

---

① 吴邦国:《全国人民代表大会常务委员会工作报告——2008年3月8日在第十一届全国人民代表大会第一次会议上》,载《人民日报》2008年3月22日。

立足现实,要求我们制定经济法要从我国的国情出发,从实际情况出发,不能离开我国的国情照搬照抄国外的相关法律规定,不能离开当前的实际需要和可能进行经济法的制定。为此,就要深刻认识我国的国情,要深入进行调查研究,真正掌握实际情况。要根据实际具备的条件,解决实际存在的问题。制定、修改、废止什么经济法的法律、法规,涉及哪些内容,必须从实际需要出发,以是否具备条件为转移,不能带有主观随意性。

经济法的制定,要面向未来,要有前瞻性,要为经济社会的发展留下空间,而不能囿于现状。要根据事物发展的规律,在经济法的法律、法规中提出奋斗的目标,指明前进的道路,将经济体制改革的正确方向规范化、法律化,引导和推进社会主义市场经济体制的建立和完善。关于立法的方式问题,同步立法虽然是基本的、主要的,但超前立法也是需要的。所谓超前立法,是指对将要形成的特定社会关系预先作出调整规定的立法方式。应该认为,事物的发展是有规律的,规律是可以认识的,建立在科学预测基础上的超前立法是符合客观要求的,可行的。超前进行经济法的制定,对于立法者来说固然尚无直接经验或很少直接经验,但可以学习借鉴他人的经验。如果在他人为直接经验的知识是正确地反映了客观事物发展的规律的,那么这些知识就是可靠的。所以,立法者离开了任何经验谈超前进行经济法的制定是不科学的;立法者从实际需要出发,借鉴他人经验(如果属于可靠知识的话)超前进行经济法的制定是科学的。①

(六) 认真总结我国的经验,借鉴外国的经验

认识来源于实践。认真总结经济法制定的正反两方面经验,从中找到规律性的东西,对于今后搞好经济法的制定极为必要。我们既要总结我国的经验,又要借鉴外国的经验,但前者更为重要。

总结我国的经验,包括总结我国历史上经济法制定的经验,总结我国新民主主义革命时期革命根据地经济法制定的经验以及新中国成立以来我国经济法制定的丰富经验。不重视和不认真总结我国自己经济法制定的经验,是不正确的。

但是,仅仅总结本国经济法制定的经验是不够的。我们还必须从本国的实际情况出发,借鉴外国经济法制定的经验。对外开放是我国长期的基本国策。在加入世界贸易组织(WTO)后,为了更好地适应扩大对外开放的需要,适应实施 WTO 规则的需要,我国经济法的制定注意了与国际上通行的经贸规则相衔接,这是必要的。我们在进行经济法的制定时,要吸收和借鉴外国经济法的制定的成果与经验。但是,又要避免盲目性,不能以外国经济法制定的模式作为评价我国经济法制定状况的标准,更不能为了适应什么"全球经济一体化"的需要,实行所谓"全球法律一体化"。因为这只能有利于超级大国推行法律霸权主义。

对于外国经济法制定的历史和现状,需要进行系统研究,全面分析,区别对待:凡

---

① 在我国,超前立法的事例不少。1979 年《中华人民共和国中外合资经营企业法》的制定,就是超前立法的很好例证。

是体现人类文明发展共同成果的、国际上通行的规则和惯例,我国进行经济法制定时要注意与其必要的衔接;凡是外国经济法制定的成果和经验,应该以是否适合我国的情况和需要,决定我们要不要吸收和借鉴;凡是外国经济法制定走过的弯路,我们要从中吸取教训。总之,一定要从我国的国情和实际需要出发,吸收和借鉴外国经济法制定的成果和经验。

第七章 经济法的实施和经济法的责任制度

第一节 经济法的实施

一、经济法实施的概念和意义

(一) 经济法实施的概念

经济法的实施,是指经济法律关系主体和国家司法机关实际施行经济法律规范的活动。它包括经济守法、经济执法、经济司法。

经济守法,是指国家协调受体遵守经济法律规范的活动。

经济执法,是指国家协调主体依照法定的职权和程序执行经济法律规范的活动。

经济司法,是指国家司法机关依照法定的职权和程序处理经济法案件的活动。

上述经济执法的定义是从狭义上讲的;从广义上讲的经济执法,还包括经济司法在内。

经济守法、经济执法、经济司法是经济法实施的三个重要环节,相互之间有着密切的联系。

(二) 经济法实施的意义

经济法实施的意义可以从多方面进行论述。仅从经济法的制定与经济法实施的关系来说,制定经济法是为了实施经济法。从这个意义上说,经济法的实施更为重要。在经济法领域,不仅要"有法可依",而且要切实做到"有法必依、执法必严、违法必究"。只有这样,才能发挥经济法的作用,维护社会经济秩序,促进社会主义市场经济体制的建立和完善,推动经济社会的发展。如果制定了经济法而不去实施,即使经济法制定得再好也毫无意义。"法律的生命在于它的实行。"[1]说明法的实施多么必要。

二、经济法实施的现状

我国经济法的实施取得了很大的成绩。这主要表现在两个方面:一是在健全市场监管方面,对于反对垄断,制止不正当竞争,保护消费者合法权益,维护市场经济秩序,实现市场功能,发挥了重要作用;二是在加强宏观调控方面,对于弥补市场调节的缺陷,防止或消除经济中的总量失衡和结构失调,优化资源配置,更好地把当前利益与长远利益、局部利益与整体利益结合起来,推动经济社会的发展,发挥了重要作用。

但是,我们又应该清醒地看到,当前法制建设中的一个突出问题是,不少法律、法

---

[1] [美]庞德:《法理学》第1卷,耶鲁大学出版社1959年英文版,第353页。

规包括经济法的法律、法规没有得到切实贯彻执行,有法不依、执法不严、违法不究的现象在一些地方和部门还相当严重,以言代法、以权压法、执法犯法、违法办案等恶劣行为也屡有发生。这种状况损害了法律的尊严和权威,败坏了国家的声誉,对于改革开放和社会主义现代化建设的发展产生了消极影响。因此,今后,在抓紧制定迫切需要的经济法的法律、法规,提高立法质量的同时,要充分认识强化经济法实施的重大意义,并采取切实措施保证经济法的有效实施。

三、经济法实施的基本经验

我国在经济法实施的过程中积累的基本经验,主要有以下五个方面:

(一) 深入开展全方位的经济法制教育

经济法制教育是全民法制教育的一个重要方面。要继续进行普及法律常识的教育,提高全民的经济法律意识,增强经济法制观念。这有助于他们自觉地遵守经济法,运用经济法维护自身的合法权益,更好地同经济违法犯罪行为作斗争。

经济法制教育既要面向广大群众,又要以国家经济管理机关和司法机关的人员,特别是党和国家机关的领导干部作为重点。要教育经济执法、司法干部掌握马克思主义法律思想的基本原理,牢固树立社会主义法治理念,树立有权必有责、用权受监督、违法要追究的观念,提高他们的法律素质和依照经济法办事的能力。

要深入持久地开展经济法制教育,把经济法制教育贯穿于"实行依法治国,建设社会主义法治国家"的全过程。要坚持经济法制教育和经济法治实践相结合的原则,改进和完善经济法制教育的方式方法,进一步增强经济法制教育的针对性和实效性。

(二) 加强经济执法、司法干部队伍的建设

为了从干部队伍建设上保证经济法的实施,应该进一步贯彻落实我国《公务员法》《法官法》《检察官法》等法律关于公务员、法官、检察官的任职条件、任免、培训、权利和义务、考核、奖惩等有关规定,认真选择合格的人员担任经济执法、司法干部,加强对他们政治与业务的教育培训,加强廉政建设和思想作风建设,努力造就一支政治坚定、业务精通、作风过硬、纪律严明、廉洁奉公的经济执法、司法干部队伍。与此同时,要加大查处利用执法权和司法权贪赃枉法、徇私舞弊行为的力度,依法追究违法人员的法律责任。

经济执法、司法机构都要有必要数量的合格干部。有些经济执法、司法机构(主要是基层,特别西部和边远贫困地区)人员缺乏的问题,应该继续予以解决。

(三) 健全经济执法、司法机构

根据经济法实施的需要,在建立必要的新的经济执法、司法机构的同时,要健全已经建立但尚不健全的经济执法、司法机构,为强化经济法的实施提供组织保证。

为了巩固和发展经济法实施的成果,积极推进政府机构的改革至关重要。要深入贯彻落实科学发展观,按照建设服务政府、责任政府、法治政府和廉洁政府的要求,着力转变职能、理顺关系、优化结构、提高效能,做到权责一致、分工合理、决策科学、

执行顺畅。要合理配置宏观调控部门的职能,国家发展和改革委员会、财政部、中国人民银行要建立健全协调机制,形成更加完善的宏观调控体系。要理顺市场监管体制,整合执法监管力量,解决多头执法、重复执法、交叉执法的问题。① 总之,要进一步加强和改进经济执法工作,努力做到严格执法、公正执法、文明执法。

应该建立健全实施经济法的审判机构。这个问题,本章将另作论述。

(四) 改革与完善经济执法、司法制度

要从制度上保证经济法的实施,必须采取切实措施,进一步改革与完善经济执法制度。要按照权力与责任挂钩、权力与利益脱钩的要求,建立健全权责明确、行为规范、运转协调、公正透明、廉洁高效的市场监管和宏观调控体制。要建立健全监管市场与经营市场分离的制度、罚款决定与罚款收缴分离的制度,以及执法责任制和执法过错追究制。

关于司法体制改革,党的十八大报告指出:要"进一步深化司法体制改革,坚持和完善中国特色社会主义司法制度,确保审判机关、检察机关依法独立公正行使审判权、检察权。"②

我国在改革与完善经济执法、司法制度方面虽然已经取得了不少成绩,但是改革还要深化,制度尚需完善。有些制度还应该建立,如经济诉讼制度。那么,为什么审理违反经济法的经济纠纷案件不去适用《民事诉讼法》而要建立经济诉讼制度呢? 其原因是,违反经济法的经济纠纷案件与违反民法的民事案件性质不同,各有特点,因此,民事审判庭审理民事案件需要《民事诉讼法》,经济审判庭审理经济纠纷案件需要《经济诉讼法》。过去,最高人民法院确定的经济审判庭受理案件的范围多数是民事案件,于是主要适用《民事诉讼法》;同时,经济审判庭也受理一部分违反经济法的经济纠纷案件,运用《民事诉讼法》解决不了问题,于是最高人民法院另行作了不少相关的"司法解释"。但是,最高人民法院的"司法解释"本应只是对于法院审判工作中具体应用法律问题所作的说明,它不能代替"立法"。所以,为了强化经济法的实施,健全经济法制,应该重建经济审判庭,专门审理各种违反经济法的经济纠纷案件,这就需要制定一部《经济诉讼法》。总之,经济法的实施需要制定《经济诉讼法》;《经济诉讼法》的制定有助于保证经济法的实施。

(五) 建立和健全监督体系

经济法实施的基本经验之一,是必须强化对经济法实施的监督。为此,要进一步提高对加强监督工作重要性的认识,建立和健全监督体系,充实监督内容,完善监督方式,严格执行监督程序,不断提高监督水平,努力增强监督实效。为了保证经济法的实施,必须惩治和预防腐败。正如中共中央所指出的:要"加强廉政法制建设,完善监督制约机制,建立健全与社会主义市场经济体制相适应的教育、制度、监督并重的

---

① 参见中共中央《关于深化行政管理体制改革的意见》(2008 年 2 月 27 日),载《人民日报》2008 年 3 月 5 日;《国务院机构改革方案》,载《人民日报》2008 年 3 月 16 日。
② 载《人民日报》2012 年 11 月 18 日。

惩治和预防腐败体系。"①

要全面落实我国《宪法》《地方各级人民代表大会和地方各级人民政府组织法》和《各级人民代表大会常务委员会监督法》关于监督的各项规定,进一步加强和改进人大及其常委会的监督工作。要加强对宪法、法律和法规实施情况的监督,加强对政府、法院、检察院工作的监督。

各级人民政府要完善政府自身的监督制约机制,强化上级执法机关对下级执法机关的层级监督,充分发挥监察、审计等专门监督的作用。要自觉接受同级人民代表大会及其常委会的监督,接受政协的监督。要高度重视人民群众监督和新闻舆论监督。要大力推行政务公开,健全政府信息发布制度,完善各类公开办事制度,提高政府工作透明度,创造条件让人民更有效地监督政府。②

各级人民法院要进一步完善内部监督机制和外部监督机制。前者,主要包括以下内容:进一步完善审判质量与效率监督机制;进一步完善审级监督和再审监督机制;进一步完善执行工作监督机制;进一步完善法官行为监督机制。后者,主要包括以下内容:自觉接受人大及其常委会的监督;依法接受检察机关的法律监督;要接受人民政协的监督;要保障人民群众对审判工作的知情权和监督权,接受新闻舆论的监督。③

各级人民检察院要进一步完善内部监督机制和外部监督机制。前者主要包括下列内容:加强经常性监督;开展专项监督;强化对检察队伍的监督。后者主要包括下列内容:自觉接受人大及其常委会的监督;依法接受侦查机关和审判机关的制约;要接受人民政协的监督;主动接受人民群众和新闻舆论的监督。④

四、实施经济法的审判机构的设立

要不要设立实施经济法的审判机构,涉及对于我国过去设立经济审判庭、后来又撤销经济审判庭怎么看?因此,下面分析三个问题:

(一) 关于经济审判庭的设立

第五届全国人民代表大会第二次会议于1979年7月1日通过的《中华人民共和国人民法院组织法》(简称《人民法院组织法》)作出了一项重要规定——人民法院设立经济审判庭。

第六届全国人大常委会第二次会议于1983年9月2日通过了《关于修改〈中华人民共和国人民法院组织法〉的决定》,其中明确规定:最高人民法院、高级人民法院、中级人民法院设经济审判庭;基层人民法院可以设经济审判庭。依照上述法律规定,

---

① 中共中央《关于完善社会主义市场经济体制若干问题的决定》(2003年10月14日),载《人民日报》2003年10月22日。
② 参见第十一届全国人民代表大会第一次会议批准的《政府工作报告》,载《全国人民代表大会常务委员会公报》2008年第3号。
③ 参见《最高人民法院关于完善审判工作监督机制 促进公正司法情况的报告》,载《全国人民代表大会常务委员会公报》2007年第7号。
④ 参见《最高人民检察院关于完善检察机关监督机制 促进公正执法情况的报告》,载《全国人民代表大会常务委员会公报》2007年第7号。

截至1985年底,不仅最高人民法院、各高级人民法院和中级人民法院普遍设立了经济审判庭,而且全国基层人民法院除了个别地处边远地区的以外,也都设立了经济审判庭。

1986年、2006年全国人大常委会又对《人民法院组织法》作了两次修改。但是,并没有对人民法院经济审判庭的设立作任何修改。因此,1983年《人民法院组织法》的上述规定,仍然是现行《人民法院组织法》的一项重要内容。

(二) 经济审判庭的撤销及其评析

1. 经济审判庭的撤销

最高人民法院在2000年8月8日举行的一次新闻发布会上宣布:"将原有的经济(知识产权)、交通运输审判庭纳入民事审判的大类,建立了大民事审判格局,设立了四个民事审判庭",从而撤销了经济审判庭。随后,高级人民法院、中级人民法院和基层人民法院的经济审判庭也相继被撤销。

2. 对撤销经济审判庭的评析

1984年第六届全国人民代表大会第二次会议批准的《最高人民法院工作报告》指出:"经济审判工作的初步开展,对于维护社会经济秩序,保护当事人的合法权益,促进经济管理水平和经济效益的提高,都起了积极作用。"①

应该说,为了开展经济审判工作,《人民法院组织法》规定设立的经济审判庭是我国改革开放初期产生的新生事物。此后的司法实践表明,经济审判庭的工作对于维护社会经济秩序,健全经济法制,保障与促进社会主义现代化建设的发展,发挥了重要作用。当然,经济审判庭并不完善。我们的态度是不应该全盘否定它,明令撤销它,而要爱护它,帮助它克服在受理案件的范围等方面存在的问题,促进它的健康发展,使它从不完善逐步走向完善,充分发挥其优越性。

必须指出:我国《人民法院组织法》关于设立经济审判庭的规定,是现行有效的;撤销经济审判庭的决定和贯彻这一决定的行为,是违反全国人民代表大会制定的上述基本法律的;为撤销经济审判庭辩护的种种所谓"理由"都是不能成立的。②

(三) 关于设立实施经济法的审判机构的若干问题

1. 为什么要设立实施经济法的审判机构

设立实施经济法的审判机构之所以必要,从根本上来说,是由于经济法具有不同于民法、行政法等其他法的部门的特定调整对象,是一个独立的法的部门,这就决定了违反经济法的案件同违反民法、行政法等其他法的案件具有不同的性质和特点;同时,在司法实践中,违反经济法的案件数量又很多。因此,应该设立实施经济法的审判机构,以利于提高其适用实体法的专门化水平,提高审判人员的专业化水平,提高办案效率和办案质量,为经济法的实施提供可靠的司法保障,推动经济

---

① 载《全国人民代表大会常务委员会公报》1984年第2号。
② 参见杨紫烜:《遵守〈人民法院组织法〉重建经济审判庭》,载张守文主编:《经济法研究》第8卷,北京大学出版社2011年版,第7—11页。

社会的发展。

2. 设立什么样的实施经济法的审判机构

由于违反经济法的案件包括违反经济法的经济纠纷案件和违反经济法的经济犯罪案件,因此,需要设立审理这两个方面案件的审判机构。那么,究竟设立什么样的审判机构呢？有两种可供选择的方案:一是设立一个审判庭,统一审理违反经济法的经济纠纷案件和违反经济法的经济犯罪案件;二是设立两个审判机构,分别审理违反经济法的经济纠纷案件和违反经济法的经济犯罪案件。

我们主张,采用上述第二个方案。在国外,一些国家除了设立审理民事、刑事、行政等案件的审判机构以外,还先后设有卡特尔法庭、限制行为法院、竞争上诉法院、税收法庭、税收法院、财政法院、财政金融法院、经济法院等审判机构。在我国,从借鉴国外审判制度建设的经验考虑,除了在人民法院设立审理民事、刑事、行政等案件的审判庭以外,从我国的国情和实际需要出发,不必设立审理违反经济法的经济纠纷案件的若干个法庭或法院,而应该在人民法院设立一个统一审理违反经济法的经济纠纷案件的审判庭。审理违反经济法的经济纠纷案件的审判机构,仍然可以使用现行的《人民法院组织法》所规定的"经济审判庭"这个名称。当然,不是简单地恢复原来的经济审判庭,而是重建新的经济审判庭。新的经济审判庭主要新在对最高人民法院原来所规定的受理案件的范围要作重大调整。总的来说,它所审理的案件是违反经济法的经济纠纷案件,具体包括以下三个方面:一是在原来由经济审判庭受理的案件中属于违反经济法的经济纠纷案件;二是原来由经济审判庭受理、后划归行政审判庭受理的所谓"经济行政案件"中违反经济法的经济纠纷案件;三是在实践中新出现的一些违反市场监管法和宏观调控法的案件。

关于审理违反经济法的经济犯罪案件的审判机构的设立问题怎么办？目前,在许多人民法院设立了专门审理经济犯罪案件的刑事审判机构,并将其称为刑二庭或刑三庭。由于经济犯罪案件不一定是违反经济法的经济犯罪案件,而违反经济法的经济犯罪案件都属于经济犯罪案件的范围,因此,可以考虑另设一个刑事审判庭专门审理违反经济法的经济犯罪案件,或者在上述审理经济犯罪案件的刑二庭或刑三庭中设一个审判组专门审理违反经济法的经济犯罪案件。

3. 怎样设立实施经济法的审判机构

为了使实施经济法的审判机构得以设立,建议采取下列对策:一是要解放思想,统一认识。应该在法学界和法律界开展一次摆事实讲道理的、畅所欲言的讨论,以统一对于设立实施经济法的审判机构的认识。二是由最高人民法院作出坚决执行《人民法院组织法》关于设立经济审判庭的规定的决定,并采取切实措施重建最高人民法院和地方各级人民法院的经济审判庭;同时,由最高人民法院对经济审判庭受理案件的范围作出正确的规定;接着,以贯彻最高人民法院作出的上述决定和规定为主题,由最高人民法院专门召开一次全国经济审判工作会议;然后,采取相应措施在各级人民法院落实会议精神。三是由最高人民法院作出在各级人民法院设立专门审理违反经济法的经济犯罪案件的刑事审判庭或审判组的决定,并采取相应措施在各级人民法院予以落实。

第二节　经济法的责任制度

一、法律责任与经济法责任的概念

(一) 什么是法律责任

在法学界,对"法律责任"有广义、狭义两种理解。① 认为广义的法律责任与法律义务同义,或相当于法律义务,或称一般意义上的法律义务。至于狭义的法律责任,主要有三种不同的观点②:一是认为,法律责任是由于违法行为而应当承担的法律后果;二是认为,法律责任是违法者由于违法行为而必须承担的具有强制性的法律上的责任;三是认为,法律责任是由特定法律事实所引起的对损害予以赔偿、补偿或接受惩罚的特殊义务,亦即由于违反第一性义务而引起的第二性义务。上述三种观点,可分别称为"后果论""责任论""特殊义务论"。

应该说,将法律责任分为广义和狭义的法律责任值得商榷。因为广义、狭义所涉及的范围宽窄不同,广义包括狭义。而上述所谓广义和狭义的法律责任之间并不是从属关系,并不是本来意义上的广义和狭义的关系。因此,今后以不再使用广义法律责任、狭义法律责任的概念为宜。同时,考虑到法律责任与法律义务都是法学的基本概念,在法学概念体系中具有不同的含义和各自独立的地位,也不宜将法律责任与法律义务等同起来,混为一谈。

我们认为,对"法律责任"这一概念可以下这样一个新的定义:法律责任是由于违反法律义务而引起的法定的不利后果。这里说的"法定的不利后果",即不利的法律后果或否定性法律后果,而不是法定的有利后果,即有利的法律后果或肯定性法律后果。上述不利后果的种类和内容是由法规定的,法律责任具有法定性。这种后果的承担是由国家强制力保证的,法律责任具有国家强制性。"后果论"认为,法律责任是一种"法律后果"。这没有错,但是太笼统。"责任论"认为,法律责任是一种"法律上的责任"。这不妥。因为定义概念不应该直接或间接包含被定义概念。"特殊义务论"认为,法律责任是一种"特殊义务"。这揭示了法律责任与一般义务的联系是有意义的。但是,将广义法律责任视为一般法律义务(第一性义务)的同义词,将狭义法律责任等同于特殊义务(第二性义务),这就实际上否定了法律责任这一基本概念在法学概念体系中的独立地位,值得商榷。还需要指出,引起法定的不利后果是由于"违反法律义务"。法律义务包括法定义务和依法约定的义务,它们都离不开法的规

---

① 参见孙国华、朱景文主编:《法理学》,中国人民大学出版社1999年版,第388页;张文显主编:《法理学》,高等教育出版社2003年版,第143页。

② 参见《法学辞典》(增订版),上海辞书出版社1984年版,第618页;〔奥〕凯尔森:《法与国家的一般理论》,中国大百科全书出版社1996年版,第65页;孙国华、朱景文主编:《法理学》,中国人民大学出版社1999年版,第388页;张文显主编:《法理学》,高等教育出版社2003年版,第143—144页。

定,违反法律义务具有违法性。"后果论""责任论"认为,引起法律后果或法律上的责任是由于"违法行为"。说"违法行为"没有错,但是未能指出违反了法律的哪一方面规定,不够明确。"特殊义务论"认为,引起"特殊义务"是因"特定法律事实"。其中,"特定"的称谓是含混的概念,而在定义概念中使用含混的概念是不符合"定义必须明确"这一定义规则的。

(二) 什么是经济法责任

在经济法学界,关于经济法的法律责任,人们使用了多个不同的语词,如"经济责任""经济法责任""经济法律责任""经济关系中的责任""经济法主体的法律责任""违反经济法的法律责任"等。我们认为,以使用"经济法责任"这一语词为好。因为"经济法责任"这一语词是准确表达概念的语言形式,它不易使人对其思想内容产生误解:与"经济责任"比较,"经济法责任"不易被人误解为违反经济法义务只是承担财产责任;与"经济法律责任"比较,"经济法责任"不易被人误将经济法律等同于经济法;与"经济关系中的责任"比较,"经济法责任"不易被人同经济责任制相混淆。此外,与"经济法主体的法律责任""违反经济法的法律责任"比较,"经济法责任"更为简明和准确。

关于经济法的法律责任的概念,在经济法学界,所下的有代表性的定义①如下:一是经济法责任,是指经济法主体对其违反经济法义务或者不当行使经济法权利的行为所承担的法律后果;二是经济法责任,是指人们违反经济法规定的义务所应付的代价;三是经济法律责任,是指经济法主体因其进行了经济违法行为或未能完成经济法义务时,所应承受的处罚的责任;四是经济法律责任,是指违反了经济法律法规的规定,应当承担由法律规定的某种具有强制性的法律义务。以上定义,可分别简称为"后果论""代价论""责任论""义务论"。

我们认为,对"经济法责任"这一概念可以下这样一个新的定义:经济法责任是由于违反经济法义务而引起的经济法规范规定的不利后果。

以上说的"经济法规范规定的不利后果",也就是以各类制定法和非制定法为表现形式的经济法律规范规定的不利法律后果或否定性法律后果。上述后果的种类和内容是由经济法规范规定的,经济法责任具有法定性。这种后果的承担是由国家强制力保证的,经济法责任具有国家强制性。经济法学界的"后果论"认为,关于经济法的法律责任是一种"法律后果"。这没有错,但是太笼统,没有指出它是一种法定的不利后果。"代价论"认为,经济法责任是一种"应付的代价"。这比笼统地说"法律后果"要好。但"代价"一词似乎不是法律用语。"责任论"认为,关于经济法的法律责任是一种应承受的处罚的"责任"。这欠妥。因为定义概念不应该直接或间接包含被定义概念。"义务论"认为,关于经济法的法律责任是"某种具有强制性的法律义

---

① 参见刘文华主编:《新编经济法学》,高等教育出版社 1993 年版,第 62 页;李昌麒:《经济法——国家干预经济的基本法律形式》,四川人民出版社 1995 年版,第 483 页;戴凤岐等:《经济法》(修订本),经济科学出版社 1996 年版,第 96 页;苏惠祥、邱本主编:《经济法原理》,吉林大学出版社 1997 年版,第 175 页;漆多俊主编:《经济法学》,高等教育出版社 2007 年版,第 100 页。

务"。在这里,把法律责任说成"法律义务"欠妥;说具有"强制性的"法律义务,好像还存在不具有强制性的法律义务,值得商榷;在定义概念中使用"某种"这一含混的概念,不符合定义规则。

上述定义还指出,之所以引起经济法规范规定的不利后果,"是由于违反经济法义务"。"违反经济法义务"具有违法性。"后果论"认为,引起法律后果是由于"违反经济法义务或者不当行使经济法权利"。在这里,如果把"或者不当行使经济权利"删去就好了。因为违反经济法义务,理应包括违反作为的经济法义务和违反不作为的经济法义务,而不当行使经济法权利,是违反不作为的经济法义务的。①"代价论"认为,引起应付的代价是由于"违反经济法规定的义务"。这是正确的。"责任论"认为,引起应承受的处罚的责任是由于"进行了经济违法行为或未能完成经济法义务"。使用"未能完成"的语词,对于"不作为"的经济法义务并不恰当。"义务论"认为,引起强制性的法律义务是由于"违反了经济法律法规"。需要指出,经济法不是经济法律法规的总称,"违反了经济法律法规"同违反经济法义务是有区别的。

二、法律责任的形式与经济法责任的形式

(一)法律责任形式与经济法责任形式的概念

法律责任形式,是指由于违反法律义务而引起的法定的不利后果的表现方式。

经济法责任形式,是指由于违反经济法义务而引起的经济法规范规定的不利后果的表现方式。

(二)法律责任形式与经济法责任形式的种类

1. 法律责任形式的种类

在法律责任形式的种类问题上,需要明确以下两个问题:

其一,对于法律责任形式种类问题上的传统观念如何评析?

对于法律责任形式,法学界的学者按照不同的标准,进行了不同的划分。例如,按照承担责任的内容的不同,划分为财产责任、非财产责任;按照承担责任的主体的不同,划分为个人责任、单位责任、国家责任;按照行为人违反法律义务时心理状态的不同,划分为过错责任、无过错责任;按照行为所违反的部门法即法的部门的不同,划分为民事责任、行政责任、刑事责任;等等。长期以来,中国法学界比较一致地认为,按照部门法属性把法律责任形式划分为民事责任、行政责任和刑事责任三种独立的责任形式②,是一种最基本的划分方法。这种传统观念对于国家立法、执法、司法实践有很大影响。

那么,能否认为法的部门的独立性决定了法律责任形式的独立性,民法、行政法、刑法的独立性分别决定了民事责任、行政责任、刑事责任的独立性呢?这需要商榷。

---

① 不得损害他人经济法权利,是不作为的经济法义务;不当行使经济法权利,是损害他人经济法权利的;所以,不当行使经济法权利,是违反不作为的经济法义务的。

② 此外,有少数学者认为,违宪责任也是一种独立的法律责任形式;有的学者认为,在独立的法律责任形式中还应包括诉讼责任。

因为这里有三个问题：一是如果法的部门的独立性决定法律责任的独立性的话，那么，独立的法的部门与独立的法律责任形式就应该数量相等。而事实果真如此吗？不是。在中国，究竟存在哪些法的部门？法学界的观点不仅存在问题，而且很不一致：有的主张有7个、8个法的部门；有的主张有10个甚至12个法的部门；即使主张法的部门数量相同，但其内容又有很大差别。① 退一步说，就算上述一些权威论著所断言的存在7个、8个甚至10个以上法的部门没有多大问题的话，那么，当他们按照部门法属性划分法律责任的形式时，也就应该有7种、8种甚至10种以上独立的法律责任形式，为什么他们却认为只有3种（或4种、5种）独立的法律责任形式呢？反之，当他们认为只有3种（或4种、5种）独立的法律责任形式时，为什么同时又主张决定法律责任的法的部门却有7个、8个甚至10个以上，而不去否认3个（或4个、5个）法的部门以外的其他法的部门的存在呢？显然，这些都是不能自圆其说的。这是因为法的部门与法律责任形式本来就不存在什么一一对应的关系。二是如果民法、行政法、刑法的独立性分别决定民事责任、行政责任、刑事责任的独立性的话，那么，民法与民事责任、行政法与行政责任、刑法与刑事责任就应该具有对应关系。可是，事实上并不存在这样的关系。我国现行法律规定表明：违反民法义务，不仅承担民事责任；违反民法义务承担的责任，不能等同于民事责任。例如，根据我国《民法通则》第110、134条的规定，违反民法义务的当事人不仅承担民事责任，而且可以根据其行为危害性的大小依法给予罚款、拘留等处罚，直至依法追究刑事责任。同样，违反行政法义务，不仅承担行政责任；违反行政法义务承担的责任，不能等同于行政责任。例如，根据我国《行政处罚法》第58、60、62条和《行政许可法》第73、81条的规定，违反行政法义务的当事人不仅承担行政责任，而且可以根据其行政违法行为的不同情节，承担民事责任或者依法追究刑事责任。还有，违反刑法义务，不仅承担刑事责任；违反刑法义务承担的责任，不能等同于刑事责任。例如，根据我国《刑法》第33、34、35、37条的规定，违反刑法义务，一般要承担刑事责任，但也可能免予刑事处罚而承担民事责任或者行政责任。可见，对于民事责任、行政责任、刑事责任，是分别与民法、行政法、刑法相对应的、独立的法律责任形式这种传统观念的正确性，需要重新认识。三是按照所谓"部门法属性"将法律责任形式划分为民事责任、行政责任、刑事责任，符合逻辑学关于划分的规则吗？不符合。因为这样划分犯了"子项相容"的逻辑错误。逻辑学告诉我们，子项的外延必须互不相容，这是划分规则之一。而民事责任中的惩罚性违约金、行政责任中的罚款、刑事责任中的罚金，虽然使用的语词各异，但实质相同；再看行政责任中的没收违法所得、没收非法财物与刑事责任中的没收财产，也是语词不同，实质一样。这

---

① 参见《中国大百科全书·法学》，中国大百科全书出版社1984年版，第85页；孙国华、朱景文主编：《法理学》，中国人民大学出版社1999年版，第303—306页；《全国人大常委会法制讲座汇编》（第二辑），中国民主法制出版社2000年版，第41页；张福森主编：《干部法律知识读本》，法律出版社2001年版，第26—28页；沈宗灵主编：《法理学》，北京大学出版社2003年版，第304—313页；卓泽渊主编：《法学导论》，法律出版社2003年版，第26—28页。

样,由于划分出的上述子项之间即种概念之间是相容关系,就达不到通过划分以明确法律责任这个属概念外延的目的。

其二,对于法律责任形式种类问题上的观念是否需要创新?应该怎么创新?

应该创新,这是肯定的。法律责任形式种类问题上的传统观念不能成立,决定了在这个问题上必须解放思想,进行观念的创新。

怎么创新?我们主张,应该按照承担法律责任的内容的不同,对法律责任形式进行连续划分,以建立法律责任体系的结构。这样,一是可以做到各子项的外延之间互不相容;二是可以吸取我国长期以来在法制建设的实践中,关于法律责任具体形式所作出的大量规定中所积累的经验;三是符合在新形势下进一步健全社会主义法制的实际需要。

对于法律责任形式,按照其是否直接具有物质利益的内容,可以把它划分为虽有密切联系、但有本质区别的经济责任和非经济责任。这是第一次划分。然后,还可以继续进行划分。这里说的经济责任即财产责任,是指由于违反法律义务而引起的物质利益上的法定不利后果。对于经济责任,又可以划分为补偿性经济责任和惩罚性经济责任。补偿性经济责任,是指由于违反法律义务而引起的在物质利益上承担弥补、赔偿损失的法定不利后果。惩罚性经济责任,是指由于违反法律义务而引起的在物质利益上被惩戒、处罚的法定不利后果。非经济责任即非财产责任,是指由于违反法律义务而引起的非物质利益上的法定不利后果。对于非经济责任,又可以划分为行为责任、信誉责任、资格减免责任和人身责任。行为责任,是指由于违反法律义务而引起的必须为或者禁止为规定行为的法定不利后果。信誉责任,是指由于违反法律义务而引起的信用和声誉上的法定不利后果。资格减免责任,是指由于违反法律义务而引起的被限制或者取消从事相关活动所应具备的身份的法定不利后果。人身责任,是指由于违反法律义务而引起的被剥夺人身自由以至生命的法定不利后果。

2. 经济法责任形式的种类

经济法是法的体系中的一个独立的法的部门。上述法律责任形式的种类也适用于经济法。就是说:经济法责任形式也有经济责任和非经济责任之分;经济责任又有补偿性经济责任和惩罚性经济责任之分;非经济责任又有行为责任、信誉责任、资格减免责任和人身责任之分。还需要指出,上述法律责任形式的种类也适用于民法、行政法等法的部门。

但是,不同法的部门的法律责任的具体形式除了共性以外,也有个性。根据我国《反垄断法》《预算法》《税收征收管理法》《政府采购法》《中国人民银行法》等法律的有关规定,有些法律责任的具体责任形式是经济法所特有的。例如,责令停止实施集中、限期处分股份或资产、限期转让营业以及采取其他必要措施恢复到集中前的状态;责令退还或者追回国库库款;扣缴税款,追缴少缴、欠缴或拒缴的税款,追征税款,追缴骗取的出口退税款、责令限期缴纳税款、解缴税款,收缴违法的纳税人、扣缴义务人的发票或停止向其发售发票;终止采购人的采购活动,停止按预算向采购人支付资金,禁止参加政府采购活动,取消采购代理机构进行相关业务的资格,取消集中采购机构代理采购的资格;销毁非法使用的人民币图样;等等。

三、建立和完善经济法责任制度的意义

（一）建立和完善经济法责任制度是提高经济法制定的质量的需要

如何对待经济法责任制度,是影响经济法制定质量的重要原因之一。我们知道:法是由法律规范组成的;法律规范的逻辑构成包括假定、行为模式、法律后果三个部分;规范性是法的一个基本特征。可是,在我国制定的经济法规范性文件中,出现了如下不符合要求的情况:有些没有对经济法责任作出规定;有些对经济法责任作出的规定不明确、不全面;有些对经济法责任作出了规定,但是对执法机关及其职责、执法机关不执法的后果未作规定或规定不明确。这就致使有些关于经济法的法律、法规、规章缺乏规范性或者规范性很差,质量成了问题。

（二）建立和完善经济法责任制度是保证经济法实施的需要

是否规定和怎样规定经济法责任,是影响经济法实施效果的一个重要因素。1979年以来,我国在经济法的实施方面取得了相当大的成绩。但是,还存在着不少问题。之所以存在这些问题,重要原因之一是,有些经济法规范性文件规定了经济法的权利和义务,但是没有规定或者没有明确地、全面地规定违反经济法义务的不利法律后果,从而使关于经济法权利和义务的规定的实施得不到强有力的法律保障,严重地影响了经济法的实施效果。实际情况表明,我国的经济法责任制度虽已基本建立,但是尚未完全建立,更谈不上完善。所以,要保证经济法的实施,必须建立和完善经济法责任制度。

四、建立和完善经济法责任制度的对策

经济法责任制度是经济法制度的重要内容之一。在建立和完善经济法责任制度的过程中,要应用本书第六章第二节所论述的经济法的制定的基本经验;同时,有必要采取以下两方面对策:

（一）加强对经济法责任制度的理论研究,提高对建立和完善经济法责任制度的认识

经济法责任理论是经济法基本理论的重要组成部分。但是,目前对经济法责任理论的研究还比较薄弱,人们在建立和完善经济法责任制度的认识上还有不少意见分歧。因此,要进一步加强对经济法责任制度的研究,为建立和完善经济法责任制度提供理论支持,提高人们对于建立和完善经济法责任制度的认识。

（二）加强和改进关于经济法责任制度的立法

在经济法制定的过程中,为了提高经济法制定的质量,要高度重视强化经济法的法律、法规、规章等规范性文件的规范性。对于我国现行的经济法规范性文件中关于经济法责任的规定,要根据不同情况,区别对待:有些规定符合经济社会发展需要的,应予保留,并保证实施;有些规定不符合经济社会发展需要的,应予修改;有些需要规

定而未作规定的,应予补充。

　　为了建立和完善经济法责任制度,强化经济法的实施,不仅要总结经济法责任制度发展的历史经验,从中找到规律性的东西,用以指导经济法责任制度的建立和完善,而且要注意了解经济法责任制度建设的新情况,总结新经验,解决新问题。

第二编 市场监管法

第八章 市场准入与市场退出法律制度

第一节 市场准入与退出法概述

一、市场准入与退出的概念

(一) 市场准入的概念

"市场准入"是译自英文"Market Access"的外来词,产生于第二次世界大战后关税与贸易的国际谈判中。在我国,自准备加入 WTO 的谈判以来,"市场准入"一词才见诸官方文件和学术文献[①],并随着其使用范围的扩宽而成为市场监管领域的通用术语。

市场准入一词虽被广泛使用,但国内外都没有统一的定义,对其内涵和外延众说纷纭、莫衷一是,大体可分为三种类型:一是不少人是在国际经济贸易领域内使用市场准入一词,即从国际经济关系的角度,围绕 WTO 来阐述市场准入,强调的是一国(地区)市场对他国(地区)商品和投资的开放;二是更多人是从政府适当控制机构进入、避免恶性竞争、保障市场安全角度使用市场准入一词,即从制度安排的角度,强调市场准入是政府对市场主体和交易对象进入市场的管理,包括进入任何市场领域成为市场主体都必须进行的工商登记以及进入特定市场的许可等;三是也有人是从市场主体的角度使用市场准入一词,强调市场准入是市场主体根据自身需要,通过法定程序,进入其未涉足的区域或领域市场或新兴产业领域的行为或过程。[②] 在对上述观点进行介绍和分析的基础上,有些学者下了如下定义:"市场准入是市场监管机构为确保市场安全稳定与有序竞争,对国内外的个人、法人或其他组织进入一定市场、参与市场活动的约束与限制。"[③]另有学者说:"市场准入是指市场主体或市场主体所生

[①] WTO《农业协定》《服务贸易总协定》和《实施卫生与植物卫生措施协定》中使用了"市场准入"概念。我国最早使用"市场准入"概念的法律文件是 1992 年的《中美市场准入谅解备忘录》。国内立法和政策文件中较早使用"市场准入"概念的有:交通部:《公路建设市场准入规定》(2000 年)、国务院:《关于整顿和规范市场经济秩序的决定》(2001 年)、中国银监会:《调整银行市场准入管理方式和程序的决定》(2003 年)、中共中央:《关于完善社会主义市场经济体制若干问题的决定》(2003 年)等。

[②] 参见吴弘、胡伟:《市场监管法论——市场监管法的基本理论与基本制度》,北京大学出版社 2006 年版,第 95—97 页。

[③] 同上书,第 97 页。

产经营的商品经获准从事市场交易的一项市场管理行为。"①

对"市场准入"这一概念的上述理解和定义,都有一定道理。但是,还需要进一步探讨。对于市场准入,可以这样认识:市场准入不仅包括准许尚未进入市场的主体进入市场,而且包括准许尚未进入市场的业务进入市场;不是谁想进入市场就进入市场,也不是谁愿让其进入市场就进入市场,而是必须依照法定的条件和程序进入市场;不符合进入市场的法定条件和程序而进入市场是违法的,符合进入市场的法定条件和程序而不准许进入市场也是违法的。根据上述认识,可下这样一个定义:市场准入,是指准许尚未进入市场的个人、组织及业务依照法定的条件和程序进入市场。其含义包括以下要点:(1)市场准入是政府在进入市场环节实施的市场监管,即属于设置和把守市场门槛的监管。(2)市场准入对于监管主体而言,是准许市场准入的对象进入市场;对于市场准入的对象而言,是获准进入市场。(3)市场准入的对象包括个人、组织及业务。在这里,之所以使用"个人、组织"这样的概念,而未使用"市场主体"、"法人"的概念,是因为"个人、组织"在初次进入市场以前还不是"市场主体"、"法人";即使进入市场成了企业,也不一定都具有法人资格,如个人独资企业、合伙企业。业务准入包括:新进入市场的个人、组织准许经营的业务;已在市场中的主体获准经营新的业务。(4)市场准入必须依照法定的条件和程序进行。以市场准入的方式而言,是对进入市场的个人、组织及业务以审核登记或者经审核批准后进行登记等手段,准许个人、组织及业务进入市场。

(二)市场退出的概念

有学者认为,市场退出,是指作为市场主体的企业停止经营、清理或转让债权债务、关闭机构及其分支机构、丧失独立法人资格的过程。② 另有学者指出:"市场退出是指市场主体不再成为市场产品的供给者而退出市场交易和竞争领域,或市场主体生产的商品不准在市场上经销而撤出市场领域。"③

应该认为:市场退出不仅包括已经进入市场的主体④离开市场,而且包括已经进入市场的业务⑤离开市场;不是谁想离开市场就离开市场,也不是谁愿让其离开市场就离开市场,而是必须依照法定的条件和程序离开市场;不符合离开市场的法定的条件和程序而离开市场是违法的,符合离开市场的法定条件和程序而不离开市场也是违法的。根据上述认识,可以下这样一个定义:市场退出,是指已经进入市场的主体及业务依照法定的条件和程序离开市场。其含义有以下要点:(1)市场退出的标志是已在市场上的主体及业务从市场退出,亦即市场主体资格或某种营业的终止。(2)市场主体及业务符合法定条件并履行法定程序才可退出市场,而不得随意和擅

---

① 郑曙光、汪海军:《市场管理法新论》,中国检察出版社2005年版,第79页。
② 参见乔炳亚:《论我国中央银行对金融机构市场退出的监管》,载《金融研究》1997年第6期。
③ 郑曙光、汪海军:《市场管理法新论》,中国检察出版社2005年版,第134页。
④ 这里说的主体不仅指企业,而且包括其他市场主体;就企业而言,不一定都具有法人资格;就具有法人资格的企业而言,并没有"独立法人"和非"独立法人"之分。
⑤ 这里说的业务不仅指商品,而且包括服务和投资等。

自退出市场。这是由市场退出的外部性所决定的。(3) 市场退出是市场行为与政府行为的结合,一方面是市场主体退出市场的意思表示,另一方面是政府有关部门对市场退出的监管。

二、市场准入与退出法的概念

"市场准入与退出法,是指调整在准许个人、组织及业务依照法定的条件和程序进入市场以及已经进入市场的主体及业务依照法定的条件和程序离开市场过程中发生的经济关系的法律规范的总称。"①

(一) 市场准入法的概念

对于市场准入法这一概念,学界有不同的理解。有些学者说:"市场准入法是规范市场主体或市场主体所生产的商品进入市场进行交易活动的法律规范的总称。"②另有学者认为:"市场准入法律制度通常被简称为市场准入制度,是指有关国家或政府准许自然人、法人进入市场从事经营活动的法定条件和程序规则的总称。"③

对于上述定义,是否可以这样认识:由于市场准入法是由调整特定经济关系的法律规范组成的,因此,在市场准入法的定义中,使用"……法律规范的总称"比使用"……法定条件和程序规则的总称"要好;在谈市场准入时,只讲主体进入市场而不讲业务进入市场不够全面;由于个人、组织在初次进入市场以前都还不是"市场主体"、"法人",因此,在市场准入法的定义中,使用"个人、组织"比使用"市场主体"、"法人"要合适;由于业务进入市场包括商品、服务、投资进入市场,因此,在市场准入法的定义中,仅限于"商品"进入市场,范围窄了些。应该认为,给市场准入法这一概念下一个科学的定义,先要了解市场准入法的调整对象。市场准入法的调整对象,是在准许个人、组织及业务,依照法定的条件和程序进入市场过程中发生的经济关系,简称市场准入关系。"市场准入法,是指调整在准许个人、组织及业务依照法定的条件和程序进入市场过程中发生的经济关系的法律规范的总称。"④简言之,市场准入法,是指调整市场准入关系的法律规范的总称。

(二) 市场退出法的概念

给市场退出法这一概念下一个科学的定义,先要了解市场退出法的调整对象。市场退出法的调整对象,是在已经进入市场的主体及业务依照法定的条件和程序离开市场过程中发生的经济关系,简称市场退出关系。"市场退出法,是指调整在已经进入市场的主体及业务依照法定的条件和程序离开市场过程中发生的经济关系的法律规范的总称。"⑤简言之,市场退出法,是指调整市场退出关系的法律规范的总称。

---

① 杨紫烜:《国家协调论》,北京大学出版社2009年版,第214页。
② 郑曙光、汪海军:《市场管理法新论》,中国检察出版社2005年版,第81页。
③ 李昌麒主编:《经济法学》,法律出版社2007年版,第188页。
④ 杨紫烜:《国家协调论》,北京大学出版社2009年版,第216页。
⑤ 同上。

三、市场准入与退出法的地位

(一) 市场准入与退出法的部门法属性

关于市场准入与退出法的部门法属性,主要有以下几种观点:一是认为,市场准入与退出法属于企业法的范围;企业法属于商法的范围。二是认为,市场准入与退出法属于市场规制法的范围;市场规制法属于经济法的范围。三是认为,市场准入与退出法属于市场管理法的范围;市场管理法属于经济法的范围。四是认为,市场准入与退出法属于市场监管法的范围;市场监管法属于经济法的范围。

上述第一种观点值得商榷。因为对于市场准入与退出法的部门法属性,要回答的是市场准入与退出法属于何种法的部门?应该说:市场准入与退出法是一个具有特定调整对象的、层次较低的、独立的法的部门,而组成企业法的法律规范调整多种不同的社会关系,分别属于经济法、民法等不同的法的部门,企业法不是一个比市场准入与退出法层次较高的、独立的法的部门,因此,不能认为市场准入与退出法属于企业法的范围;同时,正如本书第二章所指出的,商法也不是一个独立的法的部门,因此,不能认为企业法属于商法的范围。

上述第二、三、四种观点基本上是一致的,是可取的。但是,这三种观点使用的语词不同,相对而言,使用"市场监管法"比使用"市场规制法"、"市场管理法"更好一些。因为使用"市场监管法"这一语词,是准确表达概念的语言形式,并且具有政策、法律上的充分依据。需要指出:法的部门是多层次的,判断一个层次较低的法的部门属于哪一个层次较高的法的部门的范围,要视组成层次较低的法的部门的法律规范的性质而定,而法律规范的性质决定于它的调整对象;市场准入与退出法的调整对象是市场准入与退出关系,市场准入与退出关系属于市场监管法调整的市场监管关系的范围,市场监管关系属于经济法所调整的经济关系的范围;市场准入与退出法调整市场准入与退出关系的法律规范是市场准入与退出法律规范,市场准入与退出法律规范属于市场监管法律规范的范围,市场监管法律规范属于经济法律规范的范围;因此,作为市场准入与退出法律规范总称的市场准入与退出法属于市场监管法的范围,市场监管法属于经济法的范围。

(二) 市场准入与退出法的重要地位

1. 从市场准入与退出法同市场监管法的关系来看

由于市场监管是法定的国家机关对市场准入与退出以及市场主体在其存续期间的运营进行的监督和管理,如果没有个人、组织及业务依法准入市场,就不会发生国家机关对市场主体在其存续期间的运营进行的监督和管理;如果已经进入市场的主体及业务依法退出了市场,就不会再存在国家机关对该原市场主体的运营进行监督和管理。可见,市场准入与退出法属于市场监管法的重要组成部分。

2. 从市场准入法和市场退出法的作用来看

关于市场准入法的重要性,有些学者指出,市场准入法所确认的准入制度的合理与否,对经济发展具有重要影响。制度的松紧程度直接影响着市场主体进入市场的成本和难易程度,影响着市场秩序和交易安全,影响着经济效率和活跃程度。随着改革的深入,市场准入制度会在某些领域放松准入限制,而在某些领域仍会加强限制。例如,某些产品或服务涉及国家安全和国防利益,仍要有严格的准入限制。[①] 上述观点是有道理的。应该认为,法的重要程度决定于其作用的大小。市场准入法具有重要作用,主要表现在两个方面:一是有助于符合法定条件的个人、组织及业务依照法定程序进入市场,以降低进入市场的成本,提高经济效率;二是有助于防止不符合法定条件的个人、组织及业务违反法定程序进入市场,以维护市场经济秩序和国家经济安全。因此,市场准入法具有重要地位。

关于市场退出法的重要性,有些学者指出,市场退出有四方面意义:一是维护市场体系的安全与稳定;二是保障市场运行效率;三是保护客户和社会公共利益;四是适应经济全球化与国际竞争的需要。[②] 上述观点也是有一定道理的。应该认为,市场退出法之所以具有重要地位正是因为市场退出法对于维护市场经济秩序和国家经济安全发挥着重要作用。符合市场经济规律的市场退出法,是已经进入市场的主体及业务根据实践需要依法离开市场的法律保证。

四、市场准入与退出法的体系

具有特定调整对象的市场准入与退出法,作为市场监管法体系中的一个独立的法的部门,其体系是由如下多层次的法的部门构成的:

市场准入与退出法可以划分为市场准入法和市场退出法。

市场准入法可以划分为主体准入法和业务准入法。主体准入法,又可以划分为一般市场主体准入法和特殊市场主体准入法。特殊市场,即国家作出特殊规定的市场,如涉及公共安全的军工产品市场,涉及人民身体健康的食品、药品市场等(下同)。业务准入法,又可以划分为商品准入法、服务准入法、投资准入法等。

市场退出法可以划分为主体退出法和业务退出法。主体退出法,又可以划分为一般市场主体退出法和特殊市场主体退出法;业务退出法,又可以划分为商品退出法、服务退出法、投资退出法等。

第二节 市场准入法的主要内容

市场经营主体即经营者,是指以营利为目的从事生产经营活动的单位和个人。生产经营活动是以营利为目的从事商品生产、销售或者提供服务的活动。企业法人、不具有法人资格的企业以及个人经营或家庭经营的个体工商户是市场经营主体。

在市场经营主体中,企业、特别是企业法人是最主要的主体。关于企业设立的条件和程序的法律规定,是市场准入法的主要内容,有重点阐述的必要;同时,也需要对

[①] 参见郑曙光、汪海军:《市场管理法新论》,中国检察出版社2005年版,第79—81页。
[②] 参见吴弘、胡伟:《市场监管法论——市场监管法的基本理论与基本制度》,北京大学出版社2006年版,第127页。

个体工商户市场准入的法律规定进行阐述。

企业是人的要素和物的要素相结合的,以营利为目的从事生产经营活动的,具有法律主体资格的商品经济组织。根据实践的需要,对于企业可以按照不同的标准进行多种不同的划分。例如:按照企业组织形式的不同,可以划分为公司企业、合伙企业、个人独资企业;按照企业生产资料所有制的不同,可以划分为国有企业、集体企业、私营企业、混合所有制企业;按照资金来源的不同,可以划分为内资企业、外商投资企业;按照企业所属行业的不同,可以划分为工业企业、农业企业、交通运输企业、邮电企业、商业企业、金融企业等;按照企业法律属性的不同,可以划分为法人企业、非法人企业。本书仅对有代表性的几类企业设立的法律规定,择要进行阐述。

一、企业设立法律制度

(一) 企业设立的概念和法律效力[①]

企业的设立,是指企业的创办人为使企业具备生产经营活动的能力,取得合法的主体资格,依照法律规定的条件和程序所实施的法律行为。

企业设立产生如下法律后果:一是取得一定的法律上的主体资格。这是企业设立行为的直接的、最主要的法律后果,也是其设立行为的基本标志。具备我国法律关于法人条件规定的企业,依法取得中国的法人资格,并依法人的身份从事生产经营或服务性活动,享受权利,承担义务;不具备法人条件,但是具备生产经营条件的企业依法取得合法生产经营的资格。二是取得合法凭证,有权正式开业。企业通过设立行为,经登记注册机关核准登记后,即取得了企业法人营业执照或者营业执照,申请设立的企业即可凭照刻制公章、开立银行账户、签订合同、刊登广告、从事正常的生产经营或服务性活动。三是取得企业名称专用权。企业设立登记后即取得了企业名称专用权。经过核准登记的企业名称,受到法律保护。四是企业设立行为完成并取得一定法律主体资格后,如果违法就要承担相应的法律责任,成为法律责任的载体。

(二) 企业设立的法律规定

1. 公司的设立

公司是依照公司法的规定设立的企业法人。在我国,根据《公司法》的规定,公司分为有限责任公司和股份有限公司。有限责任公司,是指依照《公司法》的规定在中国境内设立的,股东以其认缴的出资额为限对公司承担责任的企业法人。一人有限责任公司和国有独资公司也属于我国有限责任公司的范围。一人有限责任公司,是指只有1个自然人股东或者1个法人股东的有限责任公司。国有独资公司,是指国家单独出资、由国务院或者地方人民政府授权本级人民政府国有资产监督管理机构履行出资人职责的有限责任公司。股份有限公司,是指依照《公司法》的规定在中国境内设立的,股东以其认购的股份为限对公司承担责任的企业法人。

---

① 参见张士元:《企业法律制度》,载杨紫烜主编:《经济法》(第四版),北京大学出版社、高等教育出版社2010年版,第146、147—148页。

(1) 设立公司的条件

设立有限责任公司应当具备下列五项条件：一是股东符合法定人数。有限责任公司由50个以下股东出资设立。二是有符合公司章程规定的全体股东认缴的出资额。在公司登记机关登记的全体股东认缴的出资额为有限责任公司的注册资本。法律、行政法规以及国务院决定对有限责任公司注册资本实缴、注册资本最低限额另有规定的，从其规定。① 三是股东共同制定公司章程。四是有公司名称，建立符合有限责任公司要求的组织机构。五是有公司住所。有限责任公司以其主要办事机构所在地为住所。

设立股份有限公司，应当具备下列六项条件：一是发起人符合法定人数。设立股份有限公司，应当有2人以上200人以下为发起人，其中须有半数以上的发起人在中国境内有住所。二是有符合公司章程规定的全体发起人认购的股本总额或者募集的实收股本总额。股份有限公司采取发起设立方式设立的，在公司登记机关登记的全体发起人认购的股本总额为注册资本。法律、行政法规以及国务院决定对股份有限公司注册资本实缴、注册资本最低限额另有规定的，从其规定。② 三是股份发行、筹办事项符合法律规定。四是发起人制订公司章程，采用募集方式设立的经创立大会通过。五是有公司名称，建立符合股份有限公司要求的组织机构。六是有公司住所。股份有限公司以其主要办事机构所在地为住所。

(2) 设立公司的程序

有限责任公司股东的首次出资经依法设立的验资机构验资后，由全体股东指定的代表或者共同委托的代理人向公司登记机关报送公司登记申请书、公司章程、验资证明等文件，申请设立登记。

股份有限公司的设立，可以采取发起设立③或者募集设立④的方式。以发起设立方式设立股份有限公司的，由董事会向公司登记机关报送公司章程以及法律、行政法规规定的其他文件，申请设立登记。以募集设立方式设立股份有限公司的，董事会应于创立大会结束后30日内，向公司登记机关报送下列文件，申请设立登记：公司登记申请书；创立大会的会议记录；公司章程；法定代表人、董事、监事的任职文件及其身份证明；发起人的法人资格证明或者自然人身份证明；公司住所证明。以募集方式设立股份有限公司公开发行股票的，还应当向公司登记机关报送国务院证券监督管理机构的核准文件。

---

① 这第二个条件是第十二届全国人大常委会第六次会议于2013年12月28日通过的对我国《公司法》进行修订后的新的规定；同时，新的规定取消了《公司法》原来作出的有限责任公司最低注册资本为3万元、一人有限责任公司最低注册资本为10万元的规定。

② 这第二个条件是第十二届全国人大常委会第六次会议于2013年12月28日通过的对我国《公司法》进行修订后的新的规定；同时，新的规定取消了《公司法》原来作出的股份有限公司最低注册资本500万元的限制，且不再限制股东(发起人)的首次出资比例以及货币出资比例的规定。

③ 发起设立，是指由发起人认购公司应发行的全部股份而设立公司。

④ 募集设立，是指由发起人认购公司应发行股份的一部分，其余股份向社会公开募集或者向特定对象募集而设立公司。

根据我国《公司法》第 6 条的规定,设立公司,应当依法向公司登记机关申请设立登记。符合本法规定的设立条件的,由公司登记机关分别登记为有限责任公司或者股份有限公司;不符合本法规定的设立条件的,不得登记为有限责任公司或者股份有限公司。法律、行政法规规定设立公司必须报经批准的,应当在公司登记前依法办理批准手续。该法第 7 条规定,依法设立的公司,由公司登记机关发给公司营业执照。公司营业执照签发日期为公司成立日期。公司营业执照应当载明公司的名称、住所、注册资本、实收资本、经营范围①、法定代表人姓名等事项。

此外,需要说明的是,在我国,作为一种特殊类型的公司的商业银行②,其设立与《公司法》的规定有所不同,有必要进行简要阐述。

根据我国《商业银行法》第 12 条的规定,设立商业银行,应当具备下列条件:一是有符合《商业银行法》和《公司法》规定的章程。二是有符合规定的注册资本最低限额。其中,设立全国性商业银行为 10 亿元人民币,城市合作商业银行为 1 亿元人民币,农村合作商业银行为 5000 万元人民币。三是有具备任职专业知识和业务工作经验的董事、高级管理人员。四是有健全的组织机构和管理制度。五是有符合要求的营业场所、安全防范措施和与业务有关的其他设施。设立商业银行,还应当符合其他审慎性条件。

设立商业银行,应当经国务院银行业监督管理机构审查批准。经批准设立的商业银行,由国务院银行业监督管理机构颁发经营许可证,并凭该许可证向工商行政管理部门办理登记,领取营业执照。

2. 合伙企业的设立

在我国,合伙企业是自然人、法人和其他组织依据《合伙企业法》在中国境内设立的普通合伙企业和有限合伙企业。普通合伙企业由普通合伙人组成,合伙人对合伙企业债务承担无限连带责任。《合伙企业法》对普通合伙人承担责任的形式有特别规定的,从其规定。有限合伙企业由普通合伙人和有限合伙人组成,普通合伙人对合伙企业债务承担无限连带责任,有限合伙人以其认缴的出资额为限对合伙企业债务承担责任。

(1) 设立合伙企业的条件

设立普通合伙企业,应当具备下列条件:一是有两个以上合伙人。合伙人为自然人的,应当具有完全民事行为能力。二是有书面合伙协议。三是有各合伙人认缴或实际缴付的出资。法律并没有规定合伙的最低资本数额。四是有合伙企业的名称和生产经营场所。名称中应当标明"普通合伙"字样。五是法律、行政法规规定的其他条件。

设立有限合伙企业,应当具备下列条件:一是有 2 个以上 50 个以下合伙人设立;

---

① 公司的经营范围由公司章程规定,并依法登记。公司的经营范围中属于法律、行政法规规定须经批准的项目,应当依法经过批准。

② 根据我国《商业银行法》的规定,商业银行是指依照我国《商业银行法》和《公司法》设立的吸收公众存款、发放贷款、办理结算等业务的企业法人。

但是,法律另有规定的除外。有限合伙企业至少应当有一个普通合伙人。① 二是有书面合伙协议。三是有各合伙人实际缴付的出资。四是有合伙企业的名称和生产经营场所。名称中应当标明"有限合伙"字样。五是法律、行政法规规定的其他条件。

(2) 设立合伙企业的程序

申请设立合伙企业,应当向企业登记机关提交登记申请书、合伙协议书、合伙人身份证明等文件。合伙企业的经营范围中有属于法律、行政法规规定在登记前须经批准的项目的,该项经营业务应当依法经过批准,并在登记时提交批准文件。申请人提交的登记申请材料齐全、符合法定形式,企业登记机关能够当场登记的,应予当场登记,发给营业执照。除以上规定情形外,企业登记机关应当自受理申请之日起20日内,作出是否登记的决定。予以登记的,发给营业执照;不予登记的,应当给予书面答复,并说明理由。合伙企业的营业执照签发日期,为合伙企业成立日期。

3. 个人独资企业的设立

在我国,个人独资企业,是指依照我国《个人独资企业法》的规定,在中国境内设立,由一个自然人投资,财产为投资人个人所有,投资人以其个人财产对企业债务承担无限责任的经营实体。

(1) 设立个人独资企业的条件

设立个人独资企业应当具备以下五项条件:一是投资人为一个自然人;二是有合法的企业名称;三是有投资人申报的出资;四是有固定的生产经营场所和必要的生产经营条件;五是有必要的从业人员。

(2) 设立个人独资企业的程序

申请设立个人独资企业,应当由投资人或者其委托的代理人向个人独资企业所在地的登记机关提交设立申请书、投资人身份证明、生产经营场所使用证明等文件。委托代理人申请设立登记时,应当出具投资人的委托书和代理人的合法证明。

个人独资企业设立申请书应当载明下列事项:企业的名称(个人独资企业的名称应当与其责任形式及从事的营业相符合)和住所;投资人的姓名和居所;投资人的出资额和出资方式;经营范围。

个人独资企业不得从事法律、行政法规禁止经营的业务;从事法律、行政法规规定须报经有关部门审批的业务,应当在申请设立登记时提交有关部门的批准文件。

登记机关应当在收到设立申请文件之日起15日内,对符合《个人独资企业法》规定条件的,予以登记,发给营业执照;对不符合《个人独资企业法》规定条件的,不予登记,并应当给予书面答复,说明理由。个人独资企业营业执照的签发日期,为个人独资企业成立日期。

4. 全民所有制工业企业的设立

全民所有制工业企业,即国有工业企业,是指以生产资料的全民所有制为基础

---

① 国有独资公司、国有企业、上市公司以及公益性的事业单位、社会团体不得成为普通合伙人,只能成为有限合伙人。

的、从事工业生产经营活动的、独立的商品经济组织。它具有以下四个基本特征：一是全民所有制工业企业是商品经济组织。由于它所从事的主要是商品经济活动，因此它不仅是经济组织，而且是商品经济组织。二是全民所有制工业企业是独立的商品经济组织。"独立"二字，是指自主经营、自负盈亏、独立核算。分厂、车间、班组不是独立的商品经济组织。三是全民所有制工业企业是从事工业生产经营活动的商品经济组织。它所从事的工业生产经营活动，同非工业企业所从事的商品经济活动又是有区别的。四是全民所有制工业企业是以生产资料的全民所有制为基础的商品经济组织。生产资料是否属于全民所有，这是它同其他所有制的工业企业的主要区别所在。

（1）设立全民所有制工业企业的条件

申请设立全民所有制工业企业，必须具备以下各项条件：一是产品为社会所需要；二是有能源、原材料、交通运输的必要条件；三是有自己的名称和生产经营场所；四是有符合国家规定的资金；五是有自己的组织机构；六是有明确的经营范围；七是法律、法规规定的其他条件。

（2）设立全民所有制工业企业的程序

设立全民所有制工业企业，必须依照法律和国务院规定，报请政府或者政府主管部门审核批准。经工商行政管理部门核准登记、发给营业执照，企业取得法人资格。企业应当在核准登记的经营范围内从事生产经营活动。

企业登记注册的内容，主要包括下列事项：企业法人名称、住所、经营场所、法定代表人、经济性质、经营范围、经营方式、注册资金、从业人数、经营期限、分支机构。

办理全民所有制工业企业开业登记，应当在审批机关批准后30日内，向登记主管机关提出申请。登记主管机关应当在受理申请后30日内，作出核准登记或者不予核准登记的决定。申请企业开业登记，应当提交下列文件、证件：组建负责人签署的登记申请书，审批机关的批准文件，组织章程，资金信用证明、验资证明或者资金担保，企业主要负责人的身份证明，住所和经营场所使用证明，其他有关文件、证件。

申请开业登记，经登记主管机关核准登记注册的，领取《企业法人营业执照》，取得法人资格，企业即告成立。企业法人根据其营业执照可以刻制公章、开立银行账户、签订合同，可以在核准登记的经营范围内从事生产经营活动，其合法权益受法律保护。

5. 外商投资企业的设立

外商投资企业，是指依照中华人民共和国法律的规定，在中国境内设立的，由中国投资者和外国投资者共同投资或者仅由外国投资者投资的企业。外商投资企业包括中外合资经营企业、中外合作经营企业、外资企业。中外合资经营企业，简称合营企业，是指中国合营者与外国合营者依照中华人民共和国法律的规定，在中国境内共同投资、共同经营，并按投资比例分享利润、分担风险及亏损的企业。中外合作经营企业，简称合作企业，是指中国合作者与外国合作者依照中华人民共和国法律的规定，在中国境内共同举办的，按合作企业合同的约定分配收益或者产品、分担风险和亏损的企业。外资企业,是指依照中华人民共和国法律的规定,在中国境内设立的,全部资本由外国投资的企业。

(1) 中外合资经营企业的设立

在中国境内设立的合营企业,应当能够促进中国经济的发展和科学技术水平的提高,有利于社会主义现代化建设。申请设立合营企业,有下列情况之一的,不予批准:有损中国主权的;违反中国法律的;不符合中国国民经济发展要求的;造成环境污染的;签订的协议、合同、章程显属不公平,损害合营一方权益的。

申请设立合营企业,由中外合营者共同向审批机构报送下列文件:设立合营企业的申请书;合营各方共同编制的可行性研究报告;由合营各方授权代表签署的合营企业协议、合同和章程;由合营各方委派的合营企业董事长、副董事长、董事人选名单;审批机构规定的其他文件。

在中国境内设立合营企业,必须经国家对外经济贸易主管部门审查批准。批准后,由国家对外经济贸易主管部门发给批准证书。凡具备下列条件的,国务院授权省、自治区、直辖市人民政府或者国务院有关部门审批:一是投资总额在国务院规定的投资审批权限以内,中国合营者的资金来源已经落实的;二是不需要国家增拨原材料,不影响燃料、动力、交通运输、外贸出口配额等方面的全国平衡的。依照上述条款批准设立的合营企业,应当报国家对外经济贸易主管部门备案。审批机构①自接到规定的全部文件之日起,3个月内决定批准或者不批准。

申请设立合营企业的中外合营者应当自收到批准证书之日起1个月内,按照国家有关规定,向工商行政管理机关办理登记手续。合营企业的营业执照签发日期,即为该合营企业的成立日期。

(2) 中外合作经营企业的设立

在中国境内举办中外合作经营企业,应当符合国家的发展政策和产业政策,遵守国家关于指导外商投资方向的规定。申请设立合作企业,有下列情况之一的,不予批准:损害中国主权或者社会公共利益的;危害国家安全的;对环境造成污染损害的;有违反中国法律、行政法规或者产业政策的其他情形的。

申请设立合作企业,应当由中国合作者向审查批准机关报送下列文件:设立合作企业的项目建议书,并附送主管部门审查同意的文件;合作各方共同编制的可行性研究报告,并附送主管部门审查同意的文件;由合作各方的法定代表人或其授权的代表签署的合作协议、合同、章程;合作各方的营业执照或者注册登记证明、资信证明及法定代表人的有效证明文件,外国合作者是自然人的,应当提供有关其身份、履历和资信情况的有效证明文件;合作各方协商确定的合作企业董事长、副董事长、董事或者联合管理委员会主任、副主任、委员的人选名单;审查批准机关要求报送的其他文件。

设立合作企业由国家对外经济贸易主管部门或者国务院授权的部门和地方人民

---

① 国家对外经济贸易主管部门和国务院授权的省、自治区、直辖市人民政府或者国务院有关部门,统称审批机构。

政府审查批准。设立合作企业属于下列情形的,由国务院授权的部门或者地方人民政府审查批准:一是投资总额在国务院规定由国务院授权的部门或者地方人民政府审批的投资限额以内的;二是自筹资金,并且不需要国家平衡建设、生产条件的;三是产品出口不需要领取国家有关主管部门发放的出口配额、许可证,或者虽需要领取,但在报送项目建议书前已征得国家有关主管部门同意的;四是有法律、行政法规规定由国务院授权的部门或者地方人民政府审查批准的其他情形的。

审查批准机关应当自收到规定的全部文件之日起45天内决定批准或者不批准;审查批准机关认为报送的文件不全或者有不当之处的,有权要求合作各方在指定期间内补全或者修正。

国家对外经济贸易主管部门和国务院授权的部门批准设立的合作企业,由国家对外经济贸易主管部门颁发批准证书。国务院授权的地方人民政府批准设立的合作企业,由有关地方人民政府颁发批准证书,并自批准之日起30天内将有关批准文件报送国家对外经济贸易主管部门备案。

设立合作企业的申请经批准后,应当自接到批准证书之日起30天内向工商行政管理机关申请登记,领取营业执照。合作企业的营业执照签发日期,为该企业的成立日期。

(3) 外资企业的设立

设立外资企业,必须有利于中国国民经济的发展。国家鼓励举办产品出口或者技术先进的外资企业。申请设立外资企业,有下列情况之一的,不予批准:一是有损中国主权或者社会公共利益的;二是危及中国国家安全的;三是违反中国法律、法规的;四是不符合中国国民经济发展要求的;五是可能造成环境污染的。

外国投资者在提出设立外资企业的申请前,应当就下列事项向拟设立外资企业所在地的县级或者县级以上地方人民政府提交报告。报告内容包括:设立外资企业的宗旨;经营范围、规模;生产产品;使用的技术设备;用地面积及要求;需要用水、电、煤、煤气或者其他能源的条件及数量;对公共设施的要求等。县级或者县级以上地方人民政府,应当在收到外国投资者提交的报告之日起30天内,以书面形式答复外国投资者。

外国投资者设立外资企业,应当通过拟设立外资企业所在地的县级或者县级以上人民政府向审批机关提出申请,并报送下列文件:设立外资企业申请书;可行性研究报告;外资企业章程;外资企业法定代表人(或者董事会人选)名单;外国投资者的法律证明文件和资信证明文件;拟设立外资企业所在地的县级或县级以上人民政府的书面答复;需要进口的物资条件;其他需要报送的文件。

设立外资企业的申请,由国务院对外经济贸易主管部门审查批准后,发给批准证书。设立外资企业的申请属于下列情形的,国务院授权省、自治区、直辖市和计划单列市、经济特区人民政府审查批准后,发给批准证书:一是投资总额在国务院规定的投资审批权限以内的;二是不需要国家调拨原材料,不影响能源、交通运输、外贸出口配额等全国综合平衡的。受托机关在国务院授权范围内批准设立外资企业,应当在批准后 15 天内报国务院对外经济贸易主管部门备案。

申请设立的外资企业,其产品涉及出口许可证、出口配额、进口许可证或者属于国家限制进口的,应当依照有关管理权限事先征得国务院对外经济贸易主管部门的同意。

审批机关应当在收到申请设立外资企业的全部文件之日起 90 天内决定批准或者不批准。审批机关如果发现上述文件不齐备或者有不当之处,可以要求限期补报或者修改。

设立外资企业的申请经审批机关批准后,外国投资者应当在收到批准证书之日起 30 天内向工商行政管理机关申请登记,领取营业执照。外资企业的营业执照签发日期,为该企业成立日期。外国投资者在收到批准证书之日起满 30 天未向工商行政管理机关申请登记的,外资企业批准证书自动失效。

二、个体工商户市场准入法律制度

什么是个体工商户?国务院于 2011 年 3 月 30 日制定的《个体工商户条例》第 2 条第 1 款规定:"有经营能力的公民,依照本条例规定经工商行政管理部门登记,从事工商业经营的,为个体工商户。"第 2 款规定:"个体工商户可以个人经营,也可以家庭经营。"

(一)个体工商户市场准入的条件

申请设立个体工商户,主要应当具备下列条件:一是个体工商户申请人必须是具有经营能力的公民(一个人经营的个体工商户,经营者本人必须具有经营能力;家庭经营的个体工商户,家庭成员中主持经营者必须具有经营能力);二是必须具有申请人身份证明;三是必须具有经营者住所,即申请登记为个体工商户的公民的户籍所在地的详细住址;四是必须具有经营场所,即个体工商户营业所在地的详细地址;五是必须具有明确的经营范围,即个体工商户开展经营活动所属的行业类别。

(二)个体工商户市场准入的程序

有经营能力的中国公民,可以按照国家有关规定,申请登记为个体工商户。香港特别行政区、澳门特别行政区永久性居民中的中国公民,台湾地区居民也可以按照我国的有关规定,申请登记为个体工商户。委托代理人申请开业登记的,应当提交申请人的委托书和代理人的身份证明或者资格证明。

县、自治县、不设区的市、市辖区工商行政管理部门为个体工商户的登记机关(以下简称登记机关)。登记机关按照国务院工商行政管理部门的规定,可以委托其下属工商行政管理所办理个体工商户登记。申请登记为个体工商户,应当向经营场所所在地登记机关申请注册登记。

申请个体工商户开业登记,申请人应当提交申请人签署的个体工商户开业登记申请书、申请人身份证明、经营场所证明、国家工商行政管理总局规定提交的其他文件。个体工商户登记事项包括经营者姓名和住所、组成形式、经营范围、经营场所。个体工商户使用名称的,名称作为登记事项。申请开业登记的经营范围涉及国家法律、行政法规或者国务院决定规定在登记前须经批准的项目的,应当在申请登记前报经国家有关部门批准,并向登记机关提交相关批准文件。

个体工商户申请人或者其委托的代理人可以通过邮寄、传真、电子数据交换、电子邮件等方式向经营场所所在地登记机关提交申请。通过传真、电子数据交换、电子邮件等方式提交申请的,应当提供申请人或者其代理人的联络方式及通讯地址。对登记机关予以受理的申请,申请人应当自收到受理通知书之日起5日内,提交与传真、电子数据交换、电子邮件内容一致的申请材料原件。

登记机关收到申请人提交的登记申请后,对于申请材料依法审查后,按照下列规定办理:(1)登记机关收到申请人提交的登记申请后,对于申请材料齐全、符合法定形式的,应当受理;申请材料不齐全或者不符合法定形式,登记机关应当当场告知申请人需要补正的全部内容,申请人按照要求提交全部补正申请材料的,登记机关应当受理;申请材料存在可以当场更正的错误的,登记机关应当允许申请人当场更正。(2)登记机关受理登记申请,除当场予以登记的外,应当发给申请人受理通知书;对于不符合受理条件的登记申请,登记机关不予受理,并发给申请人不予受理通知书;申请事项依法不属于个体工商户登记范畴的,登记机关应当即时决定不予受理,并向申请人说明理由。(3)申请人提交的申请材料齐全、符合法定形式的,登记机关应当当场予以登记,并发给申请人准予登记通知书;根据法定条件和程序,需要对申请材料的实质性内容进行核实的,登记机关应当指派两名以上工作人员进行核查,并填写申请材料核查情况报告书;登记机关应当自受理登记申请之日起15日内作出是否准予登记的决定。(4)登记机关作出准予登记决定的,应当发给申请人准予个体工商户登记通知书,并于10日内发给申请人个体工商户营业执照;不予登记的,应当发给申请人不予个体工商户登记通知书。(5)个体工商户营业执照分为正本和副本,载明个体工商户的名称、经营者姓名、组成形式、经营场所、经营范围和注册号、发照机关及发照时间信息,正、副本具有同等法律效力。

第三节 市场退出法的主要内容

关于企业终止的条件和程序的法律规定,是市场退出法的主要内容,有重点阐述的必要;同时,也需要对个体工商户市场退出的法律规定进行阐述。

一、企业终止法律制度

(一)企业终止的概念和法律效力[①]

企业的终止,是指已经设立的企业因法律或者企业章程规定事由的发生,致使企业停止生产经营活动,经注销登记后,企业在法律上主体资格消灭的一种法律行为。企业终止是个过程,当法律或章程规定的事由发生时,企业的主体资格尚未终止,只是停止了企业的生产经营活动,这时企业尚需进行清算,清结债权债务关系,分配剩

[①] 参见张士元:《企业法律制度》,见杨紫烜主编:《经济法》(第四版),北京大学出版社、高等教育出版社2010年版,第165、167页。

余财产,待清算终止后,结束了对内对外关系,办理了注销登记,企业才失去法律上的主体资格。

企业终止产生的法律后果包括:失去法律上的主体资格;由登记主管机关收缴企业法人营业执照或者营业执照,收缴企业的公章;通过企业的开户银行注销其银行账号;企业失去其名称专用权;等等。

(二) 企业终止的法律规定

1. 公司的终止

公司因下列原因解散:一是公司章程规定的营业期限届满或者公司章程规定的其他解散事由出现;二是股东会或者股东大会决议解散;三是因公司合并或者分立需要解散;四是依法被吊销营业执照、责令关闭或者被撤销;五是人民法院依照《公司法》第182条的规定[①]予以解散。

公司因上述第一、二、四、五项规定而解散的,应当在解散事由出现之日起15日内成立清算组[②],开始清算。清算组在清算期间行使下列职权:清理公司财产,分别编制资产负债表和财产清单;通知、公告债权人;处理与清算有关的公司未了结的业务;清缴所欠税款以及清算过程中产生的税款;清理债权、债务;处理公司清偿债务后的剩余财产;代表公司参与民事诉讼活动。清算组在清理公司财产、编制资产负债表和财产清单后,应当制定清算方案,并报股东会、股东大会或者人民法院确认。按照我国《公司法》第186条第2款的规定,公司财产在分别支付清算费用、职工的工资、社会保险费用和法定补偿金,缴纳所欠税款,清偿公司债务后的剩余财产,有限责任公司按照股东的出资比例分配,股份有限公司按照股东持有的股份比例分配。清算期间,公司存续,但不得开展与清算无关的经营活动。清算组在清理公司财产、编制资产负债表和财产清单后,发现公司财产不足清偿债务的,应当依法向人民法院申请宣告破产。公司经人民法院裁定宣告破产后,清算组应当将清算事务移交给人民法院。公司被依法宣告破产的,依照有关企业破产的法律实施破产清算。

公司清算结束后,清算组应当制作清算报告,报股东会、股东大会或者人民法院确认,并报送公司登记机关,申请注销公司登记。公司申请注销登记,应当提交下列文件:公司清算组负责人签署的注销登记申请书;人民法院的破产裁定、解散裁判文书,公司依照《公司法》作出的决议或者决定,行政机关责令关闭或者公司被撤销的文件;股东会、股东大会、一人有限责任公司的股东、外商投资的公司董事会或者人民法院、公司批准机关备案、确认的清算报告;《企业法人营业执照》;法律、行政法规规定应当提交的其他文件。国有独资公司申请注销登记,还应当提交国有资产监督管理机构的决定,其中,国务院确定的重要的国有独资公司,还应当提交本级人民政府的

[①] 我国《公司法》第182条规定,公司经营管理发生严重困难,继续存续会使股东利益受到重大损失,通过其他途径不能解决的,持有公司全部股东表决权10%以上的股东,可以请求人民法院解散公司。

[②] 有限责任公司的清算组由股东组成,股份有限公司的清算组由董事或者股东大会确定的人员组成。逾期不成立清算组进行清算的,债权人可以申请人民法院指定有关人员组成清算组进行清算。人民法院应当受理该申请,并及时组织清算组进行清算。

批准文件。经公司登记机关注销登记,公司终止。

此外,需要说明,在我国,商业银行这种特殊类型的公司的终止与《公司法》的规定有所不同,有必要进行简要阐述。

根据我国《商业银行法》第69条的规定,商业银行因分立、合并或者出现公司章程规定的解散事由需要解散的,应当向国务院银行业监督管理机构提出申请,并附解散的理由和支付存款的本金和利息等债务清偿计划。经国务院银行业监督管理机构批准后解散。商业银行解散的,应当依法成立清算组,进行清算,按照清偿计划及时偿还存款本金和利息等债务。国务院银行业监督管理机构监督清算过程。

商业银行因吊销经营许可证被撤销的,国务院银行业监督管理机构应当依法及时组织成立清算组,进行清算,按照清偿计划及时偿还存款本金和利息等债务。

商业银行不能支付到期债务,经国务院银行业监督管理机构同意,由人民法院依法宣告其破产。商业银行被宣告破产的,由人民法院组织国务院银行业监督管理机构等有关部门和有关人员成立清算组,进行清算。商业银行破产清算时,在支付清算费用、所欠职工工资和劳动保险费用后,应当优先支付个人储蓄存款的本金和利息。

商业银行因解散、被撤销和被宣告破产而终止。

2. 合伙企业的终止

合伙企业有下列情形之一的,应当解散:合伙期限届满,合伙人决定不再经营;合伙协议约定的解散事由出现;全体合伙人决定解散;合伙人已不具备法定人数满30天;合伙协议约定的合伙目的已经实现或者无法实现;依法被吊销营业执照、责令关闭或者被撤销;法律、行政法规规定的其他原因。

合伙企业解散,应当由清算人①进行清算。清算人在清算期间执行下列事务:清理合伙企业财产,分别编制资产负债表和财产清单;处理与清算有关的合伙企业未了结事务;清缴所欠税款;清理债权、债务;处理合伙企业清偿债务后的剩余财产;代表合伙企业参加诉讼或者仲裁活动。清算期间,合伙企业存续,但不得开展与清算无关的经营活动。合伙企业财产在支付清算费用和职工工资、社会保险费用、法定补偿金以及缴纳所欠税款、清偿债务后的剩余财产,按照合伙协议的约定办理;合伙协议未约定或者约定不明确的,由合伙人协商决定;协商不成的,由合伙人按照实缴出资比例分配、分担;无法确定出资比例的,由合伙人平均分配、分担。

清算结束,清算人应当编制清算报告,经全体合伙人签名、盖章后,于15日内向企业登记机关报送清算报告,申请办理合伙企业注销登记。合伙企业注销登记,是合伙企业解散、其主体资格消灭的法定程序。

3. 个人独资企业的终止

个人独资企业的解散,即个人独资企业的终止。个人独资企业应当解散的情形包括:投资人决定解散;投资人死亡或者被宣告死亡,无继承人或者继承人决定放弃

---

① 清算人由全体合伙人担任;经全体合伙人过半数同意,可以自合伙企业解散事由出现后15日内指定一个或者数个合伙人,或者委托第三人,担任清算人。自合伙企业解散事由出现之日起15日内未确定清算人的,合伙人或者其他利害关系人可以申请人民法院指定清算人。

继承;被依法吊销营业执照;法律、行政法规规定的其他情形。

吊销个人独资企业营业执照的情形包括:违反《个人独资企业法》规定,提交虚假文件或采取其他欺骗手段取得企业登记,情节严重的;涂改、出租、转让营业执照,情节严重的;个人独资企业成立后无正当理由超过6个月未开业的,或者开业后自行停业连续6个月以上的。

个人独资企业解散,由投资人自行清算或者由债权人申请人民法院指定清算人进行清算。投资人自行清算的,应当在清算前15日内书面通知债权人,无法通知的,应当予以公告。债权人应当在接到通知之日起30日内,未接到通知的应当在公告之日起60日内,向投资人申报其债权。个人独资企业解散后,原投资人对个人独资企业存续期间的债务仍应承担偿还责任,但债权人在5年内未向债务人提出偿债请求的,该责任消灭。清算期间,个人独资企业不得开展与清算目的无关的经营活动。

个人独资企业解散的,财产应当按照下列顺序清偿:一是所欠职工工资和社会保险费用;二是所欠税款;三是其他债务。由于个人独资企业是投资人以其个人财产对企业债务承担无限责任的经营实体。因此,个人独资企业财产不足以清偿债务的,投资人应当以其个人的其他财产予以清偿。

个人独资企业清算结束后,投资人或者人民法院指定的清算人应当编制清算报告,并于15日内到登记机关办理注销登记。

4. 全民所有制工业企业的终止

全民所有制工业企业由于下列原因之一终止:一是违反法律、法规被责令撤销;二是政府主管部门依照法律、法规的规定决定解散;三是依法被宣告破产;四是其他原因。

全民所有制工业企业解散,由政府主管部门指定成立的清算组进行清算。企业被宣告破产的,应当由人民法院组织有关机关和有关人员成立清算组织,进行清算。清算的内容包括两个方面:一是查清企业财产,核实债权、债务,并登记造册;二是受偿债权,清偿债务,依法处理剩余财产。关于债务的清偿,在企业财产不足以偿还企业的全部债务时,一般应当在支付必要的清算费用后,按照下列顺序清偿:一是职工工资;二是国家税收;三是银行贷款和其他债权。

全民所有制工业企业终止,应当向登记主管机关办理注销登记。企业办理注销登记,应当提交法定代表人签署的申请注销登记报告、审批机关的批准文件、清理债务完结的证明或者清算组织负责清理债权、债务的文件。经登记主管机关核准后,收缴《企业法人营业执照》及其副本,收缴公章,并将注销登记情况告知企业的开户银行。

5. 外商投资企业的终止

(1) 中外合资经营企业的终止

中外合资经营企业在下列情况下解散:一是合营期限届满;二是企业发生严重亏损,无力继续经营;三是合营一方不履行合营企业协议、合同、章程规定的义务,致使企业无法继续经营;四是因自然灾害、战争等不可抗力遭受严重损失,无法继续经营;五是合营企业未达到其经营目的,同时又无发展前途;六是合营企业合同、章程所规定的其他解散原因已经出现。

发生上述第二、四、五、六项情况的，由董事会提出解散申请书，报审批机构批准；发生上述第三项情况的，由履行合同的一方提出申请，报审批机构批准。

中外合资经营企业宣告解散时，应当进行清算。合营企业应当按照《外商投资企业清算办法》的规定成立清算委员会，由清算委员会负责清算事宜。清算委员会的成员一般应当在合营企业的董事中选任。董事不能担任或者不适合担任清算委员会成员时，合营企业可以聘请中国的注册会计师、律师担任。清算委员会的任务是对合营企业的财产、债权、债务进行全面清查，编制资产负债表和财产目录，提出财产作价和计算依据，制订清算方案，提请董事会会议通过后执行。合营企业以其全部资产对其债务承担责任。合营企业清偿债务后的剩余财产按照合营各方的出资比例进行分配，但合营企业协议、合同、章程另有规定的除外。合营企业解散时，其资产净额或者剩余财产减除企业未分配利润、各项基金和清算费用后的余额，超过实缴资本的部分为清算所得，应当依法缴纳所得税。合营企业的清算工作结束后，由清算委员会提出清算结束报告，提请董事会会议通过后，报告审批机构，并向登记管理机构办理注销登记手续，缴销营业执照。

（2）中外合作经营企业的终止

中外合作经营企业出现下列情形之一时解散：一是合作期限届满；二是合作企业发生严重亏损，或者因不可抗力遭受严重损失，无力继续经营；三是中外合作者一方或者数方不履行合作企业合同、章程规定的义务，致使合作企业无法继续经营；四是合作企业合同、章程中规定的其他解散原因已经出现；五是合作企业违反法律、行政法规，被依法责令关闭。

上述第二、四项所列情形发生，应当由合作企业的董事会或者联合管理委员会作出决定，报审查批准机关批准。在上述第三项所列情形下，不履行合作企业合同、章程规定的义务的中外合作者一方或者数方，应当对履行合同的他方因此遭受的损失承担赔偿责任；履行合同的一方或者数方有权向审查批准机关提出申请，解散合作企业。

合作企业期满或者提前终止，应当向工商行政管理机关和税务机关办理注销登记手续。

合作企业期满或者提前终止时，应当依照法定程序对资产和债权、债务进行清算。中外合作者应当依照合作企业合同的约定确定合作企业财产的归属。

（3）外资企业的终止

外资企业有下列情形之一的应予终止：一是经营期限届满；二是经营不善，严重亏损，外国投资者决定解散；三是因自然灾害、战争等不可抗力而遭受严重损失，无法继续经营；四是破产；五是违反中国法律、法规，危害社会公共利益被依法撤销；六是外资企业章程规定的其他解散事由已经出现。

外资企业如存在上述第二、三、四项所列情形，应当自行提交终止申请书，报审批机关批准。审批机关作出核准的日期为企业的终止日期。

外资企业如果是由于前面讲到的第一、二、三、六项所列的情形终止的,应当在终止之日起15天内对外公告并通知债权人,并在终止公告发出之日起15天内,提出清算程序、原则和清算委员会人选,报审批机关审核后进行清算。清算委员会应由外资企业的法定代表人、债权人代表以及有关主管机关的代表组成,并聘请中国的注册会计师、律师等参加。清算费用应从外资企业现存财产中优先支付。清算委员会的职权包括:召集债权人会议;接管并清理企业财产,编制资产负债表和财产目录;提出财产作价和计算依据;制订清算方案;收回债权和清偿债务;追回股东应缴而未缴的款项;分配剩余财产;代表外资企业起诉和应诉。外资企业清算结束之前,外国投资者不得将该企业的资金汇出或者携带出中国境外,不得自行处理企业财产。外资企业清算结束,其资产净额和剩余财产超过注册资本的部分视同利润,应当依照中国税法缴纳所得税。外资企业清算处理财产时,在同等条件下,中国的企业或者其他经济组织有优先购买权。外资企业如果是由于破产而终止的,参照中国有关法律、法规进行清算。如果外资企业是由于违反中国法律、法规,危害社会公共利益被依法撤销而终止的,依照中国有关规定进行清算。

外资企业清算结束,应当向工商行政管理机关办理注销登记手续,缴销营业执照。

二、个体工商户市场退出法律制度

(一) 个体工商户市场退出的条件

有下列情形之一的,登记机关或其上级机关根据利害关系人的请求或者依据职权,可以撤销个体工商户登记:一是登记机关工作人员滥用职权、玩忽职守作出准予登记决定的;二是超越法定职权作出准予登记决定的;三是违反法定程序作出准予登记决定的;四是对不具备申请资格或者不符合法定条件的申请人准予登记的;五是依法可以撤销登记的其他情形。

撤销个体工商户注册登记或者吊销其营业执照的情形包括:一是申请人以欺骗、贿赂等不正当手段取得个体工商户登记的,应当予以撤销;二是个体工商户提交虚假材料骗取注册登记,或者伪造、涂改、出租、出借、转让营业执照情节严重的,撤销注册登记或者吊销营业执照;三是个体工商户登记事项变更,未办理变更登记情节严重的,吊销营业执照;四是个体工商户未办理税务登记,税务机关责令限期改正,而逾期未改正的,经税务机关提请,由登记机关吊销营业执照;五是个体工商户未在规定期限内申请办理年度验照,登记机关责令限期改正,而逾期未改正的,吊销营业执照;六是有关行政机关依照《个体工商户条例》第24条的规定,通知登记机关个体工商户行政许可被撤销、吊销或者行政许可有效期届满的,登记机关应当依法撤销登记或者吊销营业执照,或者责令当事人依法办理变更登记。

(二) 个体工商户市场退出的程序

个体工商户不再从事经营活动的,应当到登记机关办理注销登记。个人经营的,以经营者本人为申请人;家庭经营的,以家庭成员中主持经营者为申请人。委托代理人申请注销登记的,应当提交申请人的委托书和代理人的身份证明或者资格证明。

在个体工商户营业执照有效期内,有关行政机关依法吊销、撤销个体工商户的行政许可,或者行政许可有效期届满的,应当自吊销、撤销行政许可或者行政许可有效期届满之日起5个工作日内通知登记机关,由登记机关撤销注册登记或者吊销营业执照,或者责令当事人依法办理变更登记。

登记机关作出撤销登记决定的,应当发给原申请人撤销登记决定书。

第九章 反垄断法律制度

第一节 竞争法的立法模式和反垄断法概述

一、竞争法的立法模式

(一) 竞争法的概念

(1) 什么是竞争?《现代汉语规范词典》对"竞争"这一概念下的定义是:"双方或多方之间,为了各自的利益,通过自身力量的相互较量来争夺胜利。"①"竞争法中的竞争,是指经营者之间在商品经济活动中为了获取更大的经济利益而进行较量的行为。"②

(2) 什么是竞争法?"竞争法的调整对象是,在反对垄断和不正当竞争过程中发生的经济关系,简称竞争监管关系。竞争法,是指调整在反对垄断和不正当竞争过程中发生的经济关系的法律规范的总称。"③它属于法的范畴,属于国内法体系,属于经济法体系,属于市场监管法体系,不同于同属于市场监管法体系的其他法。

(二) 竞争法立法模式的种类

竞争法律制度包括反垄断和反不正当竞争两个方面。由于政治体制、经济体制、法律传统等方面的差异,各国竞争法律制度的立法模式并不完全相同,可以概括为两种类型:合并式立法和分立式立法。前者,将反垄断和反不正当竞争合并在一个法律之中,如加拿大、印度、俄罗斯等国家。后者,对反垄断和反不正当竞争分别立法,如德国、韩国等国家。

我国采用分别立法的模式,既有《反垄断法》又有《反不正当竞争法》。1993年9月2日,第八届全国人大常委会第三次会议通过了《中华人民共和国反不正当竞争法》(以下简称《反不正当竞争法》)。该法于1993年12月1日起施行。2007年8月30日,第十届全国人大常委会第二十九次会议通过了《中华人民共和国反垄断法》(以下简称《反垄断法》)。该法于2008年8月1日起施行。

(二) 反垄断法与反不正当竞争法的关系

由于我国采用分立式立法模式,因此,如何正确认识和处理反不正当竞争法和反垄断法的关系,不仅具有理论意义,而且还具有实践意义。

垄断与不正当竞争都具有破坏市场竞争秩序的危害性,因此,反垄断法和反不正当竞争法负有相同的任务,即维护公平的市场竞争秩序,使市场活而不乱。同时,由

---

① 《现代汉语规范词典》,外语教学与研究出版社、语文出版社2004年版,第699页。
② 杨紫烜:《国家协调论》,北京大学出版社2009年版,第219页。
③ 同上书,第220页。

于垄断源于竞争,甚至是不正当竞争所追逐的目标,是竞争的异化;而且,一旦垄断形成,必然会限制甚至扼杀竞争。因此,反不正当竞争法与反垄断法也是相互关联、相互配合的。但是,垄断与不正当竞争对市场竞争秩序所造成的危害有较大差异,不正当竞争危害的是具体的、个体的经营者的正当利益,直接后果是竞争过滥;而垄断则是限制竞争,导致有效竞争不足,危害的是特定市场或者特定经济领域的整体,甚至是整个国民经济。因此,反不正当竞争法与反垄断法是有所不同的,二者各有侧重。反不正当竞争法规制的是不正当竞争行为,表现为经营者在市场交易中,违反自愿、平等、公平、诚实信用的原则和公认的商业道德,损害其他经营者的合法权益,扰乱社会经济秩序的行为。而反垄断法以贯彻国家的竞争政策为宗旨,从维护竞争性的市场结构出发,规制的是垄断行为,防止和改变有效竞争不足的局面。国家的竞争政策必须建立在国家经济制度、产业政策基础之上,本身即包含对特殊行业或商品、服务给予政策保护。反不正当竞争法是从保护其他经营者合法权益的角度来维护公平竞争的,而反垄断法则是从保障整体市场正常运转的角度来维护公平竞争的。

只有反不正当竞争法与反垄断法有机结合,从微观和宏观两个层面规制市场主体的行为,才能构架完整的竞争法体系。因此,这两种规制竞争行为的法律机制缺一不可。

二、反垄断法概述

(一) 垄断的概念、产生原因和危害

1. 垄断的概念

垄断作为一个法学概念,学者对它的定义一般都受到各国反垄断法和竞争法规定的影响。由于各国反垄断法规制的重点有所不同,世界上并没有关于垄断的一般定义。结合我国《反垄断法》的规定,我们认为,垄断是排除、限制竞争的行为。垄断行为包括经营者之间达成垄断协议的行为,经营者滥用市场支配地位的行为,经营者之间具有或者可能具有排除、限制竞争的集中行为,以及行政机关和法律、法规授权的具有管理公共事务职能的组织滥用行政权力排除、限制竞争的行为。

2. 垄断产生的原因

垄断状态的出现,可以细分为多种原因,例如,源于垄断行为导致的垄断状态;源于政府较为严格的市场准入管制导致的垄断状态;源于市场进入的成本过分高昂导致的垄断状态。

垄断行为的出现,在法律上则是"契约自由""意思自治"的异化物。例如,企业联合限价、联合限制生产数量、联手排挤竞争对手等限制竞争的行为都是以合同或者协议的形式出现,都声称是企业间的自愿行为,是真实意思的一致产物,然而,这些行为的危害性也是不言而喻的。因此,对于垄断行为的规制,传统民商法力不从心。在这样的社会经济背景下,如何维护竞争机制正常地发挥作用,如何保护经济地位处于劣势的中小企业和广大消费者,保障整个社会的经济秩序,相关立法陆续纳入了各国的重要议事日程,反垄断法作为一种新的法律机制应运而生。

3. 垄断的危害

竞争机制是最为重要的市场机制,市场经济的优越性从总体上来说都是建立在竞争机制之上的。垄断是损害竞争的重要原因,其危害性主要表现为妨害自由、公平的市场竞争,阻碍创新和技术进步,降低经济运行效率,损害消费者利益和社会公共利益。

垄断使竞争机制的作用受到了限制,市场活力严重不足,市场秩序和市场结构遭到了破坏,中小企业的生存和发展遭到了前所未有的危机,消费者的权益受到了损害,全社会的经济效益呈现出不断下降的趋势,经济机会均等、经济权力平等的理念愈来愈难以实现。

(二) 反垄断法的概念

反垄断法的调整对象是,在反对排除、限制竞争的行为过程中发生的经济关系,简称在反对垄断过程中发生的竞争监管关系。反垄断法,是指调整在反对排除、限制竞争的过程中发生的经济关系的法律规范的总称。反垄断法是属于市场监管法体系的竞争法的组成部分。它之所以是竞争法的组成部分,是因为反垄断法调整的在反对垄断过程中发生的竞争监管关系,属于竞争法调整的竞争监管关系的范围。但它又不同于同属于竞争法组成部分的反不正当竞争法。[①]

(三) 反垄断法的立法目的和适用范围

1. 反垄断法的立法目的

根据我国《反垄断法》第 1 条的规定,我国反垄断法的立法目的是为了预防和制止垄断行为,保护市场公平竞争,提高经济运行效率,维护消费者利益和社会公共利益,促进社会主义市场经济健康发展。

2. 反垄断法的适用范围

(1) 空间范围

我国《反垄断法》第 2 条规定,中华人民共和国境内经济活动中的垄断行为,适用本法;中华人民共和国境外的垄断行为,对境内市场竞争产生排除、限制影响的,适用本法。可见,我国《反垄断法》的效力不仅当然地及于境内,而且具有域外效力。

(2) 主体范围

适用反垄断法的主体主要有三类。第一类是经营者。经营者是反垄断法最为常态的适用主体。反垄断法所称经营者,是指从事商品生产、经营或者提供服务的自然人、法人和其他组织。第二类是除了经营者之外,由经营者组成的行业协会。行业协会实施的垄断行为多为垄断协议。第三类则是行政机关和法律、法规授权的具有管理公共事务职能的组织。在滥用行政权力,排除、限制竞争时,行政机关和法律、法规授权的具有管理公共事务职能的组织也是反垄断法适用的主体。

判断垄断行为的主体及其造成的竞争损害,一般都需要确定竞争所涉及的范围,亦即需要对相关市场进行界定。

---

① 参见杨紫烜:《国家协调论》,北京大学出版社 2009 年版,第 228 页。

所谓相关市场,是指经营者在一定时期内就特定商品或者服务(以下统称商品)进行竞争的商品范围和地域范围。界定相关市场,一般主要考虑竞争所涉及的产品范围、地域范围和时间范围这三个因素,分别构成了产品市场、地域市场、时间市场。

产品市场,是指一种产品或者可以相互替代的一组产品的范围。它是判断处在一定的时间和空间范围内的数个商品和服务是否具有竞争关系的场所。这里的"产品"是指从特征、价格、用途等方面,消费者或者用户认为它们是可以相互替换或者替代的全部产品。如果一些产品与参与其中的企业的产品在购买渠道、性能和价格等方面具有相互可替代性,那么,它们就属于同一个产品市场。

地域市场,是指生产或者销售相同或同类产品的地域,是在相应的产品市场内商品和服务所能展开竞争的空间范围。一般来讲,地域市场的划分取决于产品以及与其有竞争关系的产品的销售地域,即地域市场的范围由当事人在相应的产品市场内的商品和服务的主要供给区域来确定,而不是从企业的生产场所来确定。有两个因素对地域市场的界定至关重要,一个是产品与消费者之间的距离以及产品的运输费用,另一个因素是产品的易腐性。

时间市场,是指在相应的产品市场内的商品和服务所能展开竞争的时间范围。在界定相关市场时,人们往往关注具有"同一性"和"替代性"的产品市场和与之相对应的地域市场,而往往忽略了时间市场。实际上,时间市场也是界定相关市场的一个重要因素。

第二节 对垄断协议的规制

一、垄断协议的含义

垄断协议,是指排除、限制竞争的协议、决定或者其他协同行为。

垄断协议与合同法意义上的协议有若干区别,主要表现是:

其一,协议的表现形式不同。反垄断法意义上的垄断协议包括但不限于合同法意义上的协议,还包括诸如行业协会或者企业协会的决议、决定以及其他协同行为。

其二,订立的方式有所不同。合同法意义上的协议的订立需要各当事人意思表示达成一致,且当事人的意思往往以明示的和积极的方式表示,但是,达成反垄断法意义上的垄断协议并不以当事人以明示的和积极的方式表示意思为必要。例如,经营者之间虽然未以明示的积极的方式达成意思表示一致,但是,如果各方彼此心照不宣,一致采取共同的行动,也可构成垄断协议。

其三,法律对这两种协议的态度不同。合同法是典型的私法,除非协议违反法律的强制性规定,合同法对协议都是予以保护的。合同法对合同法意义上的协议以保护为原则,以禁止、限制为例外。然而,由于垄断协议具有限制竞争的特性,反垄断法以禁止垄断协议为己任。因此,除非垄断协议得到反垄断法的豁免适用或者除外适用,就应被反垄断法所禁止。可见,从总体上讲,反垄断法以禁止、排除垄断协议为原则,以豁免垄断协议为例外。

其四,反垄断法是强制法,当事人不能以协议或者约定排除适用反垄断法,也不能排除国家执法机关的管辖权;合同法是任意法,当事人可以以协议的内容约定排除适用合同法中的非强制性条款,甚至可以约定仲裁的方式来排除司法管辖。

总之,反垄断法意义上的垄断协议的含义和外延都广于合同法意义上的协议。

二、垄断协议的种类

根据不同的标准,垄断协议可以有不同的分类。横向垄断协议与纵向垄断协议的划分是竞争法对垄断协议最基本的分类,这是基于协议的签订主体之间的关系所进行的划分。所谓横向垄断协议,又称为水平垄断协议,是指在生产或销售过程中,处于同一环节的、相互具有直接竞争关系的经营者之间共同决定价格、产量、技术、产品、设备、交易对象、交易地区等所订立的协议。比如,电视机的生产厂家共同订立的有关限制生产数量、提高产品价格的协议。所谓纵向垄断协议,又称为垂直垄断协议,是指处于不同的生产经营阶段,相互不具有直接竞争关系的经营者之间订立的协议。比如,电视机的生产商与电视机的销售商之间订立的协议。一般而言,横向垄断协议对竞争的危害较为直接和严重,多适用本身违法原则;纵向垄断协议对竞争的影响比横向垄断协议弱,多适用合理原则。

三、典型的横向垄断协议

我国《反垄断法》第13条第1款规定,禁止具有竞争关系的经营者达成下列垄断协议:固定或者变更商品价格;限制商品的生产数量或者销售数量;分割销售市场或者原材料采购市场;限制购买新技术、新设备或者限制开发新技术、新产品;联合抵制交易;国务院反垄断执法机构认定的其他垄断协议。可见,我国《反垄断法》对于以上横向垄断协议适用了本身违法原则。

(一) 固定或者变更商品价格

固定或者变更商品价格,又称价格卡特尔,是指限制商品价格的横向垄断协议。正是由于价格在竞争机制中处于核心的地位,以及价格卡特尔的危害,所以消除或者限制价格竞争的联合行为也就是最为严重的反竞争行为。它成为各国反垄断法首当其冲的规制对象。各国法律一般都规定价格卡特尔是自身违法行为,即只要这个行为存在,就可以认定其为违法行为,只有极少数的例外。

(二) 限制商品的生产数量或者销售数量

限制商品的生产数量或者销售数量,又称数量卡特尔,是指限制商品的生产或者销售数量的横向垄断协议。在现实生活中,数量卡特尔总是与价格卡特尔联系在一起的。如果一个卡特尔仅仅限制价格而不限制生产、销售数量,那么卡特尔成员就会为了增加利润而竞相扩大生产或销售规模。这样,随着产量或者销售数量的增加,卡特尔的垄断高价就会难以维持,最后降低到正常的价格水平。所以,一个稳定的价格卡特尔总是同时伴随着一个数量卡特尔。通过这两方面的限制,卡特尔成员之间便不存在实质性的竞争。

正因为数量卡特尔是严重的限制竞争行为,所以同价格卡特尔一样,一般适用自身违法的原则。不仅赤裸裸地限制产品生产或者销售数量的横向垄断协议是违法的,而且只要一个协议中存在着数量限制的机制,该协议就是违法的。

（三）分割销售市场或者原材料采购市场

分割销售市场或者原材料采购市场,又称地域卡特尔,是指以划分销售市场和原材料采购市场为内容的横向垄断协议。同价格卡特尔、数量卡特尔一样,也是赤裸裸的限制竞争。地域卡特尔的表现形式也是多种多样的。最基本的表现形式是地理市场的划分,即参与协议的当事人企业各自分得一块地域份额,在这一特定的地域内独家享有生产或者销售的权利,参加协议的其他当事人企业则不得在该地域范围内生产或者销售特定的商品。

地域卡特尔的危害也是明显的。在某些方面,地域卡特尔的危害比价格卡特尔还要大。因为通过划分地理位置、客户或者产品,消除竞争者,只剩下了唯一的竞争者,尽管可能市场有限,但其毕竟获得了一定区域的垄断地位,这样不仅价格方面不受竞争影响,而且在服务、质量和革新方面也不会受到影响,完全破坏了竞争机制的作用。而且,它比较稳定,因为它克服了成本不同的生产者之间的内部差异,这种差异常常会导致价格卡特尔的短命。这种稳定加重了它的危害性。

正因为地域卡特尔有如此的危害性,所以各国立法对其一般都采取和价格卡特尔一样的态度,即使用自身违法原则,只要有此行为,不再考虑后果,都以违法论。当然,也和价格卡特尔一样,该原则在此也有例外。

（四）限制购买新技术、新设备或者限制开发新技术、新产品

在技术转让过程中,限制性竞争行为一直是难以回避的问题。知识产权是法律赋予权利人对特定的客体的垄断权。授予知识产权的垄断权的目的在于刺激科技进步、鼓励技术创新。但是如果权利人滥用垄断地位实施限制竞争行为,就必须受到反垄断法的规制。因此,与合法取得的经济地位一样,依照知识产权法获得的垄断地位是受法律所保护的垄断地位,而不是反垄断法所要反对的对象。反垄断法所要反对的是滥用这种垄断地位实施妨碍竞争的行为。我国《合同法》第323条规定:"订立技术合同,应当有利于科学技术的进步,加速科学技术成果的转化、应用和推广";第329条规定:"非法垄断技术、妨碍技术进步或者侵害他人技术成果的技术合同无效。"

（五）联合抵制交易

联合抵制交易,是指竞争者之间联合起来不与其他竞争对手、供应商或者客户交易的横向垄断协议。联合抵制的表现形式是多种多样的。有时是针对竞争者实施的;有时是针对垂直关系的其他企业实施的;有时是相当大的数量的竞争者为将特定的企业排挤出市场而实施的。但所有的这些情况大体上可以分为两类,即促进竞争的联合抵制和反竞争的联合抵制。反竞争的联合抵制通常发生在以下的情况之下,即联合使相关企业取得市场支配地位,它们通过直接拒绝与竞争对手进行交易,或者

迫使供应商或者客户中断与这些竞争对手进行交易,从而将竞争对手置于不利的地位。这种联合抵制通常是拒绝某企业获取某种必需的产品、设施、资源等。这样的联合没有效率可言,或者说,其反竞争的可能性是明显的,而促进竞争的效果是很不清楚的。

除了以上五种典型的横向垄断协议外,我国《反垄断法》还授权国务院反垄断执法机构有权认定其他垄断协议是否属于应被禁止的横向垄断协议。

四、纵向垄断协议

从内容方面分析,纵向垄断协议限制竞争主要是通过限定转售的交易条件实现的。限定转售的交易条件,又可以区分为价格条件和非价格条件两类。价格条件又可以区分为固定转售价格、限定转售的最低价格、限定转售的最高价格三种情形。

一般而言,限定转售价格的危害要大于限定转售的其他交易条件。就对转售价格的限定而言,对转售最低价格的限定,其危害要大于对转售最高价格的限定。基于上述观念,国际上的基本趋势表现为有关转售规制的范围不断减少,由一般性地禁止转售到只禁止对转售价格的限定,由一般性地禁止对转售价格的限定到仅禁止对转售最低价格的限定,对于维持最高转售价格的行为,则根据合理原则进行分析。鉴于以上立法趋势,我国《反垄断法》第14条规定:"禁止经营者与交易相对人达成下列垄断协议:(一)固定向第三人转售商品的价格;(二)限定向第三人转售商品的最低价格;(三)国务院反垄断执法机构认定的其他垄断协议。"

五、反垄断法的豁免制度

(一)豁免制度的含义

反垄断法的豁免制度是反垄断法的重要内容之一。豁免制度,是指一些垄断行为在形式上符合反垄断法禁止的情形,但总体上又有利于社会利益,因而不再适用反垄断法禁止性规定的法律制度。这并非说被豁免的垄断行为对竞争没有危害,而是它对相关市场竞争的积极影响明显大于消极影响。换言之,许可这类垄断行为所带来的其他好处将超过禁止或取缔该行为所能带来的好处。可见,豁免是竞争效果评价和衡量的结果,即在"利大于弊"的情况下,某些本应被禁止的垄断行为不再被禁止的情形。

各国反垄断法都有豁免条款。由于各国或一国的不同时期经济发展和竞争政策不同,反垄断法的豁免条款或者豁免范围也有所不同,豁免条款的法律形式具有灵活多样的特点,完全依各国反垄断法的制订情况而定。

(二)我国《反垄断法》对垄断协议的豁免制度

1. 可以被豁免的垄断协议

根据我国《反垄断法》第15条第1款规定,经营者能够证明所达成的协议属于下列情形之一的,不适用我国《反垄断法》第13条、第14条的规定:

(1)为改进技术、研究开发新产品的;

(2) 为提高产品质量、降低成本、增进效率,统一产品规格、标准或者实行专业化分工的;

(3) 为提高中小经营者经营效率,增强中小经营者竞争力的;

(4) 为实现节约能源、保护环境、救灾救助等社会公共利益的;

(5) 因经济不景气,为缓解销售量严重下降或者生产明显过剩的;

(6) 为保障对外贸易和对外经济合作中的正当利益的;

(7) 法律和国务院规定的其他情形。

2. 豁免的条件

属于前述第(1)项至第(5)项情形,不适用我国《反垄断法》第13条、第14条规定的,经营者还应当证明所达成的协议不会严重限制相关市场的竞争,并且能够使消费者分享由此产生的利益。

需要注意的是,反垄断法的豁免制度与反垄断法的除外制度经常被混用,事实上两者的区分十分明显。反垄断法的除外制度就是反垄断法明确规定不适用反垄断法的情形。例如,我国《反垄断法》第55条规定,除非经营者滥用知识产权,排除、限制竞争的行为,否则,经营者依照有关知识产权的法律、行政法规规定行使知识产权的行为,不适用本法;第56条规定,农业生产者及农村经济组织在农产品生产、加工、销售、运输、储存等经营活动中实施的联合或者协同行为,不适用本法。

第三节 对滥用市场支配地位的规制

一、滥用市场支配地位行为的概念和特征

(一) 滥用市场支配地位行为的概念

禁止经营者在经营活动中滥用市场支配地位、排除或限制竞争,是各国反垄断立法的共同内容。市场支配地位,是指经营者在相关市场内具有能够控制商品价格、数量或者其他交易条件,或者能够阻碍、影响其他经营者进入相关市场能力的市场地位。其他交易条件,是指除商品价格、数量之外能够对市场交易产生实质影响的其他因素,包括商品等级、付款条件、交付方式、售后服务、交易选择权和技术约束条件等。阻碍、影响其他经营者进入相关市场,是指排除、延缓其他经营者进入相关市场,或者导致其他经营者虽能够进入该相关市场但进入成本大幅度提高,无法与现有经营者开展有效竞争等。

尤其值得特别注意的是,经营者具有市场支配地位本身,并不被反垄断法所禁止。换言之,反垄断法并不禁止经营者做大做强。

所谓滥用市场支配地位行为,是在相关市场中具有支配地位的经营者利用其市场支配地位实施排除、限制竞争的行为。

(二) 滥用市场支配地位行为的特征

滥用市场支配地位的行为具有如下特征:首先是行为主体的特定性,即是由具有

市场支配地位的企业实施的。其次是行为本身的反竞争性,即滥用行为是以排除、限制竞争为目的或者产生了排除、限制竞争效果的行为。行为的反竞争性与主体的特定性二者缺一不可,难以分割。换言之,仅就具体行为本身而言,有些行为未必一定具有反竞争属性。但是,一旦这些行为被具有市场支配地位的经营者所实施,则难以证明其不具有反竞争属性;反之,如果同样的行为被其他不具有市场支配地位的经营者所实施,一般就不会被反垄断法禁止或限制。例如,低于成本销售的行为,若非由具有支配地位的经营者所实施,就难以认定为掠夺性定价,有可能是并不违法的促销竞争行为,不被反垄断法所禁止。

二、反垄断法对滥用市场支配地位行为的规制

(一) 禁止滥用市场支配地位行为规制的必要程序

一般而言,反垄断法对禁止滥用市场支配地位行为的规制,需要经过以下必要的程序:(1) 界定涉嫌滥用市场支配地位行为涉及的相关市场;(2) 界定相关经营者在相关市场是否具有市场支配地位;(3) 对被指控的具体行为进行识别和界定,并确定其在相关市场上的整体影响。

在市场经济条件下,法律鼓励经营者通过合法手段在相关市场上不断提升竞争力。被反垄断法禁止的并不是经营者通过合法竞争取得的市场支配地位,而是禁止具有市场支配地位的经营者滥用市场支配地位的行为。

(二) 滥用市场支配地位行为的认定和种类

我国《反垄断法》第18条规定,认定经营者具有市场支配地位,应当依据下列因素:一是该经营者在相关市场的市场份额,以及相关市场的竞争状况;二是该经营者控制销售市场或者原材料采购市场的能力;三是该经营者的财力和技术条件;四是其他经营者对该经营者在交易上的依赖程度;五是其他经营者进入相关市场的难易程度;六是与认定该经营者市场支配地位有关的其他因素。

我国《反垄断法》第19条第1款规定,有下列情形之一的,可以推定经营者具有市场支配地位:(1) 一个经营者在相关市场的市场份额达到1/2的;(2) 两个经营者在相关市场的市场份额合计达到2/3的;(3) 三个经营者在相关市场的市场份额合计达到3/4的。有前述第2项、第3项规定的情形,其中有的经营者市场份额不足1/10的,不应当推定该经营者具有市场支配地位。被推定具有市场支配地位的经营者,有证据证明不具有市场支配地位的,不应当认定其具有市场支配地位。

根据我国《反垄断法》第17条规定,禁止具有市场支配地位的经营者从事下列滥用市场支配地位的行为:

第一,以不公平的高价销售商品或者以不公平的低价购买商品。认定"不公平的高价"和"不公平的低价",应当考虑下列因素:一是销售价格或者购买价格是否明显高于或者低于其他经营者销售或者购买同种商品的价格;二是在成本基本稳定的情况下,是否超过正常幅度提高销售价格或者降低购买价格;三是销售商品的提价幅度是否明显高于成本增长幅度,或者购买商品的降价幅度是否明显高于交易相对人成

本降低幅度;四是需要考虑的其他相关因素。

第二,没有正当理由,以低于成本的价格销售商品,即掠夺性定价,是占市场支配地位的一个或多个经营者为排挤现有竞争对手或阻止新的经营者进入相关市场以维持其垄断地位,无正当理由地以低于其成本的价格持续销售商品,并且在将竞争对手排挤出市场以后又规定垄断价格的行为。掠夺性定价行为不仅在短期内损害了竞争对手的利益,造成了对市场竞争秩序的破坏,从长远来看,也必然损害广大消费者的利益,其对竞争造成的巨大损害是不言自明的。一般而言,本条所称"正当理由"包括:降价处理鲜活商品、季节性商品、有效期限即将到期的商品和积压商品的;因清偿债务、转产、歇业降价销售商品的;为推广新产品进行促销的;能够证明行为具有正当性的其他理由。

第三,没有正当理由,拒绝与交易相对人进行交易,即拒绝交易,又称抵制,是指占市场支配地位的经营者拒绝向其购买者销售或购买商品的行为。其典型的行为是拒绝供货。例如,一个占市场支配地位的化学原料供应商拒绝向一个药品生产企业供应生产所需要的某种化学原料。为了更加周延地制止这类行为,还应当禁止具有市场支配地位的经营者没有正当理由,通过设定过高的销售价格或者过低的购买价格,变相拒绝与交易相对人进行交易。所谓"正当理由"主要包括:交易相对人有严重的不良信用记录,或者出现经营状况持续恶化等情况,可能会给交易安全造成较大风险的;交易相对人能够以合理的价格向其他经营者购买同种商品、替代商品,或者能够以合理的价格向其他经营者出售商品的;能够证明行为具有正当性的其他理由。

第四,没有正当理由,限定交易相对人只能与其进行交易或者只能与其指定的经营者进行交易,即强制性的独家交易,指占有市场支配地位的经营者只允许它的客户与其自身或者其指定的其他经营者进行交易,否则拒绝与该客户进行交易。独家交易行为的本质是阻碍交易相对人与占市场支配地位的企业的竞争对手进行交易,因而限制了占市场支配地位的企业与其同行之间的竞争。

第五,没有正当理由搭售商品,或者在交易时附加其他不合理的交易条件,即搭售,是指经营者利用其市场支配地位,在销售某种产品时强迫交易相对人购买其不需要、不愿购买的商品,或者接受其他不合理的条件。这种行为不仅限制了交易相对人自由选择商品的活动,还会导致其他竞争对手的交易机会相对减少的后果,妨碍市场的竞争自由。搭售行为的本质是占有市场支配地位的企业通过这种行为将其在某个市场的竞争不公平地辐射到搭售品的市场上,从而不公平地限制这些产品或者服务的竞争。

第六,没有正当理由,对条件相同的交易相对人在交易价格等交易条件上实行差别待遇。差别待遇又称歧视待遇行为,是指占支配地位的经营者没有正当理由而对条件相同的交易对方提供不同的价格或者其他交易条件,致使有些客户处于不利的竞争地位。其中最为典型的就是价格歧视,即居于支配地位的经营者就同一种商品对条件相同的若干交易相对人实行不同的价格销售,从而造成该经营者的交易相对人之间的不平等竞争。

第七,国务院反垄断执法机构认定的其他滥用市场支配地位的行为。

第四节 对经营者集中的规制

一、经营者集中的概念和特征

(一) 经营者集中的概念

经营者集中是反垄断法上的一个专门术语,是指经营者通过合并、取得股权或者资产的方式取得对其他经营者的控制权,以及通过合同等方式取得对其他经营者的控制权或者能够对其他经营者施加决定性影响。

(二) 经营者集中的特征

经营者集中具有以下特征:

第一,参与集中的经营者必须是独立的且处于存续状态的企业。这包括各种形式的独立企业。

第二,经营者集中必须要有经营者集中的行为。这包括:经营者合并;经营者通过取得股权或者资产的方式取得对其他经营者的控制权;经营者通过合同等方式取得对其他经营者的控制权或者能够对其他经营者施加决定性影响。

第三,经营者集中的后果是经营者的控制权发生了转移,即一个经营者能够直接或者间接控制另一个经营者,而经营者之间发生的这种直接或者间接的控制,实质性地改变了相关市场的竞争结构,因而有可能损害相关市场的竞争。

二、经营者集中的利弊分析

经营者集中是伴随着商品经济的高度发展而产生的一种社会经济现象。由于经营者集中能够在较短的时间内使数个企业的资金、人员、物资以及经营活动结合在一起,可以使集中后的企业提高经营效益和竞争力,是快速进入新的市场领域的有效方式,还可以成为挽救濒临破产企业的手段。在一些特殊经济形势下,一国政府为了提高本国企业在国际上的竞争力,也会采用鼓励经营者集中。

经营者适度集中,有利于发挥规模经济的作用。但是,过度集中又会产生企业垄断,从而限制竞争甚至消灭竞争。经营者集中有可能产生的危害主要表现在以下几个方面:

第一,经营者集中有可能消除潜在的竞争。

如果一个在市场上有优势的企业与可能与之竞争的企业发生了反垄断法意义上的经营者集中,那么,这种集中就消除了二者之间的市场竞争。如果一个企业意欲扩大业务,进入另一个企业的市场,通常来讲,二者之间应该是竞争关系。但是,如果意欲扩大业务的企业是通过与该经营者集中而进入这一市场的,那么,二者之间潜在的竞争关系就会被消除。

第二,经营者集中可能会导致市场的集中。

这一点,在同行业的横向经营者集中之中,表现尤为明显。集中前,企业之间是相互独立的竞争者;集中后,不仅在总体上竞争者的数量减少了,而且就单个企业而言,它的竞争对手也减少了,这就直接导致了市场的集中。

第三,经营者集中可能会增加市场进入障碍。

这主要发生在同一生产过程的纵向经营者集中之中。如果产品生产企业与原材料供应商之间集中,或者产品生产企业与销售企业之间集中,就极有可能使其他企业难以跨越障碍而进入市场。而且这种可能一旦变成现实,就会构成"市场进入障碍"。

第四,经营者集中可能使一些处于优势地位的企业提高商品的价格,从而损害消费者的利益。

在集中的市场上,具有优势地位的企业拥有足够的市场份额,可以使其轻而易举地提高商品的价格,获取更高额的利润,从而损害消费者的利益。

三、对经营者集中反垄断审查的申报制度

(一) 经营者集中的申报标准

我国《反垄断法》第21条规定:"经营者集中达到国务院规定的申报标准的,经营者应当事先向国务院反垄断执法机构申报,未申报的不得实施集中。"可见,我国《反垄断法》建立了强制事先申报制度。

根据国务院《关于经营者集中申报标准的规定》第3条规定,经营者集中达到下列标准之一的,经营者应当事先向国务院商务主管部门申报,未申报的不得实施集中:(1) 参与集中的所有经营者上一会计年度在全球范围内的营业额合计超过100亿元人民币,并且其中至少两个经营者上一会计年度在中国境内的营业额均超过4亿元人民币;(2) 参与集中的所有经营者上一会计年度在中国境内的营业额合计超过20亿元人民币,并且其中至少两个经营者上一会计年度在中国境内的营业额均超过4亿元人民币。营业额的计算,应当考虑银行、保险、证券、期货等特殊行业、领域的实际情况。国务院商务主管部门会同国务院有关部门制定了专门规定。

经营者集中未达到以上规定的申报标准,但按照规定程序收集的事实和证据表明该经营者集中具有或者可能具有排除、限制竞争效果的,国务院商务主管部门应当依法进行调查。

(二) 免于申报的经营者集中

根据我国《反垄断法》第22条的规定,经营者集中有下列情形之一的,可以不向国务院反垄断执法机构申报:(1) 参与集中的一个经营者拥有其他每个经营者50%以上有表决权的股份或者资产的;(2) 参与集中的每个经营者50%以上有表决权的股份或者资产被同一个未参与集中的经营者拥有的。

(三) 经营者集中的申报应当提交的文件、资料

经营者向国务院反垄断执法机构申报集中,应当提交下列文件、资料:(1) 申报书;(2) 集中对相关市场竞争状况影响的说明;(3) 集中协议;(4) 参与集中的经营

者经会计师事务所审计的上一会计年度财务会计报告;(5)国务院反垄断执法机构规定的其他文件、资料。

申报书应当载明参与集中的经营者的名称、住所、经营范围、预定实施集中的日期和国务院反垄断执法机构规定的其他事项。

应当值得注意的是,经营者提交的文件、资料不完备的,应当在国务院反垄断执法机构规定的期限内补交文件、资料。经营者逾期未补交文件、资料的,视为未申报。

四、对经营者集中的审查

(一)对经营者集中的审查程序

根据我国《反垄断法》的规定,对经营者集中的审查分为两个阶段:初步审查阶段和进一步审查阶段。

1. 初步审查

国务院反垄断执法机构应当自收到经营者提交的符合规定的文件、资料之日起30日内,对申报的经营者集中进行初步审查,作出是否实施进一步审查的决定,并书面通知经营者。国务院反垄断执法机构作出决定前,经营者不得实施集中。

国务院反垄断执法机构作出不实施进一步审查的决定或者逾期未作出决定的,经营者可以实施集中。

2. 进一步审查

国务院反垄断执法机构决定实施进一步审查的,应当自决定之日起90日内审查完毕,作出是否禁止经营者集中的决定,并书面通知经营者。作出禁止经营者集中的决定,应当说明理由。审查期间,经营者不得实施集中。

有下列情形之一的,国务院反垄断执法机构经书面通知经营者,可以延长上述规定的审查期限,但最长不得超过60日:(1)经营者同意延长审查期限的;(2)经营者提交的文件、资料不准确,需要进一步核实的;(3)经营者申报后有关情况发生重大变化的。

国务院反垄断执法机构逾期未作出决定的,经营者可以实施集中。

(二)审查经营者集中应考虑的因素

审查经营者集中,应当考虑下列因素:

(1)参与集中的经营者在相关市场的市场份额及其对市场的控制力;

(2)相关市场的市场集中度;

(3)经营者集中对市场进入、技术进步的影响;

(4)经营者集中对消费者和其他有关经营者的影响;

(5)经营者集中对国民经济发展的影响;

(6)国务院反垄断执法机构认为应当考虑的影响市场竞争的其他因素。

(三)审查决定的种类和法律效果

我国《反垄断法》第28条规定,经营者集中具有或者可能具有排除、限制竞争效果的,国务院反垄断执法机构应当作出禁止经营者集中的决定。但是,经营者能够证明该集中对竞争产生的有利影响明显大于不利影响,或者符合社会公共利益的,国务院反垄断执法机构可以作出对经营者集中不予禁止的决定。我国《反垄断法》第29条规定,对不予禁止的经营者集中,国务院反垄断执法机构可以决定附加减少集中对竞争产生不利影响的限制性条件。

综合以上规定,对经营者集中的反垄断审查决定,可以归纳为以下几种:第一种是对经营者集中不予禁止的决定;第二种是附限制性条件不予禁止的决定;第三种则是禁止经营者集中的决定。

国务院反垄断执法机构应当将禁止经营者集中的决定或者对经营者集中附加限制性条件的决定,及时向社会公布。

(四)限制性条件的种类

在审查过程中,为消除或减少经营者集中具有或者可能具有的排除、限制竞争的效果,参与集中的经营者可以提出对集中交易方案进行调整的限制性条件。根据经营者集中交易具体情况,限制性条件可以包括如下种类:

(1)剥离参与集中的经营者的部分资产或业务等结构性条件;

(2)参与集中的经营者开放其网络或平台等基础设施、许可关键技术(包括专利、专有技术或其他知识产权)、终止排他性协议等行为性条件;

(3)结构性条件和行为性条件相结合的综合性条件。

五、国家安全审查

为了保障国家安全,我国《反垄断法》借鉴了其他国家的有关做法。该法第31条规定:"对外资并购境内企业或者以其他方式参与经营者集中,涉及国家安全的,除依照本法规定进行经营者集中审查外,还应当按照国家有关规定进行国家安全审查。"

需要注意的是,根据上述规定,并非所有"外资并购境内企业或者以其他方式参与经营者集中"都要启动国家安全审查程序。因为外资并购境内企业或者以其他方式参与经营者集中,并不都是涉及国家安全的。

第五节 对滥用行政权力排除、限制竞争的规制

一、滥用行政权力排除、限制竞争的概念和特征

滥用行政权力排除、限制竞争,是指行政机关和法律、法规授权的具有管理公共事务职能的组织滥用行政权力,排除、限制竞争。这类限制竞争的行为主要有以下法律特征:

第一,行为主体是行政机关和法律、法规授权的具有管理公共事务职能的组织,其中的行政机关包括中央政府所属的各部门、地方各级政府、地方各级政府所属的各部门,但不包括中央政府,即国务院。

第二,客观方面表现为滥用行政权力,行为主体所凭借的不是一种经济优势,而

是一种行政权力优势,即所谓超经济的力量;并且,这种优势是通过对行政权力的滥用表现出来的。

第三,这类限制竞争行为是以行政权力为后盾的,借助行政权力的权威不正当地干预特定市场上企业间的竞争。对特定市场上的企业来说,它们既不能无视行政性垄断的存在,也不能逃避或抗拒行政性垄断的强制力量。

可见,滥用行政权力排除、限制竞争,实质上就是行政性垄断。

二、滥用行政权力排除、限制竞争的种类

依据不同的标准,可以对滥用行政权力排除、限制竞争进行不同的划分。

依据行使行政权力的表现方式,滥用行政权力排除、限制竞争既可以表现为具体行政行为,又可以表现为抽象行政行为。为了禁止以抽象行政行为实施的行政性垄断,我国《反垄断法》第37条明确规定,行政机关不得滥用行政权力,制定含有排除、限制竞争内容的规定。

滥用行政权力排除、限制竞争表现为对全国统一市场的条块分割。条状分割即行业垄断,又称为部门垄断、部门封锁、部门壁垒、部门贸易壁垒等;块状分割即地区封锁,又称地区垄断、地区壁垒、地区贸易壁垒。部门垄断,是指政府各部门为保护本部门的企业和经济利益,滥用行政权力而实施的排除、限制其他部门企业参与本部门市场竞争的违法行为。地区垄断,是指地方政府及其所属部门为保护本地企业的经济利益,滥用行政权力而实施的排除、限制外地企业参与本地市场竞争或本地企业参与外地市场竞争的违法行为。针对地区封锁,国务院于2001年4月21日专门出台了《关于禁止在市场经济活动中实行地区封锁的规定》,禁止各种形式的地区封锁行为。

三、滥用行政权力排除、限制竞争的危害

滥用行政权力排除、限制竞争是一种比经济性垄断影响更广泛、更持久、更严重的排除和限制竞争的不法行为,因而其危害性远甚于经济性垄断。具体来说,滥用行政权力排除、限制竞争的危害性主要表现在以下诸方面:

第一,阻碍全国统一市场的形成。滥用行政权力排除、限制竞争总是以某一地区或某一部门的利益为出发点,将该地区或该部门与其他地区或其他部门隔绝开来,形成地区经济封锁和部门经济封锁,从而直接阻碍和破坏全国市场的形成。

第二,损害市场主体独立自主的经营权和消费者的利益。地区垄断和部门垄断等滥用行政权力排除、限制竞争行为破坏了优胜劣汰机制正常发挥作用,保护了落后经营者,使广大消费者没有选择的余地,不得不接受质量低劣的商品或服务。

第三,阻碍形成自由、公平的有效竞争秩序。滥用行政权力排除、限制竞争通过"条块分割"和企业差别待遇等行政手段,直接阻碍企业之间的自由和公平的竞争,从而在一定的交易领域直接限制甚至排除了竞争,自然难以期待出现有效竞争的良好秩序。

第四,极易演化为经济性垄断。从1980年以来,为发展规模经济和打破地区、部门垄断,国务院经济管理部门纷纷采用行政手段促成企业的兼并、重组,结果建立了一批全国性和地区性的行政性公司和企业集团,但未想到反对滥用行政权力排除、限制竞争的目的未达到,反而在一定程度上增强了地区封锁和部门垄断,严重限制了竞争。由于这些行政性公司、企业集团都占有很大的市场份额,一旦进入了经济领域,极易演化成经济性垄断。

此外,滥用行政权力排除、限制竞争的根本目的在于保护地区和部门的利益,它的泛滥会使企业不再把精力放在如何提高经济效益和科学管理水平来进行正当的合法竞争,而是将大量的费用用于政府寻租行为,尤其是争取得到行政权力的庇护,这必然产生官商勾结、权钱交易等腐败现象,从而败坏良好的社会风气。可以说,现在的腐败盛行和道德水准下降与滥用行政权力排除、限制竞争的猖獗不无直接联系。

四、我国《反垄断法》对滥用行政权力排除、限制竞争的规制

我国《反垄断法》在总则部分对滥用行政权力排除、限制竞争的规制作出了原则规定。这就是该法第8条的规定:行政机关和法律、法规授权的具有管理公共事务职能的组织不得滥用行政权力,排除、限制竞争。

为了打破行业垄断,我国《反垄断法》第32条规定,行政机关和法律、法规授权的具有管理公共事务职能的组织不得滥用行政权力,限定或者变相限定单位或者个人经营、购买、使用其指定的经营者提供的商品。

为了打破地区封锁,我国《反垄断法》第33条规定,行政机关和法律、法规授权的具有管理公共事务职能的组织不得滥用行政权力,实施下列行为,妨碍商品在地区之间的自由流通:(1)对外地商品设定歧视性收费项目、实行歧视性收费标准,或者规定歧视性价格;(2)对外地商品规定与本地同类商品不同的技术要求、检验标准,或者对外地商品采取重复检验、重复认证等歧视性技术措施,限制外地商品进入本地市场;(3)采取专门针对外地商品的行政许可,限制外地商品进入本地市场;(4)设置关卡或者采取其他手段,阻碍外地商品进入或者本地商品运出;(5)妨碍商品在地区之间自由流通的其他行为。针对现实经济生活中暴露的问题,我国《反垄断法》第34条规定,行政机关和法律、法规授权的具有管理公共事务职能的组织不得滥用行政权力,以设定歧视性资质要求、评审标准或者不依法发布信息等方式,排斥或者限制外地经营者参加本地的招标投标活动。第35条规定,行政机关和法律、法规授权的具有管理公共事务职能的组织不得滥用行政权力,采取与本地经营者不平等待遇等方式,排斥或者限制外地经营者在本地投资或者设立分支机构。

此外,行政机关和法律、法规授权的具有管理公共事务职能的组织不得滥用行政权力,强制经营者从事我国《反垄断法》禁止的垄断行为。

第六节 反垄断法的实施

一、反垄断法的适用原则

关于反垄断法的适用原则,在美国的实践中形成了本身违法原则(Per se illegal)和合理原则(Rule of Reason)两项重要原则。这两项原则,最初是作为判断是否构成限制竞争协议的标准而确立的,后被各国反垄断法所采用,作为判断垄断及垄断性行为违法与否的原则,成为"重要的或者基本性的竞争政策分析工具"。

本身违法原则,是指当某种行为一旦被认定为反垄断法明文规定的类型,无需对其经济理由和经济后果进行进一步调查,便可认定其非法。本身违法原则的形成则经历了一系列的判例,在1940年美国诉索科尼真空油公司案(United States v. Socony-Vacuum Oil Co.)中,该原则得到最终确立。该案中,美国联邦最高法院认为:"有些协议或做法由于它们本身危害竞争以及对该危害无法弥补,肯定意味着是不合理的,因而是非法的,无需详细调查该类协议造成的确切损害或对其适用作出辩解。"本身违法原则最大的优势是避免了旷日持久的司法调查,简化了反垄断法的适用程序,从而节省诉讼成本。同时,这一原则的适用,为反垄断法带来了极大的确定性,使企业可预期其行为所带来的后果。例如,价格卡特尔、数量卡特尔、联合抵制等行为属于典型的可适用本身违法原则的行为。

合理原则,是指在综合分析案件的各种情形的基础上,衡量企业的行为是否对竞争有不合理的限制。合理原则是一种衡量方法,用来确定案件中的行为是否属于法律禁止的行为。根据合理原则,是否对竞争秩序构成危害是特定的垄断状态或者垄断行为成为反垄断法规制对象的直接尺度。反垄断主管机关在全面衡量当事人行为对市场影响的基础上,确定该行为是否违法。从美国法发展史上可知,创设合理原则的初衷在于豁免少数限制性协议,具有弥补本身违法原则的不足的功能。然而,值得注意的是,合理原则的弹性使得它的适用范围可宽可窄,适用标准可严可松。受其规制的对象既可以是极为抽象的"不合理的""对公众有害的""压制或毁灭竞争的"行为,也可以是较为具体的"结果导致垄断或意图形成垄断的行为",还可以是把握不准的"反竞争效果大于竞争利益的行为"。[①] 在增加法官和执法官员的自由裁量权的同时,也进一步增加了争议解决中的非连续性和不可预见性。这既是该原则的最大优点,也是它的致命缺陷。另外,它的弹性也产生了新的司法成本,减少了特定行为合法性的确定性,增加了诉讼争议的发生率。

合理原则采取个案评价的方式,体现了该原则的灵活性。合理原则的应用与一国的产业政策和竞争政策息息相关,这正体现了反垄断法的经济政策性,所以,合理原则在不同的国家以及同一个国家的不同发展时期的判断标准都是不同的。在不同

---

① 王天习:《论美国托拉斯法"模糊性"的三大表现》,载《法学评论》2002年第1期,第109页。

的历史时期采取宽严有别的企业集中政策是发达国家反垄断立法及实践的价值取向。

二、反垄断行政执法

(一) 反垄断执法机构的特点

各国法律一般都专门规定反垄断法的主管机关,由其负责反垄断法的执法,在学术上可以称之为反垄断法的公力实施。总结其他国家和地区的立法例,可以发现反垄断法的主管机关具有以下特点:

第一,主管机关具有法定性。各国对主管机关的设立及职权由法律明确规定,如美国制定了专门的《联邦贸易委员会法》,德国《反限制竞争法》第二编标题为"卡特尔当局"。通过这些明确规定不但赋予了主管机关较高的法律地位和独立性,而且使其行使职权有了具体的法律依据。

第二,主管机关的独立性。由于反垄断法对市场经济十分重要,而违反反垄断法的主体通常能得到丰厚的利益,他们为了获得或者维护这种地位有很强的寻租动机,因此为了使主管机关摆脱各种利益冲突和其他机关对它的影响,并避免出现监管者被俘获的现象,各国都强调主管机关的独立性。美国联邦贸易委员会是独立的管制委员会,德国联邦卡特尔局虽然隶属于联邦经济部,但德国却是以强调主管机关独立性著称的。联邦卡特尔局裁决的独立性基本可以不受利益集团争执的影响。

第三,主管机关的专业性。由于竞争关系本身就是一种复杂的社会现象,而且反垄断法规定一般都很原则,对执法者执法水平有很高的要求。而且反垄断法的执法不仅牵涉到法律问题,还可能与一国或一地区的产业政策、经济政策相联系,因此各国反垄断法主管机关一般由法学家、律师和经济学家等专家组成,这些成员具有法学、经济学和商业管理等专业知识。具有专业性和专家化的主管机关不但可以提高执法活动的科学性和效率,而且能提高主管机关的独立性,因为这些人员本身就是专家,不容易受到其他因素影响。

第四,主管机关权力的广泛性。为了保证反垄断法能得到有效实施,各国一般规定主管机关有广泛的权力。虽然主管机关性质上是行政机关,但其享有的权力远远超过了行政权力,还享有准立法权和准司法权。主管机关有权根据法律或立法机关的授权制定颁布具有普遍约束力的规范性文件,并且可以按照准司法程序处理违反反垄断法的案件。对于主管机关的具体权力将在主管机关的权限中具体介绍。

(二) 我国《反垄断法》确立了"双层次多机构"的反垄断实施体制

1. 不同性质的实施机构及其职责

(1) 国务院反垄断委员会

我国《反垄断法》规定,国务院设立反垄断委员会,负责组织、协调、指导反垄断工作,履行下列职责:研究拟订有关竞争政策;组织调查、评估市场总体竞争状况,发布评估报告;制定、发布反垄断指南;协调反垄断行政执法工作;国务院规定的其他职责。国务院反垄断委员会的组成和工作规则由国务院规定。

(2) 国务院反垄断执法机构

国务院规定的承担反垄断执法职责的机构(以下统称国务院反垄断执法机构)依照规定,负责反垄断执法工作。

国务院反垄断执法机构根据工作需要,可以授权省、自治区、直辖市人民政府相应的机构,依法负责有关反垄断执法工作。

可见,我国《反垄断法》确立了由国务院反垄断委员会和国务院反垄断执法机构构成的"双层次"的执法体制。目前,国务院反垄断执法机构主要有商务部、国家发展与改革委员会和国家工商行政管理总局三个部委。但是,管制性产业的监管机构,如电信业、电力业、民航业、银行业、证券业、保险业等行业的监管机构也会享有一定范围的反垄断执法权。因此,反垄断执法机构必将呈现为"多机构"的状态。

2. 执法机构的执法保障措施及义务

反垄断执法机构调查涉嫌垄断行为,可以采取下列措施:(1) 进入被调查的经营者的营业场所或者其他有关场所进行检查;(2) 询问被调查的经营者、利害关系人或者其他有关单位或者个人,要求其说明有关情况;(3) 查阅、复制被调查的经营者、利害关系人或者其他有关单位或者个人的有关单证、协议、会计账簿、业务函电、电子数据等文件、资料;(4) 查封、扣押相关证据;(5) 查询经营者的银行账户。采取前款规定的措施,应当向反垄断执法机构主要负责人书面报告,并经批准。

反垄断执法机构调查涉嫌垄断行为,执法人员不得少于2人,并应当出示执法证件。执法人员进行询问和调查,应当制作笔录,并由被询问人或者被调查人签字。反垄断执法机构及其工作人员对执法过程中知悉的商业秘密负有保密义务。

3. 被调查的经营者的配合义务

被调查的经营者、利害关系人或者其他有关单位或者个人应当配合反垄断执法机构依法履行职责,不得拒绝、阻碍反垄断执法机构的调查。被调查的经营者、利害关系人有权陈述意见。反垄断执法机构应当对被调查的经营者、利害关系人提出的事实、理由和证据进行核实。

4. 对垄断行为的处理

反垄断执法机构对涉嫌垄断行为调查核实后,认为构成垄断行为的,应当依法作出处理决定,并可以向社会公布。

5. 经营者承诺制度

对反垄断执法机构调查的涉嫌垄断行为,被调查的经营者承诺在反垄断执法机构认可的期限内采取具体措施消除该行为后果的,反垄断执法机构可以决定中止调查。经营者承诺制度有助于节约执法资源并有效地打击垄断行为,因而为很多国家的反垄断法所采纳。

中止调查的决定应当载明被调查的经营者承诺的具体内容。反垄断执法机构决定中止调查的,应当对经营者履行承诺的情况进行监督。经营者履行承诺的,反垄断执法机构可以决定终止调查。有下列情形之一的,反垄断执法机构应当恢复调查:(1) 经营者未履行承诺的;(2) 作出中止调查决定所依据的事实发生重大变化的;

(3) 中止调查的决定是基于经营者提供的不完整或者不真实的信息作出的。

三、反垄断民事诉讼

根据我国目前相关法律规定,垄断行为的受害者若追究垄断经营者的民事责任,可以通过提起民事诉讼来实现。从实现《反垄断法》的立法目标的角度讲,反垄断民事诉讼可以成为反垄断主管机构执法活动的有效补充。因此,反垄断法的民事诉讼也被称为反垄断法的私人实施。

我国《反垄断法》第50条明确规定,经营者实施垄断行为,给他人造成损失的,依法承担民事责任。根据本条规定,垄断行为的受害者"他人"可以作为原告,实施垄断行为并给他人造成损失的经营者为被告。基于"谁主张、谁举证"的规则,提起反垄断民事诉讼,需要承担证明被告实施了垄断行为并对自己造成损失及其数额的举证责任。

第七节 违反反垄断法的法律责任

一、经营者违反《反垄断法》的法律责任

(一) 垄断行为的民事责任

根据我国《反垄断法》第50条明确规定,经营者实施垄断行为,给他人造成损失的,依法承担民事责任。结合我国《民法通则》及《侵权责任法》等相关法律,反垄断民事责任并不限于赔偿责任。

(二) 垄断行为的行政责任

1. 垄断协议的行政责任

经营者违反《反垄断法》的规定,达成并实施垄断协议的,由反垄断执法机构责令停止违法行为,没收违法所得,并处上一年度销售额1%以上10%以下的罚款;尚未实施所达成的垄断协议的,可以处50万元以下的罚款。

值得注意的是,由于许多垄断协议是秘密达成的,反垄断主管机关发现并查处秘密垄断协议的难度甚大。鼓励秘密垄断协议的参与者告发,有利于吓阻达成秘密垄断协议,及时发现秘密垄断协议并防止其危害的持续和蔓延。我国《反垄断法》借鉴其他国家立法经验,引入了宽恕制度,以有力打击秘密垄断协议、节约执法资源。为此,我国《反垄断法》第46条第2款规定,经营者主动向反垄断执法机构报告达成垄断协议的有关情况并提供重要证据的,反垄断执法机构可以酌情减轻或者免除对该经营者的处罚。针对宽恕制度,国家发展和改革委员会与国家工商行政管理总局分别制定的《反价格垄断行政执法程序规定》《工商行政管理机关禁止垄断协议行为的规定》有详细的规定。

此外,针对行业协会,我国《反垄断法》专款规定,行业协会违反《反垄断法》的规定,组织本行业的经营者达成垄断协议的,反垄断执法机构可以处50万元以下的罚

款;情节严重的,社会团体登记管理机关可以依法撤销登记。

2. 滥用市场支配地位的行政责任

经营者违反《反垄断法》的规定,滥用市场支配地位的,由反垄断执法机构责令停止违法行为,没收违法所得,并处上一年度销售额1%以上10%以下的罚款。

3. 经营者违法实施集中的行政责任

经营者违反《反垄断法》的规定实施集中的,由国务院反垄断执法机构责令停止实施集中、限期处分股份或者资产、限期转让营业以及采取其他必要措施恢复到集中前的状态,可以处50万元以下的罚款。

(三) 垄断行为的刑事责任

关于违法垄断行为的刑事责任,我国《反垄断法》既没有一般规定也没有具体规定。不过,我国《刑法》第223条规定:"投标人相互串通投标报价,损害招标人或者其他投标人利益,情节严重的,处3年以下有期徒刑或者拘役,并处或者单处罚金。投标人与招标人串通投标,损害国家、集体、公民的合法利益的,依照前款的规定处罚。"换言之,在我国的《刑法》修改前,只有串通投标可能被追究刑事责任。依我国《反垄断法》,除串通投标之外的所有垄断行为都无需承担刑事责任。刑事责任的缺失无疑不利于打击严重的违法垄断行为。

二、滥用行政权力排除限制竞争的法律责任

行政机关和法律、法规授权的具有管理公共事务职能的组织滥用行政权力,实施排除、限制竞争行为的,由上级机关责令改正;对直接负责的主管人员和其他直接责任人员依法给予处分。反垄断执法机构可以向有关上级机关提出依法处理的建议。

法律、行政法规对行政机关和法律、法规授权的具有管理公共事务职能的组织滥用行政权力实施排除、限制竞争行为的处理另有规定的,依照其规定。

三、妨害反垄断调查的法律责任

对反垄断执法机构依法实施的审查和调查,拒绝提供有关材料、信息,或者提供虚假材料、信息,或者隐匿、销毁、转移证据,或者有其他拒绝、阻碍调查行为的,由反垄断执法机构责令改正,对个人可以处2万元以下的罚款,对单位可以处20万元以下的罚款;情节严重的,对个人处2万元以上10万元以下的罚款,对单位处20万元以上100万元以下的罚款;构成犯罪的,依法追究刑事责任。

四、反垄断执法机构工作人员的法律责任

反垄断执法机构工作人员滥用职权、玩忽职守、徇私舞弊或者泄露执法过程中知悉的商业秘密,构成犯罪的,依法追究刑事责任;尚不构成犯罪的,依法给予处分。

第十章 反不正当竞争法律制度

第一节 反不正当竞争立法概况和反不正当竞争法的概念

一、反不正当竞争立法概况

在外国,关于反不正当竞争的基本规范性文件,有不同的称谓。例如,德国、瑞士称《反不正当竞争法》,日本、韩国称《不正当竞争防止法》,罗马尼亚称《制止不正当竞争法》。在我国,为保障社会主义市场经济健康发展,鼓励和保护公平竞争,制止不正当竞争,保护经营者和消费者的合法权益,关于反不正当竞争的基本规范性文件,就是1993年9月2日,第八届全国人大常委会第三次会议通过的《中华人民共和国反不正当竞争法》(以下简称《反不正当竞争法》),该法已于1993年12月1日起施行。

二、反不正当竞争法的概念

反不正当竞争法的调整对象是,在反对不正当竞争过程中发生的竞争监管关系。反不正当竞争法,是指调整在反对不正当竞争过程中发生的竞争监管关系的法律规范的总称。反不正当竞争法是属于市场监管法体系的竞争法的组成部分。它之所以是竞争法的组成部分,是因为反不正当竞争法调整的在反对不正当竞争过程中发生的竞争监管关系,属于竞争法调整的竞争监管关系的范围。但它又不同于同属于竞争法组成部分的反垄断法。[①]

第二节 不正当竞争行为概述

一、不正当竞争行为的概念和特征

(一) 不正当竞争行为的概念
1. 不正当竞争行为的概念界定方式

世界各国的竞争立法不仅在不正当竞争行为的定义内容上存在差异,而且在概念的界定方式上也存在着差异。综观各国的对不正当竞争行为的界定方式,大致可以分为三种模式:

第一种为对不正当竞争行为的概念直接下一个抽象的定义。

第二种为列举式,即对不正当竞争行为不作抽象的定义,而只是列举各种不正当

---

① 参见杨紫烜:《国家协调论》,北京大学出版社2009年版,第243、244页。

竞争行为。

第三种为定义加列举式，即首先对不正当竞争行为下一个抽象定义，然后再列举若干种类比较典型的具体不正当竞争行为。这种概念界定模式的出现主要是由于不正当竞争行为的复杂性与多变性，因此，全面概括或者穷尽列举均难以应对现实中不断出现的各种形态的不正当竞争行为。定义加列举式模式可以有效地界定不正当竞争行为，化解概念的不确定性，提高执法的针对性。这种方式既有利于执法机关严格执法，以有效打击各种规避反不正当竞争法的做法，同时又有利经营者准确预见自己及他人所实施的各种竞争行为的法律后果。采用这种定义方式的国家比较典型的即是德国。

德国在1896年制定的《反不正当竞争法》中，仅仅列举了一些比较严重的不正当竞争行为，但是没有规定有关不正当竞争的一般条款，限制了该法的调整范围与调整力度。在其由自由资本主义向垄断阶段过渡的过程中，需要加大对不正当竞争行为的调节力度，因此，在1909年重新制定《反不正当竞争法》时，对不正当竞争行为的概念进行了抽象界定，从而使该法成为一般定义加典型列举的典范。这种新的概念界定模式既保证了法律的稳定性，又克服了制定法具有的封闭僵硬的局限性，使法律能够灵活地适应经济生活的变化与发展。正因为如此，一般条款在德国《反不正当竞争法》中发挥了巨大的作用。

我国《反不正当竞争法》第2条第2款规定："本法所称的不正当竞争，是指经营者违反本法规定，损害其他经营者合法权益，扰乱社会经济秩序的行为。"同时，该法在第二章专章规定了不正当竞争行为的具体表现形式。可见，我国采取了定义加列举的概念界定模式。

但是，对于我国《反不正当竞争法》第2条第2款是否为一般条款，在学理上与实践中都存在着争议。争议的焦点主要在于《反不正当竞争法》第2条第2款是否为兜底条款以及由此引发的不正当竞争行为是否仅限于《反不正当竞争法》第二章所列举的那些行为。

本书认为，我国《反不正当竞争法》第2条第2款不仅是一个有关不正当竞争的定义，而且还应该是有关不正当竞争的一般条款，起着兜底作用。这样理解，有利于及时制止新型的不正当竞争行为，可以弥补《反不正当竞争法》中没有兜底条款的缺陷。即使从借鉴国外先进立法经验的角度，我国也应当引入针对不正当竞争的一般条款。

2. 不正当竞争行为的概念

如上所述，我国《反不正当竞争法》第2条第2款对不正当竞争行为这一概念下的定义是："不正当竞争，是指经营者违反本法规定，损害其他经营者合法权益，扰乱社会经济秩序的行为。"所以比较多的人使用这个定义。但是比较其他国家的定义以及各个学理定义，对不正当竞争行为的定义仍可以作进一步的完善。

德国《反不正当竞争法》第1条规定："行为人在商业交易中以竞争为目的而违背善良风俗，可向其请求停止行为和损害赔偿。"匈牙利《禁止不正当竞争法》第3条规定:"(1)企业主必须注意经济竞争的自由和公平。(2)禁止以欺诈的手段,特别是以侵犯或危害竞争者与消费者的合法权益,或者以违反诚实经营的手段进行经济活动。"《保护工业产权巴黎公约》第10条规定:"凡在工商业活动中违反诚实惯例的竞争行为即构成不正当竞争的行为"。

法国著名的反不正当竞争法专家塞特-戈尔(Saint-gal)认为:"凡利用欺诈的手段出售其产品,目的在于从所取得现状获得利益,或使他人的商品或企业解体,其中包括尚不足以使其商业市场之全部或一部分受到打击的行为,均应视为实现经济竞争中的不正当竞争。"①

有人认为:"不正当竞争,主要是指经营者采用欺骗、胁迫、利诱以及其他违背诚实信用和公平竞争商业惯例的手段从事市场交易。"②

有人认为:"不正当竞争是指在市场竞争活动中,采用虚假、欺骗、损人利己等不正当竞争手段谋取利益,损害国家、其他竞争者和消费者利益,扰乱正常市场经济秩序的行为。"③

还有人认为:"不正当竞争行为,就是经营者采取不正当的手段争取交易机会的行为,而不正当手段则是违反《反不正当竞争法》规定的'损害其他经营者的合法权益,扰乱社会经济秩序'的行为。"④

对于不正当竞争行为的界定应当指出该行为的违法性、行为主体、行为危害性以及行为目的。我们认为,不正当竞争行为,是指经营者实施的违反《反不正当竞争法》规定,以谋取非法利益为目的采用不正当手段损害其他经营者以及消费者的利益,扰乱社会竞争秩序的竞争行为。

(二)不正当竞争行为的特征

1. 不正当竞争行为是一种竞争行为

在市场经济条件下,竞争者为了满足自己的经济需要而展开竞争。但是在竞争的过程中,经营者可能会采取一些不正当的竞争行为,而这些不正当的竞争行为为反不正当竞争法所禁止。但这些不正当的竞争行为并不因为被反不正当竞争法所禁止而不属于竞争行为。竞争就像一个双刃剑,既会产生正当的竞争行为,也会伴随着不正当竞争行为。正是为了保障竞争能有序的进行,反不正当竞争法才有诞生的必要,从而规制竞争的副产品。因此,不正当的竞争行为也是一种竞争行为,只不过是为反不正当竞争法所禁止的竞争行为而已。

2. 不正当竞争行为的主体为违法竞争经营者

不正当竞争行为的实施主体为市场交易的参加者。根据我国《反不正当竞争法》第2条第3款的规定,所谓"经营者",是指从事商品经营或者营利性服务的法人、其他经济组织和个人。有可能从事不正当竞争的主体范围很广,只要是参与到市场竞

---

① 戴奎生、邵建东、陈立虎:《竞争法研究》,中国大百科全书出版社1993年版,第14页。
② 国家工商行政管理局条法司:《现代竞争法的理论与实践》,法律出版社1993年版,第17页。
③ 张德霖:《竞争与反不正当竞争》,人民日报出版社1994年版,第105页。
④ 孔祥俊:《反不正当竞争法的适用与完善》,法律出版社1998年版,第50页。

争中的主体就有可能成为不正当竞争行为的实施主体,这既包括依法登记并具有法人资格的企业、事业单位、社会团体,也包括依法登记但不具有法人资格的个人独资企业、合伙企业、不具有法人资格的中外合作企业、外商独资企业等经济组织以及个体工商户等。但是非经营者的行为也会妨害经营者的正当的经营活动,侵害经营者的合法权益。例如,政府及其所属的部门滥用行政权力扭曲竞争关系。我国《反不正当竞争法》第7条专门对此进行了规定。但是从严格意义上讲,政府及其所属的部门滥用行政权力妨害经营者正当竞争的行为,应属于限制竞争的行为。

3. 不正当竞争行为是一种违法行为

在我国,不正当竞争行为的违法性主要表现在违反了《反不正当竞争法》的规定。这既包括违反了该法第二章关于禁止不正当行为的各种具体规定,也包括违反该法原则性规定,尤其是根据不正当竞争行为的一般概念判定第二章所列举以外的各种不正当竞争行为。由于在现实的经济交往中不正当竞争行为具有复杂性与多样性,并且随着经济实践的发展各种各样的不正当竞争行为还会层出不穷,所以如果一个行为并未被反不正当竞争法明确列为不正当竞争行为,但是如果该行为违背了自愿、公平、平等、诚实信用的原则、违背了公认的商业道德、损害了其他经营者与消费者的合法权益、扰乱了社会经济秩序,则该行为仍应当认定为不正当竞争行为。

4. 不正当竞争行为是一种侵权行为

所谓不正当竞争行为的侵权性,是指不正当竞争行为损害了或者可能损害经营者的合法权益。不正当竞争行为采用不正当的手段破坏市场竞争秩序、损害其他经营者的合法权益,比如其他经营者的知识产权、名誉权、财产权、公平竞争权等,使守法的经营者蒙受物质上与精神上的双重损害。"其他经营者"应当做广义的理解,既包括实际的经营者也包括潜在的经营者。因为竞争是一个动态的过程,如果某些竞争者采取了不正当竞争行为,从而使市场的准入标准提高,从而阻碍了其他竞争者的进入,这实际上取消了其他经营者作为竞争者的资格。另外一些不正当竞争行为还有可能损害消费者的利益,比如虚假广告与欺骗性的有奖销售等。

另外,不正当竞争行为的侵害结果既可以是已经发生损害结果,也可以为损害结果尚未发生。损害结果已经发生容易认定,但问题在于损害结果尚未发生时,如何确定该行为的违法性。一个不正当竞争行为在没有发生现实的损害结果时,就没有受到损害的利益相对人。但是这仍然侵犯了正常的竞争秩序,损害了国家对经济秩序的管理,所以对于此种类型的行为仍需要对不正当竞争行为主体进行行政处罚,当然这就要求执法机构主动查处。

二、不正当竞争行为的一般构成要件

把握不正当竞争行为的一般构成要件,有助于我们准确地理解不正当竞争行为的共同特征,而且还有利于我们加深对各种具体的不正当竞争行为的认定,为正确地适用反不正当竞争法提供必要的理论指导。以下就不正当竞争行为四项一般构成要件进行分析。

（一）行为主体为经营者

我国《反不正当竞争法》第2条第3款规定："本法所称经营者，是指从事商品经营和营利性服务的法人、其他经济组织和个人。"由此可见，我国《反不正当竞争法》界定的主体仅三类：法人、其他经济组织与个人。三者之所以被纳入到反不正当竞争法当中，就是因为他们是参与市场交易的主体。在判断一个主体是否是《反不正当竞争法》所调整的主体时，应当以是否从事经营活动为标准。所以上述的三类主体应该做广义的理解，因为不仅合法的经营者从事经营活动，而且非法的主体或有资格但是越权的主体或是禁止从事经营的主体事实上从事了经营活动的均应当认定为"经营者"。所以这里所说的"经营者"强调的是从事了经营活动的主体，而不论其是否有法定资格或能力。

1. 一般主体

按照我国《民法通则》第36条的规定，法人是具有民事权利和民事行为能力，依法享有民事权利和承担民事义务的组织。我国的法人有企业法人、机关法人、事业单位法人和社会团体法人四类。企业法人是以营利为目的独立从事商品生产和经营活动的法人。目前我国的企业法人有两种分类方法：一种按照所有制性质分为全民所有制企业法人、集体所有制企业法人、私营企业法人、外资企业法人；另一种为按照组织结构与责任承担方式确立的公司法人。机关法人是国家机关，包括党的机关、立法机关、行政机关、审判机关和检察机关，这些法人是不以营利为目的的，所以不是反不正当竞争法的主体。事业单位法人和社会团体法人一般不以营利为目的，但是按照企业法人登记法规登记以后即可以从事营利活动。所以企业法人以及经登记可以从事经营活动的事业单位法人和社会团体法人是基本的、固有的市场交易参加者，但是其他法人在从事经营活动时也可以成为反不正当竞争法的规制对象。

"其他经济组织"，是指以经营商品或服务为主要宗旨，合法成立，具有一定的组织机构和财产，但不具有法人资格的组织。根据有关的司法解释，这些组织包括：（1）依法登记领取营业执照的私营独资企业、合伙组织；（2）依法登记领取营业执照的合伙型联营企业；（3）依法登记领取我国营业执照的中外合作经营企业、外资企业；（4）经民政部门核准登记领取社会团体登记证的社会团体；（5）法人依法设立并领取营业执照的分支机构；（6）中国人民银行、各专业银行设在各地的分支机构；（7）中国人民保险公司设在各地的分支机构；（8）经核准登记领取营业执照的乡镇、街道、村办企业；（9）其他经济组织。

自然人在市场活动中的基本作用是作为消费者参与商品交换关系，但是并不排除其在市场经济活动中充当经营者的角色，从事营利性活动。依据我国现行法律，个体工商户、农村承包经营户和个人独资企业是自然人从事商品生产和经营的基本法律形式。

2. 特殊主体

（1）非法经营主体

按照我国法律的规定，只有经过一定的登记注册才可以从事经营活动。在现实中,有不少以营利为目的的组织或者个人,未经过登记核准程序、未领取营业执照就擅自进入市场开展经营活动,与其他的竞争者形成相应的竞争关系,与消费者形成买卖关系。但是,按照是否为反不正当竞争法意义上的"经营者"的判断规则,只要这些非法的主体从事了实际的经营活动就应当受反不正当竞争法的规范。不过,这一点却并不能肯定其竞争行为的合法性;相反,反不正当竞争法就是为了制裁这些违法行为的。

(2) 政府及其所属部门

我国《反不正当竞争法》第7条规定:"政府及其所属部门不得滥用行政权力,限定他人购买其指定的经营者的商品,限制其他经营者正当的经营活动。政府及其所属部门不得滥用行政权力,限制外地商品进入本地市场,或者本地商品流向外地市场。"政府及其所属部门应当不具有经营的能力,但是中国目前的情况为行政权力会不正当地介入到经济关系,所以在一定情况下政府及其所属部门也应当是《反不正当竞争法》规制的主体,但是对其进行处罚的形式则仅限于行政责任。

(二) 存在不正当竞争行为

不正当竞争行为的第二个构成要件为经营者在客观上实施了不正当竞争行为。把握这一要件的关键为明确"竞争"与"不正当"的含义。竞争,通常指两个或两个以上的经营者在相关市场上有意识地开展竞赛和争夺消费者的行为。因此,竞争首先要有两个以上的竞争者,如果一个市场上仅仅有一个竞争者,那么就不可能存在不正当竞争的可能。此时为垄断法规制的完全垄断状态,而反不正当竞争法则没有适用的余地。其次,竞争的开展存在于一定范围内的市场领域中。要判断一个相关市场则要通过考察产品市场、地理市场、时间市场和技术市场,以明确竞争的范围与领域。最后,竞争发生在同行业或相关行业的经营者之间。没有竞争利益的经营者之间没有发生不正当竞争的可能性。

"不正当"则具有较大的主观判断性。但是我国《反不正当竞争法》第二章则界定了相应的具体的不正当竞争行为。而且依照第2条第2款的规定,可以认定其他类型的不正当竞争行为。根据我国《反不正当竞争法》第2条第1款的规定,不正当的行为应当是经营者违反了"自愿、平等、公平、诚实信用的原则",没有"遵守公认的商业道德"。所以对于"不正当"的判定一方面可以比照法律所列举的具体的行为方式,另一方面还可以比照一般的经营原则。

我国《反不正当竞争法》第二章列举规定了11种不正当竞争行为,其中属于典型的不正当竞争行为有6种,包括市场混淆行为、商业贿赂、引人误解的虚假宣传、侵犯商业秘密、违反规定的有奖销售、商业诽谤。

(三) 损害了其他经营者的合法权益

违法经营者从事不正当竞争,在客观上会造成侵害其他经营者的合法权益。合法权益指的是其他经营者依法受到保护的权利和利益。反不正当竞争法确立了公平竞争的权利,该权利指的是经营者享有自愿、平等、公平和正当地开展竞争的权利,其他经营者不得以不正当竞争的手段侵犯这种权利,否则就有可能构成不正当竞争。

可见,公平竞争权是一种实体性权利、绝对性权利。但是这种公平竞争权又与其他应当得到保护的权利如注册商标专用权、商业秘密权、企业名称权存在着一定的交叉。但是,反不正当竞争法作为一种特殊的侵权法,在发生保护的竞合时,则具有补充性,即当其他法律保护不力或无法保护的时候则可以适用反不正当竞争法。应当指出的是,竞争的本质就是优胜劣汰,所以有竞争就一定会有失败者。一个竞争者的成功,同时也意味着其竞争对手的失败。所以如果经营者使用的是正当的竞争手段,在客观上造成了其他经营者的利益的丧失也是法律所允许的,也是正常的竞争结果。这一点区别于不正当竞争行为的危害性。

不正当竞争行为与其他经营者的合法权益受到损害之间还应当存在因果关系,即是指由于违法经营者所实施的不正当竞争行为,直接损害了其他经营者的合法权益,使其他经营者遭受财产上或精神上的损失。

(四)主观过错

不正当竞争行为是一种特殊的侵权行为,行为人承担的是一种特殊的侵权责任。根据我国民法的一般原理,侵权责任的承担应当以过错为要件。因此,实施不正当竞争行为的经营者应当具有主观的过错。通常认为,在我国现阶段,无过错原则不宜适用于不正当竞争行为。[①]

根据我国民事诉讼法的一般原理,在诉讼中违法经营者的过错,应当由遭受不法侵害的经营者承担举证责任。《反不正当竞争法》所列举的不正当竞争行为大部分都是以违法经营者的主观故意为条件的。但是,受害的经营者要证明对方具有故意或者过失往往是比较困难的。如果经营者的合法权益受到侵害,但是却因不能证明对方的过错而得不到法律的保护是违背反不正当竞争法的立法宗旨的。因此我们认为,应当对经营者的不正当竞争行为采取过错推定的原则,以便利受害的经营者与不正当的竞争行为作斗争。

第三节 市场混淆行为

一、市场混淆行为的类型和认定标准

市场混淆行为,是指经营者采用假冒或者模仿之类的不正当手段,使其商品或提供的服务与他人的商品或提供的服务相混淆,而导致或足以导致购买者误认的行为。市场混淆行为的特点是:市场混淆行为的主体,即市场混淆行为涉及三方当事人,即仿冒人、被混淆人以及购买者;被混淆的客体是他人商品的标识,这些外在的表征或形式有商标、商号、姓名、名称、包装和装潢等;混淆的意图是为了与他人的企业、企业活动或者企业的商品发生混淆。

我国《反不正当竞争法》第5条规定:"不得采用下列不正当手段从事市场交易,

[①] 国家工商行政管理局条法司:《现代竞争法的理论与实践》,法律出版社1993年版,第276页。

损害竞争对手:(一)假冒他人的注册商标;(二)擅自使用知名商品特有的名称、包装、装潢,或者使用与知名商品近似的名称、包装、装潢,造成和他人的知名商品相混淆,使购买者误认为是该知名商品;(三)擅自使用他人的企业名称或者姓名,引人误认为是他人的商品;(四)在商品上伪造或者冒用认证标志、名优标志等质量标志,伪造产地,对商品质量作引人误解的虚假表示。"可见,我国法律规定的市场混淆行为主要有:

第一,假冒他人注册商标。

商标注册人对已经注册的商标享有受法律保护的专用权,未经其许可任何人都不得在同一种商品、同一种服务或者类似商品、类似服务上使用与其注册商标相同或相近似的商标。假冒他人注册商标是一种违反《商标法》、侵犯注册商标专用权的行为。因此,《商标法》对这种违法行为要予以规范。同时,由于假冒他人注册商标的行为不仅侵害注册商标所有人的权益,而且会损害消费者和公众的利益,因而也是一种典型的不正当竞争行为,应当受《反不正当竞争法》的调整。

第二,擅自使用知名商品特有的名称、包装、装潢,或者使用与知名商品近似的名称、包装、装潢,造成和他人的知名商品相混淆,使购买者误认为是该知名商品。

这一不正当竞争行为的构成要件有二:一是名称、包装、装潢须为知名商品所特有。所谓知名商品是指在相关大众中有一定知名度的商品。一般来讲,如果某一商品能够在较长时期被广泛地销售、使用,在其相关领域广为所知并有较好的信誉,则可以认定其为知名商品。认定知名商品,应当考虑该商品的销售时间、销售区域、销售额和销售对象,进行任何宣传的持续时间、程度和地域范围,作为知名商品受保护的情况等因素,进行综合判断。所谓特有的名称、包装、装潢,是指经营者为自己的商品独创的有显著性特点的名称、包装、装潢,是该商品与其他商品相区别的标志。只有这样,才能成为知名商品的象征,对它的擅自使用即构成不正当竞争行为。二是这一不正当竞争行为在客观方面表现为两种基本形式。一种是使用与他人知名商品相同的名称、包装、装潢,即作相同使用。另一种是使用与知名商品近似的名称、包装、装潢,即作相近似的使用。

第三,擅自使用他人的企业名称或者姓名,引人误认为是他人的商品。

企业名称或姓名是区别商品或服务来源的营业标志,是反映经营者的营业或服务活动的外在特征。根据《企业名称登记管理规定》,企业对其名称享有专用权。企业名称或者姓名体现了经营者通过付出努力和资本获得的无形资产,保护企业名称或者姓名可以保护附于企业名称或者姓名中的商业信誉。盗用他人的商业信誉是典型的不正当竞争行为。

该行为具有两个基本特征:一是在客观上擅自使用他人的企业名称或者姓名;二是引人误认为是他人的商品,即制造市场交易中商品来源的混淆。这种行为引起了市场混淆的后果。民法主要是从人格权的角度对名称权、姓名权加以保护;而竞争法则是从维护市场竞争秩序的角度防止混淆商品的出处。

第四,在商品上伪造或冒用认证标志、名优标志等质量标志,伪造产地,对商品质量作引人误解的虚假表示。

认证标志是质量认证机构准许经其认证产品质量合格的企业在产品或包装上使用的质量标志。产品质量认证是国家监督管理产品质量的一项法律制度。名优标志是经国际或国内有关机构或社会组织评定为名优产品而发给经营者的一种质量荣誉标志。商品的产地是指商品的制造、加工地或者商品生产者的所在地。

这一种行为包含了两方面的不正当竞争行为,即既有伪造或仿冒的市场混淆行为,又有虚假表示的行为(即《反不正当竞争法》第9条所规制的行为)。一些学者认为,第5条第4项规制的主要不是与他人商品的混淆问题,而是对自己商品作引人误解的虚假宣传问题,因此,把第5条第4项规定与第9条的引人误解的虚假表示行为一起研究。

对于混淆,原来主要是作狭义的理解,即指将仿冒品混同于真品,以及仿冒人与被仿冒人之间存在有加盟、关联或其他类似关系的误认。但是,广义的混淆不以仿冒人与被仿冒人之间存在竞争关系为必要,只要使用了被仿冒人的标识,就会使人对于商品和服务的主体产生混淆,这同样有市场混淆的后果。

在仿冒行为中,相同使用是容易认定的,凡稍有差异就不是相同使用。以下几个原则具有一定的借鉴作用:一是一般购买者施以普通注意的原则,这个标准不是以善良管理人的注意义务作为判断标准。一般购买者既不是个别购买者,也不是所有购买者,这是根据地域和购买对象确定的购买者的普遍认识能力,或者中等认识能力加以认定。二是通体观察和比较主要部分原则。所谓的主要部分就是商标标识最显著、最醒目、最易引起购买者注意的部分。三是隔离观察原则,即采取异时异地分别在总体上进行观察,仿冒品与被仿冒品的标识差别不易区分而在施以一般注意力时不免误认的,即可认定近似。

二、市场混淆行为的法律责任

我国《反不正当竞争法》第21条专门规定了市场混淆行为者的法律责任:经营者假冒他人的注册商标,擅自使用他人的企业名称或者姓名,伪造或者冒用认证标志、名优标志等质量标志,伪造产地,对商品质量作引人误解的虚假表示的,依照我国《商标法》、《产品质量法》的规定处罚。经营者擅自使用知名商品特有的名称、包装、装潢,或者使用与知名商品近似的名称、包装、装潢,造成和他人的知名商品相混淆,使购买者误认为是该知名商品的,监督检查部门应当责令停止违法行为,没收违法所得,可以根据情节处以违法所得1倍以上3倍以下的罚款;情节严重的可以吊销营业执照;销售伪劣商品,构成犯罪的,依法追究刑事责任。在此基础上,我国的《商标法》《产品质量法》《刑法》等进一步明确了相关责任的承担。

第四节 商业贿赂

一、商业贿赂的概念和特征

（一）商业贿赂的概念

商业贿赂，是指经营者在市场交易活动中，为争取交易机会，特别是为争得相对于竞争对手的市场优势，通过秘密给付财物或者其他报偿等不正当手段收买客户的负责人、雇员、合伙人、代理人和政府有关部门工作人员等能够影响市场交易的有关人员的行为。我国《反不正当竞争法》第8条规定，经营者不得采用财物或者其他手段进行贿赂以销售或者购买商品。在账外暗中给予对方单位或者个人回扣的，以行贿论处；对方单位或者个人在账外暗中收受回扣的，以受贿论处。根据国家工商行政管理局《关于禁止商业贿赂行为的暂行规定》的规定，所谓财物，是指现金和实物，包括经营者为销售或购买商品，假借促销费、宣传费、赞助费、科研费、劳务费、咨询费佣金等名义，或者以报销各种费用等方式，给付对方单位或者个人的财物。所谓其他手段，是指提供国内外各种名义的旅游、考察等给付财物以外的其他利益的手段。

（二）商业贿赂的特征

第一，商业贿赂的主体是从事市场交易的经营者，既可以是卖方，也可以是买方。经营者的职工采用商业贿赂手段为经营者销售或者购买商品的行为，应当认定为经营者的行为。

第二，商业贿赂是经营者在主观上出于故意和自愿进行的行为，其目的是为了排挤竞争对手以占取竞争优势。

第三，商业贿赂在客观方面表现为违反国家有关财务、会计及廉政等方面的法律、法规的规定，秘密给付财物或其他报偿，具有很大的隐蔽性。

第四，商业贿赂的形式除了金钱回扣之外，还有提供免费度假、旅游、高档宴席、色情服务、赠送昂贵物品、房屋装修以及解决子女、亲属入学、就业等多种方式。

我国《反不正当竞争法》第8条规定："在账外暗中给予对方单位或者个人回扣的，以行贿论处；对方单位或者个人在账外暗中收受回扣的，以受贿论处。"但是，"经营者销售或者购买商品，可以以明示方式给对方折扣，可以给中间人佣金。经营者给对方折扣、给中间人佣金的，必须如实入账。接受折扣、佣金的经营者必须如实入账。"根据国家工商行政管理局《关于禁止商业贿赂行为的暂行规定》的规定，所谓回扣，是指经营者销售商品时在账外暗中以现金、实物或者其他方式退给对方单位或者个人的一定比例的商品价款；所谓折扣，即商品购销中的让利，是指经营者在销售商品时，以明示并如实入账的方式给予对方的价格优惠，包括支付价款时对价款总额按一定比例即时予以扣除和支付价款总额后再按一定比例予以退还两种形式；所谓佣金，是指经营者在市场交易中给予为其提供服务的具有合法经营资格的中间人的劳务报酬；所谓账外暗中，是指未在依法设立的反映其生产经营活动或者行政事业经费收支的财务账上按照财务会计制度规定明确如实记载,包括不记入财务账、转入其他财务账或者做假账等;所谓明示和入账,是指根据合同约定的金额和支付方式,在依法设立的反映其生产经营活动或者行政事业经费收支的财务账上按照财务会计制度规定明确如实记载。

二、商业贿赂的法律责任

商业贿赂行为从根本上扭曲了公平竞争的本质,使价值规律和竞争规律无法正常发挥作用,破坏了市场交易的正常秩序;同时商业贿赂行为为贪污受贿等经济犯罪提供了温床等。正因为如此的巨大危害性,所以我国《反不正当竞争法》第22条规定:"经营者采用财物或者其他手段进行贿赂以销售或者购买商品,构成犯罪的,依法追究刑事责任;不构成犯罪的,监督检查部门可以根据情节处以1万元以上20万元以下的罚款,有违法所得的,予以没收。"

第五节 引人误解的虚假宣传

一、引人误解的虚假宣传的概念和特征

我国《反不正当竞争法》第9条明确规定:"经营者不得利用广告或者其他方法,对商品的质量、制作成分、性能、用途、生产者、有效期限、产地等作引人误解的虚假宣传。广告的经营者不得在明知或者应知的情况下,代理、设计、制作、发布虚假广告。"

根据以上规定,实施引人误解的虚假宣传的不正当竞争行为,在方式上表现为利用广告的方法和其他方法两类。这实际上已经包括了所有能够使社会公众知悉的宣传形式。

具体而言,我国现行法规定的令人误解的虚假宣传行为既包括虚假宣传,也包括引人误解的宣传两种类型。所谓虚假宣传,是指商品宣传的内容与商品的实际情况不相符合,如将国产商品宣传为进口商品等。所谓引人误解的宣传,是指就一般的社会公众的合理判断而言,宣传的内容会使接受宣传的人或者受宣传影响的人,对被宣传的商品产生错误的认识,从而影响其购买决策的商品宣传。有些宣传的内容虽是真实的,但仍然可能产生引人误解的后果。例如,广告"意大利聚酯漆家具",消费者很容易理解为是意大利进口家具,但实际上只是用意大利进口漆涂的家具。这则广告难以被认定为虚假广告,但是,因为这则广告致使消费者发生误解,所以,应认定其为引人误解的广告;再如宣称某待售商品房离车站仅500米,其实这500米只是直线距离,实际必须绕行的距离超过2公里。

一般情况下,经营者具有下列行为之一,足以造成相关公众误解的,可以认定为我国《反不正当竞争法》第9条第1款规定的引人误解的虚假宣传行为:(1) 对商品作片面的宣传或者对比的;(2) 将科学上未定论的观点、现象等当作定论的事实用于商品宣传的;(3) 以歧义性语言或者其他引人误解的方式进行商品宣传的。但是,以

明显的夸张方式宣传商品,不足以造成相关公众误解的,不属于引人误解的虚假宣传行为。

就宣传的内容而言,包括商品的质量、制作成分、性能、用途、生产者、有效期限、产地等任何一项或几项存在虚假或引人误解。

虚假宣传行为具有以下特征:第一,虚假宣传的主体主要是生产经营者。另外,广告的经营者也可以成为虚假宣传的主体。第二,虚假宣传的手段是借助广告或者其他方法。这在表现形式上不同于我国《反不正当竞争法》第5条第4项的虚假表示行为,即不是直接在商品或者其包装上进行的,而是借助于广告或者其他宣传方法。第三,行为人在主观上出于故意。即行为人是为了达到促销效果,故意对其商品或服务作虚假宣传。第四,虚假宣传的内容主要涉及商品或者服务的质量、声誉等,即包括商品的质量、制作成分、性能、用途、生产者、有效期限、产地、荣誉或者服务的质量、方式等。第五,虚假宣传行为侵害了竞争对手的合法权益,扰乱了社会经济秩序。

二、引人误解的虚假宣传行为的法律责任

我国《反不正当竞争法》第24条规定:"经营者利用广告或者其他方法,对商品作引人误解的虚假宣传的,监督检查部门应当责令停止违法行为,消除影响,可以根据情节处以1万元以上20万元以下的罚款。广告的经营者,在明知或者应知的情况下,代理、设计、制作、发布虚假广告的,监督检查部门应当责令停止违法行为,没收违法所得,并依法处以罚款。"这一条主要是对行政责任的规定。虚假宣传行为的民事责任可分别依据我国《广告法》《消费者权益保护法》《反不正当竞争法》第20条的规定追究。虚假宣传行为情节严重的,也须承担刑事责任。

第六节 侵犯商业秘密

一、商业秘密的概念和特征

所谓商业秘密,根据我国《反不正当竞争法》第10条第3款的规定,是指不为公众所知悉、能为权利人带来经济利益、具有实用性并经权利人采取保密措施的技术信息和经营信息。根据国家工商行政管理总局《关于禁止侵犯商业秘密行为的若干规定》的规定,不为公众所知悉,是指该信息是不能从公开渠道直接获取的;能为权利人带来经济利益、具有实用性,是指该信息具有确定的可应用性,能为权利人带来现实的或者潜在的经济利益或者竞争优势;权利人采取保密措施,包括订立保密协议,建立保密制度及采取其他合理的保密措施;技术信息和经营信息,包括设计、程序、产品配方、制作工艺、制作方法、管理诀窍、客户名单、货源情报、产销策略、招投标中的标的及标书内容等信息。权利人,是指依法对商业秘密享有所有权或者使用权的公民、法人或者其他组织。

能够成为商业秘密的技术信息和经营信息,必须具备以下三项基本条件:

一是秘密性,即技术信息和经营信息不为公众所知悉。秘密性是商业秘密的本质特征。具有下列情形之一的,可以认定有关信息不构成不为公众所知悉:(1) 该信息为其所属技术或者经济领域的人的一般常识或者行业惯例;(2) 该信息仅涉及产品的尺寸、结构、材料、部件的简单组合等内容,进入市场后相关公众通过观察产品即可直接获得;(3) 该信息已经在公开出版物或者其他媒体上公开披露;(4) 该信息已通过公开的报告会、展览等方式公开;(5) 该信息从其他公开渠道可以获得;(6) 该信息无需付出一定的代价而容易获得。

二是实用性,即技术信息和经营信息能给权利人带来实际的或潜在的经济利益及竞争优势。实用性是商业秘密的价值所在。

三是保密性,即权利人对技术信息和经营信息采取了保密措施。权利人是否采取保密措施不仅是技术信息或经营信息能否成为商业秘密的条件,也是寻求法律保护的前提。具有下列情形之一,在正常情况下足以防止涉密信息泄漏的,应当认定权利人采取了保密措施:(1) 限定涉密信息的知悉范围,只对必须知悉的相关人员告知其内容;(2) 对于涉密信息载体采取加锁等防范措施;(3) 在涉密信息的载体上标有保密标志;(4) 对于涉密信息采用密码或者代码等;(5) 签订保密协议;(6) 对于涉密的机器、厂房、车间等场所限制来访者或者提出保密要求;(7) 确保信息秘密的其他合理措施。

二、侵犯商业秘密的行为表现

根据我国《反不正当竞争法》和国家工商行政管理总局《关于禁止侵犯商业秘密行为的若干规定》的规定,侵犯商业秘密行为主要有五种表现形式:

第一,以盗窃、利诱、胁迫或者其他不正当手段获取权利人的商业秘密;

第二,披露、使用或者允许他人使用以前项手段获取的权利人的商业秘密;

第三,与权利人有业务关系的单位和个人违反合同约定或者违反权利人保守商业秘密的要求,披露、使用或者允许他人使用其所掌握的权利人的商业秘密;

第四,权利人的职工违反合同约定或者违反权利人保守商业秘密的要求,披露、使用或者允许他人使用其所掌握的权利人的商业秘密;

第五,第三人明知或者应知前几种侵犯商业秘密是违法行为,仍从那里获取、使用或者披露权利人的商业秘密。

我国《反不正当竞争法》从保护公平竞争、制止不正当竞争的角度,将侵犯商业秘密的行为作为不正当竞争行为予以禁止,是对我国知识产权法律制度的补充。同时,《反不正当竞争法》为制止人才流动中的侵犯商业秘密的行为提供了法律依据。

三、侵犯商业秘密行为的法律责任

侵犯商业秘密的行为,不仅会给商业秘密权利人造成直接或间接经济损失,而且还会给整个市场竞争环境、社会经济秩序造成极大的破坏。因此各国无不对其加以规制。就我国而言,《反不正当竞争法》及其配套规定与解释、《合同法》《刑法》等法律较为完善地确立起侵犯商业秘密行为的民事、行政与刑事责任体系。如《反不正当竞争法》第 25 条明确规定了行政责任:"违反本法第 10 条规定侵犯商业秘密的,监督检查部门应当责令停止违法行为,可以根据情节处以 1 万元以上 20 万元以下的罚款。"另外,根据该法第 20 条及《合同法》的相关规定,可以追究行为人的民事责任。我国《反不正当竞争法》没有规定侵犯商业秘密的刑事责任。1997 年修订的《刑法》规定:"凡是侵犯商业秘密的行为,给商业秘密的权利人造成重大损失的,处 3 年以下有期徒刑或者拘役,并处或单处罚金;造成特别严重后果的,处 3 年以上 7 年以下有期徒刑,并处罚金。"

第七节 违反规定的有奖销售

一、有奖销售的概念

有奖销售,是指经营者销售商品或者提供服务,附带性地向购买者提供物品、金钱或者其他经济上的利益的行为。包括奖励所有购买者的附赠式有奖销售和奖励部分购买者的抽奖式有奖销售。凡以抽签、摇号等带有偶然性的方法决定购买者是否中奖的,均属于抽奖方式。抽签、摇号是典型的抽奖式有奖销售方式,但抽奖式有奖销售并不限于这些方式。在有奖销售中,凡以偶然性的方式决定参与人是否中奖的,均属于抽奖式有奖销售,而偶然性的方式是指具有不确定性的方式,即是否中奖只是一种可能性,即可能中奖,也可能不中奖,是否中奖不能由参与人完全控制。

经政府或者政府有关部门依法批准的有奖募捐及其他彩票发售活动,不适用本规定。

二、违反规定有奖销售的法律责任

符合公认商业道德的有奖销售行为,可以起到活跃市场、促进竞争的作用。但违背商业道德、采取不正当竞争手段的有奖销售,不仅会损害其他经营者合法权益、损害消费者的利益,而且会扰乱社会经济秩序。因此,我国《反不正当竞争法》并没有简单地肯定或否定有奖销售,而是通过禁止以下三种形式的有奖销售而对这一促销手段进行调整:一是采用谎称有奖或者故意让内定人员中奖的欺骗方式进行有奖销售;二是利用有奖销售的手段推销质次价高的商品;三是抽奖的有奖销售,最高的金额超过 5000 元。

国家工商行政管理局 2002 年发布的《关于禁止有奖销售活动中不正当竞争行为的若干规定》,针对上述三种类型作了进一步的补充规定,对于欺骗性有奖销售行为,《规定》进一步明确了具体类型:"(一) 谎称有奖销售或者对所设奖的种类,中奖概率,最高奖金额,总金额,奖品种类、数量、质量、提供方法等作虚假不实的表示。(二) 采取不正当的手段故意让内定人员中奖。(三) 故意将设有中奖标志的商品、奖券不投放市场或者不与商品、奖券同时投放市场;故意将带有不同奖金金额或者奖品标志的商品、奖券按不同时间投放市场。(四) 其他欺骗性有奖销售行为。前款第(四)项行为,由省级以上工商行政管理机关认定。省级工商行政管理机关作出的认定,应当报国家工商行政管理局备案。"对于利用有奖销售的手段推销的商品是否属于质次价高,由工商行政管理机关根据同期市场同类商品的价格、质量和购买者的投诉进行认定,必要时会同有关部门认定。抽奖式的有奖销售以非现金的物品或者其他经济利益作奖励的,按照同期市场同类商品或者服务的正常价格折算其金额,以确定最高奖金额是否超过5000元。

经营者举办有奖销售,应当向购买者明示其所设奖的种类、中奖概率、奖金金额或者奖品种类、兑奖时间、方式等事项。属于非现场即时开奖的抽奖式有奖销售,告知事项还应当包括开奖的时间、地点、方式和通知中奖者的时间、方式。经营者对已经向公众明示的前款事项不得变更。在销售现场即时开奖的有奖销售活动,对超过500元的兑奖情况,经营者应当随时向购买者明示。

根据我国《反不正当竞争法》第20条、第26条的规定,《关于禁止有奖销售活动中不正当竞争行为的若干规定》以及《产品质量法》《消费者权益保护法》《刑法》的相关规定,不正当有奖销售行为的责任人应承担对其他经营者和消费者的民事责任、行政责任与刑事责任。

第八节 商业诽谤

我国《反不正当竞争法》第14条规定:"经营者不得捏造、散布虚伪事实,损害竞争对手的商业信誉、商品声誉。"经营者捏造、散布虚伪事实,损害竞争对手的商业信誉、商品声誉,即商业诽谤(又称商业诋毁行为),是侵害公民或法人名誉权和荣誉权行为的一种商业化表现形式。商业诽谤是一种典型的不正当竞争行为。商业信誉和商品声誉是经营者在市场竞争中赢得优势地位的资本和支柱。损害竞争对手的商业信誉、商品声誉,会给竞争对手正常经营活动造成不利影响,损害其应有的市场竞争优势地位,甚至导致严重的经济损失。

商业诽谤行为在构成要件上有以下特点:第一,行为主体必须是经营者,即从事商品经营或者盈利性服务的法人、其他经济组织和个人。第二,行为人主观方面为故意,而不是过失。行为人实施商业诋毁行为,是以削弱竞争对手的市场竞争力,并谋求自己的市场竞争优势为目的。第三,侵害客体是特定经营者即作为行为人竞争对手的经营者的商业信誉、商业声誉,即商誉。第四,行为的客观方面表现为捏造、散布虚伪事实,对竞争对手的商誉进行诋毁、贬低,给其造成或可能造成一定的损害后果。捏造虚伪事实,是指故意编造对竞争对手不利的、与其商业信誉、商品声誉真实情况不相符合的事情,包括无中生有的编造,也包括对事实的恶意歪曲。散布虚伪事实,是指以各种形式使他人知悉其所捏造的虚伪事实。

现实生活中的商业诽谤行为的表现是形形色色的,以下几种比较显著:一是利用散发公开信、召开新闻发布会、刊登对比性广告、声明性广告等形式,制造、散布贬损竞争对手商业信誉、商品声誉的虚假事实。二是在对外经营过程中,向业务客户及消费者散布虚假事实,以贬低竞争对手的商业信誉,诋毁其商品或服务的质量声誉。三是利用商品的说明书,吹嘘本产品质量上乘,贬低同业竞争者生产销售的同类产品。四是唆使他人在公众中造谣并传播、散布竞争对手所售的商品质量有问题,使公众对该商品失去信赖,以便自己的同类产品取而代之。五是组织人员,以顾客或消费者的名义,向有关经济监督管理部门做关于竞争对手产品质量低劣、服务质量差、侵害消费者权益等情况的虚假投诉,从而达到贬低其商业信誉的目的。

值得注意的是,我国《反不正当竞争法》并没有专门规定商业诽谤行为应当承担的法律责任。但是,这不意味着商业诽谤行为无须承担任何法律责任,例如,受到诋毁的经营者可根据《民法通则》的有关规定要求实施商业诽谤行为的人承担相应的民事责任。

第十一章 消费者权益保护法律制度

第一节 消费者权益保护法概述

一、消费者的概念

消费作为社会再生产的一个重要环节,是生产、交换、分配的目的与归宿。它包括生产消费和生活消费两大方面。其中,生活消费与基本人权直接相关。在盛倡"消费者主权"和基本人权的今天,生活消费作为人类的基本需要,自然成为法律必须加以规制的重要领域。

在经济学领域,消费者是与政府、企业相并列的参与市场经济运行的三大主体之一,是与企业相对应的市场主体;在法学领域,消费者是经济法的重要主体,尤其是各国消费者保护法上最重要的主体。尽管不同学科对于消费者研究的角度各有不同,但是,无论是在经济学上还是在法学上,无论是立法规定还是法律实践,一般都认为消费者是指从事生活消费的主体。

例如,日本学者竹内昭夫认为,所谓消费者,就是为生活消费而购买、利用他人供给的物资和劳务的人,是供给者的对称。① 而国际标准化组织(ISO)认为,消费者是以个人消费为目的而购买或使用商品和服务的个体社会成员。② 泰国的《消费者保护法》则规定,所谓消费者,是指买主和从生产经营者那里接受服务的人,包括为了购进商品和享受服务而接受生产经营者的提议和说明的人。可见,学者、相关的国际组织和各国的立法都存在着类似的界定。

综合上述各个方面的观点,可以认为,所谓消费者,就是为了满足个人生活消费的需要而购买、使用商品或者接受服务的居民。这里的居民是指自然人或称个体社会成员。在我国,消费者是经营者的对称,而经营者就是向消费者出售商品或提供服务的市场主体。

与消费者相伴而生的是消费者权益。没有消费者及消费者权益,消费者权益保护法就失去了其赖以存在的前提和根基。所谓消费者权益,是指消费者依法享有的权利以及该权利受到保护时给消费者带来的应得的利益。消费者权益的核心是消费者权利,其有效实现是消费者权益从应然状态转化为实然状态的前提和基础;而对于消费者权利的实现直接提供法律保障的,则是消费者权益保护法。

---

① 参见〔日〕金泽良雄:《经济法概论》,满达人译,中国法制出版社2005年版,第460页。
② 这是国际标准化组织的消费者政策委员会于1978年5月在其首届年会上对"消费者"所作的定义。

二、消费者权益保护法的概念

消费者权益保护法，是调整在保护消费者权益的过程中发生的经济关系的法律规范的总称。它是经济法的重要部门法，在经济法的市场监管法中尤其占有重要地位。

上述定义表明，消费者权益保护法有其独特的调整对象，即在保护消费者权益过程中所发生的经济关系。由此可知，消费者权益保护法的最重要的主体是消费者，而保护的核心则是消费者权益。

消费者权益保护法的理论基础，可以从多种不同的角度来加以说明。从人权理论来看，消费者权利作为一项基本人权，是生存权的重要组成部分。既然人类的一切活动都是为了人类自身的存续和发展，而人类的生活消费，无论是物质消费还是精神消费，又都是实现人权的必经方式，因此，对于人类在生活消费中应享有的权利，法律必须予以严格保障，这样才能使消费者的基本人权从应然状态的权利转化为法定的权利或实际可享有的权利。有鉴于此，各国为了保障消费者权利，均制定了相应的保护消费者的法律规范，从而形成了各国的消费者保护制度。

从经济理论上说，企业或称厂商通常是以利润最大化为基本目标；而消费者或称居民则通常是以效用最大化为目标。两类市场主体在追求的目标上是存在冲突的。企业为了营利，极可能置诚实信用等商业道德于不顾，通过非法的、不正当的手段去侵害消费者的利益。其中，最为重要的是向消费者隐瞒有关商品或服务的质量、价格等各个方面的信息，从而会导致在企业与消费者之间出现"信息偏在"或称"信息不对称"的问题。这些问题会进一步导致"市场失灵"。对于企业与消费者之间的经济关系，本来主要是通过民商法等来调整的，但由于市场经济发展所带来的"信息偏在"等问题是市场本身和传统的民商法不能有效解决的，因此，应由国家通过制定专门的消费者政策和消费者法律来加以解决。

从法学理论上看，近代市场经济的发展，是与传统民商法的发展相适应的，它促进了私法的发达；而现代市场经济的发展，导致了一系列新型经济关系的产生，使传统民商法难以进行全面、有效的调整，因此，必须由经济法等现代法来弥补传统民商法调整的不足，从而使经济法、社会法等日益受到重视，并成为当代法律体系中不可或缺的重要组成部分。事实上，对于消费者权益的保护，在近代主要是通过传统的民商法来实现的。但降至现代，由于市场本身已不能有效解决"信息偏在"问题；同时，由于强调形式平等的民商法不能对处于弱者地位的消费者给予倾斜性的保护，以求得实质上的平等，从而也不能有效解决"信息偏在"等问题，因此，只能在传统的民商法以外去寻求解决途径，只能运用国家之手予以调整。各国的消费者权益保护的专门立法的发展，正说明了这一点。从这个意义上说，消费者权益保护法是对传统民商法的突破性的发展。

此外，消费者权益保护法还具有突出的社会性功能。从这个意义上说，消费者权益保护法既具有鲜明的经济性，也具有突出的社会性。其实，社会就是由消费者组成的。消费者权益保护法的有效实施,当然会对整个社会产生很大的影响。加强消费者权益的保护,有助于维护社会稳定和社会秩序,防止社会呈现严重的"无序"或"失范"状态。

对于消费者权益保护法的性质,有人认为它仍是传统民商法的一部分,也有人认为它属于经济法的部门法。通过前面的分析,可以认为,消费者权益保护法在立法基础、调整对象、法域、调整方法等诸多方面,已经大大突破了传统的私法体系。尽管它在形式意义的立法中涉及私法的原则,但其宗旨、所保护的法益、对私法主体之间的交易的规制,不仅使其超越了传统的民商法,而且也使其成为解决由于信息偏在、外部性等产生的市场失灵的重要手段。由于它与经济法中的市场监管法有共同的产生基础和宗旨等,因而它应当是经济法的组成部分。

三、消费者权益保护法的立法体例

消费者权益保护法的立法体例可分为两大类:一类是专门立法;一类是在相关的立法中加入有关消费者保护方面的法律规范。从总体上说,无论是英美法系国家还是大陆法系国家,消费者保护法都主要以制定法为主。例如,美国和英国都制定了许多消费者保护方面的成文法。美国早在1906年就颁布了《联邦食品和药品法》,近几年则通过了2010年《华尔街改革与消费者保护法》(《多德—弗兰克法案》);英国在1987年制定了专门的《消费者保护法》;日本于1968年公布施行了《保护消费者基本法》等。除了有关消费者保护的专门立法之外,许多国家还在诸如反垄断法、反不正当竞争法、产品质量法、广告法等相关法律中规定对消费者的保护。同时,从大的法律部门来说,还在民法、行政法等部门法中规定有关保护消费者的实质性规范。

由于许多部门法在其形式意义的立法中存在着消费者保护法的规范,同时,某些部门法本身也存在着一定的保护消费者权益的功能,因而消费者权益保护法同其他部门法的协调问题甚为重要。

在经济法体系中,消费者权益保护法是市场监管法的重要部门法。它与反垄断法、反不正当竞争法存在着密切的关系。应当说,消费者权益保护法更强调从消费者的角度来直接保护消费者这一特定的市场主体的权益,而反垄断法、反不正当竞争法则更强调从规范企业的市场行为的角度来间接地保护消费者的权益。

在整个法的体系中,还涉及消费者权益保护法与传统的民法等部门法的关系。事实上,在过去的民商法理论中,曾有学者提出把合同分为商人合同和消费者合同,并特别强调两者的差别。在商人合同中,商人的地位、行为能力被认为都是平等的;而在消费者合同中,消费者与商人的地位,特别是注意能力、交涉能力等是存在差别的。因此,确有必要把两类合同加以区别,以突出消费者的特殊性。此外,20世纪50年代爆发的"消费者权利运动",也促使各国制定相应的消费者政策和专门的消费者立法,从而使其在立法的宗旨、基础等方面,都比传统民法的保护有了很大的突破。但由于民法在历史上毕竟对保护消费者的权益起到过重要作用,两者之间存在着密切的关系,因此,在关于消费者权益保护法律中,往往存在着一些民法规范。

我国在保护消费者的立法方面实行专门立法的体例。1993年10月31日,第八届全国人民代表大会第四次会议通过了《中华人民共和国消费者权益保护法》(以下简称《消费者权益保护法》),这是我国制定的第一部保护消费者权益的专门法律,也是我国消费者保护立法方面的核心法、骨干法。该法于2009年8月27日由第十一届全国人大常委会第十次会议作了个别修改,于2013年10月25日由第十二届全国人大常委会第五次会议作了较大修改。其立法的宗旨是保护消费者的合法权益,维护社会经济秩序,以促进社会主义市场经济的健康发展。这与经济法的宗旨在根本上是一致的。

四、消费者权益保护法的原则

一般说来,消费者权益保护法应当包括以下原则:一是尊重和保障人权原则;二是保障社会经济秩序原则;三是依法交易原则。

我国《消费者权益保护法》规定了下列四项原则:一是经营者应当依法提供商品或者服务的原则;二是经营者与消费者进行交易应当遵循自愿、平等、公平、诚实信用的原则;三是国家保护消费者的合法权益不受侵犯的原则;四是一切组织和个人对损害消费者合法权益的行为进行社会监督的原则。

在我国《消费者权益保护法》规定的四项原则中,第一项原则和第二项原则,同前述的消费者权益保护法通常应包括的"依法交易原则"是一致的。事实上,交易是连接经营者和消费者的纽带,也是消费者权益保护法的调整基础。因为没有交易,就不会存在消费者权利受到经营者侵害的问题,也就没有法律规制的必要。一般的"依法交易原则"包括我国《消费者权益保护法》中规定的第一项原则,即"依法提供商品或者服务的原则",只不过这里所依据的法律,并不仅限于民事法律,而是同样要依据《反不正当竞争法》《产品质量法》《广告法》《价格法》等经济法方面的法律。此外,一般的"依法交易原则"也包括我国《消费者权益保护法》中规定的第二项原则,即"交易应当遵循自愿、平等、公平、诚实信用的原则"。自愿原则、平等原则、公平原则、诚信原则等,不仅是一般的交易都应当遵循的原则,而且也与消费者的公平交易权、自主选择权、获取信息权等消费者权利直接相关,是形成具体的消费者保护规则的基础性的、本原性的规则,对于形成具体的消费者权利保护制度有重要的指导作用。

消费者权益保护法通常应当包含的另外两项原则,即"尊重和保障人权原则"、"保障社会经济秩序原则",是更高层次的原则。为了具体体现和落实这两项原则的精神,我国《消费者权益保护法》规定了上述的第三项原则,即"国家保护原则",以及第四项原则,即"社会监督原则"。这些原则强调了国家和社会在保护消费者合法权益方面的责任,不仅在具体的消费者保护法领域里具有重要意义,而且在宪政领域里也具有重要价值。

上述各类原则也说明,消费者的保护需要站在经济、社会的总体立场之上,而并非仅是调整消费者与经营者之间的个体关系,国家要从人权、经济与社会秩序等高度,来切实保障消费者的合法权益。

五、消费者权益的国际保护

随着市场经济的发展,消费者问题日益突出,各国所保护的消费者权利的范围也日渐扩大,对国际组织的相关认识产生了直接影响。例如,国际消费者联盟组织①曾提出消费者应享有的八项权利,不仅使消费者权益的国际保护与各国的具体保护在总体上保持一致,而且使国际层面关于消费者权益保护的规定更具有可操作性。

在消费者权益的国际保护方面,已经有一批关于消费者保护的规定。其中,较为重要的是:其一,《保护消费者准则》②。它由国际消费者联盟组织倡导制定,并经联大决议通过,是国际消费者保护方面影响最大的综合性规定。其主要目标是协助各国加强消费者保护,鼓励企业遵守道德规范,协助各国限制不利于消费者的商业陋习;鼓励消费者组织的发展,推进消费者保护的国际合作等。其二,《消费者保护宪章》。它由欧洲理事会制定,其权利保护范围较为广泛,对消费者的援助保护权、损害赔偿权、知悉真情权、接受教育权、依法结社权、获得咨询权等都有相关规定。

第二节 消费者的权利与经营者的义务

一、消费者权利与经营者义务概述

在保护消费者权利方面,经营者、国家、社会均负有相应的义务,其中,经营者义务是更为直接、更为具体的。要有效地保护消费者的权利,就必须使经营者能够全面地履行其相应的义务,这样才能使消费者权利得到有效实现。正因如此,有关消费者权利和经营者义务的内容,历来是消费者权益保护法的核心内容。

我国《消费者权益保护法》不仅对于消费者权利和经营者义务有明确、具体的规定,同时,还从总体上规定了其适用范围为:消费者为生活消费需要购买、使用商品或者接受服务,其权益受该法保护;经营者为消费者提供其生产、销售的商品或者提供服务,应当遵守该法;对于上述具体情况该法未作规定的,应当适用其他有关法律、法规的规定。另外,农民购买、使用直接用于农业生产的生产资料,亦应参照该法执行。可见,《消费者权益保护法》有关适用范围的规定,实际上对于该法所保护的消费者权利和要求经营者履行的义务也是一个总体上的规定。

从历史上看,一般认为,在世界上最早明确提出消费者权利的是美国总统约翰·肯尼迪。他在 1962 年 3 月 15 日向国会提出的"关于保护消费者利益的特别国情咨

---

① 国际消费者联盟组织(International Organization of Consumers Union,简称 IOCU),由美国、英国等五国的消费者联盟或消费者协会于 1960 年在海牙发起设立。中国消费者协会已于 1987 年被接纳为正式会员。国际消费者联盟组织已于 1995 年更名为国际消费者协会,简称 CI。

② 1985 年 4 月 9 日,联合国大会投票通过了第 39/248 号决议,大会在该项决议中通过了《保护消费者准则》,该《准则》是一部具有世界意义的保护消费者的纲领性文件。

文"中①,提出了消费者应享有的四项权利:获得商品的安全保障的权利;获得正确的商品信息资料的权利;对商品的自由选择的权利;提出消费者意见的权利。肯尼迪的"四权论"提出以后,渐为各国所广泛认同并在实践中加以发展,并相继增加了获得合理赔偿的权利、获得有益于健康的环境的权利和受到教育的权利,以作为上述"四权论"的补充。②

为了保障上述消费者各项权利的实现,有必要在法律中专门规定经营者的义务。事实上,在经营者以利润最大化为目标的情况下,在信息偏在、道德风险等普遍存在的情况下,经营者极可能侵犯消费者的权益,因而必须对经营者的行为加以规范。有鉴于此,我国《消费者权益保护法》对于消费者权利和经营者义务均有具体规定,下面分别予以阐述。

二、消费者的具体权利

我国现行《消费者权益保护法》的第二章专门具体规定了消费者的权利,这些权利对于消费者来说是至为重要的,主要包括以下几个方面:

(一) 保障安全权

随着经济活动和社会生活的日益复杂,人们面临的各类风险也越来越多。于是,人们不仅关注国家的经济安全、金融安全等宏观问题,而且也关注更为具体的人身安全、财产安全、交易安全等问题,从而使保障安全成为相关法律调整的重要目标之一。一般认为,公平、效率、秩序、安全都是法律调整所追求的价值目标,没有安全就没有秩序,没有安全也没有效率,没有安全,公平和正义也无法实现。安全直接关系到人身和财产的状态,直接影响到人身权、财产权的保障,因而是非常基础的。

保障安全权是消费者最基本的权利,它是消费者在购买、使用商品和接受服务时所享有的保障其人身、财产安全不受损害的权利。由于消费者取得商品和服务是用于生活消费,因此,商品和服务必须安全可靠,必须保证商品和服务的质量不会损害消费者的生命与健康。

在当代风险社会,在这个强调以人为本、关注基本人权的时代,在这个"消费者主权"的时代,必须在法律上确立消费者最基本的保障安全权,使消费者能够依法要求经营者提供真正可以保障人身、财产安全的商品和服务,以维护良好的经济秩序和社会秩序,促进社会成员在和谐中提高效率,在高效率中实现公平,从而全面实现法律的总体价值目标。

(二) 知悉真情权

在今天的信息社会,信息的重要性人所共知。对于企业而言,信息直接关系到其

---

① 肯尼迪于1962年3月15日提出的"四权论"影响深远,因此,国际消费者联盟组织于1983年作出决定,将每年的3月15日定为"国际消费者权益日"。

② 1968年的韩国《消费者保护法》规定了7项消费者权利;1984年的西班牙《消费者和使用者利益保护法》规定了消费者的6项权利;而国际消费者组织联盟则提出了消费者的9项权利,其中包括生存权、平价权、选择权、安全权、知情权、求偿权、获助权、教育权、环境权等。

经营业绩;对于消费者而言,信息直接关乎其生活质量。但是,信息过滥与信息不足的问题却同时困扰着人们。由于信息不对称所带来的诸多市场失灵问题,使信息偏在与道德风险等问题受到了普遍关注。如何确保相关信息的真实、准确,如何确保相关主体在信息沟通上的诚实信用,以更好地保护相关主体的知悉真情权及其合法权益,是从宪法到民法,从行政法到经济法等各个法律领域都必须关注的问题。同理,在消费者保护法领域,也要保护消费者的知悉真情权。

知悉真情权,或称获取信息权、知情权、了解权,是消费者享有的知悉其购买、使用的商品或者接受的服务的真实情况的权利。据此,消费者有权根据商品或者服务的不同情况,要求经营者提供商品的价格、产地、生产者、用途、性能、规格、等级、主要成分、生产日期、有效期限、检验合格证明、使用方法说明书、售后服务,或者服务的内容、规格、费用等有关情况,唯有如此,才能保障消费者在与经营者签约时做到知己知彼,并表达其真实的意思。

(三) 自主选择权

市场经济是一种由独立的市场主体自主决策、自主选择的经济,消费者作为与经营者相对立的市场主体,同样是独立的、自主的。作为生活消费的主体,消费者最清楚自己在生活中是否需要购进商品和服务,以及需要什么、需要多少,对于商品和服务的品质、数量、价格等,消费者都应当有权自主地作出判断,并自主地作出选择。因此,在保护消费者的立法中,应当确立消费者的自主选择权。

自主选择权,是指消费者享有的自主选择商品或者服务的权利。该权利包括以下几个方面:自主选择提供商品或者服务的经营者的权利;自主选择商品品种或者服务方式的权利;自主决定购买或者不购买任何一种商品、接受或者不接受任何一项服务的权利;在自主选择商品或服务时所享有的进行比较、鉴别和挑选的权利。

在市场经济发展的初期,可能会存在一些强买强卖、欺行霸市等破坏市场经济秩序的行为,同时,也会存在大量的假冒伪劣产品充斥市场、各类欺诈行为层出不穷等"市场失序"的问题,在这种情况下,尤其应当确立和保护消费者的自主选择权,同时,还应当确立和保护消费者的公平交易权。

(四) 公平交易权

消费者作为生活消费的主体,存在着纷繁复杂的私人欲望,这些私人欲望需要通过在市场上购买私人物品来得到满足,并由此促进整个市场经济的发展。交易是市场经济的核心,公平交易是市场经济持续发展的保障。在消费者与经营者的关系中,交易是否公平,直接影响到消费者的得失,也影响到市场的秩序和效率。因此,与上述的自主选择权直接相关,消费者还应当享有公平交易权。

公平交易权,是指消费者在购买商品或者接受服务时所享有的获得质量保障和价格合理、计量正确等公平交易条件的权利。为了保障消费者公平交易权的实现,必须依反垄断法和反不正当竞争法等对劣质销售、价格不公、计量失度等不公平交易行为加以禁止。此外,消费者还有权拒绝经营者的强制交易行为,这与前述消费者权益保护法的基本原则的要求也是一致的。

（五）依法求偿权

致人损害要赔偿,是法律上的一般理念和规则。消费者在购买商品或接受服务,从事其生活消费时,可能会由于质量、价格、计量等方面的原因,而受到人身或财产方面的损害。对于这些损害,从损害赔偿的一般法理上说,当然要予以赔偿,以补偿受损者,惩戒致害者,保障基本人权,维护市场秩序。据此,应当在法律上确立和保护消费者的求偿权,使其可以依法求偿。

依法求偿权,是指消费者在因购买、使用商品或者接受服务受到人身、财产损害时,依法享有的要求并获得赔偿的权利。它是弥补消费者所受损害的必不可少的救济性权利。确立和保护这一权利,对于解决实践中大量存在的侵害消费者权益的问题,对于有效惩戒不法经营者,维护市场秩序,保障基本人权,都是非常重要的。

（六）依法结社权

消费者团结起来,依法建立自己的社团,有助于使消费者从分散、弱小走向集中和强大,并通过集体的力量来改变自己的弱者地位,以便与实力雄厚的经营者相抗衡。与全球范围内的第三部门蓬勃发展的形势相呼应,各国也纷纷建立了大量的消费者团体。消费者的结社问题,无论在宪法、行政法层面,还是在经济法、社会法等层面,都应予以关注;同时,应当在专门的立法中,确立消费者的依法结社权。

依法结社权,是指消费者享有的依法成立维护自身合法权益的社会团体的权利。政府对合法的消费者团体不应加以限制,并且,在制定有关消费者方面的政策和法律时,还应当向消费者团体征求意见,以求更好地保护消费者权利。

（七）接受教育权

在当今知识爆炸的时代,不断地接受教育以获取新知,已成为人们生活的一部分。接受教育不仅是一项宪法性的权利,而且要具体体现在相关的立法中。为此,在保护消费者的立法中,同样要把接受教育之类的宪法性权利予以具体化,从而形成消费者权益保护法中的接受教育权。

接受教育权,也称获取知识权、求教获知权,是从知悉知情权中引申出来的一种消费者权利,它是消费者所享有的获得有关消费和消费者权益保护方面的知识的权利。只有保障消费者的接受教育权,才能使消费者更好地掌握所需商品或者服务的知识和使用技能,以使其正确使用商品,提高自我保护意识。由于厂商与消费者在信息、实力等方面的差距越来越大,因此,在今天强调消费者要接受教育,获取相关知识以提高自我保护的能力,已变得越来越重要。

（八）获得尊重权

在激烈的市场竞争中,许多企业为了提高自己的竞争力,在经营方式、竞争手段等方面不断花样翻新,有时可能会忽视对消费者的人格尊严或民族风俗习惯的尊重,使消费者的身心受到伤害,并由此会产生多个方面的危害。因此,强调交易平等,强调彼此尊重,确立消费者的获得尊重权,同样也是非常重要的。

获得尊重权,是指消费者在购买、使用商品和接受服务时所享有的其人格尊严、民族风俗习惯以及个人隐私得到尊重和保护的权利。尊重消费者的人格尊严和民族风俗,依法保护姓名权、肖像权和隐私权等个人信息,有助于形成公序良俗,既是尊重和保障人权的重要内容,也是社会文明进步的表现。

(九) 监督批评权

同前面的接受教育权类似,监督批评权也是一项宪法性权利,它同样需要在保护消费者的立法中予以具体化。该权利对于消费者其他权利的具体实现,对于形成消费者权益保护法运行的良性反馈机制,是非常重要的。

依据我国《消费者权益保护法》的规定,消费者享有对商品和服务以及保护消费者权益工作进行监督的权利。此外,消费者有权检举、控告侵害消费者权益的行为和国家机关及其工作人员在保护消费者权益工作中的违法失职行为,有权对保护消费者权益工作提出批评、建议。

上述9项权利都是我国《消费者权益保护法》明确规定应予保护的消费者权利。这些权利的有效实现,尚有赖于其他主体的相关义务的履行,尤其有赖于经营者义务的履行。

三、经营者的具体义务

由于经营者是为消费者提供商品和服务的市场主体,是与消费者直接进行交易的另一方,因此,明确经营者的义务对于保护消费者权益至为重要。我国《消费者权益保护法》第三章较为全面地规定了在保护消费者权益方面经营者所负有的下列义务:

(一) 依法定或约定履行义务

经营者向消费者提供商品或服务,应当依照我国的《消费者权益保护法》和其他有关法律、法规的规定履行义务,即经营者必须依法履行其法定义务。如果经营者和消费者有约定,则应当按照约定履行义务,但双方的约定不得违背法律、法规的规定。此外,经营者应当恪守社会公德,诚信经营,保障消费者的合法权益;不得设定不公平、不合理的交易条件,不得强制交易。

经营者提供商品或者服务,按照国家规定或者与消费者的约定,承担包修、包换、包退或者其他责任的,应当按照国家规定或者约定履行,不得故意拖延或者无理拒绝。这是我国《消费者权益保护法》为体现上述法定或约定履行义务的精神而作的具体规定。

(二) 听取意见和接受监督

经营者应当听取消费者对其提供的商品或者服务的意见,接受消费者的监督。这是与消费者的监督批评权相对应的经营者的义务。法律规定经营者的这一义务,有利于提高和改善消费者的地位。

(三) 保障人身和财产安全

这是与消费者的保障安全权相对应的经营者的义务。经营者应当保证其提供的商品或者服务符合保障人身、财产安全的要求。对可能危及人身、财产安全的商品和服务,应当向消费者作出真实的说明和明确的警示,并说明和标明正确使用商品或者接受服务的方法以及防止危害发生的方法。宾馆、商场、餐馆、银行、机场、车站、港口、影剧院等经营场所的经营者,尤其应当对消费者尽到安全保障义务。

此外,经营者发现其提供的商品或者服务存在缺陷,有危及人身、财产安全危险的,应当立即向有关行政部门报告和告知消费者,并采取停止销售、警示、召回、无害化处理、销毁、停止生产或者服务等措施。采取召回措施的,经营者应当承担消费者因商品被召回支出的必要费用。①

(四) 不作虚假或引人误解的宣传

这是与消费者的知悉真情权相对应的经营者的义务。经营者向消费者提供有关商品或者服务的质量、性能、用途、有效期限等信息,应当真实、全面,不得作虚假或者引人误解的宣传。否则,即构成侵犯消费者权益的行为和不正当竞争行为。

此外,经营者对消费者就其提供的商品或者服务的质量和使用方法等具体问题提出的询问,应当作出真实、明确的答复。在价格标示方面,经营者提供商品或者服务应当明码标价。

(五) 出具相应的凭证和单据

经营者提供商品或者服务,应当按照国家有关规定或者商业惯例向消费者出具发票等购货凭证或者服务单据;消费者索要发票等购货凭证或者服务单据的,经营者必须出具,这是经营者的义务。由于发票等购货凭证或者服务单据具有重要的证据价值,对于界定消费者和经营者的权利义务亦具有重要意义,因此,明确经营者出具凭证和单据的义务,有利于保护消费者权益。

在现实生活中,有些经营者可能提出种种借口,拒绝向消费者出具相应的发票等购货凭证或服务单据,这是违反其法定义务的行为,不仅会侵害消费者权益,而且也会导致国家税款的流失,带来经济管理上的一些不良后果。因此,对此类违法行为同样不应小视。

(六) 提供符合要求的商品或服务

经营者应当保证在正常使用商品或者提供服务的情况下说明其提供的商品或者服务应当具有的质量、性能、用途和有效期限;但消费者在购买该商品或者接受该服务前已经知道其存在瑕疵,且存在该瑕疵不违反法律强制性规定的除外。

此外,经营者以广告、产品说明、实物样品或者其他方式表明商品或者服务的质量状况的,应当保证其提供的商品或者服务的实际质量与表明的质量状况相符。

另外,经营者提供的机动车、计算机、电视机、电冰箱、空调器、洗衣机等耐用商品或者装饰装修等服务,消费者自接受商品或者服务之日起 6 个月内发现瑕疵,发生争议的,由经营者承担有关瑕疵的举证责任。

---

① 我国的缺陷产品召回制度始于 2004 年 3 月 12 日由国家质检总局等四部委联合发布的《缺陷汽车产品召回管理规定》,其后,国家质检总局等部门又陆续制定了食品、儿童玩具、药品、医疗器械等方面的召回制度。2012 年 10 月 22 日国务院公布了《缺陷汽车产品召回管理条例》,自 2013 年 1 月 1 日起施行。这些召回制度的实施,对于保障消费者权益非常重要。

(七) 承担退货、更换或修理等义务

经营者提供的商品或者服务不符合质量要求的,消费者可以依照国家规定、当事人约定退货,或者要求经营者履行更换、修理等义务。没有国家规定和当事人约定的,消费者可以自收到商品之日起 7 日内退货;7 日后符合法定解除合同条件的,消费者可以及时退货,不符合法定解除合同条件的,可以要求经营者履行更换、修理等义务。依照上述规定进行退货、更换、修理的,经营者应当承担运输等必要费用。

此外,还有一类"无理由退货"的情况,即经营者采用网络、电视、电话、邮购等方式销售商品,消费者有权自收到商品之日起 7 日内退货,且无需说明理由,但下列商品除外:(1) 消费者定作的;(2) 鲜活易腐的;(3) 在线下载或者消费者拆封的音像制品、计算机软件等数字化商品;(4) 交付的报纸、期刊。除上述商品外,其他根据商品性质并经消费者在购买时确认不宜退货的商品,不适用无理由退货。需要强调的是,消费者退货的商品应当完好。经营者应当自收到退回商品之日起 7 日内返还消费者支付的商品价款。退回商品的运费由消费者承担;经营者和消费者另有约定的,按照约定。

上述的"无理由退货"制度,又被称为"冷静期"制度,消费者由此在法定期限内享有了所谓"后悔权"。此类制度对消费者行使权利所设定的各类条件限制,体现了法律在经营者权益与消费者权益之间的平衡。

(八) 不得从事不公平、不合理的交易

为了保障消费者的公平交易权,经营者在经营活动中使用格式条款时,应当以显著方式提请消费者注意商品或者服务的数量和质量、价款或者费用、履行期限和方式、安全注意事项和风险警示、售后服务、民事责任等与消费者有重大利害关系的内容,并按照消费者的要求予以说明。与此同时,经营者不得以格式条款、通知、声明、店堂告示等方式,作出排除或者限制消费者权利、减轻或者免除经营者责任、加重消费者责任等对消费者不公平、不合理的规定,不得利用格式条款并借助技术手段强制交易。格式条款、通知、声明、店堂告示等含有上述内容的,其内容无效。

(九) 信息提供与个人信息保护的义务

在信息提供方面,采用网络、电视、电话、邮购等方式提供商品或者服务的经营者,以及提供证券、保险、银行等金融服务的经营者,应当向消费者提供经营地址、联系方式、商品或者服务的数量和质量、价款或者费用、履行期限和方式、安全注意事项和风险警示、售后服务、民事责任等信息。此外,经营者未经消费者同意或者请求,或者消费者明确表示拒绝的,不得向其发送商业性信息。

在个人信息保护方面,经营者收集、使用消费者个人信息,应当遵循合法、正当、必要的原则,明示收集、使用信息的目的、方式和范围,并经消费者同意。经营者收集、使用消费者个人信息,应当公开其收集、使用规则,不得违反法律、法规的规定和双方的约定收集、使用信息。

经营者及其工作人员对收集的消费者个人信息必须严格保密,不得泄露、出售或者非法向他人提供。经营者应当采取技术措施和其他必要措施,确保信息安全,防止

消费者个人信息泄露、丢失。在发生或者可能发生信息泄露、丢失的情况时,应当立即采取补救措施。

(十) 不得侵犯消费者的人身权

消费者的人身权是其基本人权,消费者的人身自由、人格尊严不受侵犯。如前所述,消费者享有获得尊重权,经营者不得对消费者进行侮辱、诽谤,不得搜查消费者的身体及其携带的物品,不得侵犯消费者的人身自由。

我国《消费者权益保护法》明确规定的经营者的上述各类义务,与前述的消费者权利存在着大体上的对应关系。从实质意义上的消费者权益保护法来说,经营者的义务还远不限于上述形式意义上的《消费者权益保护法》的规定,因为在《反垄断法》、《反不正当竞争法》、《产品质量法》、《广告法》、《价格法》等诸多形式意义的立法中,同样包含许多涉及经营者义务的规范,并且在这些法律的立法宗旨中,无一例外,都将保护消费者权益作为重要目标。由此可见,对消费者权利的保护,不只是《消费者权益保护法》的任务,同时也是其他相关法律的任务;消费者权益保护法作为一个部门法,实际上包含了许多法律中的有关保护消费者的规范。

第三节 消费者权益的国家保护与社会保护

在消费者权益的保护方面,不仅经营者负有直接的义务,而且国家、社会也都负有相应的义务。只有各类主体都有效地承担起保护消费者权益的义务,消费者的各项权利才能得到有效的保障。为此,我国《消费者权益保护法》对于国家和社会在保护消费者权益方面的义务也都作出了规定。

一、国家对消费者权益的保护

(一) 国家对消费者权益的整体保护

为了有效地保护消费者权益,国家应当在立法、执法、司法等各个环节上,加强对消费者权益的整体保护。在消费者政策和消费者立法方面,国家应当保护消费者的合法权益不受侵害,并应采取具体措施,保障消费者依法行使权利,维护其合法利益。依据我国《消费者权益保护法》第四章的规定,国家对消费者合法权益的保护主要体现在以下几个方面:

1. 在立法方面的保护

国家制定有关消费者权益的法律、法规、规章和强制性标准,应当听取消费者和消费者协会等组织的意见。此外,立法机关在把消费者政策上升为法律时,也应听取消费者的意见和要求。

2. 在行政管理方面的保护

政府的行政管理工作与消费者权益的保护水平直接相关。各级人民政府应当加强领导,组织、协调、督促有关行政部门做好保护消费者合法权益的工作,落实保护消费者合法权益的职责。各级人民政府应当加强监督,预防危害消费者人身、财产安全行为的发生,及时制止危害消费者人身、财产安全的行为。这实际上体现了对消费者的保障安全权的着重确认和保护。

我国《消费者权益保护法》除对各级政府在消费者权益保护方面的义务作出规定以外,还特别强调政府的一些具体职能部门在消费者权益保护方面的义务。根据该法规定,各级人民政府工商行政管理部门和其他有关行政部门,应当依照法律、法规的规定,在各自的职责范围内,采取措施,保护消费者的合法权益。此外,有关行政部门应当听取消费者及其社会团体对经营者交易行为、商品和服务质量的意见,及时调查处理。

另外,有关行政部门在各自的职责范围内,应当定期或者不定期对经营者提供的商品和服务进行抽查检验,并及时向社会公布抽查检验结果。如果发现并认定经营者提供的商品或者服务存在缺陷,有危及人身、财产安全危险的,应当立即责令经营者采取停止销售、警示、召回、无害化处理、销毁、停止生产或者服务等措施。

3. 在惩处违法犯罪行为方面的保护

对违法犯罪行为有惩处权力的有关国家机关,应当依照法律、法规的规定,惩处经营者在提供商品和服务中侵害消费者合法权益的违法犯罪行为,以切实保护消费者的合法权益。

为了及时、有效地惩处侵害消费者合法权益的违法犯罪行为,人民法院应当采取措施,方便消费者提起诉讼。对于符合我国《民事诉讼法》起诉条件的消费者权益争议,人民法院必须受理,并应及时审理,以使消费者权益争议尽快得到解决。

(二) 政府部门对消费者权益的专门保护

在保护消费者权益方面,一些政府部门负有重要职责,如工商、价格、质量监督等部门,都在从各自职能的角度对消费者权益进行专门的保护。这些专门保护也是国家对消费者权益的整体保护的重要组成部分。下面仅以工商管理部门为例,对消费者权益的专门保护问题略作说明。

工商管理部门是《消费者权益保护法》的主要执法部门,在保护消费者合法权益,维护社会经济秩序方面发挥着重要的作用。由于同纷繁复杂的经济生活相比,我国《消费者权益保护法》的规定仍然较为原则,因此,为了有效保护消费者权益,国家工商行政管理总局制定了一系列保护消费者权益的规范性文件,如《关于处理侵害消费者权益行为的若干规定》《欺诈消费者行为处罚办法》《工商行政管理机关受理消费者申诉暂行办法》[1]等等。这些规定进一步增进了我国《消费者权益保护法》的可操作性,是对《消费者权益保护法》规定的进一步明确化和具体化。对此,下面着重从两大方面作简要介绍:

---

[1] 《关于处理侵害消费者权益行为的若干规定》于 2004 年 3 月 12 日发布,《欺诈消费者行为处罚办法》于 1996 年 3 月 15 日发布施行,《工商行政管理机关受理消费者申诉暂行办法》于 1998 年 12 月 3 日修订。此外,2014 年 2 月 14 日国家工商行政管理总局还公布了《工商行政管理部门处理消费者投诉办法》,废止了前述的《工商行政管理机关受理消费者申诉暂行办法》。

第一,工商管理部门对经营者义务的细化。

为了进一步加强对消费者权利的保护,《关于处理侵害消费者权益行为的若干规定》对经营者的义务作出了如下更加细致的规定:

在约定的履行方面,经营者与消费者约定的内容有利于维护消费者合法权益并严于强行法规定的,按照约定履行;约定的内容不利于维护消费者合法权益并且不符合强行法规定的,按照法律法规的规定履行。

在保障安全权方面,如果经营者发现其提供的商品或者服务存在严重缺陷,即使正确使用商品或者接受服务仍然可能对人身、财产安全造成危害的,应当立即停止销售尚未售出的商品或者停止提供服务,并报告工商行政管理等有关行政部门;对已经销售的商品或者已经提供的服务除报告工商行政管理等有关行政部门外,还应当及时通过公共媒体、店堂告示以及电话、传真、手机短信等有效方式告之消费者,并且收回该商品或者对已提供的服务采取相应的补救措施。

在公平交易权方面,经营者拟订的格式合同、通知、声明、店堂告示中不得含有下述对消费者不公平、不合理的内容:让消费者承担应当由经营者承担的义务;增加消费者的义务;排除、限制消费者依法变更、解除合同的权利;排除、限制消费者依法请求支付违约金、损害赔偿、提起诉讼等法定权利。如果经营者违反上述义务,则工商行政管理部门应当责令其改正,并在市场主体信用监管信息中予以记载。

在交易证明方面,消费者接受经营者提供的商品或者服务后,向经营者索要发票、收据、购货卡、服务卡、保修证等购货凭证或者服务单据的,经营者必须出具,并不得加收任何费用。消费者索要发票的,经营者不得以收据、购货卡、服务卡、保修证等代替。有正当理由不能即时出具的,经营者应当按照与消费者协商的时间、地点送交或者约定消费者到指定地点索取。经营者约定消费者到指定地点索取的,应当向消费者支付合理的交通费用。如果经营者不履行上述义务,工商行政管理部门应当责令其改正,并在市场主体信用监管信息中予以记载。

上述规定要比我国《消费者权益保护法》中的规定更为具体,也更有现实针对性,同时,侧重于保护消费者权利的精神也更加突出,这无疑更有助于保障消费者权利的具体实现。

第二,工商管理部门对欺诈消费者行为的特别处罚。

欺诈消费者的行为,是较为普遍的侵害消费者权益的行为,贻害甚深。为制止经营者提供商品或者服务中的欺诈消费者行为,保护消费者的合法权益,工商行政管理总局根据我国《消费者权益保护法》的有关规定,专门制定了《欺诈消费者行为处罚办法》,以期从加大处罚力度的角度,来加强对消费者权益的保护。

根据规定,欺诈消费者行为,是指经营者在提供商品(包括服务)中,采取虚假或者其他不正当手段欺骗、误导消费者,使消费者的合法权益受到损害的行为。属于欺诈消费者行为的主要有:(1)销售掺杂、掺假,以假充真,以次充好的商品的;(2)采取虚假或者其他不正当手段使销售的商品分量不足的;(3)销售"处理品"、"残次品"、"等外品"等商品而谎称是正品的;(4)以虚假的"清仓价"、"甩卖价"、"最低价"、"优惠价"或者其他欺骗性价格表示销售商品的;(5) 以虚假的商品说明、商品标准、实物样品等方式销售商品的;(6) 不以自己的真实名称和标记销售商品的;(7) 采取雇用他人等方式进行欺骗性的销售诱导的;(8) 作虚假的现场演示和说明的;(9) 利用广播、电视、电影、报刊等大众传播媒介对商品作虚假宣传的;(10) 骗取消费者预付款的;(11) 利用邮购销售骗取价款而不提供或者不按照约定条件提供商品的;(12) 以虚假"有奖销售""还本销售"等方式销售商品的。

对于上述欺诈消费者的行为,法律、行政法规对处罚机关和处罚方式有规定的,从其规定;法律、行政法规未作规定的,由工商行政管理机关依照《消费者权益保护法》的规定处罚。

二、社会对消费者权益的保护

保护消费者的合法权益是全社会的共同责任,国家鼓励、支持一切组织和个人对损害消费者合法权益的行为进行社会监督。为了更好地保护消费者权益,大众传媒尤其应做好维护消费者合法权益的宣传,对损害消费者合法权益的行为进行有效的舆论监督。

此外,在保护消费者合法权益方面,各种消费者组织具有至为重要的作用,因而我国《消费者权益保护法》第五章对其作出了专门的规定。

依据该法规定,消费者组织包括消费者协会和其他消费者组织。消费者协会和其他消费者组织是依法成立的对商品和服务进行社会监督的保护消费者合法权益的社会组织。它们作为非营利的、公益性的社团,不得从事商品经营和营利性服务,不得以收取费用或者其他牟取利益的方式向消费者推荐商品和服务。各级人民政府对消费者协会履行职责应当予以必要的经费等支持。在消费者组织中,消费者协会(简称"消协")是最普遍、最重要的。消协必须依法履行其职能,各级人民政府对消协履行职能应当予以支持。

第四节 权益争议的解决与法律责任的确定

一、消费者权益争议的解决

(一) 争议的解决途径

各类争议的解决,大略都有协商、调解、仲裁、诉讼等基本的解决途径,消费者权益争议也与此类似。根据我国《消费者权益保护法》的规定,消费者与经营者发生消费者权益争议的,可以通过下列途径解决:与经营者协商和解;请求消费者协会或者依法成立的其他调解组织调解;向有关行政部门投诉;根据与经营者达成的仲裁协议提请仲裁机构仲裁;向人民法院提起诉讼。

依据现行法律规定,消费者向有关行政部门投诉的,该部门应当自收到投诉之日起 7 个工作日内,予以处理并告知消费者。此外,对侵害众多消费者合法权益的行为,中国消费者协会以及在省、自治区、直辖市设立的消费者协会,可以向人民法院提起诉讼。

无论采行上述哪种争议解决方式,无论在解决争议的过程中当事人是否付费,都会发生一定的成本。从法律经济学的角度来看,在选择具体的争议解决途径时,消费者应当作出理性的选择,尤其应权衡争议的解决成本,考虑交易费用。因此,哪种途径在总体上对于当事人的利益较大,消费者就应当选择哪种解决的途径。

(二) 最终承担损害赔偿责任的主体的确定

1. 由生产者、销售者、服务者承担

(1) 消费者在购买、使用商品时,其合法权益受到损害的,可以向销售者要求赔偿。销售者赔偿后,属于生产者的责任或者属于向销售者提供商品的其他销售者的责任的,销售者有权向生产者或者其他销售者追偿。

(2) 消费者或者其他受害人因商品缺陷造成人身、财产损害的,可以向销售者要求赔偿,也可以向生产者要求赔偿。属于生产者责任的,销售者赔偿后,有权向生产者追偿。属于销售者责任的,生产者赔偿后,有权向销售者追偿。

(3) 消费者在接受服务时,其合法权益受到损害的,可以向服务者要求赔偿。

(4) 消费者在展览会、租赁柜台购买商品或者接受服务,其合法权益受到损害的,可以向销售者或者服务者要求赔偿。展览会结束或者柜台租赁期满后,也可以向展览会的举办者、柜台的出租者要求赔偿。展览会的举办者、柜台的出租者赔偿后,有权向销售者或者服务者追偿。

(5) 消费者通过网络交易平台购买商品或者接受服务,其合法权益受到损害的,可以向销售者或者服务者要求赔偿。网络交易平台提供者不能提供销售者或者服务者的真实名称、地址和有效联系方式的,消费者也可以向网络交易平台提供者要求赔偿;网络交易平台提供者作出更有利于消费者的承诺的,应当履行承诺。网络交易平台提供者赔偿后,有权向销售者或者服务者追偿。

2. 由变更后的企业承担

消费者在购买、使用商品或者接受服务时,其合法权益受到损害,因原企业分立、合并的,可以向变更后承受其权利义务的企业要求赔偿。

3. 由营业执照的使用人或持有人承担

使用他人营业执照的违法经营者提供商品或者服务,损害消费者合法权益的,消费者可以向其要求赔偿,也可以向营业执照的持有人要求赔偿。

4. 由从事虚假广告行为的经营者及相关主体承担

消费者因经营者利用虚假广告或者其他虚假宣传方式提供商品或者服务,其合法权益受到损害的,可以向经营者要求赔偿。广告经营者、发布者发布虚假广告的,消费者可以请求行政主管部门予以惩处。广告经营者、发布者不能提供经营者的真实名称、地址和有效联系方式的,应当承担赔偿责任。

广告经营者、发布者设计、制作、发布关系消费者生命健康商品或者服务的虚假广告,造成消费者损害的,应当与提供该商品或者服务的经营者承担连带责任。

社会团体或者其他组织、个人在关系消费者生命健康商品或者服务的虚假广告或者其他虚假宣传中向消费者推荐商品或者服务,造成消费者损害的,应当与提供该商品或者服务的经营者承担连带责任。

二、法律责任的确定

对于侵害消费者权益的行为,应当依法追究违法者的法律责任。一般说来,违法者需要承担的法律责任主要有两类:一类是赔偿性法律责任;一类是惩罚性法律责任。

(一) 赔偿性法律责任的确定

1. 侵犯人身权的法律责任

人身权是重要的基本人权,我国《消费者权益保护法》对侵犯人身权的法律责任作了专门规定,其主要内容如下:

(1) 致人伤亡的法律责任。经营者提供商品或者服务,造成消费者或者其他受害人人身伤害的,应当赔偿医疗费、护理费、交通费等为治疗和康复支出的合理费用,以及因误工减少的收入。造成残疾的,还应当赔偿残疾生活辅助具费和残疾赔偿金。造成死亡的,还应当赔偿丧葬费和死亡赔偿金。

(2) 侵害人格尊严或侵犯人身自由的法律责任。经营者侵害消费者的人格尊严、侵犯消费者人身自由或者侵害消费者个人信息依法得到保护的权利的,应当停止侵害、恢复名誉、消除影响、赔礼道歉,并赔偿损失。此外,经营者有侮辱诽谤、搜查身体、侵犯人身自由等侵害消费者或者其他受害人人身权益的行为,造成严重精神损害的,受害人可以要求精神损害赔偿。

2. 侵犯财产权的法律责任

在消费者权益争议中,大量涉及的是财产权之争。我国《消费者权益保护法》对侵犯财产权的法律责任也作了专门的规定,其主要内容如下:

经营者提供商品或者服务,造成消费者财产损害的,应当依照法律规定或者当事人约定承担修理、重作、更换、退货、补足商品数量、退还货款和服务费用或者赔偿损失等民事责任。

经营者以预收款方式提供商品或者服务的,应当按照约定提供。未按照约定提供的,应当按照消费者的要求履行约定或者退回预付款;并应当承担预付款的利息、消费者必须支付的合理费用。

依法经有关行政部门认定为不合格的商品,消费者要求退货的,经营者应当负责退货。此外,经营者对消费者未尽到安全保障义务,造成消费者损害的,应当承担侵权责任。

3. 相关法律、法规在法律责任确定方面的协调

除我国《消费者权益保护法》另有规定的以外,经营者提供商品或者服务有下列行为之一的,应当按照其他有关法律、法规的规定,承担民事责任:(1) 商品或者服务存在缺陷的;(2) 不具备商品应当具备的使用性能而在出售时未作说明的;(3) 不符

合在商品或者其包装上注明采用的商品标准的;(4) 不符合商品说明、实物样式等方式表示的质量状况的;(5) 生产国家明令淘汰的商品或者销售失效、变质的商品的;(6) 销售的商品数量不足的;(7) 服务的内容和费用违反约定的;(8) 对消费者提出的修理、重作、更换、退货、补足商品数量、退还货款和服务费用或者赔偿损失的要求,故意拖延或者无理拒绝的;(9) 法律、法规规定的其他损害消费者权益的情形。

(二) 惩罚性法律责任的确定

我国《消费者权益保护法》不仅规定了违法经营者的赔偿性法律责任,而且还规定了违法经营者应承担的惩罚性法律责任,并且,在责任的确定方面同样存在与其他法律、法规的协调问题。

1. 一般违法行为应承担的惩罚性法律责任

(1) 欺诈行为的惩罚性赔偿责任

经营者提供商品或者服务有欺诈行为的,应当按照消费者的要求增加赔偿其受到的损失,增加赔偿的金额为消费者购买商品的价款或者接受服务的费用的 3 倍;增加赔偿的金额不足 500 元的,为 500 元。法律另有规定的,依照其规定。

经营者明知商品或者服务存在缺陷,仍然向消费者提供,造成消费者或者其他受害人死亡或者健康严重损害的,受害人有权要求经营者依照《消费者权益保护法》规定赔偿损失,并有权要求所受损失 2 倍以下的惩罚性赔偿。

(2) 其他惩罚性责任

依据我国《消费者权益保护法》的规定,经营者有下列情形之一,除承担相应的民事责任外,其他有关法律、法规对处罚机关和处罚方式有规定的,依照法律、法规的规定执行;法律、法规未作规定的,由工商行政管理部门或者其他有关行政部门责令改正,可以根据情节单处或者并处警告、没收违法所得、处以违法所得 1 倍以上 10 倍以下的罚款,没有违法所得的,处以 50 万元以下的罚款;情节严重的,责令停业整顿、吊销营业执照;提供的商品或者服务不符合保障人身、财产安全要求的;在商品中掺杂、掺假,以假充真,以次充好,或者以不合格商品冒充合格商品的;生产国家明令淘汰的商品或者销售失效、变质的商品的;伪造商品的产地,伪造或者冒用他人的厂名、厂址,篡改生产日期,伪造或者冒用认证标志等质量标志的;销售的商品应当检验、检疫而未检验、检疫或者伪造检验、检疫结果的;对商品或者服务作虚假或者引人误解的宣传的;拒绝或者拖延有关行政部门责令对缺陷商品或者服务采取停止销售、警示、召回、无害化处理、销毁、停止生产或者服务等措施的;对消费者提出的修理、重作、更换、退货、补足商品数量、退还货款和服务费用或者赔偿损失的要求,故意拖延或者无理拒绝的;侵害消费者人格尊严、侵犯消费者人身自由或者侵害消费者个人信息依法得到保护的权利的;法律、法规规定的对损害消费者权益应当予以处罚的其他情形。

经营者有上述情形的,除依照法律、法规规定予以处罚外,处罚机关应当记入信用档案,向社会公布。经营者对行政处罚决定不服的,可以依法申请行政复议或者提起行政诉讼。

2. 严重违法行为应承担的惩罚性法律责任

经营者违法提供商品或者服务,侵害消费者合法权益,构成犯罪的,依法追究刑事责任。依据我国《消费者权益保护法》的有关规定,追究刑事责任的情况主要包括以下几种:

(1) 经营者违法提供商品或者服务,侵害消费者合法权益,构成犯罪的,依法追究刑事责任。

(2) 以暴力、威胁等方法阻碍有关行政部门工作人员依法执行职务的,依法追究刑事责任;拒绝、阻碍有关行政部门工作人员依法执行职务,未使用暴力、威胁方法的,由公安机关依照我国《治安管理处罚法》的规定处罚。

(3) 国家机关工作人员有玩忽职守或者包庇经营者侵害消费者合法权益的行为的,由其所在单位或者上级机关给予行政处分;情节严重,构成犯罪的,依法追究刑事责任。

值得一提的是,为了保护消费者权益,早在1993年7月,全国人大常委会就作出了《关于惩治生产、销售伪劣商品犯罪的决定》。此后,我国又在《刑法》第三章"破坏社会主义市场经济秩序罪"中,首先用一节的篇幅规定"生产、销售伪劣商品罪"。例如,依据我国《刑法》规定,下列情形,构成犯罪的,都应依法追究刑事责任:

(1) 生产者、销售者在产品中掺杂、掺假,以假充真,以次充好或者以不合格产品冒充合格产品;

(2) 生产、销售假药的;

(3) 生产、销售劣药,对人体健康造成严重危害的;

(4) 生产、销售不符合食品安全标准的食品,足以造成严重食物中毒事故或者其他严重食源性疾病的;

(5) 在生产、销售的食品中掺入有毒、有害的非食品原料的,或者销售明知掺有有毒、有害的非食品原料的食品的;

(6) 生产不符合保障人体健康的国家标准、行业标准的医疗器械、医用卫生材料,或者销售明知是不符合保障人体健康的国家标准、行业标准的医疗器械、医用卫生材料,对人体健康造成严重危害的。

对上述行为依法追究刑事责任,对于有效维护市场经济秩序,打击侵害消费者权益的突出问题,尤其具有现实意义。

第十二章 产品质量法律制度

第一节 产品质量法概述

一、产品质量法的概念

"产品质量,是指产品符合规定要求的特性。"[1]"产品质量法,是指调整在对产品应当具有符合规定要求的特性进行监督、管理过程中发生的经济关系的法律规范的总称。"[2]

标准、计量、质量,虽然各不相同,但又相互依存。它们的共同载体是产品,都是为了提高产品质量。标准是质量的依据,计量是质量的技术基础,没有高标准,没有统一准确的计量,也就没有高质量的产品。

广义的产品,指凡与自然物相对的一切劳动生产物。法律上所讲的产品,其范围则给予具体的规定。如欧共体指令规定,产品指一切动产,即使被组装或安装在另一动产或不动产中的动产也包括在内,但农业原产品和猎物除外。

我国《产品质量法》第2条所讲的产品,是指"经过加工、制作,用于销售的产品"。同时又规定:"建设工程不适用本法规定";该法经修改、补充,又增加规定:"建设工程使用的建筑材料、建筑构配件和设备,属于前款规定的产品范围的,适用本法规定。"这一规定,指明了《产品质量法》不调整初级农产品和不动产。建设工程等不可移动的产品,属于不动产,有其特殊的质量要求,需要通过另行立法来解决。我国这样规定,符合国际上的通行做法。同时,我国《产品质量法》,将建设工程所使用的,经过加工、制作用于销售的建筑材料、建筑构配件和设备,纳入《产品质量法》所指的产品范围,使该法的适用范围更加完善,它有利于保证建设工程的质量,从根本上杜绝因使用质劣的原材料而留下的隐患。

为与我国《产品质量法》的规定相衔接,为保障农产品质量安全,维护公众健康,促进农业和农村经济发展,2006年4月29日第十届全国人大常委会第二十一次会议通过,定于同年11月1日起施行《中华人民共和国农产品质量安全法》。该法明确规定,本法所称的农产品,是指来源于农业的初级产品,即在农业活动中获得的植物、动物、微生物及其产品。这一立法,属于规范产品质量的特别法,是完善产品质量法律体系的重大举措。

产品质量是由各种要素所组成。这些要素又被称为产品所具有的特征和特性。国际标准化组织颁布的 ISO 8402《质量—术语》这一标准中,对质量的定义是:"产品

---

[1] 杨紫烜:《国家协调论》,北京大学出版社2009年版,第259页。
[2] 同上书,第260页。

和服务规定或者潜在需要的特征和特性的总和。"这一定义中所说的"需要",往往随时间的变化而变化,与科学技术的不断进步有着更密切的联系。"需要"可以包括使用性能、安全性、可用性、可靠性、可维修性和环境等基本目标,它们分别反映产品使用性能和外观性能,可靠、安全、灵活和及时的程度,以及与之相应的用户和消费者所付出的代价。

在社会主义市场经济条件下,要求实现质量、品种和效益的统一。没有符合市场需要的品种不行,没有好的产品质量更不行,两者缺一不可,否则就要受到市场的冷落,受到客观规律的惩罚,因而也就无经济效益可言。产品质量的优劣,直接影响市场的发育、兴衰和秩序,反映生产者和销售者的素质与职业道德,代表一个国家的形象和民族精神。

当今世界各国,特别是一些工业发达国家,都把质量当做经济工作中的一个永恒的主题,当做一项长期的发展战略。日本人称自己实行的是"质量型"经济战略。美国一位质量管理专家认为,现在世界正进行着一场第三次世界大战,这不是一场用枪炮的流血战争,而是商业战,它的主要武器是质量。

二、产品质量立法

现在,许多工业发达国家,非常重视运用法律手段来规范产品的生产、安全和销售,制定了一系列有关质量的法律、法规。

当今世界,主要有四个产品质量方面的国际性公约。它们是:1973年国际私法会议于海牙签订的《关于产品责任适用法律的公约》,1976年欧洲经济共同体制定的《使成员国产品责任法互相接近的指示草案》,1977年欧洲经济共同体理事会于斯特拉斯堡签订的《关于人身伤害产品责任欧洲公约》,1985年欧洲共同体理事会通过的《关于对有缺陷产品的责任指令》。

新中国建立以来,我国比较重视质量立法。国家在颁布的《计量法》《标准化法》《商标法》《药品管理法》《食品卫生法》《进出口商品检验法》《反不正当竞争法》《消费者权益保护法》《全民所有制工业企业法》及《合同法》《民法通则》等法律中,都有有关产品质量的规定。

为了适应进一步改革开放和建立社会主义市场体系的要求,提高产品质量和完善产品质量法律体系,打假治劣和维护市场经济秩序,1993年2月22日第七届全国人大常委会第三十次会议通过了我国第一部全面、系统地规定产品质量的《产品质量法》。全国人大常委会于2000年7月8日和2009年8月27日对该法作了两次修订。

1996年12月24日,国务院发布了《质量振兴纲要(1996—2010年)》,1999年12月5日,又发布了《关于进一步加强质量工作若干问题的决定》。这两部有关产品质量监督管理工作的重要法规性文件,对提高全民质量意识,打击制假、售假活动,起了有效的作用。

《产品质量法》颁布施行后,对于提高我国产品质量总体水平,明确产品质量责任,保护用户、消费者的合法权益,维护社会主义市场经济秩序,发挥了积极的作用。

产品质量法与食品安全法具有密切联系。制定我国《食品安全法》是完善产品质量法律制度的内在要求。因为提高产品质量水平,必须保证食品安全。保证食品安全,保障公众身体健康和生命安全,是制定《食品安全法》的重要目的。所以,第十一届全国人大常委会第七次会议于2009年2月28日通过的、自2009年6月1日起施行的《食品安全法》,对于加强对食品质量的监督管理,保证食品安全,保障公众身体健康和生命安全,维护社会经济秩序,贯彻落实《产品质量法》,具有重要意义。

三、产品质量法的宗旨和指导原则

（一）产品质量法的宗旨

我国《产品质量法》第1条规定:"为了加强对产品质量的监督管理,提高产品质量水平,明确产品质量责任,保护消费者的合法权益,维护社会经济秩序,制定本法。"这一规定,体现了《产品质量法》的立法目的。修改的《产品质量法》增加的"提高产品质量水平"的内容,不仅使该法的目的更加全面,而且对提高全民产品质量意识,明确产品生产者、经营者、国家机关及其工作人员的产品质量责任,都有重要意义。

（二）产品质量法的指导思想及原则

我国产品质量立法的指导思想是:从我国客观实际出发,加强市场监管,为企业创造良好的外部环境,激励企业提高产品质量的内在动力;借鉴国外的有益经验,采用国际通行的管理模式和现代科学的管理方法;同时,要充分地保护消费者的合法权益。

我国产品质量法的原则是:

第一,贯彻"质量第一"的原则。发展社会主义市场经济,不断提高产品质量,满足最广大人民群众日益增长的高水平的物质需要,是我国的一项基本政策,因而"质量第一"应是我国产品质量立法必须长期坚持的战略方针。

第二,贯彻维护消费者合法权益的原则。产品质量法,实质上就是产品质量责任法。而产品质量责任,集中的是对消费者的责任。产品质量法维护消费者的权益,主要通过保护消费者人体健康和人身、财产安全权,知情权,选择权,陈述意见权,请求保护权等体现出来,所有这些均应通过产品质量法予以实现。

第三,实行统一立法、区别管理的原则。为了贯彻这一原则,国家对可能危及人体健康和人身、财产安全的产品,制定并实行强制性标准;对其他产品,主要采取国际通行的企业质量体系认证、产品质量认证等引导方法,加强对市场商品的监督。

第四,实行奖优罚劣的原则。国家一方面要奖励优质产品和质量管理先进的企业和个人;另一方面要严厉制裁制假、售假的生产者和销售者,以维护社会主义市场经济秩序。

第二节 各级人民政府的产品质量责任和产品质量监督体制

一、各级人民政府的产品质量责任

我国《产品质量法》,明确规定了各级人民政府对产品质量工作的责任,并规定了一些重要的保证措施。

(一) 加强对产品质量工作的统筹规划和组织领导

我国《产品质量法》第 7 条规定:"各级人民政府应当把提高产品质量纳入国民经济和社会发展规划,加强对产品质量工作的统筹规划和组织领导,引导、督促生产者、销售者加强产品质量管理,提高产品质量,组织各有关部门依法采取措施,制止产品生产、销售中违反本法规定的行为,保障本法的施行。"

国务院《关于进一步加强产品质量工作若干问题的决定》要求,地方各级人民政府要把提高产品质量纳入本行政区域的国民经济和社会发展规划,将质量工作和打假工作列入议事日程,加强对质量技术监督工作的领导,要切实采取措施,定期研究和及时解决提高产品质量和打假工作中存在的问题。对质量工作领导或监督不力,致使制假售假问题严重或出现重大质量事故的,要依法追究有关负责人及责任人的责任。

为促进执法监督的独立性和有效性,进一步加大质量技术监督的力度,1999 年 3 月,党中央、国务院决定,改革技术监督管理体制,在全国省级以下质量技术监督系统实行垂直管理。

(二) 反对在产品质量工作中的地方保护主义和部门保护主义

我国《产品质量法》第 11 条规定:"任何单位和个人不得排斥非本地区或者非本系统企业生产的质量合格产品进入本地区、本系统。"

国务院《质量振兴纲要》明确指出,依法严厉惩处生产和销售假冒伪劣商品的违法行为,严厉制裁包庇、纵容生产销售假冒伪劣商品的有关责任者,坚决消除地方保护主义或部门保护主义。

(三) 制止包庇、放纵本地区、本系统的制假、售假行为

我国《产品质量法》第 9 条规定:"各级人民政府工作人员和其他国家机关工作人员不得滥用职权、玩忽职守或者徇私舞弊,包庇、放纵本地区、本系统发生的产品生产、销售中违反本法规定的行为,或者阻挠、干预依法对产品生产、销售中违反本法规定的行为进行查处。各级地方人民政府和其他国家机关有包庇、放纵产品生产、销售中违反本法规定的行为的,依法追究其主要负责人的法律责任。"

二、产品质量监督体制

(一)产品质量监督的主管部门

我国《产品质量法》规定:国务院产品质量监督部门主管全国产品质量监督工作;县级以上地方产品质量监督部门主管本行政区域内的产品质量监督工作。

(二)负责产品质量监督的有关部门

我国《产品质量法》规定:国务院有关部门在各自的职权范围内负责产品质量监督工作;县级以上地方人民政府有关部门在各自的职权范围内负责产品质量监督工作。

(三)法律另有规定的从其规定

我国《产品质量法》规定,法律对产品质量的监督部门另有规定的,按照有关法律的规定执行。例如,我国《食品安全法》《药品管理法》等法律,对产品质量监督部门另有规定,应当按照其规定执行。

第三节 产品质量的监督

一、产品质量监督的概念

产品质量监督,是指法律规定的产品质量专门机构,根据正式产品标准的规定,依照法定职权和法定程序,对企业产品质量所进行的监督性活动。

将国家产品质量监督部门及其认可的或者授权的机构,对产品质量的监督职权,同企业对产品的管理职权,进行适当分开,这是对我国《产品质量法》的一个重要发展。

二、产品质量的标准化监督

国家鼓励推行科学的质量管理方法,采用先进的科学技术,鼓励企业产品质量达到并且超过行业标准、国家标准和国际标准。

对产品质量管理先进和产品质量达到国际先进水平、成绩显著的单位和个人,给予奖励。

我国《产品质量法》第12条规定:"产品质量应当检验合格,不得以不合格产品冒充合格产品。"第13条规定:"可能危及人体健康和人身、财产安全的工业产品,必须符合保障人体健康和人身、财产安全的国家标准、行业标准;未制定国家标准、行业标准的,必须符合保障人体健康和人身、财产安全的要求。禁止生产、销售不符合保障人体健康和人身、财产安全的标准和要求的工业产品。具体管理办法由国务院规定。"

标准是对重复性事务和概念所作的统一规定。标准化是指从制订标准到全面实施标准的全部活动,是组织现代化生产的重要手段,是技术管理的重要组成部分。没有标准化,就没有专业化,也就没有高质量、高速度。推行标准化,是一项重要的技术经济政策。

我国《标准化法》规定,企业生产的产品,分为国家标准、行业标准、地方标准和企业标准。国家鼓励企业产品质量达到并且超过国际标准。国家标准、行业标准分为强制性标准和推荐性标准。其中,保障人体健康和人身、财产安全的工业产品和法律、行政法规规定强制执行的标准是强制性标准,其他标准是推荐性标准。强制性标准,必须执行,不符合强制性标准的产品,禁止生产、销售和进口。推荐性标准,国家鼓励企业自愿采用。

三、企业质量体系认证制度

(一) 生产者、销售者应当加强企业质量管理

我国《产品质量法》第3条规定:"生产者、销售者应当建立健全内部产品质量管理制度,严格实施岗位质量规范、质量责任以及相应的考核办法。"

质量管理,国际公认的定义是,一个组织全部管理活动的重要组成部分,是一项职责由组织的最高管理者承担、组织内的所有机构与之相关的系统性活动。

产品质量管理旨在使产品的质量符合一定的标准或规格。没有全面、有效的质量管理,就不可能有可靠、稳定的产品质量。所以,搞好产品质量管理,是全社会都必须高度重视的问题。

(二) 企业质量体系认证制度

我国《产品质量法》第14条第1款规定:"国家根据国际通用的质量管理标准,推行企业质量体系认证制度。企业根据自愿原则可以向国务院产品质量监督部门认可的或者国务院产品质量监督部门授权的部门认可的认证机构申请企业质量体系认证。经认证合格的,由认证机构颁发企业质量体系认证证书。"

企业质量体系认证制度,是指国务院产品质量监督部门认可的或者国务院产品质量监督部门授权的部门认可的认证机构,依据国际通用的"质量管理和质量保证"系列标准,对企业的质量体系和质量保证能力进行审核合格,颁发企业质量体系认证证书,以兹证明的制度。

所谓国际通用的"质量管理和质量保证"系列标准,指的是国际标准化组织(ISO)于1987年3月正式发布的ISO9000系列国际标准。该标准吸收了各国质量管理、质量保证的精华,统一了质量术语的概念,反映并发展了世界工业发达国家质量管理的实践经验。目前,世界上已有很多国家和地区等同或等效采用该系列标准,被批准实行这种制度的企业已达数十万家,美国、加拿大、澳大利亚等国家的买主,正日益把生产者具备ISO9000质量标准作为购买产品的前提条件。采用该系列标准已被世界公认为是通向国际市场的"通行证"。

1992年5月,国家技术监督局决定,将ISO9000等同采用我国国家标准CB/T19000—ISO9000。等同采用的国家标准,其技术内容与ISO9000完全相同,编写方法也完全一致。

企业质量体系认证的目的,在有合同的条件下,是为了提高供方的质量信誉,向需方提供质量担保,增强企业在市场上的竞争能力;在非合同条件下是为了加强企业内部的质量管理,实现质量方针和质量目标。

企业质量体系认证的原则,是企业自愿向国家认可的认证机构申请企业质量体系认证,经认证合格的,由认证机构颁发企业质量体系认证证书。

我国主管部门按照国际标准化组织(ISO)合格评定委员会(CASCO)发布的有关指南并结合我国国情,制定了在我国开展质量体系认证的实施细则和相应的配套管理办法,至今已认可了若干家独立的第三方质量体系认证机构,已有一批质量认证人员获得国家注册资格。

四、产品质量认证制度

我国《产品质量法》第 14 条第 2 款规定:"国家参照国际先进的产品标准和技术要求,推行产品质量认证制度。企业根据自愿原则可以向国务院产品质量监督部门认可的或者国务院产品质量监督部门授权的部门认可的认证机构申请产品质量认证。经认证合格的,由认证机构颁发产品质量认证证书,准许企业在产品或者其包装上使用产品质量认证标志。"

产品质量认证,是指依据具有国际水平的产品标准和技术要求,经过认证机构确认并通过颁发认证证书和产品质量认证标志的形式,证明产品符合相应标准和技术要求的活动。

产品质量认证,分安全认证和合格认证。实行安全认证的产品,必须符合《产品质量法》《标准化法》的有关规定。我国《产品质量法》规定,可能危及人体健康和人身、财产安全的工业产品,必须符合保障人体健康和人身、财产安全的国家标准、行业标准。我国《标准化法》规定,实行安全认证的产品,必须符合《标准化法》中有关强制性标准的要求。实行合格认证的产品,必须符合《标准化法》规定的国家或者行业标准的要求。未制定国家标准、行业标准的,以社会普遍公认的安全、卫生要求为依据。

我国《产品质量认证管理条例》及《产品质量认证管理条例实施办法》等法规、规章,对企业申请产品质量认证的程序,即申请、审查和检验、批准等具体步骤,作了明确规定。产品质量认证部门,依法对符合规定条件的企业批准认证,颁发认证证书,并允许企业在该产品上使用认证标志。

为了适应市场经济发展的要求,促进产品进入国际市场,我国产品质量认证工作现已进入了新的发展阶段。我国产品质量认证工作,已先后批准成立了一批质量认证委员会,已对一大批生产企业颁发了认证证书。

五、产品生产许可证制度

为了保证产品质量,国家实行生产许可证制度。

为了保证直接关系公共安全、人体健康、生命财产安全的重要工业产品的质量安全,贯彻国家产业政策,促进社会主义市场经济健康、协调发展,国务院重新制定并于2005年9月1日起施行的《工业产品生产许可证管理条例》(1984年4月7日发布的《工业产品生产许可证试行条例》同时废止)。该《条例》规定,国家对生产若干重要类别工业产品的企业实行生产许可证制度。国务院工业产品生产许可证主管部门会同有关部门并征求消协及行业协会意见,制定国家实行生产许可证的工业产品目录。任何企业未取得生产许可证不得生产列入目录的产品,任何单位和个人不得销售或者在经营活动中使用未取得生产许可证的列入目录的产品。

六、产品质量的监督检查

我国《产品质量法》对产品质量的监督检查,作了比较详尽的规定,主要内容有:

(一)监督检查以抽查为主的方式

国家对产品质量实行以抽查为主要方式的监督检查制度。对依法进行的产品质量监督检查,生产者、销售者不得拒绝。

(二)监督抽查工作的重点

根据我国《产品质量法》规定,监督抽查工作的重点是可能危及人体健康和人身、财产安全的产品,影响国计民生的重要工业产品以及消费者、有关组织反映有质量问题的产品。抽查的样品应当在市场上或者企业成品仓库内的待销产品中随机抽取。

(三)监督抽查工作的规划和组织领导

监督抽查工作由国务院产品质量监督部门规划和组织。县级以上地方产品质量监督部门在本行政区域内也可以组织监督抽查。法律对产品质量的监督检查另有规定的,依照有关法律的规定执行。

国家监督抽查的产品,地方不得另行重复抽查;上级监督抽查的产品,下级不得另行重复抽查。

(四)监督抽查中的产品检验

根据监督抽查的需要,可以对产品进行检验。检验抽取样品的数量不得超过检验的合理需要,并不得向被检查人收取检验费用。监督抽查所需检验费用按照国务院规定列支。

生产者、销售者对抽查检验的结果有异议的,可以自收到检验结果之日起15日内向实施监督抽查的产品质量监督部门或者其上级产品质量监督部门申请复检,由受理复检的产品质量监督部门作出复检结论。

(五)对监督抽查中产品质量不合格的处理

我国《产品质量法》第17条规定:"依照本法规定进行监督抽查的产品质量不合格的,由实施监督抽查的产品质量监督部门责令其生产者、销售者限期改正。逾期不改正的,由省级以上人民政府产品质量监督部门予以公告;公告后经复查仍不合格的,责令停业,限期整顿;整顿期满后经复查产品质量仍不合格的,吊销营业执照。监督抽查的产品有严重质量问题的,依照本法第五章的有关规定处罚。"

七、产品质量监督部门行政执法职权

我国《产品质量法》第 18 条对产品质量监督部门的行政执法权作了规定,县级以上产品质量监督部门根据已经取得的违法嫌疑证据或者举报,对涉嫌违反法律规定的行为进行查处时,可以行使下列职权:

(1) 对当事人涉嫌从事违反法律的生产、销售活动的场所实施现场检查;

(2) 向当事人的法定代表人、主要负责人和其他有关人员调查、了解与涉嫌从事违反法律的生产、销售活动有关的情况;

(3) 查阅、复制当事人有关的合同、发票、账簿以及其他有关资料;

(4) 对有根据认为不符合保障人体健康和人身、财产安全的国家标准、行业标准的产品或者有其他严重质量问题的产品,以及直接用于生产、销售该项产品的原辅材料、包装物、生产工具,予以查封或者扣押。

县级以上工商行政管理部门按照国务院规定的职责范围,对涉嫌违反法律规定的行为进行查处时,可以行使上述职权。

八、产品质量的中介机构

(一) 产品质量检验机构必须具备法定条件

我国《产品质量法》第 19 条规定:"产品质量检验机构必须具备相应的检测条件和能力,经省级以上人民政府产品质量监督部门或者其授权的部门考核合格后,方可承担产品质量检验工作。法律、行政法规对产品质量检验机构另有规定的,依照有关法律、行政法规的规定执行。"

(二) 产品质量的社会中介机构必须依法设立

我国《产品质量法》第 20 条规定:"从事产品质量检验、认证的社会中介机构必须依法设立,不得与行政机关和其他国家机关存在隶属关系或者其他利益关系。"

(三) 产品质量检验、认证活动必须依法进行

产品质量检验机构、认证机构必须依法按照有关标准,客观、公正地出具检验结果或者认证证明。

产品质量认证机构应当依照国家规定对准许使用认证标志的产品进行认证后的跟踪检查;对不符合认证标准而使用认证标志的,要求其改正;情节严重的,取消其使用认证标志的资格。

九、产品质量的社会监督

产品质量的社会监督,主要是指消费者及保护消费者权益的社会组织,依法对产品质量所进行的监督。我国《产品质量法》第 22 条至第 25 条,对此作了规定。

第 22 条规定:消费者有权就产品质量问题,向产品的生产者、销售者查询;向产品质量监督部门、工商行政管理部门及有关部门申诉,接受申诉的部门应当负责处理。第 23 条规定:保护消费者权益的社会组织可以就消费者反映的产品质量问题建

议有关部门负责处理,支持消费者对因产品质量造成的损害向人民法院起诉。第 24 条规定:国务院和省、自治区、直辖市人民政府的产品质量监督部门应当定期发布其监督抽查的产品的质量状况公告。第 25 条规定:产品质量监督部门或者其他国家机关以及产品质量检验机构不得向社会推荐生产者的产品;不得以对产品进行监制、监销等方式参与产品经营活动。

第四节　生产者、销售者的产品质量责任和义务

一、生产者的产品质量责任和义务

(一) 产品质量义务的概念

产品质量义务,是指产品质量法律关系的主体,必须为一定质量行为或者不为一定质量行为,以满足对方利益需要的责任。

这里所讲的产品质量法律关系的主体,主要指产品的生产者和销售者。根据我国《产品质量法》,产品质量法律关系的主体,还包括为禁止生产、销售的产品而提供运输、保管、仓储等便利条件的行为人等。这里所讲的行为人必须承担为一定质量行为或者不为一定质量行为的责任,前者是指积极义务,如法律规定的生产者生产的产品质量应当符合的要求;后者是指消极义务,如法律规定的生产者在生产产品质量方面不得作出的行为。

(二) 保证产品质量是生产者的首要义务

我国《产品质量法》第 26 条第 1 款规定:"生产者应当对其生产的产品质量负责。"这一规定要求生产者保证产品质量是其首要义务。

生产者要对其生产的产品质量负责,首先是由生产者自身的社会地位和性质决定的。随着经济的发展和科学技术的进步,产品的功能日益完备,结构越来越复杂。生产者以其在生产中所居的特殊地位,较之销售者、消费者所占有的优势,决定了它必须把保证产品质量作为自己的首要义务。

生产者要对其生产的产品质量负责,还由于它是为了满足用户、消费者约定的或潜在的要求决定的。社会主义生产的基本目的是满足人民日益增长的物质文化生活的需要,而欲达此目的,生产者就必须不断改善生产条件,增加新品种,提高产品质量。但在现实经济生活中,少数生产者片面追求产量、利润,不顾消费者利益,粗制滥造,给用户、消费者的人身和财产安全造成了极大损害,也危害了社会经济秩序,很不利于社会主义市场经济新体制的建立。为此,也必须确立保证产品质量是生产者的首要义务。

(三) 产品内在质量要求及其判定依据

我国《产品质量法》第 26 条第 2 款规定,产品质量应当符合下列要求:一是不存在危及人身、财产安全的不合理的危险,有保障人体健康和人身、财产安全的国家标准、行业标准的,应当符合该标准;二是具备产品应当具备的使用性能,但是,对产品

存在使用性能的瑕疵作出说明的除外;三是符合在产品或者其包装上注明采用的产品标准,符合以产品说明、实物样品等方式表明的质量状况。

(四) 产品标识、包装的规定

1. 产品标识的规定

产品标识,是指表明产品的名称、产地、生产厂厂名、厂址、产品质量状况、保存期限等信息情况的表述和指示。产品标识可以标注在产品上,也可以标注在产品的包装上。

我国《产品质量法》第27条规定,产品或者其包装上的标识必须真实,并符合下列要求:一是有产品质量检验合格证明;二是有中文标明的产品名称、生产厂厂名和厂址;三是根据产品的特点和使用要求,需要标明产品规格、等级、所含主要成分的名称和含量的,用中文相应予以标明;需要事先让消费者知晓的,应当在外包装上标明,或者预先向消费者提供有关资料;四是限期使用的产品,应当在显著位置清晰地标明生产日期和安全使用期或者失效日期;五是使用不当,容易造成产品本身损坏或者可能危及人身、财产安全的产品,应当有警示标志或者中文警示说明。裸装的食品和其他根据产品的特点难以附加标识的裸装产品,可以不附加产品标识。

2. 产品包装的规定

包装,是指在流通过程中盛装、裹装、捆扎、保护产品的容器、材料及辅助物等的总称。

产品包装应当符合法律的规定,我国《产品质量法》第28条对产品包装作了规定:"易碎、易燃、易爆、有毒、有腐蚀性、有放射性等危险物品以及储运中不能倒置和其他有特殊要求的产品,其包装质量必须符合相应要求,依照国家有关规定作出警示标志或者中文警示说明,标明储运注意事项。"

(五) 产品生产的禁止性规定

我国《产品质量法》第5条规定:"禁止伪造或者冒用认证标志等质量标志;禁止伪造产品的产地,伪造或者冒用他人的厂名、厂址;禁止在生产、销售的产品中掺杂、掺假,以假充真,以次充好。"

我国《产品质量法》第29条至第32条,对产品生产又分条作了若干禁止性规定:生产者不得生产国家明令淘汰的产品;生产者不得伪造产地,不得伪造或者冒用他人的厂名、厂址;生产者不得伪造或者冒用认证标志等质量标志;生产者生产产品,不得掺杂、掺假,不得以假充真、以次充好,不得以不合格产品冒充合格产品。

二、销售者的产品质量责任和义务

我国《产品质量法》对销售者的产品质量责任和义务,作了如下重要规定:

其一,销售者应当建立并执行进货检查验收制度,验明产品合格证明和其他标识。执行进货检查验收制度,是确保销售者进货的质量、区分销售者与生产者责任的重要手段。执行进货检查验收制度,包括对产品内在质量的检验和外在质量的检验。销售者如查明产品不合格时,应拒绝接受货物,防止不合格品、劣质产品在市场上流通;如果销售者不执行进货检查验收制度,或者明知产品不合格依然接受货物并进行销售,应依法承担相应的法律责任。

其二,销售者应当采取措施,保持销售产品的质量。这里所讲的采取措施,是指销售者应当根据产品的特点,采取必要的防雨、防晒、防霉变,对某些特殊产品采取控制湿度、温度等措施,以保持产品进货时的质量状态。

其三,销售者不得销售国家明令淘汰并停止销售的产品和失效、变质的产品。

其四,销售者销售的产品的标识应当符合关于产品或者其包装上的标识的各项规定。

其五,销售者不得伪造产地,不得伪造或者冒用他人的厂名、厂址。

其六,销售者不得伪造或者冒用认证标志等质量标志。

其七,销售者销售产品,不得掺杂、掺假,不得以假充真、以次充好,不得以不合格产品冒充合格产品。

第五节 损害赔偿

我国《产品质量法》分设了"损害赔偿"和"罚则"两章,既别具特色,又适应《产品质量法》这一法律的客观需要。

一、产品质量法律责任的构成要件

构成产品质量法律责任,必须具备的要件有三:

其一,生产或销售了不符合产品质量要求的产品,即产品质量不符合国家颁发的安全、卫生、环境保护和计量等法规的要求,不符合国家标准、行业标准以及合同规定的对产品适用、安全和其他特性的要求。

其二,必须有人身伤亡或财产损失的事实。

其三,产品质量不合格与财产损害事实之间有因果关系。

产品质量法律责任与一般侵权责任不同,即产品质量法律责任不要求生产者、销售者在主观上有过错(包括故意或过失),而是实行无过错责任原则即严格责任原则,承担责任视其有无人身伤亡或财产损失的事实,并不要求受侵害人举证证明侵权人有过错。

二、销售者应当赔偿损失的法定条件

我国《产品质量法》第40条第1款规定:"售出的产品有下列情形之一的,销售者应当负责修理、更换、退货;给购买产品的消费者造成损失的,销售者应当赔偿损失:(一) 不具备产品应当具备的使用性能而事先未作说明的;(二) 不符合在产品或者其包装上注明采用的产品标准的;(三) 不符合以产品说明、实物样品等方式表明的质量状况的。"

三、产品保修、保换、保退规定

为了保护消费者的合法权益,明确销售者、修理者、生产者承担的部分商品的修

理、更换、退货(以下简称"三包")的责任和义务,国家经济贸易委员会等有关部门根据《产品质量法》和《消费者权益保护法》及有关规定,于1995年8月25日发布了《部分商品修理更换退货责任规定》。规定的内容包括:

(1) 部分商品是指《实施三包的部分商品目录》中所列的产品,该目录由国务院产品质量监督部门会同商业、工业主管部门共同制定和调整,由产品质量监督部门发布。

(2) 目录中规定的指标是履行三包规定的最基本要求,国家鼓励销售者和生产者制定严于规定的三包实施细则,规定不免除未列入目录产品的三包责任和销售者、生产者向消费者承诺的高于列入目录产品三包的责任。

(3) 在三包有效期内,消费者凭发票及三包凭证办理修理、换货、退货。产品自售出之日起7日内,发生性能故障,消费者可以选择退货、换货或修理。产品自售出之日起15日内发生性能故障,消费者可选择换货或者修理。

四、因产品缺陷造成他人财产损害的赔偿

我国《产品质量法》第41条第1款规定,因产品存在缺陷造成人身、缺陷产品以外的其他财产(以下简称他人财产)损害的,生产者应当承担赔偿责任。

我国《产品质量法》第46条规定:"本法所称缺陷,是指产品存在危及人身、他人财产安全的不合理的危险;产品有保障人体健康和人身、财产安全的国家标准、行业标准的,是指不符合该标准。"

五、生产者不承担赔偿责任的规定

我国《产品质量法》第41条第2款规定:"生产者能够证明有下列情形之一的,不承担赔偿责任:(一) 未将产品投入流通的;(二) 产品投入流通时,引起损害的缺陷尚不存在的;(三) 将产品投入流通时的科学技术水平尚不能发现缺陷的存在的。"

六、因产品缺陷造成受害人人身伤害及财产损失的赔偿规定

因产品存在缺陷造成受害人人身伤害的,侵害人应当赔偿医疗费、治疗期间的护理费、因误工减少的收入等费用;造成残疾的,还应当支付残疾者生活自助费、生活补助费、残疾赔偿金以及由其扶养的人所必需的生活费等费用;造成受害人死亡的,并应当支付丧葬费、死亡赔偿金以及由死者生前扶养的人所必需的生活费等费用。

因产品存在缺陷造成受害人财产损失的,侵害人应当恢复原状或者折价赔偿。受害人因此遭受其他重大损失的,侵害人应当赔偿损失。

七、损害赔偿责任的承担与追偿

销售者依照规定负责修理、更换、退货、赔偿损失后,属于生产者的责任或者属于向销售者提供产品的其他销售者(以下简称供货者)的责任的,销售者有权向生产者、供货者追偿。销售者未按照规定给予修理、更换、退货或者赔偿损失的,由产品质量

监督部门或者工商行政管理部门责令改正。生产者之间、销售者之间、生产者与销售者之间订立的买卖合同、承揽合同有不同约定的,合同当事人按照合同约定执行。

由于销售者的过错使产品存在缺陷,造成人身、他人财产损害的,销售者应当承担赔偿责任。销售者不能指明缺陷产品的生产者也不能指明缺陷产品的供货者的,销售者应当承担赔偿责任。

因产品存在缺陷造成人身、他人财产损害的,受害人可以向产品的生产者要求赔偿,也可以向产品的销售者要求赔偿。属于产品的生产者的责任,产品的销售者赔偿的,产品的销售者有权向产品的生产者追偿。属于产品的销售者的责任,产品的生产者赔偿的,产品的生产者有权向产品的销售者追偿。

八、产品质量纠纷的处理

(一) 损害赔偿的诉讼时效期间和请求权期限

我国《产品质量法》第 45 条规定,因产品存在缺陷造成损害要求赔偿的诉讼时效期间为 2 年,自当事人知道或者应当知道其权益受到损害时起计算。

因产品存在缺陷造成损害要求赔偿的请求权,在造成损害的缺陷产品交付最初消费者满 10 年丧失;但是,尚未超过明示的安全使用期的除外。

(二) 产品质量民事纠纷的处理程序

因产品质量发生民事纠纷时,当事人可以通过协商或者调解解决。当事人不愿通过协商、调解解决或者协商、调解不成的,可以根据当事人各方的协议向仲裁机构申请仲裁;当事人各方没有达成仲裁协议或者仲裁协议无效的,可以直接向人民法院起诉。

第六节 罚 则

一、对生产、销售的产品不符合法定要求的处罚规定

(1) 生产、销售不符合保障人体健康和人身、财产安全的国家标准、行业标准的产品的,责令停止生产、销售,没收违法生产、销售的产品,并处违法生产、销售产品(包括已售出和未售出的产品,下同)货值金额等值以上 3 倍以下的罚款;有违法所得的,并处没收违法所得;情节严重的,吊销营业执照;构成犯罪的,依法追究刑事责任。

(2) 在产品中掺杂、掺假,以假充真,以次充好,或者以不合格产品冒充合格产品的,责令停止生产、销售,没收违法生产、销售的产品,并处违法生产、销售产品货值金额 50% 以上 3 倍以下的罚款;有违法所得的,并处没收违法所得;情节严重的,吊销营业执照;构成犯罪的,依法追究刑事责任。

(3) 生产国家明令淘汰的产品的,销售国家明令淘汰并停止销售的产品的,责令停止生产、销售,没收违法生产、销售的产品,并处违法生产、销售产品货值金额等值以下的罚款;有违法所得的,并处没收违法所得;情节严重的,吊销营业执照。

(4) 销售失效、变质的产品的,责令停止销售,没收违法销售的产品,并处违法销售产品货值金额 2 倍以下的罚款;有违法所得的,并处没收违法所得;情节严重的,吊销营业执照;构成犯罪的,依法追究刑事责任。

二、对伪造产地、伪造冒用厂名厂址或者认证标志的处罚规定

伪造产品产地的,伪造或者冒用他人厂名、厂址的,伪造或者冒用认证标志等质量标志的,责令改正,没收违法生产、销售的产品,并处违法生产、销售产品货值金额等值以下的罚款;有违法所得的,并处没收违法所得;情节严重的,吊销营业执照。

三、对产品标识不符合法定条件的处罚规定

产品标识不符合我国《产品质量法》第 27 条规定的,责令改正;有包装的产品标识不符合《产品质量法》第 27 条第 4 项、第 5 项规定,情节严重的,责令停止生产、销售,并处违法生产、销售产品货值金额 30% 以下的罚款;有违法所得的,并处没收违法所得。

四、对销售者可以从轻或者减轻处罚的规定

销售者销售我国《产品质量法》第 49 条至第 53 条规定禁止销售的产品,有充分证据证明其不知道该产品为禁止销售的产品并如实说明其进货来源的,可以从轻或者减轻处罚。

五、对拒绝接受产品质量监督检查的处罚规定

拒绝接受依法进行的产品质量监督检查的,给予警告,责令改正;拒不改正的,责令停业整顿;情节特别严重的,吊销营业执照。

六、对产品质量检验机构、认证机构违法行为的处罚规定

产品质量检验机构、认证机构伪造检验结果或者出具虚假证明的,责令改正,对单位处 5 万元以上 10 万元以下的罚款,对直接负责的主管人员和其他直接责任人员处 1 万元以上 5 万元以下的罚款;有违法所得的,并处没收违法所得;情节严重的,取消其检验资格、认证资格;构成犯罪的,依法追究刑事责任。

产品质量检验机构、认证机构出具的检验结果或者证明不实,造成损失的,应当承担相应的赔偿责任;造成重大损失的,撤销其检验资格、认证资格。

产品质量认证机构违反我国《产品质量法》第 21 条第 2 款的规定,对不符合认证标准而使用认证标志的产品,未依法要求其改正或者取消其使用认证标志资格的,对因产品不符合认证标准给消费者造成的损失,与产品的生产者、销售者承担连带责任;情节严重的,撤销其认证资格。

七、对社会团体、社会中介机构产品质量违法行为的处罚规定

社会团体、社会中介机构对产品质量作出承诺、保证,而该产品又不符合其承诺、

保证的质量要求,给消费者造成损失的,与产品的生产者、销售者承担连带责任。

八、对在广告中的产品质量违法行为的处罚规定

在广告中对产品质量作虚假宣传,欺骗和误导消费者的,依照我国《广告法》的规定追究法律责任。

九、对某些与制假、售假有关的违法行为的处罚规定

(一) 对专门生产为制假售假使用的原辅料、包装物、生产工具的生产者的处罚规定

对生产者专门用于生产我国《产品质量法》第49条、第51条所列的产品或者以假充真的产品的原辅材料、包装物、生产工具,应当予以没收。

(二) 对为制假售假提供运输、保管、仓储等便利条件或制假生产技术的处罚规定

知道或者应当知道属于我国《产品质量法》规定禁止生产、销售的产品而为其提供运输、保管、仓储等便利条件的,或者为以假充真的产品提供制假生产技术的,没收全部运输、保管、仓储或者提供制假生产技术的收入,并处违法收入50%以上3倍以下的罚款;构成犯罪的,依法追究刑事责任。

(三) 对服务业将禁销产品用于经营性服务的处罚规定

服务业的经营者将我国《产品质量法》第49条至第52条规定禁止销售的产品用于经营性服务的,责令停止使用;对知道或者应当知道所使用的产品属于法律规定禁止销售的产品的,按照违法使用的产品(包括已使用和尚未使用的产品)的货值金额,依照法律对销售者的处罚规定处罚。

十、对各级政府和其他国家机关工作人员产品质量违法行为的处罚规定

各级人民政府工作人员和其他国家机关工作人员有下列情形之一的,依法给予行政处分;构成犯罪的,依法追究刑事责任:(1) 包庇、放纵产品生产、销售中违反法律规定行为的;(2) 向从事违反法律规定的生产、销售活动的当事人通风报信,帮助其逃避查处的;(3) 阻挠、干预产品质量监督部门或者工商行政管理部门依法对产品生产、销售中违反法律规定的行为进行查处,造成严重后果的。

十一、对在产品质量监督、产品质量检验中违法行为的处罚规定

(一) 对在产品质量监督抽查中违法行为的处罚规定

产品质量监督部门在产品质量监督抽查中超过规定的数量索取样品或者向被检查人收取检验费用的,由上级产品质量监督部门或者监察机关责令退还;情节严重的,对直接负责的主管人员和其他直接责任人员依法给予行政处分。

(二) 对参与经营活动的处罚规定

产品质量监督部门或者其他国家机关违反我国《产品质量法》第25条的规定,向社会推荐生产者的产品或者以监制、监销等方式参与产品经营活动的,由其上级机关

或者监察机关责令改正,消除影响,有违法收入的予以没收;情节严重的,对直接负责的主管人员和其他直接责任人员依法给予行政处分。

产品质量检验机构有前述违法行为的,由产品质量监督部门责令改正,消除影响,有违法收入的予以没收,可以并处违法收入1倍以下的罚款;情节严重的,撤销其质量检验资格。

(三) 对滥用职权、玩忽职守、徇私舞弊者的处罚规定

产品质量监督部门或者工商行政管理部门的工作人员滥用职权、玩忽职守、徇私舞弊,构成犯罪的,依法追究刑事责任;尚不构成犯罪的,依法给予行政处分。

十二、对以暴力、威胁方法阻碍行政执法的处罚规定

以暴力、威胁方法阻碍产品质量监督部门或者工商行政管理部门的工作人员依法执行职务的,依法追究刑事责任;拒绝、阻碍未使用暴力、威胁方法的,由公安机关依照《治安管理处罚法》的规定处罚。

十三、产品质量行政处罚职权范围

我国《产品质量法》规定的吊销营业执照的行政处罚由工商行政管理部门决定,我国《产品质量法》第49条至第57条、第60条至第63条规定的行政处罚由产品质量监督部门或者工商行政管理部门按照国务院规定的职权范围决定。法律、行政法规对行使行政处罚权的机关另有规定的,依照有关法律、行政法规的规定执行。

十四、产品质量违法行为的刑事责任

我国《产品质量法》和《刑法》,对违反产品质量的刑事责任,作出了一系列的重要规定。《刑法》第二编第三章的第一节,专节规定了"生产、销售伪劣商品罪",共规定了九种罪名。《刑法》根据犯罪者的不同情况,分别作出了判处罚金,并对直接负责的主管人员和其他直接责任人员,依照相关罪的规定追究刑事责任的规定。

最高人民法院、最高人民检察院联合颁发,自2001年4月10日起施行的《关于办理生产、销售伪劣商品刑事案件具体应用法律若干问题的解释》,对违反产品质量法的刑事责任,作出了有力的司法保障。

十五、民事赔偿优先原则

我国《产品质量法》第64条规定:"违反本法规定,应当承担民事赔偿责任和缴纳罚款、罚金,其财产不足以同时支付时,先承担民事赔偿责任。"

这项规定是指,对于违反我国《产品质量法》的规定,依法应当处以罚款、罚金,同时还应依法承担民事赔偿责任的,如果其财产不足以同时支付罚款、罚金和赔偿金时,应当先承担民事赔偿责任,以维护消费者的利益。

第十三章　广告法律制度

第一节　广告和广告法概述

一、广告的概念和特征

广告是传播信息的一种方式,其目的在于推销商品、劳务,影响舆论,博得政治支持、推进一种事业,或引起刊登广告者所希望的其他反映。广告的信息通过各种宣传工具,其中包括报纸、杂志、电视、无线电广播、张贴广告及直接邮递等,传递给它所想要吸引的观众或听众。广告不同于其他传递信息形式,它必须由登广告者付给传播的媒介以一定的报酬。①

我国《广告法》第2条第2款规定:"本法所称广告,是指商品经营者或者服务提供者承担费用,通过一定媒介和形式直接或者间接地介绍自己所推销的商品或者所提供的服务的商业广告。"

可见,我国《广告法》所指的广告,具有以下几个特征:

第一,限于商业广告,不包括政府公告、公益广告。

第二,广告需借助媒介予以发布。报纸、杂志、电视、无线电广播、张贴广告及直接邮递是发布广告的传统媒介。在现代社会,互联网已经成为一种新型媒介,被用来发布网络广告,即互联网信息服务提供者通过互联网在网站或网页上以旗帜、按钮、文字链接、电子邮件等形式发布的广告。《广告法》只调整以广告形式发布经济信息的活动,不调整通过新闻或者其他非广告形式传播经济信息的行为。这主要是考虑,通过新闻或者其他非广告形式传播经济信息的行为,可以由有关新闻、出版的法律、法规进行规范。

第三,根据我国《合同法》第15条的规定,在一般情况下,商业广告为要约邀请。这就是说,广告主不会因发布广告而承担合同责任或者合同法上的其他责任。但是,商业广告的内容符合要约规定的,视为要约。若被视为要约,广告主有可能要承担缔约过失责任,甚至合同责任。例如,商品房的销售广告和宣传资料在性质上一般被视为要约邀请。但是,最高人民法院《关于审理商品房买卖合同纠纷案件适用法律问题的若干解释》第3条规定:"商品房的销售广告和宣传资料为要约邀请,但是出卖人就商品房开发规划范围内的房屋及相关设施所作的说明和允诺具体确定,并对商品房买卖合同的订立以及房屋价格的确定有重大影响的,应当视为要约。该说明和允诺即使未载入商品房买卖合同,亦应当视为合同内容,当事人违反的,应当承担违约

---

① 《简明不列颠百科全书》第3卷,中国大百科全书出版社1985年版,第524页。

责任。"

二、我国广告立法的发展

改革开放以来,随着产品和服务竞争的加剧,"酒好不怕巷子深"的传统经营观念已经不能适应新的经营环境。广告再现在经济生活当中,广告业有了迅速恢复和发展。1993 年国务院批转的国家计委《关于全国第三产业发展规划基本思路》,把广告业正式列为第三产业中的一个行业。广告业在社会主义市场经济中的作用和地位日益重要。

我国广告业在快速发展的同时,也存在一些问题,突出表现在两个方面:一方面,利用广告推销假冒伪劣产品,贬低竞争对手,进行不正当竞争,在广告中夸大产品、服务的功效,欺骗和误导消费者,有的广告甚至有悖社会善良习俗,损害社会公德。另一方面,广告主、广告经营者、广告发布者的权利、义务责任不够明确,行为不够规范,在广告活动中出现了许多违法广告和违法行为。这些问题,不仅影响广告业的声誉,妨碍广告业的健康发展,也严重干扰了社会主义市场经济秩序,损害国家利益、社会公共利益。

为了发挥广告在促进生产、扩大流通、指导消费、活跃经济、方便人民生活以及发展国际经济贸易等方面的媒介作用,国务院于 1982 年 2 月 6 日发布《广告管理暂行条例》,标志着我国广告法律制度建设进入了初创阶段。在总结管理广告的经验基础上,为了加强广告管理,推动广告事业的发展,有效地利用广告媒介为经济建设服务,1987 年 10 月 26 日国务院发布了《广告管理条例》,标志着我国广告法律制度建设进入了新的发展阶段。该《条例》自 1987 年 12 月 1 日起施行,《广告管理暂行条例》同时废止。为了规范广告活动,促进广告业的健康发展,保护消费者的合法权益,维护社会经济秩序,发挥广告在社会主义市场经济中的积极作用,1994 年 10 月 27 日第八届全国人大常委会第十次会议通过了《中华人民共和国广告法》,并自 1995 年 2 月 1 日起施行。该法的通过和施行,标志着我国广告法律制度建设进入了较为成熟的新阶段。

在我国广告法律制度建设的不同阶段,为了配合《广告管理暂行规定》《广告管理条例》和《广告法》,国务院承担广告监督管理的机构和地方人大及政府制定了一系列与之配套的部门规章和地方性法规、地方政府规章。目前,我国已经形成了广告法律体系。

我国现行有效的主要部门规章有:针对特殊商品或者服务的,如《食品广告管理办法》《食品广告发布暂行规定》《烟草广告管理暂行办法》《酒类广告管理办法》《农药广告审查办法》《药品广告审查办法》《医疗器械广告审查办法》《医疗器械广告审查发布标准》《医疗广告管理办法》《房地产广告发布暂行规定》等等;针对广告经营者的,如《广告经营资格检查办法》《外商投资广告企业管理规定》等等;针对不同广告发布媒介和方式的,如《广播电视广告播出管理办法》《户外广告登记管理规定》《广告显示屏管理办法》《店堂广告管理暂行办法》《临时性广告经营管理办法》等等。

然而，我国《广告法》自施行以来，在规范广告活动、促进广告业健康发展和保护消费者权益方面，发挥了重要作用。近年来，随着我国广告业迅速发展和互联网广泛应用，广告发布的媒介和形式发生了较大变化，现行《广告法》的有关规定过于原则，约束力不强，对一些新问题、新情况缺乏规范，已不能完全适应广告业发展的客观需要：一是广告准则内容不够完备，针对性不强，药品、医疗器械、农药、兽药、烟草等广告准则内容较为单薄，保健食品、医疗、教育、培训、房地产等广告缺乏专门规定。二是广告活动规范不够明晰，广告主、广告经营者、广告发布者和广告荐证者的义务与责任缺乏清晰界定，对未成年人权益保护不够，对网络广告的监管需要加强。三是虚假广告的认定标准亟待明确，有效惩治虚假广告的法律依据还不完善。四是法律责任的针对性和操作性不强，惩处力度不够，难以有效遏制广告违法行为。

三、广告法的概念和我国广告法的原则

（一）广告法的概念

广告法是调整广告监管关系和广告经营关系的法律规范的总称。广告监管关系是广告监督管理机关对广告活动进行监督管理过程中发生的经济关系。广告经营关系是广告主、广告经营者、广告发布者之间发生的经济关系。广告法是广告监督管理机关对广告活动实施监督管理的法律依据，是广告主、广告经营者、广告发布者进行广告活动的行为准则。

由于广告法的调整对象主要是广告监管关系，广告法主要是由广告监管法律规范组成的，因此，属于法的范畴的广告法，是经济法体系中的市场监管法的组成部分。

（二）我国广告法的原则

概括我国广告法律制度的相关规定，我们认为，我国广告法有两个原则：

第一，广告监管活动和广告经营活动合法原则。这就是说，广告监督管理机关对广告活动进行监督管理和广告主、广告经营者、广告发布者从事广告经营活动，应当遵守包括《广告法》在内的法律、行政法规，并且不得在广告活动中进行任何形式的不正当竞争。

第二，广告内容真实原则。这一原则要求广告应当真实，不得含有虚假的内容，不得欺骗和误导消费者，符合社会主义精神文明建设的要求。

广告法的以上两个原则，在广告法律制度的具体法律规范中得到了充分的体现和保障。

第二节 广告活动及其一般规则

一、广告活动及其主体

广告活动主要是指广告的设计、制作和发布，广告活动涉及到广告主、广告经营者和广告发布者三类基本主体。我国《广告法》对这三类主体均有明确的定义：

广告主,是指为推销商品或者提供服务,自行或者委托他人设计、制作、发布广告的法人、其他经济组织或者个人。

广告经营者,是指受委托提供广告设计、制作、代理服务的法人、其他经济组织或者个人。

广告发布者,是指为广告主或者广告主委托的广告经营者发布广告的法人或者其他经济组织。

广告活动既可以由广告主自行完成,也可由广告主委托广告经营者和广告发布者分别完成广告设计、制作和发布。我国《广告法》第20条要求,广告主、广告经营者、广告发布者之间在广告活动中应当依法订立书面合同,明确各方的权利和义务。

二、广告法关于广告主实施广告活动的一般规则

作为市场活动的主体,广告主可以自行或者委托他人设计、制作、发布广告,所推销的商品或者所提供的服务应当符合广告主的经营范围。这既是广告活动合法原则的具体要求,也是广告真实原则得以实现的具体保障。

为了维护自身的合法权益和广大消费者的合法权益,同时也是为了维护广告业的健康发展,广告主委托设计、制作、发布广告,应当委托具有合法经营资格的广告经营者、广告发布者。

广告主自行或者委托他人设计、制作、发布广告,应当具有或者提供真实、合法、有效的下列证明文件:一是营业执照以及其他生产、经营资格的证明文件;二是质量检验机构对广告中有关商品质量内容出具的证明文件;三是确认广告内容真实性的其他证明文件。此外,发布广告需要经有关行政主管部门审查的,还应当提供有关批准文件。广告主提供虚假证明文件的,由广告监督管理机关处以1万元以上10万元以下的罚款。

三、广告法关于广告经营者、广告发布者从事广告活动的一般规定

(一) 关于广告经营者、广告发布者有关资质的一般规定

首先,依法设立并具有合法的经营资格。从事广告经营、广告发布的经营者,应该依法设立,办理相应工商登记手续并具有合法的经营资格。

其次,依法办理广告经营登记。从事广告经营的,应当具有必要的专业技术人员、制作设备,并依法办理公司或者广告经营登记,方可从事广告活动。广播电台、电视台、报刊出版单位的广告业务,应当由其专门从事广告业务的机构办理,并依法办理兼营广告的登记。

(二) 广告经营者、广告发布者从事广告活动的一般规定

首先,查验有关证明文件,核实广告内容。广告经营者、广告发布者依据法律、行政法规查验有关证明文件,核实广告内容。对内容不实或者证明文件不全的广告,广告经营者不得提供设计、制作、代理服务,广告发布者不得发布。

其次,建立、健全广告业务的承接登记、审核、档案管理制度。广告经营者、广告

发布者按照国家有关规定,建立、健全广告业务的承接登记、审核、档案管理制度。

再次,合理收取费用。广告收费应当合理、公开,收费标准和收费办法应当向物价和工商行政管理部门备案。广告经营者、广告发布者应当公布其收费标准和收费办法。

最后,诚信披露相关信息。广告发布者向广告主、广告经营者提供的媒介覆盖率、收视率、发行量等资料应当真实。

第三节　广告准则

一、广告的一般准则

(一) 不得为非法商品或服务设计、制作、发布广告

法律、行政法规规定禁止生产、销售的商品或者提供的服务,以及禁止发布广告的商品或者服务,不得设计、制作、发布广告。

违反以上规定发布广告的,由广告监督管理机关责令负有责任的广告主、广告经营者、广告发布者改正或者停止发布,没收广告费用,可以并处广告费用1倍以上5倍以下的罚款;情节严重的,依法停止其广告业务。

(二) 广告禁用内容

广告内容应当有利于人民的身心健康,促进商品和服务质量的提高,保护消费者的合法权益,遵守社会公德和职业道德,维护国家的尊严和利益。

广告不得有下列情形:(1) 使用中华人民共和国国旗、国徽、国歌;(2) 使用国家机关和国家机关工作人员的名义;(3) 使用国家级、最高级、最佳等用语;(4) 妨碍社会安定和危害人身、财产安全,损害社会公共利益;(5) 妨碍社会公共秩序和违背社会良好风尚;(6) 含有淫秽、迷信、恐怖、暴力、丑恶的内容;(7) 含有民族、种族、宗教、性别歧视的内容;(8) 妨碍环境和自然资源保护;(9) 法律、行政法规规定禁止的其他情形。

发布广告违反以上规定的,由广告监督管理机关责令负有责任的广告主、广告经营者、广告发布者停止发布、公开更正,没收广告费用,并处广告费用1倍以上5倍以下的罚款;情节严重的,依法停止其广告业务。构成犯罪的,依法追究刑事责任。

(三) 广告内容应当真实、清晰,不得虚假

广告中对商品的性能、产地、用途、质量、价格、生产者、有效期限、允诺或者对服务的内容、形式、质量、价格、允诺有表示的,应当清楚、明白。广告中表明推销商品、提供服务附带赠送礼品的,应当标明赠送的品种和数量。广告使用数据、统计资料、调查结果、文摘、引用语,应当真实、准确,并表明出处。广告中涉及专利产品或者专利方法的,应当标明专利号和专利种类。未取得专利权的,不得在广告中谎称取得专利权。禁止使用未授予专利权的专利申请和已经终止、撤销、无效的专利做广告。广告不得贬低其他生产经营者的商品或者服务。

发布广告违反以上规定的,由广告监督管理机关责令负有责任的广告主、广告经营者、广告发布者停止发布、公开更正,没收广告费用,可以并处广告费用1倍以上5倍以下的罚款。

违反广告法规定,利用广告对商品或者服务作虚假宣传的,由广告监督管理机关责令广告主停止发布、并以等额广告费用在相应范围内公开更正消除影响,并处广告费用1倍以上5倍以下的罚款;对负有责任的广告经营者、广告发布者没收广告费用,并处广告费用1倍以上5倍以下的罚款;情节严重的,依法停止其广告业务。构成犯罪的,依法追究刑事责任。

(四)广告应与非广告信息相区别

广告应当具有可识别性,能够使消费者辨明其为广告。大众传播媒介不得以新闻报道形式发布广告。通过大众传播媒介发布的广告应当有广告标记,与其他非广告信息相区别,不得使消费者产生误解。

发布广告违反以上规定的,由广告监督管理机关责令广告发布者改正,处以1000元以上1万元以下的罚款。

二、特殊产品的广告准则

(一)药品、医疗器械

药品、医疗器械广告不得有下列内容:(1)含有不科学的表示功效的断言或者保证的;(2)说明治愈率或者有效率的;(3)与其他药品、医疗器械的功效和安全性比较的;(4)利用医药科研单位、学术机构、医疗机构或者专家、医生、患者的名义和形象作证明的;(5)法律、行政法规规定禁止的其他内容。

药品广告的内容必须以国务院卫生行政部门或者省、自治区、直辖市卫生行政部门批准的说明书为准。国家规定的应当在医生指导下使用的治疗性药品广告中,必须注明"按医生处方购买和使用。"

麻醉药品、精神药品、毒性药品、放射性药品等特殊药品,不得做广告。

(二)农药

农药广告不得有下列内容:(1)使用无毒、无害等表明安全性的绝对化断言的;(2)含有不科学的表示功效的断言或者保证的;(3)含有违反农药安全使用规程的文字、语言或者画面的;(4)法律、行政法规规定禁止的其他内容。

违反以上规定,发布药品、医疗器械、农药广告的,由广告监督管理机关责令负有责任的广告主、广告经营者、广告发布者改正或者停止发布,没收广告费用,可以并处广告费用1倍以上5倍以下的罚款;情节严重的,依法停止其广告业务。

(三)烟草

禁止利用广播、电影、电视、报纸、期刊发布烟草广告。禁止在各类等候室、影剧院、会议厅堂、体育比赛场馆等公共场所设置烟草广告。烟草广告中必须标明"吸烟有害健康"。

违反以上规定,利用广播、电影、电视、报纸、期刊发布烟草广告,或者在公共场所设置烟草广告的,由广告监督管理机关责令负有责任的广告主、广告经营者、广告发布者停止发布,没收广告费用,可以并处广告费用1倍以上5倍以下的罚款。

(四)食品、酒类、化妆品

食品、酒类、化妆品广告的内容必须符合卫生许可的事项,并不得使用医疗用语或者易与药品混淆的用语。

违反以上规定,发布食品、酒类、化妆品广告的,由广告监督管理机关责令负有责任的广告主、广告经营者、广告发布者改正或者停止发布,没收广告费用,可以并处广告费用1倍以上5倍以下的罚款;情节严重的,依法停止其广告业务。

三、户外广告准则

有下列情形之一的,不得设置户外广告:(1)利用交通安全设施、交通标志的;(2)影响市政公共设施、交通安全设施、交通标志使用的;(3)妨碍生产或者人民生活,损害市容市貌的;(4)国家机关、文物保护单位和名胜风景点的建筑控制地带;(5)当地县级以上地方人民政府禁止设置户外广告的区域。

户外广告的设置规划和管理办法,由当地县级以上地方人民政府组织广告监督管理、城市建设、环境保护、公安等有关部门制定。

第四节 广告的审查

一、广告审查适用的范围

首先需要明确的是,并非所有的广告均须经审查。根据广告法的规定,利用广播、电影、电视、报纸、期刊以及其他媒介发布药品、医疗器械、农药、兽药等商品的广告和法律、行政法规规定应当进行审查的其他广告,必须在发布前依照有关法律、行政法规由有关行政主管部门,即广告审查机关,对广告内容进行审查;未经审查,不得发布。违反以上规定,未经广告审查机关审查批准,发布广告的,由广告监督管理机关责令负有责任的广告主、广告经营者、广告发布者停止发布,没收广告费用,并处广告费用1倍以上5倍以下的罚款。

二、广告审查的程序

需要先行审查方可发布的广告,在发布之前,广告主申请广告审查,应当依照法律、行政法规向广告审查机关提交有关证明文件。广告审查机关应当依照法律、行政法规作出审查决定。任何单位和个人不得伪造、变造或者转让广告审查决定文件。伪造、变造或者转让广告审查决定文件的,由广告监督管理机关没收违法所得,并处1万元以上10万元以下的罚款。构成犯罪的,依法追究刑事责任。

三、广告审查机关的法律责任

广告审查机关对违法的广告内容作出审查批准决定的,对直接负责的主管人员和其他直接责任人员,由其所在单位、上级机关、行政监察部门依法给予行政处分。

广告监督管理机关和广告审查机关的工作人员玩忽职守、滥用职权、徇私舞弊的,给予行政处分。构成犯罪的,依法追究刑事责任。

第五节 违反广告法的法律责任

为了充分实现广告法的立法目的,规范广告活动,促进广告业的健康发展,保护消费者的合法权益,维护社会经济秩序,发挥广告在社会主义市场经济中的积极作用,广告法建立了相应的法律责任制度,规定了行政责任、民事责任和刑事责任三种责任类型。本节所讲法律责任,责任主体仅限广告主、广告经营者和广告发布者。有关广告监督管理机关和广告审查机关的工作人员可能承担的法律责任及构成要件,参见上节相关内容。

一、行政责任

根据我国《广告法》的有关规定,县级以上人民政府工商行政管理部门是广告监督管理机关。概括广告法有关行政责任的规定,广告监督管理机关有权对负有责任的广告主、广告经营者、广告发布者作出的行政处罚有:改正或者停止发布广告;没收广告费用;没收违法所得;罚款;情节严重的,依法停止其广告业务。

当事人对行政处罚决定不服的,可以在接到处罚通知之日起15日内向作出处罚决定的机关的上一级机关申请复议;当事人也可以在接到处罚通知之日起15日内直接向人民法院起诉。

复议机关应当在接到复议申请之日起60日内作出复议决定。当事人对复议决定不服的,可以在接到复议决定之日起15日内向人民法院起诉。复议机关逾期不作出复议决定的,当事人可以在复议期满之日起15日内向人民法院起诉。

当事人逾期不申请复议也不向人民法院起诉,又不履行处罚决定的,作出处罚决定的机关可以申请人民法院强制执行。

二、民事责任

违反广告法规定,发布虚假广告,欺骗和误导消费者,使购买商品或者接受服务的消费者的合法权益受到损害的,由广告主依法承担民事责任;广告经营者、广告发布者明知或者应知广告虚假仍设计、制作、发布的,应当依法承担连带责任。广告经营者、广告发布者不能提供广告主的真实名称、地址的,应当承担全部民事责任。社会团体或者其他组织,在虚假广告中向消费者推荐商品或者服务,使消费者的合法权益受到损害的,应当依法承担连带责任。

广告主、广告经营者、广告发布者违反本法规定,有下列侵权行为之一的,依法承担民事责任:(1)在广告中损害未成年人或者残疾人的身心健康的;(2)假冒他人专利的;(3)贬低其他生产经营者的商品或者服务的;(4)广告中未经同意使用他人名义、形象的;(5)其他侵犯他人合法民事权益的。

三、刑事责任

广告主、广告经营者、广告发布者违反广告法规定,利用广告对商品或者服务作虚假宣传的,构成犯罪的,依法追究刑事责任。伪造、变造或者转让广告审查决定文件的,构成犯罪的,依法追究刑事责任。我国《刑法》第222条规定,广告主、广告经营者、广告发布者违反国家规定,利用广告对商品或者服务作虚假宣传,情节严重的,处2年以下有期徒刑或者拘役,并处或者单处罚金。

第十四章 电信市场监管法律制度

第一节 电信市场监管法概述

一、电信的概念

随着电信服务的普及和电信市场的蓬勃发展,电信早已成为人们日常生活的一部分。如何理解和界定电信,是探讨电信市场监管法律制度的前提。技术角度理解的电信,是由发信者(信源)、传播介质或系统(包括发送器、信道、交换设备、接收器等)、收信者(信宿)组成的体系。其传播介质,或者是有线电、无线电、光或其他电磁系统;其表示形式,包括符号、文字、声音、图像以及由这些形式组合而成的各种可视、可听或可用的信号;其传播方向可以是一对一、一对多的单向或双向传输。这样,电话(固定电话和移动电话)、电报、传真、广播、电视、计算机网络等,都属于电信,这是广义的理解。国际电信联盟(ITU)所采用的即是广义的定义:利用有线、无线、光或者其他电磁系统传输、发射或接受符号、信号、文字、图像、声音或其他任何性质的信息。

国际组织和国外的规范性法律文件对电信的定义也比较宽泛。比如,世界贸易组织的《服务贸易总协定》中"关于电信服务的附件"将电信定义为:以任何电磁方式传递或接收信号。美国1996年《电信法》定义的电信是指"在使用人指定的两点或多点之间传输由使用人选定的信息,发送和接受的信息在形式上或内容上没有改变"。法国1990年《电信法》规定:电信是指对符号信号、文字、图像、声音和信息由无线电、光学仪器、微波或其他电磁手段以任何方式进行传递、传播或接收。我国国务院2000年制定的《电信条例》第2条对电信的法律界定是指利用有线、无线的电磁系统或者光电系统,传送、发射或者接收语音、文字、数据、图像以及其他任何形式信息的活动。其采用的也是广义的界定。需要说明的是,尽管我国的《电信条例》采用了广义的界定,但由于我国监管体制、监管制度上的区分,广播、电视并不涵盖在其中,互联网内容提供与电信有一定交叉。不过,在三网融合的背景下,对电信作广义理解是大势所趋。

二、电信市场的概念和我国电信市场的发展

电信市场,是指以电信服务为交易标的的市场。电信市场与电信产业是不同的概念。如果从产业角度理解电信,所有与电信服务直接关联的上游、下游产品和服务市场都可以归入电信产业,比如各种交换设备、终端设备、线缆产品等。但如果我们将电信界定为服务市场,仅仅指由电信服务商向服务对象提供电信服务(包括基础电信服务和增值服务)所构成的市场,那么,上述设备、产品当然不能划入。

从相关市场角度理解电信市场,就需要从产品市场和地域市场两个角度考察。从产品市场看,参考电信业务的分类,可以分为电话市场、电报市场、数据通信市场、传真通讯市场、图像通讯市场等。从地域市场看,可以分为本地电信市场、农村电信市场、长途电信市场、移动通信市场、国际电信市场等。

电信市场是电信产品和服务交换的市场。电信市场的两个核心要素是产品要素和地理区域要素。产品要素可以将电信市场划分为不同的产品或业务市场,如语音业务市场、数据业务市场等。地理区域要素可以将电信市场划分为本地电信市场、长途电信市场、国际电信市场等。

电信市场的主体即电信服务交易主体,包括电信服务提供商和最终购买方。电信服务提供商包括电信运营商、接入商等。电信服务的最终购买方是个人或家庭时,即为电信服务消费者。电信市场是特殊市场,有市场监管者。在我国,电信市场监管者是信息产业主管部门。

基于电信在国民经济和人们日常生活中的重要作用,我国电信市场发展迅猛。例如,2012年,全行业完成电信业务总量12984.6亿元,同比增长11.1%。实现电信业务收入10762.9亿元,同比增长9.0%。全国电话用户13.9亿户,其中移动电话用户达到11.12亿户,在电话用户总数中所占的比重达到80.0%。全国网民5.64亿人,其中手机网民数达到4.20亿人,占网民总数的74.5%。互联网普及率达到42.1%。基础电信企业的互联网宽带接入用户达到17518.3万户,移动互联网用户达到76436.5万户。电信市场,早已是我国最具实力和发展潜力的市场之一。

三、电信市场的特殊性

阐述电信市场监管法律制度,应当弄清为什么要对电信市场实施监管,或者说,电信市场是否可以完全由市场调节。较之一般市场,电信市场有其技术和经济学上的特殊性。这些特殊性决定了市场无法完全解决电信市场自行运行中存在的问题,应当通过监管实现更好的公平和效率。电信市场的特殊性至少有下列几个方面:

一是自然垄断属性。自然垄断也称天然垄断,早期的理解是指一个市场从技术和经济上必须或者更适合由一个经营者经营的特征,主要是从规模经济、范围经济上的理解。20世纪80年代后,经济学界开始从成本的次可加性(cost sub additivity)角度界定自然垄断。也就是说,如果某个行业中单一企业生产所有各种产品的成本小于多个企业分别生产这些产品的成本之和,该行业的成本就是部分可加的,则具有自然垄断属性。现代的研究表明,成本的次可加性是自然垄断的根本属性,规模经济、范围经济、网络性、沉没成本巨大等则是其主要特征。电信行业在这几个方面都具有非常显著的表现,被公认为具有自然垄断属性。但需要强调的是,电信行业具有自然垄断属性,但这并不意味着其各个领域、各个环节都同等地具有自然垄断属性。电信网络、码号、路权和无线电频率具有很强的自然垄断属性。相关的业务也被划为基础电信业务,包括提供公共网络基础设施、公共数据传送和基本话音通信服务的业务。另一些可以竞争的业务,则划为增值电信业务,包括利用公共网络基础设施提供的电信与信息服务的业务。对这两类不同的业务，应采取不同的监管制度。

二是电信市场具有显著的网络外部性。连接到一个网络的价值与已经连接到该网络的其他人的数量有关。用户人数越多，每个用户得到的效用就越高。这会带来两个方面的效用：一方面，单一相同产品的使用者人数增加，其直接使用产品的效用将不断提升，并会吸引更多未使用者加入；另一方面，还会刺激生产周边兼容或互补性产品的厂商提供更多样化或低价的互补品，反过来使使用该产品的效用不断提升。该特征会导致电信市场的不对称监管、强制互联互通和普遍服务义务，同时对技术标准化有更高的要求。

直接的网络外部性体现在，电信工具的使用价值随使用人数的增加而增加。比如，电话普及率的提高增加了每一部电话的使用价值，使用电话的人数越多，电话就越有价值。但是，电信运营商在考虑投入产出的前提下，可能会拒绝向成本大收益少的边远贫困地区提供电信服务，电信市场的外部性难以得到体现，因此需要行政机关强制其提供普遍服务。同时，电信市场的网络外部性产生了市场兼容的需要，固定电话、移动电话和互联网相互兼容，能够使网络外部性发挥更大的作用，因此，产生了电信运营商互联互通的要求。

间接的网络外部性体现在，在基本电信业务提供商外，还有许多增值电信业务提供商，这些增值电信业务产品依附于基本电信业务产品之上，又增加了多样性，因此，对电信运营商提出了接入的要求。

三是信息不对称。信息不对称理论是由三位美国经济学家约瑟夫·斯蒂格利茨、乔治·阿克尔洛夫和迈克尔·斯彭斯提出的。信息不对称指交易中的各人拥有的信息不同。在社会政治、经济等活动中，一些成员拥有其他成员无法拥有的信息，由此造成信息的不对称。在市场经济活动中，各类人员对有关信息的了解是有差异的，掌握信息比较充分的人员，往往处于比较有利的地位，而信息贫乏的人员，则处于比较不利的地位。电信经营者提供服务，消费者对其技术、质量、成本等均不知或者知之甚少，给经营者利用信息优势获取不当利益提供了条件。为此，在电信市场监管中，要通过信息披露制度满足消费者知情权，减少信息不对称带来的弊害。

此外，电信的通讯传播功能要求尽可能广泛的互联互通，这就要求电信技术标准化，要求编码和解码的严格对应，收信方对于收到的电磁代码必须运用于发信方相逆的算法破译，才能获得电磁码中携带的有用信息。在电信传播方式被大量使用的环境中，编码和解码过程的严格相逆对应性要求建立强制性的电信技术规范，即建立行业标准，从而获得传播规程的统一、协议的一致、终端设备的兼容。因此，在电信市场监管中，质量与技术标准化监管是重要内容之一。通讯权，是公民享有的在宪法上的权利之一。电信，是公民主要的通讯方式，因此，保障公民通讯自由，也是电信市场监管制度的重要内容。

四、电信市场监管法

电信市场监管法，是调整在国家监督、管理电信市场过程中发生的经济关系的法律规范的总称。这是对电信市场监管法实质意义上的理解。在我国,这些法律规范通过相应的法律、行政法规、部门规章和地方性法规、地方政府规章等形式体现。主要有:在宪法层面,如我国《宪法》第40条有关公民的通信自由和通信秘密受法律保护的规定。在法律层面,如我国《刑法》关于侵犯通信自由罪、破坏公用电信设施罪的规定,《合同法》对各类合同的基本规定,《反不正当竞争法》和《反垄断法》关于电信经营者市场竞争行为的规定。在行政法规层面,如《电信条例》《互联网信息服务管理办法》《外商投资电信企业管理规定》。其中,《电信条例》是我国当前针对性最强、最全面、层级较高的有关电信监管的规范性文件。在部门规章层面,如《公用电信网间互联管理规定》《电信建设管理办法》《电信和互联网用户个人信息保护规定》等。在地方性法规和规章层面,如《辽宁省电信管理条例》等等。

第二节 电信市场的监管体制

一、我国电信业的改革历程和现状

我国电信业从新中国成立即有,但由于一直是政企合一,并没有电信市场的存在。邮电部的独家经营,存在服务费用过高、安装等待时间过长、通信质量差等问题。在20世纪90年代初实施市场化改革的大背景下,我国电信业也开始改革。1994年,国务院发布"178号文件",批准由电力部、电子工业部和铁道部共同组建的中国联通,与从邮电部改制过来的中国电信进行竞争。但是,由于中国联通直至1998年只占全部电信市场份额的1%、资产只占中国电信的1/260,难以形成实质上的竞争。为此,国务院对中国电信进行了两次拆分。1999年2月,中国电信按业务领域一分为四:新中国电信(固定业务)、中国移动(移动业务)、中国卫通(卫星通讯)和国信公司(寻呼业务)。拆分出来的中国移动与中国联通形成了移动通讯的"双寡头"竞争格局。2002年5月,中国电信固话业务按地域南北拆分,形成北方中国网通(北方10省)和南方中国电信(南方21省)的竞争格局,允许各自在对方区域内建设本地电话网和经营本地固定电话等业务,双方相互提供平等接入等互惠服务。经过拆分重组,我国电信业形成了固定通信主要是中国电信、网通和铁通之间的竞争,移动通信由中国移动和联通的同一业务竞争。但是,改革并没有达到预期的效果,联通与移动实力悬殊,无法开展有效竞争;电信与网通也无法在对方地域展开实质上的竞争。2008年5月24日,工业与信息化部、国家发改委和财政部发布了《关于深化电信体制改革的通告》,将原6家基础电信运营企业重组为中国移动、中国电信、中国联通三分天下的竞争格局:中国电信收购中国联通CDMA网(包括资产和用户),同时将中国卫通的基础电信业务并入;中国联通与中国网通合并;中国铁通并入中国移动。不过,中国移动一家独大的态势并没有太大的变化。2013年,中国移动、中国电信、中国联通的收入市场份额分别达到53.0%、25.8%、21.2%。

在互联网通讯技术蓬勃发展的背景下,将有一些民资企业进入IDC(因特网数据中心)和 ISP(因特网接入服务)业务领域。同时,微信用户增加迅猛,腾讯和运营商的关系,也将带来电信市场更大的竞争。

二、国外电信业的改革与现状

在贝尔电话专利到期之后,美国电信业经历了从自由竞争重新走向垄断的过程。美国 1934 年《电信法》,确定了电信市场监管制度的基本框架,设立了联邦通信委员会(FCC)作为电信市场监管部门。美国监管政策的重心在于,由 AT&T 公司作出并实施普遍服务承诺,允许 AT&T 公司在电信领域垄断经营,同时规制其价格。这样的监管制度与当时对电信业具有强自然垄断属性的认识有关。20 世纪 70 年代,MCI 公司的"执行网"(Execunet)被 AT&T 公司拒绝接入,1974 年 3 月 6 日 MCI 公司向法院提起反垄断诉讼。1978 年法院判决 AT&T 公司必须为 MCI 公司提供接续,确认了 MCI 公司参与竞争的合法性,AT&T 公司在长途电话领域的垄断被彻底打破,长途电话业务价格迅速下降,竞争的效益得以展现。1984 年,AT&T 公司解体。1996 年,美国新《电信法》生效。该法规定:长途公司可以经营本地业务,本地公司可以经营长途业务,电缆电视公司可以经营电信业务,电信公司可以经营信息、影视业务,任何公司都可以参与竞争并经营上述各种业务,电信公司必须为任何竞争者提供入网接续。该法标志着美国的电信业进入了全面引入竞争的时期。

20 世纪 80 年代以前,英国的电信业由英国邮政总局垄断经营。英国 1980 年颁布的《电信法》将英国邮政总局分为皇家邮政公司(EP)和英国电信公司(BT)。1982 年又批准设立水星集团公司,经营电信业所有的业务,其竞争格局初步形成。目前,英国有 12 家有线电视公司、47 家国际电话业务公司和 4 家移动公司,电信市场开放竞争的局面基本形成。

日本从 1952 年之后的半个世纪内,以邮电部(MPT,又称邮政省)为电信产业的主管部门,国有企业日本电报电话公司(NTT)垄断经营本地电话和国内长途电话市场。根据 WTO《基础电信协议》的要求,日本于 1998 年修改《电气通信事业法》,放松了电信业管制。民营化 NTT,之后又将其分拆成 4 个公司,取消了对外资进入电信运营的禁令。同时,日本国有电信企业(KDD)被完全民营化。

综合上述,一些代表性国家的电信改革的基本路径是:打破垄断、引入竞争,放松管制、完善立法。

三、我国电信市场的监管体制

我国 1998 年组建信息产业部并作为电信市场的主要监管部门,2000 年 9 月 20 日颁布《电信条例》,近年来陆续制定了一系列电信市场监管方面的行政法规和部门规章,电信市场的监管体制基本建立起来。

我国当前的电信市场监管体制是,工业和信息化部作为我国电信行业的主管部门,承担全国电信行业的监管职责,实行以中央为主的垂直管理。国家发展与改革委员会、财政部等相关部委在其职能范围内承担相应的电信监管职能。(1)工业和信息化部主要承担下列职责：审核和发放市场准入的许可证；制定资费标准和基本电信业务收费标准、对价格进行监管；制定网间互联互通及结算政策并兼顾执行；保障普遍服务；按国家规定组织普遍服务补贴；制定服务质量标准，负责服务质量监管；负责电信码号资源的分配与管理；负责无线电频率的分配与管理；负责合理配置资源，防止重复建设；作为行业主管部门在一定程度上仍承担着本行业国有资产保值增值的责任；监督和维护行业内的市场公平竞争，参与监管公共健康与安全；负责电信网络设备、互联互通设备认证，负责终端设备进网管理；负责电子信息产品负责标准监管；保障电信网络与信息安全、管理国家电信出入口局和因特网安全监测中心；负责电信与信息网络建设标准和设计规范，对电信与信息网络建设市场进行宏观管理；组织协调制定公用电信网技术体制标准和网络编号规划。(2) 国家发展与改革委员会主要承担下列职责：审核外资额度；审核投资总额在5000万美元以上重大项目和国家限制投资的项目；参与审批电信业务价格；参与认定应收费的码号资源；审批码号资源占用费标准。(3) 商务部主要负责审批外商投资申请，对企业并购活动合法性实施审查监督。(4) 财政部主要负责依据财税法律对投资活动进行财税监管，参与审批码号资源占用费标准，和国家发改委一道负责电信普遍服务基金的审批，和国家发改委、工信部共同认定应收费的码号资源。(5) 审计部门主要负责对投资活动进行核和稽查。(6) 中国人民银行对投资主体进行金融监管。(7) 国家质检总局主要负责管理电信方面的标准化、计量和质量工作，监督管理产品技术标准，查处产品质量违法行为。(8) 国务院国有资产监督管理委员会主要负责监管电信国有资产的运行和保值增值，指导企业改革、改组和改造，并拟定发展电信大企业和企业集团的政策和措施。(9) 国家工商行政管理总局主要负责核定企业经营范围、颁发营业执照，不正当竞争行为、部分市场垄断行为以及损害消费者权益行为的监管，组织调查和处理市场管理和商标管理中发现的经销掺假及冒牌产品等违法行为等等。因此，我国电信市场监管体制，是以工业和信息化部门为主管部门，其他有关部门在其部门职责范围内担负相应的职责。

广义地讲，广播电视也属于电信范围。考虑到"三网融合"的趋势，工业和信息化部与国家新闻出版广电总局在一些职能上还需要有前瞻性的安排。

第三节 电信市场的准入

一、电信经营者的市场准入

电信市场是特殊市场，我国实施准入监管。根据我国《电信条例》的规定，国家对电信业务经营按照电信业务分类，实行许可制度。经营电信业务，必须依照《电信条例》的规定取得国务院信息产业主管部门或者省、自治区、直辖市电信管理机构颁发的电信业务经营许可证。未取得电信业务经营许可证，任何组织或者个人不得从事电信业务经营活动。电信业务分为基础电信业务和增值电信业务。

（一）基础电信业务的许可

基础电信业务，是指提供公共网络基础设施、公共数据传送和基本话音通信服务的业务。经营基础电信业务，须经国务院信息产业主管部门审查批准，取得"基础电信业务经营许可证"。

申请经营基础电信业务，实体条件包括：(1) 经营者为依法设立的专门从事基础电信业务的公司，且公司中国有股权或者股份不少于51%。(2) 有可行性研究报告和组网技术方案。(3) 有与从事经营活动相适应的资金和专业人员。在省、自治区、直辖市范围内经营的，注册资本最低限额为1亿元人民币；在全国或者跨省、自治区、直辖市范围经营的，注册资本最低限额为10亿元人民币。(4) 有从事经营活动的场地及相应的资源。(5) 有为用户提供长期服务的信誉或者能力。公司及其主要出资者和主要经营管理人员3年内无违反电信监督管理制度的违法记录。(6) 国家规定的其他条件。

申请经营基础电信业务，程序性条件包括：向国务院信息产业主管部门提出申请，并提交实体条件所要求的相关文件。国务院信息产业主管部门应当自受理申请之日起180日内审查完毕，作出批准或者不予批准的决定。予以批准的，颁发"基础电信业务经营许可证"；不予批准的，应当书面通知申请人并说明理由。

国务院信息产业主管部门审查经营基础电信业务的申请时，应当考虑国家安全、电信网络安全、电信资源可持续利用、环境保护和电信市场的竞争状况等因素。颁发"基础电信业务经营许可证"，应当按照国家有关规定采用招标方式。

（二）增值电信业务的许可

增值电信业务，是指利用公共网络基础设施提供的电信与信息服务的业务。

经营增值电信业务，业务覆盖范围在两个以上省、自治区、直辖市的，须经国务院信息产业主管部门审查批准，取得"跨地区增值电信业务经营许可证"；业务覆盖范围在一个省、自治区、直辖市行政区域内的，须经省、自治区、直辖市电信管理机构审查批准，取得"增值电信业务经营许可证"。

申请经营增值电信业务，应当具备下列实体条件：(1) 经营者为依法设立的公司。(2) 有与开展经营活动相适应的资金和专业人员。在省、自治区、直辖市范围内经营的，注册资本最低限额为100万元人民币；在全国或者跨省、自治区、直辖市范围经营的，注册资本最低限额为1000万元人民币。(3) 有为用户提供长期服务的信誉或者能力。公司及其主要出资者和主要经营管理人员3年内无违反电信监督管理制度的违法记录。(4) 国家规定的其他条件。

申请经营增值电信业务，应当视业务覆盖的地域范围向国务院信息产业主管部门或者省、自治区、直辖市电信管理机构提出申请，并提交实体条件所要求的相关文件。申请经营的增值电信业务，按照国家有关规定须经有关主管部门审批的，还应当提交有关主管部门审核同意的文件。国务院信息产业主管部门或者省、自治区、直辖市电信管理机构应当自收到申请之日起60日内审查完毕，作出批准或者不予批准的决定。予以批准的，颁发"跨地区增值电信业务经营许可证"或者"增值电信业务经营许可证";不予批准的,应当书面通知申请人并说明理由。

电信业务经营者在经营过程中,变更经营主体、业务范围或者停止经营的,应当提前90日向原颁发许可证的机关提出申请,并办理相应手续;停止经营的,还应当按照国家有关规定做好善后工作。

二、电信产品的市场准入

电信的主要特点是传播和交流,因此,技术和产品的标准化非常重要。在产品的市场准入方面,主要是电信设备进网许可。为此,《电信设备进网管理办法》对电信终端设备、无线电通信设备和涉及网间互联的设备等电信设备进网许可进行了全面的规定。进网监管,包括政府许可管理、第三方认证和自我认证三种方式。从程序上讲,由产品制造商向监管机关提出审批申请,监管机构对设备测试合格后颁发进网许可证。生产企业在其获得进网许可的电信设备上粘贴进网许可标志。电信设备进网后,监管机构仍然要依据《电信设备证后监督管理办法》进行抽查等证后监管。

三、电信技术的市场准入

电信技术的市场准入,体现在电信设备的技术标准、电信运营的技术标准和整个体系的技术标准。后者如3G、4G牌照的审核发放。3G牌照发放早已完成,中国移动取得TD-SCDMA牌照,中国联通取得WCDMA牌照,中国电信取得CDMA2000牌照。2013年12月4日,工业和信息化部正式向三大运营商发布4G牌照,中国移动、中国电信和中国联通均获得TD-LTE牌照。4G牌照是无线通信与国际互联网等多媒体通信结合的第4代移动通信技术的经营许可权。其中,中国移动的是TD-LTE牌照,中国联通的是TD-LTE+FDD-LTE牌照,中国电信的是TD-LTE+FDD-LTE牌照。

3G牌照,各国基本上都是采用拍卖或招标的方式发放的。在欧洲,大部分国家直接通过分配频率的方式确定3G网络建设经营的运营主体。加拿大发放的3G扩展频段的PCS频率使用许可证,并没有对运营商采取的技术进行限制,也就是说运营商可以采用自选的包括3G技术在内的各种移动通信技术来提供业务。日本通过评审方式免费发放3G许可证。我国目前采用招标方式。从趋势来看,应当逐步取消移动通信的许可证发放,给运营商更大的自主经营权。

第四节 电信网络的接入与互联互通

一、接入和互联互通的概念

接入,是指根据规定的条件,在排他性或非排他性的基础上向其他企业提供设施和业务。它包括:接入网络元素和相关设施与业务(或包括以无线或有线的方式将设备连接起来);进入包括建筑物、管道和电视塔在内的设施;进入软件系统(包括辅助操作系统);进入号码转译或提供相同功能的其他系统;进入移动电话网络(特别是漫游);进入用于数字电视业务的权限系统。

互联互通,是在公共网络运营商之间实施的一种特定的接入权(但不包括最终用户的进入),是指同一或者不同企业所使用的公共电子通信网络的物理和逻辑连接,以使一个企业的用户能够与同一企业或其他企业的用户进行通信交流,或者能够获得其他区企业提供的业务。

接入与互联存在区别,接入是互联的上位概念,包括所有接入他人网络提供服务,或接入他人网络接受服务的行为。互联仅指网络之间物理的或逻辑的连接,目的是让本网的用户可以与他网的用户通信或者享受他网的服务。接入,除去互联之外,主要是指单向地利用他人的网络向他网的用户提供服务,直接与他网用户建立合同关系。在我国,《电信条例》侧重于对互联互通的监管。

二、接入和互联互通的监管

(一) 不对称监管

电信的主要价值是信息的沟通,因此,接入和互联互通是实现电信主要价值的重要环节。为实现电信的应有价值,保障通讯自由的实现,监管制度实施不对称监管制度,对主导运营商课以接入和互联互通的义务。

为此,我国《电信条例》要求,电信网之间应当按照技术可行、经济合理、公平公正、相互配合的原则,实现互联互通。主导的电信业务经营者不得拒绝其他电信业务经营者和专用网运营单位提出的互联互通要求。所谓主导的电信业务经营者,是指控制必要的基础电信设施并且在电信业务市场中占有较大份额,能够对其他电信业务经营者进入电信业务市场构成实质性影响的经营者。主导的电信业务经营者由国务院信息产业主管部门确定。

主导的电信业务经营者应当按照非歧视和透明化的原则,制定包括网间互联的程序、时限、非捆绑网络元素目录等内容的互联规程。互联规程应当报国务院信息产业主管部门审查同意。该互联规程对主导的电信业务经营者的互联互通活动具有约束力。

(二) 网间互联

公用电信网之间、公用电信网与专用电信网之间的网间互联,由网间互联双方按照国务院信息产业主管部门的网间互联管理规定进行互联协商,并订立网间互联协议。网间互联协议应当向国务院信息产业主管部门备案。

网间互联双方经协商未能达成网间互联协议的,自一方提出互联要求之日起60日内,任何一方均可以按照网间互联覆盖范围向国务院信息产业主管部门或者省、自治区、直辖市电信管理机构申请协调;收到申请的机关应当根据不对称监管的原则进行协调,促使网间互联双方达成协议;自网间互联一方或者双方申请协调之日起45日内经协调仍不能达成协议的,由协调机关随机邀请电信技术专家和其他有关方面专家进行公开论证并提出网间互联方案。协调机关应当根据专家论证结论和提出的网间互联方案作出决定,强制实现互联互通。

网间互联双方必须在协议约定或者决定规定的时限内实现互联互通。未经国务院信息产业主管部门批准,任何一方不得擅自中断互联互通。网间互联遇有通信技术障碍的,双方应当立即采取有效措施予以消除。网间互联双方在互联互通中发生争议的,依照我国《电信条例》第20条规定的程序和办法处理。

网间互联的通信质量应当符合国家有关标准。主导的电信业务经营者向其他电信业务经营者提供网间互联,服务质量不得低于本网内的同类业务及向其子公司或者分支机构提供的同类业务质量。

网间互联的费用结算与分摊应当执行国家有关规定,不得在规定标准之外加收费用。

网间互联的技术标准、费用结算办法和具体管理规定,由国务院信息产业主管部门制定。

第五节 电信业务和服务质量监管

电信业务监管和电信服务质量监管,是电信市场监管的核心内容。国务院信息产业主管部门或者省、自治区、直辖市电信管理机构应当依据职权对电信业务经营者的电信服务质量和经营活动进行监督检查,并向社会公布监督抽查结果。

一、电信业务监管

根据我国《反垄断法》《反不正当竞争法》的规定,结合电信市场的特点,《电信条例》第42条明确规定,电信业务经营者在电信业务经营活动中,不得有下列行为:(1)以任何方式限制电信用户选择其他电信业务经营者依法开办的电信服务;(2)对其经营的不同业务进行不合理的交叉补贴;(3)以排挤竞争对手为目的,低于成本提供电信业务或者服务,进行不正当竞争。上述第1项和第3项所禁止的行为,涉及我国《反垄断法》第17条所禁止的掠夺性定价、独家交易、拒绝交易、搭售等行为。

二、电信服务质量监管

为保障电信用户的利益,电信市场监管者还应当加强对电信服务质量的监管,电信经营者应当履行相应的义务。

(一)明确服务标准、提高服务质量

电信业务经营者应当按照国家规定的电信服务标准向电信用户提供服务。电信业务经营者提供服务的种类、范围、资费标准和时限,应当向社会公布,并报省、自治区、直辖市电信管理机构备案。电信用户有权自主选择使用依法开办的各类电信业务。

电信业务经营者应当建立健全内部服务质量管理制度,可以制定并公布施行高于国家规定的电信服务标准的企业标准。电信业务经营者应当采取各种形式广泛听取电信用户意见,接受社会监督,不断提高电信服务质量。

（二）限期开通、平等服务、普遍服务的义务

电信用户申请安装、移装电信终端设备的，电信业务经营者应当在其公布的时限内保证装机开通；由于电信业务经营者的原因逾期未能装机开通的，应当每日按照收取的安装费、移装费或者其他费用数额1%的比例，向电信用户支付违约金。

电信业务经营者应当及时为需要通过中继线接入其电信网的集团用户，提供平等、合理的接入服务。未经批准，电信业务经营者不得擅自中断接入服务。

电信业务经营者必须按照国家有关规定履行相应的电信普遍服务义务。国务院信息产业主管部门可以采取指定的或者招标的方式确定电信业务经营者具体承担电信普遍服务的义务。电信普遍服务成本补偿管理办法，由国务院信息产业主管部门会同国务院财政部门、价格主管部门制定，报国务院批准后公布施行。

（三）故障限期告知和限期排除的义务

电信用户申告电信服务障碍的，电信业务经营者应当自接到申告之日起，城镇48小时、农村72小时内修复或者调通；不能按期修复或者调通的，应当及时通知电信用户，并免收障碍期间的月租费用。但是，属于电信终端设备的原因造成电信服务障碍的除外。

电信业务经营者因工程施工、网络建设等原因，影响或者可能影响正常电信服务的，必须按照规定的时限及时告知用户，并向省、自治区、直辖市电信管理机构报告。因上述原因中断电信服务的，电信业务经营者应当相应减免用户在电信服务中断期间的相关费用。出现上述情形，电信业务经营者未及时告知用户的，应当赔偿由此给用户造成的损失。

（四）免费提供话费查询、妥善解决纠纷的义务

电信业务经营者应当为电信用户交费和查询提供方便。电信用户要求提供国内长途通信、国际通信、移动通信和信息服务等收费清单的，电信业务经营者应当免费提供。电信用户出现异常的巨额电信费用时，电信业务经营者一经发现，应当尽可能迅速告知电信用户，并采取相应的措施。所谓巨额电信费用，是指突然出现超过电信用户此前3个月平均电信费用5倍以上的费用。

电信业务经营者提供的电信服务达不到国家规定的电信服务标准或者其公布的企业标准的，或者电信用户对交纳电信费用持有异议的，电信用户有权要求电信业务经营者予以解决。电信用户对交纳本地电话费用有异议的，电信业务经营者还应当应电信用户的要求免费提供本地电话收费依据，并有义务采取必要措施协助电信用户查找原因。

电信用户应当按照约定的时间和方式及时、足额地向电信业务经营者交纳电信费用；电信用户逾期不交纳电信费用的，电信业务经营者有权要求补交电信费用，并可以按照所欠费用每日加收3‰的违约金。对超过收费约定期限30日仍不交纳电信费用的电信用户，电信业务经营者可以暂停向其提供电信服务。电信用户在电信业务经营者暂停服务60日内仍未补交电信费用和违约金的，电信业务经营者可以终止提供服务，并可以依法追缴欠费和违约金。经营移动电信业务的经营者可以与电信

用户约定交纳电信费用的期限、方式,不受前款规定期限的限制。电信业务经营者应当在迟延交纳电信费用的电信用户补足电信费用、违约金后的 48 小时内,恢复暂停的电信服务。

同时,电信业务经营者拒不解决或者电信用户对解决结果不满意的,电信用户有权向国务院信息产业主管部门或者省、自治区、直辖市电信管理机构或者其他有关部门申诉。收到申诉的机关必须对申诉及时处理,并自收到申诉之日起 30 日内向申诉者作出答复。

（五）公益电信服务免费提供的义务

经营本地电话业务和移动电话业务的电信业务经营者,应当免费向用户提供火警、匪警、医疗急救、交通事故报警等公益性电信服务,并保障通信线路畅通。

（六）保障用户公平、自由交易权的义务

电信市场经营者同样应当遵守我国《反垄断法》和《反不正当竞争法》规定的义务。结合电信市场的特点,《电信条例》第 41 条还特别规定:电信业务经营者在电信服务中,不得有下列行为:(1) 以任何方式限定电信用户使用其指定的业务;(2) 限定电信用户购买其指定的电信终端设备或者拒绝电信用户使用自备的已经取得入网许可的电信终端设备;(3) 违反国家规定,擅自改变或者变相改变资费标准,擅自增加或者变相增加收费项目;(4) 无正当理由拒绝、拖延或者中止对电信用户的电信服务;(5) 对电信用户不履行公开作出的承诺或者作容易引起误解的虚假宣传;(6) 以不正当手段刁难电信用户或者对投诉的电信用户打击报复。

上述第(1)、(2)、(3)、(4)项所列行为属于垄断行为中的强制交易、独家交易、搭售、拒绝交易,第(5)项属于不正当竞争行为中的欺骗性交易行为。

三、电信价格行为的监管

电信服务属于公用事业范畴。我国公用事业的定价普遍采用成本加合理利润的定价公式。电信资费的定价标准也实行以成本为基础的定价原则,同时考虑国民经济与社会发展要求、电信业的发展和电信用户的承受能力等因素。

根据我国《价格法》的规定,电信资费分为市场调节价、政府指导价和政府定价。在具体业务中,电信资费按照业务种类可以分为话音业务资费和数据业务资费,按用户群可以分为个人客户资费、家庭客户资费和集团客户资费,按电信资费针对的业务数量可以分为单一业务资费和捆绑业务资费。

基础电信业务资费实行政府定价、政府指导价或者市场调节价;增值电信业务资费实行市场调节价或者政府指导价。市场竞争充分的电信业务,电信资费实行市场调节价。实行政府定价、政府指导价和市场调节价的电信资费分类管理目录,由国务院信息产业主管部门经征求国务院价格主管部门意见制定并公布施行。2014 年 2 月 15 日,国务院取消了电信业务资费标准审批、基础电信和跨地区增值电信业务经营许可证备案核准。取消电信业务资费审批,可以通过强化市场竞争来进一步推动电信业务资费水平的下降。

政府定价的重要的电信业务资费标准,由国务院信息产业主管部门提出方案,经征求国务院价格主管部门意见,报国务院批准后公布施行。

政府指导价的电信业务资费标准幅度,由国务院信息产业主管部门经征求国务院价格主管部门意见,制定并公布施行。电信业务经营者在标准幅度内,自主确定资费标准,报省、自治区、直辖市电信管理机构备案。

在具体监管方式上,常常采用价格上限管理、资费方案许可或报备、监管机关主动调整资费等方式。

制定政府定价和政府指导价的电信业务资费标准,应当采取举行听证会等形式,听取电信业务经营者、电信用户和其他有关方面的意见。电信业务经营者应当根据国务院信息产业主管部门和省、自治区、直辖市电信管理机构的要求,提供准确、完备的业务成本数据及其他有关资料。

第六节 电信安全监管

电信安全的含义比较广泛。这里的电信安全监管,主要涉及对电信信息安全、电信交易安全和市场秩序稳定、电信通讯稳定和应急等方面的要求。我国现行《宪法》和法律、法规、规章,有大量涉及电信安全监管的规定。比如,《宪法》关于通信自由和通信秘密权的规定;《刑法》、全国人大常委会《关于维护互联网安全的决定》和《电信条例》关于电信安全监管的规定;《计算机信息系统安全保护条例》《计算机软件保护条例》《信息安全等级保护管理办法》关于信息安全等方面的规定。我们既要重视电信网络系统的建设,还要重视网络安全工作;既要重视通过内容管制来防止信息源对国家、社会和个人安全的潜在影响,又要重视通信硬件和物理环境受到损害后对信息的完整、准确和真实的潜在危害;既要重视在通信和网络建设过程中的安全防范,又要重视通信和信息系统所需要的安全技术规范体系。总之,要完善立法,保障资金投入,建立起完整的电信安全保障体系。

一、电信内容安全

电信和广播电视、新闻出版,都是传播方式。为了维护国家安全、社会稳定、道德风尚,我国《电信条例》第 57 条规定:任何组织或者个人不得利用电信网络制作、复制、发布、传播含有下列内容的信息:(1)反对宪法所确定的基本原则的;(2)危害国家安全,泄露国家秘密,颠覆国家政权,破坏国家统一的;(3)损害国家荣誉和利益的;(4)煽动民族仇恨、民族歧视,破坏民族团结的;(5)破坏国家宗教政策,宣扬邪教和封建迷信的;(6)散布谣言,扰乱社会秩序,破坏社会稳定的;(7)散布淫秽、色情、赌博、暴力、凶杀、恐怖或者教唆犯罪的;(8)侮辱或者诽谤他人,侵害他人合法权益的;(9)含有法律、行政法规禁止的其他内容的。

在公共信息服务中,电信业务经营者发现电信网络中传输的信息明显属于上述《电信条例》第 57 条所列内容的,应当立即停止传输,保存有关记录,并向国家有关机关报告。当然,使用电信网络传输信息的内容及其后果由电信用户负责。电信用户使用电信网络传输的信息属于国家秘密信息的,必须依照保守国家秘密法的规定采取保密措施。

电信用户依法使用电信的自由和通信秘密受法律保护。除因国家安全或者追查刑事犯罪的需要,由公安机关、国家安全机关或者人民检察院依照法律规定的程序对电信内容进行检查外,任何组织或者个人不得以任何理由对电信内容进行检查。电信业务经营者及其工作人员不得擅自向他人提供电信用户使用电信网络所传输信息的内容。

二、网络安全和信息安全

现代社会,生产和生活高度依赖电信。保障电信网络安全和信息安全,也是保障社会安全的重要路径。信息安全问题会对信息传递的公共利益以及作为信息公共利益物理保障的通信基础设施产生极为重大的影响。

我国《电信条例》规定,任何组织或者个人不得有下列危害电信网络安全和信息安全的行为:(1)对电信网的功能或者存储、处理、传输的数据和应用程序进行删除或者修改;(2)利用电信网从事窃取或者破坏他人信息、损害他人合法权益的活动;(3)故意制作、复制、传播计算机病毒或者以其他方式攻击他人电信网络等电信设施;(4)危害电信网络安全和信息安全的其他行为。

我国《电信和互联网用户个人信息保护规定》规定,电信业务经营者、互联网信息服务提供者应当制定用户个人信息收集、使用规则,并在其经营或者服务场所、网站等予以公布。电信业务经营者、互联网信息服务提供者应当建立用户投诉处理机制,公布有效的联系方式,接受与用户个人信息保护有关的投诉,并自接到投诉之日起15日内答复投诉人。

我国《电信和互联网用户个人信息保护规定》就用户信息的保护,对电信业务经营者、互联网信息服务提供者规定了以下义务:(1)未经用户同意,电信业务经营者、互联网信息服务提供者不得收集、使用用户个人信息。(2)电信业务经营者、互联网信息服务提供者收集、使用用户个人信息的,应当明确告知用户收集、使用信息的目的、方式和范围,查询、更正信息的渠道以及拒绝提供信息的后果等事项。(3)电信业务经营者、互联网信息服务提供者不得收集其提供服务所必需以外的用户个人信息或者将信息用于提供服务之外的目的,不得以欺骗、误导或者强迫等方式或者违反法律、行政法规以及双方的约定收集、使用信息。(4)电信业务经营者、互联网信息服务提供者在用户终止使用电信服务或者互联网信息服务后,应当停止对用户个人信息的收集和使用,并为用户提供注销号码或者账号的服务。(5)电信业务经营者、互联网信息服务提供者及其工作人员对在提供服务过程中收集、使用的用户个人信息应当严格保密,不得泄露、篡改或者毁损,不得出售或者非法向他人提供。(6)电信业务经营者、互联网信息服务提供者委托他人代理市场销售和技术服务等直接面向用户的服务性工作,涉及收集、使用用户个人信息的,应当对代理人的用户个人信息保护工作进行监督和管理,不得委托不符合有关用户个人信息保护要求的代理人代办相关服务的相关规定。(7) 电信业务经营者、互联网信息服务提供者委托他人代理市场销售和技术服务等直接面向用户的服务性工作,涉及收集、使用用户个人信息的,应当对代理人的用户个人信息保护工作进行监督和管理,不得委托不符合有关用户个人信息保护要求的代理人代办相关服务。

为防止用户个人信息泄露、毁损、篡改或者丢失,我国《电信和互联网用户个人信息保护规定》还规定,电信业务经营者、互联网信息服务提供者应当采取以下措施:(1) 确定各部门、岗位和分支机构的用户个人信息安全管理责任;(2) 建立用户个人信息收集、使用及其相关活动的工作流程和安全管理制度;(3) 对工作人员及代理人实行权限管理,对批量导出、复制、销毁信息实行审查,并采取防泄密措施;(4) 妥善保管记录用户个人信息的纸介质、光介质、电磁介质等载体,并采取相应的安全储存措施;(5) 对储存用户个人信息的信息系统实行接入审查,并采取防入侵、防病毒等措施;(6) 记录对用户个人信息进行操作的人员、时间、地点、事项等信息;(7) 按照电信管理机构的规定开展通信网络安全防护工作;(8) 电信管理机构规定的其他必要措施。此外,电信业务经营者、互联网信息服务提供者应当对用户个人信息保护情况每年至少进行一次自查,记录自查情况,及时消除自查中发现的安全隐患。电信管理机构实施监督检查时,可以要求电信业务经营者、互联网信息服务提供者提供相关材料,进入其生产经营场所调查情况,电信业务经营者、互联网信息服务提供者应当予以配合。

三、电信交易安全和市场秩序稳定

任何组织或者个人不得有下列扰乱电信市场秩序的行为:(1) 采取租用电信国际专线、私设转接设备或者其他方法,擅自经营国际或者香港特别行政区、澳门特别行政区和台湾地区的电信业务;(2) 盗接他人电信线路,复制他人电信码号,使用明知是盗接、复制的电信设施或者码号;(3) 伪造、变造电话卡及其他各种电信服务有价凭证;(4) 以虚假、冒用的身份证件办理入网手续并使用移动电话。

四、电信通讯稳定与应急

电信业务经营者应当按照国家有关电信安全的规定,建立健全内部安全保障制度,实行安全保障责任制。电信业务经营者在电信网络的设计、建设和运行中,应当做到与国家安全和电信网络安全的需求同步规划,同步建设,同步运行。

在发生重大自然灾害等紧急情况下,经国务院批准,国务院信息产业主管部门可以调用各种电信设施,确保重要通信畅通。

在中华人民共和国境内从事国际通信业务,必须通过国务院信息产业主管部门批准设立的国际通信出入口局进行。

第七节 违反电信市场监管法的法律责任

根据我国现行的法律和《电信条例》《电信和互联网用户个人信息保护规定》等的规定,违反电信市场监管法的法律责任可以概括为以下几个方面:

一、违反接入和互联互通规定的法律责任

电信经营者在电信网间互联中违反规定加收费用的,或者遇有网间通信技术障碍不采取有效措施予以消除的,或者擅自向他人提供电信用户使用电信网络所传输信息的内容的,或者拒不按照规定缴纳电信资源使用费的,由国务院信息产业主管部门或者省、自治区、直辖市电信管理机构依据职权责令改正,没收违法所得,处违法所得1倍以上3倍以下罚款;没有违法所得或者违法所得不足1万元的,处1万元以上10万元以下罚款;情节严重的,责令停业整顿。

电信经营者拒绝其他电信业务经营者提出的互联互通要求的,或者拒不执行国务院信息产业主管部门或者省、自治区、直辖市电信管理机构依法作出的互联互通决定的,或者向其他电信业务经营者提供网间互联的服务质量低于本网及其子公司或者分支机构的,由国务院信息产业主管部门或者省、自治区、直辖市电信管理机构依据职权责令改正,处5万元以上50万元以下罚款;情节严重的,责令停业整顿。

电信业务经营者拒绝免费为电信用户提供国内长途通信、国际通信、移动通信和信息服务等收费清单,或者电信用户对交纳本地电话费用有异议并提出要求时,拒绝为电信用户免费提供本地电话收费依据的,由省、自治区、直辖市电信管理机构责令改正,并向电信用户赔礼道歉;拒不改正并赔礼道歉的,处以警告,并处5000元以上5万元以下的罚款。

二、违反电信业务监管规定的法律责任

电信经营者以任何方式限制电信用户选择其他电信业务经营者依法开办的电信服务,或者对其经营的不同业务进行不合理的交叉补贴,或者以排挤竞争对手为目的、低于成本提供电信业务或者服务进行不正当竞争的,由国务院信息产业主管部门或者省、自治区、直辖市电信管理机构依据职权责令改正,处10万元以上100万元以下罚款;情节严重的,责令停业整顿。

三、违反规定侵犯用户权利的法律责任

违反《电信条例》第41条有关保障用户权利的规定,由省、自治区、直辖市电信管理机构责令改正,并向电信用户赔礼道歉,赔偿电信用户损失;拒不改正并赔礼道歉、赔偿损失的,处以警告,并处1万元以上10万元以下的罚款;情节严重的,责令停业整顿。

电信经营者销售未取得进网许可的电信终端设备,或者非法阻止或者妨碍电信

业务经营者向电信用户提供公共电信服务,或者擅自改动或者迁移他人的电信线路及其他电信设施的,由省、自治区、直辖市电信管理机构责令改正,处1万元以上10万元以下的罚款。

获得电信设备进网许可证后降低产品质量和性能的,由产品质量监督部门依照有关法律、行政法规的规定予以处罚。

四、违反电信安全监管制度的法律责任

违反《电信条例》关于电信内容安全、网络安全和信息安全规定,构成犯罪的,依法追究刑事责任;尚不构成犯罪的,由公安机关、国家安全机关依照有关法律、行政法规的规定予以处罚。

违反《电信条例》关于电信交易安全和市场秩序稳定规定,扰乱电信市场秩序,构成犯罪的,依法追究刑事责任;尚不构成犯罪的,由国务院信息产业主管部门或者省、自治区、直辖市电信管理机构依据职权责令改正,没收违法所得,处违法所得3倍以上5倍以下罚款;没有违法所得或者违法所得不足1万元的,处1万元以上10万元以下罚款。

违反《电信条例》的规定,伪造、冒用、转让电信业务经营许可证、电信设备进网许可证或者编造在电信设备上标注的进网许可证编号的,由国务院信息产业主管部门或者省、自治区、直辖市电信管理机构依据职权没收违法所得,处违法所得3倍以上5倍以下罚款;没有违法所得或者违法所得不足1万元的,处1万元以上10万元以下罚款。

违反《电信条例》第57条、第58条和第59条所列禁止行为之一,情节严重的,由原发证机关吊销电信业务经营许可证。国务院信息产业主管部门或者省、自治区、直辖市电信管理机构吊销电信业务经营许可证后,应当通知企业登记机关。

违反《电信条例》,擅自经营电信业务的或者超范围经营电信业务的,未通过国务院信息产业主管部门批准、设立国际通信出入口进行国际通信的,擅自使用、转让、出租电信资源或者改变电信资源用途的,擅自中断网间互联互通或者接入服务的,拒不履行普遍服务义务的,由国务院信息产业主管部门或者省、自治区、直辖市电信管理机构依据职权责令改正,没收违法所得,处违法所得3倍以上5倍以下罚款;没有违法所得或者违法所得不足5万元的,处10万元以上100万元以下罚款;情节严重的,责令停业整顿。

五、监管机关工作人员违反规定的法律责任

国务院信息产业主管部门或者省、自治区、直辖市电信管理机构工作人员玩忽职守、滥用职权、徇私舞弊,构成犯罪的,依法追究刑事责任;尚不构成犯罪的,依法给予行政处分。

第十五章 城市房地产管理法律制度

第一节 城市房地产管理法概述

一、城市房地产管理法的概念

城市房地产管理法,是调整城市房地产管理过程中发生的经济关系的法律规范的总称。

城市,是指一个相对永久性的、高度组织起来的、人口集中的地方。城市是人类发展到一定阶段的产物,它是人类由原始时代进入文明时代的一个重要标志,是人类文明的创造和结晶,又是人类文明进一步丰富和发展的重要基地和舞台。

1989年12月26日第七届全国人大常委会第十一次会议通过的我国《城市规划法》第3条第1款规定:"本法所称城市,是指国家按行政建制设立的直辖市、市、镇。"这里所说的镇,是指建制镇。根据国务院1955年颁布的《关于设市、镇建制的决定》、《关于城乡划分标准的规定》以及1984年批转的民政部《关于调整建制镇标准的报告》的精神,建制镇属于城市的范围。《城市规划法》第21条对县级人民政府所在地的镇及其他建制镇的城市属性,也作出了规定。

土地,指地球陆地的表层。土地存在的形式有明显的空间上和时间上的差别。土地的用途很广。城市土地按其功能性质和使用特点,可以分为以下各类:(1) 生活居住用地;(2) 工业用地;(3) 对外交通运输用地;(4) 仓库用地;(5) 大专院校、科研机构用地;(6) 风景游览用地;(7) 市政公用设施用地;(8) 卫生防护用地;(9) 特殊用地;(10) 其他用地。

房屋,是人类的基本需求之一。其法律特征是:(1) 房屋属于不动产;(2) 房屋是一种特定物;(3) 房屋是不可分物。

房地产,是从事城镇土地、房屋的开发及经营管理活动的合称。由于物质形态上土地与房屋紧密相连,房依地存,地为房载,因而在经济形式上,习惯上总是把二者结合为一体对待,统称之为"房地产"。

房地产业是商品经济和城市发展的产物。在许多发达国家,房地产业日益成为国民经济的支柱行业,成为基础性、先导性产业。

房地产管理,包括房地产的行政管理、企业管理及物业管理等。

随着我国经济体制改革的进行,城市土地使用权有偿转让的实施和住宅商品化的发展,我国房地产业正日益成为一个重要的经济部门。建立健全房地产市场,是建立我国社会主义市场体系的重点之一。房地产业对其他各个产业的发展,对金融业的振兴,对消费结构的变革以及对整个社会政治的稳定,都有极为重要的影响。

二、房地产立法

为了完备我国社会主义市场经济法律体系,加强对城市房地产的管理,维护房地产市场秩序,保障房地产权利人的合法权益,促进房地产业的健康发展,1994年7月5日,第八届全国人大常委会第八次会议通过了《中华人民共和国城市房地产管理法》(以下简称《城市房地产管理法》),于1995年1月1日起施行。2007年8月30日和2009年8月27日,全国人大常委会对该法作了两次修改。《城市房地产管理法》是我国城市房地产管理的基本规范性文件,为我国城市房地产管理的规范化奠定了法制基础。

为了培育与发展房地产市场和加强房地产管理,国务院先后制定了《城镇国有土地使用权出让和转让暂行条例》(以下简称《出让和转让条例》)、《外商投资开发经营成片土地暂行管理办法》等法规。国务院房地产主管部门先后发布了一系列有关房地产管理的规章和其他规范性文件;各省、自治区、直辖市也先后发布了大量的有关房地产管理的地方性法规、规章及其他规范性文件。

三、房地产权利人的权益保障

我国《城市房地产管理法》第5条规定:"房地产权利人应当遵守法律和行政法规,依法纳税。房地产权利人的合法权益受法律保护,任何单位和个人不得侵犯。"

我国《城市房地产管理法》第6条规定:"为了公共利益的需要,国家可以征收国有土地上单位和个人的房屋,并依法给予拆迁补偿,维护被征收人的合法权益;征收个人住宅的,还应当保护被征收人的居住条件。具体办法由国务院规定。"

四、房地产管理体制

我国《城市房地产管理法》第7条第1款规定:"国务院建设行政主管部门、土地管理部门依照国务院规定的职权划分,各司其职,密切配合,管理全国房地产工作。"

我国现行的全国房地产工作,由国务院建设行政主管部门和土地管理部门分别管理。现今,国务院建设行政主管部门是建设部,它是综合管理全国建设事业的职能部门;国务院土地管理部门是国土资源部,它是负责全国土地、城乡地政统一管理的职能机构。

我国《城市房地产管理法》第7条第2款规定:"县级以上地方人民政府房产管理、土地管理部门的机构设置及其职权由省、自治区、直辖市人民政府确定。"

目前我国大多数地方人民政府实行房、地分管体制,分设建设厅、局(或房地产管理局、处)和土地管理局,只有少数城市已经建立起一个部门统一管理房、地产的体制。

第二节 房地产开发用地管理

一、土地使用权出让

(一) 土地使用权出让的概念

土地使用权出让,是指国家将国有土地使用权(以下简称土地使用权)在一定年限内出让给土地使用者,由土地使用者向国家支付土地使用权出让金的行为。

土地使用权出让,为土地的一级市场。中国共产党十四届三中全会决议明确指出:"国家垄断城镇土地一级市场,实行土地使用权有偿有期限出让制度。"

土地使用权出让,具有以下法律特征:

第一,土地使用权出让的主体一方为出让方,另一方为受让方,而其出让方只能是国家。

我国《城市房地产管理法》第15条第2款规定:"土地使用权出让合同由市、县人民政府土地管理部门与土地使用者签订。"

土地使用权受让方,是指土地使用者。我国《城市房地产管理法》对土地使用者未作具体规定。国务院《出让和转让条例》第3条规定:"中华人民共和国境内外的公司、企业、其他组织和个人,除法律另有规定者外,均可依照本条例的规定取得土地使用权,进行土地开发、利用、经营。"由此可见,受让方一般不受限制。实践中,个别地方作了限制性的规定。

第二,土地使用权出让人和受让人的权利与义务。

我国《城市房地产管理法》第16条规定:"土地使用者必须按照出让合同约定,支付土地使用权出让金;未按照出让合同约定支付土地使用权出让金的,土地管理部门有权解除合同,并可以请求违约赔偿。"

我国《城市房地产管理法》第17条规定:"土地使用者按照出让合同约定支付土地使用权出让金的,市、县人民政府土地管理部门必须按照出让合同约定,提供出让的土地;未按照出让合同约定提供出让的土地的,土地使用者有权解除合同,由土地管理部门返还土地使用权出让金,土地使用者并可以请求违约赔偿。"

第三,土地使用权出让的客体是一定年限的国有土地使用权。

我国《宪法》规定,我国实行土地公有制,并且规定:"任何组织或者个人不得侵占、买卖或者以其他形式非法转让土地。土地使用权可以依照法律的规定转让。"根据《宪法》的规定,土地使用权出让的客体是土地使用权,而不是国有土地的所有权。

第四,土地使用权出让是要式法律行为。

我国《城市房地产管理法》第15条第1款规定:"土地使用权出让,应当签订书面出让合同。"同时要向县级以上地方人民政府土地管理部门申请登记。如果不签订书面出让合同并办理土地使用权登记,该土地使用权出让行为无效。

(二) 土地使用权出让的法律控制

为了防止和克服房地产开发用地供应总量失控现象,形成国家对房地产一级市

场的有效垄断,我国《城市房地产管理法》对土地使用权出让规定了严格的法律控制措施。其主要规定是:

(1) 禁止集体所有土地使用权的有偿出让。

为了切实贯彻实施保护耕地的基本国策,明确规定集体所有的土地不能开发经营房地产,房地产开发用地必须是国有土地。为此,我国《城市房地产管理法》第9条规定:"城市规划区内的集体所有的土地,经依法征收转为国有土地后,该幅国有土地的使用权方可有偿出让。"

(2) 土地使用权出让,必须符合土地利用总体规划、城市规划和年度建设用地计划。

我国《城市房地产管理法》第10条规定:"土地使用权出让,必须符合土地利用总体规划、城市规划和年度建设用地计划。"

之所以作这样的规定,是因为土地使用权出让,直接涉及土地利用总体规划、城市规划和年度建设用地计划的落实。

土地利用总体规划,是土地利用方面总体性的、战略性的、指导性的长期计划。

城市规划,是指国家为了实现一定时期内的经济和社会发展目标,确定城市性质、规模和发展方向,合理利用城市土地,协调城市布局和各项建设的综合部署和具体安排。

建设用地计划,是国民经济和社会发展计划的组成部分,是加强土地资源宏观管理的重要措施,是审批建设用地的依据之一。

(3) 土地使用权出让,必须拟订年度出让土地使用权总面积方案。

在房地产三级市场中,一级市场是关键。国家为了垄断一级市场,需控制土地使用权出让供给总量,我国《城市房地产管理法》第11条规定:"县级以上地方人民政府出让土地使用权用于房地产开发的,须根据省级以上人民政府下达的控制指标拟订年度出让土地使用权总面积方案,按照国务院规定,报国务院或者省级人民政府批准。"

(4) 土地使用权出让,必须依照法定程序。

我国《城市房地产管理法》第12条规定:"土地使用权出让,由市、县人民政府有计划、有步骤地进行。出让的每幅地块、用途、年限和其他条件,由市、县人民政府土地管理部门会同城市规划、建设、房产管理部门共同拟订方案,按照国务院规定,报经有批准权的人民政府批准后,由市、县人民政府土地管理部门实施。直辖市的县人民政府及其有关部门行使前款规定的权限,由直辖市人民政府规定。"

(三) 土地使用权出让的方式

我国《城市房地产管理法》第13条第1款规定:"土地使用权出让,可以采取拍卖、招标或者双方协议的方式。"

1. 拍卖出让

拍卖出让,是指在指定的时间、地点,组织符合条件的土地使用权竞投者到场,在市、县人民政府土地使用权拍卖主持人主持下,公平竞投某一地块使用权,按"价高者得"的原则确定土地使用权受让人的一种出让方式。采用这种方式,有利于受让人之间公开、平等竞争,排除人为因素的干扰,同时也可使出让方获得较高的出让金。

2. 招标出让

招标出让,是指在指定的期限内,由符合条件的单位或者个人以书面投标方式,竞投出让地块使用权,由招标人根据一定的要求,择优确定土地使用权受让人的一种出让方式。

之所以提倡招标方式,是因为土地有特殊的使用用途,其开发涉及复杂的技术问题,投标者对开发土地可以提出不同的方案,报出自己的投标价金。招标人要进行认真评估,然后确定中标人。国家土地管理部门在招标时应当成立评标委员会,客观、公正地评估各个投标,并在统一评估的基础上决标。然后,土地使用权出让人再与中标人签订出让合同。

3. 双方协议出让

双方协议出让,是指市、县人民政府土地管理部门与申请受让人直接就土地使用权出让有关事宜进行协商,达成协议的一种出让方式。

我国《城市房地产管理法》第13条第2款、第3款还规定:"商业、旅游、娱乐和豪华住宅用地,有条件的,必须采取拍卖、招标方式;没有条件,不能采取拍卖、招标方式的,可以采取双方协议的方式。采取双方协议方式出让土地使用权的出让金不得低于按国家规定所确定的最低价。"

之所以作这样的规定,一方面,是照顾到我国目前的实际情况,并参考了国外的做法;另一方面,是考虑到用协议方式出让土地使用权随意性大,不利于自由竞争。为此,从法律上作了两项限制:一是对几类高利润用地出让方式的限制;二是对双方协议出让中最低出让金的限制。这样做,较为有利。

(四) 土地使用权的最高年限

土地使用权出让制度首要的特点就是规定了出让年限。土地使用权出让,并不是土地所有权出让,如果无限期地出让使用权,实际上也就等于出让所有权,当然不能允许。

土地使用权出让最高年限,是一次出让签约的最高年限。土地使用权期限届满时,土地使用权可以申请续期。每一地块的具体出让年限,应由出让方和受让方在签订合同时确定,可以低于法定最高年限,但不可以高于法定最高年限。考虑到我国国民经济和社会发展过程存在一些变化的因素,我国《城市房地产管理法》对土地使用权出让最高年限只作了授权性规定,即"土地使用权出让最高年限由国务院规定"。

根据国务院发布的《出让和转让条例》第12条规定,土地使用权出让最高年限按下列用途确定:

(1) 居住用地70年;

(2) 工业用地50年;

(3) 教育、科技、文化、卫生、体育用地50年;

(4) 商业、旅游、娱乐用地 40 年；

(5) 综合或者其他用地 50 年。

这是法定的最高年限，任何土地使用权出让合同都必须照此办理，超过法定最高年限的合同无效。

(五) 土地使用权出让合同的管理

1. 国有土地使用权出让合同的概念

国有土地使用权出让合同，是指市、县人民政府土地管理部门代表国家(出让人)与土地使用者(受让人)，就特定地块土地使用权有关事宜达成的、明确双方权利义务关系的书面协议。

我国《城市房地产管理法》第 15 条规定："土地使用权出让，应当签订书面出让合同。土地使用权出让合同由市、县人民政府土地管理部门与土地使用者签订。"

2. 土地使用权出让金的支付和上缴

我国《城市房地产管理法》第 16 条规定："土地使用者必须按照出让合同约定，支付土地使用权出让金；未按照出让合同约定支付土地使用权出让金的，土地管理部门有权解除合同，并可以请求违约赔偿。"

我国《城市房地产管理法》第 17 条规定："土地使用者按照出让合同约定支付土地使用权出让金的，市、县人民政府土地管理部门必须按照出让合同约定，提供出让的土地；未按照出让合同约定提供出让的土地的，土地使用者有权解除合同，由土地管理部门返还土地使用权出让金，土地使用者并可以请求违约赔偿。"

我国《城市房地产管理法》第 19 条规定："土地使用权出让金应当全部上缴财政，列入预算，用于城市基础设施建设和土地开发。土地使用权出让金上缴和使用的具体办法由国务院规定。"

3. 土地使用权用途的改变

我国《城市房地产管理法》第 18 条规定："土地使用者需要改变土地使用权出让合同约定的土地用途的，必须取得出让方和市、县人民政府城市规划行政主管部门的同意，签订土地使用权出让合同变更协议或者重新签订土地使用权出让合同，相应调整土地使用权出让金。"

4. 土地使用权终止

土地使用权终止，是指因出现法律规定的情况，致使受让人丧失了土地使用权。

我国《城市房地产管理法》对导致受让人土地使用权终止，作了四项重要规定：

(1) 使用期限届满。我国《城市房地产管理法》第 22 条第 2 款规定："土地使用权出让合同约定的使用年限届满，土地使用者未申请续期或者虽申请续期但依照前款规定未获批准的，土地使用权由国家无偿收回。"

(2) 根据社会公共利益的需要提前收回。我国《城市房地产管理法》第 20 条规定："国家对土地使用者依法取得的土地使用权，在出让合同约定的使用年限届满前不收回；在特殊情况下，根据社会公共利益的需要，可以依照法律程序提前收回，并根据土地使用者使用土地的实际年限和开发土地的实际情况给予相应的补偿。"

（3）因逾期开发而被无偿收回。根据我国《城市房地产管理法》第26条的有关规定，以出让方式取得土地使用权进行房地产开发的，必须按照土地使用权出让合同约定的土地用途、动工开发期限开发土地。满两年未动工开发的，可以无偿收回土地使用权。

（4）土地灭失。我国《城市房地产管理法》第21条规定："土地使用权因土地灭失而终止。"土地灭失，是指由于不可抗的自然力量造成原土地性质的彻底改变或原土地面貌的彻底改变。受让人因此而终止其土地使用权。

5. 土地使用权期满后的续期

我国《城市房地产管理法》第22条第1款规定："土地使用权出让合同约定的使用年限届满，土地使用者需要继续使用土地的，应当至迟于届满前一年申请续期，除根据社会公共利益需要收回该幅土地的，应当予以批准。经批准准予续期的，应当重新签订土地使用权出让合同，依照规定支付土地使用权出让金。"

二、土地使用权划拨

（一）土地使用权划拨的概念

土地使用权划拨，是指县级以上人民政府依法批准，在土地使用者缴纳补偿、安置等费用后将该幅土地交付其使用，或将土地使用权无偿交付给土地使用者使用的行为。

我国实行城市国有土地使用权有偿出让前，采用的是行政划拨土地的办法，今后也不可能完全取消这种办法。例如，政府设施用地，学校、医院、交通等建设用地，这些都属于非营利性的公用事业，目前只能采取划拨的办法，但它的范围必须逐步缩小。

以划拨方式取得土地使用权的，除法律、行政法规另有规定者外，没有使用期限的限制。

划拨土地使用权，不采用出让土地使用权的拍卖、招标和双方协议的方式，而是适用国家建设用地的审批程序。

（二）土地使用权划拨的范围

根据我国《城市房地产管理法》第24条规定，下列建设用地的土地使用权，确属必需的，可以由县级以上人民政府依法批准划拨：

（1）国家机关用地和军事用地；
（2）城市基础设施用地和公益事业用地；
（3）国家重点扶持的能源、交通、水利等项目用地；
（4）法律、行政法规规定的其他用地。

第三节 房地产开发经营管理

一、房地产开发的概念和原则

(一) 房地产开发的概念

我国《城市房地产管理法》第2条第3款规定:"本法所称房地产开发,是指在依据本法取得国有土地使用权的土地上进行基础设施、房屋建设的行为。"

为了规范房地产开发经营行为,加强对城市房地产开发经营活动的监督管理,促进和保障房地产业的健康发展,国务院根据《城市房地产管理法》,于1998年7月20日发布并施行了《城市房地产开发经营管理条例》(以下简称《房地产开发条例》)。

《房地产开发条例》第2条明确规定:"本条例所称房地产开发经营,是指房地产开发企业在城市规划区内国有土地上进行基础设施建设、房屋建设,并转让房地产开发项目或者销售、出租商品房的行为。"

我国《城市规划法》第3条,对城市规划区作了规定,即:"本法所称城市规划区,是指城市市区、近郊区以及城市行政区域内因城市建设和发展需要实行规划控制的区域。城市规划区的具体范围,由城市人民政府在编制的城市总体规划中划定。"

(二) 房地产开发应当贯彻的原则

1. 房地产开发必须严格执行规划的原则

我国《城市规划法》第29条规定:"城市规划区内的土地利用和各项建设必须符合城市规划,服从规划管理。"在城市开发建设中,房地产开发是其中的重要组成部分。因此,房地产开发必须严格执行城市规划,这是城市规划能够落到实处的保证。

2. 房地产开发必须坚持经济效益、社会效益和环境效益相统一的原则

房地产业是国民经济的支柱产业,房地产业的发展,必将影响整个社会经济的发展,影响城市建设和社会文化事业的发展。没有经济效益的提高,不可能有社会事业的发展,环境的改善;但是,又绝不能以牺牲社会效益和环境效益为代价,片面追求经济效益,必须做到经济效益、社会效益和环境效益三者的统一。

3. 房地产开发应当坚持"全面规划、合理布局、综合开发、配套建设"的方针和原则

这是在总结我国多年来城市建设、房地产开发的经验基础上,提出来的一条应当长期坚持的正确方针和原则。

二、房地产开发经营管理体制

根据《房地产开发条例》的规定,我国房地产开发经营的管理体制是:

第一,国务院建设行政主管部门,负责全国房地产开发经营活动的监督管理工作。

第二,县级以上地方人民政府房地产开发主管部门,负责本行政区域内房地产开

发经营活动的监督管理工作。

第三,县级以上人民政府负责土地管理工作的部门,依照有关法律、行政法规的规定,负责与房地产开发经营有关的土地管理工作。

三、房地产开发企业

(一) 房地产开发企业的概念

我国《城市房地产管理法》第 30 条规定:"房地产开发企业是以营利为目的,从事房地产开发和经营的企业。……"

建设部 1993 年 11 月 16 日发布了《房地产开发企业资质管理规定》。按照规定,房地产开发企业分为专营企业和兼营企业。

房地产开发专营企业,应当按照规定申请资质等级;兼营企业不定资质等级。

房地产开发企业按资质条件划分为一、二、三、四、五,共五个等级。

(二) 房地产开发企业的设立条件

我国《城市房地产管理法》和《房地产开发条例》,对设立房地产开发企业的条件作了明确、具体的规定。

《房地产开发条例》第 5 条规定,设立房地产开发企业,除应当符合有关法律、行政法规规定的企业设立条件外,还应当具备下列条件:

(1) 有 100 万元以上的注册资本;

(2) 有 4 名以上持有资格证书的房地产专业、建筑工程专业的专职技术人员,2 名以上持有资格证书的专职会计人员。

省、自治区、直辖市人民政府可以根据本地方的实际情况,对设立房地产开发企业的注册资本和专业技术人员的条件作出高于上述规定的规定。

《房地产开发条例》第 6 条规定,外商投资设立房地产开发企业的,除应当符合本条例第 5 条的规定外,还应当依照外商投资企业法律、行政法规的规定,办理有关审批手续。

(三) 房地产开发企业设立的程序

我国《城市房地产管理法》和《房地产开发条例》,对房地产开发企业设立的程序,作了明确规定。

1. 办理工商企业的登记程序

《房地产开发条例》第 7 条规定,设立房地产开发企业,应当向县级以上人民政府工商行政管理部门申请登记,工商行政管理部门对符合本条例第 5 条规定条件的,应当自收到申请之日起 30 日内予以登记;对不符合条件不予登记的,应当说明理由。

工商行政管理部门在对设立房地产开发企业申请登记进行审查时,应当听取同级房地产开发主管部门的意见。

2. 向主管部门备案的程序

《房地产开发条例》第 8 条规定,房地产开发企业应当自领取营业执照之日起 30 日内,持本条规定的文件到登记机关所在地的房地产开发主管部门备案。

3. 资质等级的核定程序

《房地产开发条例》第 9 条规定,房地产开发主管部门,应当根据房地产开发企业的资产、专业技术人员和开发经营业绩等,对备案的房地产开发企业核定资质等级。房地产开发企业应当按照核定的资质等级,承担相应的房地产开发项目。

第四节 房地产交易管理

一、房地产交易的一般规定

(一) 房地产交易的概念

房地产交易,是指房地产作为商品而进行的买卖、租赁、抵押和交换等活动的总称。

我国《城市房地产管理法》第 2 条第 4 款规定:"本法所称房地产交易,包括房地产转让、房地产抵押和房屋租赁。"

(二) 房地产的价格管理

房地产价格管理,是房地产市场管理的核心内容,它是指政府主管部门运用法律、经济和行政等手段,对流通领域的房屋买卖、租赁、交换、抵押的成交价格和土地使用权出让、转让的价格等,所实行的宏观管理和微观管理活动的总称。

根据我国《城市房地产管理法》第 34 条的规定,我国房地产价格主要有:

(1) 基准地价,是指国家根据土地管理的某种需要,按照土地等级或土地收益状况,计算或评定出来的一定时间内某一区域的土地平均价格。它是政府控制地价和进一步评估土地出让、转让交易底价的基础,也是征收土地税、费的依据。

(2) 标定地价,是指县级以上人民政府根据需要评估的,在正常土地市场、正常经营和政策作用下,某一具体地块在某一时期、某一使用年限的价格。

(3) 房屋重置价格,是指按照当前的建筑技术、工艺水平、建材价格、人工和运输费用等条件下,重新建造同类结构、式样、质量标准的房屋所需的费用。

(三) 房地产价格的评估

房地产价格评估,是房地产价格管理的核心。

房地产价格评估,是指房地产专业估价机构、人员,根据估价目的,遵循估价原则,采用科学的估价方法,结合估价经验和影响房地产价格因素的分析,对房地产最可能实现的合理价格所作出的推测和判断。简言之,就是对房地产的合理价格所进行的科学估算活动。

房地产价格评估,应当遵循公正、公平、公开的原则。

(四) 房地产成交价格申报制度

为了遏制房地产交易中混乱现象的蔓延,维护正常的房地产市场秩序,我国《城市房地产管理法》第 35 条作了明确规定:"国家实行房地产成交价格申报制度。房地产权利人转让房地产,应当向县级以上地方人民政府规定的部门如实申报成交价,不得瞒报或者作不实的申报。"

二、房地产转让

(一) 房地产转让的概念

房地产转让,是指房地产权利人通过买卖、赠与或者其他合法方式将其房地产转移给他人的行为。

国有土地使用权的有偿出让,仅仅是土地使用权买卖的一级市场。只有土地使用权能够从受让人手里再流向真正需要者手里,才能实现其价值。这种在土地使用权基础上再转移的行为,被称为土地使用权的转让。这是土地使用权买卖的二级市场,这种二级市场,才是真正意义上的土地使用权买卖市场。

(二) 房地产转让的必备条件

房地产转让的必备条件,是指法律规定的,在房地产转让中必须具备的条件。

根据我国《城市房地产管理法》的规定,房地产转让的必备条件主要分为以下两种情形:

(1) 根据《城市房地产管理法》第 39 条规定,以出让方式取得土地使用权的,转让房地产时,应当符合下列条件:

第一,按照出让合同约定已经支付全部土地使用权出让金,并取得土地使用权证书;

第二,按照出让合同约定进行投资开发,属于房屋建设工程的,完成开发投资总额的 25% 以上,属于成片开发土地的,形成工业用地或者其他建设用地条件。

转让房地产时房屋已经建成的,还应当持有房屋所有权证书。

(2)《城市房地产管理法》第 40 条第 1 款规定:"以划拨方式取得土地使用权的,转让房地产时,应当按照国务院规定,报有批准权的人民政府审批。有批准权的人民政府准予转让的,应当由受让方办理土地使用权出让手续,并依照国家有关规定缴纳土地使用权出让金。"

所以这样规定,是因为划拨土地使用权是受让方无偿取得的,如果允许其随意转让、出租、抵押,定会带来许多弊端,容易助长炒买地皮现象,导致国有资产流失,扰乱房地产秩序。

我国《城市房地产管理法》对划拨土地使用权的转让条件,未作具体规定。对此,国务院《出让和转让条例》第 45 条规定,符合下列条件的,经市、县人民政府土地管理部门和房产管理部门批准,才允许转让、出租、抵押。这些条件是:土地使用者为公司、企业、其他经济组织和个人;领有国有土地使用证;具有地上建筑物、其他附着物合法的产权证明;依照《出让和转让条例》的规定签订了土地使用权出让合同,向当地市、县人民政府补交了土地使用权出让金或者以转让、出租、抵押所获收益抵交土地使用权出让金。

我国《城市房地产管理法》第 40 条第 2 款还规定,以划拨方式取得土地使用权的,转让房地产报批时,有批准权的人民政府按照国务院规定决定可以不办理土地使用权出让手续的,转让方应当按照国务院规定将转让房地产所获收益中的土地收益上缴国家或者作其他处理。

(三) 房地产开发项目的转让

我国《房地产开发条例》对房地产开发项目的转让,作了规定:

(1) 转让房地产开发项目应当符合法定条件。《房地产开发条例》第20条规定,转让房地产开发项目,应当符合《城市房地产管理法》第39条、第40条规定的条件。

(2) 转让房地产开发项目应当备案。《房地产开发条例》第21条规定,转让房地产开发项目,转让人和受让人应当自土地使用权变更登记手续办理完毕之日起30日内,持房地产开发项目转让合同到房地产开发主管部门备案。

(3) 转让房地产开发项目拆迁补偿安置权利、义务的转移。《房地产开发条例》第22条规定,房地产开发企业转让房地产开发项目时,尚未完成拆迁补偿安置的,原拆迁补偿安置合同中有关的权利、义务随之转移给受让人。项目转让人应当书面通知被拆迁人。

(四) 房地产转让的禁止条件

房地产转让的禁止条件,是指法律规定不允许进行房地产转让的情形。我国《城市房地产管理法》第38条规定了不得转让房地产的七种情形:

(1) 以出让方式取得土地使用权的,不符合该法第39条规定的条件的,即不具备上述以出让方式取得土地使用权的房地产转让的必备条件;

(2) 司法机关和行政机关依法裁定、决定查封或者以其他形式限制房地产权利的;

(3) 依法收回土地使用权的;

(4) 共有房地产,未经其他共有人书面同意的;

(5) 权属有争议的;

(6) 未依法登记领取权属证书的;

(7) 法律、行政法规规定禁止转让的其他情形。

(五) 房地产转让合同

我国《城市房地产管理法》第41条规定:"房地产转让,应当签订书面转让合同,合同中应当载明土地使用权取得的方式。"

我国《城市房地产管理法》第42条规定:"房地产转让时,土地使用权出让合同载明的权利、义务随之转移。"法律作这样的规定表明,原始合同中规定的权利与义务,不因后来签订转让合同而变化,因为只是合同一方当事人(受让人)发生了变化,受让人转让的是他的原始合同中的权利与义务,新的受让人取代原始受让人履行原始合同。

(六) 转让房地产后土地使用权年限

我国《城市房地产管理法》第43条规定:"以出让方式取得土地使用权的,转让房地产后,其土地使用权的使用年限为原土地使用权出让合同约定的使用年限减去原土地使用者已经使用年限后的剩余年限。"例如,土地使用权出让合同规定的土地使用权出让年限为 50 年,原受让人甲已使用 5 年后又卖给乙,那么乙取得的使用权为 50 年减去 5 年也就是 45 年。就是说,不管流通过程中经几次易手,都不能改变原土地使用权出让合同所规定的年限。

(七) 转让房地产后,对受让人改变土地用途的处理

我国《城市房地产管理法》第 44 条规定:"以出让方式取得土地使用权的,转让房地产后,受让人改变原土地使用权出让合同约定的土地用途的,必须取得原出让方和市、县人民政府城市规划行政主管部门的同意,签订土地使用权出让合同变更协议或者重新签订土地使用权出让合同,相应调整土地使用权出让金。"

(八) 商品房预售

商品房预售,是指房地产开发企业将正在建设中的房屋预先出售给承购人,由承购人支付定金或者房价款的行为。

为了保障商品房预售秩序,维护当事人双方的合法权益,我国《城市房地产管理法》和《房地产开发条例》,对商品房预售应当符合的条件和核发商品房预售许可证明等作了明确规定。

三、房地产抵押

(一) 房地产抵押的概念

房地产抵押,是指抵押人以其合法的房地产以不转移占有的方式向抵押权人提供债务履行担保的行为。债务人不履行债务时,抵押权人有权依法以抵押的房地产拍卖所得的价款优先受偿。

(二) 房地产抵押的范围

房地产抵押范围,是指房地产抵押权标的的范围。根据我国《城市房地产管理法》及《担保法》的规定,房地产抵押范围包括:

(1) 房屋所有权连同该房屋占用范围内的土地使用权,可以设定抵押权。《城市房地产管理法》第 48 条第 1 款规定:"依法取得的房屋所有权连同该房屋占用范围内的土地使用权,可以设定抵押权。"我国《担保法》第 36 条对此也作了明确规定:"以依法取得的国有土地上的房屋抵押的,该房屋占用范围内的国有土地使用权同时抵押。以出让方式取得的国有土地使用权抵押的,应当将抵押时该国有土地上的房屋同时抵押。"

在抵押房地产范围内新增的房屋是否属于抵押范围? 我国《城市房地产管理法》第 52 条规定:"房地产抵押合同签订后,土地上新增的房屋不属于抵押财产。需要拍卖该抵押的房地产时,可以依法将土地上新增的房屋与抵押财产一同拍卖,但对拍卖新增房屋所得,抵押权人无权优先受偿。"我国《担保法》第 55 条对此也作了规定。

抵押房地产属于划拨的土地,其拍卖抵押房地产所得价款如何处理? 我国《城市房地产管理法》第 51 条规定:"设定房地产抵押权的土地使用权是以划拨方式取得的,依法拍卖该房地产后,应当从拍卖所得的价款中缴纳相当于应缴纳的土地使

用权出让金的款额后,抵押权人方可优先受偿。"我国《担保法》第 56 条对此也作了规定。

(2) 以出让方式取得的土地使用权,可以设定抵押权。我国《城市房地产管理法》第 48 条第 2 款规定:"以出让方式取得的土地使用权,可以设定抵押权。"

(3) 其他可以设定抵押权的地上定着物。我国《担保法》第 34 条规定,可以抵押的财产包括:抵押人所有的房屋和其他地上定着物;抵押人有权处分的国有土地使用权、房屋和其他地上定着物。

四、房屋租赁

(一) 房屋租赁的概念

房屋租赁,是指房屋所有权人作为出租人将其房屋出租给承租人使用,由承租人向出租人支付租金的行为。

(二) 房屋租赁合同

我国《城市房地产管理法》第 54 条规定:"房屋租赁,出租人和承租人应当签订书面租赁合同,约定租赁期限、租赁用途、租赁价格、修缮责任等条款,以及双方的其他权利和义务,并向房产管理部门登记备案。"

(三) 住宅用房租赁

我国《城市房地产管理法》第 55 条规定:"住宅用房的租赁,应当执行国家和房屋所在城市人民政府规定的租赁政策。租用房屋从事生产、经营活动的,由租赁双方协商议定租金和其他租赁条款。"

(四) 房屋租金中所含的土地收益

我国《城市房地产管理法》第 56 条规定:"以营利为目的,房屋所有权人将以划拨方式取得使用权的国有土地上建成的房屋出租的,应当将租金中所含土地收益上缴国家。具体办法由国务院规定。"

五、中介服务机构

房地产中介服务,是指在房地产开发、交易活动中起中间媒介和辅助作用的服务管理活动。

我国《城市房地产管理法》第 57 条规定:"房地产中介服务机构包括房地产咨询机构、房地产价格评估机构、房地产经纪机构等。"

我国《城市房地产管理法》第 58 条规定了房地产中介服务机构应当具备的条件。

设立房地产中介服务机构,应当向工商行政管理部门申请设立登记,领取营业执照后,方可开业。

我国《城市房地产管理法》第 59 条规定:"国家实行房地产价格评估人员资格认证制度。"

第五节 房地产权属登记管理

一、房地产权属登记管理的概念

房地产权属登记管理,是指法律规定的管理机构对房地产的权属状况进行持续的记录,是对拥有房地产的权利进行的登记,包括对权利的种类、权利的范围等情况的记录。

二、国有土地使用权和房屋所有权登记

(一) 国有土地使用权登记

国有土地使用权登记,是指土地管理部门根据依法取得国有土地使用权的单位和个人的申请,按照法定程序对其国有土地使用权进行审查核实、注册登记、核发国有土地使用权证书的一种制度。

我国《城市房地产管理法》第61条第1款规定:"以出让或者划拨方式取得土地使用权,应当向县级以上地方人民政府土地管理部门申请登记,经县级以上地方人民政府土地管理部门核实,由同级人民政府颁发土地使用权证书。"

(二) 房屋所有权登记

房屋所有权登记,是指房地产管理部门根据房屋所有权人的申请,依照法定程序对其房屋进行核实、注册登记、颁发房屋所有权证书的一种制度。

我国《城市房地产管理法》第61条第2款规定:"在依法取得的房地产开发用地上建成房屋的,应当凭土地使用权证书向县级以上地方人民政府房产管理部门申请登记,由县级以上地方人民政府房产管理部门核实并颁发房屋所有权证书。"

(三) 房地产权属统一登记

我国现行房地产管理,是土地管理和房产管理分属两个部门管理的体制,所以房地产权属也相应采取分别登记的办法。

(四) 房地产权属登记的特别规定

我国《城市房地产管理法》第61条第4款,对房地产权属登记还作了一项特别规定,即"法律另有规定的,依照有关法律的规定办理。"这是指在其他法律另有关于房屋或者土地权属登记的规定时,在该法律的适用范围内,按照该法律的规定办理。例如,根据我国《土地管理法》第11条的规定,确认林地、草原的所有权或者使用权,确认水面、滩涂的养殖使用权,分别依照我国《森林法》、《草原法》和《渔业法》的有关规定办理。

三、房地产的变更登记和抵押登记

(一) 房地产变更登记

房地产作为商品必然处于不断的流转之中,所以对房地产管理除了静态管理外,

还要建立起动态的登记管理。房地产变更登记就是对其动态管理的一种重要手段。

我国《城市房地产管理法》第61条第3款,对变更登记作了规定:"房地产转让或者变更时,应当向县级以上地方人民政府房产管理部门申请房产变更登记,并凭变更后的房屋所有权证书向同级人民政府土地管理部门申请土地使用权变更登记,经同级人民政府土地管理部门核实,由同级人民政府更换或者更改土地使用权证书。"

根据这项规定,需要办理房地产变更登记的分为两类,即房地产转让或者变更。

房地产转让,是指房地产权利人,通过买卖、赠与、交换或者其他合法方式将其房地产转移给他人的行为。通常发生房地产转让的法律事实有:买卖、交换、赠与、继承、析产、调拨、法院判决、仲裁机构仲裁裁决等。

房地产变更,是指在房地产因扩建、改建、增建、翻建以及拆除、自然灾害等原因发生的房地产增减的情况,以及房地产权利人的名称或者姓名改变,原来设定的负担或者终止或者消灭等情况。

(二)房地产抵押登记

房地产抵押登记,是指房地产权利人以其支配的房地产设定抵押权后,依照法定的程序申请有关的房地产管理机关,在房地产登记簿上所作的记载。我国《城市房地产管理法》第62条规定:"房地产抵押时,应当向县级以上地方人民政府规定的部门办理抵押登记。因处分抵押房地产而取得土地使用权和房屋所有权的,应当依照本章规定办理过户登记。"

第六节 违反城市房地产管理法的法律责任

违反城市房地产管理法的法律责任,是指公民、法人或者其他组织违反《城市房地产管理法》,侵害房地产关系和房地产管理秩序的行为所应承担的法律后果。

我国《城市房地产管理法》规定的法律责任,包括民事责任、行政责任和刑事责任。

违反我国《城市房地产管理法》的法律责任的处理规定,包括:

一、擅自批准出让或者擅自出让土地使用权的法律责任

我国《城市房地产管理法》第64条规定:"违反本法第11条、第12条的规定,擅自批准出让或者擅自出让土地使用权用于房地产开发的,由上级机关或者所在单位给予有关责任人员行政处分。"

二、擅自开发房地产的法律责任

根据我国《城市房地产管理法》第65条规定,违反该法第30条的规定,未取得营业执照擅自从事房地产开发业务的,由县级以上人民政府工商行政管理部门责令停止房地产开发业务活动,没收违法所得,可以并处罚款。

三、违法转让土地使用权的法律责任

根据我国《城市房地产管理法》第 66 条规定,违反该法第 39 条第 1 款的规定转让土地使用权的,由县级以上人民政府土地管理部门没收违法所得,可以并处罚款。

四、违法转让划拨土地的房地产的法律责任

根据我国《城市房地产管理法》第 67 条规定,违反该法第 40 条第 1 款的规定转让房地产的,由县级以上人民政府土地管理部门责令缴纳土地使用权出让金,没收违法所得,可以并处罚款。

五、违法预售商品房的法律责任

根据我国《城市房地产管理法》第 68 条规定,违反该法第 45 条第 1 款的规定预售商品房的,由县级以上人民政府房产管理部门责令停止预售活动,没收违法所得,可以并处罚款。

六、擅自从事房地产中介服务活动的法律责任

根据我国《城市房地产管理法》第 69 条规定,违反该法第 58 条的规定,未取得营业执照擅自从事房地产中介服务业务的,由县级以上人民政府工商行政管理部门责令停止房地产中介服务业务活动,没收违法所得,可以并处罚款。

七、违法向房地产开发企业收费的法律责任

我国《城市房地产管理法》第 70 条规定:"没有法律、法规的依据,向房地产开发企业收费的,上级机关应当责令退回所收取的钱款;情节严重的,由上级机关或者所在单位给予直接责任人员行政处分。"

八、行政执法人员违法犯罪的责任

我国《城市房地产管理法》第 71 条规定:"房产管理部门、土地管理部门工作人员玩忽职守、滥用职权,构成犯罪的,依法追究刑事责任;不构成犯罪的,给予行政处分。房产管理部门、土地管理部门工作人员利用职务上的便利,索取他人的财物,或者非法收受他人财物为他人谋取利益,构成犯罪的,依法追究刑事责任;不构成犯罪的,给予行政处分。"

第十六章 银行业监督管理法律制度

第一节 银行业监督管理法概述

为了加强对银行业的监督管理,规范监督管理行为,防范和化解银行业风险,保护存款人和其他客户的合法权益,促进银行业健康发展,2003年12月27日第十届全国人大常委会第六次会议通过了《中华人民共和国银行业监督管理法》(以下简称《银行业监督管理法》),成立了专门的银行业监管机构——中国银监会,由其负责全国银行业金融机构及其业务活动监督管理的工作。2006年10月31日第十届全国人大常委会第二十四次会议对该法作了重要修正,于2007年1月1日起施行。

一、银行业监督管理的目标

银行监督管理的目标分为基本目标和具体目标两种。所谓基本目标是指体现银行业监督管理的核心和所应关注的最根本的目标,是监管的出发点和归宿,各国在基本目标上基本一致,即保证金融体系、金融市场的健康与稳定,防范和化解金融风险,提高金融体系效率,促进金融和经济的发展。具体目标各国由于政治、经济、文化的不同在具体规定中各有特点。我国《银行业监督管理法》确定的银行业监督管理的具体目标为:促进银行业的合法、稳健运行,维护公众对银行业的信心;保护银行业公平竞争,提高银行业竞争能力。

二、银行业监督管理的原则

(一)依法、公开、公正和效率的原则

银行业监督管理机构对银行业实施监督管理,应当遵循依法、公开、公正和效率的原则。我国《银行业监督管理法》第4条规定,银行业监督管理机构对银行业实施监督管理,应当遵循依法、公开、公正和效率的原则。依法监管,是指银行业监管必须依据法律法规,保证法律法规所要求的监管目标的实现,防止银行业监管的任意性。公开也是银行业监管行为所必须要求的。其基本含义是银行业监管行为除了依法应当保守秘密以外,应当一律公开进行。行政法规、规章、监管政策以及银行业监管机构作出的影响行政相对人权利义务的行为的标准、条件、程序,应当依法公开。公正原则,是指银行业金融市场的参与者的法律地位平等,银行业监管机构应当平等对待。在银行业监管中实现公正原则包括三个方面的内容:一是适用法律平等;二是监管程序规范;三是依法独立进行监管。最后,银行业的监管行为必须遵循效率原则。效率原则,是指银行业监管机构在行使监管职权时,要以精干的机构和人员、以尽快的时间、尽可能做到准确无误、严格遵循行政程序和时限,对监管行为的成本和效益进行分析,使监管立法和行为以及案件的处理具有最大可能的合理性。

(二)独立的原则

银行业监督管理机构及其从事监督管理工作的人员依法履行监督管理职责,受法律保护。地方政府、各级政府部门、社会团体和个人不得干涉。既要保护银行业监管机构及其工作人员依法行使职权,又要尊重和保护银行业监管机构及其工作人员,依法独立行使职权,不受外来的强制和干涉。

三、银行业监督管理的对象

根据我国《银行业监督管理法》第2条的规定,国务院银行业监督管理机构负责对全国银行业金融机构及其业务活动监督管理的工作。需要强调的是,银行业监督管理的对象并不限于银行及其经营活动。具体而言,包括以下几类机构及其业务:

(一)银行业金融机构及其业务

银行业金融机构是指在中华人民共和国境内设立的商业银行、城市信用合作社、农村信用合作社等吸收公众存款的金融机构以及政策性银行。

(二)国务院银行业监督管理机构批准设立的其他金融机构及其业务

国务院银行业监督管理机构批准设立的其他金融机构指在中华人民共和国境内设立的金融资产管理公司、信托投资公司、财务公司、金融租赁公司以及经国务院银行业监督管理机构批准设立的其他金融机构。

(三)上述两类中资金融机构在境外的业务活动,以及经国务院银行业监督管理机构批准在境外设立的中资金融机构在境外的业务活动

上述两类中资金融机构在中国境外的业务活动也受银行业监督管理法的调整,不管它在境外是否设有金融机构。此外,所谓境外设立的中资金融机构,是指经银行业监督管理机构批准的中国境内金融机构在中国境外设立或者收购的从事存款、贷款、票据结算、信托投资及金融租赁等属于《银行业监督管理法》调整的金融业务的金融机构。

(四)在中华人民共和国境内设立的外资银行业金融机构、中外合资银行业金融机构、外国银行业金融机构的分支机构及其业务

根据我国《银行业监督管理法》第51条规定,这些外资银行业金融机构的监管可以适用特别规定,即法律、行政法规另有规定的,依照其规定。

第二节 银行业监督管理机构及其职责

一、监督管理机构

(一)国务院银行业监督管理机构

国务院银行业监督管理机构,即中国银监会,依据我国《银行业监督管理法》第2条规定,负责监管全国银行业金融机构及其业务活动。我国的金融体系一直以来属

于银行主导型体系,银行在金融产业中占据绝对地位,并与计划体系下的制度相适应,以资金调配功能支持国民经济的持续增长。但随着经济的进一步发展,银行监管和货币政策之间存在一定的目标冲突,央行的货币政策传导机制仍以宏观调控为主要内容,其调控手段虽然有一定变化,但其首要目标是保持币值稳定,仍具有一定的行政色彩;另一方面,银行本身目前的首要目标是通过提高经营效益和经营机制的市场化程度,解决不良贷款和提升竞争力等多重问题,监管要求和微观主体的市场化相适应。① 从而,央行的货币政策和银行的监管功能应当相互独立。

在银监会设立前,中国人民银行集货币政策和金融监管于一身,央行在制定货币政策时会过多地考虑商业银行的承受能力和特殊利益,从而偏离了其监管者应该有的严格的独立性,偏离了稳健而客观的货币政策。此外,从世界范围的金融监管的发展趋势来看,银行监管和中央银行的"货币监护人"职能适当分离是一种趋势,尤其在发达国家更为流行,而且没有银行监管职能的央行在对付通货膨胀方面比承担两种职能的央行更为有效。在我国,为适应货币职能和银行监管职能的发展趋势,完善我国金融监管体系,建立更有效的监管机制,以进一步加强金融监管,确保金融机构安全、稳健、高效运行,提高防范和化解金融风险的能力,根据第十届全国人大第一次会议审议通过的《关于国务院机构改革方案的决定》,国务院决定设立中国银行业监督管理委员会,即银监会,由它统一监管银行、金融资产管理公司、信托投资公司和其他存款类金融机构,中国人民银行不再履行对上述这些金融机构的监管职责。

2003年4月29日中国银监会正式挂牌,标志着我国金融监管日益专业化。银监会依法对银行、金融资产管理公司、信托公司以及其他存款类机构实施监督管理,建立了银监会、证监会和保监会分工明确、相互协调的金融分工监管体制。2003年12月27日通过的我国《银行业监督管理法》,将银监会的监管纳入法律规制的体系,职权法定、程序法定使得其对银行业监管走上了法治化的道路。银行业监督管理法对监督管理机构、职责、措施及法律责任的规定,强化了监管手段,加大了监管力度,提高了监管水平。我国《银行业监督管理法》的颁布,一方面体现了中央关于金融监管体制改革的精神,明确了银监会对银行业金融机构的监管职责;另一方面,根据我国银行业的实际情况,特别是我国加入WTO后银行业面临的严峻挑战,在总结金融监管改革实践经验的基础上,大量借鉴吸收了巴塞尔银行监管委员会《有效银行监管的核心原则》,改革了我国过去实行的单一监管方式,并强化了监管手段。

(二) 国务院银行业监督管理机构的派出机构

国务院银行业监督管理机构根据履行职责的需要设立派出机构。国务院银行业监督管理机构对派出机构实行统一领导和管理。国务院银行业监督管理机构的派出机构在国务院银行业监督管理机构的授权范围内,履行监督管理职责。

建立银行业监督管理的组织体系是保障国务院银行业监督管理机构履行银行业监督管理职责的基础。一个高效、有序的银行监管组织体系的建立,国务院银行业监

---

① 参见张世诚主编:《中华人民共和国银行业监督管理法释义》,知识产权出版社2004年版。

督管理机构的派出机构的构建是重中之重。"根据履行职责的需要"是银监会设立派出机构的原则。设立派出机构是国务院授予银监会在组织体系建设方面的权力。银监会设立的派出机构,不是独立的行政机关,本身并没有行使银行业监督管理的职权,而是作为银监会的下设机构,由银监会对其授权,履行监管职责。

二、国务院银行业监督管理机构的主要职责

国务院银行业监督管理机构的主要职责包括:依照法律、行政法规制定并发布对银行业金融机构及其业务活动监督管理的规章、规则;申请设立银行业金融机构,或者银行业金融机构变更持有资本总额或者股份总额达到规定比例以上的股东的,应当对股东的资金来源、财务状况、资本补充能力和诚信状况进行审查;依照法律、行政法规规定的条件和程序,审查批准银行业金融机构的设立、变更、终止以及业务范围;对银行业金融机构的董事和高级管理人员实行任职资格管理;应当对银行业金融机构的业务活动及其风险状况进行非现场监管,建立银行业金融机构监督管理信息系统,分析、评价银行业金融机构的风险状况;应当对银行业金融机构的业务活动及其风险状况进行现场检查;应当对银行业金融机构实行并表监督管理;应当建立银行业金融机构监督管理评级体系和风险预警机制,根据银行业金融机构的评级情况和风险状况,确定对其现场检查的频率、范围和需要采取的其他措施;应当建立银行业突发事件的发现、报告岗位责任制度并会同中国人民银行、国务院财政部门等有关部门建立银行业突发事件处置制度;负责统一编制全国银行业金融机构的统计数据、报表,并按照国家有关规定予以公布;对银行业自律组织的活动进行指导和监督;开展与银行业监督管理有关的国际交流、合作活动;承办国务院交办的其他事项。

第三节 银行业监督管理措施

依据我国《银行业监督管理法》的规定,银行业监管的措施主要包括以下几种:

一、要求银行业金融机构报送书面资料

我国《银行业监督管理法》第23条规定,银行业监督管理机构应当对银行业金融机构的业务活动及其风险状况进行非现场监管,建立银行业金融机构监督管理信息系统,分析、评价银行业金融机构的风险状况。因此,银行业监督管理机构根据履行职责的需要,有权要求银行业金融机构按照规定报送资产负债表、利润表和其他财务会计、统计报表、经营管理资料以及注册会计师出具的审计报告。

(一)报送资产负债表、利润表和其他财务会计报表

资产负债表是反映银行业金融机构在某一特定日期财务状况的报表。利润表是反映银行业金融机构在一定时期的经营成果及其分配情况的报表。其他财务会计报表包括财务状况变动表、现金流量表、相关附表及会计报表附注和财务情况说明书等。

(二) 报送统计报表

根据银行业金融机构的业务发展状况和管理需要,其机构内部的统计一般分为综合统计和专业统计两大类。综合统计主要反映银行业金融机构业务的综合情况及主要业务工作成果。专业统计主要反映银行业金融机构内部各业务部门日常管理所需要的一些主要资料。

(三) 报送经营管理资料

经营管理资料主要是指银行业金融机构中的业务资料、财务会计资料、资金运营报告,以及能够反映经营管理活动中经营效益、利润分配、资产保值增值、资金运营等情况的其他有关资料。

(四) 报送注册会计师出具的审计报告

审计报告,是指注册会计师根据独立审计准则的要求,在实施审计工作的基础上出具的,用于对被审计单位年度会计报表发表审计意见的书面文件。

二、现场检查

现场检查是指金融监管机构定期或不定期地派员直接到银行业金融机构实地调查,了解情况,发现和解决问题,客观全面地评估其业务活动。目前,大多数国家银行法都赋予了金融监管机关对商业银行的现场检查权。现场检查的内容主要集中在资本充足状况、资产质量、管理质量、清偿能力、收入和盈利状况等方面(如美国和日本都将"骆驼评级法"中的五项指标——资本充足性、资产质量、管理水平、收益状况和流动性作为现场检查的主要内容,希望通过检查来督促银行完善经营活动,使其保持骆驼般稳健的风格)。

我国《银行业监督管理法》规定,银行业监督管理机构根据审慎监管的要求,可以采取下列措施进行现场检查:一是进入银行业金融机构进行检查;二是询问银行业金融机构的工作人员,要求其对有关检查事项作出说明;三是查阅、复制银行业金融机构与检查事项有关的文件、资料,对可能被转移、隐匿或者毁损的文件、资料予以封存;四是检查银行业金融机构运用电子计算机管理业务数据的系统。

现场检查,应当统筹安排、注重效率、保证质量、避免重复。中国银监会对银行业金融机构进行现场检查,应当事先拟定检查计划。检查计划应当包括检查依据、检查时间、检查对象、检查事项等内容。为了规范中国银监会对银行业金融机构进行现场检查的行为,防止其滥用职权,减轻银行业金融机构的负担,《银行业监督管理法》规定中国银监会应当依法进行现场检查,不得擅自对银行业金融机构进行现场检查。进行现场检查,应当经中国银监会或者其派出机构负责人批准。

现场检查时,检查人员不得少于2人,并应当出示合法证件和检查通知书;检查人员少于2人或者未出示合法证件和检查通知书的,银行业金融机构有权拒绝检查。

法律不仅授予银监会现场检查的权力,同时也对其权力的行使规定了相应的程序。对于现场检查,银行业金融机构和工作人员均有配合的义务,否则要承担相应的法律责任。但是,银行作为企业法人具有经营自主权,频繁的、随意性较大的、效率低下的现场检查会给银行带来巨大负担,影响其利润最大化和股东利益最大化的基本追求。同时,不受约束的任意检查行为容易产生腐败进而破坏银监会的权威。所以,银监会行使现场检查权必须按照法定程序和法定职权进行。

三、监管谈话

银行业监督管理机构根据履行职责的需要,可以与银行业金融机构董事、高级管理人员进行监督管理谈话,要求银行业金融机构董事、高级管理人员就银行业金融机构的业务活动和风险管理的重大事项作出说明。

监督管理谈话,是中国银监会的重要监管手段之一。它的作用在于:第一,有助于中国银监会在两次现场检查之间实际了解银行业金融机构的经营状况,预测其发展趋势,并有助于中国银监会持续跟踪监管、提高监管效率。第二,有助于提高中国银监会的监管权威,确保其能够定期与银行业金融机构的董事、高级管理人员之间举行严肃认真的情况交流和沟通,从而对银行业金融机构实施有效的监管。

四、责令依法披露信息

我国《银行业监督管理法》中规定,银行业监督管理机构应当责令银行业金融机构按照规定,如实向社会公众披露财务会计报告、风险管理状况、董事和高级管理人员变更以及其他重大事项等信息,以提高金融信息供给的充分性、准确性、规范性和可靠性。银行业监督管理机构应当责令银行业金融机构按照规定,如实向社会公众披露财务会计报告、风险管理状况、董事和高级管理人员变更以及其他重大事项等信息。

五、对违规行为的处理、处罚措施

银行业金融机构违反审慎经营规则的,国务院银行业监督管理机构或者其省一级派出机构应当责令限期改正;逾期未改正的,或者其行为严重危及该银行业金融机构的稳健运行、损害存款人和其他客户合法权益的,经国务院银行业监督管理机构或者其省一级派出机构负责人批准,可以区别情形,采取下列措施:(1)责令暂停部分业务、停止批准开办新业务;(2)限制分配红利和其他收入;(3)限制资产转让;(4)责令控股股东转让股权或者限制有关股东的权利;(5)责令调整董事、高级管理人员或者限制其权利;(6)停止批准增设分支机构。

银行业金融机构整改后,应当向国务院银行业监督管理机构或者其省一级派出机构提交报告。国务院银行业监督管理机构或者其省一级派出机构经验收,符合有关审慎经营规则的,应当自验收完毕之日起3日内解除对其采取的上述规定的有关措施。

六、对银行业金融机构实行监管、重组或撤销

银行业金融机构已经或者可能发生信用危机,严重影响存款人和其他客户合法

权益的,国务院银行业监督管理机构可以依法对该银行业金融机构实行接管或者促成机构重组,接管和机构重组依照有关法律和国务院的规定执行。

银行业金融机构有违法经营、经营管理不善等情形,不予撤销将严重危害金融秩序、损害公众利益的,国务院银行业监督管理机构有权予以撤销。

银行业金融机构被接管、重组或者被撤销的,国务院银行业监督管理机构有权要求该银行业金融机构的董事、高级管理人员和其他工作人员,按照国务院银行业监督管理机构的要求履行职责。

在接管、机构重组或者撤销清算期间,经国务院银行业监督管理机构负责人批准,对直接负责的董事、高级管理人员和其他直接责任人员,可以采取下列措施:(1)直接负责的董事、高级管理人员和其他直接责任人员出境将对国家利益造成重大损失的,通知出境管理机关依法阻止其出境;(2)申请司法机关禁止其转移、转让财产或者对其财产设定其他权利。

七、查询、申请冻结有关机构及人员的账户

经国务院银行业监督管理机构或者其省一级派出机构负责人批准,银行业监督管理机构有权查询涉嫌金融违法的银行业金融机构及其工作人员以及关联行为人的账户;对涉嫌转移或者隐匿违法资金的,经银行业监督管理机构负责人批准,可以申请司法机关予以冻结。

八、询问有关单位或者个人及查阅、复制、先行登记保存文件、资料

银行业监督管理机构依法对银行业金融机构进行检查时,经设区的市一级以上银行业监督管理机构负责人批准,可以对与涉嫌违法事项有关的单位和个人采取下列措施:询问有关单位或者个人,要求其对有关情况作出说明;查阅、复制有关财务会计、财产权登记等文件、资料;对可能被转移、隐匿、毁损或者伪造的文件、资料,予以先行登记保存。

银行业监督管理机构采取上述规定措施,调查人员不得少于2人,并应当出示合法证件和调查通知书;调查人员少于2人或者未出示合法证件和调查通知书的,有关单位或者个人有权拒绝。对依法采取的措施,有关单位和个人应当配合,如实说明有关情况并提供有关文件、资料,不得拒绝、阻碍和隐瞒。

第四节 违反银行业监督管理法的法律责任

从法律责任的种类上来讲,我国《银行业监督管理法》所规定的法律责任可分为行政责任和刑事责任两种。从处罚的对象上来讲,可以分为从事监督管理工作的人员违法的法律责任、银行业金融机构违法的法律责任及与涉嫌违法事项有关的单位和个人的法律责任三种。

一、从事监督管理工作的人员违法的法律责任

我国《银行业监督管理法》第43条规定了对从事监督管理工作的人员给予行政及刑事处罚的情形:第一,违反规定审查批准银行业金融机构的设立、变更、终止,以及业务范围和业务范围内的业务品种的;第二,违反规定对银行业金融机构进行现场检查的;第三,未依照该法第28条规定报告突发事件的;第四,违反规定查询账户或者申请冻结资金的;第五,违反规定对银行业金融机构采取措施或者处罚的;第六,违反该法第42条规定对有关单位或者个人进行调查的;第七,滥用职权、玩忽职守的其他行为。另外,银行业监督管理机构从事监督管理工作的人员贪污受贿,泄露国家秘密、商业秘密和个人隐私,构成犯罪的,依法追究刑事责任;尚不构成犯罪的,依法给予行政处分。

二、银行业金融机构违法的法律责任

这主要包括以下几个方面的法律责任:第一,银行业金融机构未经批准设立分支机构的或未经批准变更、终止的法律责任。第二,银行业金融机构违反规定从事未经批准或者未备案的业务活动的法律责任。第三,银行业金融机构违反规定提高或者降低存款利率、贷款利率的法律责任。第四,银行业金融机构未经任职资格审查任命董事、高级管理人员的责任。第五,银行业金融机构拒绝或者阻碍非现场监管或者现场检查的法律责任。第六,提供虚假的或者隐瞒重要事实的报表、报告等文件、资料,未按照规定进行信息披露的法律责任。第七,银行业金融机构严重违反审慎经营规则的法律责任。

三、与涉嫌违法事项有关的单位和个人的法律责任

我国《银行业监督管理法》第42条规定,银行业监督管理机构依法对银行业金融机构进行检查时,经设区的市一级以上银行业监督管理机构负责人批准,可以对与涉嫌违法事项有关的单位和个人采取下列措施:第一,询问有关单位或者个人,要求其对有关情况作出说明。第二,查阅、复制有关财务会计、财产权登记等文件、资料;第三,对可能被转移、隐匿、毁损或者伪造的文件、资料,予以先行登记保存。并且银行业监督管理机构采取前述规定措施,调查人员不得少于二人,并应当出示合法证件和调查通知书;调查人员少于二人或者未出示合法证件和调查通知书的,有关单位或者个人有权拒绝。对依法采取的措施,有关单位和个人应当配合,如实说明有关情况并提供有关文件、资料,不得拒绝、阻碍和隐瞒。

第十七章 证券监管法律制度

第一节 证券监管法律制度概述

一、证券监管及其目标和原则

(一) 证券监管概述

证券监管,是指证券监督管理部门根据证券法规对证券发行和交易实施的监督管理,以确保证券市场的有序运行。

对证券发行和交易实施监督管理的原因有二:第一,证券产品具有信息产品的特性。作为信息产品,证券产品价值的主观预期性,使得产品的交换价值几乎完全取决于交易双方对各种信息的掌握程度以及在此基础上所作出的判断。但是,证券市场中证券信息是稀缺的,信息的稀缺性决定了信息成本。由于存在信息成本,必然滋生逆向选择和道德风险,有损投资者的信息和市场公平,损害资本资产的价格发现和配置效率。因此,需要由证券监管机构进行严格的监管规则,维护信息公平、提高信息效率,确保投资者信心与利益,实现资本优化配置,充分发挥证券市场的功能。第二,与商品市场相比,证券市场价格的不确定性更大,价格变化的幅度和频度更大,出现价格扭曲的可能性也更大,从而使证券市场具有内在的高投机性和高风险性。只有通过证券监管机构的监管活动,才能消除因市场机制失灵而带来的证券产品和证券服务价格扭曲以及由此引起的资本配置效率下降,确保证券市场的高效、平稳、有序运行。

(二) 证券监管的目标和原则

1998年9月,证监会国际组织(International Organization of Securities Commissions, IOSCO)的内罗毕会议上通过了《证券监管的目标与原则》,阐明了国际证券监管的目标和原则。其中,证券监管的目标包括保护投资者(the protection of investors)、确保公正、有效和透明的市场和减少系统风险。

具体来说,我国证券监管的原则有以下三个:

(1) 保护投资者利益原则。保护投资者利益是证券监管的核心任务。证券市场参与各方中,投资者是证券市场的基础和支柱。没有投资者,证券市场的基本功能就难以实现。因此,投资者对证券市场的信心,是证券市场得以存在和发展的基本保证。只有真正保护投资者利益的市场,才能给投资者以安全感和投资信心,证券市场才能得到长久发展。

(2) "三公"原则。第一,公开原则。对于证券监管而言,公开原则要求实现信息的公开化、透明化。通常,公开原则包括两个方面:一方面是有关证券信息的初期披露和持续披露；另一方面是监管者制订的或作出的关涉证券市场和投资者利益的所有规章、规定、通知和意见等，均应及时、完善地向社会和投资者公布，监管者履行监管职权的程序和活动应向社会和投资者公开。

第二，公平原则。证券市场的公平原则，要求证券发行、交易活动中的所有参与者都有平等的法律地位，各自的合法权益能够得到公平的保护。

第三，公正原则。公正原则要求监管者制订的规章、政策应给社会和投资者提供平等的规范和保护；监管者执行和解释法律，应严格按照法律的本意和法律的宗旨作出严谨、合理的解释；监管者在查处和追究市场违规行为时，应准确地适用法律。

(3) 分业监管原则。1995年5月10日第八届全国人大常委会第十三次会议通过的我国《商业银行法》采取列举式方法，规定了商业银行的经营范围，并明确指出商业银行在中国境内不得从事信托投资和股票业务，不得投资于非自用不动产；不得向非银行金融机构和企业投资。我国《证券法》也规定，证券业和银行业、信托业、保险业分业经营、分业管理，证券公司与银行、信托、保险业务机构分别设立。因此，我国实行金融业分业监管制度，即银监会、保监会和证监会依据法律、法规的规定，分别对银行业、保险业、证券业实行监管。

二、证券监督管理体制

(一) 证券监督管理体制模式

世界各国和地区的证券监管管理体制有三种，即集中监管模式、自律监管模式和中间型监管模式。集中监管模式，是指由政府下属的部门，或由直接隶属于立法机关的国家证券监督管理机构对证券市场实行集中统一监管。集中监管模式以美国为代表。自律监管模式，通常通过一些间接的法规来制约证券市场的活动，并依靠证券市场的参与者，如证券交易所、证券商协会等进行自我监管。自律监管模式以英国为代表。中间型监管模式，又称欧陆模式型，是指介于集中立法管制型和自律管制型之间，以中央政府有关部门的实质性管理与金融业自律管理相结合为特色的一种独立类型的证券市场法律监管制度或法律体系。中间型监管模式以德国、法国、意大利等欧洲大陆国家为代表。

(二) 我国证券监督管理体制

根据我国《证券法》第7条规定，国务院证券监督管理机构依法对全国证券市场实行集中统一监督管理。国务院证券监督管理机构根据需要可以设立派出机构，按照授权履行监督管理职责。此外，在国家对证券发行、交易活动实行集中统一监督管理的前提下，依法设立证券业协会，实行自律性管理。由此可见，我国证券市场的监管体制可以概括为政府集中统一监督管理与行业自律相结合的体制。

1. 我国证券市场监督管理体制的发展

1981年至1985年是我国证券市场的发展萌芽期。当时，除国债发行外，基本上不存在股票市场和企业债券市场，也不存在真正的监管体制或明确的监管主体。

1986年至1992年10月是我国证券市场的初步形成时期。这一时期以中国人民银行为主要监管部门,按证券品种划分部门分工的监管格局初步形成。中国人民银行负责金融债券、企业债券等的发行管理以及证券交易市场管理,并审批股票公开发行试点;财政部负责国债发行并参与国债交易市场管理。1988年以后国家计委会同中国人民银行制定国内证券发行计划,共同实施对企业债券发行的额度审批制度;1990年以后国家体改委负责股份制试点企业的报批管理。1991年中国人民银行牵头设立由计委、体改委、财政部、国资局、国税局、经贸部、工商局、外管局等8个部门组成的股票市场办公会议制度,担任证券市场的日常监管工作。

1992年10月至1998年8月是我国证券市场集中监管的形成初期。1992年12月17日国务院发布《关于进一步加强证券市场宏观管理的通知》,该通知指出,为了加强证券市场的宏观管理,统一协调有关政策,建立健全证券监管工作制度,保护广大投资者的利益,促进我国证券市场健康发展,国务院于1992年10月成立了证券委员会和中国证监会。证券委员会是国家对全国证券市场进行统一宏观管理的主管机构,中国证监会是证券委员会的监管执行机构,由有证券专业知识和实践经验的专家组成。

1998年12月29日第九届全国人大常委会第六次会议通过了《证券法》,该法明确规定,国务院证券监督管理机构依法对全国证券市场实行集中统一监督管理。国务院证券监督管理机构根据需要可以设立派出机构,按照授权履行监督管理职能。在国家对证券发行、交易活动实行集中统一监督管理的前提下,依法设立证券业协会,实行自律性管理。

2. 政府集中统一监督管理组织

我国《证券法》第178条规定,国务院证券监督管理机构依法对证券市场实行监督管理,维护证券市场秩序,保障其合法运行。因此,在我国,国务院证券监督管理机构是全国证券市场的监督管理机构。

目前,中国证监会作为国务院证券监督管理机构,依照法律、法规和国务院授权,统一监督管理全国证券期货市场,维护证券期货市场秩序,保障其合法运行。中国证监会设在北京,现设主席1名,副主席4名,纪委书记1名(副部级),主席助理3名;会机关内设18个职能部门,1个稽查总队,3个中心;根据我国《证券法》第22条的规定,中国证监会还设有股票发行审核委员会,委员由中国证监会专业人员和所聘请的会外有关专家担任。中国证监会在省、自治区、直辖市和计划单列市设立36个证券监管局,以及上海、深圳证券监管专员办事处。

3. 证券业自律管理组织

证券自律管理机构,是指由证券经营机构组成的、依其自律规则对证券发行、交易活动进行管理的民间组织。目前,我国证券业自律管理组织主要为中国证券业协会。

中国证券业协会是我国主要的证券业自律管理组织,成立于1991年8月28日。根据我国《证券法》的规定,证券公司应当加入证券业协会。证券业协会的权力机构为由全体会员组成的会员大会。证券业协会设理事会,理事会成员依章程的规定经选举产生。证券业协会的章程由会员大会制定,并报国务院证券监督管理机构备案。

三、国务院证券监督管理机构的职责和监管措施

（一）国务院证券监督管理机构的职责

根据我国《证券法》的有关规定,国务院证券监督管理机构依法对证券市场实行监督管理,维护证券市场秩序,保障其合法运行。

国务院证券监督管理机构在对证券市场实施监督管理中履行下列职责：(1) 依法制定有关证券市场监督管理的规章、规则,并依法行使审批或者核准权;(2) 依法对证券的发行、上市、交易、登记、存管、结算,进行监督管理;(3) 依法对证券发行人、上市公司、证券公司、证券投资基金管理公司、证券服务机构、证券交易所、证券登记结算机构的证券业务活动,进行监督管理;(4) 依法制定从事证券业务人员的资格标准和行为准则,并监督实施;(5) 依法监督检查证券发行、上市和交易的信息公开情况;(6) 依法对证券业协会的活动进行指导和监督;(7) 依法对违反证券市场监督管理法律、行政法规的行为进行查处;(8) 法律、行政法规规定的其他职责。

国务院证券监督管理机构可以和其他国家或者地区的证券监督管理机构建立监督管理合作机制,实施跨境监督管理。

（二）国务院证券监督管理机构的监管措施

1. 一般措施

根据我国《证券法》第180条的规定,国务院证券监督管理机构依法履行职责,有权采取下列措施：

(1) 对证券发行人、上市公司、证券公司、证券投资基金管理公司、证券服务机构、证券交易所、证券登记结算机构进行现场检查;

(2) 进入涉嫌违法行为发生场所调查取证;

(3) 询问当事人和与被调查事件有关的单位和个人,要求其对与被调查事件有关的事项作出说明;

(4) 查阅、复制与被调查事件有关的财产权登记、通讯记录等资料;

(5) 查阅、复制当事人和与被调查事件有关的单位和个人的证券交易记录、登记过户记录、财务会计资料及其他相关文件和资料;对可能被转移、隐匿或者毁损的文件和资料,可以予以封存;

(6) 查询当事人和与被调查事件有关的单位和个人的资金账户、证券账户和银行账户;对有证据证明已经或者可能转移或者隐匿违法资金、证券等涉案财产或者隐匿、伪造、毁损重要证据的,经国务院证券监督管理机构主要负责人批准,可以冻结或者查封;

(7) 在调查操纵证券市场、内幕交易等重大证券违法行为时,经国务院证券监督管理机构主要负责人批准,可以限制被调查事件当事人的证券买卖,但限制的期限不得超过15个交易日;案情复杂的,可以延长15个交易日。

我国《证券法》第181条又规定,国务院证券监督管理机构依法履行职责,进行监

督检查或者调查,其监督检查、调查的人员不得少于 2 人,并应当出示合法证件和监督检查、调查通知书。监督检查、调查的人员少于 2 人或者未出示合法证件和监督检查、调查通知书的,被检查、调查的单位有权拒绝。

2. 证券市场的禁入

为了维护证券市场秩序,保护投资者合法权益和社会公众利益,促进证券市场健康稳定发展,根据我国《证券法》等法律、行政法规,2006 年 6 月 7 日证监会令第 33 号发布实施《证券市场禁入规定》,明确指出下列人员违反法律、行政法规或者中国证监会有关规定,情节严重的,中国证监会可以根据情节严重的程度,采取证券市场禁入措施:

(1) 发行人、上市公司的董事、监事、高级管理人员,其他信息披露义务人或者其他信息披露义务人的董事、监事、高级管理人员;

(2) 发行人、上市公司的控股股东、实际控制人或者发行人、上市公司控股股东、实际控制人的董事、监事、高级管理人员;

(3) 证券公司的董事、监事、高级管理人员及其内设业务部门负责人、分支机构负责人或者其他证券从业人员;

(4) 证券公司的控股股东、实际控制人或者证券公司控股股东、实际控制人的董事、监事、高级管理人员;

(5) 证券服务机构的董事、监事、高级管理人员等从事证券服务业务的人员和证券服务机构的实际控制人或者证券服务机构实际控制人的董事、监事、高级管理人员;

(6) 证券投资基金管理人、证券投资基金托管人的董事、监事、高级管理人员及其内设业务部门、分支机构负责人或者其他证券投资基金从业人员;

(7) 中国证监会认定的其他违反法律、行政法规或者中国证监会有关规定的有关责任人员。

被中国证监会采取证券市场禁入措施的人员,在禁入期间内,除不得继续在原机构从事证券业务或者担任原上市公司董事、监事、高级管理人员职务外,也不得在其他任何机构中从事证券业务或者担任其他上市公司董事、监事、高级管理人员职务。

被采取证券市场禁入措施的人员,应当在收到中国证监会作出的证券市场禁入决定后立即停止从事证券业务或者停止履行上市公司董事、监事、高级管理人员职务,并由其所在机构按规定的程序解除其被禁止担任的职务。

此外,违反法律、行政法规或者中国证监会有关规定,情节严重的,可以对有关责任人员采取 3 至 5 年的证券市场禁入措施;行为恶劣、严重扰乱证券市场秩序、严重损害投资者利益或者在重大违法活动中起主要作用等情节较为严重的,可以对有关责任人员采取 5 至 10 年的证券市场禁入措施;有下列情形之一的,可以对有关责任人员采取终身的证券市场禁入措施:严重违反法律、行政法规或者中国证监会有关规定,构成犯罪的;违反法律、行政法规或者中国证监会有关规定,行为特别恶劣,严重扰乱证券市场秩序并造成严重社会影响,或者致使投资者利益遭受特别严重损害的;

组织、策划、领导或者实施重大违反法律、行政法规或者中国证监会有关规定的活动的;其他违反法律、行政法规或者中国证监会有关规定,情节特别严重的。

违反法律、行政法规或者中国证监会有关规定,情节严重的,可以单独对有关责任人员采取证券市场禁入措施,或者一并依法进行行政处罚;涉嫌犯罪的,依法移送公安机关、人民检察院,并可同时采取证券市场禁入措施。

四、证券业自律管理机构的职责

根据中国证券业协会的章程,其主要履行以下三方面的职责:

第一,依据我国《证券法》第176条的规定,证券业协会履行下列职责:(1)教育和组织会员遵守证券法律、行政法规;(2)依法维护会员的合法权益,向中国证监会反映会员的建议和要求;(3)收集整理证券信息,为会员提供服务;(4)制定会员应遵守的规则,组织会员单位的从业人员的业务培训,开展会员间的业务交流;(5)对会员之间、会员与客户之间发生的证券业务纠纷进行调解;(6)组织会员就证券业的发展、运作及有关内容进行研究;(7)监督、检查会员行为,对违反法律、行政法规或者协会章程的,按照规定给予纪律处分;(8)证券业协会章程规定的其他职责。

第二,依据行政法规、中国证监会规范性文件规定,行使下列职责:(1)制定证券业执业标准和业务规范,对会员及其从业人员进行自律管理;(2)负责证券业从业人员资格考试、执业注册;(3)负责组织证券公司高级管理人员、保荐代表人及其他特定岗位专业人员的资质测试或胜任能力考试;(4)负责对首次公开发行股票询价对象及其管理的股票配售对象进行登记备案工作;(5)行政法规、中国证监会规范性文件规定的其他职责。

第三,依据行业规范发展的需要,行使下列自律管理职责:(1)推动行业诚信建设,开展行业诚信评价,实施诚信引导与激励,开展行业诚信教育,督促和检查会员依法履行公告义务;(2)组织证券从业人员水平考试;(3)推动行业开展投资者教育,组织制作投资者教育产品,普及证券知识;(4)推动会员信息化建设和信息安全保障能力的提高,经政府有关部门批准,开展行业科学技术奖励,组织制订行业技术标准和指引;(5)组织开展证券业国际交流与合作,代表中国证券业加入相关国际组织,推动相关资质互认;(6)其他涉及自律、服务、传导的职责。

第二节 对证券发行和上市的监管

一、证券发行的审核

证券发行,是指经批准符合条件的证券发行人,以筹集资金为目的,按照法定程序将证券销售给投资者的行为。根据我国《证券法》的规定,公开发行证券,必须符合法律、行政法规规定的条件,并依法报经国务院证券监督管理机构或者国务院授权的部门核准;未经依法核准,任何单位和个人不得公开发行证券。因此,我国对公开发行证券实行核准制。

(一) 发行审核机构

为了保证在股票发行审核工作中贯彻公开、公平、公正的原则,提高股票发行审核工作的质量和透明度,根据我国《证券法》的有关规定,2006年5月9日中国证监会令第31号发布实施《发行审核委员会办法》,并根据2009年5月13日中国证券监督管理委员会《关于修改〈中国证券监督管理委员会发行审核委员会办法〉的决定》作了修订。该办法规定,中国证券监督管理委员会设立主板市场发行审核委员会(以下简称主板发审委)、创业板市场发行审核委员会(以下简称创业板发审委)和上市公司并购重组审核委员会(以下简称并购重组委)。主板发审委、创业板发审委(以下统称发审委)审核发行人股票发行申请和可转换公司债券等中国证监会认可的其他证券的发行申请(以下统称股票发行申请)。

1. 发审委的组成

发审委委员由中国证监会的专业人员和中国证监会外的有关专家组成,由中国证监会聘任。主板发审委委员为25名,部分发审委委员可以为专职。其中中国证监会的人员5名,中国证监会以外的人员20名。创业板发审委委员为35名,部分发审委委员可以为专职。其中中国证监会的人员5名,中国证监会以外的人员30名。发审委设会议召集人。

发审委委员每届任期1年,可以连任,但连续任期最长不超过3届。主板发审委委员、创业板发审委委员和并购重组委委员不得相互兼任。

2. 发审委的职责

发审委的职责是:(1) 根据有关法律、行政法规和中国证监会的规定,审核股票发行申请是否符合相关条件;(2) 审核保荐人、会计师事务所、律师事务所、资产评估机构等证券服务机构及相关人员为股票发行所出具的有关材料及意见书;(3) 审核中国证监会有关职能部门出具的初审报告;依法对股票发行申请提出审核意见。

3. 发审委委员

发审委委员以个人身份出席发审委会议,依法履行职责,独立发表审核意见并行使表决权。发审委委员应当遵守下列规定:(1) 按要求出席发审委会议,并在审核工作中勤勉尽职;(2) 保守国家秘密和发行人的商业秘密;(3) 不得泄露发审委会议讨论内容、表决情况以及其他有关情况;(4) 不得利用发审委委员身份或者在履行职责上所得到的非公开信息,为本人或者他人直接或者间接谋取利益;(5) 不得与发行申请人有利害关系,不得直接或间接接受发行申请人及相关单位或个人提供的资金、物品等馈赠和其他利益,不得持有所核准的发行申请的股票,不得私下与发行申请人及其他相关单位或个人进行接触;(6) 不得有与其他发审委委员串通表决或者诱导其他发审委委员表决的行为;(7) 中国证监会的其他有关规定。

(二) 发行审核程序

1. 一般规定

发审委通过召开发审委会议进行审核工作。发审委会议表决采取记名投票方式。表决票设同意票和反对票,发审委委员不得弃权。发审委委员在投票时应当在表决票上说明理由。

发审委会议对发行人的股票发行申请形成审核意见之前,可以请发行人代表和保荐代表人到会陈述和接受发审委委员的询问。发审委会议对发行人的股票发行申请只进行一次审核。

发审委会议根据审核工作需要,可以邀请发审委委员以外的行业专家到会提供专业咨询意见。发审委委员以外的行业专家没有表决权。

2. 普通程序

发审委会议审核发行人公开发行股票申请和可转换公司债券等中国证监会认可的其他公开发行证券申请,适用普通程序。

(1) 送达初审报告和公布

中国证监会有关职能部门应当在发审委会议召开 5 日前,将会议通知、股票发行申请文件及中国证监会有关职能部门的初审报告送达参会发审委委员,并将发审委会议审核的发行人名单、会议时间、发行人承诺函和参会发审委委员名单在中国证监会网站上公布。

(2) 审阅和填写个人审核意见

发审委委员应依据法律、行政法规和中国证监会的规定,结合自身的专业知识,独立、客观、公正地对股票发行申请进行审核。

发审委委员应当以审慎、负责的态度,全面审阅发行人的股票发行申请文件和中国证监会有关职能部门出具的初审报告。在审核时,发审委委员应当在工作底稿上填写个人审核意见。

(3) 会议召开和表决

发审委会议召集人按照中国证监会的有关规定负责召集发审委会议,组织发审委委员发表意见、讨论,总结发审委会议审核意见和组织投票等事项。

发审委委员在发审委会议上应当根据自己的工作底稿发表个人审核意见,同时应当根据会议讨论情况,完善个人审核意见并在工作底稿上予以记录。发审委会议在充分讨论的基础上,形成会议对发行人股票发行申请的审核意见,并对发行人的股票发行申请是否符合相关条件进行表决。具体来说,每次参加发审委会议的发审委委员为 7 名。表决投票时同意票数达到 5 票为通过,同意票数未达到 5 票为未通过。

发审委会议结束后,参会发审委委员应当在会议记录、审核意见、表决结果等会议资料上签名确认,同时提交工作底稿。

(4) 暂缓表决

发审委委员发现存在尚待调查核实并影响明确判断的重大问题,应当在发审委会议前以书面方式提议暂缓表决。发审委会议首先对该股票发行申请是否需要暂缓表决进行投票,同意票数达到5票的,可以对该股票发行申请暂缓表决;同意票数未达到5票的,发审委会议按正常程序对该股票发行申请进行审核。暂缓表决的发行申请再次提交发审委会议审核时,原则上仍由原发审委委员审核。发审委会议对发行人的股票发行申请只能暂缓表决一次。

(5) 公布

发审委会议对发行人的股票发行申请投票表决后,中国证监会在网站上公布表决结果。在发审委会议对发行人的股票发行申请表决通过后至中国证监会核准前,发行人发生了与所报送的股票发行申请文件不一致的重大事项,中国证监会有关职能部门可以提请发审委召开会后事项发审委会议,对该发行人的股票发行申请文件重新进行审核。会后事项发审委会议的参会发审委委员不受是否审核过该发行人的股票发行申请的限制。

3. 特别程序

发审委会议审核上市公司非公开发行股票申请和中国证监会认可的其他非公开发行证券申请,适用特别程序。

中国证监会有关职能部门应当在发审委会议召开前,将会议通知、股票发行申请文件及中国证监会有关职能部门的初审报告送达参会发审委委员。每次参加发审委会议的委员为5名。表决投票时同意票数达到3票为通过,同意票数未达到3票为未通过。

发审委委员在审核上市公司非公开发行股票申请和中国证监会认可的其他非公开发行证券申请时,不得提议暂缓表决。

中国证监会不公布发审委会议审核的发行人名单、会议时间、发行人承诺函、参会发审委委员名单和表决结果。

二、对证券发行上市保荐业务的监管

我国实行证券发行上市保荐制度。根据《证券发行上市保荐业务管理办法》(2008年8月14日中国证监会第235次主席办公会议审议通过,根据2009年5月13日中国证监会《关于修改〈证券发行上市保荐业务管理办法〉的决定》修订)的规定,发行人有下列情形之一的,应当聘请具有保荐机构资格的证券公司履行保荐职责:第一,首次公开发行股票并上市;第二,上市公司发行新股、可转换公司债券;第三,中国证监会认定的其他情形。中国证监会依法对保荐机构及其保荐代表人进行监督管理,中国证券业协会对保荐机构及其保荐代表人进行自律管理。

(一) 保荐机构和保荐代表人的资格管理

根据我国《证券发行上市保荐业务管理办法》规定,符合条件的证券公司可以向中国证券监会提出申请,取得保荐机构资格;符合条件的个人可以向中国证监会提出申请,取得保荐代表人资格。

中国证监会对保荐机构资格的申请,自受理之日起45个工作日内作出核准或者不予核准的书面决定;对保荐代表人资格的申请,自受理之日起20个工作日内作出核准或者不予核准的书面决定。

（二）监管措施

中国证监会可以对保荐机构及其保荐代表人从事保荐业务的情况进行定期或者不定期现场检查，保荐机构及其保荐代表人应当积极配合检查，如实提供有关资料，不得拒绝、阻挠、逃避检查，不得谎报、隐匿、销毁相关证据材料。

中国证监会建立保荐信用监管系统，对保荐机构和保荐代表人进行持续动态的注册登记管理，记录其执业情况、违法违规行为、其他不良行为以及对其采取的监管措施等，必要时可以将记录予以公布。

保荐机构、保荐代表人、保荐业务负责人和内核负责人违反规定，未诚实守信、勤勉尽责地履行相关义务的，中国证监会责令改正，并对其采取监管谈话、重点关注、责令进行业务学习、出具警示函、责令公开说明、认定为不适当人选等监管措施；依法应给予行政处罚的，依照有关规定进行处罚；情节严重涉嫌犯罪的，依法移送司法机关，追究其刑事责任。

第三节　对证券交易的监管

一、对内幕交易行为的监管

（一）内幕交易行为概述

内幕交易行为，是指证券交易内幕信息的知情人和非法获取内幕信息的人利用内幕信息从事证券交易活动。

1. 证券交易内幕信息的知情人

证券交易内幕信息的知情人包括：（1）发行人的董事、监事、高级管理人员；（2）持有公司5%以上股份的股东及其董事、监事、高级管理人员，公司的实际控制人及其董事、监事、高级管理人员；（3）发行人控股的公司及其董事、监事、高级管理人员；（4）由于所任公司职务可以获取公司有关内幕信息的人员；（5）证券监督管理机构工作人员以及由于法定职责对证券的发行、交易进行管理的其他人员；（6）保荐人、承销的证券公司、证券交易所、证券登记结算机构、证券服务机构的有关人员；（7）国务院证券监督管理机构规定的其他人。

2. 内幕信息

证券交易活动中，涉及公司的经营、财务或者对该公司证券的市场价格有重大影响的尚未公开的信息，为内幕信息。

下列信息皆属内幕信息：（1）我国《证券法》第67条第2款所列重大事件；（2）公司分配股利或者增资的计划；（3）公司股权结构的重大变化；（4）公司债务担保的重大变更；（5）公司营业用主要资产的抵押、出售或者报废一次超过该资产的30%；（6）公司的董事、监事、高级管理人员的行为可能依法承担重大损害赔偿责任；（7）上市公司收购的有关方案；（8）国务院证券监督管理机构认定的对证券交易价格有显著影响的其他重要信息。其中,我国《证券法》第 67 条第 2 款所列重大事件包括:公司的经营方针和经营范围的重大变化;公司的重大投资行为和重大的购置财产的决定;公司订立重要合同,可能对公司的资产、负债、权益和经营成果产生重要影响;公司发生重大债务和未能清偿到期重大债务的违约情况;公司发生重大亏损或者重大损失;公司生产经营的外部条件发生的重大变化;公司的董事、1/3 以上监事或者经理发生变动;持有公司 5% 以上股份的股东或者实际控制人,其持有股份或者控制公司的情况发生较大变化;公司减资、合并、分立、解散及申请破产的决定;涉及公司的重大诉讼,股东大会、董事会决议被依法撤销或者宣告无效;公司涉嫌犯罪被司法机关立案调查,公司董事、监事、高级管理人员涉嫌犯罪被司法机关采取强制措施;国务院证券监督管理机构规定的其他事项。

3. 证券交易的限制

为避免内幕信息的知情人利用内幕信息从事内幕交易行为,损害其他投资者的合法权益,我国《证券法》对一些知情人的证券交易行为进行了限制,包括:(1) 为股票发行出具审计报告、资产评估报告或者法律意见书等文件的证券服务机构和人员,在该股票承销期内和期满后 6 个月内,不得买卖该种股票。除上述规定外,为上市公司出具审计报告、资产评估报告或者法律意见书等文件的证券服务机构和人员,自接受上市公司委托之日起至上述文件公开后 5 日内,不得买卖该种股票。(2) 上市公司董事、监事、高级管理人员、持有上市公司股份 5% 以上的股东,将其持有的该公司的股票在买入后 6 个月内卖出,或者在卖出后 6 个月内又买入,由此所得收益归该公司所有,公司董事会应当收回其所得收益。但是,证券公司因包销购入售后剩余股票而持有 5% 以上股份的,卖出该股票不受 6 个月时间限制。公司董事会不按照上述规定执行的,股东有权要求董事会在 30 日内执行。公司董事会未在上述期限内执行的,股东有权为了公司的利益以自己的名义直接向人民法院提起诉讼。公司董事会不按照上述规定执行的,负有责任的董事依法承担连带责任。

(二) 内幕交易行为的法律责任

我国《证券法》第 202 条规定:"证券交易内幕信息的知情人或者非法获取内幕信息的人,在涉及证券的发行、交易或者其他对证券的价格有重大影响的信息公开前,买卖该证券,或者泄露该信息,或者建议他人买卖该证券的,责令依法处理非法持有的证券,没收违法所得,并处以违法所得 1 倍以上 5 倍以下的罚款;没有违法所得或者违法所得不足 3 万元的,处以 3 万元以上 60 万元以下的罚款。单位从事内幕交易的,还应当对直接负责的主管人员和其他直接责任人员给予警告,并处以 3 万元以上 30 万元以下的罚款。证券监督管理机构工作人员进行内幕交易的,从重处罚。"

二、对虚假陈述行为的监管

(一) 虚假陈述行为概述

虚假陈述,是指任何单位或者个人对证券发行、交易及其相关活动的事实、性质、前景、法律等事项作出不实、严重误导或者含有重大遗漏的和其他任何形式的虚假陈述或者诱导,致使投资者在不了解事实真相的情况下作出证券投资决定的行为。

根据我国《证券法》规定,各种传播媒介传播证券交易信息必须真实、客观,禁止误导。禁止国家工作人员、传播媒介从业人员和有关人员编造、传播虚假信息,扰乱证券市场。证券交易所、证券公司、证券登记结算机构、证券服务机构及其从业人员,证券业协会、证券监督管理机构及其工作人员,在证券交易活动中不得作出虚假陈述或者信息误导。

(二) 法律责任

违反我国《证券法》规定,证券交易所、证券公司、证券登记结算机构、证券服务机构及其从业人员,证券业协会、证券监督管理机构及其工作人员,在证券交易活动中作出虚假陈述或者信息误导的,责令改正,处以3万元以上20万元以下的罚款;属于国家工作人员的,还应当依法给予行政处分。

国家工作人员、传播媒介从业人员和有关人员编造、传播虚假信息,扰乱证券市场,或者各种传播媒介传播证券交易信息时违反真实性、客观性的要求,误导公众的,由证券监督管理机构责令改正,没收违法所得,并处以违法所得1倍以上5倍以下的罚款;没有违法所得或者违法所得不足3万元的,处以3万元以上20万元以下的罚款。

三、对操纵市场行为的监管

(一) 操纵市场行为概述

操纵市场,是指某一组织或个人以获取利益或者减少损失为目的,利用其资金、信息等优势,或者滥用职权,影响证券市场价格,制造证券市场假象,诱导或者致使投资者在不了解事实真相的情况下作出证券投资决定,扰乱证券市场秩序的行为。

操纵市场行为包括:(1) 单独或者通过合谋,集中资金优势、持股优势或者利用信息优势联合或者连续买卖,操纵证券交易价格或数量;(2) 与他人串通,以事先约定的时间、价格和方式相互进行证券交易,影响证券交易价格或者证券交易量;(3) 在自己实际控制的账户之间进行证券交易,影响证券交易价格或者证券交易量;(4) 以其他手段操纵证券市场的行为。

(二) 法律责任

根据我国《证券法》的规定,操纵证券市场的,责令依法处理其非法持有的证券,没收违法所得,并处以违法所得1倍以上5倍以下的罚款;没有违法所得或者违法所得不足30万元的,处以30万元以上300万元以下的罚款。单位操纵证券市场的,还应当对直接负责的主管人员和其他直接责任人员给予警告,并处以10万元以上60万元以下的罚款。

四、对欺诈客户行为的监管

(一) 欺诈客户行为概述

欺诈客户,是指以获取非法利益为目的的,违反证券管理法规,在证券发生、交易及相关活动中从事欺诈客户、虚假陈述等行为。

欺诈客户行为包括：(1) 违背客户的委托为其买卖证券；(2) 不在规定时间内向客户提供交易的书面确认文件；(3) 挪用客户所委托买卖的证券或者客户账户上的资金；(4) 未经客户的委托，擅自为客户买卖证券，或者假借客户的名义买卖证券；(5) 为牟取佣金收入，诱使客户进行不必要的证券买卖；(6) 利用传播媒介或者通过其他方式提供、传播虚假或者误导投资者的信息；(7) 其他违背客户真实意思表示，损害客户利益的行为。

(二) 法律责任

根据我国《证券法》第 210 条的规定，证券公司违背客户的委托买卖证券、办理交易事项，或者违背客户真实意思表示，办理交易以外的其他事项的，责令改正，处以 1 万元以上 10 万元以下的罚款，给客户造成损失的，依法承担赔偿责任。

根据我国《证券法》第 211 条的规定，证券公司、证券登记结算机构挪用客户的资金或者证券，或者未经客户的委托，擅自为客户买卖证券的，责令改正，没收违法所得，并处以违法所得 1 倍以上 5 倍以下的罚款；没有违法所得或者违法所得不足 10 万元的，处以 10 万元以上 60 万元以下的罚款；情节严重的，责令关闭或者撤销相关业务许可。对直接负责的主管人员和其他直接责任人员给予警告，撤销任职资格或者证券从业资格，并处以 3 万元以上 30 万元以下的罚款。

五、对证券交易过程中其他禁止行为的监管

证券交易所、证券公司和证券登记结算机构的从业人员、证券监督管理机构的工作人员以及法律、行政法规禁止参与股票交易的其他人员，在任期或者法定限期内，不得直接或者以化名、借他人名义持有、买卖股票，也不得收受他人赠送的股票。任何人在成为上述所列人员时，其原已持有的股票，必须依法转让。

禁止法人非法利用他人账户从事证券交易；禁止法人出借自己或者他人的证券账户；依法拓宽资金入市渠道，禁止资金违规流入股市；禁止任何人挪用公款买卖证券。

第四节 对证券市场主体的监管

一、对上市公司信息披露的监管

(一) 信息披露概述

信息披露，是指上市公司及其他信息披露义务人依法将与证券发行和交易有关的信息真实、准确、全面地予以公开，以供投资者作投资判断参考的法律制度。

信息披露制度，最早源于 1845 年英国的公司法。它旨在通过完全公开公司信息，防止公司经营不当或财务制度混乱，以维护股东和债权人的合法权益。20 世纪 30 年代美国证券立法采纳了英国公司法的公司信息披露制度。战后的日本为重建其经济和借鉴国外先进法律制度时,也将信息披露制度作为其证券交易法的核心内容。

之所以要求信息披露义务人公开与证券发行和交易的信息,有以下原因:

第一,证券产品作为信息产品,其交换价值几乎完全取决于交易双方对各种信息的掌握程度以及在此基础上所作出的判断。但是,证券市场上往往存在信息不完全与不对称现象。信息不完全,是指投资者对证券市场上各种影响价格的客观存在的事实缺乏了解,或者发行人及其相关人故意隐瞒事实真相甚至提供虚假的信息。信息不对称,是指证券交易双方存在信息优劣的差异,占据信息优势的一方可轻易获取暴利,而一般投资者则因此利益受损。为了消除证券市场上的信息不完全与不对称现象,降低投资者获取信息的成本,需要政府加强监督管理,要求发行人依法履行信息披露义务。

第二,保护投资者的合法权益的立法原则的必然要求。投资者参与证券市场活动,处于获取与证券发行和交易有关信息的劣势,信息披露制度要求信息披露义务人全面、真实、准确、及时披露影响其证券价格的一切重要信息,使投资者在平等的条件下获取信息,弥补其信息劣势的地位。

(二) 信息披露的法律标准

根据我国《证券法》第 63 条、第 69 条的有关规定,公开发行证券的发行人应当确保信息披露的内容真实、准确、完整,不得有虚假记载、误导性陈述或重大遗漏。上市公司董事会全体成员必须保证信息披露内容真实、准确、完整,没有虚假、严重误导性陈述或重大遗漏,并就其保证承担连带赔偿责任。

具体而言,上市公司的信息披露必须符合以下要求:

(1) 真实性。上市公司及其他信息披露义务人信息披露的目的,在于使投资人能够依据所披露的信息作出合理的投资判断。因此,信息的真实性是信息披露最根本最重要的要求。

(2) 准确性。上市公司及其他信息披露义务人披露信息时必须采用精确不含糊的语言,且在内容和表达方式上不得使人误解。当市场上出现可能影响上市公司信息准确性的其他消息或传闻时,上市公司应当及时发布澄清公告。

(3) 完整性。信息披露的完整性,是指上市公司及其他信息披露义务人应当将投资人进行合理判断所必需的重要信息全部予以公开,不得有重大遗漏。

(4) 及时性。在证券交易中,投资者是按照证券的"现时"价格进行交易的。因此,为了确保投资作出合理的投资判断,就需要上市公司及其他信息披露义务人及时公开与证券交易价格有关的最新信息,正确反映证券的现时价值。

(三) 信息披露的主要内容

1. 发行信息公开

我国《证券法》第 21 条和第 25 条第 1 款分别规定:发行人申请首次公开发行股票的,在提交申请文件后,应当按照规定预先披露有关申请文件;证券发行申请经核准,发行人应当依照法律、行政法规的规定,在证券公开发行前,公告公开发行募集文件,并将该文件置备于指定场所供公众查阅。

经核准依法公开发行股票,或者经国务院授权的部门核准依法公开发行公司债券,应当公告招股说明书、公司债券募集办法。依法公开发行新股或者公司债券的,还应当公告财务会计报告。

2. 持续的信息公开

上市公司和公司债券上市交易的公司,应当依法向国务院证券监督管理机构和证券交易所报送中期报告、年度报告,并予公告。发生可能对上市公司股票交易价格产生较大影响的重大事件,投资者尚未得知时,上市公司应当立即将有关该重大事件的情况向国务院证券监督管理机构和证券交易所报送临时报告,并予公告,说明事件的起因、目前的状态和可能产生的法律后果。

依法必须披露的信息,应当在国务院证券监督管理机构指定的媒体发布,同时将其置备于公司住所、证券交易所,供社会公众查阅。

国务院证券监督管理机构对上市公司年度报告、中期报告、临时报告以及公告的情况进行监督,对上市公司分派或者配售新股的情况进行监督,对上市公司控股股东和信息披露义务人的行为进行监督。

(四) 对信息披露的监管

为了规范发行人、上市公司及其他信息披露义务人的信息披露行为,加强信息披露事务管理,保护投资者合法权益,根据我国《公司法》《证券法》等法律、行政法规,中国证券监督管理委员会第196次主席办公会议于2006年12月13日审议通过《上市公司信息披露管理办法》,自2007年1月30日起施行。

根据《上市公司信息披露管理办法》规定,中国证监会可以要求上市公司及其他信息披露义务人或者其董事、监事、高级管理人员对有关信息披露问题作出解释、说明或者提供相关资料,并要求上市公司提供保荐人或者证券服务机构的专业意见。中国证监会对保荐人和证券服务机构出具的文件的真实性、准确性、完整性有疑义的,可以要求相关机构作出解释、补充,并调阅其工作底稿。上市公司及其他信息披露义务人、保荐人和证券服务机构应当及时作出回复,并配合中国证监会的检查、调查。

1. 监管措施

信息披露义务人及其董事、监事、高级管理人员,上市公司的股东、实际控制人、收购人及其董事、监事、高级管理人员违反本办法的,中国证监会可以采取以下监管措施:(1) 责令改正;(2) 监管谈话;(3) 出具警示函;(4) 将其违法违规、不履行公开承诺等情况记入诚信档案并公布;(5) 认定为不适当人选;(6) 依法可以采取的其他监管措施。

2. 法律责任

上市公司未按规定制定上市公司信息披露事务管理制度的,中国证监会责令改正。拒不改正的,中国证监会给予警告、罚款。

信息披露义务人有以下情形的,中国证监会按照《证券法》第193条处罚:(1) 未在规定期限内履行信息披露义务,或者所披露的信息有虚假记载、误导性陈述或者重大遗漏的;(2)未在规定期限内报送有关报告,或者报送的报告有虚假记载、误导性陈述或者重大遗漏的;(3)上市公司通过隐瞒关联关系或者采取其他手段,规避信息披露、报告义务的。

上市公司股东、实际控制人未依法配合上市公司履行信息披露义务的,或者非法要求上市公司提供内幕信息的,中国证监会责令改正,给予警告、罚款。

为信息披露义务人履行信息披露义务出具专项文件的保荐人、证券服务机构及其人员,违反我国《证券法》、行政法规和中国证监会的规定,由中国证监会依法采取责令改正、监管谈话、出具警示函、记入诚信档案等监管措施;应当给予行政处罚的,中国证监会依法处罚。

二、对证券公司的监管

(一)对证券公司业务的监管

为了加强对证券公司的监督管理,规范证券公司的行为,防范证券公司的风险,保护客户的合法权益和社会公共利益,促进证券业健康发展,根据我国《公司法》、《证券法》,2008年4月23日国务院第六次常务会议通过了《证券公司监督管理条例》,自2008年6月1日起施行。

1. 证券公司的设立与变更

设立证券公司,应当具备我国《公司法》《证券法》和《证券公司监督管理条例》规定的条件,并经国务院证券监督管理机构批准。证券公司停业、解散或者破产的,应当经国务院证券监督管理机构批准,并按照有关规定安置客户、处理未了结的业务。

2. 证券公司的业务规则与风险控制

证券公司应当按照审慎经营的原则,建立健全风险管理与内部控制制度,防范和控制风险。证券公司应当对分支机构实行集中统一管理,不得与他人合资、合作经营管理分支机构,也不得将分支机构承包、租赁或者委托给他人经营管理。

证券公司受证券登记结算机构委托,为客户开立证券账户,应当按照证券账户管理规则,对客户申报的姓名或者名称、身份的真实性进行审查。同一客户开立的资金账户和证券账户的姓名或者名称应当一致。证券公司为证券资产管理客户开立的证券账户,应当自开户之日起3个交易日内报证券交易所备案。证券公司不得将客户的资金账户、证券账户提供给他人使用。

3. 监督管理措施

证券公司应当自每一会计年度结束之日起4个月内,向国务院证券监督管理机构报送年度报告;自每月结束之日起7个工作日内,报送月度报告。发生影响或者可能影响证券公司经营管理、财务状况、风险控制指标或者客户资产安全的重大事件的,证券公司应当立即向国务院证券监督管理机构报送临时报告,说明事件的起因、目前的状态、可能产生的后果和拟采取的相应措施。

证券公司年度报告中的财务会计报告、风险控制指标报告以及国务院证券监督管理机构规定的其他专项报告,应当经具有证券、期货相关业务资格的会计师事务所审计。证券公司年度报告应当附有该会计师事务所出具的内部控制评审报告。证券公司的董事、高级管理人员应当对证券公司年度报告签署确认意见;经营管理的主要负责人和财务负责人应当对月度报告签署确认意见。在证券公司年度报告、月度报告上签字的人员,应当保证报告的内容真实、准确、完整;对报告内容持有异议的,应当注明自己的意见和理由。

国务院证券监督管理机构可以要求下列单位或者个人,在指定的期限内提供与证券公司经营管理和财务状况有关的资料、信息:(1)证券公司及其董事、监事、工作人员;(2)证券公司的股东、实际控制人;(3)证券公司控股或者实际控制的企业;(4)证券公司的开户银行、指定商业银行、资产托管机构、证券交易所、证券登记结算机构;(5)为证券公司提供服务的证券服务机构。

国务院证券监督管理机构有权采取下列措施,对证券公司的业务活动、财务状况、经营管理情况进行检查:(1)询问证券公司的董事、监事、工作人员,要求其对有关检查事项做出说明;(2)进入证券公司的办公场所或者营业场所进行检查;(3)查阅、复制与检查事项有关的文件、资料,对可能被转移、隐匿或者毁损的文件、资料、电子设备予以封存;(4)检查证券公司的计算机信息管理系统,复制有关数据资料。国务院证券监督管理机构为查清证券公司的业务情况、财务状况,经国务院证券监督管理机构负责人批准,可以查询证券公司及与证券公司有控股或者实际控制关系企业的银行账户。

国务院证券监督管理机构对治理结构不健全、内部控制不完善、经营管理混乱、设立账外账或者进行账外经营、拒不执行监督管理决定、违法违规的证券公司,应当责令其限期改正,并可以采取下列措施:(1)责令增加内部合规检查的次数并提交合规检查报告;(2)对证券公司及其有关董事、监事、高级管理人员、境内分支机构负责人给予谴责;(3)责令处分有关责任人员,并报告结果;(4)责令更换董事、监事、高级管理人员或者限制其权利;(5)对证券公司进行临时接管,并进行全面核查;(6)责令暂停证券公司或者其境内分支机构的部分或者全部业务、限期撤销境内分支机构。

(二)证券公司的风险处置

为了控制和化解证券公司风险,保护投资者合法权益和社会公共利益,保障证券业健康发展,国务院于2008年4月23日根据我国《证券法》、《企业破产法》,制定了《证券公司风险处置条例》。该《条例》第二、三、四章对下列问题分别作出了规定:停业整顿、托管、接管、行政重组;撤销;破产清算和重整。其要点如下:

1. 停业整顿、托管、接管、行政重组

国务院证券监督管理机构发现证券公司存在重大风险隐患,可以派出风险监控现场工作组对证券公司进行专项检查,对证券公司划拨资金、处置资产、调配人员、使用印章、订立以及履行合同等经营、管理活动进行监控,并及时向有关地方人民政府通报情况。

(1) 停业整顿

证券公司风险控制指标不符合有关规定,在规定期限内未能完成整改的,国务院证券监督管理机构可以责令证券公司停止部分或者全部业务进行整顿。停业整顿的期限不超过3个月。证券经纪业务被责令停业整顿的,证券公司在规定的期限内可以将其证券经纪业务委托给国务院证券监督管理机构认可的证券公司管理,或者将客户转移到其他证券公司。证券公司逾期未按照要求委托证券经纪业务或者未转移客户的,国务院证券监督管理机构应当将客户转移到其他证券公司。

(2) 托管、接管

证券公司有下列情形之一的,国务院证券监督管理机构可以对其证券经纪等涉及客户的业务进行托管;情节严重的,可以对该证券公司进行接管:① 治理混乱,管理失控;② 挪用客户资产并且不能自行弥补;③ 在证券交易结算中多次发生交收违约或者交收违约数额较大;④ 风险控制指标不符合规定,发生重大财务危机;⑤ 其他可能影响证券公司持续经营的情形。

国务院证券监督管理机构决定对证券公司证券经纪等涉及客户的业务进行托管的,应当按照规定程序选择证券公司等专业机构成立托管组,行使被托管证券公司的证券经纪等涉及客户的业务的经营管理权。托管期限一般不超过12个月。满12个月,确需继续托管的,国务院证券监督管理机构可以决定延长托管期限,但延长托管期限最长不得超过12个月。

国务院证券监督管理机构决定对证券公司进行接管的,应当按照规定程序组织专业人员成立接管组,行使被接管证券公司的经营管理权,接管组负责人行使被接管证券公司法定代表人职权,被接管证券公司的股东会或者股东大会、董事会、监事会以及经理、副经理停止履行职责。接管期限一般不超过12个月。满12个月,确需继续接管的,国务院证券监督管理机构可以决定延长接管期限,但延长接管期限最长不得超过12个月。

(3) 行政重组

证券公司出现重大风险,但具备下列条件的,可以直接向国务院证券监督管理机构申请进行行政重组:① 财务信息真实、完整;② 省级人民政府或者有关方面予以支持;③ 整改措施具体,有可行的重组计划。被停业整顿、托管、接管的证券公司,具备规定条件的,也可以向国务院证券监督管理机构申请进行行政重组。

国务院证券监督管理机构应当自受理行政重组申请之日起30个工作日内作出批准或者不予批准的决定;不予批准的,应当说明理由。证券公司进行行政重组,可以采取注资、股权重组、债务重组、资产重组、合并或者其他方式。

行政重组期限一般不超过12个月。满12个月,行政重组未完成的,证券公司可以向国务院证券监督管理机构申请延长行政重组期限,但延长行政重组期限最长不得超过6个月。

2. 撤销

证券公司同时有下列情形的,国务院证券监督管理机构可以直接撤销该证券公司:

(1) 违法经营情节特别严重、存在巨大经营风险;
(2) 不能清偿到期债务,并且资产不足以清偿全部债务或者明显缺乏清偿能力;
(3) 需要动用证券投资者保护基金。

证券公司经停业整顿、托管、接管或者行政重组在规定期限内仍达不到正常经营条件,并且有上述(2)、(3)规定情形的,国务院证券监督管理机构应当撤销该证券公司。

国务院证券监督管理机构撤销证券公司,应当做出撤销决定,并按照规定程序选择律师事务所、会计师事务所等专业机构成立行政清理组,对该证券公司进行行政清理。撤销决定应当予以公告,撤销决定的公告日期为处置日,撤销决定自公告之时生效。

行政清理期限一般不超过 12 个月。满 12 个月,行政清理未完成的,国务院证券监督管理机构可以决定延长行政清理期限,但延长行政清理期限最长不得超过 12 个月。

3. 破产清算和重整

证券公司被依法撤销、关闭时,有我国《企业破产法》第 2 条规定情形的,行政清理工作完成后,国务院证券监督管理机构或者其委托的行政清理组依照《企业破产法》的有关规定,可以向人民法院申请对被撤销、关闭证券公司进行破产清算。此外,证券公司有我国《企业破产法》第 2 条规定情形的,国务院证券监督管理机构可以直接向人民法院申请对该证券公司进行重整。

证券公司或者其债权人依照我国《企业破产法》的有关规定,可以向人民法院提出对证券公司进行破产清算或者重整的申请,但应当依照我国《证券法》第 129 条的规定报经国务院证券监督管理机构批准。

第五节 对证券投资基金和期货市场的监管

一、对证券投资基金的监管

投资基金,又称共同投资基金或单位信托,是通过向投资人发行股票或受益凭证募集资金,交由专业投资机构管理,以获取一定收益的投资工具。证券投资基金(以下简称基金)是专门投资证券市场的金融工具,是一种利益共享、风险共担的集合证券投资方式,即通过发行基金单位集中投资者的资金,由基金托管人托管,由基金管理人管理和运作资金,从事股票、债券等金融工具的投资。与其他投资工具相比较,基金具有专业化管理、分散风险、资产高度流动性和收益稳定等特点。

2003 年 10 月 28 日,第十届全国人大常委会第五次会议通过了《中华人民共和国证券投资基金法》(以下简称《证券投资基金法》)。2012年12月28日第十一届全国人大常委会第三十次会议对该法进行了修订。该法规定,在我国境内,公开或者非公开募集资金设立证券投资基金(以下简称基金),由基金管理人管理,基金托管人托管,为基金份额持有人的利益,进行证券投资活动,适用本法。

(一) 监管职责

根据我国《证券投资基金法》的规定,国务院证券监督管理机构在证券投资基金的募集、交易等活动中,依法履行下列监管职责:(1) 依法制定有关证券投资基金活动监督管理的规章、规则,并行使审批、核准或者注册权;(2) 办理基金备案;(3) 对基金管理人、基金托管人及其他机构从事证券投资基金活动进行监督管理,对违法行为进行查处,并予以公告;(4) 制定基金从业人员的资格标准和行为准则,并监督实施;(5) 监督检查基金信息的披露情况;(6) 指导和监督基金同业协会的活动;(7) 法律、行政法规规定的其他职责。

(二) 监管措施

国务院证券监督管理机构依法履行职责,有权采取下列措施:(1) 对基金管理人、基金托管人、基金服务机构进行现场检查,并要求其报送有关的业务资料;(2) 进入涉嫌违法行为发生场所调查取证;(3) 询问当事人和与被调查事件有关的单位和个人,要求其对与被调查事件有关的事项作出说明;(4) 查阅、复制与被调查事件有关的财产权登记、通讯记录等资料;(5) 查阅、复制当事人和与被调查事件有关的单位和个人的证券交易记录、登记过户记录、财务会计资料及其他相关文件和资料;对可能被转移、隐匿或者毁损的文件和资料,可以予以封存;(6) 查询当事人和与被调查事件有关的单位和个人的资金账户、证券账户和银行账户;对有证据证明已经或者可能转移或者隐匿违法资金、证券等涉案财产或者隐匿、伪造、毁损重要证据的,经国务院证券监督管理机构主要负责人批准,可以冻结或者查封;(7) 在调查操纵证券市场、内幕交易等重大证券违法行为时,经国务院证券监督管理机构主要负责人批准,可以限制被调查事件当事人的证券买卖,但限制的期限不得超过15个交易日;案情复杂的,可以延长15个交易日。

国务院证券监督管理机构工作人员依法履行职责,进行调查或者检查时,不得少于2人,并应当出示合法证件;对调查或者检查中知悉的商业秘密负有保密的义务。

国务院证券监督管理机构依法履行职责时,被调查、检查的单位和个人应当配合,如实提供有关文件和资料,不得拒绝、阻碍和隐瞒。国务院证券监督管理机构依法履行职责,发现违法行为涉嫌犯罪的,应当将案件移送司法机关处理。

国务院证券监督管理机构工作人员在任职期间,或者离职后在我国《公务员法》规定的期限内,不得在被监管的机构中担任职务。

二、对期货市场的监管

期货,又称期货合约,是指由期货交易所统一制定的、规定在将来某一特定的时间和地点交割一定数量标的物的标准化合约。为了规范期货交易行为,加强对期货交易的监督管理,维护期货市场秩序,防范风险,保护期货交易各方的合法权益和社会公共利益,促进期货市场积极稳妥发展,2007年2月7日国务院第168次常务会议通过了《期货交易管理条例》,自2007年4月15日起施行。2012年10月24日国务院对该《条例》进行了修订。

根据我国《期货交易管理条例》的规定,国务院期货监督管理机构对期货市场实行集中统一的监督管理。国务院期货监督管理机构派出机构依照该《条例》规定和国务院期货监督管理机构的授权,履行监督管理职责。目前,中国证监会作为国务院期货管理机构对期货市场实行集中统一的监督管理。

(一) 监管职责

证监会对期货市场实施监督管理,依法履行下列职责:(1)制定有关期货市场监督管理的规章、规则,并依法行使审批权;(2)对品种的上市、交易、结算、交割等期货交易及其相关活动,进行监督管理;(3)对期货交易所、期货公司及其他期货经营机构、非期货公司结算会员、期货保证金安全存管监控机构、期货保证金存管银行、交割仓库等市场相关参与者的期货业务活动,进行监督管理;(4)制定期货从业人员的资格标准和管理办法,并监督实施;(5)监督检查期货交易的信息公开情况;(6)对期货业协会的活动进行指导和监督;(7)对违反期货市场监督管理法律、行政法规的行为进行查处;(8)开展与期货市场监督管理有关的国际交流、合作活动;(9)法律、行政法规规定的其他职责。

(二) 监管措施

1. 一般规定

证监会依法履行对期货市场的监管职责,可以采取下列措施:(1)对期货交易所、期货公司及其他期货经营机构、非期货公司结算会员、期货保证金安全存管监控机构和交割仓库进行现场检查;(2)进入涉嫌违法行为发生场所调查取证;(3)询问当事人和与被调查事件有关的单位和个人,要求其对与被调查事件有关的事项作出说明;(4)查阅、复制与被调查事件有关的财产权登记等资料;(5)查阅、复制当事人和与被调查事件有关的单位和个人的期货交易记录、财务会计资料以及其他相关文件和资料;对可能被转移、隐匿或者毁损的文件和资料,可以予以封存;(6)查询与被调查事件有关的单位的保证金账户和银行账户;(7)在调查操纵期货交易价格、内幕交易等重大期货违法行为时,经证监会主要负责人批准,可以限制被调查事件当事人的期货交易,但限制的时间不得超过15个交易日;案情复杂的,可以延长至30个交易日;(8)法律、行政法规规定的其他措施。

期货交易所、期货公司及其他期货经营机构、期货保证金安全存管监控机构,应当向证监会报送财务会计报告、业务资料和其他有关资料。对期货公司及其他期货经营机构报送的年度报告,证监会应当指定专人进行审核,并制作审核报告。审核人员应当在审核报告上签字。审核中发现问题的,证监会应当及时采取相应措施。必要时,证监会可以要求非期货公司结算会员、交割仓库,以及期货公司股东、实际控制人或者其他关联人报送相关资料。

证监会依法履行职责,进行监督检查或者调查时,被检查、调查的单位和个人应当配合,如实提供有关文件和资料,不得拒绝、阻碍和隐瞒;其他有关部门和单位应当给予支持和配合。

2. 安全存管监控制度

证监会应当建立、健全保证金安全存管监控制度,设立期货保证金安全存管监控机构。客户和期货交易所、期货公司及其他期货经营机构、非期货公司结算会员以及期货保证金存管银行,应当遵守证监会有关保证金安全存管监控的规定。期货保证金安全存管监控机构依照有关规定对保证金安全实施监控,进行每日稽核,发现问题应当立即报告证监会。证监会应当根据不同情况,依照规定及时处理。

3. 对期货公司的监管

证监会应当制定期货公司持续性经营规则,对期货公司的净资本与净资产的比例,净资本与境内期货经纪、境外期货经纪等业务规模的比例,流动资产与流动负债的比例等风险监管指标作出规定;对期货公司及其分支机构的经营条件、风险管理、内部控制、保证金存管、关联交易等方面提出要求。期货公司及其分支机构不符合持续性经营规则或者出现经营风险的,证监会可以对期货公司及其董事、监事和高级管理人员采取谈话、提示、记入信用记录等监管措施或者责令期货公司限期整改,并对其整改情况进行检查验收。期货公司逾期未改正,其行为严重危及期货公司的稳健运行、损害客户合法权益,或者涉嫌严重违法违规正在被证监会调查的,证监会可以区别情形,对其采取下列措施:(1) 限制或者暂停部分期货业务;(2) 停止批准新增业务或者分支机构;(3) 限制分配红利,限制向董事、监事、高级管理人员支付报酬、提供福利;(4) 限制转让财产或者在财产上设定其他权利;(5) 责令更换董事、监事、高级管理人员或者有关业务部门、分支机构的负责人员,或者限制其权利;(6) 限制期货公司自有资金或者风险准备金的调拨和使用;(7) 责令控股股东转让股权或者限制有关股东行使股东权利。对经过整改符合有关法律、行政法规规定以及持续性经营规则要求的期货公司,证监会应当自验收完毕之日起 3 日内解除对其采取的有关措施。对经过整改仍未达到持续性经营规则要求,严重影响正常经营的期货公司,证监会有权撤销其部分或者全部期货业务许可、关闭其分支机构。

期货公司违法经营或者出现重大风险,严重危害期货市场秩序、损害客户利益的,证监会可以对该期货公司采取责令停业整顿、指定其他机构托管或者接管等监管措施。经证监会批准,可以对该期货公司直接负责的董事、监事、高级管理人员和其他直接责任人员采取以下措施:(1) 通知出境管理机关依法阻止其出境;(2) 申请司法机关禁止其转移、转让或者以其他方式处分财产,或者在财产上设定其他权利。

期货公司的股东有虚假出资或者抽逃出资行为的,证监会应当责令其限期改正,并可责令其转让所持期货公司的股权。在股东按照前款要求改正违法行为、转让所持期货公司的股权前,证监会可以限制其股东权利。

期货公司涉及重大诉讼、仲裁,或者股权被冻结或者用于担保,以及发生其他重大事件时,期货公司及其相关股东、实际控制人应当自该事件发生之日起5日内向证监会提交书面报告。

4. 风险处置

当期货市场出现异常情况时,证监会可以采取必要的风险处置措施。

第十八章 保险监管法律制度

第一节 保险监管与保险监管法概述

一、保险监管与保险监管法的概念

古往今来,风云叵测,世事无常。面对各种不确定性可能产生的各类风险,各类主体都在寻求化解之策,以求安康平顺地获得保障和保全。基于人类对防范和化解风险的保障措施的追求,保险制度应运而生。

从既存的保险制度来看,保险可以分为多种类型。[①] 例如:基于保险的性质,可有商业保险与社会保险之分;基于保险的标的,又有财产保险与人身保险之别;基于保险的实施方式,尚有强制保险与自愿保险之差,等等。保险的类型不同,相关主体的权利义务也各异,并形成了不同保险制度的分野。

一般说来,上述的商业保险,对应于传统的保险法;而上述的社会保险,则对应于新兴的社会保险法或社会保障法。基于体例安排,本章所涉及的保险是指商业保险,这也是传统的狭义上的保险。

传统的狭义上的保险,历史较为悠久。按照学界通说,保险制度在14世纪的海上贸易中就已经产生,并日益形成了一套缜密的保险法规范。我国在实行市场经济体制以后,对保险法制建设更加重视。为了规范保险活动,保护当事人合法权益,加强对保险业的监督管理,全国人大常委会于1995年6月30日通过了《中华人民共和国保险法》(以下简称《保险法》),并于2002年、2009年、2014年对该法进行了修改。现行的《保险法》与相关立法主体陆续制定的一系列配套的制度一起,共同构成了我国的保险法律制度。

依据我国《保险法》的规定,所谓保险,是指投保人根据合同约定,向保险人支付保险费,保险人对于合同约定的可能发生的事故因其发生所造成的财产损失承担赔偿保险金责任,或者当被保险人死亡、伤残、疾病或者达到合同约定的年龄、期限等条件时承担给付保险金责任的商业保险行为。[②] 对于具体的商业保险行为,需要民商法来加以规范,但对于整体上的保险业还需要加强保险监管,对于保险监管关系还需要经济法的有效调整。

[①] 在保险学上对于保险的分类也并不一致,但关于商业保险和社会保险、财产保险和人身保险、强制保险和任意保险的分类,是人们普遍较为关注的。

[②] 对于海上保险、农业保险等特殊保险以及涉外金融机构等特殊机构的保险活动的法律适用问题,我国《保险法》在第184—186条有专门的规定。此外,国务院曾于2012年10月发布《农业保险条例》,自2013年3月1日起施行。

从形式上的立法规定来看,我国《保险法》主要涉及两类规范:一是关于保险合同的法律规范;二是关于保险监管的法律规范。所谓保险监管,是指由法定的职能机构对保险业实施的监督和管理。保险监管同银行监管、证券监管等一样,作为金融监管的一种类型,属于国家对特殊行业的特殊监管,因而适用于有关监管的一般原理。

依据金融监管的一般原理,对保险业的监管,不仅包括对整个保险行业的规模、运行等方面的监管,而且还包括对整个保险市场上的市场主体及其市场行为的监管。上述各类监管,同样需要依法进行,因而就需要有专门的保险监管法规范。

保险监管法是调整在国家对保险业进行监督管理的过程中发生的经济关系的法律规范的总称。

目前,我国虽然没有制定专门的《保险监管法》,但却存在许多保险监管方面的法律规范,它们散见于相关的保险立法中。例如,在我国的《保险法》《外资保险公司管理条例》[1]等法律、法规中,都有有关保险监管的法律规范。此外,中国保监会还制定了《保险公司管理规定》《保险保障基金管理办法》《保险经纪机构管理规定》《保险代理机构管理规定》等规章,其中包含了大量的保险监管的内容。从立法现状来看,我国保险监管立法的数量和层次都还有待于提高,还应当对保险监管目标、保险监管机构及其职权、保险监管的主要内容和类型等问题作出进一步的明确规定。

二、保险监管的目标及其理论基础

保险监管的主要目标,是通过对整个保险业的监督、管理,特别是通过对保险市场的有效规制,来防范和化解风险,保障保险业的安全和稳健运营,保护相关主体的合法权益,促进保险事业的有序发展。

保险监管的上述目标的确立,有其经济学和法学方面的理论基础。由于保险监管是金融监管的一种类型,同时,也是政府进行市场监管的特殊形式,因此,保险监管的目标同金融监管和市场监管的目标在总体上是一致的,在目标确立的理论基础方面也具有总体上的一致性。

从经济学理论来看,市场失灵理论、公共物品理论等,与保险监管目标的确立有重要关联。例如,从市场失灵理论来看,针对导致市场失灵的各种原因,必须有针对性地采取加强监管等规制措施,来解决市场失灵带来的危害。事实上,导致市场失灵的垄断及不正当竞争、信息偏在等,都会影响保险市场的有效运行,从而影响整个保险业的有序发展。因此,通过加强在结构和行为方面的保险监管,来解决保险领域的垄断和不正当竞争问题,并通过加强信息披露方面的保险监管,来解决信息偏在问题,化解道德风险,有助于促进保险业和保险市场的健康发展。

此外,从公共物品理论来看,确保公共安全,是社会公众的共同目标。但公共安

---

[1] 2014年8月31日,全国人大常委会通过了《关于修改〈中华人民共和国保险法〉等五部法律的决定》,对我国《保险法》的第82条和第85条作出了修改。国务院通过的《外资保险公司管理条例》已于2001年12月发布,自2002年2月1日起施行。2013年5月30日,国务院决定对该《条例》的第7条作出修改,自2013年8月1日起施行。

全,包括公共经济安全,作为一种公共物品,是市场主体都需要但又无法有效提供的,因而只能由政府来提供。就保险业而言,在保险市场上如何降低相关风险,增进交易安全,对于各类相关主体来说都是非常重要的。保险机构与各类相关主体一样,都以自身的利益最大化为目标,因此,需要通过加强监管来避免相关主体出现"利令智昏"的问题。

从法学的角度来看,公平、正义、安全、秩序等往往被认为是法律的基本价值,对保险业加强监管,同上述价值的实现是一致的。事实上,上述价值的实现,本身也是公共物品的提供。从基本人权的角度来看,加强保险监管,有助于降低保险风险,促进安全和秩序价值的实现,保障基本人权,因此,加强保险监管尤其重要。

三、保险监管机构及其职权

根据我国《保险法》规定,国务院保险监督管理机构依照该法负责对保险业实施监督管理。基于深化保险体制改革,切实加强保险业监管,防范和化解保险业风险的考虑,作为国务院保险监督管理机构的中国保险监督管理委员会(简称中国保监会)于1998年11月18日成立。中国保监会作为全国商业保险的主管部门,同中国银监会、中国证监会等一样是国务院直属正部级事业单位,根据国务院授权履行监管职能,依法统一监管全国保险市场,维护保险业的合法、稳健运行。[1]

为了加强保险监管,中国保监会依法可以在各省级行政区和计划单列市设置监管局,作为自己的派出机构。中国保监会对派出机构实行垂直领导、统一管理。

各派出机构直接对中国保监会负责,在中国保监会授权范围内行使监管权。

中国保监会的主要任务是:拟定有关商业保险的政策法规和行业发展规划;依法对保险企业的经营活动进行监督管理和业务指导,维护保险市场秩序,依法查处保险企业违法违规行为,保护被保险人利益;培育和发展保险市场,推进保险业改革,完善保险市场体系,促进保险企业公平竞争;建立保险业风险的评价与预警系统,防范和化解保险业风险,促进保险企业稳健经营与业务的健康发展。

对应于上述主要任务,中国保监会主要有以下监管职权:

一是发展规划权。中国保监会及其派出机构有权拟订全国或辖区内的保险业发展的方针政策,制订行业发展战略和规划。

二是监管立法权。中国保监会有权起草保险业监管的法律、法规,制订业内规章。其派出机构在实施中国保监会规章的过程中,可根据辖区内的实际情况制定相关实施细则和具体办法。

三是机构审批权。中国保监会有权审批各类保险公司及其分支机构的设立,有权审批各类保险中介机构及其分支机构的设立,有权审批涉外保险机构的设立,有权审批保险机构的变更和终止事项。其派出机构有权管理辖区内有关保险公司分支机构和保险中介机构的设立、变更、撤销等事项。

---

[1] 参见国务院《关于成立中国保险监督管理委员会的通知》(国发[1998]37号)。

四是条款监管权。中国保监会有权审批关系社会公共利益的重要险种的保险条款,特别是其中的保险费率;此外,对于其他险种的保险条款实施备案管理。

五是资金监管权。中国保监会有权监管保险保证金,依法监管保险公司的资金运用,依法监管保险公司的偿付能力。

六是任职监管权。中国保监会有权审查、认定各类保险机构高级管理人员的任职资格,有权制订保险从业人员的基本资格标准。

七是市场监控权。中国保监会有权建立保险风险评价预警和监控体系,跟踪分析、监测、预测保险市场运行状况。有权对保险机构和保险从业人员的不正当竞争等破坏市场秩序的行为进行调查、处罚。

四、保险监管的主要内容和类型

通过上述的保险监管职权,可以大体上概括出保险监管的主要内容。如前所述,保险监管不仅包括对整个保险业的规模、运行等方面的监管,也包括对整个保险市场的监管。其中,对保险市场的监管,在整个保险监管中居于重要地位,并直接影响着整个保险业的监管水平。由于对保险业监管的重点,就是监管保险机构及其行为,或者说主要是对保险市场的监管,因此,"对保险业的监管"与"对保险市场的监管"这两个概念,有时也被概括地、不加区分地使用,但从相关法律规定和严格意义上说,保险监管一般还是被定位为"对保险业的监管",因为它包含了"对保险市场的监管"。

对保险业的监管,同上述保监会的职权直接相关。例如,上述宏观上的发展规划权的行使,就涉及整个保险业,实际上是一种更高层面的监管。同时,上述的监管立法权,为整个保险监管奠定了重要的制度基础。此外,机构审批权的行使,不仅直接影响保险业的规模,也会影响保险市场的结构,因而对保险业的监管和保险市场的监管,都会产生重要影响。

需要强调的是,对保险市场的监管,主要是对作为市场主体的保险机构及其市场行为的监管。由于保险机构是保险市场上的重要主体,因而在其市场准入与市场退出方面,涉及机构审批权的行使;而在经营管理方面,保险机构的人员如何任职、资金如何运用,则与任职监管权、资金监管权的行使直接相关。此外,保险机构如何从事市场交易行为,是否有不正当竞争等破坏市场秩序等问题,还与条款监管权、市场监控权的行使直接相关。

可见,对保险业监管的诸多方面,都与上述保监会的各类监管职权的行使直接相关。透过这些职权的行使,可以更清晰地看到保险监管的内容。

与上述的保险监管职权、内容等密切相关,保险监管还可以分为多种类型。较为重要的一种分类,是把保险监管分为结构监管、行为监管和绩效监管三种。其中,结构监管的对象,主要侧重于保险市场的结构、保险业的规模,侧重于各类保险机构的设立、变更和终止。行为监管的对象,主要侧重于保险机构的内部经营行为、外部市场行为等。绩效监管的对象,主要侧重于保险监管的经营业绩,因为它会对保险机构的偿付能力产生很大影响,从而可能对整个市场风险、交易安全等产生很大影响。

其实,上述对于保险监管的分类只是着眼点不同而已,其具体的实质内容是一样的。明确上述学理上的分类,对于更好地理解保险立法,对于更好地执行相关法律,都甚有裨益。

另外,还可以从方式等角度,将保险监管分为内部监管和外部监管、合规性监管和风险性监管等。这些分类都有助于进一步丰富保险监管理论。当然,从主体角度看,最为重要的监管,就是对保险公司的监管,以及对保险中介机构的监管。因此,下面两节将着重探讨对这两类保险机构的监管。

第二节 对保险公司的监管

在保险业和保险市场中,保险公司具有非常重要的地位,加强对保险公司的监管,有助于维护保险市场的正常秩序,保护被保险人的合法权益,促进保险业健康发展。为此,中国保监会依据我国《保险法》《公司法》等法律,专门制定了《保险公司管理规定》[①],对保险公司监管方面的相关问题作出规定。

对保险公司的监管,同样可以分为结构监管、行为监管,具体涉及市场进出、经营管理、市场交易、市场竞争等方面的监管,与前述的机构审批权、资金监管权、条款监管权等相关监管权的行使直接相关。

一、对市场进出的"结构监管"

保险公司是保险市场上非常重要的主体。可以说,没有保险公司,就没有保险市场。保险公司的市场进入和市场退出等问题,具体体现为保险公司的设立、变更、终止等,直接影响保险市场的结构。对保险市场进出的监管,是出于对保险市场的结构变化可能产生的相关风险的考虑。

(一) 保险机构的设立监管

保险公司及其分支机构在本节统称为保险机构。对于保险机构的设立,需要从多个方面加强监管。

1. 保险公司的设立监管

保险公司,是指经保险监督管理机构批准设立,并依法登记注册的商业保险公司。保险公司可以依法设立分支机构,包括分公司、中心支公司、支公司、营业部、营销服务部以及各类专属机构。

设立保险公司应当经中国保监会批准。中国保监会审查保险公司的设立申请时,应当考虑保险业的发展和公平竞争的需要。

根据我国《保险法》的规定,设立保险公司应当具备下列条件:(1) 主要股东具有持续盈利能力,信誉良好,最近3年内无重大违法违规记录,净资产不低于人民币2

[①] 《保险公司管理规定》经2009年9月18日中国保险监督管理委员会主席办公会审议通过,自2009年10月1日起施行。

亿元;(2)有符合《保险法》和《公司法》规定的章程;(3)有符合《保险法》规定的注册资本;(4)有具备任职专业知识和业务工作经验的董事、监事和高级管理人员;(5)有健全的组织机构和管理制度;(6)有符合要求的营业场所和与经营业务有关的其他设施;(7)法律、行政法规和国务院保险监督管理机构规定的其他条件。

设立保险公司,其注册资本的最低限额为人民币2亿元。中国保监会根据保险公司的业务范围、经营规模,可以调整其注册资本的最低限额,但不得低于上述限额。同时,保险公司的注册资本必须为实缴货币资本。

中国保监会应当对设立保险公司的申请进行审查,自受理之日起6个月内作出批准或者不批准筹建的决定,并书面通知申请人。决定不批准的,应当书面说明理由。

申请人收到中国保监会批准筹建保险公司的通知后,应当自收到批准筹建通知之日起1年内完成筹建工作;筹建期间不得从事保险经营活动。

筹建工作完成后,申请人具备《保险法》规定的设立条件的,可以向中国保监会提出开业申请。中国保监会应当自受理开业申请之日起60日内,作出批准或者不批准开业的决定。决定批准的,颁发经营保险业务许可证;决定不批准的,应当书面通知申请人并说明理由。

经批准设立的保险公司,凭经营保险业务许可证向工商行政管理机关办理登记,领取营业执照。保险公司自取得经营保险业务许可证之日起6个月内,无正当理由未向工商行政管理机关办理登记的,其经营保险业务许可证失效。

2. 保险公司分支机构、子公司和代表机构的设立监管

依据我国《保险法》的规定,保险公司在中华人民共和国境内设立分支机构,应当经保险监督管理机构批准。保险公司分支机构不具有法人资格,其民事责任由保险公司承担。

保险公司申请设立分支机构,应当向保险监督管理机构提出书面申请,保险监督管理机构应当对保险公司设立分支机构的申请进行审查,自受理之日起60日内作出批准或者不批准的决定。决定批准的,颁发分支机构经营保险业务许可证;决定不批准的,应当书面通知申请人并说明理由。

经批准设立的保险公司的分支机构,凭经营保险业务许可证向工商行政管理机关办理登记,领取营业执照。

保险公司在中华人民共和国境外设立子公司、分支机构、代表机构,应当经中国保监会批准。

此外,外国保险机构在中华人民共和国境内设立代表机构,应当经中国保监会批准。代表机构不得从事保险经营活动。

(二)保险机构的变更监管

依据保险机构变更事项的不同,我国《保险法》分别规定了批准制度和报告制度以强化监管,其具体内容如下:

1. 批准制度

保险公司有下列情形之一的,应当经保险监督管理机构批准:(1)变更名称;(2)变更注册资本;(3)变更公司或者分支机构的营业场所;(4)撤销分支机构;(5)公司分立或者合并;(6)修改公司章程;(7)变更出资额占有限责任公司资本总额5%以上的股东,或者变更持有股份有限公司股份5%以上的股东;(8)国务院保险监督管理机构规定的其他情形。

2. 报告制度

保险公司应当按照保险监督管理机构的规定,报送有关报告、报表、文件和资料。保险公司应当聘用专业人员,建立合规报告制度。

保险公司的偿付能力报告、财务会计报告、精算报告、合规报告及其他有关报告、报表、文件和资料必须如实记录保险业务事项,不得有虚假记载、误导性陈述和重大遗漏。

另外,保险公司聘请或者解聘会计师事务所、资产评估机构、资信评级机构等中介服务机构,也应当向保险监督管理机构报告。

(三) 保险机构的终止监管

在保险公司因解散等原因而终止时,同样需要加强监管。为此,我国《保险法》有如下几方面的规定:

(1) 有关解散的规定。保险公司因分立、合并需要解散,或者股东会、股东大会决议解散,或者公司章程规定的解散事由出现,经国务院保险监督管理机构批准后解散。经营有人寿保险业务的保险公司,除因分立、合并或者被依法撤销外,不得解散。保险公司解散,应当依法成立清算组进行清算。

(2) 有关破产的规定。保险公司有我国《企业破产法》第2条规定情形的,经中国保监会同意,保险公司或者其债权人可以依法向人民法院申请重整、和解或者破产清算;国务院保险监督管理机构也可以依法向人民法院申请对该保险公司进行重整或者破产清算。

(3) 转让事项的规定。经营有人寿保险业务的保险公司被依法撤销或者被依法宣告破产的,其持有的人寿保险合同及责任准备金,必须转让给其他经营有人寿保险业务的保险公司;不能同其他保险公司达成转让协议的,由国务院保险监督管理机构指定经营有人寿保险业务的保险公司接受转让。

此外,保险公司依法终止其业务活动,应当注销其经营保险业务许可证。

二、对保险机构活动的"行为监管"

(一) 对经营管理活动的"行为监管"

1. 经营业务监管

依据我国《保险法》规定,保险公司的业务范围为:(1)人身保险业务,包括人寿保险、健康保险、意外伤害保险等保险业务;(2)财产保险业务,包括财产损失保险、责任保险、信用保险、保证保险等保险业务;(3)国务院保险监督管理机构批准的与保险有关的其他业务。

对于上述的人身保险业务和财产保险业务,保险人不得兼营。但经营财产保险业务的保险公司经中国保监会批准,可以经营短期健康保险业务和意外伤害保险业务。保险公司应当在中国保监会依法批准的业务范围内从事保险经营活动。

2. 风险管理监管

为了加强风险管理,我国《保险法》规定了一系列重要的监管制度,主要有:

第一,要求保险公司提取保证金、责任准备金和公积金。(1) 保险公司应当按照其注册资本总额的20%提取保证金,存入中国保监会指定的银行,除公司清算时用于清偿债务外,不得动用;(2) 保险公司应当根据保障被保险人利益、保证偿付能力的原则,提取各项责任准备金;(3) 保险公司应当依法提取公积金。

第二,要求保险公司缴纳保险保障基金。保险保障基金应当集中管理,并在下列情形下统筹使用:(1) 在保险公司被撤销或者被宣告破产时,向投保人、被保险人或者受益人提供救济;(2) 在保险公司被撤销或者被宣告破产时,向依法接受其人寿保险合同的保险公司提供救济;(3) 国务院规定的其他情形。

第三,要求保险公司具有与其业务规模和风险程度相适应的最低偿付能力。保险公司的认可资产减去认可负债的差额不得低于中国保监会规定的数额;低于规定数额的,应当按照中国保监会的要求采取相应措施达到规定的数额。此外,经营财产保险业务的保险公司当年自留保险费,不得超过其实有资本金加公积金总和的4倍。保险公司对每一危险单位,即对一次保险事故可能造成的最大损失范围所承担的责任,不得超过其实有资本金加公积金总和的10%;超过的部分应当办理再保险。

第四,要求保险公司的资金运用必须稳健,遵循安全性原则。保险公司的资金运用限于下列形式:(1) 银行存款;(2) 买卖债券、股票、证券投资基金份额等有价证券;(3) 投资不动产;(4) 国务院规定的其他资金运用形式。

第五,要求保险公司按照规定建立对关联交易的管理和信息披露制度。强调保险公司的控股股东、实际控制人、董事、监事、高级管理人员不得利用关联交易损害公司的利益。保险公司应当按规定真实、准确、完整地披露财务会计报告、风险管理状况、保险产品经营情况等重大事项。

第六,要求保险公司从事保险销售的人员应当符合中国保监会规定的资格条件,取得中国保监会颁发的资格证书。

(二) 对市场活动的"行为监管"

保险机构所从事的市场活动主要有两类,一类是市场交易行为,一类是市场竞争行为。因此,对市场行为的监管,也主要包括这两个方面:

1. 对市场交易行为的监管

对市场交易行为的监管,主要涉及对交易条款的监管,特别是对关涉社会公益的险种的保险条款(包括立法上特别强调的保险费率)的监管。

依据我国《保险法》的规定,保险公司应当按照国务院保险监督管理机构的规定,公平、合理拟订保险条款和保险费率,不得损害投保人、被保险人和受益人的合法权益。此外,保险公司应当建立保险代理人登记管理制度,加强对保险代理人的培训和管理,不得唆使、诱导保险代理人进行违背诚信义务的活动。

2. 对市场竞争行为的监管

对市场竞争行为的监管,涉及对保险机构的限制竞争或不正当竞争行为的规制,也涉及对相关主体利益的保护。各类保险机构之间,应当展开公平的、正当的、有效的竞争,不得从事各类限制竞争、诋毁竞争对手商誉、虚假宣传和侵害相关主体权益的行为。为此,我国《保险法》特别规定:保险公司开展业务,应当遵循公平竞争的原则,不得从事不正当竞争。依据我国《保险法》和《保险公司管理规定》,对保险机构的市场竞争行为的监管,具体体现在以下方面:

(1) 在业务宣传和信息披露方面,保险机构的业务宣传资料应当客观、完整、真实,并应当载有保险机构的名称和地址;同时,应当按照中国保监会的规定披露有关信息。保险机构不得利用广告或者其他宣传方式,对其保险条款内容和服务质量等做引人误解的宣传。

另外,保险机构对保险合同中有关免除保险公司责任、退保、费用扣除、现金价值和犹豫期等事项,应当依照我国《保险法》和中国保监会的规定向投保人作出提示。

(2) 在竞争对手商业信誉的保护方面,保险机构不得以捏造、散布虚假事实等方式损害其他保险机构的信誉。此外,保险机构不得将其保险条款、保险费率与其他保险公司的类似保险条款、保险费率或者金融机构的存款利率等进行片面比较。

(3) 在规制限制竞争行为方面,保险机构不得利用政府及其所属部门、垄断性企业或者组织,排挤、阻碍其他保险机构开展保险业务。

(4) 在市场竞争的手段方面,保险机构不得劝说或者诱导投保人解除与其他保险机构的保险合同。此外,保险机构不得给予或者承诺给予投保人、被保险人、受益人保险合同约定以外的保险费回扣或者其他利益。

三、监管的重点和主要措施

依据我国《保险法》规定,中国保监会应依照法定职责,遵循依法、公开、公正的原则,对保险业实施监督管理,维护保险市场秩序,保护投保人、被保险人和受益人的合法权益。中国保监会监管的重点是保险机构的如下情形:(1) 严重违法;(2) 偿付能力不足;(3) 财务状况异常;(4) 中国保监会认为需要重点监管的其他情形。针对这些监管重点,中国保监会主要采取以下措施:

第一,对保险条款和保险费率的监管措施。

依据我国《保险法》规定,关系社会公众利益的保险险种、依法实行强制保险的险种和新开发的人寿保险险种等的保险条款和保险费率,应当报中国保监会批准。中国保监会审批时,应当遵循保护社会公众利益和防止不正当竞争的原则。其他保险险种的保险条款和保险费率,应当报中国保监会备案。

保险公司使用的保险条款和保险费率违反法律、行政法规或者中国保监会的有关规定的,由中国保监会责令停止使用,限期修改;情节严重的,可以在一定期限内禁止申报新的保险条款和保险费率。

第二,对偿付能力的监控措施。

依据我国《保险法》的规定,中国保监会应当建立健全保险公司偿付能力监管体系,对保险公司的偿付能力实施监控。

对偿付能力不足的保险公司,中国保监会应当将其列为重点监管对象,并可以根据具体情况采取下列措施:(1)责令增加资本金、办理再保险;(2)限制业务范围;(3)限制向股东分红;(4)限制固定资产购置或者经营费用规模;(5)限制资金运用的形式、比例;(6)限制增设分支机构;(7)责令拍卖不良资产、转让保险业务;(8)限制董事、监事、高级管理人员的薪酬水平;(9)限制商业性广告;(10)责令停止接受新业务。

第三,限期改正与整顿措施。

保险公司未依我国《保险法》的规定提取或者结转各项责任准备金,或者未依法办理再保险,或者严重违反《保险法》关于资金运用的规定的,由保险监督管理机构责令限期改正,并可以责令调整负责人及有关管理人员。

保险监督管理机构作出限期改正的决定后,保险公司逾期未改正的,中国保监会可以决定选派保险专业人员和指定该保险公司的有关人员组成整顿组,对公司进行整顿。整顿组有权监督被整顿保险公司的日常业务。被整顿公司的负责人及有关管理人员应当在整顿组的监督下行使职权。

整顿过程中,被整顿保险公司的原有业务继续进行。但是,中国保监会可以责令被整顿公司停止部分原有业务、停止接受新业务,调整资金运用。

被整顿保险公司经整顿已纠正其违法行为,恢复正常经营状况的,由整顿组提出报告,经中国保监会批准,结束整顿,并由中国保监会予以公告。

第四,对保险公司的接管措施。

保险公司有下列情形之一的,中国保监会可以对其实行接管:(1)公司的偿付能力严重不足的;(2)违反我国《保险法》的规定,损害社会公共利益,可能严重危及或者已经严重危及公司的偿付能力的。

接管组的组成和接管的实施办法,由中国保监会决定,并予以公告。被接管的保险公司的债权债务关系不因接管而变化。

接管期限届满,中国保监会可以决定延长接管期限,但接管期限最长不得超过2年。如果接管期限届满,被接管的保险公司已恢复正常经营能力,则由中国保监会决定终止接管,并予以公告。

第五,对保险公司的撤销措施。

保险公司因违法经营被依法吊销经营保险业务许可证的,或者偿付能力低于中国保监会规定标准,不予撤销将严重危害保险市场秩序、损害公共利益的,由中国保监会予以撤销并公告,依法及时组织清算组进行清算。

第三节　对保险中介机构的监管

保险中介机构,是保险代理机构、保险经纪机构和保险公估机构及其分支机构的统称。为了规范各类保险中介机构的经营行为,保护被保险人的合法权益,维护市场秩序,促进保险业健康发展,依据我国《保险法》等法律、行政法规,中国保监会分别制定了《保险专业代理机构监管规定》、《保险经纪机构监管规定》和《保险公估机构监管规定》,上述三个《规定》均自 2009 年 10 月 1 日起施行。[①]

中国保监会根据我国《保险法》和国务院授权,对各类保险中介机构的市场准入、经营规则等方面进行监管,并通过采取具体的监管措施来实现监管目标。由于对各类保险中介机构的监管规定有许多相通之处,因而本节将主要依据我国《保险法》和上述的三个《规定》一并予以介绍。

一、保险中介机构的类型

保险中介机构主要包括三种类型,即保险专业代理机构、保险经纪机构和保险公估机构。

(一) 保险专业代理机构

依据我国《保险法》的规定,保险代理人是根据保险人的委托,向保险人收取佣金,并在保险人授权的范围内代为办理保险业务的机构或者个人。其中,保险代理机构包括专门从事保险代理业务的保险专业代理机构和兼营保险代理业务的保险兼业代理机构。

保险专业代理机构是指根据保险公司的委托,向保险公司收取佣金,在保险公司授权的范围内专门代为办理保险业务的机构,包括保险专业代理公司及其分支机构。

在我国境内设立保险专业代理机构,应当符合中国保监会规定的资格条件,取得经营保险代理业务许可证。保险专业代理机构应当遵守法律、行政法规和中国保监会有关规定,遵循自愿、诚实信用和公平竞争的原则。

(二) 保险经纪机构

依据我国《保险法》的规定,保险经纪人是基于投保人的利益,为投保人与保险人订立保险合同提供中介服务,并依法收取佣金的机构。

依据《保险经纪机构监管规定》,保险经纪机构是指基于投保人的利益,为投保人与保险公司订立保险合同提供中介服务,并按约定收取佣金的机构,包括保险经纪公司及其分支机构。

在我国境内设立保险经纪机构,应当符合中国保监会规定的资格条件,取得经营保险经纪业务许可证。保险经纪机构应当遵守法律、行政法规和中国保监会有关规

[①] 中国保监会于 2013 年 4 月 27 日修改了《保险专业代理机构监管规定》的第 7 条第 1 款,删除了第 12 条;同时,还修改了《保险经纪机构监管规定》第 8 条,删去了第 13 条。上述修改自发布之日起实施。此外,中国保监会还于 2013 年 9 月 29 日对《保险公估机构监管规定》作出了修改。

定,遵循自愿、诚实信用和公平竞争的原则。保险经纪机构因过错给投保人和被保险人造成损失的,应当依法承担赔偿责任。

(三) 保险公估机构

保险公估机构是指接受委托,专门从事保险标的或者保险事故评估、勘验、鉴定、估损理算等业务,并按约定收取报酬的机构。

在我国境内设立保险公估机构,应当符合中国保监会规定的资格条件,取得经营保险公估业务许可证。保险公估机构应当遵守法律、行政法规和中国保监会有关规定,遵循独立、客观、公平、公正的原则。保险公估机构在办理保险公估业务过程中因过错给保险公司或者被保险人造成损害的,应当依法承担赔偿责任。

二、保险中介机构的市场准入监管

(一) 保险中介机构的组织形式和设立条件

除中国保监会另有规定外,各类保险中介机构应当采取下列组织形式:(1) 有限责任公司;(2) 股份有限公司。此外,保险公估机构还可采取合伙企业的组织形式。

设立各类保险中介机构,都应当具备下列条件:(1) 股东、发起人信誉良好,最近3年无重大违法记录;(2) 注册资本达到规定的最低限额;(3) 公司章程符合有关规定;(4) 董事长、执行董事、高级管理人员符合规定的任职资格条件;(5) 具备健全的组织机构和管理制度;(6) 有与业务规模相适应的固定住所;(7) 有与开展业务相适应的业务、财务等计算机软硬件设施;(8) 法律、行政法规和中国保监会规定的其他条件。

在注册资本方面,除中国保监会另有规定的以外,设立保险专业代理公司,其注册资本的最低限额为人民币5000万元;设立保险经纪公司,其注册资本的最低限额为人民币5000万元。上述注册资本必须为实缴货币资本。

(二) 保险中介机构分支机构的设立条件

各类保险中介机构申请设立分支机构应当具备下列条件:(1) 内控制度健全;(2) 注册资本达到规定的要求;(3) 现有机构运转正常,且申请前1年内无重大违法行为;(4) 拟任主要负责人符合规定的任职资格条件;(5) 拟设分支机构具备符合要求的营业场所和与经营业务有关的其他设施。

三、经营规则监管

经营规则领域的监管,主要涉及业务范围的监管和禁止行为的监管两大方面。

(一) 业务范围的监管

各类保险中介机构的一般经营规则,主要涉及业务范围、从业人员资格、专门账簿和业务档案管理、合同管理、投保职业责任保险和缴存保证金等方面的具体规定。其中,明确各类中介机构的业务范围,并据此进行监管是非常重要的。

根据现行规定,保险专业代理机构的业务范围包括:(1) 代理销售保险产品;

(2)代理收取保险费;(3)代理相关保险业务的损失勘查和理赔;(4)中国保监会批准的其他业务。

保险经纪机构的业务范围包括:(1)为投保人拟订投保方案、选择保险公司以及办理投保手续;(2)协助被保险人或者受益人进行索赔;(3)再保险经纪业务;(4)为委托人提供防灾、防损或者风险评估、风险管理咨询服务;(5)中国保监会批准的其他业务。

保险公估机构的业务范围包括:(1)保险标的承保前和承保后的检验、估价及风险评估;(2)保险标的出险后的查勘、检验、估损理算及出险保险标的残值处理;(3)风险管理咨询;(4)中国保监会批准的其他业务。

(二)禁止行为的监管

在依循一般经营规则进行经营的过程中,保险中介机构不得从事中国保监会禁止的一系列行为,主要包括以下几类:

第一,违法使用许可证的行为。各类保险中介机构不得伪造、变造、出租、出借、转让许可证。

第二,超越业务范围的行为。保险专业代理机构和保险经纪机构的经营范围不得超出规定的业务范围。保险专业代理机构从事保险代理业务不得超出被代理保险公司的业务范围和经营区域;保险经纪机构从事保险经纪业务不得超出承保公司的业务范围和经营区域;保险公估从业人员不得以个人名义招揽、从事保险公估业务或者同时在两个以上保险公估机构中执业。

第三,欺骗客户的行为。保险专业代理机构、保险经纪机构及其从业人员在开展保险代理业务过程中,不得有下列欺骗投保人、被保险人、受益人或者保险公司的行为:(1)隐瞒或者虚构与保险合同有关的重要情况;(2)误导性销售;(3)伪造、擅自变更保险合同,销售假保险单证,或者为保险合同当事人提供虚假证明材料;(4)阻碍投保人履行如实告知义务或者诱导其不履行如实告知义务;(5)虚构业务或者编造退保,套取保险佣金;(6)串通投保人、被保险人或者受益人骗取保险金。

此外,保险专业代理机构不得从事虚假理赔的行为,保险经纪机构不得未取得投保人、被保险人的委托或者超出受托范围,擅自订立或者变更保险合同。

保险公估机构在开展公估业务过程中,不得有下列欺骗投保人、被保险人、受益人或者保险公司的行为:(1)向保险合同当事人出具虚假或者不公正的保险公估报告;(2)隐瞒或者虚构与保险合同有关的重要情况;(3)冒用其他机构名义或者允许其他机构以本机构名义执业;(4)从业人员冒用他人名义或者允许他人以本人名义执业,或者代他人签署保险公估报告;等等。

第四,不正当竞争行为。各类保险中介机构都不得从事下列不正当竞争行为:(1)虚假广告、虚假宣传;(2)以捏造、散布虚假事实等方式损害竞争对手的商业信誉,或者以其他不正当竞争行为扰乱市场秩序;(3)利用行政权力、股东优势地位或者职业便利以及其他不正当手段强迫、引诱、限制投保人订立合同或者限制其他保险中介机构正当的经营活动;(4)给予或者承诺给予保险公司及其工作人员、投保人、被保险人或者受益人合同约定以外的其他利益;(5)利用业务便利为其他机构或者个人牟取不正当利益;(6)泄露在经营过程中知悉的投保人、被保险人、受益人或者保险公司的商业秘密及个人隐私;等等。

四、监管机构的监督检查

(一) 保险中介机构的相关义务

为了使中国保监会能够实施有效的监督检查,保险中介机构应履行以下义务:

(1)报送义务。各类保险中介机构应当依照中国保监会有关规定及时、准确、完整地报送有关报告、报表、文件和资料,并根据中国保监会要求提交相关的电子文本。

(2)保管义务。各类保险中介机构应当妥善保管业务档案、会计账簿、业务台账以及佣金收入的原始凭证等有关资料,保管期限自保险合同终止之日起计算,保险期间在1年以下的不得少于5年,保险期间超过1年的不得少于10年。

(3)交费义务。各类保险中介机构应当按规定将监管费交付到中国保监会指定账户。

(4)审计义务。各类保险机构应当在每一会计年度结束后3个月内聘请会计师事务所对机构的资产、负债、利润等财务状况进行审计,并向中国保监会报送相关审计报告。

(5)说明义务。中国保监会根据监管需要,可以对保险中介机构董事长、执行董事或者高级管理人员进行监管谈话,要求其就经营活动中的重大事项作出说明。

(二) 对保险中介机构的现场检查

中国保监会依法对保险中介机构进行现场检查,包括但不限于下列内容:(1)机构设立、变更是否依法获得批准或者履行报告义务;(2)资本金是否真实、足额;(3)保证金提取和动用是否符合规定;(4)职业责任保险是否符合规定;(5)业务经营是否合法;(6)财务状况是否良好;(7)向中国保监会提交的报告、报表及资料是否及时、完整和真实;(8)内控制度是否完善,执行是否有效;(9)任用董事长、执行董事和高级管理人员是否符合规定;(10)是否有效履行从业人员管理职责;(11)对外公告是否及时、真实;等等。

(三) 对保险中介机构的重点检查

各类保险中介机构有下列情形之一的,中国保监会可以将其列为重点检查对象:(1)业务或者财务出现异动;(2)不按时提交报告、报表或者提供虚假的报告、报表、文件和资料;(3)涉嫌重大违法行为或者受到中国保监会行政处罚;(4)中国保监会认为需要重点检查的其他情形。

(四) 对保险中介机构的停业

各类保险中介机构因下列原因接受中国保监会调查的,在被调查期间中国保监会有权责令其停止部分或者全部业务:(1)涉嫌严重违反保险法律、行政法规;(2)经营活动存在重大风险;(3)不能正常开展业务活动。

第四节 违反保险监管法的法律责任

违反保险监管制度的法律责任,主要涉及相关保险公司、保险中介机构和相关人员的责任。这些责任从性质上说分为两类,即一般违法责任和严重违法责任,构成一般违法责任的,主要会受到资格处罚、罚款处罚;构成严重违法责任的,会受到刑事处罚。

对于违法行为尚不构成犯罪的,一般是由保险监管机构责令违法主体改正,并进行财产罚,即没收违法所得,或处以一定额度的罚款;情节严重的,则进行资格罚,如限制业务范围或者责令停止接受新业务,吊销业务许可证,等等。对于各类违法行为需要承担的具体责任,在我国的《保险法》以及《保险专业代理机构监管规定》和《保险经纪机构监管规定》、《保险公估机构监管规定》等法律、规章中都有具体规定。下面仅择要举例介绍:

一、保险公司的法律责任

保险公司违反监管规定的行为是多种多样的,因而所需承担的法律责任也不尽相同。现举例如下:

(一)违反机构设立规定的责任

违反我国《保险法》规定,擅自设立保险公司、保险资产管理公司或者非法经营商业保险业务的,由保险监督管理机构予以取缔,没收违法所得,并处违法所得1倍以上5倍以下的罚款;没有违法所得或者违法所得不足20万元的,处20万元以上100万元以下的罚款。

(二)违反业务范围规定的责任

保险公司违反我国《保险法》规定,超出批准的业务范围经营的,由保险监督管理机构责令限期改正,没收违法所得,并处违法所得1倍以上5倍以下的罚款;没有违法所得或者违法所得不足10万元的,处10万元以上50万元以下的罚款。逾期不改正或者造成严重后果的,责令停业整顿或者吊销业务许可证。

(三)违反风险管理规定的责任

违反我国《保险法》规定,有下列行为之一的,由保险监督管理机构责令改正,处5万元以上30万元以下的罚款;情节严重的,可以限制其业务范围、责令停止接受新业务或者吊销业务许可证:(1)未按照规定提存保证金或者违反规定动用保证金的;(2)未按照规定提取或者结转各项责任准备金的;(3)未按照规定缴纳保险保障基金或者提取公积金的;(4)未按照规定办理再保险的;(5)未按照规定运用保险公司资金的;(6)未经批准设立分支机构或者代表机构的;(7)未按照规定申请批准保险条款、保险费率的。

(四)违反报送披露义务的责任

违反我国《保险法》规定,有下列行为之一的,由保险监督管理机构责令限期改正;逾期不改正的,处1万元以上10万元以下的罚款:(1) 未按照规定报送或者保管报告、报表、文件、资料的,或者未按照规定提供有关信息、资料的;(2) 未按照规定报送保险条款、保险费率备案的;(3) 未按照规定披露信息的。

二、保险中介机构的法律责任

保险中介机构违反保险监管制度的行为是类似的,因而在责任方面的规定也较为一致。现举例如下:

(一) 违反机构设立的法律责任

保险专业代理机构、保险经纪人违反我国《保险法》规定,未经批准设立分支机构或者变更组织形式的,由保险监督管理机构责令改正,处1万元以上5万元以下的罚款。

(二) 违反风险管理和账簿管理规定的法律责任

保险代理机构、保险经纪人未按照我国《保险法》规定缴存保证金或者投保职业责任保险,以及未按照规定设立专门账簿记载业务收支情况的,由保险监督管理机构责令改正,处2万元以上10万元以下的罚款;情节严重的,责令停业整顿或者吊销业务许可证。

三、相关人员的法律责任

(一) 从事违法行为的保险机构的相关人员的责任

保险公司、保险资产管理公司、保险专业代理机构、保险经纪人违反我国《保险法》规定的,保险监督管理机构对其直接负责的主管人员和其他直接责任人员给予警告,并处1万元以上10万元以下的罚款;情节严重的,撤销任职资格或者从业资格。

(二) 拒绝、阻碍监管执法的相关人员的责任

拒绝、阻碍保险监督管理机构及其工作人员依法行使监督检查、调查职权,未使用暴力、威胁方法的,依法给予治安管理处罚。构成犯罪的,依法追究刑事责任。

(三) 保险监管机构工作人员的责任

保险监督管理机构从事监督管理工作的人员如果有违反规定批准机构的设立,或者违规进行现场检查,以及违规进行保险条款、保险费率审批等情形的,依法给予处分。

第三编 宏观调控法

第十九章 计划和统计法律制度

第一节 计 划 法

一、计划法概述

(一) 计划法的概念

计划法是调整计划关系的法律规范的总称。它是宏观调控法的重要组成部分。计划关系是指计划主体在制订和实施国家计划过程中发生的社会关系。这些计划关系大体可分为两类：一类为间接计划关系，即国家主要通过运用各种经济政策、经济杠杆和经济法规来引导各企业事业单位，使其经济活动纳入国家计划的轨道，完成国家计划任务时所产生的计划关系。另一类为直接计划关系，即由国家直接下达指令性计划指标，规定计划任务；同时，国家也相应地为这些单位提供进行生产经营所必需的各种条件，由企业事业等单位保证完成国家计划时所产生的计划关系。

在集中计划体制下，国家计划管理的主要形式是通过下达指令性计划指标实现的。国家计划决定了社会生产的各个方面，社会的生产、分配、交换、消费均处于严格的计划管理之下。因此，在当时直接计划关系是主要的、大量的。在社会主义市场经济体制下，市场调节对资源配置起基础性作用，而计划作为国家宏观调控的一种手段，只是发挥导向性作用。它只规定国家经济活动和社会发展的方向、要求和一定幅度的指标，计划任务的完成主要依靠经济政策和经济措施来保证。因此，国家计划对企业、事业单位而言，大量的是指导性的，不具有强制性质。所以计划关系大量的、普遍的是间接计划关系。

新中国成立以来，特别是党的十一届三中全会以后，我国曾先后制定了一系列专门调整计划关系的条例、规定和决定等规范性文件，如《国民经济计划编制暂行办法》(1952年1月颁布)、《关于加强综合财政计划工作的决定》(1960年1月颁布)、《关于改进计划体制的若干暂行规定》(1984年10月颁布)、《关于大型工业联营企业在国家计划中实行单列的暂行规定》(1987年3月颁布)。这些规范性文件对于加强当时的计划工作和完善计划法制建设发挥了积极作用。但由于形势的发展变化，特别是第八届全国人大第一次会议于1993年3月29日通过的宪法修正案，明确规定了国家实行社会主义市场经济体制后,这些规范性文件中很大一部分已经不适应新时期的要求,经过近年的法规清理,有的进行了修改,有的已废止。在市场经济条件下,计划仍然是国家进行宏观调控的重要手段,是国家进行经济和社会建设不可缺少的,既然社会发展需要计划,就必然存在计划行为,就需要法律来规范,因此加强计划立法是我国社会主义市场经济立法的重要内容。

在实行资本主义市场经济的国家,特别在第二次世界大战后,垄断资本主义国家为了加强对社会经济生活的干预,除了通过预算、税收、信贷等手段干预经济生活外,还积极推行计划指导,掀起一股计划热。一些主要资本主义国家几乎都编制了长期计划和中期计划,如欧洲的法国从1947年开始到现在一直连续编制和执行中长期计划。亚洲的日本,自第二次世界大战后,在各领域里都推行长、中、短期计划。为了保证这些计划的制订和执行,有些国家也颁布了有关计划方面的法律。例如,法国《计划化改革法》(1982年7月颁布);《面向学校未来的方向与计划法》(2005年颁布);美国《充分就业和国民经济平衡增长法》(1976年颁布);原联邦德国《经济稳定与增长促进法》(1967年6月颁布);英国《城乡计划法》(1971年颁布);《金融服务受管计划法》(1991年颁布);等等。

(二) 计划法律关系

计划法调整的计划关系是客观存在的。但当它们受到计划法调整时,就具有法律关系的性质,就具有一定的权利和义务的内容。计划法律关系具有法律关系的一般特征。但由于它产生在社会关系的特殊领域——计划领域,所以计划法律关系的构成要素:主体、内容和客体都是和计划有关的,这一点又使它不同于其他法律关系。计划法是计划法律关系发生、变更和终止的法律依据。

1. 计划法律关系的主体

计划法律关系的主体,是指计划法律关系的参加者或当事人。它们既有国家权力机关,又有国家管理机关;既有企业单位,又有事业单位;既有计划的编制单位,又有计划的实施单位。在这些计划主体中,最常见的又比较重要的是各级计划委员会和基层计划实施单位。这与民事法律关系的主体有着明显的区别。

2. 计划法律关系的内容

计划法律关系的内容,是指计划主体所享受的权利和承担的义务。权利和义务的具体内容,则因间接计划关系和直接计划关系的不同而有所不同。在间接计划关系中,当主体是企业事业单位时,那么其计划权利和义务的履行只能是间接的,即如果不履行时,他们所受到的只是经济政策、经济杠杆的惩罚,而不会受到国家机关的直接制裁。但在直接计划关系中,主体的权利和义务是对应的,一方的权利是他方的义务,任何一方不履行义务,都要向对方承担相应的责任,受到直接制裁。这也区别于其他法律关系的内容。

3. 计划法律关系的客体

计划法律关系的客体,是指计划主体的权利和义务所共同指向的对象。在这里无论是间接的计划法律关系,还是直接的计划法律关系,其客体都是一定的行为,包括计划的编制行为、计划的审批行为、计划的实施行为等。这点也不同于其他法律关系的客体。

二、计划机构及其职责

这里指的计划是国家计划,是国家对未来事业所作的预测、部署和安排。国民经济和社会发展计划是国家对一定时期内经济和社会发展方面所作的安排。在社会主义市场经济体制下,国家计划既是宏观调控的重要手段,又是宏观调控的目标依据。在我国,各级人民代表大会及其常务委员会是审议、批准和监督计划执行的国家权力机关。各级人民政府是计划编制和实施的行政机关。国务院设立国家计划主管部门、国务院各部门和地方各级人民政府根据需要设立计划机构。

各级计划主管部门和计划工作机构分别履行其职责。

(一) 国家计划主管部门

国家计划主管部门是国家发展和改革委员会。它的前身是国家计划委员会,成立于1952年。1998年原国家计划委员会更名为国家发展计划委员会。2003年将原国务院体改办和国家经贸委部分职能并入,改组为国家发展和改革委员会(简称"国家发改委"),并一直延续至今。它是综合研究拟订经济和社会发展政策,进行总量平衡,指导总体经济体制改革的宏观调控部门。主要职责如下:

(1) 研究提出国民经济和社会发展的战略目标、任务、重点和重要方针政策,组织编制全国国民经济、社会发展的长期规划、中期规划和年度计划,做好重要经济总量的综合平衡和重大比例关系的协调。

(2) 负责监测宏观经济和社会发展态势,承担预测预警和信息引导的责任,研究宏观经济运行、总量平衡、国家经济安全和总体产业安全等重要问题并提出宏观调控政策建议,负责协调解决经济运行中的重大问题。

(3) 负责汇总分析财政、金融等方面的情况,参与制定财政、货币、土地和价格政策,并监督检查其实施。

(4) 承担规划重大建设项目和生产力布局的责任,拟订全社会固定资产投资总规模和投资结构的调控目标、政策及措施,安排国家重点建设项目计划,审批大中型及限额以上的基本建设项目,引导民间投资的方向,研究提出利用外资和境外投资的战略、规划、总量平衡和结构优化的目标和政策。

(5) 推进经济结构战略性调整,组织拟订综合性产业政策,负责协调第一、二、三产业发展的重大问题;会同有关部门拟订服务业发展战略和重大政策,拟订现代物流业发展战略、规划,组织拟订高技术产业发展、产业技术进步的战略、规划和重大政策,协调解决重大技术装备推广应用等方面的重大问题。

(6) 研究提出对外贸易、经济合作和利用国外资金的战略和方针政策,负责全口径外债的总量控制、结构优化和监测工作,促进国际收支平衡。

(7) 推进可持续发展战略,负责节能减排的综合协调工作,组织拟订发展循环经济、全社会能源资源节约和综合利用规划及政策措施,并协调实施。

（8）承担指导和综合协调经济体制改革的责任，研究经济体制改革和对外开放的重大问题，组织拟订综合性经济体制改革方案，协调有关专项经济体制改革方案，指导经济体制改革试点和改革试验区工作。

（9）组织、参与计划工作和市场运行的法律、法规及综合性经济法规的起草、审查和协调工作。

（10）负责组织、指导和协调全国的计划工作。

省及省以下地方各级计划机构的设置、组织形式和主要职责，可参照国家发展和改革委员会的有关规定，由省级人民政府确定。

（二）国务院各部门的计划管理机构

国务院的各职能部门依法设立计划管理机构，在国务院的领导和国家计划主管部门的指导下，负责本部门计划的制订和实施，其主要职责如下：

（1）组织和会同有关部门、有关地方编制本部门、本行业的长期、中期和年度计划草案。

（2）按照国家产业政策和产品归口管理的原则，研究本行业的发展战略和方针、政策，做好全行业的计划指导和协调工作。

（3）组织实施和完成全国国民经济和社会发展计划中所要求的本部门、本行业的任务。

（4）向有关部门和地区通报本部门、本行业的经济、技术发展和预测状况。

省、自治区、直辖市、计划单列省辖市人民政府所属部门的计划管理职责，参照国务院各部门的计划管理职责的有关规定执行。

市场中介组织、行业协会等应协助政府制订和实施国家有关计划，及时向有关部门通报经济、技术、市场、企业等信息。

（三）企业的计划权利和义务

1. 在国家计划管理中，企业的权利

（1）对国家各级各类计划的制订和实施，有权提出建议。

（2）在执行党和国家的方针、政策和法规的前提下，有权按照社会需求的变化，自行安排产、供、销、人、财、物等计划。

（3）有权拒绝接受不合理的指令性计划任务。

（4）对上级下达的指令性计划失误和变动所造成的本单位的经济损失，有权要求合理解决或经济补偿。

（5）对违反计划法和有关法律、法规规定的权限和程序下达的计划，有权拒绝执行。

2. 在国家计划管理中，企业的义务

（1）按照国家规定，编制和报送本单位的计划草案。

（2）承担指令性计划的企业，必须保证完成上级下达的指令性计划任务。

（3）积极安排和组织实施上级提出的指导性计划任务。

（4）按照国家计划的要求，签订和履行有关合同。

(5) 按照国家有关规定,提供计划编制和实施的有关情况。
(6) 严格遵守国家有关计划管理方面的法规和规章。
事业单位和其他经济组织,除有特殊规定外,享有与企业同等的权利和义务。
以上规定,适用于国有企业、事业单位。
有关集体企业、私营企业、中外合资经营企业、中外合作经营企业,以及外商独资企业的生产经营活动,分别按有关法规的规定执行。

三、计划的内容和形式

(一) 计划的内容

国家计划内容包括计划发展目标,以及为实现该目标所采取的各项政策措施。新中国成立后,我国一直编制国民经济计划,计划内容侧重于经济任务和生产指标,对科技进步和社会发展方面重视不够。1982年第五届全国人民代表大会第五次会议通过的《中华人民共和国宪法》将计划名称由"国民经济计划"改为"国民经济和社会发展计划",其内容包括国民经济、科技进步和社会事业三个方面。这样计划内容就更加完整、科学。计划的完成更有利于促进社会生产力的发展。

随着我国社会主义市场经济体制的初步建立,计划的内容和形式也在不断改变,由注重具体项目、指标和微观经济运行,转向注重发展战略和宏观经济稳定的目标上来;计划范围由注重管理经济,转向注重社会全面发展;计划方式由原来的指令性计划为主,越来越以指导性计划为主。

国民经济和社会发展计划的制订,首先需要根据国内、国际的现状及未来发展的趋势,确定一个反映客观规律要求的涉及国民经济全局和长远发展的战略目标。例如,党的第十二次全国代表大会提出,从1981年到20世纪末的20年,我国经济建设总的奋斗目标是,在不断提高经济效益的前提下,力争使全国工农业的年总产值翻两番,即由1980年的7100亿元增加到2000年的2.8万亿元左右。此目标已超额实现。

经济和社会发展战略,是指一个较长历史时期内经济和社会发展全局的总目标和总任务。其主要内容有:经济增长目标,人民物质文化生活水平提高的目标,科学技术发展和科技结构变革的目标,社会事业发展的目标。计划内容就是这些战略目标的具体化。因此,各个时期计划的具体内容必须根据国家的经济发展战略目标和每个时期提出的政治经济任务以及政策措施而确定相应的计划内容。例如,"十二五"规划的主要内容是:经济平稳较快发展;经济结构战略性调整取得重大进展;城乡居民收入普遍较快增加;社会建设明显加强;改革开放不断深化。经过全国人民的共同努力,要使我国转变经济发展方式取得实质性进展,综合国力、国际竞争力、抵御风险能力显著提高,人民物质文化生活明显改善,全面建成小康社会的基础更加牢固。

国民经济和社会发展计划的内容,除了文字报告外,还包括计划指标和政策措施两个部分。

计划指标是计划的有机组成部分,是计划任务的数字表现,也是计划任务的具体化。它通常由指标名称和计划数字两部分组成。不同的计划任务有不同的指标,这些体现计划内容,相互联系、相互依存的指标,就构成指标体系。指标体系不是一成不变的,它随着各个时期经济任务的变化而不断改进和完善。

政策措施,这里指的是国家为实现一定时期的计划任务而制定的产业政策、行业发展政策、地区布局政策、对外贸易和利用外资政策以及其他重要技术经济政策。它是计划任务得以完成的有力保障,是计划内容不可缺少的组成部分。

(二) 计划的形式

我国计划可以从各个不同的角度进行分类。按计划内容,可以分为综合性计划、行业计划和专项计划。国民经济和社会发展计划是综合性计划。它包括经济、科技、社会发展计划;生产、流通、建设和消费计划。行业计划是行业、部门系统的计划。它包括本行业发展目标、发展重点等内容。专项计划是指某一重要领域和特定时期的专门性计划。按管理层次,可分为中央计划和地方计划。中央计划要指导地方计划,并兼顾地方计划的合理要求;地方计划应以中央计划为依据,并应实施中央计划确定的与本地区有关的各项任务。按计划期限,可以分为长期计划、中期计划和短期计划。无论是综合性计划,还是行业计划或专项计划都必须以时间来规定自己的任务,从这个意义上讲,按时间划分的长、中、短期计划形式有着特别重要的意义。

长期计划是10年以上的纲领性计划,是对国家在较长时期的任务和目标所作的轮廓性的规划。其主要任务是:

(1) 正确分析国内外政治经济形势和科学技术发展的趋势,进行客观经济预测,提出发展战略;

(2) 确定计划期间国民经济和社会发展的方向、目标、步骤、重点、布局、重大比例关系,以及发展速度、重要指标和重大建设项目等;

(3) 规定实施长期计划的重大政策和措施。

中期计划一般是5年计划,是长期计划的分阶段实施性计划,是国民经济和社会发展计划的基本形式。其主要任务是:

(1) 确定计划期经济增长速度和重大比例关系;

(2) 确定人民生活提高的幅度和各项社会事业发展的主要要求;

(3) 规定重要的经济和科技政策以及实现计划的重大措施。

短期计划一般是年度计划,是中期计划具体落实的行动计划。其主要任务是:

(1) 根据中期计划和经济运行的实际情况,确定计划期国民经济和社会发展的重要任务,合理安排生产和人民生活;

(2) 制订实施年度计划的具体措施。

长期计划、中期计划和短期计划在时间上是前后衔接的,在内容上是有机联系的。长期计划、中期计划是年度计划的重要依据,年度计划要反映中长期计划的要求。它们之间相互依存,构成一个完整的计划体系,保持了计划的科学性、连续性和稳定性,从而保证国民经济和社会事业持续、稳定、协调地向前发展。

四、计划的编制和审议

（一）计划的编制

我国计划法确定了长期、中期和短期计划相结合的计划体系。因此国家必须编制长期、中期和短期计划。随着经济建设的发展，国家计划工作的重点，应从制订年度计划为主，转向制订中、长期计划为主，加强中、长期计划的研究和制订。这是因为长期计划有利于充分吸收科技进步的成果，它的应用能大大促进国民经济和社会事业的发展。但科技的发展具有周期长的特点，重大科研项目从探索到发明，再到实际应用于生产领域，往往需要几年、十几年甚至几十年的时间。所以短期计划难以把握科技进步的脉络。

另外，产业结构、重大比例关系的调整，生产布局的改变，重要资源的开发和利用，大中型基本建设项目的安排，创造良好的生态环境等都必须有中长期计划来解决，年度计划是难以奏效的。尽管如此，但并不意味着近期内国家可以取消年度计划，不用编制年度计划了。只有当经济环境比较稳定，市场机制比较健全，5年计划又有了比较细的分年度目标后，国家方可取消编制年度计划。

在我国，根据计划内容的不同，计划由不同的机构进行编制。全国性的国民经济和社会发展计划由国务院编制和管理，并由国家发展和改革委员会负责编制的具体工作。全国性的行业计划由国务院各个部门负责编制。地方性的国民经济和社会发展计划，包括省一级和县一级的计划，分别由省、自治区、直辖市、计划单列市人民政府和县人民政府编制和管理，由同级计划管理机构负责具体编制工作。基层计划由企业和基层单位参考国家计划并结合本单位的实际情况自行编制。

在计划编制中，关键问题是计划的科学性问题，只有科学的计划才能指导国民经济和社会事业健康发展。所谓科学的计划，即计划是否反映客观规律，符合客观实际。一个科学的计划不仅要有科学的内容，还必须要有科学的编制方法。在集中计划体制下，尽管我国的计划方法在不断地改进和完善，但没有根本克服传统式的封闭的计划编制方法，计划工作往往局限于计划部门之内，没有建立一套民主的、科学的计划编制方法。为此，在计划编制的每个阶段，特别是决策阶段，必须贯彻民主原则，深入调查研究，广泛听取意见，实行明确、严格的决策责任制。

目前在我国，无论编制中、长期计划，还是年度计划，其程序可确定为下列几个阶段：

1. 正确掌握计划信息

计划信息是编制计划的基础，是计划工作的出发点。计划信息十分广泛，它涉及政治、经济、科技和社会等各个方面，因此必须通过各种渠道，广泛了解情况。在了解各种信息资料的基础上，进行全面深入地整理、分析和综合，以便正确掌握情况，搞清楚计划期的国内外政治经济形势，国民经济和社会事业发展的现状，市场的流通和供求状况等等，作为制订计划的依据。如果不重视信息和数据的分析，不全面、准确地掌握资料就会导致计划的失误。为此，必须加强计划的基础性工作，建立和加强计划信息的收集、整理和交流系统。

2. 认真进行计划预测

计划预测就是在正确理论指导下,借助于科学知识和手段,对未来经济和社会发展的趋势和状况进行分析,并作出科学的估计,为计划决策提供依据,以减少计划决策的盲目性,提高计划的科学性。

制订正确的计划不仅要了解过去,看到当前,而且还要预测未来,要勾画出未来经济和社会发展的轮廓,未来市场要求变化的趋势等等,不了解未来便不能正确地反映未来,因而就不能编制出科学的计划。正因为如此,目前世界上有些国家已把计划预测工作作为编制计划的重要组成部分。

3. 做好计划综合平衡

综合平衡是编制计划的基本方法。综合平衡就是对全社会的人力、物力、财力进行统一协调,合理安排,从总体上求得社会生产和社会需要之间的平衡,使社会生产能大体按比例地协调发展。因此,综合平衡不仅是社会主义经济的本质要求,也是社会化大生产的客观要求。目前在计划综合平衡中主要应解决两个问题:一是提高综合平衡工作的科学性,进行综合平衡时,要寻求平衡的最优比例,最佳方案;二是提高综合平衡工作的现代化水平,在进行综合平衡时,要注意运用各种现代化的计算手段和分析手段。

4. 完成计划决策

计划决策是计划编制的最后一环,也是最关键的一环。所谓计划决策,就是在计划预测和综合平衡的基础上,运用科学的理论和方法,对经济和社会发展的目标和实现目标的途径和措施进行最优选择,从多种计划方案中,选择比例关系合理、发展速度适当、经济效益较好的方案。计划决策要力求做到科学化,我们提倡从经验决策过渡到科学决策。为了提高计划决策的科学性,除在决策过程中要采用现代科学的系统方法、评审方法和数学方法外,还必须解决以下几个问题:

首先,决策的民主制。计划决策必须建立在高度民主的基础上,决策过程必须认真听取各方专家、学者、企业家和人民群众的意见,尤其是不同意见。为此计划部门应当与一批从事各种计划工作的单位、专家和学者建立长期合作关系,共同承担有关计划问题的调查和研究,商讨计划编制和执行中的问题,经常听取他们的意见,以提高计划的科学性。

其次,决策的责任制。我们知道计划决策的正确与否,给国民经济带来的利益和损失都是最大的,为了避免决策的重大失误,必须建立严格的计划决策责任制。只要因主观原因造成计划决策失误的,都应承担责任,严重的应受到法律追究和制裁。

最后,决策的科学程序。科学的程序可以有效地促进决策的正确性,提高计划的科学性。因此计划决策,特别是宏观计划决策,一般应确认下列几个阶段:

第一阶段,调查研究,掌握情况,提出决策方案。

第二阶段,由决策方案提出者向计划审批机关进行报告,并作出全面论证。

第三阶段,由审批机关组织专家评审组,对方案作出鉴定和评估。

第四阶段,由审批机关作出决策,或正式批准,并组织实施,或予以否决。

综上所述,科学的计划是根据计划信息、计划预测、计划平衡和计划决策一系列程序编制出来的,用法律形式将这些编制程序加以确认,即形成计划法律程序。它是计划法主体在编制计划时,必须遵循的行为规则。任何单位或个人不得在法定程序外干预或干扰计划编制,违反者应依法追究其法律责任。

(二) 计划的审议

各级人民代表大会及其常委会是审议、批准和监督计划执行的国家权力机关。全国性的综合计划和专项计划由全国人民代表大会审议批准。地方计划由地方同级人民代表大会审议批准。全国的和地方的行业计划与专项计划,则分别由国务院和同级人民政府批准。除此之外,任何单位或个人都无权审批计划。不按法定权限和程序审批的计划是无效的。

为了更好地发挥国家计划的指导作用,必须及时编制计划,计划法应明确规定各类计划的编制时间。全国长期计划和中期计划应于计划期的半年前编制好,年度计划应在上年11月前编制好。农业计划应以不误农时为原则,提前编制。

五、计划的实施和协调

(一) 计划的实施

编制计划只是计划工作的开始,最重要的还是实施计划。它是计划工作过程中的重要一环。国民经济和社会发展计划经法定程序正式批准后,便具有法律效力,一般不作修改或调整。只有遇到下列特殊重大情况之一时,才允许对计划进行修改或调整:

(1) 发生特殊重大的自然灾害,严重影响原定计划任务的完成;
(2) 发生了未能预料的重大情况,必须改变计划;
(3) 国际关系发生重大变化,严重影响国内经济生活;
(4) 发生其他特殊重大情况,必须改变计划,等等。

对计划进行修改或调整时,应遵循一定的法律程序。首先,由有关部门向计划审批机关提出修改建议,说明修改理由和具体修改内容。其次,计划审批机关对修改意见和相关资料进行研究商议,以确定是否启动修改程序。最后,若确需修改,则由计划审批机关将相关材料转交计划编制机关进行修改,修改后由计划编制机关重新送交审批机关审批。

计划批准后,各级人民政府或政府授权部门应积极组织实施。各企业和基层单位应积极参照,切实按照社会需要和本单位的实际情况组织实施。对于指令性计划任务,有关计划执行单位必须切实组织实施,保证计划的完成,任何单位或个人都不得擅自修改或拒不执行。

计划的实施,过去主要依靠行政手段,通过国家下达指令性计划,并将计划指标进行层层分解落实。这种计划实施办法在一定时期发挥了积极作用。但随着市场经济的建立和发展,这种办法已不能适应实际的需要,不利于发挥各方面的积极性。因此,在社会主义市场经济条件下,计划实施的主要方法应采用经济办法和法律手段,通过宏观引导,使各单位的主要经济活动符合国家计划的要求。具体实施可以从三方面进行:

首先,将国家计划任务和有关的经济政策措施作为信息,向各企业和基层单位公布,由他们根据提供的信息编制本单位的计划,以使国家的计划任务得到部分的落实。

其次,广泛推行合同制。合同是国家与企业、社会组织之间,以及他们相互之间经济联系的法律形式。通过签订合同,一方面使计划任务进一步具体落实,另一方面由于合同规定各自应承担的责任,这就为实现国家计划提供了可靠的保证,所以合同制是实施国民经济和社会发展计划的重要手段和有效工具。

国家计划任务可以通过国家订货形式,签订经济合同来落实。国家可以采用招标方式,向各企业,基层单位提出订货,并附有优惠条件,如减轻纳税或提供原材料等,以吸引投标者来落实部分国家计划任务。

最后,通过国家下达极少量的、必要的指令性计划指标来落实。社会主义市场经济必须加强国家宏观调控。为了有效地进行宏观调控,国家必须直接掌握一定的经济实力,具有一定的财力、物力和外汇,直接管理少数建设工程和特殊企业,以作为优化资源配置、调节供求关系和稳定经济秩序的重要物质手段。因此,指令性计划必须被控制在最必要的范围内。当然在指令性计划指标的运用上,要注意运用价值规律,使计划承担单位也能取得合理的经济效益。

这样通过多种渠道使国家计划得到实施。这种实施办法既能保持国民经济稳定、协调地发展,又能使经济发展充满了活力。

为了有效地保证国家计划的实施,必须加强对计划落实、实施情况的监督检查,要及时发现问题,采取措施,保证计划的实施。在计划实施中,同时要注意发挥财政、税收、银行、工商管理、统计等职能部门的监督作用。各级人民政府应定期向同级人民代表大会或其常设机构报告国民经济和社会发展计划实施情况,并接受其监督。

(二) 计划的协调

我国现阶段实行以市场调节为基础的间接计划管理体制,计划管理的范围和方式同过去相比,均有了很大变化。在直接计划体制下,国家计划决定了社会生产的一切方面,社会的生产、流通、分配、消费,均处于严格的计划管理之下,一切按既定程序,一成不变地进行,在这种情况下,社会生产的调节,在日常的行政管理体制下,就可以正常进行。在新体制下,实行间接计划为主,除少量指令性计划外,大量通常的经济活动,均实行指导性计划或者市场调节。国家计划不具有强制性质,只起指导性作用,主要靠经济、法律手段来加以贯彻。在通过多种手段来实现计划目标的情况下,计划的协调问题就显得突出了。只有做好计划的协调,使各方面的工作围绕着一个统一目标进行,才不致形成各自为政,各行其是,甚至互相冲突、互相掣肘的分散局面。因此,在新计划体制下必须十分注意计划的协调问题。

首先,是协调的范围。在由国民经济计划过渡到国民经济和社会发展计划,由直

接计划为主过渡到间接计划为主的情况下,计划协调的范围也发生了很大变化。协调的范围一般包括:

(1) 社会总供给与总需求的协调和重大经济结构的协调;
(2) 经济发展与社会发展的协调;
(3) 短期调控目标与中长期计划目标,以及产业政策目标之间的协调;
(4) 财政、税收、金融、价格、投资、消费等各项政策目标之间的协调;
(5) 各种调控政策的选择与各种经济杠杆的动用的协调;
(6) 重点建设项目的协调;
(7) 中央与地方、行业与行业、地区与地区之间,以及国家与大型企业集团之间的发展目标、经济政策和经济利益关系的协调;
(8) 国内市场与国外市场,国内资源利用与国外资源利用之间的协调,等等。

广泛协调好这些关系,保持各种经济关系和利益的平衡,是新时期国民经济健康发展的必要条件。

其次,是协调的制度与方法。计划协调应以国家计划为基础和依据。各部门、各地区、各企业和经济集团,都要围绕国家计划目标、互相配合、协调行动,以保证国家计划目标的实现。因此,协调的中心是国家计划目标,各方面都要齐心协力,为实现国家计划目标奋斗,而不能各行其是,或把行业目标小局部目标放在首位。同时,各方面的工作必须紧密配合,如期实现计划目标。其中,中央银行要按照国家计划目标确定货币供应量、信贷规模和其他宏观调控目标,运用金融政策、金融手段保持币值的稳定,为实现计划目标创造一个稳定的金融环境。财政部门要按照国家计划确定的财政收支目标和其他宏观调控目标,合理安排财政预算,支持和保证国民经济和各项社会事业的发展,支持重点建设和经济结构的调整。为使经济协调工作制度化、经常化,还应建立健全经济协调制度,计划、财政、银行等部门应建立分级的和经常性的协调制度和机构,互通信息、共同协商国家计划的制定和实施的对策。协调时采取上下结合、逐级协调的程序进行,下级计划服从上级计划。计划协调可采取协调会议或其他形式进行,也可根据需要建立综合协调机构,具体负责协调工作。

再次,是协调的权限问题。宏观经济目标,宏观经济政策和经济杠杆运用的协调,由国务院计划主管部门负责。国务院计划主管部门,负责全国的经济政策、经济杠杆和有关重大经济活动与协调;地方各级计划主管部门负责本地区经济政策、经济杠杆和有关重要经济活动的协调。国务院计划主管部门协调不了的重大问题,报国务院裁决;地方计划主管部门协调不了的重大问题,报同级人民政府裁决。

最后,资料的提供问题。为保证计划协调的有效性、及时性,财政金融、统计等部门还有义务为计划主管部门及时、准确、全面和无偿地提供与计划的制订、实施和检查有关的各种信息、资料、数据。同时,计划主管部门也有权要求各部门提供与计划工作有关的各类资料和数据。

六、违反计划法的法律责任

任何一部法律,如果没有法律责任,那么这部法律就等于零。同样,计划法如果没有法律责任,任何国家机关,企业事业单位和个人都可以随意侵犯计划权限,违反计划法规,致使国家财产遭受损失而不受到制裁,那么这样的计划法也就失去了它存在的意义。

为了维护计划的严肃性,保证计划的认真制订和实施,必须运用法律的强制手段,明确规定各主体的权利和义务,建立严格的责任制度。

在计划编制和决策过程中,有下列行为之一者,视情节轻重,依法追究违法机关、单位和直接责任者的行政责任或刑事责任:

第一,在编制、决策、调整计划中弄虚作假,造成重大失误和经济损失的;

第二,违反法定的权限、程序和时间编制计划,造成经济损失的;

第三,拒报或迟报有关计划制订的数据、资料和其他情况的;

第四,违反决策程序决定指令性计划任务和建设项目,造成重大失误和经济损失的;

第五,泄露国家计划秘密的。

在计划实施过程中,有下列行为之一者,视情节轻重,依法追究违法机关、单位和直接责任者的行政责任、经济责任以至刑事责任:

第一,侵犯、干扰计划工作人员行使正当职权的;

第二,玩忽职守,致使国家计划任务不能完成,造成经济损失的;

第三,擅自变更、延误或拒不执行国家指令性计划,致使国家计划任务不能完成的;

第四,其他危害国家计划实施的行为。

对上述违法行为,分别由不同的机关进行追究。属于人民政府的责任,由同级人民代表大会或其常委会加以追究;属于部门的责任,由同级人民政府或计划部门加以追究;属于企业或基层单位的责任,由其上级计划部门或有关行政主管部门加以追究;属于个人的责任,由其所在单位或有关部门加以追究。上述违法行为已构成犯罪的,由司法机关依法追究其刑事责任。

当事人对其所受经济、行政处罚不服的,可以在接到处罚通知之日起 15 日内,向作出处罚决定的机关的上级机关申请复议;对复议决定不服的,可以在接到复议决定 15 日内,向人民法院起诉。

第二节 统 计 法

一、统计法的概念

统计是从数量方面认识客观事物的一种社会实践活动,是通过对与事物有关的数量材料的调查、搜集、整理、分析和总结,以达到认识其发展趋势和运动规律的一系列活动的总称。事物的质与量是紧密相连的,任何质都通过一定量而表现出来。所以通过对事物的数量界限与数量关系的研究,就可以揭示事物的内在联系和运动规律,达到认识、利用和改造客观世界的目的。

统计是认识世界的一种有力武器。无论是认识自然界或认识人类社会,都离不开统计。统计有自然技术统计和社会经济统计。统计法里的统计,是指社会经济统计,即指国民经济和社会发展情况的统计。随着社会的不断发展,统计在国家管理中的作用也越来越重要。为了确保统计工作的顺利进行,各国都制定了有关统计的条例、规定和决定等规范性文件,有的国家还专门颁布了《统计法》。例如,美国的《普查法》、原南斯拉夫的《统计工作法》、匈牙利的《统计法》等。

统计法是调整统计关系的法律规范的总称。统计关系是国家机关、企业事业单位以及其他社会组织和公民在统计活动中所发生的社会关系。统计活动是指搜集、整理、分析、提供、公布、监督和保存统计资料的活动。统计法是人们进行统计活动必须遵循的行为规则。它规定了人们在统计活动中可以做什么,应该做什么和不应该做什么,如果违反了要承担什么责任,等等。

中华人民共和国建立以来,我国颁布了一系列专门调整统计关系的法律、条例和决定,如《关于充实统计机构加强统计工作的决定》(1953年)、《关于加强统计工作的决定》(1962年)、《统计工作试行条例》(1963年)、《关于加强统计工作充实统计机构的决定》(1979年)、《关于加强统计工作的决定》(1984年)、《中华人民共和国统计法》(1983年通过,1996年、2009年进行了两次修改,简称《统计法》)、《全国经济普查条例》(2004年)、《中华人民共和国统计法实施细则》(1987年制定,2005年修改)等等。其中,《统计法》是统计工作的基本法。《统计法》包括总则、统计调查管理、统计资料的管理和公布、统计机构和统计人员、监督检查、法律责任和附则等7章,共50条。

随着我国社会主义市场经济体制的建立和发展,统计调查的领域将不断扩大,调查的内容将不断更新,更需要有效地发挥统计的信息、咨询、监督的整体功能,进一步强化统计责任,健全统计法制,要建立以《统计法》为核心,包括统计组织法规、统计调查管理法规、统计保密法规、统计检查监督程序法规等单行法规相配套的统计法律体系。

二、统计的功能、任务和原则

(一) 统计的功能和任务

统计有三大功能,即信息功能、咨询功能和监督功能。

第一,信息功能。统计能提供关于国情、国力、国民经济和社会发展的全面、系统的统计资料,是最基本的经济信息。全面、系统、准确、及时的统计资料,反映了经济和社会发展的现状、已经达到的水平和存在的问题。这是国家采取宏观经济决策,进行宏观调控的重要依据;统计关于市场信息、供求信息和价格信息等的资料,又是各行各业,生产者和经营者采取投资决策,生产经营决策和营销决策的基本依据。现代市场经济运行的核心是市场,国家调节市场、市场引导企业、企业自主经营,这是现代市场经济的最基本经济系统。在这个经济系统中,如果没有经济信息,国家和企业的决策就会是盲目的、无根据的,盲目的决策必然导致宏观经济失控和社会生产的无政府状态。在现代市场经济运行中,信息是宏观调控的最重要的依据,是不可须臾或缺的。

为了有效地保障统计资料的准确性和及时性,国家有计划地用现代信息技术装备各级人民政府统计机构,建立健全国家统计信息自动化系统。国务院各部门根据工作需要,有计划地用现代信息技术装备本部门及其管辖系统的统计机构。县级以上各级人民政府应当将国家统计信息工程建设列入发展计划。

第二,咨询功能。统计信息不仅被动地反映国民经济和社会发展的现状和问题,而且通过对统计资料和数据的加工、分析和整理,还可预示经济发展的趋势和规律。它不仅认识经济的发展,而且能预测经济的发展。因此,依据加工整理的统计资料,就可对经济的发展进行判断、预测、预警和提出对策建议,起到咨询服务作用,咨询服务是统计的一大社会功能,国家宏观决策离不开咨询机构的建议,咨询机构的建议,必须以充分确实的统计资料为依据。企业的经营决策也是如此,企业单靠自己对市场的了解去进行生产和经营,是十分危险的。现代市场经济的外部联系条件十分复杂,市场状况瞬息万变,个别生产者无法全面把握这种变化。通过社会信息咨询服务使企业更多、更全面地了解市场,不但是企业经营成败的关键,也是宏观经济整体能否稳定的必要条件。

第三,监督功能。对现代化大生产必须进行严格的统计与监督,这是列宁的名言。现代化大生产具有广泛的社会分工和协作。市场本身不提供自觉维持这种联系的条件。有计划地维持和控制社会生产联系的条件,要靠国家来建立,这就离不开统计监督。统计调查本身就是一种监督;统计调查过程,本身就是一种监督和检查过程。通过统计监督,能及时发现经济运行和企业经营中存在的问题,及时进行纠正和处理,是保持经济健康发展,经济秩序稳定,市场运行有序的必要条件。

统计的任务与统计的职能是密切关联的,统计的任务是使统计的职能得以实现,发挥其对客观事物应有的作用。我国《统计法》第2条规定:"统计的基本任务是对经济社会发展情况进行统计调查、统计分析,提供统计资料和统计咨询意见,实行统计监督。"具体地说,统计的任务主要有以下几项:

第一,准确、及时、全面、系统地提供有关国民经济和社会发展的统计材料,为国家制定各项政策、进行宏观调控提供依据。

第二,根据对统计材料的全面分析和整理,对经济发展的态势和趋势作出判断、评价和预测,向国家和各有关经济主体提出建议,对经济决策起到参谋和建议作用。

第三,对国家的经济政策和经济计划的执行情况,进行统计调查和统计监督,及时发现执行中的问题,建议采取有效措施加以纠正,促进经济政策的实现和经济计划的完成。

(二) 统计的原则

为保证统计资料的真实性、准确性和客观性,提高统计资料的质量,在统计工作中必须遵守以下原则:

第一,准确、及时原则。统计资料的真实性、准确性和及时性,是统计工作的生命。统计资料必须真实、准确地反映国民经济的实际状况。统计资料是国民经济宏观决策和宏观调控的重要依据。只有真实、准确的统计资料,才能起到统计的信息、咨询与监督作用,为国家的宏观经济决策提供可靠的依据。因此,各级统计机构,统计工作人员,以及统计关系的有关主体,在统计工作中必须坚持实事求是、真实准确的原则,尊重客观实际,如实搜集和反映情况,不得弄虚作假、虚报、瞒报或伪造、篡改统计资料,同时还要精心组织调查统计工作,提高统计工作人员的素质和工作责任心,做到统计资料的准确无误。此外,还必须按照统计制度和法规规定的时间,及时上报和提供统计资料。准确、及时的统计资料,不但可以使国家对国民经济的运行状况作出准确的判断,采取正确的对策,还可使国家能掌握时机,不失时机地对经济进行调控。

第二,集中统一,分级负责的原则。集中统一主要表现在统计机构的统一,统计调查单位选取标准的统一以及统计方法和统计分类标准的统一。集中统一原则是完成统一的统计任务的有力保证。集中统一首先表现在建立一个集中统一的统计系统。在我国国务院设国家统计局,各级人民政府、各部门和企业事业组织设置统计机构或统计人员。他们在业务上受国家统计局和上级统计机构的领导,独立行使统计调查、统计报告和统计监督权,不受侵犯。这样,有助于从组织上保证他们的工作不受干扰,保证统计资料的准确性和及时性。同时,集中统一还必须与分级负责相结合,充分调动各方面办统计的积极性。统计工作面对广大的调查对象,涉及面广、情况复杂,各地区、部门对统计资料需求的差异性大,因此必须在集中统一的原则下,给地方、部门统计机构以一定自主权,因事、因地制宜地进行分级、分类管理,在基本统计一致的前提下,照顾到不同地区、不同部门的不同情况和对统计资料的不同需要。其次是统计调查单位选取标准的统一。对统计调查单位,必须按统一的标准进行规范,确定以具备何种条件作为统计调查的基本单位,然后对其经济情况进行调查,这样才能确保取得的调查统计数据的一致性和可比性。最后是统计方法和分类标准的统一。统计标准是统计数据采取、处理和管理的规范,是保证统计资料的准确性、可比性和共享性的重要条件。因此,对于全国性的基本统计资料,必须按照全国统一规定的统计范围、统计目录、统计指标、计算方法、计算价格、计算口径以及报送时间等,进行搜集和整理。如果破坏了这种统一性,各地区、各单位各行其是,如此汇集起来的统计资料,就不可能如实反映真实经济情况,不但无用,甚至会给人以误导。因此,统计调查与统计分类必须标准统一。

第三,独立统计原则。统计部门的根本任务是为制定政策措施提供真实、客观的统计资料,而独立行使职权,不受任何外来的干预是提供准确、客观统计资料最根本性的保障。我国《统计法》规定,统计机构依法独立行使职权,不受任何机关、社会团体和个人的非法干涉。县级以上地方人民政府设立独立的统计机构,乡、镇人民政府设置统计工作岗位,配备专职或兼职统计人员,依法管理、开展统计工作,实施统计调查。在国家法律规定的范围内,统计机构独立地支配、使用以及管理人、财、物。目前,一些单位领导为追求"政绩",干预统计数据,暗示甚至强令统计机构和统计人员弄虚作假,虚报数据,而少数统计人员为迎合领导的意图,参与造假,编造虚假数据。因此,必须强调,统计机构和统计人员应坚持依法独立行使职权,认真负责,客观公正地进行统计调查,汇总、整理统计资料。

三、统计调查管理

统计调查管理是统计法的重要内容。统计调查根据统计调查项目编制。统计调查项目,是指一定时期内为实现特定调查目的而组织实施的统计调查。统计调查项目一般可分为国家统计调查项目、部门统计调查项目、地方统计调查项目、临时性统计调查项目和重大国情国力的普查。随着社会主义市场经济体制的建立,企业事业单位,特别是国有大中型企业的统计机构的职能必须尽快转变,即在保证完成国家和地方统计调查任务的同时,应把工作的着重点转移到为企业的生产经营服务上来,使企业统计工作充满活力。

国家统计调查项目,由国家统计局制定,或者由国家统计局和国务院有关部门共同制定,报国务院备案;重大的国家统计调查项目报国务院批准。

部门统计调查项目由国务院有关部门制定。统计调查对象属于本部门管辖系统的,报国家统计局备案;统计调查对象超出本部门管辖系统的,报国家统计局审批。

地方统计调查项目,由县级以上地方各级人民政府统计机构和有关部门分别制定或共同制定。其中,由省级人民政府统计机构单独制定或和有关部门共同制定的,报国家统计局审批;由省级以下人民政府统计机构单独制定或和有关部门共同制定的,报省级人民政府统计机构审批;由县级以上地方人民政府有关部门制定的,报本级人民政府统计机构审批。

国家统计调查、部门统计调查和地方统计调查必须明确分工,互相衔接,不得重复。

重大的国情国力普查,需要动员各方面力量进行的,由国务院和地方各级人民政府统一领导,组织统计机构和有关部门共同实施。

发生重大灾情或者其他不可预料的情况,县级以上地方各级人民政府可以决定进行临时性调查。

我国《统计法》规定,制定统计调查项目,必须同时制定相应的统计调查制度,并按规定一并报经审批或备案。

统计调查制度包括对调查目的、内容、方法、对象、组织方式、表式、资料的报送和公布等的规定。

统计调查应当严格按照统计调查制度组织实施。如要变更统计调查制度的内容,必须报经原审批机关批准或原备案机关备案。

统计调查表应当标明表号、制定机关、批准或备案文号、有效期限等标志。如对上述标志未作出标明的,统计调查对象有权拒绝填报。

统计报表由基层表和专业综合表两部分组成。基层表是以企业、事业和行政单位作为基本统计调查单位制定的。专业综合表以基层一套表为基础,并广泛利用各业务部门的材料,采用多种行之有效的调查和推算方法填报。

统计调查方法,逐步形成一个以必要的周期性普查为基础,以经常性的抽样调查为主体,同时辅之以重点调查、科学估算、综合运用的统计调查方法体系。这种调查方法体系从根本上改变了过分依赖全面报表的情况,适应了社会主义市场经济发展的要求。

关于统计调查标准的规定。根据我国《统计法》第17条的规定,国家制定统一的统计标准,以保障统计调查中采用的指标含义、计算方法、分类目录、调查表式和统计编码等方面的标准化。其中,国家统计标准由国家统计局制定,或由国家统计局和国务院标准化管理部门共同制定。国务院各部门可以制定补充性的部门统计标准,报国家统计局审批。部门统计标准不得与国家统计标准相抵触。

四、统计资料的管理和公布

为了更好地发挥统计资料的作用,我国《统计法》对统计资料的管理与公布作了规定。县级以上人民政府统计机构和有关部门以及乡、镇人民政府,应按照国家有关规定建立统计资料的保存和管理制度。国家机关、企业事业单位和其他组织等统计调查对象,应当按国家有关规定设置原始记录、统计台账,建立健全统计资料的审核、签署、交接、归档等管理制度。国家统计调查和地方统计调查范围内的统计资料,分别由国家统计局,县级以上各级人民政府统计机构或者乡、镇统计员统一管理。部门统计调查范围内的统计资料,由主管部门的统计机构或者统计负责人统一管理。企业事业组织的统计资料,由企业事业组织的统计机构或者统计负责人统一管理。

关于统计资料的公布,我国《统计法》规定,国家统计局和省、自治区、直辖市人民政府的统计机构依照国家规定,定期公布统计资料。各地方、各部门、各单位公布统计资料,必须经本法规定的统计机构或者统计负责人核定,并按照国家规定的程序报请审批。国家统计数据以国家统计局公布的数据为准。

关于统计资料保密的规定。我国《统计法》规定,属于国家机密的统计资料,必须保密。属于私人、家庭的单项调查资料,非经本人同意,不得泄露。统计机构、统计人员对在统计调查中知悉的统计调查对象的商业秘密,负有保密义务。

五、统计机构和统计人员

(一) 统计机构和统计人员的设置

国务院设立国家统计局,负责领导和协调全国的统计工作。国家统计局根据工作需要,可以设立派出调查机构,承担国家统计局布置的统计调查等任务。

县以上地方各级人民政府设立独立的统计机构。乡、镇人民政府设置专职或兼职的统计员。他们负责领导、组织和协调本行政区域内的统计工作。

国务院和地方各级人民政府的各部门,根据需要设立统计机构或设置统计人员,并指定统计负责人。这些统计机构和统计负责人在统计业务上受国家统计局或同级地方人民政府统计机构的指导。

企业事业基层组织根据需要设立统计机构或设置统计人员,并指定统计负责人。他们在业务上接受地方人民政府统计机构的指导。

(二) 统计机构的职责

1. 国家统计局的主要职责

第一,制订统计调查计划,组织领导和协调全国统计工作,监督检查统计法规和统计制度的实施;

第二,健全国民经济核算制度和统计指标体系,制定全国统一的基本统计报表制度;制定或与有关部门共同制定国家统计标准,审定部门统计标准;

第三,在国务院领导下,会同有关部门组织重大的国情国力普查,组织、协调全国社会经济抽样调查;

第四,根据需要,搜集、整理、提供全国性的基本统计资料,对国民经济和社会发展情况进行统计分析、统计预测和统计监督,定期发布全国国民经济和社会发展情况的统计公报。

2. 县级以上地方各级人民政府统计机构的主要职责

第一,完成国家统计调查任务,执行国家统计标准和全国统一的基本统计报表制度;

第二,领导和协调本行政区域内包括中央和地方单位的统计工作,监督检查统计法规和统计制度的实施;

第三,搜集、整理、提供本行政区域内的基本统计资料,对本行政区域内国民经济和社会发展情况进行统计分析、统计预测和统计监督,定期发布本行政区域内国民经济和社会发展情况的统计公报。

县级以上地方各级人民政府统计机构受本级人民政府和上级人民政府统计机构的双重领导,在统计业务上以上级人民政府统计机构的领导为主。

3. 国务院和地方各级人民政府各部门的统计机构的主要职责

第一,组织、协调本部门各职能机构的统计工作,完成国家统计调查和地方统计调查任务,制定和实施本部门的统计调查计划,搜集、整理、提供统计资料;

第二,对本部门和管辖系统内企业事业组织的计划执行情况,进行统计分析,实行统计监督;

第三,组织、协调本部门管辖系统内企业事业组织的统计工作。管理本部门的统计调查表。

4. 企业事业组织的统计机构或统计负责人的主要职责

第一,组织、协调本单位的统计工作,完成国家统计调查、部门统计调查和地方统计调查任务,搜集、整理、提供统计资料;

第二,对本单位的计划执行情况进行统计分析,实行统计监督;

第三,管理本单位的统计调查表,建立健全统计台账制度,并会同有关机构或人员建立健全原始记录制度。

企业事业组织的统计机构或统计负责人在统计业务上,受所在地人民政府统计机构或乡、镇统计员的指导。

中小型企业事业组织不单设统计人员的,可以指定人员专门负责统计工作。

(三) 统计人员的权利和义务

统计人员的主要权利和义务是:

第一,有权要求有关单位和人员依照国家规定,提供资料;

第二,有权检查统计资料的准确性,要求改正不确实的统计资料;

第三,有权揭发和检举统计调查工作中的违反国家法律的行为;

第四,必须执行国家统计制度,完成上级规定的各项统计任务;

第五,必须如实提供统计资料,对所提供统计资料的准确性、及时性负责,不得虚报、瞒报、迟报、拒报;

第六,保守统计机密。属于国家机密的统计资料,必须保密。属于私人、家庭的单项调查资料,非经本人同意,不得泄露。

六、监督检查

我国《统计法》规定,县级以上人民政府及其监察机关对下级人民政府、本级人民政府统计机构和有关部门的统计执法情况,实施监督。

国家统计局组织管理全国统计工作的监督检查,查处重大统计违法行为。县级以上地方人民政府统计机构依法查处本行政区域内发生的统计违法行为。

法律、行政法规对有关部门查处统计违法行为另有规定的,从其规定。

我国《统计法》规定,县级以上人民政府统计机构在调查统计违法行为或核查统计数据时,有权采取下列措施:

(1) 发出统计检查查询书,向检查对象查询有关事项;

(2) 要求检查对象提供有关原始记录和凭证、统计台账、统计调查表、会计资料及其他相关证明和资料;

(3) 询问与检查事项有关的相关人员;

(4) 进入检查对象的业务场所和统计数据处理信息系统进行检查、核对;

(5) 经本机构负责人批准,登记、保存检查对象的有关原始记录和凭证、统计台账、统计调查表、会计资料及其他相关证明和资料;

(6) 对与检查事项有关的情况和资料进行记录、录音、录像、照相和复制。

为了保证统计资料的准确性和及时性,加强对统计工作的监督,统计机构履行监督检查职责时,有关单位和个人应如实反映情况,提供相关证明和资料,不得拒绝、阻碍检查或者伪造、篡改、提供不真实的统计资料。

七、违反统计法的法律责任

我国《统计法》生效后,人人都必须遵守这一法律。如有违反,应追究法律责任。法律责任是《统计法》具有强制性的集中表现,是实现《统计法》的法律保障。我国

《统计法》中规定的法律责任有三种:一是行政责任;二是民事责任;三是刑事责任。

凡有下列情况之一,情节较重的,对有关领导人或直接责任者给予行政处分:

第一,虚报、瞒报统计资料的;

第二,伪造、篡改统计资料的;

第三,拒报或者屡次迟报统计资料的;

第四,侵犯统计机构、统计人员行使《统计法》规定的职权的;

第五,违反《统计法》规定,未经批准,自行编制发布统计调查表的;

第六,违反《统计法》规定,未经核定和批准,自行公布统计资料的;

第七,违反《统计法》有关保密规定的。

对于个体工商户,如有上列前三项违法行为,情节严重的,可以经县级人民政府批准,由工商行政管理部门给予暂停营业或者吊销营业执照的处罚。

统计机构、统计人员违反我国《统计法》规定,泄露私人、家庭的单项调查资料或者统计调查对象的商业秘密,造成损害的,依法承担民事责任。

对违反我国《统计法》已构成犯罪的人员,由司法机关依法追究刑事责任。

为了加强统计执法力度,严肃认真查处违反统计法的行为,2006年8月国家统计局成立了统计违法举报受理中心。该中心的主要职责:一是受理统计违法行为举报;二是查办重大的统计违法案件;三是转办督办统计违法案件。

第二十章 固定资产投资法律制度

第一节 固定资产投资法的概念和原则

一、固定资产投资法的概念

固定资产投资,是指新增固定资产和更新改造现有固定资产的投资活动。它包括基本建设投资和更新改造投资两部分。

基本建设投资,是指利用国家预算内基建拨款、自筹资金、国内外基本建设贷款以及其他专项资金进行的,以扩大生产能力或新增效益为主要目的的新建、扩建工程及有关工作。它主要包括:平地起家的新建项目;增建分厂、主要车间、矿井、铁路干支线、码头泊位等扩建项目;为改变生产力布局进行的全厂性迁建项目;遭受严重灾害后需要重建的恢复性建设项目;没有折旧和固定收入的行政、事业单位增建业务用房和职工宿舍项目等。

更新改造投资,是指利用企业折旧基金、国家更新改造措施拨款、企业自有资金、国内外更新改造贷款等资金,对现有的企业事业单位的原有设备进行技术改造和固定资产更新以及相应的辅助性的配套生产及生活福利等工程和有关工作。

在固定资产投资中,基本建设投资,主要用于以外延为主的固定资产扩大再生产;更新改造措施投资,主要用于以内涵为主的固定资产再生产。正确确定两者划分标准,合理安排两者的规模和比例,统筹规划安排新建、扩建和更新改造项目,是社会再生产顺利进行的重要条件。

固定资产投资法的调整对象,是在国家调节和控制固定资产投资活动过程中发生的经济关系,简称固定资产投资调控关系,也就是人们通常所说的固定资产投资关系。

固定资产投资法是调整在国家调节和控制固定资产投资活动过程中发生的经济关系的法律规范的总称。简言之,固定资产投资法是调整固定资产投资调控关系的法律规范的总称;或者说,固定资产投资法是调整固定资产投资关系的法律规范的总称。

应该认为,固定资产投资法的调整对象属于宏观调控法调整对象的范围,固定资产投资法律规范是宏观调控法律规范的组成部分。因此,固定资产投资法是宏观调控法的组成部分。它是国家调控固定资产投资活动的法律依据,也是投资主体进行固定资产投资活动的行为规则,是顺利进行固定资产投资的法律保障。

新中国成立以来,国家及其主管部门为了调整固定资产投资关系,制定了多种有关法律、法规、规章等规范性文件,包括《基本建设工作暂行办法》(1952年1月颁布)、《关于加强基本建设计划管理的几项规定》(1962年5月颁布)、《关于基本建设程序的若干规定》(1978年4月颁布)、《基本建设贷款试行条例》(1979年8月颁布)、《关于改革建筑业的基本建设管理体制若干问题的暂行规定》(1984年9月颁布)、《关于投资管理体制的近期改革方案》(1988年7月颁布)、《关于建设项目实行业主责任制的暂行规定》(1992年11月颁布)、《中华人民共和国建筑法》(1997年11月颁布,2011年4月修改)、《中华人民共和国招标投标法》(1999年8月颁布)、《关于投资体制改革的决定》(2004年7月颁布)、《关于调整固定资产投资项目资金比例的通知》(2009年5月颁布)、《中央投资项目招标代理资格管理办法》(2012年3月颁布)等。由此可见,我国虽然制定了一批关于固定资产投资的规范性文件,但仍缺少一部关于固定资产投资的基本法律。1993年,第八届全国人大常委会将制定《中华人民共和国固定资产投资法》(简称《固定资产投资法》)列入了五年立法规划之中,可是该法至今尚未制定。这种状况必须尽快改变。应该制定一部符合我国国情的、体现转变经济发展方式要求的、解决投资率过高和居民消费率过低问题的《固定资产投资法》。与此同时,为了完善我国《建筑法》,加强该法的实施力度,保证建筑工程的质量,应该对我国的《建筑法》进行必要的修改。

二、固定资产投资法的原则

固定资产投资法的原则,是指贯穿于一切固定资产投资法规中的、进行固定资产投资活动的高级准则。它是固定资产投资立法的指导原则,也是调整固定资产投资关系、处理固定资产投资纠纷的高级准则。总结经济建设正反两方面的经验,我们认为,固定资产投资法的主要原则应是:

(一) 投资规模与国力相适应的原则

固定资产投资的规模与增长速度必须与我国国力相适应,不能超出国家所能提供的财力、物力和人力的范围,以及国民经济发展的需要与可能。这是我国几十年建设经验的基本总结。因此必须以法律形式加以确认,并保障其实施。所以我们要对全社会的固定资产投资规模进行统一的综合平衡,使建设规模与国力相适应,使投资总需求与总供给基本平衡,保持在建项目投资总规模适度增长,根治投资膨胀,这是保证经济稳定的决定性因素。超过国家的财力、物力和人力的可能,把投资规模搞得过大,就会造成社会经济生活全面紧张,导致国民经济重大比例失调,使经济发展大起大落,欲速则不达。

(二) 促进经济结构和地区结构合理化的原则

各经济部门和经济地区的协调发展,是整个国民经济协调发展的重要内容。因此,必须安排好投资的部门分配和地区分配,促进经济结构和地区结构的优化。根据各部门、各地区的资源条件、市场条件和地区开发状况,合理分配投资,引导投资方向与社会经济发展的整体目标和长远目标相一致,防止盲目建设、重复建设,只顾局部与眼前利益,不顾全局与长远利益的倾向,对经济发展的薄弱环节和部门(能源、交通、原材料)以及经济发展的落后地区,实行投资倾斜政策。

(三) 加强责任制和提高经济效益的原则

固定资产投资占资数额大、时间长,投资效益好坏必然对生产发展和人民生活提高影响巨大。因此必须讲求投资责任和经济效益。各级决策部门、设计部门、施工部门对工程的决策、设计、施工都应有明确的法律责任。对投资活动中的各种协作关系,都应用合同制固定下来,以作为执行和检查的依据。投资必须讲求经济效益,使投入的人力、财力和物力,最终能形成有效的生产能力。长期以来存在的建设工期长、造价高、浪费大的问题,必须大力加以解决。建设项目从论证决策、勘探设计、计划安排、到组织建设、竣工验收等环节,都要围绕工期短、投资省、见效快这个目标进行工作。要把高经济效益作为固定资产投资工作的出发点和归宿。

第二节 关于投资主体的法律规定

一、投资主体及其投资范围的划分

投资主体,是指享有投资决策权,具备筹资能力,拥有投资项目经营权、收益权和自主处置权,并能承担投资风险和法律责任的法人或自然人。因此,投资主体是投资决策者、筹资者和风险承担者的统一。在集中计划体制时期,我国投资主体主要是国家,地方和企业的投资权都集中在中央,城乡集体企业只有很少的一点投资自主权。

改革开放以来,随着我国社会主义市场经济体制的建立和发展,国家对原有的投资体制进行了一系列改革,打破了传统计划经济体制下高度集中的投资管理模式,初步形成了投资主体多元化、资金来源多渠道、投资方式多样化、项目建设市场化的新格局。在投资主体方面打破了以国家为单一投资主体的格局,出现了国家、企业、个人投资并存的局面。目前,一方面要合理确定中央、地方、企业等各类投资主体的投资范围,建立投资主体责权利相统一的自我约束机制。另一方面要建立以经济、法律手段为主的全社会固定资产投资的宏观调控体系,从而有步骤地废除投资项目分级审批制度,建立谁投资、谁决策、谁受益、谁承担风险的业主责任制,实行投资主体自行决策、申报备案制度,从而把投资行为从计划经济体制转移到市场经济体制的轨道上来,真正按照社会主义市场经济的客观规律解决投资机制问题。

在社会主义市场经济体制下,投资主体有以下几类:

第一,政府投资。包括中央政府投资和地方各级政府投资。政府投资,尤其是中央政府投资,其作用在于调控投资结构,弥补市场不足,诱导投资行为等。所以,政府投资的重点,主要是关系国家安全和市场不能有效配置资源的经济和社会领域,包括公益性和公共基础设施建设,保护和改善生态环境,促进欠发达地区的经济和社会发展,推进科技进步和高新技术产业化。这些项目往往投资大、见效慢、风险大,一般企业难以投资。中央政府投资除本级政权等建设外,主要安排全国性和跨地区的基础工业和基础设施建设,如面向全国的、关系到国民经济全局的重大能源、原材料工业基地项目;面向全国的、跨地区的交通运输设施、邮电通信设施;大江大河治理的骨干工程;重大的农业基地工程;重要的科技、文教和国防工程等项目。

各级地方政府的投资重点为地区性的农业、林业、水利项目;本地区需要的能源、原材料工业;交通运输、邮电通信设施;科研、教育、文化、卫生、体育以及城市公用设施和服务设施等的建设。

1988年7月16日,中央政府成立了能源、交通、原材料、机电轻纺、农业、林业六个国家专业投资公司,负责管理和经营本行业中央政府投资的经营性项目的固定资产投资。

国家专业投资公司是从事固定资产投资开发和经营活动的企业,是组织中央经营性投资活动的主体,既具有控股公司的职能,使资金能够保值增值,又要承担国家政策性投资的职能。

对非经营性政府投资项目加快推行"代建制",可以进一步规范政府投资行为。"代建制"即政府有关部门通过招标等方式,选择专业化的项目管理单位负责建设实施,严格控制项目投资、质量和工期,竣工验收后移交给使用单位。实施"代建制"有利于政府进一步转变职能。

合理界定政府投资范围,可以更有效地弥补"市场失灵";同时,也为企业提供了更广阔的投资空间。

第二,企业和事业单位的投资。首先,在市场经济条件下,确立企业在投资活动中的主体地位,是深化社会主义市场经济体制改革的需要。它将有利于促进社会主义市场经济的持续健康发展。今后,凡属竞争性产业,特别是加工工业领域,企业应是投资主体,他们可以根据市场供求情况和国家的产业政策,自筹资金,自定项目和自己承担投资风险。其次,企业的更新改造项目,扩大生产能力的项目,新建生产性、营业性的项目以及必要的职工生活福利设施等项目也是企业投资的领域。最后,也鼓励企业向中央项目、地方项目进行参股投资。

第三,公民个人投资。指国内自然人投资,即凡是符合投资主体要求的自然人,都可以参与投资活动,或直接参与工业、建筑业、交通运输业、商业、服务业等建设项目的投资,或购买各种有价证券进行间接投资。

第四,外商投资。这是指外国企业、其他经济组织和个人在中国境内的投资。例如,通过直接投资,在我国境内设立中外合资、中外合作、外商独资企业等。外商投资的领域比较宽广,只要我国法律允许,对促进我国经济、技术、社会发展有利的项目都可以进行投资。

二、投资主体的权利和义务

国家依法保护投资者的利益,各投资主体享有同等的合法权益,在规定的投资范围内行使投资自主权,指投资决策权、投资项目的经营管理权和投资所形成的资产或权益的处理权等。具体包括:

第一,选择建设地点和投资环境;

第二,选择投资方式和贷款的金融机构;

第三,确定投资内容,选择产品设计和经营方式;
第四,选择工程承包、设计、施工单位;
第五,获取和支配投资带来的收益。

以上只是一般投资者应享有的权利,至于每个建设项目投资者的具体权利则可以由建设工程承包合同具体规定。

投资主体除享有投资权利外,还必须承担下列义务:
第一,遵守国家长远规划、地区和城市规划;
第二,节约建设用地,合理使用资源;
第三,依法缴纳税金或利润;
第四,接受国家财政、审计、统计、工商行政、环保、公安、监察等方面的依法监督;
第五,向政府主管部门申请立项登记注册和递交竣工资料。

各级政府及其职能部门应切实保障投资者的合法权益不受侵犯,禁止任何机关、团体摊派人力、物力、财力。投资当事人有权拒绝支付超越国家规定的各种费用。

三、建立和实施项目法人责任制

我国从1992年起开始试行项目业主责任制,1996年,在建设领域,全面推行了项目法人责任制。

项目法人责任制,即由项目法人从建设项目的筹划、筹资、设计、建设实施直至生产经营、归还贷款以及国有资产的保值、增值实行全过程负责的一种项目组织管理形式。它的建立和实施,将有利于各类投资主体的自我约束意识,使建设的责任和经营的责任密切结合,从而克服现行建设项目管理体制中筹资、建设与生产、经营相脱节的弊端。所以,项目法人责任制是市场经济条件下,建立投资风险约束机制的重要举措。

国有单位经营性基本建设大中型项目,在建设阶段必须组建项目法人。项目法人可按《公司法》的规定设立有限责任公司(包括国有独资公司)和股份有限公司。

新上项目在项目建议书被批准后,应及时组建项目法人筹备组,具体负责项目法人的筹建工作。项目法人筹备组应主要由项目的投资方派代表组成。项目可行性研究报告经批准后,正式成立项目法人。

项目法人组织要精干。建设管理工作要充分发挥咨询、监理、会计师和律师事务所等各类社会中介组织的作用。

项目法人的建设、生产和经营权受法律保护。项目法人在项目建设过程中,必须执行国家投资管理的各项规定。项目建成后,其生产经营的管理必须按照有关规定执行。因主观原因造成项目重大损失浪费的,要依法追究法人的责任。

第三节 关于投资资金管理的法律规定

新中国建立以来,我国的基本建设投资一直实行由国家财政拨款,建设单位无偿使用的办法。为改善基本建设的管理,加强投资使用的责任制和提高投资效益,从 1979 年开始,国家预算内基本建设投资逐步由财政拨款改为银行贷款。从 1986 年起,凡是由国家预算安排的基本建设项目,全部由财政拨款改为银行贷款,科研、学校、行政单位等没有还款能力的建设项目除外。这样,基本建设资金来源渠道,由过去主要依靠国家财政拨款的、单一的资金来源渠道,发展到目前的依靠国家财政拨款、银行贷款、自筹资金、利用外资等多种资金来源渠道。由于资金的来源渠道不同,对资金的具体管理办法亦不同。

一、财政拨款的管理

财政拨款,是指建设项目的资金由国家财政通过建设银行分次、逐笔拨付给建设单位无偿使用的。用拨款投资安排的建设项目,必须严格按国家计委、财政部、建设银行联合颁布的《关于调整国家预算内基本建设投资拨款改贷款范围等问题的若干规定》(1985 年 12 月)的范围进行,防止自行扩大国家财政拨款建设项目的范围。如发现有不符合拨款范围的建设项目,可由经办建设银行会同建设单位按照项目级别上报计划部门、财政部门和建设银行裁定。

属于国家财政拨款的建设项目,特别是政府采用直接投资和资本金注入方式的投资项目,一般由建设银行按基本建设计划、基本建设程序、基本建设预算和基本建设进度进行拨款。

二、银行贷款的管理

根据 1984 年国家计委、财政部、建设银行《关于国家预算内基本建设投资全部由拨款改为贷款的暂行规定》,除非经营性机关、学校、事业单位和某些经营性的但没有经济效益的企业、事业单位外,经营性、生产性的企业投资一律由财政拨款改为银行贷款,简称"拨改贷"。其目的是为了加强建设资金的管理,提高投资效益。

基本建设贷款是有偿使用的,实行有借有还,谁借谁还,贷款实行差别利率的原则,对不同地区、部门和产品的贷款规定不同的还款期和差别利率,以鼓励短线产品的生产,限制长线产品的生产和重复建设,促进产业结构的优化。

"拨改贷"资金,实行分级管理。由国务院和各部门安排的建设项目,其"拨改贷"资金,由中央财政预算拨付;由地区安排的建设项目,其"拨改贷"资金,由地方财政拨付,建设银行贷放。包建单位根据工程进度,按实际需要向建设银行借款。将来建设银行收回的贷款,属中央预算安排的,上交中央财政;属地方预算安排的,原则上交地方财政部门。

"拨改贷"资金,一律实行合同管理,一律先办理借款手续,签订合同。由于特殊原因,在建设期签订合同确有困难的,可先与经办建设银行签订临时借款协议,并根据批准的年度基本建设计划,签订年度借款合同,向银行贷款。没有办理借款手续的,经办银行不予贷款。

基本建设投资实行银行贷款除"拨改贷"方式外,另一种是由银行利用存款发放的贷款。这两种银行贷款都是按银行贷款方式进行管理,但在确定贷款利率上存在根本区别。"拨改贷"项目的贷款利率,按建设项目的产品盈利情况实行差别利率。例如,按照1984年制定的《关于改革建筑业的基本建设管理体制若干问题的暂行规定》,电子、纺织、轻工等行业的项目年利率为4.2%;钢铁、机械、汽车等行业的项目年利率为3.6%;农业、林业、水利等行业的项目年利率为2.4%。而利用银行存款进行贷款项目的利率主要根据贷款时间的长短来确定。

随着我国经济形势和物价形势的变化,基本建设投资项目的贷款利率也不断调整。目前,实行3级9档次的差别利率,按项目所属行业不同分为3级,每一级又按贷款年限分为3个档次,分别规定不同利率。

三、自筹资金的管理

随着经济体制改革的进行,自筹资金在整个基本建设投资中所占的比重不断增大,管理好这批资金,是加强宏观调控的重要环节。

目前,基本建设自筹资金有两类,一类是各级财政的自筹资金,一类是各企业、事业单位的自筹资金。用自筹资金进行基本建设,要求资金来源正当、落实。自筹资金要专户存入建设银行,坚持先存后批,先批后用的原则,由建设银行监督使用。

企业自有资金中可用于基本建设的资金,只限于生产发展基金和职工福利基金等。更新改造基金、大修理基金、新产品试制基金,以及由银行贷款形成的流动资金等,均不得作为基本建设资金使用。

目前,银行贷款和自筹投资已成为固定资产投资资金来源的主渠道,起着举足轻重的作用。

四、利用外资的管理

改革开放以来,各地区、各部门利用国外资金搞建设的数量不断增大。为了正确引导和搞好国家的宏观调控,使外商投资项目更适应我国经济和社会发展的需要,根据有关规定,国家将外商投资项目分为鼓励、允许、限制和禁止四类,对不同类的外商投资项目规定了不同的审批权。

凡总投资(包括增资额,下同)1亿美元及以上的鼓励类、允许类项目和总投资5000万美元及以上的限制类项目,由国家发展改革委员会核准项目申请报告,其中总投资5亿美元及以上的鼓励类、允许类项目和总投资1亿美元及以上的限制类项目由国家发展改革委员会对项目申请报告审核后报国务院核准。

凡总投资1亿美元以下的鼓励类、允许类项目和总投资5000万美元以下的限制类项目由地方发展改革部门核准,其中限制类项目由省级发展改革部门核准,此类项目的核准权不得下放。

地方政府按照有关法规对上款所列项目的核准另有规定的,从其规定。地方核准的总投资3000万美元以上的外商投资项目,省级发展改革部门必须在规定时期内,将项目核准文件抄报国家发展改革委员会。

五、资本金制度

随着投资体制改革的不断推进,1996年8月国务院下达了《关于固定资产投资项目试行资本金制度的通知》,要求从1996年开始对各种经营性投资项目,包括国有单位的基本建设、技术改造、房地产开发项目和集体投资项目,试行资本金制度,以保证投资项目首先必须落实资本金才能进行建设。

投资项目资本金,是指在项目总投资中,由投资人认缴的出资额,对投资项目来说是非债务性资金,项目法人无需承担这部分资金的任何利息和债务。投资者按其出资的比例依法享有所有者权益。投资项目资本金可以用货币出资,也可以用实物、工业产权、非专利技术、土地使用权作价出资,但非货币出资必须经过有资格的资产评估机构评估,并出具证明。以工业产权、非专利技术作价出资的比例不得超过该项目资本金总额的20%。

投资项目资本金占总投资的比例一般为25%—40%不等,不同行业有不同要求,具体由项目审批单位根据投资项目经济效益、银行贷款意愿和评估意见等,在审批可行性报告时核定。资本金必须一次征缴,并根据建设进度按比例逐步到位。投资项目资本金只能用于项目建设,不得挪作他用,更不得抽回。

有关部门要按照国家规定对投资项目资本金到位和使用情况进行监督。对资本金未按照规定进度和数额到位的投资项目,投资管理部门不发给投资许可证,金融部门不予贷款。对将已存入银行的资本金挪作他用的,银行可以停止对该项目拨付贷款。对弄虚作假,以及抽逃资本金的,要根据情节轻重,对有关责任者处以行政处分或经济处罚,必要时停建、缓建有关项目。

资本金制度是国家宏观调控手段,也是风险约束机制。该制度建立以来,对改善宏观调控、促进经济结构调整、控制企业投资风险、防范金融风险,发挥了积极作用。2004年、2009年,国家根据宏观调控和经济形势发展的需要,对部分行业的固定资产投资项目资本金比例进行了调整。今后,国家还将根据需要,适时调整固定资产投资项目最低资本金比例,以保持国民经济平稳较快增长。

第四节 关于投资项目建筑施工的法律规定

长期以来,建筑施工单位一直采用行政手段进行管理,实行一套不负经济责任,不计经济效果,实报实销的供给制办法,严重影响了建筑施工企业和职工的积极性。近年来,随着投资体制改革的进行,建筑施工管理也在进行改革,主要表现在以下几个方面:

一、建设项目投资包干责任制

建设项目投资包干责任制,是指建设单位对建设项目按建设规模、投资总额、建设工期、工程质量和材料消耗实行的一种包干责任制。它是我国投资管理上的一次重大改革,有利于克服建设上的敞开花钱和"吃大锅饭"的弊端,对调动各方面的积极性,缩短建设周期,降低工程造价,提高投资效益有极大的促进作用。

根据有关规定,实行建设项目投资包干责任制的有关各方,要通过协议和合同,明确规定包保的内容、条件、责任和经济权益,紧密配合,互相协作,共同完成包干任务。

建设项目的总承包单位一般应对以下几方面进行包干:包投资;包工期;包质量;包主要材料用量和包形成综合生产能力。

建设项目的主管部门一般应保证下列主要建设条件:保建设资金;保设备、材料;保外部配套条件;保生产定员配套和保工业项目投资试车所需的原料、燃料供应等。

投资包干的形式可以根据建设项目的特点和具体条件,采取不同形式,如:建设单位对项目主管部门包干;工程承包公司接受项目主管部门或建设单位的委托,实行包干;施工单位接受项目主管部门或建设单位的委托,实行包干;下级主管部门对上级主管部门包干。这种投资包干责任制有利于促使建筑施工单位实行责、权、利相结合的经营管理责任制。

二、建设项目招标承包制

建设项目实行招标投标,由发包单位择优选用勘察设计单位、建筑施工单位,是改革过去单纯用行政手段分配建设任务的一个重要措施。招标投标活动应当遵循公开、公平、公正和诚实信用的原则。今后不论是全民或集体的单位,不论来自哪个地区或部门,只要经过审查具有投标资格的,都可以参加投标竞争,承包工程任务。根据我国《招标投标法》的规定,招标分为公开招标和邀请招标两种。公开招标,是指招标人以招标公告的方式邀请不特定的法人或者其他组织投标。邀请招标,是指招标人以投标邀请书的方式邀请特定的法人或者其他组织投标。

中标人应当按合同约定履行义务,完成中标项目。中标人不得向他人转让中标项目,也不得将中标项目肢解后分别向他人转让。如有合同约定或经招标人同意,可以将中标项目的部分非主体、非关键性工作分包给他人完成。接受分包的人应当具备相应的资格条件,并不得再次分包。中标人应当就分包项目向招标人负责,接受分包的人就分包项目承担连带责任。

大力推行工程项目招标投标制,有利于促进施工单位的经营管理,保证工程质量,提高劳动效率。

三、建筑安装企业百元产值工资含量包干制

这种包干办法是施工企业内部的一种工资分配办法,即改变过去国家对建筑施工企业按人头核定工资总额的办法,由国家按建筑施工企业完成产值的一定比例,结合其他经济技术指标来确定整个企业的工资总额。这就是建筑施工企业的工资总额,随着完成产值的大小而浮动,实行多劳多得,少劳少得,使工人的劳动和其经济利益直接挂钩。工人创造的产值越多,对国家的贡献越大,企业的留成越多,个人的收入也就越多。这样有利于搞活企业,调动企业和职工的劳动积极性。

四、建筑安装企业的用工制度

为了合理调整现有施工队伍的结构,形成一支以国有建筑企业为主体,以城镇集体或农村建筑队为补充的多种形式的施工队伍,要改革单一的固定工制,施工企业要实行固定工、合同工、临时工相结合的用工制度。

第五节 关于投资程序和管理方式的法律规定

一、投资程序概述

投资程序,是指投资全过程中各项工作的先后顺序。它是投资进程的客观规律的反映,是我国投资实践的科学总结。

作为固定资产投资重要组成部分的基本建设,是一个规模大、周期长、涉及面广、协作性强的劳动过程。为了顺利地进行基本建设,一个项目从计划建设到建成投产,必须严格按照基本建设程序进行,前后次序不能颠倒。比如,没有勘察就不能设计,没有设计就不能施工,等等。

投资程序不仅仅是工作程序,当这些程序被法律规定下来之后,就成为进行投资所必须执行的法律程序。它是固定资产投资法的组成部分。

二、基本建设程序的几个阶段

(一)提出项目建议书

项目建议书是确定建设项目、编制设计文件的主要依据。所有新建、改扩建项目都要根据国民经济和社会发展的长远规划、行业规划、地区规划等要求,经过调查、预测、分析,按项目隶属关系,由各部门、各地区和各企业提出项目建议书。

项目建议书是对项目的轮廓设想,一般应包括下列主要内容:

第一,项目提出的必要性和依据;

第二,拟建规模、产品方案和建设地点的初步设想;

第三,建设条件的初步分析;

第四,投资估算和资金筹措设想;

第五,项目的进度安排;

第六,经济效果和社会效益的估计。

(二)进行可行性研究,编制设计任务书

可行性研究是建设前期工作的重要内容,是基本建设程序的组成部分。它的任务是对建设项目的技术、工程、经济和外部协作条件是否合理和可行等方面,进行全面分析和论证,为编制设计任务书提供科学依据。

可行性研究报告(或设计任务书)一般应包括以下主要内容:

第一,确定拟建项目建设规模和产品方案;
第二,资源、原材料、燃料及公用设施落实情况;
第三,建设项目地点及其条件;
第四,技术工艺、主要设备选型、建设标准和相应的技术经济指标;成套设备进口项目要有维修材料、辅材及配件供应的安排;引进技术、设备的,要说明来源国别、设备的国内外比较或与外商合作制造的设想;
第五,建设项目的布置方案,主要单项工程、公用辅助措施、协作配套工程的构成和土建工程量估算;
第六,环境保护、防震、文物保护等要求和采取的相应措施方案;
第七,内部组织机构、人员编制和培训设想;
第八,建设工期和实施进度;
第九,投资估算和资金筹措;
第十,经济效果和社会效益。

国内大中型建设项目的可行性研究报告审批后,需编制设计任务书并上报。设计任务书是项目决策的依据,必须编制准确。

(三) 建设项目的设计

设计任务书批准下达后,建设项目就进入了编制设计文件的阶段。建设项目的设计是国家基本建设计划的具体化,是组织施工的主要依据。

建设项目应严格按照设计任务书的要求进行设计,不得随意修改或变更。

设计工作根据项目的大小和技术复杂程度分阶段进行。大中型项目,一般采用两阶段设计,即初步设计和施工图设计。对于技术复杂,有特殊要求的项目,亦可增加技术设计,采用三个阶段设计。小型项目中有些技术要求和建设条件比较简单的,也可将初步设计和施工图设计合并进行,不再分阶段。

初步设计是按设计任务书要求所作的具体实施方案,是解决建设项目最重要的经济和技术问题,确定建设项目在指定地点和规定期限内进行建设的可能性和合理性,并拟出工程概算。初步设计是编制技术设计和施工图设计的重要依据。

技术设计是要具体解决初步设计中所确定的工艺、土建和结构等方面的一些主要的技术问题,补充、修正初步设计和修正工程总概算。

施工图设计是在批准的初步设计基础上编制的,但比初步设计更加具体、准确;在施工图设计中还要编制施工图预算。施工图是现场施工的依据。

(四) 组织施工

建设项目进入施工阶段之后,必须做好施工前的准备工作。施工准备一般包括以下主要内容:

第一,进行征地、拆迁和平整场地;
第二,选定施工单位,签订施工合同;
第三,完成施工用水、电、路等工程;
第四,组织设备和材料订货;

第五，申请贷款，签订贷款协议书。

施工准备就绪，即可开工。

施工是设计的实现，也是基本建设的实施。施工单位必须严格按照施工图纸和合理的施工顺序组织施工。施工单位对所承担的工程应按质量和工期全面竣工，不留尾工。

生产性建设项目在施工准备时，根据需要，经上级主管部门同意后，建设单位可以及时组织专门力量有计划有步骤地开展生产准备工作，保证项目建成后能及时投产。

（五）竣工验收、交付使用

竣工验收、交付使用是基本建设程序的最后一个阶段，是对基本建设成果的全面检验。做好竣工验收工作，对促进建设项目及时投产，发挥投资效果具有重要作用。

建设项目按设计文件规定的内容建成后，生产性项目经投料试车或带负荷试运转合格，形成生产能力，并能正常生产合格产品的；非生产性项目符合设计要求，能够正常使用的，都应立即验收。

凡是符合验收条件的项目，不及时办理验收手续，其后果由责任者自负。

三、政府对固定资产投资项目的管理方式

随着投资体制改革的深化，政府对基本建设投资项目的管理方式大大简化，由过去单一的审批制改为审批、核准和备案三种方式。政府根据不同投资主体、资金来源和项目性质，采取不同的管理办法，进一步简化了管理程序。

第一，审批制。对于政府投资的项目，特别是采用直接投资和资本金注入方式的项目，继续实行审批制。在审批程序上，与传统的投资项目审批制基本一样，仍需审批项目建议书、可行性研究报告、开工报告等。但对企业投资的项目，一般不再采用审批制，可根据情况采用核准制或备案制。这样，大大减少了政府直接管理的投资项目，也简化了政府对投资项目的管理程序。

第二，核准制。凡企业不使用政府性资金投资建设的项目，政府一律不再审批，而仅对重大项目和限制类项目从维护社会公共利益角度进行核准。《政府核准的投资项目目录》对于实行核准制的范围作了明确规定，可分为三类，即对内资企业在我国境内投资项目的核准，对内资企业在我国境外投资项目的核准，以及对外资企业在我国境内投资项目的核准。

企业投资建设实行核准制的项目，仅须向政府提交"项目申请报告"，而无需报批项目建议书、可行性报告和开工报告。项目申请报告，主要从维护经济安全、合理开发利用资源、保护生态环境、优化重大布局、保障公共利益、防止出现垄断等方面进行核准，大大简化了程序。

第三，备案制。按规定，凡企业不使用政府性资金投资建设的项目，或以投资补助、转贷或贷款贴息方式使用政府投资资金的投资建设项目，除重大项目和限制类项目实行核准制外，其余一律实行备案制。备案制的程序更加简便，内容更简略。

实行核准制或备案制的项目,企业向政府有关部门只需提交资金申请报告,政府有关部门只对是否给予资金支持进行批复,不再对是否允许项目投资建设提出意见。

各类企业进行固定资产投资时,都应严格遵守国土资源、环境保护、安全生产、城市规划等法律、法规,严格执行产业政策和行业准入标准,不得投资建设国家禁止发展的项目。

目前,能源问题已成为制约经济和社会发展的重要因素。为实现能源的可持续发展,2006年国务院颁布了《关于节能工作的决定》,要求建立固定资产投资项目节能评估和审查制度。有关部门和地方人民政府要对固定资产投资项目(含新建、改建、扩建项目)进行节能评估和审查。对未进行节能审查或未能通过节能审查的项目一律不得审批、核准或备案。对擅自批准项目建设的,要依法追究直接责任人员的责任。

第六节 违反固定资产投资法的法律责任

违反固定资产投资法的法律责任,是投资法具有强制性的集中表现,是投资法实施的基本保障。投资法规定的法律责任有三种:经济责任、行政责任和刑事责任。凡是违反投资法的,必须视不同情况,承担相应的法律责任。

一、违反投资资金管理规定的法律责任

固定资产投资的资金来源必须正当。由拨款投资安排的建设项目,必须严格按规定的范围进行,不得自行扩大国家财政拨款的建设项目的范围。

贷款投资要符合国家的产业政策、投资范围。贷款必须按合同规定的内容使用,不得挪用。项目完成后,要按合同规定归还贷款本息。提前归还本息的,节余的利息全部留给借款单位,用于发展生产和职工奖励。过期尚未还清的,银行有权追回贷款,并对逾期部分加收罚息。借款单位不按合同使用贷款,银行有权收回部分或全部贷款,并对违约部分加收罚息。建设银行未按期提供贷款,应承担因此造成的经济损失。

贷款建设项目实行包干责任制的,建设项目由工程承包公司或施工单位实行投资包干后的投资节余,全部作为企业收入;贷款项目由建设单位负责还款的,包干节余全部留给建设单位,其中部分用于归还贷款;建设单位不负责还款的,包干节余部分留成,其余交给还款单位,用于归还贷款。

二、违反物资供应规定的法律责任

根据有关的规定,建筑材料的供应方式,逐步改为由物资部门将材料直接供应给工程承包单位,由工程承包单位实行包工包料。物资供应部门未能按合同提供材料,影响施工,拖延工期,造成损失的;或因工程承包单位要求增加或变更供货,造成损失的,均分别承担责任。

属于成套设备承包的,承包公司由于自身的原因未按合同规定的质量、数量、时间供应,影响工程进度的,也要承担责任。

承包单位完成包干任务后,按材料消耗定额节余的物资,除本单位需要留用的以外,由项目主管部门会同物资管理部门作价收购或处理。引进成套设备项目节余的进口材料,由建设单位和施工单位协商分成。

三、违反基本建设合同规定的法律责任

无论是基本建设项目还是更新改造项目的完成,都需要签订一系列的合同,规定彼此的权利和义务。对此合同双方必须严格履行,不得随意变动,任意撕毁,对违反者要依法追究责任。

基本建设合同中主要有建设工程勘察设计合同和建筑安装工程承包合同。根据有关规定,违反合同的双方当事人,应分别承担下列主要责任:

(一) 承包方的责任

第一,因勘察设计质量低劣或未按期提交勘察设计文件拖延工期造成的损失,由勘察设计单位继续完善设计,并减收或免收勘察设计费,直至赔偿损失。

第二,工程质量不符合规定的,应负责无偿修理或返工。由于修理或返工造成逾期交付的,偿付逾期违约金。

第三,工程交付时间不符合规定,按合同中违约责任条款偿付逾期违约金。

(二) 发包方的责任

第一,工程中途停建、缓建或由于设计变更及错误造成的返工,应采取措施弥补损失,同时赔偿由此而给承包方造成的损失。

第二,工程未经验收,发包方提前使用或擅自动用,由此而发生的质量或其他问题,由发包方承担责任。

第三,超过规定日期验收,按合同的违约责任条款偿付逾期违约金。

四、违反建设程序规定的法律责任

建设程序是基本建设项目顺利实施的有效保证。因此,任何一个建设项目都必须坚持按程序办事。违反规定的程序,乱上项目,造成重大损失的,要追究投资者和审批者的责任,直至追究法律责任。

违反基本建设程序的建设项目,建设银行有权不拨、不贷资金,物资部门有权不供应物资,设计和施工单位有权不承担设计、施工任务。

为了保证建设项目按基本建设程序进行,建设程序的各个阶段也要规定严格的责任制。提供勘察、测量等资料数据的单位,应对资料、数据的准确性负责;研究、论证单位,应对研究、论证报告的可靠性负责;设计单位应对设计进度和质量负责;施工单位应对工程的质量和工期负责。总之,各有关单位都要对建设项目负责,全面完成各阶段的任务,对违反者应追究责任。

第二十一章　产业法律制度

第一节　产业的概念和分类

一、产业的概念

在社会化大生产的条件下,国民经济整体可以划分为不同的分工领域。这些分工领域,通常称为部门。部门有层次之分。低一层次的部门是高一层次部门的子部门。在国民经济内部,为了区分不同层次的部门,通常将较高层次的部门称为"产业"或"产业部门",将较低层次的部门称为"行业"或"行业部门"。"产业部门"和"行业部门"作为国民经济中的部门,不同于行政管理系统中的行政部门。[①]

产业,是指国民经济内部按照社会分工,由提供同类产品或劳务的企业、事业单位组成的较高层次的部门。这就是说:产业是国民经济内部较高层次的部门;这种部门,是按照社会分工,由提供同类产品或劳务的企业、事业单位组成的。

二、产业的分类

（一）第一产业、第二产业和第三产业

在国际上,有一种被绝大多数国家采纳的三次产业分类法,即根据社会生产活动历史发展的顺序,可以将产业的结构划分为三次产业:产品直接取自自然界的部门称为第一产业;对初级产品进行再加工的部门称为第二产业;为生产和消费提供各种服务的部门称为第三产业。这是世界上较为通用的产业结构分类。不过各国对三次产业的划分不完全一致。

我国也将国民经济行业划分为三次产业。我国对三次产业的划分始于1985年。当时为了适应建立国民生产总值统计的需要,国家统计局向国务院提出了《关于建立第三产业统计的报告》,该《报告》中首次规定了我国三次产业的划分范围,其中提出的我国三次产业划分方法一直延续使用至今。国家统计局于2003年还专门制定并发布了《三次产业划分规定》。根据该《规定》,结合2011年版的《国民经济行业分类》新标准,我国三次产业划分范围如下:第一产业是指农、林、牧、渔业;第二产业是指采掘业,制造业,电力、热力、燃气及水生产和供应业,建筑业;第三产业是指批发和零售业,交通运输、仓储和邮政业,住宿和餐饮业,信息传输、软件和信息技术服务业,金融业,房地产业,租赁和商务服务业,科学研究和技术服务业,水利、环境和公共设施管理业,居民服务、修理和其他服务业,教育,卫生和社会工作,文化、体育和娱乐

[①] 参见塞风、陈淮主编:《经济管理概论》,人民日报出版社1986年版,第110—111页。

业,公共管理、社会保障和社会组织,国际组织。

(二) 传统产业、新兴产业和战略性新兴产业

传统产业,主要指劳动力密集型的,以制造加工为主的,国民经济内部较高层次的部门,如钢铁、汽车、建筑、纺织、橡胶、造船以及与它们相关的一些附属工业部门。传统产业是相对新兴产业,特别是新兴高科技产业而言的。在一国产业布局中,传统产业仍然有其特殊重要性,并不能完全被新兴产业所取代。有些产业虽属传统产业,但是支撑社会经济运行的基础,如能源、交通、运输、原材料等产业。不过,随着现代科学技术和经济结构的发展需要,通过引入、采用新技术,对其进行改造,提高生命力,是传统工业继续发展、适应工业现代化要求的重要途径。

新兴产业,是指随着新的科研成果和新兴技术发明的应用而出现的,新的国民经济内部较高层次的部门,如电子、信息、生物、新材料、新能源、海洋、空间等新技术的发展而产生和发展起来的一系列新兴部门。国家重点支持的高新技术领域是:(1) 电子信息技术;(2) 生物与新医药技术;(3) 航空航天技术;(4) 新材料技术;(5) 高技术服务业;(6) 新能源及节能技术;(7) 资源与环境技术;(8) 高新技术改造传统产业。

战略性产业,是指在国民经济体系中占有重要地位的,对国计民生、国家经济和军事安全有重大影响的,关系到国家未来和国家的长远竞争力的,国民经济内部较高层次的部门。战略性新兴产业是以重大技术突破和重大发展需求为基础的,对经济社会全局和长远发展具有重大引领带动作用的,知识技术密集、物质资源消耗少、成长潜力大、综合效益好的产业。加快培育和发展战略性新兴产业,对推进我国现代化建设具有重要战略意义。根据国务院2010年发布的《关于加快培育和发展战略性新兴产业的决定》,在现阶段,节能环保产业、新一代信息技术产业、生物产业、高端装备制造产业、新能源产业、新材料产业和新能源汽车产业属于战略性新兴产业。

(三) 管制性产业和竞争性产业

以产业的进入和价格形成是否受政府管制为标准,产业可以分为管制性产业和竞争性产业。前者,往往依赖于特定的产业网络型基础设施,具有一定的自然垄断属性和公用属性,因此,产业的进入和价格多受政府管制,且有专门的立法和专门的监管机构。一般认为,电信、电力、邮政、铁路、民航、自来水、天然气以及金融等均属管制性产业。以电信为例,我国建立了以《电信条例》为核心的电信监管制度,明确规定了国家对电信业务经营按照电信业务分类,实行许可制度;对于电信资费,基础电信业务资费实行政府定价、政府指导价或者市场调节价;增值电信业务资费实行市场调节价或者政府指导价;国务院信息产业主管部门依照该《条例》的规定对全国电信业实施监督管理。

此外,根据不同的产业在生产过程中对资源依赖程度的差异为标准,还可以把产业分为:土地密集型产业,即在生产要素的投入中需要使用较多的土地等自然资源才能进行生产的产业;劳动密集型产业,即在生产要素的配合比例中,劳动力投入比重较高的产业;资本密集型产业,即在生产要素的配合比例中,资本(资金)投入比重较

高的产业;技术密集型产业或知识密集型产业,即在生产要素的投入中,需要使用复杂先进而又尖端的科学技术才能进行生产的产业,或者在作为生产要素的劳动中知识密集程度高的产业。

第二节 产业政策

一、产业政策的概念

一般认为,"产业政策"一词则源于日本,20世纪70年代出现在日本的官方文件中。随着日本运用产业政策调节国民经济取得成功,产业政策一词逐步为其他国家接受。同其他经济政策相比,产业政策是一种内容丰富的、动态的系统政策,同时也是一种包含多种政策手段的综合系统。迄今为止,对于什么是产业政策,学术界仍未达成一致认识。归纳起来,有代表性的观点有以下几种:

第一,产业政策是有关产业的一切政策的总和。这一观点的代表人物是英国的经济学家阿格拉(EI-Agraa,AM)以及日本的经济学家下河边淳和管家茂。阿格拉认为,产业政策是与产业有关的一切国家法令和政策。下河边淳和管家茂在其主编的《现代日本经济事典》中指出:"产业政策是国家或政府为了实现某种经济和社会目的,以全产业为直接对象,通过对全产业的保护、扶植、调整和完善,积极或消极参与某个产业或企业的生产、经营、交易以及直接或间接干预商品、服务、金融等的市场形成和市场机制的政策的总和。"[1]

第二,产业政策是为了弥补市场机制的缺陷而由国家采取的补救政策。如日本著名的经济学家小宫隆太郎认为:"通过某些政策手段,对以制造业为中心的产业之间的资源分配实行干预的各种政策,以及干预个别产业内部的产业组织,对私营企业的活动水平施加影响的政策的总体。"他着重强调:"狭义的产业政策就是针对在资源分配方面出现的'市场失效'而进行的政策性干预"。[2]

第三,产业政策是为了加强本国产品国际竞争力的政策。如美国学者查默斯·约翰逊(Chalmers Johnson)在其主编的《产业政策争论》中指出:"产业政策是政府为了取得在全球的竞争能力而打算在国内发展和限制各种产业的有关活动的总的概括。它是货币政策和财政政策的补充,是经济政策三角形的第三条边"。[3]

第四,产业政策是国家系统设计的有关产业发展、特别是产业结构演变的政策目标和政策措施的总和。如我国经济学家周叔莲认为:"产业政策是国家干预和参与经济的一种高级形式,它是从整个国家产业发展的全局着眼而系统设计的较完整的政策体系,而不是仅仅只是关于某两个产业的局部性政策。"[4]

---

[1] 〔日〕下河边淳、管家茂编:《现代日本经济事典》,马洪译,中国社会科学出版社1982年。
[2] 〔日〕小宫隆太郎等著:《日本的产业政策》,黄晓勇等译,国际文化出版公司1988年。
[3] 杨公朴、夏大慰主编:《现代产业经济学》,上海财经大学出版社1999年版。
[4] 周叔莲等主编:《我国产业政策研究》,经济管理出版社1990年版。

综合产业政策理论研究成果和我国产业政策的实践,我们认为,产业政策是国家为促进产业发展,实现国民经济和社会发展目标,制定和实施的优化产业布局和结构、重点支持和加快培育特定产业部门和领域、推动技术进步的各种政策措施的总称。

二、产业政策的基本体系

根据各国产业政策的理论和实践,产业政策可归纳为产业结构政策、产业组织政策、产业布局政策和产业技术政策四大类。它们共同构成了产业政策的基本体系。值得指出的是,对于产业发展而言,四大产业政策各有侧重。同时,它们相互之间也相互影响甚至制约。因此,需要从政策体系的角度认识、理解、制定和运用四大产业政策。

(一) 产业结构政策

概括地讲,产业结构,就是指国民经济各产业部门之间的关系。具体来讲,产业结构,是指国民经济中各产业部门之间以及各产业部门内部的构成和相互之间的关系。产业结构合理与否,对经济增长的影响和贡献大小也不同。因此,国民经济的发展,首先需要处理好产业之间的关系,如三次产业之间的关系、不同门类产业之间的关系,以及同一门类产业的内部关系。同一门类产业的内部关系,包括同一门类内各个大类、各个中类甚至各个小类之间的关系。因此,所谓产业结构政策,是指为促进本国产业结构的调整、优化、升级所实施的一系列政策。

如何选择并确定产业发展的优先顺序,是产业结构政策的核心问题。各国政府一般依据产业结构理论,产业结构变化规律以及本国产业结构的现状,选择产业发展重点的优先顺序。一般而言,一国政府依据本国在一定时期内产业结构的现状,遵循产业结构演进的一般规律,规划产业结构逐渐演进的目标,并分阶段地确定重点发展的战略产业,实现资源的重点配置,引导国家经济向新的广度和深度发展的政策。

产业结构调整的目标:推进产业结构优化升级,促进一、二、三产业健康协调发展,逐步形成农业为基础、高新技术产业为先导、基础产业和制造业为支撑、服务业全面发展的产业格局,坚持节约发展、清洁发展、安全发展,实现可持续发展。

(二) 产业组织政策

组织是按照一定的宗旨和系统建立起来的集体,产业组织是指处于同一产业内的企业、事业单位及其相互之间的市场关系和组织形态。良好产业组织的形成需以市场结构合理、竞争适度为条件。因此,所谓产业组织政策,是指为优化产业内部企业、事业单位间相互联系机制和形式,实现产业组织的合理化,政府所采取的鼓励或限制性的政策措施。

产业组织政策的目标,是促进企业合理竞争,实现规模经济和专业化协作,形成适合产业技术经济特点和我国经济发展阶段的产业组织结构。对规模经济效益显著的产业,应形成以少数大型企业(集团)为竞争主体的市场结构;对产品由大量零部件组成的产业,应形成大、中、小企业合理分工协作、规模适当的市场结构;对规模经济效益不显著的产业,应鼓励小企业的发展,形成大、中、小企业并存、企业数目较多的竞争性市场结构。

实现上述目标,我们需要坚持采取以下调整措施:对具有区域自然垄断性质的产业,逐步引入市场机制,鼓励合理竞争。对规模经济效益显著的产业和产品,陆续制定最低经济规模标准;同时,要打破地区、部门分割,限制以至禁止不符合经济规模标准的项目建设,促进规模经济的实现。要鼓励企业通过平等竞争和合并、兼并、相互持股等方式,自主进行联合改组,或组建跨地区、跨部门、跨所有制乃至跨国经营的企业集团。要加快关于市场竞争的法规建设,为企业平等竞争和企业组织结构的调整创造良好的外部环境。

(三) 产业布局政策

国民经济的发展不仅需要产业结构合理化,还需要产业布局合理化。产业布局,就是国民经济各产业在空间上的分布及应用。产业的空间分布,表现为地区之间的产业分工。产业布局合理化的过程,也就是建立合理的地区分工关系的过程。因此,所谓产业布局政策,是指为优化国民经济各产业空间布局,根据产业的经济技术特性、国情、国力状况和各类地区的综合条件,对若干重要产业的空间分布进行科学引导和合理调整的政策措施。

产业布局政策的目标是在全国范围合理分布产业,因此,国家层面的产业布局需要统筹兼顾。一方面,国家应分析和比较各地区的不同条件,确定各地区的产业分布,明确分布在各地区的产业在整个国民经济中的地位;另一方面,国家根据经济发展状况,在不同时期确定若干重点发展的地区。各地应在全国产业规划的基础上,结合本地区的特点和优势,规划本地区的产业布局。各地区的产业布局在重点布局专门化生产部门的基础上,还要围绕专门化生产部门布局一些相关的辅助性产业部门和生活配套服务部门,以形成合理的地区产业结构。

制定产业政策需要处理好若干关系。例如,产业的集中与分散的关系,主导产业与基础产业、设施的关系,农业产业化与工业发展的关系。产业布局的合理与否直接影响到城乡协调发展

(四) 产业技术政策

无论是产业国际竞争还是国内竞争,产业技术是核心竞争力的重要组成部分。而且,产业技术进步和创新已成为直接推动国民经济和社会发展的核心原动力。因此,政府应当充分发挥企业技术创新的主体作用,鼓励和引导企业加大以自主创新为主的产业技术研发力度,实现产业技术升级,推动产业结构优化。产业技术政策是政府为了推动产业的技术进步,对产业技术发展实行宏观指导而制定的或影响产业技术开发、转移的一系列政策措施。产业技术政策的目标在于提高产业的技术水平,促进产业结构由低级向高级发展,进而不断提高产业质量和产业竞争力。

三、我国的产业政策

(一) 我国产业政策的起源与沿革

1986年,我国在《国民经济和社会发展第七个五年计划》中,第一次正式使用了

产业政策这一概念。1989年,国务院发布了《关于当前产业政策要点的决定》,这是我国第一个专门关于产业政策的文件。1994年,国务院批准了《九十年代国家产业政策纲要》,推出了我国第一个长期产业发展政策。该《纲要》开宗明义指出,制定产业政策是国家加强和改善宏观调控,有效调整和优化产业结构,提高产业素质,促进国民经济持续、快速、健康发展的重要手段。产业政策纲要是制定各项产业政策的指导和依据。从此,我国产业政策体系的构建进入了快车道。为了落实国家相关产业政策确定的目标,我国陆续出台了一系列具体政策措施,涉及了产业结构、产业组织、产业布局和产业技术等各个方面。

(二)目前我国主要的产业政策

进入21世纪,我国的产业政策更为细化、全面和系统,国务院和相关部门陆续制定或修订了一系列产业政策:

第一,主要涉及产业结构的重要政策:《促进产业结构调整的暂行规定》(2005年)、《产业结构调整指导目录》(2011年)、《当前国家重点鼓励的产业、产品和技术目录(2000年修订)》、《当前优先发展的高技术产业化重点领域指南》(2011年)、国务院《关于进一步加强淘汰落后产能工作的通知》(2010年)、国务院《关于加快培育和发展战略性新兴产业的决定》(2010年)、国务院《关于印发工业转型升级规划(2011—2015年)》(2012年)、《外商投资产业指导目录(2011年修订)》等等。

第二,主要涉及产业组织的重要政策:《关于鼓励和促进中小企业发展的若干政策意见》(2000年)、《关于促进企业兼并重组的意见》(2010年)等等。

第三,主要涉及产业布局和区域经济发展的重要政策:国务院《关于进一步实施东北地区等老工业基地振兴战略的若干意见》(2009年)、国务院《关于推进上海加快发展现代服务业和先进制造业建设国际金融中心和国际航运中心的意见》(2009年)、国务院《关于中西部地区承接产业转移的指导意见》(2010年)、国务院《关于支持喀什霍尔果斯经济开发区建设的若干意见》(2011年)、《西部大开发"十二五"规划》(2012年)、《东北振兴"十二五"规划》(2012年)、《中西部地区外商投资优势产业目录》(2008年)等等。

第四,主要涉及产业技术的重要政策:《国家产业技术政策》(2002年)。

第五,主要涉及农业产业发展的重要政策:《全国现代农业发展规划(2011—2015年)》(2012年)、国务院《关于加快推进现代农作物种业发展的意见》(2009年)。

第六,对于具体行业而言,陆续制定了《鼓励软件业和集成电路产业发展的若干政策》(2000年)、《汽车产业发展政策》(2004年)、《钢铁产业发展政策》(2005年)、《水泥工业产业发展政策》(2006年)、国务院《关于扶持和促进中医药事业发展的若干意见》(2009年)、国务院《关于促进稀土行业持续健康发展的若干意见》(2011年)、《船舶工业中长期发展规划》(2012年),以及《装备制造业调整和振兴规划》(2009年)、有色金属产业调整和振兴规划(2009年)、《纺织工业调整和振兴规划》(2009年)、《电子信息产业调整和振兴规划》(2009年)、《汽车产业调整和振兴规划》

(2009年)、《钢铁产业调整和振兴规划》(2009年)、《物流业调整和振兴规划》(2009年)、《船舶工业调整和振兴规划》(2009年)、《石化产业调整和振兴规划》(2009年)、《轻工业调整和振兴规划》(2009年)等。这些政策文件的颁布和实施,则标志着对单个产业发展进行全面、系统政策干预的成熟。

(三) 产业政策在经济政策体系中的地位

经济政策,是指国家有关机关按照规定的权限和程序制定的旨在指导和调节经济活动的准则和措施,一般包括政策目标、原则、任务以及实现政策目标可以采取的具体措施等内容。目前,至少可以提炼出如下经济政策:货币政策、财政政策、产业政策、信贷政策、税收政策、竞争政策、投资政策、外资政策、贸易政策、消费政策、分配政策、就业政策等。

在改革开放前期,最为常用的经济政策是财政政策、税收政策和信贷政策。随着改革的深入,政府职能的不断转变,政府的经济政策类型更加明确和定型,政策目标更加具有针对性。自1986年产业政策进入经济政策体系之后,开始发挥着不可替代的作用。近三十年,产业政策与货币政策、财税政策一起成为三大经济政策支柱之一,甚至成为货币政策与财税政策所服务的核心经济政策。

然而,值得注意的是,党的十八届三中全会的决定指出,经济体制改革是全面深化改革的重点,核心问题是处理好政府和市场的关系,使市场在资源配置中起决定性作用和更好发挥政府作用。市场决定资源配置是市场经济的一般规律。健全社会主义市场经济体制必须遵循这条规律,着力解决市场体系不完善、政府干预过多和监管不到位问题。[①] 这就意味着应以市场竞争机制为基础、以充分发挥市场竞争机制的作用为目标来制定和实施包括产业政策在内的经济政策。因此,在新的背景下,如何正确认识和定位产业政策在经济政策体系中的地位,如何正确处理产业政策与竞争政策之间的关系,是影响全面深化改革的重大理论问题和实践问题。

第三节 产 业 法

一、产业法的概念、地位和作用

(一) 产业法的概念

产业法是调整国家产业政策制定和实施过程中产生的社会关系的法律规范的总称。具体来讲,产业法的调整对象包括制定和实施国家产业结构政策、产业布局政策、产业组织政策、产业技术政策过程中产生的社会关系。

(二) 产业法的地位和作用

产业政策的实施,将影响到市场结构、市场行为和市场绩效,既会在宏观层面产生效果,又会在微观层面产生效果。由于产业政策的实施,多要借助财政政策、税收

---

① 参见中共十八届三中全会《关于全面深化改革若干重大问题的决定》。

政策以及其他宏观政策,所以,产业政策产生的效果路径,一般先表现在宏观经济层面,进而传导到微观经济层面。因此,从总体上分析,可以将产业政策视为国家对国民经济进行宏观调控的重要手段。可见,产业法属于宏观调控法,是经济法的重要组成部分。

概括地讲,产业法的作用就是规范产业政策的制定,保障产业政策的实施,服务于产业政策的目标:不断优化产业结构和布局、重点支持和加快培育特定产业部门和领域、推动技术进步,促进产业发展,实现国民经济和社会发展目标。

二、产业法和产业政策的关系

产业法与产业政策既密切相关又有极大差异。第一,如同所有的政策一样,产业政策是宏观的、方向性的,主要由目标和措施构成;产业法是保障产业政策得以实现的重要机制,主要由设定权利义务的法律规范构成,本身不会设定产业发展的具体目标。第二,产业政策一般都要提出实现产业发展目标的具体措施,但是这些措施一方面不能与现行法律、法规相冲突,另一方面,产业政策措施又需要法治机制予以保障实施。第三,由于构成国民经济的产业门类繁多,差异极大,因此,国家虽然可以制定包含不同产业的规划纲要,指导一定时期内不同产业的发展,但是,难以制定普遍适用于各个不同产业的产业法典。第四,为了应对各种因素导致的产业环境变化,产业政策需要适时调整,具有高度的灵活性。以汽车产业政策为例,为适应国内外汽车产业发展的新形势,推进汽车产业结构调整和升级,全面提高汽车产业国际竞争力,2004年国务院批准了《汽车产业发展政策》,同时停止执行1994年颁布的《汽车工业产业政策》。但是,产业法所规定的产业政策制定及修改程序、保障产业法实施的机制是稳定的。第五,尽管依据我国《立法法》规定,国务院及其部委可以享有相应的立法权,但是并非所有由国务院和部委制定并发布的文件都属于法的范畴。就产业政策而言,由于其内容主要不是由权利规范和义务规范构成的,因此,不能称之为法。

综上,产业政策和产业法既紧密联系,又有明显区别,不可相互替代。因此,需要正确认识和处理两者的关系,使他们共同促进产业素质的提高,加快经济发展方式的转变,推动经济社会的协调发展。

三、产业法的立法模式

考察世界各国有关产业立法的历史和现状,我们可以发现,尽管许多国家有着丰富的立法实践和成果,但是,现在尚没有一个国家制定专门的适用于各个产业的综合性的产业法典,而是针对特定产业或者是在特定时期进行立法。例如,日本从20世纪60年代开始就每10年修订《通商产业政策构想》,在其基础上制定了诸多的产业法律,如《机械工业振兴临时措施》《电子工业振兴临时法》《产煤地区振兴临时措施法》《特定萧条产业法》《公害对策基本法》《工业再配置促进法》《私人垄断禁止法》等。韩国制定了《工业发展法》《限制垄断及公平交易法》《出口振兴法》《钢铁工业育成法》等,用法律的手段规范国家产业政策。原联邦德国在1967年制定了《经济稳定与增长促进法》,确定其总的产业政策,其他规范产业政策的法律有《鼓励资本市场法》等。此外,我国台湾地区等也颁布一系列的产业法律、法规。

借鉴其他国家和我国台湾地区的经验,我们认为:第一,制约产业发展的因素非常多,而且不同产业的发展基础、目标和应当采取的措施差异极大,在经济全球化背景下尤为如此。因此,我国在较长时期内也不具备制定适用于各个产业的综合性产业法典的条件和环境。第二,如果必要,我国可以在总结经验的基础上针对特定的产业、特定的产业政策措施进行立法。例如,我国的《中小企业促进法》《循环经济促进法》即属此例。第三,产业政策目标的实现,需要运用包括信贷政策、税收政策、价格政策、投资政策、财政政策等其他政策措施。这就意味着,一方面,产业政策需要与其他经济政策予以协调和配合;另一方面,落实其他经济政策的法律规范和法律机制,同时也是实现产业政策的法律机制。例如:财政法、税法、价格法、金融法等;现行有效的行业及行业监管法,如煤炭法、电力法、电信法;现行有效的产业法,如农业法、科技法等。因此,我们应当充分发挥既有法律制度的功能,保障各类产业政策的有效实施,推动国民经济各个产业的健康发展。

四、产业法的主要内容

(一) 产业法的实体规范

1. 确认产业政策的效力,并保证产业政策的实施

尽管产业法与产业政策的属性不同,但是,由于两者都是以促进产业发展为根本目标,因此,为了确保产业政策能够得到尊重和实施,产业法应当肯定相关产业的产业政策的效力。例如,我国《煤炭法》第17条规定,国家制定优惠政策,支持煤炭工业发展,促进煤矿建设。煤矿建设项目应当符合煤炭生产开发规划和煤炭产业政策。又如,我国《企业国有资产法》第36条规定,国家出资企业投资应当符合国家产业政策。这些法律将遵守产业政策设计为强制性法律规范,极大地提高了产业政策的权威性。

2. 将产业政策的内容转化为产业法的内容

将产业政策的内容转化为产业法的内容,主要是指将产业政策中规定的措施法治化。例如,调整产业布局和结构的措施、调整产业组织的措施、提升产业技术的措施,使之成为具有普遍约束力的法律规范,从而获得更高的权威性和更强的可执行力。

(二) 产业法的程序规范

自1986年第一次使用产业政策这一概念以来,我国产业政策的制定工作已经积累了许多实践经验,形成了一些惯例和模式。为了保证产业政策的科学性、适用性和可操作性,有必要将好的经验以法的形式固定下来予以确认。产业法的程序规范,主要是指产业政策的制定主体及其权限和职责;产业政策的制定程序,包括产业政策草案的提出、论证、审议、批准等内容;产业政策的实施,包括实施的主体及其权利、义务

和责任;产业政策的监督检查,包括监督检查的体制和机制等内容。

  为了保证产业政策的严肃性和有效性,必须对产业政策进行监督检查。就我国产业政策的监督检查来说,有国家发展与改革委员会会同有关部门负责对产业政策的实施进行监督、检查,定期向国务院报告实施情况和效果,并根据经济形势、产业的变化,提出分析意见和修改建议。

第二十二章　国有资产管理法律制度

第一节　国有资产法概述

一、国有资产的概念和分类

国有资产，是指财产的所有权属于国家的财产。国有资产是国家所有权的客体。

为了便于对国有资产的管理，可以将国有资产划分为经营性国有资产、非经营性国有资产和资源性国有资产。经营性国有资产即国家作为出资者在企业中依法拥有的资本及其权益。增值性是经营性国有资产最突出的特点。经营性国有资产是国有资产中最重要、最活跃的部分，是国有资产不断增长的基础，因此成为国有资产管理的重点对象。非经营性国有资产主要是指行政事业性资产，即由行政事业单位占有、使用的，在法律上确认为国家所有，能以货币计量的各种经济资源的总和。非经营性国有资产主要运用于非生产领域，在使用目的上具有服务性，保证各项行政事业单位工作能够顺利开展，保障整个社会正常运转，因此，对非经营性国有资产的使用，不能以营利为目的。资源性国有资产，是指具有开发价值的国家自然资源，包括土地、矿藏、水流、森林、山岭、草原、滩涂、海洋等。根据我国的有关法律规定，绝大多数资源性资产的所有权属于国家，这是因为资源的私有化不能适应社会化大生产发展的要求，资源性资产的全社会拥有是社会化大生产的必然结果。

二、国有资产管理体制概述

国有资产管理体制是关于国有资产管理和经营的机构设置、职责划分以及管理和经营方式、方法等有关制度的总称。在我国，国有资产管理体制处于不断探索的过程之中。党的十四届三中全会作出的《关于建立社会主义市场经济体制若干问题的决定》提出，国有资产实行国家统一所有、政府分级监管、企业自主经营的体制。党的十五届四中全会提出："统一所有，分级管理，授权经营，分工监督"；党的十六大报告指出："在坚持国家所有的前提下，充分发挥中央和地方两个积极性。国家要制定法律法规，建立中央政府与地方政府分别代表国家履行出资人职责，享有所有者权益，权利、义务和责任相统一，管资产和管人、管事相结合的国有资产管理体制。"这就为国有资产管理创新明确了总体目标和基本框架。党的十六届二中全会进一步明确了国有资产管理体制改革的一系列重大原则，归纳起来就是："三分开、三统一、三结合"。"三分开"即：政企分开，政府授权国有资产监督管理机构对企业国有资产履行出资人职责，不直接管理国有企业；政资分开，国有资产监督管理机构不行使政府社会公共管理职能，政府其他机构、部门不履行企业国有资产出资人职责；所有权与经营权分开,国有资产监督管理机构不得直接干预企业的生产经营活动。"三统一"即:权利、义务和责任相统一。"三结合"即:管资产和管人、管事相结合。党的十八届三中全会作出的《关于全面深化改革若干重大问题的决定》要求,完善国有资产管理体制,以管资本为主加强国资产监管,改革国有资本授权经营体制,组建若干国有资本运营公司,支持有条件的国有企业改组为国有资本投资公司。国有资本投资运营要服务于国家战略目标,更多投向关系国家安全、国民经济命脉的重要行业和关键领域,重点提供公共服务、发展重要前瞻性战略性产业、保护生态环境、支持科技进步、保障国家安全。

三、国有资产管理立法和国有资产管理法的概念

(一) 国有资产管理立法

为了加强企业国有资产管理,第十一届全国人大常委会第五次会议于2008年10月28日制定了《中华人民共和国企业国有资产法》(简称《企业国有资产法》),自2009年5月1日起施行。此外,国务院制定了多个国有资产管理的行政法规,国务院有关部门制定了许多国有资产管理的部门规章,各个地方制定了为数众多的国有资产管理的地方性法规和地方政府规章。

从1993年起,第八、九、十届全国人大常委会先后将《中华人民共和国国有资产法》(简称《国有资产法》)列入了三个五年立法规划之中,可是该法至今尚未制定。为了加强国有资产管理,应该抓紧制定一部对于国有资产管理方面的各种规范性文件起统率作用的基本法律《国有资产法》,以利于贯彻我国《宪法》第7条的规定:"国有经济,即社会主义全民所有制经济,是国民经济中的主导力量。国家保障国有经济的巩固和发展。"

(二) 国有资产管理法的概念

国有资产管理法,是指调整在对国有资产进行管理过程中发生的经济关系的法律规范的总称。

国有资产管理法律制度包括国有资产管理和经营体制、国有资产收益和处分法律制度、国有资产清产核资法律制度、国有资产产权界定法律制度、国有资产产权登记法律制度、国有资产评估法律制度、国有资产统计法律制度、国有资产流失查处法律制度。

具体来讲,国有资产管理和经营体制,包括国有资产管理机构、国有资产营运机构、国有资产经营单位等具体制度等内容;国有资产收益和处分法律制度,包括国有资产收益分配、国有资产收益的收缴、国有资产经营预算、国有资产有偿转让、国有资产无偿划拨等内容;国有资产清产核资法律制度,包括资产清查、资产价值重估、资金核实等内容;国有资产产权界定法律制度,包括国有资产所有权界定、全民单位之间产权界定、产权界定的组织实施、产权纠纷处理程序等内容;国有资产产权登记法律制度,包括产权登记的种类、产权登记的主要内容、产权登记年度检查制度等内容;国有资产评估法律制度,包括国有资产评估的组织管理、评估程序、评估方法等内容。

按照国有资产分类管理,国有资产管理制度还可以分为国有企业财产管理法律制度、公司国有股权管理法律制度、中外合资合作经营企业国有产权管理法律制度、行政事业单位国有财产管理法律制度、资源性国有资产管理法律制度、境外国有资产管理法律制度等内容。

第二节 企业国有资产监督管理

一、企业国有资产的概念

企业国有资产,是指国家对企业各种形式的出资所形成的权益。国有资产属于国家所有即全民所有。国务院代表国家行使国有资产所有权。国有资产受法律保护,任何单位和个人不得侵害。

企业国有资产监督管理的目的就是为了维护国家基本经济制度,巩固和发展国有经济,加强对国有资产的保护,发挥国有经济在国民经济中的主导作用,促进社会主义市场经济发展。

二、企业国有资产监督管理体制和原则

国务院和地方人民政府依照法律、行政法规的规定,分别代表国家对国家出资企业履行出资人职责,享有出资人权益。

国务院和地方人民政府应当按照政企分开、社会公共管理职能与国有资产出资人职能分开、不干预企业依法自主经营的原则,依法履行出资人职责。

国家采取措施,推动国有资本向关系国民经济命脉和国家安全的重要行业和关键领域集中,优化国有经济布局和结构,推进国有企业的改革和发展,提高国有经济的整体素质,增强国有经济的控制力、影响力。

国家建立健全与社会主义市场经济发展要求相适应的国有资产管理与监督体制,建立健全国有资产保值增值考核和责任追究制度,落实国有资产保值增值责任。

三、履行出资人职责的机构及其职责

(一) 履行出资人职责的机构

履行出资人职责的机构,即代表本级人民政府履行出资人职责的机构、部门。

国务院国有资产监督管理机构和地方人民政府按照国务院的规定设立的国有资产监督管理机构,根据本级人民政府的授权,代表本级人民政府对国家出资企业履行出资人职责。同时,国务院和地方人民政府根据需要,可以授权其他部门、机构代表本级人民政府对国家出资企业履行出资人职责。

国务院确定的关系国民经济命脉和国家安全的大型国家出资企业、重要基础设施和重要自然资源等领域的国家出资企业,由国务院代表国家履行出资人职责。其他的国家出资企业,由地方人民政府代表国家履行出资人职责。

（二）履行出资人职责的机构的权责

第一，相对于国家出资企业，履行出资人职责的机构的权责如下：履行出资人职责的机构代表本级人民政府对国家出资企业依法享有资产收益、参与重大决策和选择管理者等出资人权利。履行出资人职责的机构依照法律、行政法规的规定，制定或者参与制定国家出资企业的章程。履行出资人职责的机构委派的股东代表参加国有资本控股公司、国有资本参股公司召开的股东会会议、股东大会会议，应当按照委派机构的指示提出提案、发表意见、行使表决权，并将其履行职责的情况和结果及时报告委派机构。

履行出资人职责的机构应当依照法律、行政法规以及企业章程履行出资人职责，保障出资人权益，防止国有资产损失。履行出资人职责的机构应当维护企业作为市场主体依法享有的权利，除依法履行出资人职责外，不得干预企业经营活动。

第二，相对于本级人民政府，履行出资人职责的机构负有以下义务：首先需要明确的是，履行出资人职责的机构对本级人民政府负责。因此，履行出资人职责的机构应向本级人民政府报告履行出资人职责的情况，接受本级人民政府的监督和考核，对国有资产的保值增值负责。履行出资人职责的机构应当按照国家有关规定，定期向本级人民政府报告有关国有资产总量、结构、变动、收益等汇总分析的情况。在履行职责过程中，对法律、行政法规和本级人民政府规定须经本级人民政府批准的重大事项，履行出资人职责的机构应当报请本级人民政府批准。

四、国家出资企业及其管理者的选择与考核

（一）国家出资企业的概念及其主要的权利、义务

国家出资企业，是指国家出资的国有独资企业（包括国有独资公司，下同），以及国有资本控股公司、国有资本参股公司。

国家出资企业对其动产、不动产和其他财产依照法律、行政法规以及企业章程享有占有、使用、收益和处分的权利。国家出资企业依法享有的经营自主权和其他合法权益受法律保护。

国家出资企业从事经营活动，应当遵守法律、行政法规，加强经营管理，提高经济效益，接受人民政府及其有关部门、机构依法实施的管理和监督，接受社会公众的监督，承担社会责任，对出资人负责。国家出资企业应当依法建立和完善法人治理结构，建立健全内部监督管理和风险控制制度。国家出资企业对其所出资企业依法享有资产收益、参与重大决策和选择管理者等出资人权利。国家出资企业对其所出资企业，应当依照法律、行政法规的规定，通过制定或者参与制定所出资企业的章程，建立权责明确、有效制衡的企业内部监督管理和风险控制制度，维护其出资人权益。

（二）国家出资企业管理者的选择

履行出资人职责的机构依照法律、行政法规以及企业章程的规定，任免或者建议任免国家出资企业的下列人员：(1) 任免国有独资企业的经理、副经理、财务负责人和其他高级管理人员；(2) 任免国有独资公司的董事长、副董事长、董事、监事会主席

和监事;(3) 向国有资本控股公司、国有资本参股公司的股东会、股东大会提出董事、监事人选。国家出资企业中应当由职工代表出任的董事、监事,依照有关法律、行政法规的规定由职工民主选举产生。

履行出资人职责的机构任命或者建议任命的董事、监事、高级管理人员,应当具备下列条件:(1) 有良好的品行;(2) 有符合职位要求的专业知识和工作能力;(3) 有能够正常履行职责的身体条件;(4) 法律、行政法规规定的其他条件。董事、监事、高级管理人员在任职期间出现不符合以上情形或者出现我国《公司法》规定的不得担任公司董事、监事、高级管理人员情形的,履行出资人职责的机构应当依法予以免职或者提出免职建议。

履行出资人职责的机构应当按照国家有关规定,确定其任命的国家出资企业管理者的薪酬标准。

(三) 国有独资企业的董事、高级管理人员的义务

未经履行出资人职责的机构同意,国有独资企业的董事、高级管理人员不得在其他企业兼职。未经股东会、股东大会同意,国有资本控股公司、国有资本参股公司的董事、高级管理人员不得在经营同类业务的其他企业兼职。

未经履行出资人职责的机构同意,国有独资公司的董事长不得兼任经理。未经股东会、股东大会同意,国有资本控股公司的董事长不得兼任经理。

国家出资企业的董事、监事、高级管理人员,应当遵守法律、行政法规以及企业章程,对企业负有忠实义务和勤勉义务,不得利用职权收受贿赂或者取得其他非法收入和不当利益,不得侵占、挪用企业资产,不得超越职权或者违反程序决定企业重大事项,不得有其他侵害国有资产出资人权益的行为。

(四) 国家出资企业管理者的考核

国家建立国家出资企业管理者经营业绩考核制度。履行出资人职责的机构应当对其任命的企业管理者进行年度和任期考核,并依据考核结果决定对企业管理者的奖惩。

国有独资企业和国有资本控股公司的主要负责人,应当接受依法进行的任期经济责任审计。

五、关系国有资产出资人权益的重大事项

(一) 一般规定

根据我国《企业国有资产法》第30条的规定,关系国有资产出资人权益的重大事项主要有:国家出资企业合并、分立、改制、上市,增加或者减少注册资本,发行债券,进行重大投资,为他人提供大额担保,转让重大财产,进行大额捐赠,分配利润,以及解散、申请破产等重大事项。国家出资企业出现上述事项时,应当遵守法律、行政法规以及企业章程的规定,不得损害出资人和债权人的权益。

国有独资企业合并、分立,增加或者减少注册资本,发行债券,分配利润,以及解散、申请破产,由履行出资人职责的机构决定。

重要的国有独资企业、国有资本控股公司的合并、分立、解散、申请破产以及法律、行政法规和本级人民政府规定应当由履行出资人职责的机构报经本级人民政府批准的重大事项,履行出资人职责的机构在作出决定或者向其委派参加国有资本控股公司股东会会议、股东大会会议的股东代表作出指示前,应当报请本级人民政府批准。所谓重要的国有独资企业和国有资本控股公司,按照国务院的规定确定。

针对企业改制、与关联方的交易、资产评估、国有资产转让等重大事项,我国《企业国有资产法》还作了专门规定。

(二) 企业改制

企业改制时,即国有独资企业改为国有独资公司的,国有独资企业改为国有资本控股公司或者非国有资本控股公司的,以及国有资本控股公司改为非国有资本控股公司的,应当依照法定程序,由履行出资人职责的机构决定或者由公司股东会、股东大会决定。重要的国有独资企业、国有资本控股公司的改制,履行出资人职责的机构在作出决定或者向其委派参加国有资本控股公司股东会会议、股东大会会议的股东代表作出指示前,应当将改制方案报请本级人民政府批准。

企业改制应当制定改制方案,载明改制后的企业组织形式、企业资产和债权债务处理方案、股权变动方案、改制的操作程序、资产评估和财务审计等中介机构的选聘等事项。企业改制涉及重新安置企业职工的,还应当制定职工安置方案,并经职工代表大会或者职工大会审议通过。

企业改制应当按照规定进行清产核资、财务审计、资产评估,准确界定和核实资产,客观、公正地确定资产的价值。企业改制涉及以企业的实物、知识产权、土地使用权等非货币财产折算为国有资本出资或者股份的,应当按照规定对折价财产进行评估,以评估确认价格作为确定国有资本出资额或者股份数额的依据。不得将财产低价折股或者有其他损害出资人权益的行为。

(三) 与关联方的交易

所谓关联方,是指本企业的董事、监事、高级管理人员及其近亲属,以及这些人员所有或者实际控制的企业。国家出资企业的关联方不得利用与国家出资企业之间的交易,谋取不当利益,损害国家出资企业利益。

国有独资企业、国有资本控股公司不得无偿向关联方提供资金、商品、服务或者其他资产,不得以不公平的价格与关联方进行交易。未经履行出资人职责的机构同意,国有独资企业不得与关联方订立财产转让、借款的协议;不得为关联方提供担保;不得与关联方共同出资设立企业,或者向董事、监事、高级管理人员或者其近亲属所有或者实际控制的企业投资。

公司董事会对公司与关联方的交易作出决议时,该交易涉及的董事不得行使表决权,也不得代理其他董事行使表决权。

(四) 资产评估

国有独资企业和国有资本控股公司合并、分立、改制,转让重大财产,以非货币财产对外投资,清算或者有法律、行政法规以及企业章程规定应当进行资产评估的其他情形的,应当按照规定对有关资产进行评估。

国有独资企业和国有资本控股公司应当委托依法设立的符合条件的资产评估机构进行资产评估;涉及应当报经履行出资人职责的机构决定的事项的,应当将委托资产评估机构的情况向履行出资人职责的机构报告。

国有独资企业、国有资本控股公司及其董事、监事、高级管理人员应当向资产评估机构如实提供有关情况和资料,不得与资产评估机构串通评估作价。资产评估机构及其工作人员受托评估有关资产,应当遵守法律、行政法规以及评估执业准则,独立、客观、公正地对受托评估的资产进行评估。资产评估机构应当对其出具的评估报告负责。

(五) 国有资产转让

我国《企业国有资产法》所称的国有资产转让,是指依法将国家对企业的出资所形成的权益转移给其他单位或者个人的行为;按照国家规定无偿划转国有资产的除外。

国有资产转让应当有利于国有经济布局和结构的战略性调整,防止国有资产损失,不得损害交易各方的合法权益。国有资产转让由履行出资人职责的机构决定。履行出资人职责的机构决定转让全部国有资产的,或者转让部分国有资产致使国家对该企业不再具有控股地位的,应当报请本级人民政府批准。

国有资产转让应当遵循等价有偿和公开、公平、公正的原则。为此,除按照国家规定可以直接协议转让的以外,国有资产转让应当在依法设立的产权交易场所公开进行。转让方应当如实披露有关信息,征集受让方;征集产生的受让方为两个以上的,转让应当采用公开竞价的交易方式;转让上市交易的股份依照我国《证券法》的规定进行。

国有资产转让应当以依法评估的、经履行出资人职责的机构认可或者由履行出资人职责的机构报经本级人民政府核准的价格为依据,合理确定最低转让价格。

法律、行政法规或者国务院国有资产监督管理机构规定可以向本企业的董事、监事、高级管理人员或者其近亲属,或者这些人员所有或者实际控制的企业转让的国有资产,在转让时,上述人员或者企业参与受让的,应当与其他受让参与者平等竞买;转让方应当按照国家有关规定,如实披露有关信息;相关的董事、监事和高级管理人员不得参与转让方案的制订和组织实施的各项工作。

国有资产向境外投资者转让的,应当遵守国家有关规定,不得危害国家安全和社会公共利益。

六、国有资本经营预算

国家建立健全国有资本经营预算制度,对取得的国有资本收入及其支出实行预算管理。

国家取得的下列国有资本收入,以及下列收入的支出,应当编制国有资本经营预算:(1)从国家出资企业分得的利润;(2)国有资产转让收入;(3)从国家出资企取得的清算收入;(4)其他国有资本收入。

国有资本经营预算按年度单独编制,纳入本级人民政府预算,报本级人民代表大会批准。国有资本经营预算支出按照当年预算收入规模安排,不列赤字。

国务院和有关地方人民政府财政部门负责国有资本经营预算草案的编制工作,履行出资人职责的机构向财政部门提出由其履行出资人职责的国有资本经营预算建议草案。

七、企业国有资产监督

(一)各级人民代表大会的监督

各级人民代表大会常务委员会通过听取和审议本级人民政府履行出资人职责的情况和国有资产监督管理情况的专项工作报告,组织对我国《企业国有资产法》实施情况的执法检查等,依法行使监督职权。

(二)各级人民政府的监督

国务院和地方人民政府应当对其授权履行出资人职责的机构履行职责的情况进行监督。

(三)各级审计机关的监督

国务院和地方人民政府审计机关依照我国《审计法》的规定,对国有资本经营预算的执行情况和属于审计监督对象的国家出资企业进行审计监督。

(四)社会公众的监督

国务院和地方人民政府应当依法向社会公布国有资产状况和国有资产监督管理工作情况,接受社会公众的监督。任何单位和个人有权对造成国有资产损失的行为进行检举和控告。

(五)履行出资人职责的机构

履行出资人职责的机构根据需要,可以委托会计师事务所对国有独资企业的年度财务会计报告进行审计,或者通过国有资本控股公司的股东会、股东大会决议,由国有资本控股公司聘请会计师事务所对公司的年度财务会计报告进行审计,维护出资人权益。

第三节 行政单位和事业单位国有资产管理

一、行政单位国有资产管理

(一)行政单位国有资产的概念

行政单位国有资产,是指由各级行政单位以及各级党的机关、人大机关、行政机关、政协机关、审判机关、检察机关和各民主党派机关占有、使用的,依法确认为国家所有,能以货币计量的各种经济资源的总称,即行政单位的国有(公共)财产。

行政单位国有资产包括行政单位用国家财政性资金形成的资产、国家调拨给行政单位的资产、行政单位按照国家规定组织收入形成的资产,以及接受捐赠和其他经法律确认为国家所有的资产,其表现形式为固定资产、流动资产和无形资产等。

(二) 行政单位国有资产管理的主要任务

行政单位国有资产管理的主要任务是:建立和健全各项规章制度;推动国有资产的合理配置和有效使用;保障国有资产的安全和完整;监管尚未脱钩的经济实体的国有资产,实现国有资产的保值增值。

(三) 行政单位国有资产管理的内容

行政单位国有资产管理的内容包括:资产配置、资产使用、资产处置、资产评估、产权界定、产权纠纷调处、产权登记、资产清查、资产统计报告和监督检查等。

(四) 行政单位国有资产管理的原则

行政单位国有资产管理活动,应当遵循以下原则:(1) 资产管理与预算管理相结合;(2) 资产管理与财务管理相结合;(3) 实物管理与价值管理相结合。

(五) 行政单位国有资产管理体制

行政单位国有资产管理,实行国家统一所有,政府分级监管,单位占有、使用的管理体制。

(六) 行政单位国有资产管理管理机构及职责

1. 各级财政部门

各级财政部门是政府负责行政单位国有资产管理的职能部门,对行政单位国有资产实行综合管理。其主要职责是:(1) 贯彻执行国家有关国有资产管理的法律、法规和政策;(2) 根据国家国有资产管理的有关规定,制定行政单位国有资产管理的规章制度,并对执行情况进行监督检查;(3) 负责会同有关部门研究制定本级行政单位国有资产配置标准,负责资产配置事项的审批,按规定进行资产处置和产权变动事项的审批,负责组织产权界定、产权纠纷调处、资产统计报告、资产评估、资产清查等工作;(4) 负责本级行政单位出租、出借国有资产的审批,负责与行政单位尚未脱钩的经济实体的国有资产的监督管理;(5) 负责本级行政单位国有资产收益的监督、管理;(6) 对本级行政单位和下级财政部门的国有资产管理工作进行监督、检查;(7) 向本级政府和上级财政部门报告有关国有资产管理工作。

2. 行政单位

行政单位对本单位占有、使用的国有资产实施具体管理。其主要职责是:(1) 根据行政单位国有资产管理的规定,负责制定本单位国有资产管理具体办法并组织实施;(2) 负责本单位国有资产的账卡管理、清查登记、统计报告及日常监督检查等工作;(3) 负责本单位国有资产的采购、验收、维修和保养等日常管理工作,保障国有资产的安全完整;(4) 负责办理本单位国有资产的配置、处置、出租、出借等事项的报批手续;(5) 负责与行政单位尚未脱钩的经济实体的国有资产的具体监督管理工作并承担保值增值的责任;(6) 接受财政部门的指导和监督,报告本单位国有资产管理情况。

财政部门根据工作需要,可以将国有资产管理的部分工作交由有关单位完成。

有关单位应当完成所交给的国有资产管理工作,向财政部门负责,并报告工作的完成情况。

(七) 行政单位国有资产使用和处置

行政单位应当建立健全国有资产使用管理制度,规范国有资产使用行为。行政单位应当建立严格的国有资产管理责任制,将国有资产管理责任落实到人。

行政单位不得用国有资产对外担保,法律另有规定的除外。行政单位不得以任何形式用占有、使用的国有资产举办经济实体。行政单位拟将占有、使用的国有资产对外出租、出借的,必须事先上报同级财政部门审核批准。未经批准,不得对外出租、出借。同级财政部门应当根据实际情况对行政单位国有资产对外出租、出借事项严格控制,从严审批。行政单位出租、出借的国有资产,其所有权性质不变,仍归国家所有;所形成的收入,按照政府非税收入管理的规定,实行"收支两条线"管理。

行政单位国有资产处置,是指行政单位国有资产产权的转移及核销,包括各类国有资产的无偿转让、出售、置换、报损、报废等。行政单位需处置的国有资产范围包括:(1) 闲置资产;(2) 因技术原因并经过科学论证,确需报废、淘汰的资产;(3) 因单位分立、撤销、合并、改制、隶属关系改变等原因发生的产权或者使用权转移的资产;(4) 盘亏、呆账及非正常损失的资产;(5) 已超过使用年限无法使用的资产;(6) 依照国家有关规定需要进行资产处置的其他情形。

行政单位处置国有资产应当严格履行审批手续,未经批准不得处置。资产处置应当由行政单位资产管理部门会同财务部门、技术部门审核鉴定,提出意见,按审批权限报送审批。行政单位国有资产处置应当按照公开、公正、公平的原则进行。资产的出售与置换应当采取拍卖、招投标、协议转让及国家法律、行政法规规定的其他方式进行。行政单位国有资产处置的变价收入和残值收入,按照政府非税收入管理的规定,实行"收支两条线"管理。行政单位分立、撤销、合并、改制及隶属关系发生改变时,应当对其占有、使用的国有资产进行清查登记,编制清册,报送财政部门审核、处置,并及时办理资产转移手续。

二、事业单位国有资产管理

(一) 事业单位国有资产的概念

事业单位国有资产,是指事业单位占有、使用的,依法确认为国家所有,能以货币计量的各种经济资源的总称,即事业单位的国有(公共)财产。

事业单位国有资产包括国家拨给事业单位的资产,事业单位按照国家规定运用国有资产组织收入形成的资产,以及接受捐赠和其他经法律确认为国家所有的资产,其表现形式为流动资产、固定资产、无形资产和对外投资等。

(二) 事业单位国有资产管理的原则

事业单位国有资产管理活动,应当坚持以下原则:(1) 坚持资产管理与预算管理相结合的原则,推行实物费用定额制度,促进事业资产整合与共享共用,实现资产管理和预算管理的紧密统一;(2) 应当坚持所有权和使用权相分离的原则;(3) 坚持资产管理与财务管理、实物管理与价值管理相结合的原则。

(三) 事业单位国有资产管理体制

事业单位国有资产实行国家统一所有,政府分级监管,单位占有、使用的管理体制。

(四) 事业单位国有资产管理机构及其职责

1. 各级财政部门

各级财政部门是政府负责事业单位国有资产管理的职能部门,对事业单位的国有资产实施综合管理。其主要职责是:(1) 根据国家有关国有资产管理的规定,制定事业单位国有资产管理的规章制度,并组织实施和监督检查;(2) 研究制定本级事业单位实物资产配置标准和相关的费用标准,组织本级事业单位国有资产的产权登记、产权界定、产权纠纷调处、资产评估监管、资产清查和统计报告等基础管理工作;(3) 按规定权限审批本级事业单位有关资产购置、处置和利用国有资产对外投资、出租、出借和担保等事项,组织事业单位长期闲置、低效运转和超标准配置资产的调剂工作,建立事业单位国有资产整合、共享、共用机制;(4) 推进本级有条件的事业单位实现国有资产的市场化、社会化,加强事业单位转企改制工作中国有资产的监督管理;(5) 负责本级事业单位国有资产收益的监督管理;(6) 建立和完善事业单位国有资产管理信息系统,对事业单位国有资产实行动态管理;(7) 研究建立事业单位国有资产安全性、完整性和使用有效性的评价方法、评价标准和评价机制,对事业单位国有资产实行绩效管理;(8) 监督、指导本级事业单位及其主管部门、下级财政部门的国有资产管理工作。

2. 事业单位的主管部门

事业单位的主管部门(以下简称主管部门)负责对本部门所属事业单位的国有资产实施监督管理。其主要职责是:(1) 根据本级和上级财政部门有关国有资产管理的规定,制定本部门事业单位国有资产管理的实施办法,并组织实施和监督检查;(2) 组织本部门事业单位国有资产的清查、登记、统计汇总及日常监督检查工作;(3) 审核本部门所属事业单位利用国有资产对外投资、出租、出借和担保等事项,按规定权限审核或者审批有关资产购置、处置事项;(4) 负责本部门所属事业单位长期闲置、低效运转和超标准配置资产的调剂工作,优化事业单位国有资产配置,推动事业单位国有资产共享、共用;(5) 督促本部门所属事业单位按规定缴纳国有资产收益;(6) 组织实施对本部门所属事业单位国有资产管理和使用情况的评价考核;(7) 接受同级财政部门的监督、指导并向其报告有关事业单位国有资产管理工作。

3. 事业单位

事业单位负责对本单位占有、使用的国有资产实施具体管理。其主要职责是:(1) 根据事业单位国有资产管理的有关规定,制定本单位国有资产管理的具体办法并组织实施;(2) 负责本单位资产购置、验收入库、维护保管等日常管理,负责本单位资产的账卡管理、清查登记、统计报告及日常监督检查工作;(3) 办理本单位国有资产配置、处置和对外投资、出租、出借和担保等事项的报批手续;(4) 负责本单位用于对外投资、出租、出借和担保的资产的保值增值,按照规定及时、足额缴纳国有资产收益;(5)负责本单位存量资产的有效利用,参与大型仪器、设备等资产的共享、共用和公共研究平台建设工作;(6)接受主管部门和同级财政部门的监督、指导并向其报告有关国有资产管理工作。

(五)事业单位国有资产处置

事业单位国有资产处置,是指事业单位对其占有、使用的国有资产进行产权转让或者注销产权的行为。处置方式包括出售、出让、转让、对外捐赠、报废、报损以及货币性资产损失核销等。事业单位国有资产处置应当遵循公开、公正、公平的原则。事业单位处置国有资产,应当严格履行审批手续,未经批准不得自行处置。

事业单位占有、使用的房屋建筑物、土地和车辆的处置,货币性资产损失的核销,以及单位价值或者批量价值在规定限额以上的资产的处置,经主管部门审核后报同级财政部门审批;规定限额以下的资产的处置报主管部门审批,主管部门将审批结果定期报同级财政部门备案。法律、行政法规另有规定的,依照其规定。

财政部门或者主管部门对事业单位国有资产处置事项的批复是财政部门重新安排事业单位有关资产配置预算项目的参考依据,是事业单位调整相关会计账目的凭证。

事业单位出售、出让、转让、变卖资产数量较多或者价值较高的,应当通过拍卖等市场竞价方式公开处置。

事业单位国有资产处置收入属于国家所有,应当按照政府非税收入管理的规定,实行"收支两条线"管理。

第四节 国有资产产权登记法律制度

一、统一政策、分级管理的产权登记管理体制

为了健全国有资产基础管理制度,防止国有资产流失,按照"国家所有、分级管理、授权经营、分工监督"的原则,我国建立了国有资产产权登记管理制度。

(一)国有资产产权登记的种类

国有资产产权登记包括企业国有资产登记和行政事业单位国有资产产权登记两大类。企业国有资产产权登记(以下简称产权登记),是指国有资产管理部门代表政府对占有国有资产的各类企业的资产、负债、所有者权益等产权状况进行登记,依法确认产权归属关系的行为。行政事业资产产权登记,是国有资产管理部门代表国家对行政事业资产进行登记,依法确认国家对国有资产的所有权和行政事业单位占有、使用国有资产的法律行为。产权登记分为占有产权登记、变动产权登记和注销产权登记。

考虑到经济法学科的特点,本书以企业国有资产产权登记为重点。根据有关法律规定,下列已取得或申请取得法人资格的企业或国家授权投资的机构(以下统称企业),应当按规定申办企业国有资产产权登记(以下简称产权登记):(1) 国有企业;(2) 国有独资公司;(3) 国家授权投资的机构;(4) 设置国有股权的有限责任公司和股份有限公司;(5) 国有企业、国有独资公司或国家授权投资机构投资设立的企业;(6) 其他形式占有、使用国有资产的企业。

(二) 产权登记机关及其分工

产权登记机关是县级以上各级政府负责国有资产管理的部门。产权登记按照统一政策、分级管理的原则,由县级以上政府负责国有资产管理的部门按产权归属关系组织实施。财政部主管全国产权登记工作,统一制定产权登记的各项政策法规。上级产权登记机关指导下级产权登记机关的产权登记工作。财政(国有资产管理)部门审定和颁发的《中华人民共和国企业国有资产产权登记证》(以下简称产权登记证),是依法确认企业产权归属关系的法律凭证和政府对企业授权经营国有资本的基本依据。

由两个及两个以上国有资本出资人共同投资设立的企业,按国有资本额最大的出资人的产权归属关系确定企业产权登记的管辖机关。若国有资本各出资人出资额相等,则按推举的出资人的产权归属关系确定企业产权登记的管辖机关,其余出资人出具产权登记委托书。产权登记机关办理上述企业产权登记时,应将产权登记表原件一式多份分送企业其余国有资本出资人。

企业提供保证、定金或设置抵押、质押、留置,以及发生资产被司法机关冻结情况的,应当在申办各类产权登记中如实向产权登记机关报告。企业以设置抵押、质押、留置、作为定金以及属于司法冻结的资产用于投资或进行产权(股权)转让时,必须符合我国《担保法》等有关法律、法规的规定,否则,产权登记机关不予登记。

(三) 产权登记机关的职责

产权登记机关依法履行下列职责:(1) 依法确认企业产权归属,理顺企业集团内部产权关系;(2) 掌握企业国有资产占有、使用的状况;(3) 监管企业的国有产权变动;(4) 检查企业国有资产经营状况;(5) 监督国家授权投资机构、国有企业和国有独资公司的出资行为;(6) 备案企业的担保或资产被司法冻结等产权或有变动事项;(7) 在汇总、分析的基础上,编报并向同级政府和上级产权登记机关呈送产权登记与产权变动状况分析报告。

二、占有产权登记

已取得法人资格的企业应当向产权登记机关申办占有产权登记,填写《企业国有资产占有产权登记表》,并提交下列文件、资料:(1) 由出资人的母公司或上级单位批准设立的文件、投资协议书或出资证明文件;(2) 经注册会计师审计的或财政部门核定的企业上一年度财务报告;(3) 各出资人的企业法人营业执照副本、经注册会计师审计的或财政部门核定的企业上一年度财务报告,其中国有资本出资人还应当提交产权登记证副本;(4) 企业章程;(5) 《企业法人营业执照》副本;(6) 企业提供保证、定金或设置抵押、质押、留置以及资产被司法机关冻结的相关文件;(7) 申办产权登记的申请;(8) 产权登记机关要求提交的其他文件、资料。申请取得法人资格的企业应当于申请办理工商注册登记前 30 日内,向财政(国有资产管理)部门办理产权登记,填写《企业国有资产占有产权登记表》,并提交规定的文件、资料,办理企业国有资产占有产权登记。产权登记机关核准企业占有登记后,向企业核发产权登记证。

事业单位和社会团体法人设立企业或对企业追加投资的,应当提交《中华人民共和国国有资产产权登记证(行政事业单位)》及上级单位批准的非经营性资产转经营性资产的可行性研究报告,产权登记机关审查后直接办理占有或变动产权登记手续。

除政府批准设立外,企业的组织形式不得登记为国有独资公司。国有企业设立的全资企业,其组织形式不得登记为集体企业。

三、变动产权登记

企业发生下列情形之一的,应当在规定的期限内向原产权登记机关申办变动产权登记:(1) 企业名称、住所或法定代表人改变的;(2) 企业组织形式发生变动的;(3) 企业国有资本额发生增减变动的;(4) 企业国有资本出资人发生变动的;(5) 产权登记机关规定的其他变动情形。

企业申办变动产权登记应当填写《企业国有资产变动产权登记表》,并提交规定的文件、资料。企业发生国有产权变动而不及时办理相应产权登记手续,致使产权登记证正本、副本记载情况与实际情况不符的,由企业承担相应的法律责任。

四、注销产权登记

企业发生下列情形之一的,应当向原产权登记机关申办注销产权登记:(1) 企业解散、被依法撤销或被依法宣告破产;(2) 企业转让全部国有产权或改制后不再设置国有股权的;(3) 产权登记机关规定的其他情形。

企业解散的,应当自出资人的母公司或上级单位批准之日起 30 日内,向原产权登记机关申办注销产权登记。企业被依法撤销的,应当自政府有关部门决定之日起 30 日内向原产权登记机关申办注销产权登记。企业被依法宣告破产的,应当自法院裁定之日起 60 日内由企业破产清算机构向原产权登记机关申办注销产权登记。企业转让全部国有产权(股权)或改制后不再设置国有股权的,应当自出资人的母公司或上级单位批准后 30 日内向原产权登记机关申办注销产权登记。

企业申办注销产权登记时应当填写《企业国有资产注销产权登记表》,并提交规定的文件、资料。产权登记机关核准企业注销产权登记后,收回被注销企业的产权登记证正本和副本。

五、产权登记年度检查

企业应当于每个公历年度终了后 90 日内,办理工商年检登记之前,向产权登记机关申办产权登记年度检查。

企业申办产权登记年度检查时应当按产权登记机关的规定上报企业国有资产经

营年度报告书和填写《企业国有资产产权登记年度检查表》,并提交规定的文件、资料。

企业应当按产权登记机关的规定及时办理年度检查,如不按规定办理年度检查的或年度检查不合格的,其产权登记证不再具有法律效力。

产权登记机关在年度检查中发现企业未及时办理产权登记问题时,应当督促其按有关规定补办产权登记。未补办产权登记的,其年度检查不予通过。

六、产权登记程序

企业申办产权登记,应当按规定填写相应的产权登记表,并向产权登记机关提交有关的文件、资料。企业申办产权登记必须经政府管理的企业或企业集团母公司(含政府授权经营的企业)出具审核意见;仍由政府有关部门、机构或国有社会团体管理的企业,由部门、机构或社团出具审核意见。企业未按上述规定取得审核意见的,产权登记机关不予受理产权登记。

产权登记机关收到企业提交的符合规定的全部文件、资料后,发给《产权登记受理通知书》,并于10个工作日内作出核准产权登记或不准予产权登记的决定。产权登记机关核准产权登记的,发给、换发或收缴企业的产权登记证正本和副本。产权登记机关不予登记的,应当自作出决定之日起3日内通知登记申请人,并说明原因。

企业发生规定的情形,需暂缓办理产权登记的,应向产权登记机关提出书面申请。产权登记机关自收到企业书面申请10个工作日内,依据实际情况以书面文件通知企业准予或不准予暂缓登记。

企业有下列行为之一的,产权登记机关有权要求其更正,拒不更正的,产权登记机关不予办理产权登记:(1)企业填报的产权登记表各项内容或提交的文件违反有关法规的;(2)企业以实物或无形资产出资,未按国家有关规定进行资产评估或折股的;(3)企业的投资行为、产权变动行为违反法律、行政法规和国家有关政策规定或使国有资产权益受到侵害的。

七、法律责任

企业不在规定的期限内办理产权登记及其年度检查的,产权登记机关责令其限期办理,并视情节轻重,处以1000元以上3万元以下罚款,逾期仍不办理的,产权登记机关视情节轻重,处以3万元以上6万元以下罚款,并提请政府有关部门对企业领导人员和直接责任人员给予相应的纪律处分。

企业提供虚假财务报告或证明文件,隐瞒真实情况,骗取产权登记及其年度检查的;伪造、涂改、出借、出租、出卖产权登记表和产权登记证等其他行为的,产权登记机关责令其限期改正,并予以通报批评,视情节轻重处以6万元以上10万元以下罚款,并提请政府有关部门对企业领导人员和直接责任人员给予相应的纪律处分。

会计、评估、法律咨询事务所(公司)等中介机构故意为企业出具虚假的审计、验资报告或有关证明文件的,将不得再从事与产权登记有关的审计、验资、评估等事务,产权登记机关将向注册会计师协会等管理机构通报情况,并予以公告;造成国有资产流失并构成犯罪的,依法追究其刑事责任。

产权登记行政处罚决定由财政(国有资产管理)部门负责人核准并加盖公章以"企业产权登记行政处罚决定书"(以下简称"决定书")的形式通知受处罚企业。需要罚款的,同时向指定缴款银行签发财政部门统一印制的罚款收据。企业对行政处罚决定不服的,可以在收到"决定书"之日起15日内向上一级产权登记机关申请行政复议。上一级产权登记机关应当自受理复议之日起60日内作出复议决定。

企业违反规定不办理产权登记及其年度检查,造成国有资产流失并构成犯罪的,依法追究其刑事责任。

第五节 国有资产评估法律制度

一、资产评估的概念和种类

资产评估是由评估机构根据特定的目的,按照法定的程序,运用科学的方法,遵循公允的原则和标准对资产的现时价格进行评定和估算。为了正确体现国有资产的价值量,保护国有资产所有者和经营者、使用者的合法权益,我国建立了国有资产评估管理法律制度。国有资产评估范围包括:固定资产、流动资产、无形资产和其他资产。国有资产评估应当遵循真实性、科学性、可行性原则,依照国家规定的标准、程序和方法进行评定和估算。依据强制性的不同,国有资产评估可以分为法定评估和自愿评估两种类型。

法定评估,是指基于法定情形国有资产占有单位必须进行的国有资产评估。根据有关法律规定,国有资产占有单位(以下简称占有单位)有下列情形之一的,应当进行资产评估:(1)资产拍卖、转让;(2)企业兼并、出售、联营、股份经营;(3)与外国公司、企业和其他经济组织或者个人开办中外合资经营企业或者中外合作经营企业;(4)企业清算;(5)依照国家有关规定需要进行资产评估的其他情形。

自愿评估,是指在法定评估情形之外,国有资产占有单位基于自己的意愿根据需要进行的国有资产评估。根据有关法律规定,占有单位有下列情形之一,当事人认为需要的,可以进行资产评估:(1)资产抵押及其他担保;(2)企业租赁;(3)需要进行资产评估的其他情形。

二、组织管理

国有资产评估工作,按照国有资产管理权限,由国有资产管理行政主管部门负责管理和监督。国有资产评估组织工作,按照占有单位的隶属关系,由行业主管部门负责。国有资产管理行政主管部门和行业主管部门不直接从事国有资产评估业务。

持有国务院或者省、自治区、直辖市人民政府国有资产管理行政主管部门颁发的国有资产评估资格证书的资产评估公司、会计师事务所、审计事务所、财务咨询公司,经国务院或者省、自治区、直辖市人民政府国有资产管理行政主管部门认可的临时评估机构(以下统称资产评估机构),可以接受占有单位的委托,从事国有资产评估业务。

占有单位委托资产评估机构进行资产评估时,应当如实提供有关情况和资料。资产评估机构应当对占有单位提供的有关情况和资料保守秘密。

三、评估程序

概括地讲,国有资产评估应当按照下列程序进行:

(一) 申请立项

依法进行资产评估的占有单位,经其主管部门审查同意后,应当向同级国有资产管理行政主管部门提交资产评估立项申请书,并附财产目录和有关会计报表等资料。经国有资产管理行政主管部门授权或者委托,占有单位的主管部门可以审批资产评估立项申请。国有资产管理行政主管部门应当自收到资产评估立项申请书之日起10日内进行审核,并作出是否准予资产评估立项的决定,通知申请单位及其主管部门。国务院决定对全国或者特定行业进行国有资产评估的,视为已经准予资产评估立项。

(二) 资产清查

申请单位收到准予资产评估立项通知书后,可以委托资产评估机构评估资产。受占有单位委托的资产评估机构应当在对委托单位的资产、债权、债务进行全面清查的基础上,核实资产账面与实际是否相符,经营成果是否真实,据以作出鉴定。

(三) 评定估算

受占有单位委托的资产评估机构应当根据规定,对委托单位被评估资产的价值进行评定和估算,并向委托单位提出资产评估结果报告书。

(四) 验证确认

委托单位收到资产评估机构的资产评估结果报告书后,应当报其主管部门审查;主管部门审查同意后,报同级国有资产管理行政主管部门确认资产评估结果。

经国有资产管理行政主管部门授权或者委托,占有单位的主管部门可以确认资产评估结果。国有资产管理行政主管部门应当自收到占有单位报送的资产评估结果报告书之日起45日内组织审核、验证、协商,确认资产评估结果,并下达确认通知书。

占有单位对确认通知书有异议的,可以自收到通知书之日起15日内向上一级国有资产管理行政主管部门申请复核。上一级国有资产管理行政主管部门应当自收到复核申请之日起30日内作出裁定,并下达裁定通知书。

占有单位收到确认通知书或者裁定通知书后,应当根据国家有关财务、会计制度进行账务处理。

四、评估方法

国有资产重估价值,根据资产原值、净值、新旧程度、重置成本、获利能力等因素和规定的资产评估方法评定。

(一) 收益现值法

用收益现值法进行资产评估的,应当根据被评估资产合理的预期获利能力和适当的折现率,计算出资产的现值,并以此评定重估价值。

(二) 重置成本法

用重置成本法进行资产评估的,应当根据该项资产在全新情况下的重置成本,减去按重置成本计算的已使用年限的累积折旧额,考虑资产功能变化、成新率等因素,评定重估价值;或者根据资产的使用期限,考虑资产功能变化等因素重新确定成新率,评定重估价值。

(三) 现行市价法

用现行市价法进行资产评估的,应当参照相同或者类似资产的市场价格,评定重估价值。

(四) 清算价格法

用清算价格法进行资产评估的,应当根据企业清算时其资产可变现的价值,评定重估价值。

(五) 国务院国有资产管理行政主管部门规定的其他评估方法

对流动资产中的原材料、在制品、协作件、库存商品、低值易耗品等进行评估时,应当根据该项资产的现行市场价格、计划价格,考虑购置费用、产品完工程度、损耗等因素,评定重估价值。对有价证券的评估,参照市场价格评定重估价值;没有市场价格的,考虑票面价值、预期收益等因素,评定重估价值。

对占有单位的无形资产,区别下列情况评定重估价值:(1) 外购的无形资产,根据购入成本及该项资产具有的获利能力;(2) 自创或者自身拥有的无形资产,根据其形成时所需实际成本及该项资产具有的获利能力;(3) 自创或者自身拥有的未单独计算成本的无形资产,根据该项资产具有的获利能力。

五、法律责任

占有单位违反规定,提供虚假情况和资料,或者与资产评估机构串通作弊,致使资产评估结果失实的,国有资产管理行政主管部门可以宣布资产评估结果无效,并可以根据情节轻重,单处或者并处下列处罚:(1) 通报批评;(2) 限期改正,并可以处以相当于评估费用以下的罚款;(3) 提请有关部门对单位主管人员和直接责任人员给予行政处分,并可以处以相当于本人3个月基本工资以下的罚款。情节严重,构成犯罪的,由司法机关依法追究刑事责任。

资产评估机构作弊或者玩忽职守,致使资产评估结果失实的,国有资产管理行政主管部门可以宣布资产评估结果无效,并可以根据情节轻重,对该资产评估机构给予下列处罚:(1) 警告;(2) 停业整顿;(3) 吊销国有资产评估资格证书。情节严重,构成犯罪的,由司法机关依法追究刑事责任。

被处罚的单位和个人对行政处罚决定不服的,可以在收到处罚通知之日起15日内,向上一级国有资产管理行政主管部门申请复议。上一级国有资产管理行政主管部门应当自收到复议申请之日起60日内作出复议决定。申请人对复议决定不服的,可以自收到复议通知之日起15日内向人民法院提起诉讼。

　　国有资产管理行政主管部门或者行业主管部门工作人员利用职权谋取私利,或者玩忽职守,造成国有资产损失的,国有资产管理行政主管部门或者行业主管部门可以按照干部管理权限,给予行政处分,并可以处以相当于本人3个月基本工资以下的罚款。利用职权谋取私利的,由有查处权的部门依法追缴其非法所得。情节严重,构成犯罪的,由司法机关依法追究刑事责任。

第二十三章 自然资源法律制度

第一节 自然资源法的概念和原则

一、自然资源法的概念

自然资源过去仅指自然环境中的原材料,如森林、草原、矿产、燃料以及鱼、兽等,现在则扩展到包括整个自然环境在内,由大气到海洋,由沙漠到极区一切能够为人类利用的自然要素,如土壤、水、草场、森林、野生动植物、矿物、阳光、空气等等。

对自然资源可以从不同的角度进行划分。按资源总的分类,可以分资源和潜在资源。按资源用途可以划分为生产资源、风景资源、科学资源等。按资源的属性可以划分为土地资源、水资源、气候资源、生物资源、矿物资源等。按资源可被人类利用时间的长短可以分有限资源和无限资源。有限资源又可分为可更新资源和不可更新资源两类。

自然资源是人类赖以生存和发展的物质基础,是国计民生的基本保障,是国家实现社会主义现代化的重要条件。随着经济建设事业的发展和科学技术的进步,随着社会主义市场经济的建立,人们将会更好地进行多目标的综合利用、开发自然资源,使之为人类服务。但是,自然资源又不都是取之不尽、用之不竭的物质,有的采后不能复生。而且,当这自然资源由于不合理地开发利用甚至遭到破坏时,还会影响人类的生态平衡,以致贻害后代。

我国国土辽阔,矿藏丰富,但是,人均耕地面积少,森林覆盖率低,草原沙化严重,水资源的人均占有量也大大低于世界平均水平,矿产资源中贫矿及共生、伴生矿较多等。这一切,就向我们尖锐地提出了为什么必须通过加强自然资源立法,来系统地解决如何管理、保护、开发、利用自然资源的问题。

资源、环境和人口、发展,被公认是当今世界各国所面临的四大突出问题,所以,保护自然资源已成为一项全球性的共同任务。近些年来,各国都在加强自然资源立法。鉴于世界自然资源破坏日趋严重,1975年联合国环境规划署与国际自然和自然资源保护同盟经过讨论,形成了《世界自然资源保护大纲》的思想,并着手起草该《大纲》。1980年3月5日,我国同世界三十多个国家一起,同时公布了由国际自然和自然资源保护同盟、联合国环境规划署和世界野生生物基金会共同制定的《世界自然资源保护大纲》。1987年5月22日,我国也颁布了《中国自然保护纲要》。新中国建立以来,特别是近二十多年来,我国陆续制定了一系列的自然资源法律、法规。全国人大常委会已先后通过了我国的《土地管理法》《森林法》《草原法》《水法》《水土保持法》《渔业法》《野生动物保护法》和《矿产资源法》等法律。国务院也相应制定了若干自然资源法律的实施条例、细则和重要规定。可以说,我国自然资源法已比较完备,无法可依的状况已有了根本改观。

自然资源法是调整在管理、保护、开发、利用自然资源过程中发生的经济关系的法律规范的总称。

自然资源法所调整的社会关系非常广泛,主要调整如下几个方面的社会关系:一是自然资源的权属关系。人们在开发、利用、保护和管理自然资源的过程中,首先涉及的是自然资源的所有权、使用权、专项权益关系等。自然资源的权属关系,除宪法作出规定外,一般都是通过制定各项自然资源法律确立的。二是自然资源的管理关系。人们在开发、利用和保护各种自然资源的社会经济活动时,形成了复杂多样的管理关系,如土地管理关系、渔业管理关系、矿产资源管理关系等。三是自然资源涉及的其他经济关系。人们在利用和保护自然资源过程中,还会涉及其他一些经济关系,如财政关系、金融关系、税收关系、劳动关系等。

二、自然资源法的原则

我国自然资源法的原则主要有:

(一) 坚持重要自然资源属于社会主义国家所有的原则

我国《宪法》第9条第1款规定:"矿藏、水流、森林、山岭、草原、荒地、滩涂等自然资源,都属于国家所有,即全民所有;由法律规定属于集体所有的森林和山岭、草原、荒地、滩涂除外。"所有关于自然资源的法律、法规,都必须确保一切国有资源不受任何侵犯。只有坚持这一原则,才能更有利于自然资源的合理开发利用,为全体人民当前的和长远的利益服务。

(二) 坚持统筹人与自然和谐发展的原则

坚持走可持续发展的道路,就要统筹好人与自然的和谐发展。国际、国内现代化建设经验都充分证明,发展应当是科学的发展,应当是统筹好各方面关系的发展,应当是可持续发展。而可持续发展的一个十分重要的方面,就是必须坚持统筹人与自然的和谐发展。为此,在自然资源立法时,必须充分考虑人与资源、人与环境、环境与发展的关系,要走一条资源消耗低、环境污染小、科技含量高、资源效益好、崭新的工业化道路。

(三) 坚持统一规划、多目标开发和综合利用的原则

这一原则是由自然资源的特性所决定的。自然资源的特性在于它的整体性,资源的整体性表现为资源与资源之间、资源与环境之间、资源内部不同成分之间,形成互相联系、互相制约、不同层次的有机整体。坚持这一原则就是要处理好这种有机整体内部的关系,保证获得最好的社会经济效益,最大限度地持久地提高人类的生活质量。相反,如果只顾一点,不及其余,只顾当前,不顾长远,顾此失彼,因小失大,则后患无穷。

(四) 坚持既利用自然资源又加强保护自然生态平衡的原则

现代工业的发展,为人类创造了巨额财富。但如果不同时注意解决工业污染问

题,又会直接威胁到人类的健康和生命。因此,必须提倡在经济建设中既考虑经济效益,又要考虑生态效益,从生态平衡的角度去衡量开发利用自然资源的经济效果,反对以破坏自然环境和生态平衡为代价的所谓经济效益。

(五)坚持"开源节流可持续发展"的原则

因为有些自然资源循环再生时间很长,有的资源遭到大肆破坏,可以使多种动物从地球上灭绝,特别是矿产资源采后不能再生,所以,在自然资源立法时,要努力贯彻"开源与节流"的原则。"开源"就要鼓励寻找新资源,充分利用旧资源,开发潜在资源及人造代用资源等。"节流"就是要千方百计地提高利用自然资源的技术水平,使自然资源的非正常损失减少到最低限度。在自然资源的立法和执法中,只有坚持这一原则,才能适应经济发展对自然资源日益增长的需要。

第二节 土地管理法

一、土地管理法的概念和土地立法

(一)土地管理法的概念

土地管理法是调整在土地的管理、保护、开发、利用过程中所发生的经济关系的法律规范的总称。

土地,狭义是指地球陆地表面人类生活和生产的主要场所,广义也包括海域。土地是国家的宝贵财富,是发展工业、交通特别是农业的基本生产资料。土地具有位置固定、面积有限和不可代替的基本属性。

我国土地辽阔,总面积为 960 万平方公里,居世界第三位。但是,我国人均占有土地只有 14.4 亩,仅为世界人均占有土地 45 亩的 1/3;人均耕地只有 1.5 亩,仅为世界人均耕地 5.5 亩的 1/4。在土地的开发利用中存在严重问题:一是大面积土地质量退化,包括水土流失、土地沙漠化、盐碱化、潜育化,以及土地污染等。二是土地浪费,优良耕地减少。主要是土地利用不合理,乱占、滥用耕地等。随着我国现代化建设事业的发展,人口的增加,土地状况同对土地需求之间的矛盾将更加突出。

(二)土地立法

《中华人民共和国土地管理法》(以下简称《土地管理法》),经 1986 年 6 月 25 日第六届全国人大常委会第十六次会议通过,1987 年 1 月 1 日起施行。后经 1988 年 12 月 29 日第七届全国人大常委会第五次会议作了第一次修改。1998 年 8 月 29 日,为了适应加强土地管理,切实保护耕地的需要,第九届全国人大常委会第四次会议第二次全面修订了《土地管理法》。2004 年 8 月 28 日第十届全国人大常委会第十一次会议根据新的宪法修订案,又第三次对《土地管理法》作了若干相应的修改。

国务院于 1998 年 12 月 27 日发布了《土地管理法实施条例》(以下简称《实施条例》)。该《实施条例》于 2011 年、2014 年进行了两次修订。

二、我国《土地管理法》的主要内容

(一) 土地所有权、使用权和承包权的法律规定

1. 土地所有权的法律规定

我国《土地管理法》规定:"中华人民共和国实行土地的社会主义公有制,即全民所有制和劳动群众集体所有制。""城市市区的土地属于国家所有。""农村和城市郊区的土地,除由法律规定属于国家所有的以外,属于农民集体所有;宅基地和自留地、自留山属于农民集体所有。"

《实施条例》还具体规定了土地属于全民所有即国家所有的范围。

全民所有,即国家所有土地的所有权由国务院代表国家行使。农民集体所有的土地依法属于村农民集体所有的,由村集体经济组织或者村民委员会经营、管理;已经分别属于村内两个以上农村集体经济组织的农民集体所有的,由村内各该农村集体经济组织或者村民小组经营、管理;已经属于乡(镇)农民集体所有的,由乡(镇)农村集体经济组织经营、管理。农民集体所有的土地,由县级人民政府登记造册,核发证书,确认所有权。

2. 土地使用权的法律规定

我国《土地管理法》规定,任何单位和个人不得侵占、买卖或者以其他形式非法转让土地。土地使用权可以依法转让。国家依法实行国有土地有偿使用制度。但是,国家在法律规定的范围内划拨国有土地使用权的除外。国有土地和农民集体所有的土地,可以依法确定给单位或者个人使用。农民集体所有的土地依法用于非农业建设的,由县级人民政府登记造册,核发证书,确认建设用地使用权。单位和个人依法使用的国有土地,由县级以上人民政府登记造册,核发证书,确认使用权。

确认林地、草原的所有权或者使用权,确认水面、滩涂的养殖使用权,分别依照我国《森林法》《草原法》和《渔业法》的有关规定办理。

3. 农村土地承包经营权的法律规定

作为我国改革开放起始标志的农村家庭联产承包责任制,已实行了三十余年,但迟迟没有通过一项全国性的专门法律,加以确认和规范。2002年8月29日,第九届全国人大常委会第二十九次会议通过了自2003年3月1日起施行的《中华人民共和国农村土地承包法》,较为全面、系统地解决了这一问题。该法,包括总则、家庭承包、其他方式的承包、争议的解决和法律责任、附则等各章。

该法的立法宗旨是:"为稳定和完善以家庭联产承包经营为基础、统分结合的双层经营体制,赋予农民长期而有保障的土地使用权,维护农村承包当事人的合法权益,促进农业、农村经济发展和农村社会稳定,根据宪法,制定本法。"

该法所称的农村土地,"是指农民集体所有和国家所有依法由农民集体使用的耕地、林地、草地,以及其他依法用于农业的土地。"

该法所称农村土地承包经营制度,"采取农村集体经济组织内部的家庭承包方式";"不宜采取家庭承包方式的荒山、荒丘、荒滩等农村土地,可以采取招标、拍卖、公

开协商等方式承包"为其他方式的承包。

该法明确规定,农村土地承包,妇女与男子享有平等的权利,并在相关章、节中,作了若干可操作性的具体规定。

该法专章详尽地规定了"家庭承包",如"发包方和承包方的权利和义务""承包的原则和程序""承包期限和承包合同""土地承包经营权的保护"等。

关于"承包期限和承包合同",该法规定:"耕地的承包期为 30 年。草地的承包期为 30 年至 50 年。林地的承包期为 30 年至 70 年;特殊林木的林地承包期,经国务院林业行政主管部门批准可以延长。""发包方应当与承包方签订书面承包合同。"

为了公正及时解决农村土地承包纠纷,维护当事人的合法权益,促进农村经济发展和社会稳定,第十一届全国人大常委会第九次会议于 2009 年 6 月 27 日通过了《中华人民共和国农村土地承包经营纠纷调解仲裁法》,自 2010 年 1 月 1 日起施行。该法包括总则、调解、仲裁、开庭和裁决、附则等各章,使农村土地和承包制度更加完善。

(二) 国家实行土地用途管制制度

1. 土地用途管制制度是土地管理的基本制度

我国《土地管理法》规定:"国家实行土地用途管制制度。"

将土地管理方式由以往的分级限额审批制度改为土地用途管制制度,是 1998 年修订的《土地管理法》所确立的一项土地管理的基本制度。

我国《土地管理法》规定,国家编制土地利用总体规则,规定土地用途,将土地分为农用地、建设用地和未利用地。严格限制农用地转为建设用地,控制建设用地总量,对耕地实行特殊保护。

土地利用总体规划是土地利用方面总体性的、战略性的长期计划。《实施条例》规定,土地利用总体规划期限一般为 15 年。

这里所称的农用地,是指直接用于农业生产的土地,包括耕地、林地、草地、农田水利用地、养殖水面等。建设用地是指建造建筑物、构筑物的土地,包括城乡住宅和公共设施用地、工矿用地、交通水利设施用地、旅游用地、军事设施用地等。未利用地是指农用地和建设用地以外的土地。

我国《土地管理法》明确规定:"使用土地的单位和个人必须严格按照土地利用总体规划确定的用途使用土地。"

2. 土地利用总体规划是土地用途管制的依据

各级人民政府应当依据国民经济和社会发展规划、国土整治和资源环境保护的要求、土地供给能力以及各项建设对土地的需求,组织编制土地利用总体规划。下级土地利用总体规划应当依据上一级土地利用总体规划编制。地方各级人民政府编制的土地利用总体规划中的建设用地总量不得超过上一级土地利用总体规划确定的控制指标,耕地保有量不得低于上一级土地利用总体规划确定的控制指标。省、自治区、直辖市人民政府编制的土地利用总体规划,应当确保本行政区域内耕地总量不减少。

3. 土地利用总体规划实行严格审批制度

我国《土地管理法》规定,土地利用总体规划实行分级审批。省、自治区、直辖市的土地利用总体规划,报国务院批准。省、自治区人民政府所在地的市、人口在 100 万以上的城市以及国务院指定的城市的土地利用总体规划,经省、自治区人民政府审查同意后,报国务院批准。其他的土地利用总体规划,逐级上报省、自治区、直辖市人民政府批准。土地利用总体规划一经批准,必须严格执行。

4. 土地利用年度计划的审批、报告制度

土地利用年度计划的编制审批程序与土地利用总体规划的编制审批程序相同,一经审批下达,必须严格执行。省、自治区、直辖市人民政府应当将土地利用年度计划的执行情况列为国民经济和社会发展计划执行情况的内容,向同级人民代表大会报告。

（三）耕地保护的法律规定

保护耕地是关系国家前途命运和子孙后代生存发展的重大问题。保护耕地就是保护我们的生命线。保护耕地是我国 1998 年修订的《土地管理法》的核心内容。为此,《土地管理法》设立了"耕地保护"的专章,明确规定:"十分珍惜、合理利用土地和切实保护耕地是我国的基本国策。各级人民政府应当采取措施,全面规划,严格管理,保护、开发土地资源,制止非法占用土地的行为。""国家保护耕地,严格控制耕地转为非耕地。"

1. 国家实行占用耕地补偿制度

占用耕地补偿,又称耕地总量动态平衡,是我国 1998 年修订的《土地管理法》的一项重要规定。这样做,大大加重了各级人民政府保护耕地的责任。

国家实行占用耕地补偿制度。非农业建设经批准占用耕地的,按照"占多少,垦多少"的原则,由占用耕地的单位负责开垦与所占用耕地的数量和质量相当的耕地;没有条件开垦或者开垦的耕地不符合要求的,应当按照省、自治区、直辖市的规定缴纳耕地开垦费,专款用于开垦新的耕地。个别省、直辖市确因土地后备资源匮乏,新增建设用地后,新开垦耕地的数量不足以补偿所占用耕地的数量的,必须报经国务院批准减免本行政区域内开垦耕地的数量,进行易地开垦。

2. 国家实行基本农田保护制度

我国《土地管理法》规定,国家实行基本农田保护制度。下列耕地应当根据土地利用总体规划划入基本农田保护区,严格管理:一是经国务院有关主管部门或者县级以上地方人民政府批准确定的粮、棉、油生产基地内的耕地;二是有良好的水利与水土保持设施的耕地,正在实施改造计划以及可以改造的中、低产田;三是蔬菜生产基地;四是农业科研、教学试验田;五是国务院规定应当划入基本农田保护区的其他耕地。各省、自治区、直辖市划定的基本农田应当占本行政区域内耕地的 80% 以上。

3. 禁止闲置、荒芜耕地

我国《土地管理法》规定,禁止任何单位和个人闲置、荒芜耕地。已经办理审批手续的非农业建设占用耕地,1 年内不用而又可以耕种并收获的,应当由原耕种该幅耕地的集体或者个人恢复耕种;也可以由用地单位组织耕种;1年以上未动工建设的,应当按照省、自治区、直辖市的规定缴纳闲置费;连续2年未使用的,经原批准机关批准,由县级以上人民政府无偿收回用地单位的土地使用权。承包经营耕地的单位或者个人连续2年弃耕抛荒的,原发包单位应当终止承包合同,收回发包的耕地。

4. 国家鼓励开发未利用的土地的规定

我国《土地管理法》规定,国家鼓励单位和个人开发未利用的土地;适宜开发为农用地的,应当优先开发成农用地。国家依法保护开发者的合法权益。

开发未确定使用权的国有荒山、荒地、荒滩从事种植业、林业、畜牧业、渔业生产的,经县级以上人民政府依法批准,可以确定给开发单位或者个人长期使用。

5. 土地复垦的规定

因挖损、塌陷、压占等造成土地破坏,用地单位和个人应当按照国家有关规定负责复垦;没有条件复垦或者复垦不符合要求的,应当缴纳土地复垦费,专项用于土地复垦。复垦的土地应当优先用于农业。

6. 防沙治沙法律规定

为了预防土地沙化,治理沙化土地,维护生态安全,促进经济和社会的可持续发展,2001年8月31日第九届全国人大常委会第二十三次会议通过并于2002年1月1日起施行《中华人民共和国防沙治沙法》。

该法除"总则"外,分章规定了"防沙治沙规划""土地沙化的预防""沙化土地的治理""保障措施""法律责任"和"附则"等。

该法的制定,对保护整个自然环境,对保护土地、森林、草原、野生动植物和水资源等,都将起重要的作用。

(四) 建设用地的法律规定

1. 建设用地的使用申请与审批

任何单位和个人进行建设,需要使用土地的,必须依法申请使用国有土地;但是,兴办乡镇企业和村民建设住宅经依法批准使用本集体经济组织农民集体所有的土地的,或者乡(镇)村公共设施和公益事业建设经依法批准使用农民集体所有的土地的除外。

建设占用土地,涉及农用地转为建设用地的,应当办理农用地转用审批手续。

我国《土地管理法》具体规定了建设项目用地分别由国务院、省级人民政府和市县级人民政府批准的职权范围和程序。

2. 征收土地的规定

我国《土地管理法》规定,征收下列土地的,由国务院批准:一是基本农田;二是基本农田以外的耕地超过35公顷的;三是其他土地超过70公顷的。上述征收规定以外的土地的,由省、自治区、直辖市人民政府批准,并报国务院备案。征收农用地的,应当先行办理农用地转用审批。

征收土地的,按照征收土地的原用途给予补偿。征收耕地的补偿费用包括土地补偿费、安置补助费以及地上附着物和青苗的补偿费。征收耕地的土地补偿费,为该耕地被征收前3年平均年产值的6至10倍。征收耕地的安置补助费,按照需要安置的农业人口数量计算。需要安置的农业人口数,按照被征收的耕地数量除以征地前被征收单位平均每人占有耕地的数量计算。每一个需要安置的农业人口的安置补助费标准,为该耕地被征收前3年平均年产值的4至6倍。但是,每公顷被征收耕地的安置补助费,最高不得超过被征收前3年平均年产值的15倍。征收城市郊区的菜地,用地单位应当按照国家有关规定缴纳新菜地开发建设基金。按上述规定支付土地补偿费和安置补助费,尚不能使需要安置的农民保持原有生活水平的,经省、自治区、直辖市人民政府批准,可以增加安置补助费。但是,土地补偿费和安置补助费的总和不得超过土地被征收前3年平均年产值的30倍。

3. 土地有偿使用规定

以出让等有偿使用方式取得国有土地使用权的建设单位,按照国务院规定的标准和办法,缴纳土地使用权出让金等土地有偿使用费和其他费用后,方可使用土地。

1998年修订的《土地管理法》特别规定,自本法施行之日即1999年1月1日起,新增建设用地的土地有偿使用费,30%上缴中央财政,70%留给有关地方人民政府,都专项用于耕地开发。

4. 农村集体经济组织使用建设用地规定

我国《土地管理法》规定,农村集体经济组织使用乡(镇)土地利用总体规划确定的建设用地兴办企业或者与其他单位、个人以土地使用权入股、联营等形式共同举办企业的,应当持有关批准文件,向县级以上地方人民政府土地行政主管部门提出申请,按照省、自治区、直辖市规定的批准权限,由县级以上地方人民政府批准;其中,涉及占用农用地的,依照规定办理审批手续。

5. 农村村民宅基地规定

我国《土地管理法》规定,农村村民一户只能拥有一处宅基地,其宅基地的面积不得超过省、自治区、直辖市规定的标准。农村村民建住宅,应当符合乡(镇)土地利用总体规划,并尽量使用原有的宅基地和村内空闲地。农村村民住宅用地,经乡(镇)人民政府审核,由县级人民政府批准;其中,涉及占用农用地的,依照规定办理审批手续。农村村民出卖、出租住房后,再申请宅基地的,不予批准。

(五)土地管理的监督检查

我国1998年修订的《土地管理法》,设立专章规定土地管理的监督检查。加强对土地利用中发生的违法行为的监督检查,是强化土地管理的实际措施,是《土地管理法》得以切实执行的重要保证。

1. 土地管理监督检查主管部门(以下简称土地主管部门)

我国《土地管理法》规定,县级以上人民政府土地行政主管部门对违反土地管理法律、法规的行为进行监督检查。

2. 土地主管部门有权采取的措施

我国《土地管理法》规定,县级以上人民政府土地行政主管部门履行监督检查职责时,有权采取下列措施:一是要求被检查的单位或者个人提供有关土地权利的文件和资料,进行查阅或者予以复制;二是要求被检查的单位或者个人就有关土地权利的问题作出说明;三是进入被检查单位或者个人非法占用的土地现场进行勘测;四是责令非法占用土地的单位或者个人停止违反土地管理法律、法规的行为。

土地管理监督检查人员履行职责,需要进入现场进行勘测、要求有关单位或者个人提供文件、资料和作出说明的,应当出示土地管理监督检查证件。

3. 有关单位和个人应当支持配合监督检查

我国《土地管理法》规定:"有关单位和个人对县级以上人民政府土地行政主管部门就土地违法行为进行的监督检查应当支持与配合,并提供工作方便,不得拒绝与阻碍土地管理监督检查人员依法执行职务。"

4. 土地主管部门行使执法权力

我国《土地管理法》对行政执法作了以下重要规定:

(1) 县级以上人民政府土地行政主管部门在监督检查工作中发现国家工作人员的违法行为,依法应当给予行政处分的,应当依法予以处理;自己无权处理的,应当向同级或者上级人民政府的行政监察机关提出行政处分建议书,有关行政监察机关应当依法予以处理。

(2) 县级以上人民政府土地行政主管部门在监督检查工作中发现土地违法行为构成犯罪的,应当将案件移送有关机关,依法追究刑事责任;尚不构成犯罪的,应当依法给予行政处罚。

(3) 依照本法规定应当给予行政处罚,而有关土地行政主管部门不给予行政处罚的,上级人民政府土地行政主管部门有权责令有关土地行政主管部门作出行政处罚决定或者直接给予行政处罚,并给予有关土地行政主管部门的负责人行政处分。

(六) 我国违反《土地管理法》的法律责任

我国《土地管理法》为了加强执法力度,适应土地管理的需要,明确规定了违反土地管理法的法律责任。

(1) 进行经济、行政处罚的情形主要有:买卖或者以其他形式非法转让土地的,违反土地利用总体规划擅自将农用地改为建设用地的,占用耕地或者擅自在耕地上建窑等破坏种植条件的,或因开发土地造成荒漠化、盐渍化的,拒不履行复垦义务的,未经批准或者骗取批准非法占用土地的,无权批准征收、使用土地的单位或者个人非法批准占用土地的,越权批准占用土地的,不按总体规划确定用途批准用地的,违反法定程序批准占用、征收土地的,擅自将农民集体所有的土地使用权出让、转让或者出租用于非农业建设的,依法收回使用权而拒不交出及临时用地期满拒还的,等等,处以限期改正、恢复原状、拆除等措施,并处罚款、没收违法所得等处罚,对直接负责的主管人员和直接责任人员给予行政处分等。《实施条例》对经济、行政处罚作了更为具体、明确的规定。

(2) 追究刑事责任的情形主要有:上述经济、行政处罚情形中构成犯罪,依法应追究刑事责任的;违反刑法规定,以非法转让、倒卖土地使用权罪,应追究刑事责任的;违反刑法规定,以非法低价出让国有土地使用权罪,应追究刑事责任的;违反刑法规定,以非法占用耕地罪,追究刑事责任的。2001 年 8 月 31 日第九届全国人大常委会第二十三次会议,通过了对《刑法》第 342 条的修正案以及对第 228、342、410 条的解释,非法占用耕地包括林地等农用地,违反土地管理法规,包括违反《森林法》《草原法》等法律以及有关行政法规中关于土地管理的规定。在我国《土地管理法》中,还特别规定如下情形为非法占用土地:超过批准的数量占用土地,多占的土地;超过省、自治区、直辖市规定的标准,多占的土地;非法批准、使用的土地应当收回,有关当事人拒不归还的。

我国《土地管理法》还规定,侵占、挪用被征收土地单位的征地补偿费用和其他有关费用,构成犯罪的,土地行政主管部门的工作人员玩忽职守、滥用职权、徇私舞弊,构成犯罪的,追究刑事责任。

第三节 森 林 法

一、森林法的概念和森林立法

(一) 森林法的概念

森林法是调整在森林、林木的管理、保护、采伐、森林资源的利用和植树造林过程中发生的经济关系的法律规范的总称。

森林是以乔木为主的复杂的生态系统,它同环境之间存在着相互影响的复杂关系。森林是国家重要的、不可替代的财富,它除了提供木材和各种林副产品外,还有涵养水源、保持水土、防风固沙、调节气候、保障农牧业生产、保存森林生物物种、维持生态平衡、减少自然灾害、净化空气、防治污染、美化环境、有利国防等重要作用。

据联合国粮农组织的统计,在世界总土地面积 133.33 亿公顷中,森林面积有 41.26 亿公顷,森林覆盖率为 32%。我国森林面积的绝对数虽然可观,但按人口平均每人仅有森林面积 0.115 公顷左右,同世界人均占有 0.65 公顷相比,则相差很大,我国属于少林国家,森林面积仅占世界森林面积的 3.3%。

近二十多年来,由于我国加强了林业法制,采取了全民义务植树及其他有力措施,实现了森林面积和蓄积量的双增长。其显著标志的是人工造林面积大为扩大,森林覆盖率有较大提高。据《中国森林资源》(2004—2008)统计,全国森林面积 19545.22 万公顷,森林覆盖率 20.3%,比 20 世纪 80 年代初期的 12.7% 已大为改观。

(二) 森林立法

近二十多年来,我国加强了森林立法。全国人大通过了《关于开展全民义务植树运动的决议》。1984 年 9 月 20 日第六届全国人大常委会第七次会议通过了我国《森林法》,1998 年 4 月 29 日第九届全国人大常委会第二次会议对该法进行了修改,2009 年 8 月 27 日,全国人大常委会又对该法第 18 条进行了修改。

二、我国《森林法》的主要内容

（一）森林、林木、林地的所有权和使用权的法律规定

我国《森林法》规定，森林资源属于国家所有，由法律规定属于集体所有的除外。国家所有的和集体所有的森林、林木和林地，个人所有的林木和使用的林地，由县级以上地方人民政府登记造册，发放证书，确认所有权或者使用权。国务院可以授权国务院林业主管部门，对国务院确定的国家所有的重点林区的森林、林木和林地登记造册，发放证书，并通知有关地方人民政府。森林、林木、林地的所有者和使用者的合法权益，受法律保护，任何单位和个人不得侵犯。

我国《森林法》规定，国家所有和集体所有的宜林荒山荒地可以由集体或者个人承包造林。国有企业事业单位、机关、团体、部队营造的林木，由营造单位经营并按照国家规定支配林木收益。集体所有制单位营造的林木，归该单位所有。农村居民在房前屋后、自留地、自留山种植的林木，归个人所有。城镇居民和职工在自有房屋的庭院种植的林木，归个人所有。集体或者个人承包国家所有和集体所有宜林荒山荒地造林的，承包后种植的林木归承包的集体或者个人所有；承包合同另有规定的，按照承包合同的规定执行。

我国《森林法》还规定了法定范围的森林、林木、林地使用权可以依法转让，也可以依法作价入股或者作为合资、合作造林、经营林木的出资、合作条件，但不得将林地改为非林地。法定范围外的其他森林、林木和其他林地使用权不得转让。

（二）森林范围的规定

我国《森林法》规定，森林分为防护林、用材林、经济林、薪炭林和特种用材林等五类。

（三）林业建设方针、政策的规定

林业建设实行以营林为基础，普遍护林，大力造林，采育结合，永续利用的方针。

国家鼓励林业科学研究，保护林农的合法权益，对森林资源实行保护性措施。

国家设立森林生态效益补偿基金，用于提供生态效益的防护林和特种用途林的森林资源、林木的营造、抚育、保护和管理，该基金必须专款专用，不得挪作他用。

植树造林、保护森林，是公民应尽的义务，各级人民政府应当组织全民义务植树，开展植树造林活动。

（四）林业主管部门和森林经营管理

1. 林业主管部门及其职责

我国《森林法》规定，国务院林业主管部门主管全国林业工作。县级以上地方人民政府林业主管部门，主管本地区的林业工作。乡级人民政府设专职或者兼职人员负责林业工作。

各级林业主管部门依照森林法规定，对森林资源的保护、利用、更新，实行管理和监督，负责组织森林资源清查。

2. 林业规划与经营方案的编制

我国《森林法》规定,各级人民政府应当制定林业长远规划。国有林业企业事业单位和自然保护区,应当根据林业长远规划,编制森林经营方案,报上级主管部门批准后实行。林业主管部门应当指导农村集体经济组织和国有的农场、牧场、工矿企业等单位编制森林经营方案。

3. 森林植被恢复制度

我国《森林法》规定,进行勘查、开采矿藏和各项建设工程,应当不占或者少占林地;必须占用或者征收、征用林地的,应依法办理建设用地审批手续,并由用地单位依照有关规定缴纳森林植被恢复费,森林植被恢复费专款专用,任何单位和个人不得挪用森林植被恢复费。

(五)森林保护规定

我国《森林法》规定,地方各级人民政府应当组织有关部门建立护林组织,负责护林工作;增加护林设施,加强森林保护;督促基层单位,订立护林公约,组织群众护林。

依照国家有关规定在林区设立的森林公安机关,负责维护辖区社会治安秩序,保护辖区内的森林资源,并可以依照《森林法》规定,代行法定的行政处罚权。武装森林警察部队执行国家赋予的预防和扑救森林火灾的任务。

国务院林业主管部门和省级人民政府,应当在不同自然地带的典型森林生态地区、珍贵动物和植物生长繁殖的林区、天然热带雨林区和具有特殊保护价值的其他天然林区,划定自然保护区,加强保护管理。国务院 1994 年 10 月 9 日发布了《自然保护区条例》,对一系列问题作了规定。

(六)植树造林和森林采伐规定

我国《森林法》规定,各级人民政府应当制定植树造林规划,因地制宜地确定本地区提高森林覆盖率的奋斗目标。各级人民政府应当组织各行各业和城乡居民完成植树造林规划确定的任务。宜林荒山荒地,属于国家所有的,由林业主管部门和其他主管部门组织造林;属于集体所有的,由集体经济组织造林。

我国《森林法》规定,国家根据用材林的消耗量低于生长量的原则,严格控制森林年采伐量。国家所有的森林和林木以国有林业企业事业单位、农场、厂矿为单位,集体所有的森林和林木、个人所有的林木以县为单位,制定年采伐限额,由省级林业主管部门汇总,经同级人民政府审核后,报国务院批准。

采伐林木必须申请采伐许可证,按许可证的规定进行采伐;农村居民采伐自留地和房前屋后个人所有的零星林木除外。

采伐林木的单位或者个人,必须按照采伐许可证规定的面积、株数、树种、期限完成更新造林任务,更新造林的面积和株数不得少于采伐的面积和株数。

按照许可证的规定采伐的木材,从林区运出时,林业主管部门应当发给运输证件。

我国《森林法》还对进出口珍贵树木或者其制品、衍生物,作出了应经严格审批的规定。

(七) 违反我国《森林法》的法律责任

对盗伐、滥伐森林或者其他林木的,超过批准的年采伐限额越权发放或买卖林木采伐许可证、木材运输证件、批准出口文件、允许进口证明书的,在林区非法收购明知是盗伐、滥伐林木的,进行开垦等活动或在幼林地和特种用途林内砍柴、放牧致使森林、林木受到毁坏的,拒不补种、补种不合规定或未完成更新造林任务的,处以赔偿损失、责令补种、责令纠正、处以罚款、责令停止违法行为等处罚。

对违反我国《刑法》《森林法》,以非法经营罪,伪造、变造、买卖国家机关公文、证件、印章罪,非法采伐、毁坏珍贵树木罪,盗伐林木罪,滥伐林木罪,非法收购盗伐、滥伐的林木罪,滥用职权罪,玩忽职守罪,违法发放林木采伐许可证罪,追究刑事责任。

2001年8月31日,第九届全国人大常委会第二十三次会议对《刑法》第342条作了修改,对第228条、第342条、第410条作了解释。最高人民法院根据上述对《刑法》解释的有关规定,发布并定于2005年12月30日起施行的《关于审理破坏林地资源刑事案件具体应用法律若干问题的解释》,对打击破坏林地的犯罪活动,作出了更为明确、具体的规定。

第四节 草 原 法

一、草原法的概念和草原立法

(一) 草原法的概念

草原法是调整在规划、建设、利用、保护和管理草原过程中的经济关系的法律规范的总称。

草原是以旱生、多年生草本植物为主的植物群落,是重要的自然资源之一。它具有适应性强,覆盖面积大,更新速度快的特点;有维持生态平衡、保持水土、防风固沙等环境效益和生产饲料、燃料、工业原料等多种功能;它是把太阳能转化为生物能的巨大绿色能源库和丰富宝贵的生物基因库,同牧区人民生活休戚相关。

我国《草原法》所称的草原,是指天然草原和人工草地。天然草原包括草地、草山和草坡,人工草地包括改良草地和退耕还草地,不包括城镇草地。

我国是一个草原资源大国,拥有各类天然草原4亿公顷,居世界第二位。

多年来,我国草原建设虽然取得显著成绩,但是由于忽视了生态规律,只注意利用,不注意保护,毁草开荒现象严重,加之过牧、滥牧,结果导致草场退化严重,动植物资源遭到严重破坏。

(二) 草原立法

为了维护草原的社会主义公有制,管理和保护好草原,科学地建设和利用好草原,保护生态环境的平衡,发展畜牧业,促进民族自治地方经济的繁荣,增进民族团结,1985年6月18日,第六届全国人大常委会第十一次会议通过了《中华人民共和国草原法》(以下简称《草原法》)。

随着改革的深化和市场经济的发展,我国《草原法》已经不能适应新形势下草原保护管理的需要,实践中也出现一些亟待解决的问题。为了总结我国《草原法》实施的实践经验,进一步健全、完善草原保护建设和合理利用等方面的法律制度,充分调动农牧民的积极性,改善草原生态环境,实现草原的可持续利用和畜牧业的健康、稳定发展,2002年12月28日第九届全国人大常委会第三十一次会议通过,并于2003年3月1日起施行修订后的《草原法》。该法由1985年不分章仅有23条,修订为分设9章共75条,成为一部较为完备的法律。2009年8月27日,全国人大常委会又对该法第38、39、63条进行了修改。2013年6月29日,全国人大常委会又对该法第55、70条进行了修改。

2005年12月29日第十届全国人大常委会第十九次会议通过并于2006年7月1日起施行的我国《畜牧法》,是与《草原法》有着最为密切联系的法律。二法内容有交叉,有互补,在实施《草原法》时,《畜牧法》的相关内容也应当得到贯彻实施。

二、我国《草原法》的主要内容

(一) 草原权属的法律规定

1. 草原所有权

我国《草原法》规定:"草原属于国家所有,由法律规定属于集体所有的除外。国家所有的草原,由国务院代表国家行使所有权。""任何单位或者个人不得侵占、买卖或者以其他形式非法转让草原。"

我国《草原法》规定:"集体所有的草原,由县级人民政府登记,核发所有权证,确认草原所有权。"

我国《草原法》规定:"依法登记的草原所有权和使用权受法律保护,任何单位或者个人不得侵犯。""依法改变草原权属的,应当办理草原权属变更登记手续。"

2. 草原使用权

我国《草原法》规定:"国家所有的草原,可以依法确定给全民所有制单位、集体经济组织等使用。""由县级以上人民政府登记,核发使用权证,确认草原使用权。"

3. 草原承包经营权

我国《草原法》规定:"集体所有的草原或者依法确定给集体经济组织使用的国家所有的草原,可以由本集体经济组织内的家庭或者联户承包经营。"在承包期内,不得对承包经营者使用的草原进行调整,个别确需适当调整的,必须经法定的同意、批准程序。由本集体经济组织以外的单位或者个人承包经营的,亦须经法定的同意、批准程序。

我国《草原法》规定:"承包经营草原,发包方和承包方应当签订书面合同。""草原承包经营权受法律保护,可以按照自愿、有偿的原则依法转让。"转让应经发包方同意。

4. 草原权属争议的处理

我国《草原法》规定:"草原所有权、使用权的争议,由当事人协商解决;协商不成的,由有关人民政府处理。"

"单位之间的争议,由县级以上人民政府处理;个人之间、个人与单位之间的争议,由乡(镇)人民政府或者县级以上人民政府处理。"

"当事人对有关人民政府的处理决定不服的,可以依法向人民法院起诉。"

(二) 草原规划的法律规定

草原规划,是指依据国民经济和社会发展规划所制定的对草原保护、建设、利用的规划,是国民经济和社会发展规划的重要组成部分。

我国《草原法》规定:"国家对草原保护、建设、利用实行统一规划制度。国务院草原行政主管部门会同国务院有关部门编制全国草原保护、建设、利用规划,报国务院批准后实施。""县级以上地方人民政府草原行政主管部门会同同级有关部门依据上一级草原保护、建设、利用规划编制本行政区域的保护、建设、利用规划,报本级人民政府批准后实施。""草原保护、建设、利用规划一经批准,必须严格执行。"

我国《草原法》对编制规划应当遵循的原则,以及规划同其他相关规划的衔接与协调,作了明确、具体的规定。

(三) 草原建设的法律规定

我国《草原法》设立专章规定草原建设问题,主要内容有:

(1) 县级以上人民政府应当增加对草原建设的投入,支持草原建设;国家鼓励单位和个人投资建设草原,按照谁投资、谁受益的原则保护投资者的合法权益。

(2) 国家鼓励与支持人工草地建设、天然草原改良和饲草饲料基地建设,稳定和提高草原生产能力。

(3) 县级以上人民政府应当支持、鼓励和引导农牧民开展草原围栏、饲草饲料准备、牲畜圈舍、牧民定居点等生产生活设施的建设。支持草原水利设施建设,加强草种基地建设,加强对草种生产、加工、检疫、检验的监督管理等。

(4) 地方各级人民政府应当对退化、沙化、盐碱化、石漠化和水土流失的草原组织专项治理。大规模的草原综合治理列入国家国土整治计划。

(5) 县级以上人民政府应当在计划中安排资金用于草原改良、人工种草和草种生产,任何单位或者个人不得截留、挪用。

(四) 草原利用的法律规定

1. 合理利用草原的规定

我国《草原法》规定,草原承包经营者应当合理利用草原,不得超过核定的载畜量;应当采取措施,保持草畜平衡;应当合理配置畜群,均衡利用草原;应当逐步改变依赖天然草地放牧的方式。

县级以上地方人民政府草原行政主管部门对割草场和野生草种基地应当规定合理办法,实行轮割轮采。

遇到自然灾害等特殊情况需要临时调剂使用草原的,双方协商解决;需要跨县临时调剂使用草原的,由有关县级或共同的上级人民政府组织协商解决。

2. 因建设而征收、征用、使用草原的规定

(1) 进行矿藏开采和工程建设,确需征收、征用或者使用草原的,必须经省级以上人民政府草原行政主管部门审核同意后,依法办理建设用地审批手续。

(2) 因建设征收、征用集体所有的草原的,依法给予补偿;使用国家所有的草原的,应对草原承包经营者给予补偿。因建设征收、征用或者使用草原的,应当交纳草原植被恢复费。

(3) 需要临时占用草原的,应经县级以上地方人民政府草原行政主管部门审核同意。

(4) 修建直接为草原保护和畜牧业生产服务的工程设施需要使用草原的,应经县级以上人民政府草原行政主管部门的批准;修筑其他工程,必须依法办理建设用地审批手续。

(五) 草原保护的法律规定

我国《草原法》规定:"国家实行基本草原保护制度"。《草原法》将7类草原划为基本草原,实行严格管理。

我国《草原法》对建立草原自然保护区、加强对草原珍稀濒危野生植物和种质资源的保护、管理作了规定。

我国《草原法》规定了实行以草定畜、草畜平衡制度;禁止开垦草原制度;实行禁牧、休牧制度等。

我国《草原法》还对在草原上种植牧草或者饲料、开展经营性旅游活动、草原防火以及鼠害及病虫害和毒害草的防治等作了规定。

(六) 草原管理体制和监督检查的法律规定

1. 草原的管理体制

我国《草原法》规定国务院草原行政主管部门主管全国草原监督管理工作。县级以上地方人民政府草原行政主管部门主管本行政区域内草原监督管理工作。乡(镇)人民政府应当加强对本行政区域内草原保护、建设和利用情况的监督检查,根据需要可以设专职或者兼职人员负责具体监督检查工作。

2. 草原的监督检查

我国《草原法》规定,国务院草原行政主管部门和草原面积较大的省、自治区的县级以上地方人民政府设立草原监督管理机构,负责草原法律、法规执行情况的监督检查,对违反法律、法规的行为进行查处。

我国《草原法》第57条具体规定了草原监督检查人员履行监督检查职责时,有权采取的措施。

(七) 违反我国《草原法》的法律责任

我国2002年修订的《草原法》,设立专章规定了法律责任,充分体现了增强草原执法的严肃性,明确规定了应予处罚的违法行为,增加了处罚种类,加大了处罚力度,并注意了与《刑法》的衔接。与原《草原法》相比较,有如下明显的特点:

（1）原法的"法律责任"，仅规定有3条；2002年修订的《草原法》，增加到13条。

（2）原法的"法律责任"规定非常笼统，可操作性差；2002年修订的《草原法》"法律责任"条款规定得明确具体，与法律规定中的"草原权属""规划""建设""利用""保护"和"监督检查"各章的要求相对应，具有较强的可操作性。

（3）原法未设立刑事条款，2002年修订的《草原法》，为与《刑法》相衔接，在所设定的13条"法律责任"条款中，有6条规定"构成犯罪的，依法追究刑事责任"。

第五节 野生动植物保护法

一、野生动植物保护法的概念

野生动植物保护法是调整在保护、开发和利用野生动植物过程中所发生的经济关系的法律规范的总称。

野生动植物，原指非人工驯养、种植的野生生物。但是，随着科学技术的日益发展，这一概念已不能完全反映它的确切含义。因为目前已有许多野生动物为人类所驯养，不少野生植物为人类所种植。所以，只能说，野生动植物，一般是指非人工驯养、种植的、生长在自然界的野生生物。

野生动植物所以需要大力保护，是因为：第一，它是大自然的基本组成部分，是人类所共有的重要自然财富；第二，它是培育新品种的不可缺少的原材料；第三，它是许多传统药物的重要来源；第四，它能为工业提供大量的原料；第五，它对科学技术的发展起着很重要的启迪作用（如仿生学）；第六，它还是保持生态系统平衡的非常重要的因素。

二、野生动物保护法

（一）野生动物保护立法

为保护、拯救珍贵、濒危野生动物，保护、发展和合理利用野生动物资源，维护生态平衡，1988年11月8日第七届全国人大常委会第四次会议通过了《中华人民共和国野生动物保护法》（以下简称《野生动物保护法》），自1989年3月1日起施行。根据形势的发展，全国人大常委会于2004年8月28日和2009年8月27日先后对《野生动物保护法》进行了修改。

1992年2月12日，国务院根据《野生动物保护法》，批准发布了《陆生野生动物保护实施条例》，1993年9月17日，国务院又批准发布了《水生野生动物保护实施条例》。

（二）我国《野生动物保护法》的主要内容

我国《野生动物保护法》所保护的野生动物，是指珍贵、濒危的陆生、水生野生动物和有益的或者有重要经济、科学研究价值的陆生野生动物。

野生动物资源属于国家所有。国家保护依法开发、利用野生动物资源的单位和个人的合法权益。

国家对野生动物实行加强资源保护、积极驯养繁殖、合理开发利用的方针,鼓励开展野生动物科学研究。

国务院林业、渔业行政主管部门分别主管全国陆生、水生野生动物管理工作;省级政府林业行政主管部门主管本行政区域内陆生野生动物管理工作;自治州、县和市政府陆生野生动物管理工作的主管部门由省级政府确定;县级以上地方人民政府渔业行政主管部门主管本行政区域内水生野生动物管理工作。

国家对珍贵、濒危的野生动物实行重点保护。国家重点保护的野生动物分为一级保护野生动物和二级保护野生动物;地方重点保护野生动物,是指国家重点保护野生动物以外的由省级重点保护的野生动物。

我国《野生动物保护法》规定了严格的法律责任。为与该法相适应,我国现行《刑法》对非法猎捕、危害珍贵、濒危野生动物罪,非法收购、运输、出售珍贵、濒危野生动物及珍贵、濒危野生动物制品罪,非法狩猎罪,作了明确的规定。

三、野生植物保护法规

为了保护发展和合理利用野生植物资源,保护生物多样性,维护生态平衡,国务院于1996年9月30日发布了《中华人民共和国野生植物保护条例》(以下简称《条例》)。

《条例》规定,本条例所保护的野生植物,是指原生地天然生长的珍贵植物和原生地天然生长并具有重要经济、科学研究、文化价值的濒危、稀有植物。野生植物分为国家重点保护野生植物和地方重点保护野生植物。国家重点保护野生植物又分为一级、二级。《条例》规定,禁止采集国家一级保护野生植物,因特殊需要而采集的,必须经采集地的省级人民政府野生植物行政主管部门签署意见后,向国务院野生植物行政主管部门或者其授权的机构申请采集证。采集国家二级保护野生植物的,必须经采集地的县级人民政府野生植物行政主管部门签署意见后,向省级人民政府野生植物行政主管部门或者其授权的机构申请采集证。《条例》还对违反本《条例》的法律责任,作了明确、具体、严格的规定。

四、濒危野生动植物进出口管理规定

为了加强对濒危野生动植物及其产品的进出口管理,保护和合理利用野生动植物资源,履行《濒危野生动植物种国际贸易公约》,国务院于2006年4月29日发布了《中华人民共和国濒危野生动植物进出口管理条例》,该《条例》于当年9月1日起施行。

《中华人民共和国濒危野生动植物进出口管理条例》规定,国务院林业、农业(渔业)主管部门为国务院野生动植物主管部门,按照职责分工,主管全国濒危野生动植物及其产品的进出口管理工作,并做好与履行公约有关的工作。

国务院其他有关部门依照有关法律、行政法规的规定,在各自的职责范围内负责

第六节 水 法

一、水法的概念和水立法

(一) 水法的概念

水法是调整关于水的开发、利用、管理、保护、除害过程中所发生的经济关系的法律规范的总称。

水是一种特殊物质,是地球上最普遍的溶剂。它溶解矿物盐,保证植物和微生物获得营养物质。没有水,地球上就不可能有复杂的生命。

水是最重要的自然资源,又是构成环境的要素。人类生活和一切生产活动一刻都离不开水。世界水资源包括地球上所有的(气态、液态或固态)天然水;其他供利用的如潜水和深层地下水、冰川和永久积雪。地球上总储水量约 14.5 亿立方公里,其中海水占 97.2%,陆地水占 2.8%。联合国专家预测,在 21 世纪内,当世界人口达到 200 亿时,水的消耗将比 2000 年增加几倍,即接近于整个地表每年的河川径流总量。总之,水的问题,已日益为国际社会所重视。

我国水资源总量不少,陆地水资源总量为 2.8 万亿立方米,仅少于巴西、俄罗斯、加拿大、美国和印度尼西亚,居世界第六位。但因我国人口多,年人均量仅有 2200 立方米,约为世界人均占有量的 24%。我国水资源时空分布极不均衡,造成水旱等灾害频繁。新中国成立以来,我国进行了大规模防治水害和开发利用水资源的建设,取得了巨大成就。但是,由于国民经济的发展,对防治水害和开发利用水资源提出了更高的要求。同时,也由于多年来重建轻管,对客观规律认识不足,因而在水资源开发利用和保护管理方面,存在不少问题。例如,北方水源严重不足;水污染日趋严重;许多河流的泄洪、蓄洪能力较差;对水资源的综合利用不够;有些城市和地区地下水过量开采;水费收取标准过低难于筹集建设资金;破坏、损坏水工程设施和干扰、阻碍管理人员正常执行职务等现象也时有发生,等等。这一切,都迫切要求加强水资源立法。

(二) 水立法

近些年来,世界上许多国家加强了水资源立法。应许多国家的要求,国际水法协会多次召开"关于水法体系问题"的讨论会,分析研究各国治水、利水、管水的实际情况和水法的发展趋势。

新中国成立以来,我国陆续制定了一些有关水资源方面的单行法规。近些年来,我国抓紧进行水资源立法。1988 年 1 月 21 日,第六届全国人大常委会第二十四次会议通过了《中华人民共和国水法》(以下简称《水法》)。

我国《水法》的颁布实施,对规范水资源的开发利用、保护和防治水害、促进水利事业的发展,发挥了积极的作用。但是,随着形势的发展,也出现了一些新情况和新问题,现行《水法》已不能适应实际需要。主要表现在:水资源开发利用中重开源轻节流和保护,重经济效益,轻生态与环境保护;水资源管理制度不完善;缺少水流域管理的规定;有偿使用制度规定得不明确;法律责任规定得过于原则难以操作,对违法行为打击力度不够等,给执法工作造成了困难。为此,需要对《水法》进行全面修订。2002年8月29日,第九届全国人大常委会第二十九次会议通过了修订的《水法》,该法于同年10月1日起施行。2009年8月27日,全国人大常委会又对《水法》第72条进行了修改。

我国在加强水资源的立法过程中,全国人大常委会还先后制定了几部与《水法》相衔接、配套的法律,主要有:1984年制定的《水污染防治法》,1991年制定的《水土保持法》,1997年制定的《防洪法》等。在从事有关水事活动时,应依有关的法律规定进行。

二、我国《水法》的主要内容

(一) 水法立法目的和适用范围

1. 水法的立法目的

我国《水法》第1条规定:"为了合理开发、利用、节约和保护水资源,防治水害,实现水资源的可持续利用,适应国民经济和社会发展的需要,制定本法"。

2. 水法的适用范围

我国《水法》第2条规定:"在中华人民共和国领域内开发、利用、节约、保护、管理水资源,防治水害,适用本法。本法所称水资源,包括地表水和地下水。"

(二) 水资源所有权和水事纠纷处理规定

1. 水资源所有权

我国《水法》第3条规定:"水资源属于国家所有。水资源的所有权由国务院代表国家行使。农村集体经济组织的水塘和由农村集体经济组织修建管理的水库中的水,归各该集体经济组织使用。"

2. 水事纠纷的处理

我国《水法》第56条规定:"不同行政区域之间发生水事纠纷的,应当协商处理;协商不成的,由上一级人民政府裁决,有关各方必须遵照执行。"

我国《水法》第57条规定:"单位之间、个人之间、单位与个人之间发生的水事纠纷,应当协商解决;当事人不愿协商或者协商不成的,可以申请县级以上地方人民政府或者其授权的部门调解,也可以直接向人民法院提起民事诉讼。县级以上地方人民政府或者其授权的部门调解不成的,当事人可以向人民法院提起民事诉讼。"

(三) 水资源规划的规定

我国《水法》规定:"国家制定全国水资源战略规划。"开发、利用、节约、保护水资源和防治水害,应当按照流域、区域统一制定规划。规划分流域规划和区域规划,上述规划又各分有综合规划和专业规划。

国家确定的重要江河、湖泊的流域综合规划,跨省级其他江河、湖泊的流域综合规划和区域综合规划,上述规定以外的其他江河、湖泊的流域综合规划和区域综合规划,以及专业规划等,我国《水法》分别规定了法定的编制、批准、备案等程序。

我国《水法》规定:"规划一经批准,必须严格执行。"

(四) 水资源开发利用规定

根据我国《水法》的有关规定,开发、利用水资源,应当坚持兴利与除害相结合,兼顾上下游、左右岸和有关地区之间的利益,充分发挥水资源的综合效益,并服从防洪的总体安排;应当首先满足城乡居民生活用水,并兼顾农业、工业、生态环境用水以及航运等需要。

跨流域调水,应当进行全面规划和科学论证。

在水资源短缺的地区,国家鼓励对雨水和微咸水的收集、开发、利用和对海水的利用、淡化。

国家鼓励开发利用水能资源、水运资源,国家对水工程建设实行开发性移民的方针。

(五) 水资源、水域和水工程保护规定

1. 水资源保护规定

根据我国《水法》的有关规定,县级以上人民政府水行政主管部门、流域管理机构以及其他有关部门在制定水资源、开发、利用规划和调度水资源时,应当注意维持江河的合理流量和湖泊、水库以及地下水的合理水位,维护水体的自然净化能力。

我国《水法》对国家确定的重要江河、湖泊的水功能区划,以及上述以外的其他江河、湖泊的水功能区划,规定了拟定、报批的法定程序。

国家建立饮水水源保护区制度,禁止在饮用水水源保护区内设置排污口。

2. 水域保护规定

我国《水法》规定,禁止在江河湖泊、水库、运河、渠道内弃置、堆放阻碍行洪的物体和种植阻碍行洪的林木及高秆作物。禁止在河道管理范围内建设妨碍行洪的建筑物、构筑物以及从事影响安全的活动。

国家实行河道采砂许可制度。禁止围湖造地。

3. 水工程保护规定

根据我国《水法》的有关规定,县级以上地方人民政府应当采取措施,保障本行政区域内水工程,特别是水坝和堤防的安全,限期消除险情。

国家对水工程实施保护,并分别规定要划定工程管理和保护范围。

(六) 水资源配置和节约使用规定

1. 水资源配置规定

我国《水法》规定:"国务院发展计划主管部门和国务院水行政主管部门负责全国水资源的宏观调控。"

全国的和跨省级的水中长期供求规划,地方的水中长期供求规划,跨省级的水量分配预案和旱情紧急情况下的水量调度预案,各地方或者流域的年度水量分配方案和调度计划等,均要按照法定程序制定、审批后予以执行。

2. 取水许可和有偿使用规定

我国《水法》规定,国家对水资源实行取水许可制度和有偿使用制度。为了加强水资源管理和保护,促进水资源的节约与合理开发利用,2006年2月21日国务院发布并于4月15日施行《取水许可和水资源费征收管理条例》。

3. 水的节约使用规定

我国《水法》规定,国家实行节约用水,大力推行节约用水措施,推广节约用水新技术、新工艺,发展节水型工业、农业和服务业,建立节水型社会。

单位和个人有节约用水的义务。

(七) 水资源管理体制和水事监督检查规定

1. 水资源管理体制

我国《水法》规定,国家对水资源实行流域管理与行政区域管理相结合的管理体制。

国务院水行政主管部门负责全国水资源的统一管理和监督工作,它在国家确定的重要江河、湖泊设立的流域管理机构,在所管辖的范围内行使法定的管理和监督职责。国务院有关部门按照职责分工,负责水资源开发、利用、节约和保护的有关工作。

县级以上地方人民政府水行政主管部门按照规定的权限,负责本行政区域内水资源的统一管理和监督工作;有关部门按照职责分工,负责本行政区域内水资源开发、利用、节约和保护的有关工作。

2. 水事执法监督检查规定

根据我国《水法》的有关规定,县级以上人民政府水行政主管部门和流域管理机构应当对违反《水法》的行为加强监督检查并依法进行查处。《水法》还规定了上述机构及其水政监督检查人员,在履行《水法》规定的监督检查职责时,有权采取的措施。

(八) 违反我国《水法》的法律责任

我国2002年修订的《水法》与原《水法》相比较,对"法律责任"一章,进行了较大、较充分的补充和修改。其明显特点是:

(1) 条款大为增多。原《水法》仅规定有7条(其中1条为程序性规定应除外);2002年修订的《水法》增为14条。

(2) 可操作性大为增强。原《水法》对"法律责任"的规定比较原则、笼统;而2002年修订的《水法》的"法律责任"条款,均与《水法》所规定的权属、规划、利用、保护等相对应,具有很强的可操作性。

(3) 加大了刑罚处罚力度。原《水法》的"法律责任"中,仅设定1条刑事处罚条款;而2002年修订的《水法》,则设定了4条与《刑法》相衔接的规定,大大完善了相应的处罚措施。

第七节 渔 业 法

一、渔业法的概念和渔业立法

(一) 渔业法的概念

渔业法是调整在渔业资源的增殖、保护以及发展养殖业、捕捞业和渔业管理过程中所发生的经济关系的法律规范的总称。

渔业,广义是包括捕捞和水产养殖的一个综合性的生产部门。它既是捕捞鱼类、贝壳及海兽的一项生产事业,也包括渔业分支的水产养殖业。水产养殖,又称鱼类养殖或海水养殖,是大致与农业相对应的一个产业部门,其内容为养殖鱼类、贝类和栽培某些水生植物,以补充自然供应的不足。

我国渔业资源包括内水、滩涂、领海以及由我国管辖的一切其他海域内鱼类水产资源。漫长的海岸带和广阔的滩涂、领海,丰富的内陆江河湖泊,多年来兴建的大大小小水库等,都是我国发展渔业生产的良好的客观条件。我国是世界上渔获量最多的国家之一。

(二) 渔业立法

新中国建立以来,我国先后颁发过一些渔业法规,对发展渔业生产和水产资源养殖的保护,都发挥了积极的作用。但是,渔业法制很不健全。为了加强渔业法制,1986年1月20日第六届全国人大常委会第十四次会议通过了我国《渔业法》。

我国《渔业法》的颁布实施,对于保护渔业资源,促进渔业发展,满足城乡居民的生活需要,维护国家渔业权益,发挥了重要作用。但是,随着形势的发展,渔业管理也出现许多新情况、新问题,主要是:重要养殖水面不断遭受侵占,掠夺性捕捞加剧,新的国际公约、协定规定的义务需要通过国内法实施,执法手段不够、力度不大等,迫切需要对《渔业法》进行修改。2000年10月31日第九届全国人大常委会第十八次会议通过了《关于修改〈中华人民共和国渔业法〉的决定》,对《渔业法》进行了若干重大的修改、补充,并于2000年12月1日起施行。

2004年8月28日、2009年8月27日和2013年12月28日,全国人大常委会又先后对《渔业法》的个别条款进行了修改。

1987年10月14日国务院批准发布了《渔业法实施细则》,在此前后,国务院和国务院渔业行政主管部门发布了若干有关渔业的法规和规章。

为了依法发展海洋经济,保护和合理利用水生生物资源,实施可持续发展战略,国务院分别于2003年5月9日印发了《全国海洋经济发展规划纲要》,2006年2月14日印发了《中国水生生物资源养护行动纲要》,在两部纲要中,都有关于渔业资源开发利用的内容,都提出了应当进一步完善渔业法制的明确要求。

二、我国《渔业法》的主要内容

(一) 渔业管理体制

我国《渔业法》规定,国务院渔业行政主管部门主管全国的渔业工作。县级以上地方人民政府渔业行政主管部门主管本行政区域内的渔业工作。县级以上人民政府渔业行政主管部门可以在重要渔业水域、渔港设渔政监督管理机构。

县级以上人民政府渔业行政主管部门及其所属的渔政监督管理机构可以设渔政检查人员。渔政检查人员执行渔业行政主管部门及其所属的渔政监督管理机构交付的任务。

国家对渔业的监督管理,实行统一领导、分级管理。

外国人、外国渔业船舶进入中华人民共和国管辖水域,从事渔业生产或者渔业资源调查活动,必须经国务院有关主管部门批准,并遵守《渔业法》和中华人民共和国其他有关法律、法规的规定;同中华人民共和国订有条约、协定的,按照条约、协定办理。

国家渔政渔港监督管理机构对外行使渔政渔港监督管理权。

渔业行政主管部门和其所属的渔政监督管理机构及其工作人员不得参与和从事渔业生产经营活动。

(二) 渔业生产方针

我国《渔业法》规定:"国家对渔业生产实行以养殖为主,养殖、捕捞、加工并举,因地制宜,各有侧重的方针。"

(三) 养殖业的法律规定

1. 国家鼓励发展养殖业

国家鼓励全民所有制单位、集体所有制单位和个人充分利用适于养殖的水域、滩涂,发展养殖业。

2. 养殖业的水域、滩涂使用权、承包权的规定

国家对水域利用进行统一规划,确定可以用于养殖业的水域和滩涂。单位和个人使用国家规划确定用于养殖业的全民所有的水域、滩涂的,使用者应当向县级以上地方人民政府渔业行政主管部门提出申请,由本级人民政府核发养殖证,许可其使用该水域、滩涂从事养殖生产。

集体所有的或者全民所有由农业集体经济组织使用的水域、滩涂,可以由个人或者集体承包,从事养殖生产。

3. 养殖业的其他重要规定

我国《渔业法》第二章,还就水产优良品种的选育、培育和推广,水产苗种的生产、进口与出口,引进转基因水产苗种,养殖生产不得使用含有毒有害物质的饵料、饲料,保护水域生态环境等作了规定。

(四) 捕捞业的法律规定

1. 国家鼓励、扶持捕捞业发展

我国《渔业法》规定:"国家在财政、信贷和税收等方面采取措施,鼓励,扶持远洋捕捞业的发展,并根据渔业资源的可捕捞量,安排内水和近海捕捞力量。"

2. 国家实行捕捞限额制度

我国《渔业法》规定:"国家根据捕捞量低于渔业资源增长量的原则,确定渔业资源的总可捕捞量,实行捕捞限额制度。"

3. 国家实行捕捞许可证制度

国家对捕捞业实行捕捞许可证制度。海洋大型拖网、围网作业以及到中华人民共和国与有关国家缔结的协定确定的共同管理的渔区或者公海从事捕捞作业的捕捞许可证,由国务院渔业行政主管部门批准发放。其他作业的捕捞许可证,由县级以上

地方人民政府渔业行政主管部门批准发放;但是,批准发放海洋作业的捕捞许可证不得超过国家下达的船网工具控制指标,具体办法由省、自治区、直辖市人民政府规定。捕捞许可证不得买卖、出租和以其他形式转让,不得涂改、伪造、变造。

到他国管辖海域从事捕捞作业的,应当经国务院渔业行政主管部门批准,并遵守中华人民共和国缔结的或者参加的有关条约、协定和有关国家的法律。

(五) 渔业资源的增殖和保护的法律规定

渔业资源是可再生的生物资源,必须按照渔业资源的自然生长规律,从有利于鱼类繁殖和渔业发展出发安排渔业资源的增殖和保护。我国《渔业法》规定的渔业资源增殖和保护的主要措施有:征收渔业资源增殖保护费;建立禁渔区和禁渔期制度;禁止采用破坏渔业资源的捕捞手段;建立保护珍贵鱼种的制度;建立施工工程保护制度;保护和改善渔业水域的生态环境;防治污染;等等。

(六) 违反我国《渔业法》的法律责任

1. 违反禁止性规定的处罚

我国《渔业法》规定:"使用炸鱼、毒鱼、电鱼等破坏渔业资源方法进行捕捞的,违反关于禁渔区、禁渔期的规定进行捕捞的,或者使用禁用的渔具、捕捞方法和小于最小网目尺寸的网具进行捕捞或者渔获物中幼鱼超过规定比例的,没收渔获物和违法所得,处5万元以下的罚款;情节严重的,没收渔具,吊销捕捞许可证;情节特别严重的,可以没收渔船;构成犯罪的,依法追究刑事责任。"

2. 违反其他规定的处罚

我国《渔业法》还就在禁渔区或者禁渔期内销售非法捕捞的渔获物的,制造、销售禁用的渔具的,偷捕、抢夺他人养殖的水产品的,或者破坏他人养殖水体、养殖设施的,对依法使用的水域、滩涂荒芜满1年的,违反捕捞许可证作业的,非法生产、进口、出口水产苗种的,经营未经审批的水产苗种的等等,规定了责令改正、处以罚款、赔偿损失、没收渔具、没收违法所得、吊销许可证等处罚,直至追究刑事责任。

3. 外国人、外国渔船违反渔业法的处理规定

外国人、外国渔船违反我国《渔业法》的有关规定,擅自进入中华人民共和国管辖水域从事渔业生产和渔业资源调查活动的,责令其离开或者将其驱逐,可以没收渔获物、渔具,并处50万元以下的罚款;情节严重的,可以没收渔船;构成犯罪的,依法追究刑事责任。

4. 渔业主管部门和所属渔政机构及其工作人员违法的处理

渔业行政主管部门和其所属的渔政监督管理机构及其工作人员违反我国《渔业法》的有关规定核发许可证、分配捕捞限额或者从事渔业生产经营活动的,或者有其他玩忽职守不履行法定义务、滥用职权、徇私舞弊的行为的,依法给予行政处分;构成犯罪的,依法追究刑事责任。

5. 在海上执法时可以采取的紧急措施

在海上执法时,对违反禁渔区、禁渔期的规定或者使用禁用的渔具、捕捞方法进行捕捞,以及未取得捕捞许可证进行捕捞的,事实清楚、证据充分,但是当场不能按照

法定程序作出和执行行政处罚决定的,可以先暂时扣押捕捞许可证、渔具或者渔船,回港后依法作出和执行行政处罚决定。

第八节 矿产资源法

一、矿产资源法的概念和矿产立法

(一) 矿产资源法的概念

矿产资源法是调整在管理、保护、勘查、开采矿产资源过程中所发生的经济关系的法律规范的总称。

矿产资源是在地壳形成后,经过几千万年、几亿年甚至几十亿年的天然作用形成的、具有一定数量和质量的矿物或岩石,包括呈固体、液体或气体状态的各种金属、非金属矿产、燃料矿产和地下热能。目前已知的矿物3000多种,已被利用的至少超过150种。矿产资源是国家的宝贵财富,是人类赖以生存和发展的必要条件,也是进行现代化建设的物质基础。所有的金属工艺过程,归根到底都是依靠矿物作为原料的。矿产资源的有限性和非再生性,使它的合理利用与保护成为非常迫切的任务。正因为如此,当今世界各国都非常重视矿产资源立法。

(二) 矿产立法

新中国建立以来,我国先后颁布过一些矿产资源法规。1986年3月19日,第六届全国人大常委会第十五次会议通过了《中华人民共和国矿产资源法》(以下简称《矿产资源法》)。与之相配套,1994年3月26日国务院发布了《矿产资源法实施细则》。为了进一步健康地发展矿业,加强矿产资源的勘查、开发利用和保护,1996年8月29日第八届全国人大常委会第二十一次会议通过了关于修改我国《矿产资源法》的决定,1998年2月12日国务院发布了《矿产资源勘查区块登记管理办法》、《矿产资源开采登记管理办法》和《探矿权采矿权转让管理办法》等法规,标志着我国矿产资源法制的进一步加强。2009年8月27日,全国人大常委会又对《矿产资源法》进行了修改。

二、矿产资源法的主要内容

(一) 矿产资源所有权和探矿权、采矿权的法律规定

我国《矿产资源法》规定,矿产资源属于国家所有,由国务院行使国家对矿产资源的所有权。地表或者地下的矿产资源的国家所有权,不因其所依附的土地的所有权或者使用权的不同而改变。

勘查、开采矿产资源,必须依法分别申请、经批准取得探矿权、采矿权,并办理登记。国家保护探矿权和采矿权不受侵犯,保障矿区和勘查作业区的生产秩序、工作秩序不受影响和破坏。

国家实行探矿权、采矿权有偿取得的制度;但是,国家对探矿权、采矿权有偿取得

的费用,可以根据不同情况规定予以减缴、免缴。

开采矿产资源,必须按照国家有关规定缴纳资源税和资源补偿费。

我国《矿产资源法》规定,除按下列规定可以转让外,探矿权、采矿权不得转让:(1)探矿权人有权在划定的勘查作业区内进行规定的勘查作业,有权优先取得勘查作业区内矿产资源的采矿权。探矿权人在完成规定的最低勘查投入后,经依法批准,可以将探矿权转让他人。(2)已取得采矿权的矿山企业,因企业合并、分立,与他人合资、合作经营,或者因企业资产出售以及有其他变更企业资产产权的情形而需要变更采矿主体的,经依法批准可以将采矿权转让他人。禁止将探矿权、采矿权倒卖牟利。

国家保障矿产资源的合理开发利用。禁止任何组织或者个人用任何手段侵占或者破坏矿产资源。各级人民政府必须加强矿产资源的保护工作。国家保障依法设立的矿山企业开采矿山资源的合法权益。国有矿山企业是开采矿产资源的主体,国家保障国有矿产经济的巩固和发展。

(二) 矿产资源勘查、开发、保护的法律规定

我国《矿产资源法》规定,国家对矿产资源的勘查、开发实行统一规划、合理布局、综合勘查、合理开采和综合利用的方针。

国家鼓励矿产资源勘查、开发的科学技术研究,推广先进技术,提高矿产资源勘查、开发的科学技术水平。在勘查、开发、保护矿产资源和进行科学技术研究等方面成绩显著的单位和个人,由各级人民政府给予奖励。

国家在民族自治地方开采矿产资源,应当照顾民族自治地方的利益,作出有利于民族自治地方经济建设的安排,照顾当地少数民族群众的生产和生活。民族自治地方的自治机关根据法律规定和国家的统一规划,对可以由本地方开发的矿产资源,优先合理开发利用。

(三) 矿产资源勘查的登记和开采的审批

1. 矿产资源勘查的登记

我国《矿产资源法》规定,国家对矿产资源勘查实行统一的区块登记管理制度。矿产资源勘查登记工作,由国务院地质矿产主管部门负责;特定矿种的矿产资源勘查登记工作,可以由国务院授权有关主管部门负责。

2. 矿产资源开采的审批

我国《矿产资源法》规定,从事矿产资源勘查和开采的,必须符合规定的资质条件。

设立矿山企业,必须符合国家规定的资质条件,并依照法律和国家有关规定,由审批机关对其矿区范围、矿山设计或者开采方案、生产技术条件、安全措施和环境保护措施等进行审查;审查合格的,方予批准。

3. 未经批准,不得进入开采矿产的区域

我国《矿产资源法》规定,国家对国家规划矿区、对国民经济具有重要价值的矿区和国家规定实行保护性开采的特定矿种,实行有计划的开采;未经国务院有关主管部

门批准,任何单位和个人不得开采。

禁止任何单位和个人进入他人依法设立的国有矿山企业和其他矿山企业矿区范围内采矿。

（四）矿产资源开采的法律规定

我国《矿产资源法》规定,开采矿产资源,必须采取合理的开采顺序、开采办法和选矿工艺,使采矿和选矿回收率达到设计要求。在开采主要矿产的同时,对具有工业价值的共生和伴生矿产应当统一规划,综合开采,综合利用,防止浪费。开采矿产资源,必须遵守国家劳动安全卫生、环境保护、节约用地等的规定。

（五）集体矿山企业和个体采矿的法律规定

我国《矿产资源法》规定,国家对集体矿山企业和个体采矿实行积极扶持、合理规划、正确引导、加强管理的方针,鼓励集体矿山企业开采国家指定范围内的矿产资源,允许个人采挖零星分散资源和只能用作普通建筑材料的砂、石、黏土以及为生活自用采挖少量矿产。

集体矿山企业和个体采矿应当提高技术水平,提高矿产资源回收率。禁止乱挖滥采,破坏矿产资源。

（六）矿产资源监督管理的法律规定

我国《矿产资源法》规定,国务院地质矿产主管部门主管全国矿产资源勘查、开采的监督管理工作。国务院有关主管部门协助国务院地质矿产主管部门进行矿产资源勘查、开采的监督管理工作。

省、自治区、直辖市人民政府地质矿产主管部门主管本行政区域矿产资源勘查、开采的监督管理工作。省、自治区、直辖市人民政府有关主管部门协助同级地质矿产主管部门进行矿产资源勘查、开采的监督管理工作。

（七）违反我国《矿产资源法》的法律责任

严密、健全违反矿产资源法的法律责任,是我国1996年修改通过的《矿产资源法》的一大特点。其主要规定有：

（1）违反《矿产资源法》规定,未取得采矿许可证擅自采矿的,擅自进入国家规划矿区、对国民经济具有重要价值的矿区范围采矿的,擅自开采国家规定实行保护性开采的特定矿种的,责令停止开采、赔偿损失,没收采出的矿产品和违法所得,可以并处罚款；拒不停止开采,造成矿产资源破坏的,依照《刑法》的有关规定对直接责任人员追究刑事责任。单位和个人进入他人依法设立的国有矿山企业和其他矿山企业矿区范围内采矿的,依照上述规定处罚。

（2）超越批准的矿区范围采矿的,责令退回本矿区范围内开采、赔偿损失,没收越界开采的矿产品和违法所得,可以并处罚款；拒不退回本矿区范围内开采,造成矿产资源破坏的,吊销采矿许可证,依照《刑法》的有关规定对直接责任人员追究刑事责任。

（3）盗窃、抢夺矿山企业和勘查单位的矿产品和其他财物的,破坏采矿、勘查设施的,扰乱矿区和勘查作业区的生产秩序、工作秩序的,分别依照《刑法》有关规定追究刑事责任;情节显著轻微的,依照《治安管理处罚法》有关规定予以处罚。

(4) 买卖、出租或者以其他形式转让矿产资源的,没收违法所得,处以罚款。

(5) 违反《矿产资源法》第6条的规定将探矿权、采矿权倒卖牟利的,吊销勘查许可证、采矿许可证,没收违法所得,处以罚款。

(6) 违反《矿产资源法》规定收购和销售国家统一收购的矿产品的,没收矿产品和违法所得,可以并处罚款;情节严重的,依照《刑法》的有关规定,追究刑事责任。

(7) 违反《矿产资源法》规定,采取破坏性的开采方法开采矿产资源的,处以罚款,可以吊销采矿许可证,造成矿产资源严重破坏的,依照《刑法》的有关规定对直接责任人员追究刑事责任。

(8) 负责矿产资源勘查、开采监督管理工作的国家工作人员和其他有关国家工作人员徇私舞弊、滥用职权或者玩忽职守,违反《矿产资源法》规定批准勘查、开采矿产资源和颁发勘查许可证、采矿许可证,或者对违法采矿行为不依法予以制止、处罚,构成犯罪的,依法追究刑事责任。

(9) 以暴力、威胁方法阻碍从事矿产资源勘查、开采监督管理工作的国家工作人员依法执行职务的,依照《刑法》的有关规定追究刑事责任,拒绝、阻碍从事矿产资源勘查、开采监督管理工作的国家工作人员依法执行职务未使用暴力、威胁方法的,由公安机关依照《治安管理处罚法》的规定处罚。

为了保障我国《矿产资源法》的贯彻执行,我国《刑法》第343条作出了对非法采矿罪、破坏性采矿罪追究刑事责任的规定。

第二十四章 能源法律制度

第一节 能源法的概念和能源立法

一、能源法的概念

能源法是调整在能源的管理、保护、开发、生产、利用和节约过程中所发生的经济关系的法律规范的总称。

能源是指燃料、流水、阳光、风等可通过适当设备变为人类所需能量的资源。人们把能源、材料和信息看做是近代社会发展的三大支柱。其中能源是最基本的物质基础。能源是人类赖以生存和发展工业、农业、国防、科学技术以及改善人民生活所必需的燃料和动力来源。能源按其来源、成因和利用的特点,可作不同的分类。

我国通常所指的能源包括煤炭、石油、电力(火电、水电)、天然气、核能等。

二、能源立法

当今世界各国都很重视加强能源立法。从1973年世界性的石油危机以来,美国第一次意识到能源问题的重要性,于是采取法律手段加强国家对能源工作的干预,以期解决或缓和能源危机给国民经济带来的严重影响。早在1951年,日本就颁布了《热管理法》。该法对各个工业部门的燃料消耗规定了标准。年消耗燃料1000吨以上的企业为"热管理指定工厂",这类工厂都要有燃料计划和统计报告制度,并设立热管理人员专门负责。上述法规,对节能起了明显作用。

中华人民共和国成立以来,国家比较重视能源管理和能源立法,先后颁布了一些能源法规,对我国经济建设事业的发展和节能工作的进行,发挥了重要作用。1978年以来,我国能源管理和能源立法得到进一步的加强,全国人大常委会已制定了《中华人民共和国煤炭法》《中华人民共和国电力法》《中华人民共和国可再生能源法》《中华人民共和国节约能源法》等能源法律,国务院及有关部委先后发布了一批能源管理的法规和规章。但是,我国能源管理法制仍有待进一步完善。为增加能源供应、规范能源建设、优化能源结构、鼓励能源节约、维护能源安全提供法律保障,有关部门正在加快《中华人民共和国能源法》的研究起草工作。

第二节 煤 炭 法

一、煤炭法的概念和煤炭立法

（一）煤炭法的概念

煤炭法是调整煤炭的开发规划、生产经营、保护和管理过程中所发生的经济关系的法律规范的总称。

煤炭工业在能源工业和整个国民经济中具有十分重要的地位和作用。从世界范围看，到20世纪50年代以前，煤炭的生产和消费在世界总能源中始终占有主要的地位，曾被人们称为人类生存的"燃料之王"。

我国煤炭资源储量十分丰富，截止到1983年末，全国预测煤炭储量为3.2万亿吨，垂深1000米以内的探明储量为7700亿吨，且分布很广，相对集中，80%的储量在北方。新中国建立以来，我国煤炭工业发展迅速，原煤产量已由1949年的3200多万吨，发展到2005年的21.9亿吨。在我国能源消费结构中，2005年原煤占76.3%，仍是第一能源。

煤炭和煤炭工业既具有储量丰富、开采历史悠久、价格低廉等优势，同时又具有建设周期长、生产安全系数低等难点，这就为煤炭立法提出了一系列亟待解决的问题。

（二）煤炭立法

多年来我国先后制定了若干有关煤炭开采、管理的规章和其他规范性文件，但是比较零星分散、效力较低、多属一些政策性的规定，许多问题仍处于无法可依的状态。为了合理开发利用和保护煤炭资源，规范煤炭生产、经营活动，促进和保障煤炭行业的发展，1996年8月29日，第八届全国人大常委会第二十一次会议通过了《中华人民共和国煤炭法》(以下简称《煤炭法》)，并于同年12月1日起施行。它是我国第一部规范煤炭和煤炭生产的综合性法律，为我国煤炭生产的进一步健康发展奠定了法制基础。2009年8月27日、2011年4月22日、2013年6月29日全国人大常委会对《煤炭法》进行了三次修改，以完善我国的煤炭法律制度。

二、我国《煤炭法》的主要内容

（一）我国《煤炭法》的适用范围

我国《煤炭法》规定，在中华人民共和国领域和中华人民共和国管辖的其他海域从事煤炭生产、经营活动，适用本法。

（二）煤炭资源所有权和投资者权益的保护

煤炭资源属于国家所有。地表或者地下的煤炭资源的国家所有权，不因其依附的土地的所有权或者使用权的不同而改变。

国家依法保护煤炭资源，禁止任何乱采、滥挖破坏煤炭资源的行为。

国家保护依法投资开发煤炭资源的投资者的合法权益。

国家保障国有煤矿的健康发展。

国家对乡镇煤矿采取扶持、改造、整顿、联合、提高的方针,实行正规合理开发和有序发展。

(三)煤炭生产开发规划与煤矿建设的法律规定

1. 煤炭生产开发规划的法律规定

我国《煤炭法》规定,国家对煤炭开发实行统一规划、合理布局、综合利用的方针。

煤炭生产开发规划应当根据国民经济和社会发展的需要制定,并纳入国民经济和社会发展计划。

当前,在煤炭开发规划方面失控现象仍比较突出,主要表现是矿点过多过滥,规模小,技术水平低,煤炭资源国家所有权得不到切实保障。为此,我国《煤炭法》规定,国务院煤炭管理部门根据全国矿产资源勘查规划编制全国煤炭资源勘查规划。国务院煤炭管理部门根据全国矿产资源规划规定的煤炭资源,组织编制和实施煤炭生产开发规划。

省、自治区、直辖市人民政府煤炭管理部门根据全国矿产资源规划规定的煤炭资源,组织编制和实施本地区煤炭生产开发规划,并报国务院煤炭管理部门备案。

2. 煤矿建设的法律规定

(1)煤矿建设应当执行的方针、原则

我国《煤炭法》规定,国家制定优惠政策,支持煤炭工业发展,促进煤矿建设。煤矿建设项目应当符合煤炭生产开发规划和煤炭产业政策。

煤矿建设应当贯彻保护耕地、合理利用土地的原则。

开发利用煤炭资源,应当遵守有关环境保护的法律、法规,防治污染和其他公害,保护生态环境。煤矿建设应当坚持煤炭开发与环境治理同步进行。煤矿建设项目的环境保护设施必须与主体工程同时设计、同时施工、同时验收、同时投入使用。

(2)开办煤矿企业的条件

我国《煤炭法》规定,开办煤矿企业,应当具备下列条件:有煤矿建设项目可行性研究报告或者开采方案;有计划开采的矿区范围、开采范围和资源综合利用方案;有开采所需的地质、测量、水文资料和其他资料;有符合煤矿安全生产和环境保护要求的矿山设计;有合理的煤矿矿井生产规模和与其相适应的资金、设备和技术人员;法律、行政法规规定的其他条件。

(3)开办煤矿企业的审批程序

我国《煤炭法》规定,开办煤矿企业,必须依法向煤炭管理部门提出申请;依照本法规定的条件和国务院规定的分级管理的权限审查批准。

审查批准煤矿企业,须由地质矿产主管部门对其开采范围和资源综合利用方案进行复核并签署意见。

经批准开办的煤矿企业,凭批准文件由地质矿产主管部门颁发采矿许可证。

（四）煤炭生产与煤矿安全的法律规定

1. 煤炭生产实行许可证制度

我国《煤炭法》第 22 条规定："煤矿投入生产前，煤矿企业应当依照有关安全生产的法律、行政法规的规定取得安全生产许可证。未取得安全生产许可证的，不得从事煤炭生产。"

2. 煤炭生产的几项基本规定

（1）对国民经济具有重要价值的特殊煤种或者稀缺煤种，国家实行保护性开采。

（2）开采煤炭资源必须符合煤矿开采规程，遵守合理的开采顺序，达到规定的煤炭资源回采率。

（3）煤炭企业应当加强煤炭产品质量的监督检查和管理。煤炭产品质量应当按照国家标准或者行业标准分等论级。

（4）不得越界开采。煤炭生产应当依法在批准的开采范围内进行，不得超越批准的开采范围越界、越层开采。采矿作业不得擅自开采保安煤柱，不得采用可能危及相邻煤矿生产安全的决水、爆破、贯通巷道等危险方法。

（5）国家鼓励和扶持、发展多种经营，支持进行深加工和精加工，鼓励综合开发利用。

3. 煤矿企业必须坚持安全生产

安全生产始终是煤炭生产第一位的问题。

我国《煤炭法》规定，煤矿企业必须坚持安全第一、预防为主的安全生产方针，建立健全安全生产的责任制度和群防群治制度。各级人民政府及其有关部门和煤矿企业必须采取措施加强劳动保护，保障煤矿职工的安全和健康。国家对煤矿井下作业的职工采取特殊保护措施。

煤炭生产实行不安全不生产的原则。必须首先取得煤炭生产许可证才能生产，就是这一原则的体现。

为了保障煤矿安全，规范煤矿安全监察工作，保护煤矿职工人身安全和身体健康，根据我国《煤炭法》、《矿山安全法》及有关规定，国务院于 2000 年 11 月 7 日发布并于 12 月 1 日起施行《煤矿安全监察条例》，全面、系统地规定了有关煤矿各个环节上的安全监察问题。

（五）煤炭经营的法律规定

（1）煤炭经营管理

煤炭经营企业从事煤炭经营，应当遵守有关法律、法规的规定，改善服务，保障供应。禁止一切非法经营活动。

（2）煤炭销售价格的监督管理

国务院物价行政主管部门会同国务院煤炭管理部门和有关部门对煤炭的销售价格进行监督管理。

（3）煤炭质量管理

煤矿企业和煤炭经营企业供应用户的煤炭质量应当符合国家标准或者行业标

准,质级相符,质价相符。用户对煤炭质量有特殊要求的,由供需双方在煤炭购销合同中约定。煤矿企业和煤炭经营企业不得在煤炭中掺杂、掺假,以次充好。

煤矿企业和煤炭经营企业供应用户的煤炭质量不符合国家标准或者行业标准,或者不符合合同约定,或者质级不符、质价不符,给用户造成损失的,应当依法给予赔偿。

(4) 煤炭进出口管理

煤炭的进出口依照国务院的规定,实行统一管理。具备条件的大型煤矿企业经国务院对外经济贸易主管部门依法许可,有权从事煤炭出口经营。

(六) 煤矿矿区保护的法律规定

由于煤矿生产占地多,矿区范围广,同各方面关系复杂,加上外来人口多,给矿区保护工作带来一系列问题。我国《煤炭法》专章对煤矿矿区保护作出规定,是使这项工作纳入规范化、法制化的重要保证。

(七) 煤炭管理体制和监督检查的法律规定

我国《煤炭法》规定,国务院煤炭管理部门依法负责全国煤炭行业的监督管理。国务院有关部门在各自的职责范围内负责煤炭行业的监督管理。

县级以上地方人民政府煤炭管理部门和有关部门依法负责本行政区域内煤炭行业的监督管理。

煤炭矿务局是国有煤矿企业,具有独立法人资格。

矿务局和其他具有独立法人资格的煤矿企业、煤炭经营企业依法实行自主经营、自负盈亏、自我约束、自我发展。

煤炭管理部门和有关部门依法对煤矿企业和煤炭经营企业执行煤炭法律、法规的情况进行监督检查。

(八) 违反我国《煤炭法》的法律责任

我国《煤炭法》对法律责任的规定,具有针对性和可操作性强的特点。

1. 依法给予行政、经济处罚和行政处分

有下列行为之一,未构成犯罪的,由县级以上地方人民政府、煤炭管理部门或者其他有关部门依法给予责令停产、没收违法所得、罚款、吊销许可证、取消经营资格等行政、经济处罚,给予直接责任人员行政处分;违反《煤炭法》的规定,擅自开采保安煤柱或者采用危及相邻煤矿生产安全的危险方法进行开采作业的;未经审查批准,擅自从事煤炭经营活动的;在煤炭产品中掺杂、掺假,以次充好的;未经煤矿企业同意,在其使用的土地上修建建筑物等和占用其交通线路的;未经批准或者未采取安全措施,在煤矿采区范围内进行危及煤矿安全作业的;对不符合规定的煤矿企业颁发许可证或者设立经营企业予以批准的;煤炭管理部门和有关部门的工作人员玩忽职守、徇私舞弊,滥用职权的。

2. 给予治安管理处罚与追究刑事责任

我国《煤炭法》规定,有下列行为之一的,由公安机关依照《治安管理处罚法》的有关规定处罚;构成犯罪的,由司法机关依法追究刑事责任:(1) 阻碍煤矿建设,致使煤矿建设不能正常进行的;(2)故意损坏煤矿矿区的电力、通讯、水源、交通及其他生产设施的;(3)扰乱煤矿矿区秩序,致使生产、工作不能正常进行的;(4)拒绝、阻碍监督检查人员依法执行职务的。

3. 追究刑事责任

我国《煤炭法》规定,有下列行为之一并构成犯罪的,依法追究刑事责任:擅自开采保安煤柱或者采用危及相邻煤矿生产安全的危险方法进行采矿作业的;在煤炭产品中掺杂、掺假、以次充好的;对不符本法规定条件的煤矿企业颁发煤炭生产许可证、设立煤炭经营企业予以批准的;煤炭管理部门和有关部门的工作人员玩忽职守、徇私舞弊、滥用职权的。煤炭企业的管理人员对煤矿事故隐患不采取措施予以消除,发生重大伤亡事故的,依照《刑法》的有关规定追究刑事责任。

第三节 石 油 法

一、石油法的概念和石油立法

(一) 石油法的概念

石油法是调整石油的勘探、开采、加工、储运、贸易和管理等经济关系的法律规范的总称。

石油,是存在于地球的液态、气态或固体的复杂的烃类混合物。通常局限于液态或原油。气相和液相石油两者都天然地存在于地下,构成最重要的化工燃料。我国现行有关开采石油资源的法规都规定,所称"石油",是指蕴藏在地下的、正在采出的和已经采出的原油和天然气。

石油、天然气是当今世界最重要的能源。它具有热值高、运输方便、污染小的特点。

新中国建立以来,我国石油、天然气产量已由1949年的年产12万吨发展到2005年的18064万吨,占我国能源消费结构的12.6%;天然气已由新中国建立初期的小量生产,发展到2005年的500亿立方米,占我国能源消费结构的3.2%。

我国石油、天然气资源比较丰富,但已探明的石油储量还不多,石油在能源消费结构中所占比重比在世界上所占的43.8%(1985年)要低得多,原油用来炼制轻质油和化工产品的比例还较少,炼油工业及其产品同国外先进水平相比还存在着明显的差距。

(二) 石油立法

近三十年来我国石油立法不断加强。在我国《矿产资源法》及其配套法规中,都有关于规范石油、天然气勘查、开采的内容,并先后颁发了若干单行的石油法规,主要有:1982年1月30日国务院发布的《对外合作开采海洋石油资源条例》,该《条例》已于2001年9月23日进行了修订;1993年10月7日国务院发布的《对外合作开采陆上石油资源条例》,该《条例》已于2001年9月23日进行了修订;1989年3月12日国务院发布的《石油、天然气管道保护条例》,该《条例》已经 2001 年 8 月 2 日国务院令废止,同时发布了新修改的《条例》。

至今,我国石油立法仍然滞后,尚未制定统一的、综合性的《石油法》。

二、石油法规的主要内容

(一) 石油的权属规定

我国的石油资源属于国家所有,不因其依附的土地所有权和使用权的不同而改变。国务院代表国家行使石油资源所有权,国务院石油管理部门对石油资源实行统一管理和监督。

国家对石油资源实行有偿开采,石油采矿权人按规定向国家缴纳资源补偿费。在中国领域及管辖海域勘查、开采石油、天然气,必须申请办理石油、天然气勘查、滚动勘探开发和开发手续,领取石油、天然气勘查、开采许可证,取得探矿权或采矿权。

(二) 中外合作开采海洋和陆上石油资源规定

按照中外合作开采海洋和陆上石油资源的两个条例的规定,国务院指定的部门,负责在批准的合作区域内,划分合作区块,确定合作方式,组织制定有关规划和政策,审批对外合作油(气)田的总体开发方案。

中国海洋石油总公司全面负责对外合作开采海洋石油资源的业务;中国石油天然气集团公司、中国石油化工集团公司负责对外合作开采陆上石油资源的经营业务。中方通过招标,采取签订合同方式,同外国企业合作开采石油资源,除法律、行政法规另有规定或者合同另有约定外,应当由外国合同者投资进行勘探,负责勘探作业,并承担全部勘探风险;发现商业性油(气)田后,由双方投资合作开发,外国合同者负责开发作业和生产作业,直至中方在条件具备时按规定接替生产作业。外国合同者可以按合同约定,从生产的石油中回收其投资和费用,并取得报酬。

国务院发布的《对外合作开采海洋石油资源条例》《对外合作开采陆上石油资源条例》都规定,国家对参加合作开采的外国企业的投资和收益不实行征收。在特殊情况下,根据社会公共利益的需要,可以对外国企业在合作开采中应得的石油的一部分或者全部,依照法律程序实行征收,并给予相应的补偿。

(三) 石油天然气管道保护法

管道是现代五大运输方式之一。目前,我国 70% 的石油和 90% 的天然气是通过管道输送的,管道运输关系到经济命脉,也关系到公共安全。

为了保护石油、天然气管道,保障石油、天然气输送安全,维护国家能源安全和公共安全,第十一届全国人大常委会第十五次会议于 2010 年 6 月 25 日通过了自 2010 年 10 月 1 日起施行的《中华人民共和国石油天然气管道保护法》(以下简称《石油天然气管道保护法》)。该法包括总则、管道规划与建设、管道运行中的保护、管道建设工程与其他建设工程相遇关系的处理、法律责任、附则等 6 章,共 61 条。

《石油天然气管道保护法》从法律角度规定了石油、天然气管道有关各方面的权利义务,理清了管道活动中有关法律关系,规定了管道保护措施,明确了保护责任,是一部保护石油及天然气管道,保障石油、天然气输送安全,维护国家能源安全和公共安全的法律。

第四节 电 力 法

一、电力法的概念、电力立法及原则

(一) 电力法的概念

电力法是调整电力建设、生产、供应、使用、管理过程中经济关系的法律规范的总称。

电力必须先行,这是国民经济发展的一条客观规律。电能可广泛运用于国民经济各个部门,是生产和生活现代化的显著标志。现代化水平越高,对电力工业的需求也就越高。因为电力是一种最大量、最灵活、能无限制分散和无限制集中的能源;它易于远距离传送,可以保证生产过程有很高的精确度、速度和强度;它是实现生产的机械化和自动化,并把它推进到更高阶段,加速和强化生产过程的基础。

新中国建立以来,特别是改革开放以来,我国电力工业发展很快。1949 年全国发电量仅有 4.3 亿千瓦小时,1978 年底为 2665.52 亿千瓦小时,到 2005 年底已达 24747 亿千瓦小时。电力装机容量和发电量均居世界第二位。

(二) 电力立法

改革开放以来,我国电力立法有了加强。为了保障和促进电力事业的发展,维护电力投资者、经营者和使用者的合法权益,保障电力安全运行,调整电力建设、生产、供应和使用等方面的经济关系,第八届全国人大常委会第十七次会议于 1995 年 12 月 28 日通过了自 1996 年 4 月 1 日起施行的《中华人民共和国电力法》(以下简称《电力法》)。《电力法》的颁布与实施,标志着我国电力法制建设进入了一个新的发展阶段。2009 年 8 月 27 日,第十一届全国人大常委会第十次会议对《电力法》进行了修改。

为了加强电力监管,规范电力监管行为,完善电力监管制度,国务院于 2005 年 2 月 15 日发布,并于 5 月 1 日起施行《电力监管条例》。

(三) 电力法的原则

我国《电力法》在总则中,规定了如下的重要原则:

(1) 电力事业实行"适当超前发展"的方针。电力事业超前发展,是许多发达国家在工业化进程中的普遍做法。我国将这一方针写入《电力法》,有极为重要的意义。

(2) 电力事业投资实行"谁投资、谁收益"的原则。我国《电力法》规定,国家鼓励、引导国内外的经济组织和个人依法投资开发能源,兴办电力生产企业。

(3) 电力事业发展实行依法保护环境、防治污染和其他公害的方针。我国《电力法》规定,电力建设、生产、供应和使用应当依法保护环境,采用新技术,减少有害物质排放,防治污染和其他公害。输变电工程、调度通讯自动化工程等电网配套工程和环

境保护工程,应当与发电工程项目同时设计、同时建设、同时验收、同时投入使用。

二、我国《电力法》的主要内容

(一) 电力事业管理体制规定

(1) 我国《电力法》规定,国务院电力管理部门负责全国电力事业的监督管理。国务院有关部门在各自的职责范围内负责电力事业的监督管理。县级以上地方人民政府经济综合主管部门是本行政区域内的电力管理部门,负责电力事业的监督管理。县级以上地方人民政府有关部门在各自的职责范围内负责电力事业的监督管理。

(2) 我国《电力监管条例》规定,国务院电力监管机构,履行电力监督和行政执法职能;国务院有关部门,履行相关的监管职能和行政执法职能;国务院电力监管机构,根据履行职责的需要,经国务院批准,设立派出机构,并对其实行统一领导和管理。

(3) 我国《电力法》规定,电力建设企业、电力生产企业、电网经营企业依法实行自主经营、自负盈亏,并接受电力管理部门的监督。

(二) 电力建设规定

我国《电力法》规定,电力发展规划应当纳入国民经济和社会发展计划,应当体现合理利用能源、电源与电网配套发展,提高经济效益和有利于环境保护的原则。

电力建设项目应当符合电力发展规划,符合国家产业政策。

国家通过制定有关政策,支持、促进电力建设。地方人民政府根据电力发展规划,因地制宜,采取多种措施开发电源,发展电力建设。

电力投资者对其投资形成的电力,享有法定权益;并网运行的有优先使用权;未并网的自备电厂,自行支配使用。

(三) 电力生产与电网管理规定

我国《电力法》规定,电力生产与电网运行应当遵循安全、优质、经济的原则。电网企业应当连续、稳定、保证供电可靠性。

电力企业应当加强安全生产管理,坚持安全第一、预防为主的方针,建立、健全安全生产责任制度。我国《电力法》还专章规定了电力设施的保护问题。

我国《电力法》规定,电网运行实行统一调度、分级管理。

国家提倡电力生产企业与电网,电网与电网并网运行。具有独立法人资格的电力生产企业要求将生产的电力并网运行的,电网经营企业应当接受。并网双方应当签订并网协议,确定双方的权利和义务。并网双方达不成协议的,由省级以上电力管理部门协调决定。

(四) 电力供应与使用规定

我国《电力法》规定,国家对电力供应和使用,实行安全用电、节约用电、计划用电的管理原则。

国家对供电营业机构,实行供电营业许可证制度。

根据我国《电力法》,国务院1996年4月17日发布,并于同年9月1日起施行《电力供应与使用条例》。

（五）农村电力建设和农业用电规定

我国农村用电人口占全国用电人口的80%，农村用电有许多不同于一般用电的特点，特别是农村电力建设和农业用电与农业发展有着密切的关系。为此，我国《电力法》专章作了规定，其主要规定有：

（1）为了大力开展农村电源，促进农村电气化，国家对农村电气化实行优惠政策，对少数民族地区、边远地区和贫困地区的农村电力建设给予重点扶持。国家提供农村开发水能资源，建设中、小型水电站，促进农村电气化。

（2）为了增加农村电力供应，国家鼓励和支持农村利用太阳能、风能、地热能、生物质能和其他能源进行电源建设。

（3）为了支持农业生产，保证农业用电，县级以上地方人民政府及其经济综合主管部门在安排用电指标时，应当保证农业和农村用电的适当比例，优先保证农村排涝、抗旱和农业季节性生产用电。

（六）电价与电费规定

为了克服电价的政策、定价不一致及实际执行的电价比较混乱的现象，以利于调节各方面的利益，促进电力事业的发展，同时也有利于实施电力产业政策，我国《电力法》对电价与电费作了如下重要规定：

（1）我国《电力法》所称的电价，是指电力生产企业的上网电价、电网间的互供电价、电网销售电价。电价实行统一政策，统一定价原则，分级管理。

（2）制定电价，应当合理补偿成本，合理确定收益，依法计入税金，坚持公平负担，促进电力建设。

（3）上网电价实行同网同质同价。

（4）跨省的电网和省级电网内上网电价，独立电网内的上网电价，地方投资的电力生产企业的电力电价，不同电网间的互供电价，不同电网的销售电价等，我国《电力法》分别不同情况，对如何提出方案及核准等作了规定。

（5）除法律、行政法规另有规定者外，禁止任何单位和个人在电费中加收其他费用。地方集资办电在电费中加收费用，由省级人民政府依照国务院规定制定办法。

（七）违反我国《电力法》的法律责任

（1）依法承担赔偿责任。有下列情形之一的，应依法承担赔偿责任：电力企业或者用户违反供用电合同，给对方造成损失的；电力企业未保证供电质量，或者未事先通知用户中断供电，给用户造成损失的；因电力运行事故给用户或者第三人造成损害的；因用户或者第三人的过错给电力企业或者其他用户造成损害的。电力运行事故因不可抗力或用户自身的过错造成的，电力企业不承担赔偿责任。

（2）依法给予行政处罚。因违反我国《电力法》的有关规定，由有关人民政府、电力管理部门，给以责令限期改正或停止建设、强制消除障碍、没收国家明令淘汰的电力设施可以并处罚款、没收违法所得并处罚款，对有关主管人员和直接责任人员给予行政处分等。

（3）对有下列行为之一的，给予治安管理处罚；构成犯罪的，依法追究刑事责任：

阻碍电力建设或者电力设施抢修的;扰乱电力生产企业、变电所、电力调度机构和供电企业秩序的;殴打、公然侮辱履行职务的查电人员或者抄表收费人员的;拒绝、阻碍电力监督检查人员依法执行职务的。

(4) 依法追究刑事责任。对盗窃电能构成犯罪的,盗窃电力设施或者以其他方法破坏电力设施危害公共安全的,电力管理部门的工作人员滥用职权、玩忽职守、徇私舞弊,构成犯罪的,电力企业职工违反规章制度、违章调度或者不服调度指令造成重大事故的,故意延误电力设施抢修或者抢险救灾用电造成严重后果的,电力企业的管理人员和查电人员、抄表收费人员勒索用户、以电谋私构成犯罪的,依照或比照《刑法》的规定,追究刑事责任。

第五节 可再生能源法

一、可再生能源法的概念和可再生能源立法

(一) 可再生能源法的概念

可再生能源法是调整可再生能源的开发、利用、管理过程中所发生的经济关系的法律规范的总称。

可再生能源,是相对于不可再生能源而言的。一般是指自然界中存在的可以不断获得补充和不断再生的能源,如水能、风能、潮汐能、太阳能等。我国可再生能源法上所称的可再生能源,是指风能、太阳能、水能、生物质能、地热能、海洋能等非化石能源。至于水力发电如何适用可再生能源法,由国务院能源主管部门规定,报国务院批准。

(二) 可再生能源立法

由于能源消耗的日益增多,环境污染日趋严重,世界各国都在加强可再生能源的开发利用,并完善相关立法。我国能源效率虽有提高,但对可再生能源发展的需求已日益迫切。为了促进可再生能源的开发利用,增加能源供应,改善能源结构,保障能源安全,保护环境,实现经济社会的可持续发展,2005年2月28日第十届全国人大常委会第十四次会议通过了自2006年1月1日起施行的《中华人民共和国可再生能源法》(以下简称《可再生能源法》)。

我国《可再生能源法》颁布后,全国利用太阳能的热能、农村沼气以及其他生物质能等都取得了相当大的进步,但也发现一些新的问题。故第十一届全国人大常委会第十二次会议于2009年12月26日通过了《关于修改〈中华人民共和国可再生能源法〉的决定》。该《决定》自2010年4月1日起施行。

二、我国《可再生能源法》的主要内容

(一) 可再生能源开发、利用管理体制规定

我国《可再生能源法》规定,国务院能源主管部门对全国可再生能源的开发利用

实施统一管理。国务院有关部门在各自职责范围内负责有关的可再生能源的开发、利用管理工作。

县级以上地方人民政府管理能源工作的部门负责本行政区域内可再生源开发、利用管理工作,有关部门在各自的职责范围内负责有关的可再生能源开发、利用管理工作。

(二) 可再生能源中长期总量目标与发展规划规定

我国《可再生能源法》规定:"国家将可再生能源的开发利用列为能源发展的优先领域,通过制定可再生能源利用总量目标和采取相应措施,推动可再生能源市场的建立和发展。"

国务院能源主管部门会同国务院有关部门,根据全国可再生能源开发利用中长期总量目标和可再生能源技术开发情况,编制全国可再生能源开发利用规划,报国务院批准后实施。

(三) 可再生能源推广与应用的规定

我国《可再生能源法》规定:"国家鼓励和支持可再生能源并网发电。""建设可再生能源并网发电项目,应当依照法律和国务院的规定取得行政许可或者报送备案。"

国家实行可再生能源发电全额保障性收购制度。

电网企业应当与按照可再生能源开发利用规划建设,依法取得行政许可或者报送备案的可再生能源发电企业签订并网协议,全额收购其电网覆盖范围内符合并网技术标准的可再生能源并网发电项目的上网电量。发电企业有义务配合电网企业保障电网安全。

国家鼓励单位和个人安装和使用太阳能热水系统、太阳能供热采暖和制冷系统、太阳能光伏发电系统等太阳能利用系统。

国家鼓励和支持农村地区的可再生能源开发利用。

(四) 可再生能源的价格管理与费用补偿规定

合理的价格机制是引导可再生能源开发利用的关键。

我国《可再生能源法》规定:"可再生能源发电项目的上网电价,由国务院价格主管部门根据不同类型可再生能源发电的特点和不同地区的情况,按照有利于促进可再生能源开发利用和经济合理的原则确定,并根据可再生能源开发利用技术的发展适时调整。"电网企业依法定的上网电价收购可再生能源电量所发生的费用,高于按常规能源发电平均上网电价计算所发生费用之间的差额,由在全国范围对销售电量征收可再生能源电价附加补偿。为收购上述电量而支付的合理的接网费以及其他合理的相关费用,可以计入电网企业输电成本,并从销售电价中回收。

我国《可再生能源法》还对"经济激励与监督措施"和"法律责任"等作了专章规定。

第六节 节约能源法

一、节约能源法的概念和节能立法

（一）节约能源法的概念

节约能源法是调整在利用能源过程中为实现节约能源而发生的经济关系的法律规范的总称。

能源，是指煤炭、石油、天然气、生物质能和电力、热力以及其他直接或者通过加工、转换而取得有用能的各种资源。经过多年的努力，我国已初步形成以煤炭为主体，电力为中心，石油天然气、新能源和可再生能源全面发展的能源供应格局。

节约能源，简称节能，是指加强用能管理，采取技术上可行、经济上合理以及环境和社会可以承受的措施，从能源生产到消费的各个环节，降低消耗、减少损失和污染物排放、制止浪费，有效、合理地利用能源。国家实施节约与开发并举，节约能源是我国的一项基本国策，是一项发展战略。我国正在下大力气抓好节能减排工作，确保实现"十二五"规划的目标和任务。

（二）节能立法

为了推动全社会节约能源，提高能源利用效率，保护和改善环境，促进经济社会全面协调可持续发展，1997年11月1日第八届全国人大常委会第二十八次会议通过了《中华人民共和国节约能源法》（以下简称《节能法》），已于1998年1月1日起施行。

我国《节能法》的施行，发挥了重要作用。但是，我国能源消费增长很快，能源消耗强度高、利用效率低的问题比较严重，经济发展与能源资源及环境的矛盾日趋尖锐，原《节能法》已不适应节能工作的要求。为此，2007年10月28日，第十届全国人大常委会第三十次会议作出决定，对《节能法》进行了修订。

二、我国《节能法》的主要内容

（一）节能战略地位、发展目标和基本制度规定

（1）节能战略地位的规定。我国《节能法》规定，节约资源是我国的基本国策。国家实施节约与开发并举，把节约放在首位的能源发展战略。

（2）将节能工作纳入发展规划、计划的规定。我国《节能法》规定，国务院和县级以上人民政府应将节能工作纳入国民经济和社会发展规划、年度计划，编制和实施节能中长期专项规划、年度计划，每年向本级人大或其常委会报告节能工作。

（3）节能发展目标的规定。我国《节能法》规定，国家发展环保型产业，合理调整产业、企业、产品和能源消费结构，淘汰落后生产能力，提高能源利用效率。

（4）实行节能目标责任制和考核评价制度。我国《节能法》规定，国家将节能目标完成情况作为对地方政府及其负责人考核评价的内容，省级政府每年向国务院报

告节能目标的履行情况。

(二) 节能管理机构及监督管理规定

(1) 节能管理机构规定。我国《节能法》规定,国务院管理节能工作的部门主管全国的节能管理工作,有关部门在各自的职责范围内负责节能监督管理工作,并接受主管部门的指导;县级以上地方人民政府管理节能工作的部门负责本行政区域内的节能监督管理工作,有关部门在各自的职责范围内负责节能监督管理工作,并接受同级管理节能工作部门的指导。

(2) 节能监督管理规定。我国《节能法》规定,政府应当加强节能工作的领导,节能管理部门应当加强对节能的监督管理。该法还详细规定了对节能的标准化管理,包括:主管部门和有关部门依法制定、修订标准,建立健全节能标准体系;鼓励企业制定严于国家标准、行业标准的标准;省级制定严于国家标准、行业标准的地方标准应报经国务院批准;国家实行固定资产投资项目节能评估和审查制度,对落后的耗能过高的用能产品、设备和生产工艺实行淘汰制度等。

(三) 合理使用与节约能源规定

我国 2007 年修订的《节能法》将原《节能法》第三章"合理使用能源"修改为"合理使用与节约能源",原来仅有 11 条的规定,扩展为分 6 节 32 条的规定,充分体现了适用范围的扩大、针对性和可操作性的增强。

(1) 一般规定。我国《节能法》第三章第一节,对用能单位作出了若干共同性的规定。要求用能单位应当按照合理用能的原则,加强节能管理,制定并实施节能计划和节能技术措施,降低能源消耗。用能单位应当建立节能目标责任制。

(2) 工业节能。我国《节能法》规定,国务院管理节能工作的部门会同有关部门制定主要耗能行业的节能技术政策,推动企业技术改造。禁止新建不符合国家规定的燃煤、燃油和燃煤热电机组。

(3) 建筑节能。我国《节能法》规定,建筑工程的建设、设计、施工和监理单位应当遵守建筑节能标准。不符合建筑节能标准的建筑工程不得批准开工建设,已开工建设的应责令停止施工、限期改正,已经建成的不得销售或者使用。

(4) 交通运输节能。我国《节能法》规定,优化交通运输结构,建设节能型交通运输体系。优先发展公共交通,鼓励利用公共交通工具出行、使用非机动交通工具出行,鼓励开发、生产、使用节能环保型交通运输工具等。

(5) 公共机构节能。我国《节能法》规定,公共机构,是指全部或者部分使用财政性资金的国家机关、事业单位和团体组织。公共机构应当制定年度节能目标和实施方案,实施能源消费的定额管理等;应当优先采购列入节能产品、设备政府采购名录中的产品、设备,禁止采购国家明令淘汰的产品、设备。

(6) 重点用能单位节能。突出抓好重点用能单位的节能工作,对于缓解经济社会发展面临的能源与环境约束具有重要意义。我国《节能法》规定的重点用能单位是指:第一,年综合能源消费总量 1 万吨标准煤以上的用能单位;第二,国务院有关部门或者省级人民政府管理节能工作的部门指定的年综合能源消费总量 5000 吨以上不满1万吨标准煤的用能单位。重点用能单位应当每年向管理节能工作的部门报送上年度的能源利用情况报告,并接受其审查。重点用能单位应当设立能源管理岗位。

(四) 节能科学研究、技术进步和激励措施规定

(1) 节能科学研究、技术进步规定。我国《节能法》总则第8条第1款规定:"国家鼓励、支持节能科学技术的研究、开发、示范和推广,促进节能技术创新与进步。"我国《节能法》第四章专章规定了节能技术进步的内容。

(2) 节能激励措施规定。加强节能工作,需要政府采取激励措施加以引导和推动,为此,我国《节能法》增设了"激励措施"一章。规定,中央和省级财政安排节能专项资金,支持节能技术研究开发、示范与推广以及重点节能工作的实施等。对生产列入规定的节能技术、节能产品,对节能照明器具的推广和使用,对先进节能技术、设备的进口,对节能技术的研究开发等,采取财政、税收、价格、信贷等支持激励措施。

(五) 违反我国《节能法》的法律责任

我国《节能法》全面规定了有关节能部门的法律责任,包括建设、设计、施工、工程管理、重点用能单位、统计、能源管理岗位等各个环节的法律责任,并加大了处罚力度。同时,还强化了政府、公共机构及节能服务机构等的法律责任。

第二十五章 财政法律制度

第一节 财政与财政法概述

一、财政的一般原理

(一) 财政的概念

财政是国家为满足公共欲望而取得、使用和管理资财的活动的总称。它包括中央财政和地方财政。财政是国家参与国民收入分配和再分配的重要手段,在宏观调控和保障经济社会稳定发展方面都具有重要作用。

财政作为一个经济范畴,是与私人经济相对立的,它在很大程度上影响着社会财富的分配;财政作为一个历史范畴,是与国家的产生和发展形影相随的。没有国家,就没有财政;同时,没有财政,国家也难以存续。财政是保障国泰民安的重要手段。

(二) 财政的特征

整个社会经济可分为两类:一类是各种市场主体之间的经济活动,此即私人经济;另一类是国家或政府相互之间及其与市场主体相互之间的经济活动,此即公共经济。这种分类对于理解财政问题具有重要意义。

财政作为公共经济,与私人经济中的企业财务、私人家计等有许多不同。财政的基本特征是:(1) 财政的主体是国家,它以国家的强制力为保障,同时,财政活动需以国家的法律为依据,促进国家自身职能的实现。(2) 财政的目的是满足公共欲望,实现公共需要。(3) 财政的内容包括财政收入、财政支出、财政管理三个部分,其涉及领域广阔,并围绕满足公共欲望这一中心展开。上述特征,是私人经济所不具备的。

基于上述财政的基本特征,还可以概括出财政的如下引申特征:(1) 强制性。与私人经济的资财转移不同,在公共经济领域,国家从私人经济领域取得资财是依其主权地位和所有者地位,并且是以强制、无偿取得为主,而不是靠私人的自愿奉献,因此,必须以国家强制力为后盾,依强行法为之。(2) 非营利性。财政具有公共目的性,与私人经济以利润最大化为目标不同。财政收支、管理活动主要是为了向社会提供公共物品,增进社会福利,而不是以营利为目的。因此,"取之于民,用之于民",是财政的根本要义。(3) 永续性。在存续时间上,财政与国家或政府并存,具有一种永久连续性,不像私人经济那样容易出现非连续性。

(三) 财政的职能

财政的职能是财政所内含的基本功能。财政的职能主要有如下三种:

1. 分配收入的职能

由于财政的内容是财政收入、支出和管理活动,即集中部分社会财富而后再进行分配,因此,分配收入是财政最原初、最基本的职能。

财政分配收入的职能,具体地表现为对分配关系的调节,即财政能够调节国家、企业、居民等各分配主体之间的物质利益关系。在整个社会分配体系中,财政分配占有重要地位,它包括公共经济领域以及公共经济与私人经济之间的分配。

财政分配活动包括两个阶段:其一是国家凭借主权地位或所有者地位占有一定数量的社会产品的财政收入阶段;其二是国家按照一定的政治经济原则,将占有的社会产品用于社会生产和生活的财政支出阶段。两者构成了财政参与国民收入分配和再分配的总体。财政收支规模及财政活动领域的广狭,决定了财政分配收入职能发挥作用的深度和广度。

2. 配置资源的职能

财政配置资源的职能,就是通过资源的分配,引导人力和物力的流向,以形成一定的资产结构和产业结构,实现资源的有效配置。财政能够把社会的资源在政府部门与非政府部门之间进行分配;同时,还能够根据国家的经济和政治原则,调节积累和消费等比例关系。

通常,税收、预算支出、国债、转移支付等财政手段都是资源配置的有效手段,其运用的过程也就是对资源进行配置的过程和宏观调控的过程。正因如此,财政手段是各国用以进行宏观调控、实现资源有效配置的重要杠杆。

3. 保障稳定的职能

财政保障稳定的职能,是上述两项职能实现的结果。具体说来,在经济层面上,通过在各类经济主体之间有效分配收入,配置资源,有助于保障经济领域的公平和效率,从而有助于保障宏观经济各项目标的实现,实现经济的稳定增长;在社会层面上,财政上述两项职能的实现,不仅有助于保障经济公平,而且更有助于保障社会分配领域里的社会公平,保障基本人权,从而也有利于社会稳定。

财政的上述三项基本职能是层层递进的。其中,分配收入的职能是前提、基础;配置资源的职能是建立在分配收入的职能的基础之上,并日渐受到重视;而保障稳定的职能则是以前两大职能为基础的。

(四) 财政存在的必要性

财政为什么会存在?其存在有何理由和必要?对此有多种解释。近些年来,在经济学或财政学上,主要倾向于用公共物品理论来解释财政存在的必要性问题。

一般认为,财政之所以会存在,是因为社会公众对公共物品存在着公共欲望,这些公共欲望不能从市场主体那里得到满足,而只能由国家来满足;这些公共物品不能由私人经济提供,而只能由公共经济提供。于是,以满足公共欲望、提供公共物品为己任的财政便应运而生。

与公共经济、私人经济的区别相似,人类的欲望也可分为两类,即私人欲望和公共欲望。前者是指个人能够独自满足的需求,是具有排他性的欲望;而后者则是公众可以共同享有的需求,是不具有排他性的欲望。公共欲望实际上是存在于私人经济中的无数私人欲望中的共同欲望。一般说来,私人欲望可以通过私人个体在市场上选购商品和劳务而得到满足;而公共欲望则不能通过市场主体的活动来得到满足,因为市场不能有效地提供公众都需要的公共物品,即在提供公共物品方面市场是失灵的。只有公共经济部门提供公共物品才是更有效率的,才能更好地满足公共欲望。

上述的公共物品(或译为公共商品、公共产品等),是私人物品的对称,它是用来满足公共欲望的资财;而私人物品则是用来满足私人欲望的资财。私人物品的产权是明晰的,具有独占性、排他性和可转让性的特点;而公共物品则具有消费的非排他性和非竞争性。由于对于公共物品费无论是否付费和付费多少,其消费主体都能获得等量的、相同的消费,且一个主体的消费既不影响他人的消费,也不能排除他人的消费,因此,私人对于公共物品的消费都存在着"搭便车"的心理,普遍不愿意投资于公共物品领域,从而使市场不能有效提供公共物品。于是,公众普遍需要的公共物品,只能由公共经济部门来提供,或者说,只能由政府来提供。而政府却是非营利的组织,其提供公共物品只能依赖于财政,这就使财政的存在甚为必要。

二、财政法的概念

财政法,是调整在国家为了满足公共欲望而取得、使用和管理资财过程中发生的社会关系的法律规范的总称。它是经济法的重要部门法,在宏观调控和保障社会公平方面具有重要作用。

(一)财政法的调整对象

财政法的调整对象,是在国家取得、使用和管理资财的过程中发生的社会关系,亦即在财政收入、财政支出、财政管理的过程中发生的社会关系。这些社会关系统称为财政关系。因此,财政法也就是调整财政关系的法律规范的总称。

财政法所调整的财政关系包括以下几个方面:(1)财政收支管理关系,是在财政活动中形成的最主要、最广泛的社会关系。它包括财政收入关系、财政支出关系以及财政管理关系。(2)财政活动程序关系,这是在依法定程序进行财政活动的过程中形成的社会关系。(3)财政管理体制关系,是在相关的国家机关之间进行财政管理权限的横向和纵向划分的过程中所发生的社会关系。它是上述两类财政关系存在的前提。

(二)财政法的特征

财政法的特征是财政法区别于其他部门法的特点或称特有的征象。它反映财政法的本质,是对财政法概念的进一步揭示。

财政法的特征因分析角度和比较对象的不同,可以作出不同的概括。在财政法的定义中,实际上已经蕴含了财政法的特征。对此可以概括为以下几个方面:(1)国家主体性。国家在财政关系中始终是主体的一方,且在财政活动中居于主导地位,从而使财政法具有公法的性质,并明显区别于私法。(2)法域特定性。财政法作用于财政领域,这与刑法、行政法等公法的其他部门法的法域是不同的。这种法域的特定性,使财政法的宗旨、原则、调整方法等都有自己的独特性,从而使其能够与公法领域的其他部门法相区别。(3)调整对象的独特性。财政法的调整对象是财政关系,是其他部门法都不调整的。由此不仅可以使其区别于公法中的其他部门法,而且也能够区别于经济法中的其他部门法。

可见,与私法的各个部门法相比,财政法属于公法,具有公法的一切特征;与经济法以外的公法的部门法相比,财政法不仅有自己独立的调整对象,而且在法域、宗旨等方面都不同,从而可以与经济法以外的其他部门法相区别;与经济法的各个部门法相比,它有自己独特的调整对象,从而可以使其与联系最为密切的经济法的各个部门法相区别。

三、财政法的地位

财政法的地位,是指财政法在法的体系中是否具有自己的位置,其独立存在是否具有不可替代的理由和价值。依据一般法理,要判定财政法的地位,主要是看财政法是否能够成为一个独立的法的部门。

由于财政法有独立的调整对象,即财政关系,并且这种关系是其他部门法都不调整的,因此,财政法的调整与其他任何部门法的调整都既不存在交叉,也不存在冲突,从而有其不可替代的理由和价值。由于有自己独立的调整对象、性质相同的法律规范就能够组成一个部门法,因此,财政法能够成为一个独立的法的部门,在整个法的体系中有自己独立的位置。

财政法是一个独立的法的部门,这是一个殆无异议的命题。但是,对于财政法究竟属于哪个层次的部门法,则存在着争论。例如,曾有人认为它属于行政法,多数人认为它属于经济法,还有人认为它属于与经济法、行政法、民法等相并列的一个独立的法的部门。考虑到财政法在特征、宗旨、本质等各个方面,在总体上都与经济法一致,而且现代财政法都在宏观调控方面具有重要作用,因此,本书认为财政法是经济法的部门法,并且是经济法的宏观调控法中的重要部门法。

财政法作为法的体系中的一个独立的部门法,它同与其相邻近的部门法之间既存在着明显的区别,也存在着密切的联系。特别是财政法与宪法、行政法、民法等的密切联系,都是值得重视和需要深入研究的。

四、财政法的体系

财政法的体系是财政法的各类法律规范所组成的和谐统一的整体。它应当是内外协调的,即对外要求财政法与其他部门法要和谐共处,对内要求组成财政法的各类法律规范要协调互补。

财政法的体系取决于其调整对象。由于财政法的调整对象是财政关系,因而财政法的体系也就应当是由调整各类财政关系的财政法律规范所构成的和谐统一的整体。从财政法理论上说,既然财政关系可以分为财政管理体制关系、财政收支管理关系以及财政活动程序关系,则调整财政关系的法律规范也就相应地可以分为三类,即财政管理体制法律规范、财政收支管理法律规范、财政活动程序法律规范,它们都是财政法体系不可缺少的组成部分。

需要指出的是,由于经济法具有自足性,即在立法中往往将实体法规范与程序法规范熔于一炉,因此,在形式意义上的财政法中,往往也是上述三种调整财政关系的法律规范并存。事实上,由于在财政法中,实体法规范与程序法规范密切关联,且有关财政收支的规范与有关财政管理的规范亦存在内在联系,因而在立法上一般并不把上述三类规范割裂开来。

对于财政法体系的结构,一般是从财政收入和财政支出的角度来分析。从财政收入的角度说,由于税收和国债是财政收入(包括弥补赤字)的最重要的来源,因此,调整税收关系和国债关系的税法和国债法也就是调整财政收入管理关系的主要部门法;从财政支出的角度说,由于财政支出的主要途径是政府采购和转移支付,因而政府采购法和转移支付法应当是调整财政支出管理关系的重要部门法。此外,由于预算法对预算关系的调整既涉及财政收入,又涉及财政支出,是从总体上对财政收支活动进行规范的法,因此,它是财政法中的核心法。这样,上述的预算法、税法、国债法、政府采购法和转移支付法等就构成了财政法的体系。该体系从一定意义上可以视为各类财政政策手段所构成的体系的法律化。

上述的财政法体系是广义上的。此外,还有狭义上的财政法体系,即不包括税法的财政法体系。考虑到税法的诸多特殊性以及税法在保障财政收入和宏观调控等方面的重要地位,本书后面还将专章介绍税法,因此,本章在后面也主要从狭义上的财政法体系来探讨相关的问题。

第二节　预算法律制度

一、预算和预算法概述

(一) 预算和预算法的概念

预算,在此指国家预算,它是国家对会计年度内的收入和支出的预先估算。它包括中央预算和地方预算。

"预算"一词往往会被在多种语境中使用。国家的预算在形式上体现为反映财政收支的特定表格,但在实质上,它反映的是国家预算的编制、议定和执行等一系列活动,它反映了政府活动的范围、方向和政策目标。

预算法,是调整在国家进行预算资金的筹集、分配、使用和管理过程中发生的经济关系的法律规范的总称。

预算法的调整对象是在国家进行预算资金的筹集、分配、使用和管理的过程中发生的经济关系,简称预算关系。它包括预算程序关系和预算实体关系两个方面。前者是预算主体在履行预算的编制、议定、执行等程序过程中发生的经济关系,后者是在组织、取得和分配使用预算资金过程中所发生的经济关系。这两类预算关系是密切相关的。

预算和预算法既有区别又有联系。预算作为一种活动,是整个国家财政活动的重要内容,是国家筹集和分配财政资金的重要手段;而预算法则是调整预算关系的法律规范的总称。因此,预算活动作为预算法规范的对象,必须依预算法的规定来进行。此外,预算作为一种法律文件,是指经过国家权力机关批准的预算,或称预算文件,它具有法律约束力,是一种广义上的预算法,但只在特定时期才具有法律约束力。国家每年通过具体的预算文件的变动,可以对经济与社会运行进行宏观调控。

（二）预算法的地位

在财政法体系中,预算法是核心法、骨干法。由于财政活动的主要内容是进行预算资金的筹集、分配、使用和管理,并且,财政工作的主要任务就是组织和实现立法机关批准的财政收支计划,因此,从某种意义上说,没有预算就没有财政。预算的这种地位也决定了预算法在财政法中的核心地位。由于财政法的基本原理和基本精神主要是从预算法中概括出来的,因而也有人认为预算法就是狭义上的财政法。

正由于预算法极为重要,因而各国都非常重视预算立法。许多国家不仅在宪法上对基本的预算体制作出规定,而且还专门制定形式意义上的预算法。我国在确立实行市场经济体制以后,第八届全国人大第二次会议于1994年3月22日通过了《中华人民共和国预算法》(以下简称《预算法》),自1995年1月1日起施行。其后,国务院又制定了该法的《实施条例》。2014年8月31日,全国人大常委会对《预算法》作出了较大修改。《预算法》是我国财政法规范性文件体系中的一部至为重要的法律,其宗旨是规范政府收支行为,强化预算约束,加强对预算的管理和监督,建立健全全面规范、公开透明的预算制度,保障经济社会的健康发展。基于上述宗旨,该法规定了各类预算法律制度,这些制度是本节着重阐述的内容。

二、预算的体系

（一）预算的横向结构

预算由预算收入和预算支出组成。为了全面规范政府的收支行为,加强对预算的管理和监督,我国强调实行"全口径预算",即政府的全部收入和支出都应当纳入预算。据此,我国的预算包括一般公共预算、政府性基金预算、国有资本经营预算、社会保险基金预算。上述各类预算应当保持完整、独立。其中,政府性基金预算、国有资本经营预算、社会保险基金预算应当与一般公共预算相衔接。

一般公共预算是对以税收为主体的财政收入,安排用于保障和改善民生、推动经济社会发展、维护国家安全、维持国家机构正常运转等方面的收支预算。它分为中央和地方两个层次。

中央一般公共预算包括中央各部门(含直属单位,下同)的预算和中央对地方的税收返还、转移支付预算。其预算收入包括中央本级收入和地方向中央的上解收入。其预算支出包括中央本级支出、中央对地方的税收返还和转移支付。

地方各级一般公共预算包括本级各部门(含直属单位,下同)的预算和税收返还、转移支付预算。其预算收入包括地方本级收入、上级政府对本级政府的税收返还和转移支付、下级政府的上解收入。其预算支出包括地方本级支出、对上级政府的上解支出、对下级政府的税收返还和转移支付。

上述中央和地方各级一般公共预算中所包含的本级各部门预算,由本部门及其所属各单位预算组成。

政府性基金预算是对依照法律、行政法规的规定在一定期限内向特定对象征收、收取或者以其他方式筹集的资金,专项用于特定公共事业发展的收支预算。此类预算应当根据基金项目收入情况和实际支出需要,按基金项目编制,做到以收定支。

国有资本经营预算是对国有资本收益作出支出安排的收支预算。此类预算应当按照收支平衡的原则编制,不列赤字,并安排资金调入一般公共预算。

社会保险基金预算是对社会保险缴款、一般公共预算安排和其他方式筹集的资金,专项用于社会保险的收支预算。此类预算应当按照统筹层次和社会保险项目分别编制,做到收支平衡。

(二) 预算的纵向结构

预算的纵向结构与国家的政权结构相对应。它是划分各级预算管理权限的前提条件;同时,也为加强对预算的管理和监督提供了制度保障。

依据财政法原理中的"一级政权,一级财政"的原则,我国《预算法》规定,国家实行一级政府,一级预算。据此,根据我国的政权结构,可以把我国的预算分为五级,即(1) 中央预算;(2) 省、自治区、直辖市预算;(3) 设区的市、自治州预算;(4) 县、自治县、不设区的市、市辖区预算;(5) 乡、民族乡、镇预算。这五级预算,可以进一步分为两大类,即中央预算和地方预算。

全国预算由中央预算和地方预算组成。地方预算由各省、自治区、直辖市总预算组成。地方各级总预算由本级预算和汇总的下一级总预算组成;下一级只有本级预算的,下一级总预算即指下一级的本级预算。没有下一级预算的,总预算即指本级预算。由于乡级预算没有下一级预算,因而其总预算就是指本级预算。

上述预算的横向结构和纵向结构,为政府的预算活动提供了基本的框架。事实上,预算法确定的各类预算主体的地位及其职权与职责、权利与义务,以及预算活动的程序等各项制度,均与其直接相关。

三、预算管理职权

与上述预算体系密切相关的是预算管理体制。所谓预算管理体制,是指国家机关之间、中央和地方之间在预算管理职权方面的划分。其主要内容就是预算管理职权在同级的或不同级别的相关国家机关之间的横向和纵向的分配。我国《预算法》对预算管理职权主要有以下规定:

(一) 各级权力机关的预算管理职权

1. 各级人大的预算管理职权

县级以上各级人大的预算管理职权是:(1) 审查权。即有权审查本级总预算草案及本级总预算执行情况的报告。(2) 批准权。即有权批准本级预算和本级预算执行情况的报告。(3) 变更撤销权。即有权撤销或者改变本级人大常委会关于预算、决算的不适当的决议,县级以上地方各级人大还有权撤销本级政府关于预算、决算的不适当的决定和命令。

此外,乡级人大审查和批准本级预算和本级预算执行情况的报告;监督本级预算的执行;审查和批准本级预算的调整方案;审查和批准本级决算;撤销本级政府关于预算、决算的不适当的决定和命令。

2. 各级人大常委会的预算管理职权

县级以上各级人大常委会的预算管理职权是:(1)监督权。即有权监督本级总预算的执行。(2)审批权。即有权审批本级预算的调整方案以及本级政府的决算。(3)撤销权。全国人大常委会有权撤销国务院和省级人大及其常委会制定的同宪法、法律相抵触的关于预算、决算的行政法规、决定和命令以及地方性法规和决议;地方人大常委会有权撤销本级政府和下一级人大及其常委会关于预算、决算的不适当的决定、命令和决议。

(二)各级政府机关的预算管理职权

县级以上各级政府的预算管理职权是:(1)编制权。即有权编制本级预算、决算草案以及本级预算的调整方案。(2)报告权。即有权向本级人大作关于本级总预算草案的报告;有权将下一级政府报送备案的预算汇总后报本级人大常委会备案;有权向本级权力机关报告本级总预算的执行情况。(3)执行权。即有权组织本级总预算的执行。(4)决定权。即有权决定本级预算预备费的动用。(5)监督权。即有权监督本级各部门和下级政府的预算执行。(6)变更撤销权。即有权改变或撤销本级各部门和下级政府关于预算、决算的不适当的决定、命令。

此外,乡级政府的预算管理职权主要是编制权、报告权、执行权、决定权,其具体内容同上。

(三)各级财政部门的预算管理职权

各级财政部门是各级政府机关具体负责财政工作的职能部门,其预算管理职权实际上是政府相关职权的进一步具体化,主要有:(1)编制权。即有权具体编制本级预算、决算草案以及本级预算的调整方案。(2)执行权。即有权组织本级总预算的执行。(3)提案权。即有权提出本级预算预备费动用方案。(4)报告权。即有权代其向本级政府和上一级政府财政部门报告本级总预算的执行情况。

四、预算收支的范围

基于上述预算的横向结构和纵向结构以及预算管理职权的划分,还要进一步明确预算收支的范围,这对于预算的编制、审批、执行和调整等都非常重要。

预算的收支范围,与各级政府的财权、事权的划分,以及相关的收支能力都密切相关。我国《预算法》规定,国家实行中央与地方分税制,这对于稳定中央与地方的预算收入,充分调动各级政府预算管理的积极性,增强财政的宏观调控能力,提高国家的竞争力等,都有重要意义。

由于各类预算的收支范围不同,因此,我国《预算法》主要对一般公共预算的收支范围作出了规定,并强调其他各类预算的收支范围,按照法律、行政法规和国务院的规定执行。

(一) 预算收入的范围

我国《预算法》规定,一般公共预算收入包括各项税收收入、行政事业性收费收入、国有资源(资产)有偿使用收入、转移性收入和其他收入。

上述预算收入的范围,体现了各类收入来源的不同。其中,税收收入是预算收入中最主要的部分,在各国预算收入中的占比都较高,我国亦然。由于税收对于国家极为重要,因此调整税收关系的税法也备受重视,本书将设专章加以介绍。此外,国有资源(资产)有偿使用收入,是国家依据其所有者的地位而获得的收益,它虽然与行政事业性收费收入的取得依据不同,但都属于"非税收入"。上述各类收入与转移性收入、其他收入一起,构成了总体的预算收入。

另外,依据分税制的要求,预算收入的范围包括中央预算收入、地方预算收入、中央和地方共享收入三类。根据1994年实行分税制时的设想[①],中央固定收入主要包括关税、消费税收入等,中央与地方的共享收入包括增值税收入等。除上述中央固定收入和共享收入中属于中央预算收入的部分以外的税收收入,属地方预算收入。

(二) 预算支出的范围

从预算支出的功能或经济性质的角度,可以对预算支出作出不同的分类,而这些不同类型的预算支出,则构成了预算支出的范围。

依据我国《预算法》的规定,一般公共预算支出按照其功能分类,包括:(1) 一般公共服务支出;(2) 外交、公共安全、国防支出;(3) 农业、环境保护支出;(4) 教育、科技、文化、卫生、体育支出;(5) 社会保障及就业支出;(6) 其他支出。此外,一般公共预算支出按照其经济性质分类,还可以分为:(1) 工资福利支出;(2) 商品和服务支出;(3) 资本性支出;(4) 其他支出。

另外,从预算层级的角度,预算支出还可分为中央预算支出和地方预算支出。前者主要用于提供中央级次的公共物品,包括有关国家安全、外交和主要国家机关运转所需经费及实施宏观调控所需支出等。后者主要用于提供地方层级的公共物品,包括本地区政权机关运转所需支出及本地区经济、事业发展支出等。

五、预算管理程序

预算管理程序是国家在预算管理方面依序进行的各个工作环节所构成的有秩序活动的总体。它由预算的编制、审批、执行和调整等环节组成。

(一) 预算的编制

预算的编制,是指国家制定取得和分配使用预算资金的年度计划的活动。它是一种基础性的程序。在这一阶段编制的预算,实际上是预算草案,因而还不具有法律

[①] 参见国务院于1993年12月15日发布的《关于实行分税制财政管理体制的决定》。近几年来,各类收入的具体范围又有微调。

效力。

预算的编制必须强调科学性和严肃性,即必须在符合实际的基础上进行科学预测和可行性分析,以力求反映客观规律的要求。同时,必须严格依法定程序编制。为此,预算的编制应遵循以下原则:

(1) 真实合法原则。各级预算收入的编制,应当与经济社会发展水平相适应,与财政政策相衔接。同时,各级政府、各部门、各单位应当依照预算法规定,将所有政府收入全部列入预算,不得隐瞒、少列,以体现预算的完整性。

(2) 节约统筹原则。各级预算支出应当依照预算法规定,按其功能和经济性质分类编制。同时,各级预算支出的编制,应当贯彻勤俭节约的原则,严格控制各部门、各单位的机关运行经费和楼堂馆所等基本建设支出。此外,各级一般公共预算支出的编制,应当统筹兼顾,在保证基本公共服务合理需要的前提下,优先安排国家确定的重点支出。

(3) 调控绩效原则。各级预算应当根据年度经济社会发展目标、国家宏观调控总体要求和跨年度预算平衡的需要,参考上一年预算执行情况、有关支出绩效评价结果和本年度收支预测,按照规定程序征求各方面意见后,进行编制。此外,各级政府依据法定权限作出决定或者制定行政措施,凡涉及增加或者减少财政收入或者支出的,应当在预算批准前提出并在预算草案中作出相应安排。

(4) 控制债务原则。中央一般公共预算中必需的部分资金,可以通过举借国内和国外债务等方式筹措,举借债务应当控制适当的规模,保持合理的结构。国务院财政部门具体负责对中央政府债务的统一管理。此外,地方各级预算按照量入为出、收支平衡的原则编制。对于地方政府举借债务的规模、用途、偿还、程序等,国家严格控制。

(二) 预算的审批

预算的审批,是指国家各级权力机关对同级政府所提出的预算草案进行审查和批准的活动。它是使预算草案转变为正式预算的关键阶段。经过人大批准的预算,非经法定程序,不得改变。

1. 预算草案的初审

(1) 初审主体

全国人大财政经济委员会,设区的市以上各级人大有关专门委员会,对本级预算草案初步方案及上一年预算执行情况、本级预算调整初步方案进行初步审查,提出初步审查意见;未设立专门委员会的,由本级人大常委会有关工作机构研究提出意见。

县、自治县、不设区的市、市辖区人大常委会对本级预算草案初步方案及上一年预算执行情况进行初步审查,提出初步审查意见;其有关工作机构对本级预算调整初步方案研究提出意见。

(2) 初审时间

国务院财政部门应当在每年全国人大会议举行的45日前,将中央预算草案的初步方案提交全国人大财政经济委员会进行初步审查。

设区的市以上的政府财政部门应当在本级人大会议举行的 30 日前,将本级预算草案的初步方案提交本级人大有关专门委员会进行初步审查,或者送交本级人大常委会有关工作机构征求意见。

县级政府应当在本级人大会议举行的 30 日前,将本级预算草案的初步方案提交本级人大常委会进行初步审查。

2. 预算草案的审查和批准

中央预算由全国人大审查和批准。地方各级预算由本级人大审查和批准。

(1) 各级人民代表大会的审查

国务院在全国人大举行会议时,向大会作关于中央和地方预算草案以及中央和地方预算执行情况的报告。地方各级政府在本级人大举行会议时,向大会作关于总预算草案和总预算执行情况的报告。

(2) 各级人大专门委员会的审查结果报告

全国人大财政经济委员会向全国人大主席团提出关于中央和地方预算草案及中央和地方预算执行情况的审查结果报告。设区的市以上人大有关专门委员会,县级人大常委会,向本级人大主席团提出关于总预算草案及上一年总预算执行情况的审查结果报告。

(3) 预算的备案

乡级政府应当及时将经本级人大批准的本级预算报上一级政府备案。县级以上地方各级政府应当及时将经本级人大批准的本级预算及下一级政府报送备案的预算汇总,报上一级政府备案。

县级以上地方各级政府将下一级政府依照规定报送备案的预算汇总后,报本级人大常委会备案。国务院将省级政府依照规定报送备案的预算汇总后,报全国人大常委会备案。

(4) 预算的批复

各级预算经本级人大批准后,本级政府财政部门应当在 20 日内向本级各部门批复预算。各部门应当在接到本级政府财政部门批复的本部门预算后 15 日内向所属各单位批复预算。

(三) 预算的执行

预算执行,是指各级财政部门和其他预算主体组织预算收入和划拨预算支出的活动。它是将经过批准的预算付诸实施的重要阶段。

1. 批准后的预算的执行

预算经本级人大批准后,按照批准的预算执行。各级预算的收入和支出实行收付实现制。特定事项按照国务院的规定实行权责发生制的有关情况,应当向本级人大常委会报告。

在预算收入方面,预算收入征收部门和单位,必须依照法律、行政法规的规定,及时、足额征收应征的预算收入。不得违反法律、行政法规规定,多征、提前征收或者减征、免征、缓征应征的预算收入,不得截留、占用或者挪用预算收入。此外,各级政府不得向预算收入征收部门和单位下达收入指标。

在预算支出方面,各级政府财政部门必须依照法律、行政法规和国务院财政部门的规定,及时、足额地拨付预算支出资金,加强对预算支出的管理和监督。此外,各级政府、各部门、各单位的支出必须按照预算执行,不得虚假列支,同时,应当对预算支出情况开展绩效评价。

2. 国库制度

上述的预算收入、支出均须通过国库来进行。国库是预算执行的中间环节,是国家进行预算收支活动的出纳机关。依据我国《预算法》的规定,国家实行国库集中收缴和集中支付制度,对政府全部收入和支出实行国库集中收付管理。政府的全部收入应当上缴国家金库(简称国库),任何部门、单位和个人不得截留、占用、挪用或者拖欠。对于法律有明确规定或者经国务院批准的特定专用资金,可以依照国务院的规定设立财政专户。

县级以上各级预算必须设立国库;具备条件的乡、民族乡、镇也应当设立国库。中央国库业务由中国人民银行经理,地方国库业务依照国务院的有关规定办理。各级国库应当按照国家有关规定,及时准确地办理预算收入的收纳、划分、留解、退付和预算支出的拨付。

各级国库库款的支配权属于本级政府财政部门。除法律、行政法规另有规定外,未经本级政府财政部门同意,任何部门、单位和个人都无权冻结、动用国库库款或者以其他方式支配已入国库的库款。

(四) 预算的调整

1. 应当进行预算调整的情况

经全国人大批准的中央预算和经地方各级人大批准的地方各级预算,在执行中出现下列情况之一的,应当进行预算调整:(1) 需要增加或者减少预算总支出的;(2) 需要调入预算稳定调节基金的;(3) 需要调减预算安排的重点支出数额的;(4) 需要增加举借债务数额的。

2. 预算调整初步方案的初审

国务院财政部门应当在全国人大常委会举行会议审查和批准预算调整方案的30日前,将初步方案送交全国人大财经委员会进行初审。

设区的市以上政府财政部门应当在本级人大常委会举行会议审批预算调整方案的30日前,将初步方案送交本级人大有关专门委员会进行初审,或者送交本级人大常委会有关工作机构征求意见。

3. 预算调整方案的审批和执行

中央预算的调整方案应当提请全国人大常委会审批。县级以上地方各级预算的调整方案应当提请本级人大常委会审批;乡级预算的调整方案应当提请本级人大审批。未经批准,不得调整预算。

经批准的预算调整方案,各级政府应当严格执行。未经法定程序,各级政府不得作出预算调整的决定,否则,本级人大及其常委会或者上级政府应当责令其改变或者撤销。

此外,地方各级政府在预算执行中因上级政府增加不需要本级政府提供配套资金的专项转移支付而引起的预算支出变化,不属于预算调整。地方各级预算的调整方案经批准后,由本级政府报上一级政府备案。

六、决算制度

决算,在形式上是对年度预算收支执行结果的会计报告;在实质上则是对年度预算执行结果的总结。决算制度主要包括决算草案的编制和审批两个方面的内容。

(一) 决算草案的编制

决算草案由各级政府、各部门、各单位,在每一预算年度终了后按照国务院规定的时间编制。编制决算草案的具体事项,由国务院财政部门部署。

编制决算草案,必须符合法律、行政法规,做到收支真实、数额准确、内容完整、报送及时。据此,应当遵循以下原则:(1) 合法原则。即编制草案必须符合法律、行政法规的规定,不得与之相抵触。(2) 准确完整原则。即草案中涉及的收支数额必须准确,且内容必须完整。(3) 报送及时原则。即必须严格按照规定的期限,把握好编制的进度,在相关环节之间依法及时报送。

(二) 决算草案的审批

决算草案只有经过权力机关依法定程序审查和批准,政府在预算年度内的预算执行责任才能得以免除,一个预算年度的预算管理程序才告结束。

1. 决算草案的初审

设区的市以上政府财政部门应当在本级人大常委会举行会议审批本级决算草案的 30 日前,将上一年度本级决算草案提交本级人大财经委员会或有关专门委员会进行初审,或者送交本级人大常委会有关工作机构征求意见。

县级政府财政部门应当在本级人大常委会举行会议审批本级决算草案的 30 日前,将上一年度本级决算草案送交本级人大常委会有关工作机构征求意见。

2. 决算草案的审查与批准

根据我国《预算法》的规定,决算草案的审批主体是各级权力机关,具体为:(1) 县级以上各级政府财政部门编制本级决算草案,经本级政府审计部门审计后,报本级政府审定,由本级政府提请本级人大常委会批。(2) 乡级政府编制本级决算草案,提请本级人大审查和批准。

3. 决算的批复与备案

各级决算经批准后,财政部门应当在 20 日内向本级各部门批复决算。各部门应当在接到本级政府财政部门批复的决算后 15 日内向所属单位批复决算。

地方各级政府应当将经批准的决算及下一级政府上报备案的决算汇总,报上一级政府备案。县级以上各级政府应当将下一级政府报送备案的决算汇总后,报本级人大常委会备案。

七、预算与决算监督

预算与决算监督,是指对各级政府实施的预算与决算活动所进行的监督。县级以上各级人大及其常务委员会对本级和下级预算、决算进行监督。乡级人大对本级预算、决算进行监督。

1. 立法机关的监督

各级立法机关的监督职权主要是组织调查权和询问质询权。其中,各级人大和县级以上各级人大常委会有权就预算、决算中的重大事项或者特定问题组织调查,有关的政府、部门、单位和个人应当如实反映情况和提供必要的材料。

此外,各级人大和县级以上各级人大常委会举行会议时,人大代表或者常委会组成人员,依照法律规定程序就预算、决算中的有关问题提出询问或者质询,受询问或者受质询的有关的政府或者财政部门必须及时给予答复。

另外,县级以上各级政府应当在每年 6 月至 9 月期间向本级人大常委会报告预算执行情况。

2. 政府的监督

各级政府监督下级政府的预算执行;下级政府应当定期向上一级政府报告预算执行情况。

3. 政府专门机构的监督

主要是财政部门和审计部门的监督。各级政府财政部门负责监督检查本级各部门及其所属各单位预算的编制、执行,并向本级政府和上一级政府财政部门报告预算执行情况。而县级以上政府审计部门则依法对预算执行、决算实行审计监督。对预算执行和其他财政收支的审计工作报告应当向社会公开。这与我国《宪法》和《审计法》的相关规定是一致的。

八、违反预算法的法律责任

违反预算法的法律责任,简称预算法律责任,是指预算法主体违反预算法规定的义务所应承担的法律后果。

针对相关主体的预算违法行为,我国《预算法》对其法律责任有多方面的规定,主要体现为以下方面:

1. 违反预算管理程序规范的法律责任

各级政府及有关部门有下列行为之一的,责令改正,对负有直接责任的主管人员和其他直接责任人员追究行政责任:(1)未依照预算法规定编报预算草案、预算调整方案、决算草案以及批复预算、决算的;(2)违法进行预算调整的;(3)未依法对有关预算事项进行公开和说明的;(4)违反规定设立政府性基金项目和其他财政收入项目的;(5)违反法律、法规规定使用预算预备费、预算周转金、预算稳定调节基金、超收收入的;(6)违反预算法规定开设财政专户的。

2. 违反预算收支实体规范的法律责任

各级政府及有关部门、单位有下列行为之一的,责令改正,对负有直接责任的主管人员和其他直接责任人员依法给予降级、撤职、开除的处分:(1) 未将所有政府收支列入预算或者虚列收支的;(2) 违法多征、提前征收或者减征、免征、缓征应征预算收入的;(3) 截留、占用、挪用或者拖欠应当上缴国库的预算收入的;(4) 违法改变预算支出用途的;(5) 擅自改变上级政府专项转移支付资金用途的;(6) 违法拨付预算支出资金,办理预算收入收纳、划分、留解、退付,或者违反预算法规定冻结、动用国库库款或者以其他方式支配已入国库库款的。

上述分类,只是大略的划分,因为许多程序违法行为与实体违法行为密切相关,因此难以截然分开。在上述的一般性规定之外,《预算法》还有如下具体规定:

第一,各级政府、各部门、各单位违反该法规定举借债务或者为他人债务提供担保,或挪用重点支出资金,或在预算之外及超预算标准建设楼堂馆所的,责令改正,对负有直接责任的主管人员和其他直接责任人员给予撤职、开除的处分。

第二,各级政府有关部门、单位及其工作人员有下列行为之一的,责令改正,追回骗取、使用的资金,有违法所得的没收违法所得,对单位给予警告或者通报批评;对负有直接责任的主管人员和其他直接责任人员依法给予处分:(1) 违法改变预算收入上缴方式的;(2) 以虚报、冒领等手段骗取预算资金的;(3) 违反规定扩大开支范围、提高开支标准的;(4) 其他违反财政管理规定的行为。

第三节 国债法律制度

一、国债和国债法概述

(一) 国债的概念和职能

国债,又称国家公债,它是国家为实现其职能而以国家信用为基础所举借的债务。它是国家筹集财政收入、弥补财政赤字和进行宏观调控的重要手段。

国债具有如下特征:(1) 国债作为一种国家债务,其举借具有自愿性和偿还性,需遵守一般的诚实信用原则,因而与税收和罚没收入等不同;同时,其公共目的性又使其与一般私人债务相异。(2) 国债作为国家信用的最主要、最典型的形式,与商业信用、银行信用、消费信用等不同,它反映的是以国家或政府为债务人或债权人的借贷关系,以政府信誉作担保;同时,它以信用形式获取收入和进行支出,在重视宏观经济效益的同时兼顾微观经济效益。(3) 国债同金融债、企业债相比,其信用度最高,流动性更好,变现力、担保力更强。

一般认为,国债具有如下基本职能:(1) 弥补财政赤字的职能。由于用发行国债来弥补财政赤字,比采取增加税收、增发货币或财政透支等方式更好,因而各国均重视通过发行国债来弥补财政赤字。弥补赤字是发行国债的最初动因。但是发行国债的规模必须适度,管理也必须适当。(2) 宏观调控的职能。由于国债是财政分配的组成部分,国债收入的取得和使用、偿还等在客观上均具有经济调节的功能,因而运用国债手段可以进行宏观调控。特别是可以调节生产、消费和投资方向,促进经济结构的合理化和经济总量的平衡。

(二) 国债法的概念和主要内容

国债法是调整在国债的发行、使用、偿还和管理的过程中发生的经济关系的法律规范的总称。它是财政法的重要部门法,其许多基本原理与财政法是一致的。

国债法的调整对象是在国债的发行、使用、偿还和管理过程中发生的经济关系,简称国债关系。其中,国债的发行关系是因国债发行而产生的国家与其他相对应的权利主体(包括作为债权人的外国政府)之间的经济关系,它是一种基础性的关系;国债使用关系是在国家将取得的国债收入进行使用的过程中发生的经济关系以及国债的权利主体在国债交易活动中发生的经济关系;国债偿还关系是在国家偿还国债本息的过程中发生的经济关系;国债管理关系是在对国债的发行、使用和偿还进行管理的过程中发生的经济关系。

调整上述国债关系的各类法律规范,在总体上构成了国债法律制度。其主要内容是:国债的分类和结构;国债的发行主体、发行对象与发行方式;国债发行的种类、规模或数额、利率;国债的用途、使用原则;国债市场与国债持券人的国债权利;国债还本付息的期限、偿还方式、方法;国债管理机构及其职权、职责;违反国债法的法律责任等。

上述国债的一些基本内容,在相关国家的立法中也有所体现。随着对国债职能认识的深化,各国也越来越重视国债立法。例如,美国早在1917年就颁布了《自由公债法》,到1986年时又制定了《政府债券法》。日本在其《财政法》《特例公债法》等相关法律中,对各类公债分别作了规定。韩国在1979年也颁布了《政府债券法》。

我国的国债立法尚不完善。尽管改革开放以来,我国又开始重视运用国债手段,多次颁布《国库券条例》和《特种国债条例》等,但立法级次和适用范围等都离国债发展和国债立法的要求相距甚远。2014年修订的《预算法》虽然增加了有关政府举借债务的规定,但仍然不够系统。为此,下面主要结合有关国债法的基本原理和既有规定加以介绍。

二、国债的分类

国债的分类对于国债立法甚为重要。由于有的国家是按照不同种类的国债分别进行立法的,因而国债的分类会直接影响到国债法的体系,并且,其本身也是国债法律制度的重要内容,与国债的发行、管理等密切相关。

依据不同的标准,可以对国债作出以下不同的分类:

(1) 按偿还期限的不同,可分为定期国债和不定期国债。前者是严格规定还本付息期限的国债,它又可分为短期国债(1年以内)、中期国债(1年至10年)、长期国债(10年以上);后者是不规定还本付息期限的国债,其债权人可按期取息,但无权要求清偿本金。此类国债曾在英国等少数国家发行过。

(2) 按发行地域的不同,可分为国内债务和国外债务,简称内债和外债。前者是在本国境内发行的债务,其债权人一般是本国的企业和居民,且以本国货币支付本息;后者是在本国境外发行的债务,其债权人一般为外国政府、国际组织或外国的企业和居民,且一般以外币支付本息。

(3) 按使用途径的不同,可分为赤字国债、建设国债、特种国债。其中,赤字国债是用于弥补财政赤字的国债;建设国债是用于国家经济建设的国债;特种国债是在特定范围内为满足特定需要而发行的国债。

(4) 按流通性能的不同,可分为上市国债和不上市国债。前者是可在证券交易所自由买卖的国债,如我国发行的无记名国债,就是不记名、不挂失的可上市国债;后者是不能上市进行自由买卖的国债,如我国发行的凭证式国债,就是可记名、可挂失的不可上市流通的国债。

此外,国债还可按推销方式的不同,分为强制国债与任意国债;按偿付方式的不同,分为普通国债与有奖国债等。这些国债类型对于宏观调控目标的实现都很重要。

三、国债的发行、使用、偿还与管理

(一) 国债的发行

国债的发行,是指国债的售出或被认购的过程。国债发行的重要问题是发行条件和发行方法。前者涉及国债种类、发行对象、数额、发行价格、利率、付息方式、流动性等内容;后者则关系到国债能否顺利地发行,因而同样是国债发行方面十分重要的问题。

(二) 国债的使用

国债的使用包括政府对国债资金的使用以及国债债权人对其债券权利的行使两个方面。其中,政府的国债资金的使用途径主要是弥补财政赤字,进行经济建设和用于特定用途。而国债债权人对其债券权利的行使,主要是体现在证券的转让、抵押等方面。随着国债交易市场的日益开放,国债交易愈加活跃,交易方式更加多样。这对于进行公开市场操作,有效实施宏观调控,甚有裨益。

(三) 国债的偿还

国债的偿还是国家依法定或约定,对到期国债还本付息的过程。偿还国债本息的资金来源可以是预算盈余,或者是专门的偿债基金、预算拨款,也可以是借新债还旧债。在偿还方法方面,可以是直接由政府或其委托的金融机构进行偿还,也可以通过市场收购来偿还,还可以通过抽签等方法来偿还。

(四) 国债的管理

国债管理是为调控国债的规模、结构、利率等所采取的各种措施。它贯穿于国债的发行、使用、偿还等各个环节,对于经济的稳定增长和社会安定都甚为重要。

国债管理主要包括:(1) 规模管理。衡量国债规模的相对指标主要是国债的依存度(国债发行额与国家财政支出之比)、国债的负担率(国债余额与 GDP 之比)、国债的偿债率(国债的还本付息额与 GDP 之比)。(2) 结构管理。主要包括期限结构、

利率结构、投资者结构等方面的管理。此外,为了加强对外债的统计监测,我国还实行外债登记管理。

第四节 财政支出法律制度

财政支出法律制度主要包括两类:一类是政府采购法律制度;另一类是转移支付法律制度。下面,就简要介绍这两类法律制度:

一、政府采购法

(一) 政府采购及其重要作用

所谓政府采购,也称公共采购,是指政府为了实现公共目的,按照法定的方式和程序,以购买者身份购进货物、工程和服务的行为。

政府采购制度作为财政制度的重要组成部分,在西方国家确立较久。在市场经济条件下,政府是最大的消费者,其采购支出的数额十分巨大。各国之所以纷纷建立政府采购制度,是因为该项制度主要具有以下重要作用:一是它能够强化对财政支出的管理,提高财政资金流向的透明度和财政资金的使用效率。[1] 二是它同相关的经济政策和社会政策相配合,能够调节国民经济的运行,影响经济结构的调整和经济总量的平衡;能够保护民族经济,提高国际竞争力;能够通过存货吞吐来弥补市场缺陷,维护企业和消费者的合法权益;能够促进充分就业和环境保护。三是它能够加强财政监督,促进反腐倡廉。

在国际层面,早在1979年,在关贸总协定(GATT)的"东京回合"谈判中,相关国家就缔结了《政府采购协议》,并把GATT的最惠国待遇原则、国民待遇原则等基本原则引入了政府采购领域。此后,一些国家和国际经济组织也相继建立了相应的政府采购制度或订立协议,强调政府采购领域的市场准入,建立公平的、非歧视的政府采购制度。[2]

随着市场经济的发展和财政体制的改革,我国对政府采购立法日益重视。《中华人民共和国政府采购法》(以下简称《政府采购法》)已由第九届全国人大常委会第二十八次会议于2002年6月29日通过,自2003年1月1日起施行。近年来,在简政放权、转变政府职能的背景下,2014年8月31日第十二届全国人大常委会第十次会议对该法作出了修改。另外,在该法颁行以后,财政部又发布一些配套规章[3],它们共同

---

[1] 依据国际公认的经验数据,政府采购可使资金使用效益提高10%。目前,我国的政府消费约占GDP的10%,因此,如果真正实行政府采购制度,可以使政府支出大为节约。

[2] 例如,欧共体早在1966年就在《欧共体条约》中对政府采购作出了专门规定。后来欧盟又相继颁布了关于公共采购各领域的《指令》,包括1992年的《关于协调授予公共服务合同的程序的指令》和1993年的《关于协调授予公共供应品合同的程序指令》以及《公用事业指令》,等等。此外,联合国国际贸易法委员会还在1994年第27届年会上通过了《关于货物、工程及服务采购的示范法》。

[3] 例如,自2004年9月11日起施行的《政府采购信息公告管理办法》、自2004年9月1日起施行的《中央单位政府采购管理实施办法》等。

构成了我国的政府采购法律制度。

(二) 我国政府采购制度的基本内容

1. 政府采购法的立法宗旨

根据我国《政府采购法》的规定,其立法宗旨包括五个方面:(1) 规范政府采购行为;(2) 提高政府采购资金的使用效益;(3) 维护国家利益和社会公共利益;(4) 保护政府采购当事人的合法权益;(5) 促进廉政建设。

上述五个方面的宗旨,是密切相关的。其中,规范政府采购行为,是该法最为直接的调整目标。其理由如下:第一,只有有效规范政府采购行为,才可能有效避免在财政支出方面存在的各种问题,提高政府采购资金的使用效益;在此基础上,才能更好地维护国家利益,保障国家可以更好地提供公共物品,维护社会公共利益。第二,只有有效规范政府采购行为,才能有效保护政府采购当事人的合法权益,实现各方利益的均衡保护。第三,只有有效规范政府采购行为,才能使政府采购更加公开、公平和公正,从而更有效地防止和避免寻租或腐败问题,促进廉政建设。

2. 政府采购的法律定义

根据我国《政府采购法》的规定,所谓政府采购,是指各级国家机关、事业单位和团体组织,使用财政性资金采购依法制定的集中采购目录以内的或者采购限额标准以上的货物、工程和服务的行为。

上述定义中所说的"采购",是指以合同方式有偿取得货物、工程和服务的行为,包括购买、租赁、委托、雇用等。

从上述定义中可以看出,政府采购的标的包括三大类,即货物、工程和服务。所谓货物,是指各种形态和种类的物品,包括原材料、燃料、设备、产品等;所谓工程,是指建设工程,包括建筑物和构筑物的新建、改建、扩建、装修、拆除、修缮等;所谓服务,是指除货物和工程以外的其他政府采购对象。

3. 政府采购法的原则

政府采购法的原则,是整个政府采购法的立法、执法等各个环节都应遵循的基本准则。它在总体上同经济法的基本原则是一致的,具体包括如下几个方面:

(1) 采购法定原则。采购法定原则,是指政府采购的各项基本要素都要严格由法规定。包括实体要素法定和程序要素法定两个方面。其中,前者主要指采购主体法定、采购客体法定、采购资金法定等;后者主要是指采购程序法定,具体包括招投标法定等。基于采购法定原则的要求,我国《政府采购法》规定,在采购资金的使用方面,政府采购应当严格按照批准的预算执行;在采购范围方面,政府采购实行集中采购和分散采购相结合。属于中央预算的政府采购项目,其集中采购目录由国务院确定并公布;属于地方预算的政府采购项目,其集中采购目录由省级人民政府或者其授权的机构确定并公布。纳入集中采购目录的政府采购项目,应当实行集中采购。此外,采购人必须按照该法规定的采购方式和采购程序进行采购。

(2) 保障公益原则。政府采购不同于私人采购的重要特点,就是它具有突出的公共性、公益性、公法性。因此,政府采购要保障国家利益和社会公共利益,要有利于经济、社会的良性运行和协调发展。我国《政府采购法》中有多项规定体现了上述原则的要求。例如，该法规定，政府采购应当有助于实现国家的经济和社会发展政策目标，包括环境保护，扶持不发达地区和少数民族地区，促进中小型企业发展等。政府采购当事人不得相互串通损害国家利益、社会公共利益和其他当事人的合法权益。此外，对因严重自然灾害和其他不可抗力事件所实施的紧急采购，涉及国家安全和秘密的采购以及军事采购，均不适用该法。

(3) 公平交易原则。公平交易原则，是微观的、具体的采购活动所需要遵循的原则。它包括下列具体原则：首先，政府采购应当遵循公开透明原则，这是对财政支出透明度和财政资金使用效益的重要保障。据此，应确保社会公众能够及时获取与采购相关的信息，包括采购的标准和结果等方面的信息。其次，政府采购应当遵循公平竞争原则。由于政府是最大的消费者，因此，政府采购领域也是厂商之间展开竞争的重要领域。如何确保厂商之间的公平竞争，如何在厂商的公平竞争中来取得价廉物美的货物、工程和服务，提高财政资金的使用效益，就显得非常重要。为此，我国《政府采购法》规定，任何单位和个人不得采用任何方式，阻挠和限制供应商自由进入本地区和本行业的政府采购市场。此外，政府采购当事人不得以任何手段排斥其他供应商参与竞争。再次，政府采购应当遵循独立公正原则。为了确保政府采购在程序或实体制度上的公正，需要建立回避制度以及采购代理机构独立于政府的制度。对此，我国的《政府采购法》都有相关规定。最后，政府采购应当遵循诚实信用原则。政府采购既然涉及"采购"，当然会涉及基本的买方和卖方的利益以及其他相关主体的利益，以及相关主体的诚实信用问题，因此，同样适用诚信原则。

4. 政府采购法的主体

(1) 从事政府采购活动的主体。即政府采购当事人，是在政府采购活动中享有权利和承担义务的各类主体，包括采购人、供应商和采购代理机构等。上述的采购人，是指依法进行政府采购的国家机关、事业单位、团体组织。上述的采购代理机构，是根据采购人的委托办理采购事宜的非营利事业法人。上述的供应商，是指向采购人提供货物、工程或者服务的法人、其他组织或者自然人。另外，作为政府采购活动重要主体的供应商，应具备下列法定条件：具有独立承担民事责任的能力；具有良好的商业信用和健全的财务会计制度；具有履行合同所必需的设备和专业技术能力；有依法交纳税收和社会保障资金的良好记录；参与政府采购活动前3年内，在经营活动中没有重大违法记录；法律、行政法规规定的其他条件。

(2) 监管政府采购活动的主体。政府采购活动必须有专门的监管，这是其与私人采购的一个重要的不同。由于政府采购活动涉及财政支出，涉及纳税人的钱怎么花的问题，因此，其监管主体以财政部门相对更为适宜。此外，如采购活动涉及其他政府部门，则其他政府部门亦应依法进行监管。为此，我国《政府采购法》第13条规定，各级人民政府财政部门是负责政府采购监督管理的部门，依法履行对政府采购活动的监督管理职责。各级人民政府其他有关部门依法履行与政府采购活动有关的监督管理职责。其中，审计机关应当对政府采购进行审计监督。监察机关应当加强对参与政府采购活动的国家机关、国家公务员和国家行政机关任命的其他人员实施监督。

5. 政府采购的方式、程序与合同

（1）政府采购的基本方式。根据我国《政府采购法》的规定,政府采购采用以下方式:公开招标;邀请招标;竞争性谈判;单一来源采购;询价;国务院政府采购监督管理部门认定的其他采购方式。其中,公开招标作为政府采购的主要采购方式。采购人不得将应当以公开招标方式采购的货物或者服务化整为零或者以其他任何方式规避公开招标采购。

（2）政府采购的程序。政府采购涉及的程序较多。例如,从政府采购预算的编制、审批、执行,到各类政府采购方式,都有自己的一套程序,应当依据程序要素法定原则,严格按各类程序的规定办事。在我国的《政府采购法》中,对不同类型的政府采购方式所涉及的程序问题,都有一定的规定。例如,该法对于实行招标方式和邀请招标方式采购的,对于招投标过程中所涉及的一些程序问题作出了专门的规定;同时,对于采用竞争性谈判方式采购所应当依循的谈判程序,对采用询价方式采购所应当依循的询价程序,都作出了较为细致的规定。

（3）政府采购合同。依据我国《政府采购法》规定,采购人和供应商之间的权利和义务,应当按照平等、自愿的原则以合同方式约定。政府采购合同适用《合同法》,并应当采用书面形式。政府采购项目的采购合同自签订之日起 7 个工作日内,采购人应当将合同副本报同级政府采购监督管理部门和有关部门备案。

6. 政府采购制度中的财政法规范

如前所述,由于政府采购制度的出发点和归宿都与财政支出管理直接相关,因此,在政府采购制度中,必然会包含大量的财政法规范。

从我国《政府采购法》的直接规定来看,下列方面的财政法规范很值得注意:

（1）在规范预算行为方面,负有编制部门预算职责的部门在编制下一财政年度部门预算时,应当将财政年度政府采购的项目及资金预算列出,报本级财政部门汇总。部门预算的审批,按预算管理权限和程序进行。政府采购应当严格按照批准的预算执行。

（2）在采购目录确定方面,政府采购实行集中采购和分散采购相结合。其中,属于中央预算的政府采购项目,其集中采购目录由国务院确定并公布;属于地方预算的政府采购项目,其集中采购目录由省级人民政府或者其授权的机构确定并公布。纳入集中采购目录的政府采购项目,应当实行集中采购。

（3）在限额标准确定方面,属于中央预算的政府采购项目,由国务院确定并公布;属于地方预算的政府采购项目,由省级人民政府或者其授权的机构确定并公布。

（4）在招标数额的确定方面,公开招标应作为政府采购的主要采购方式。采购人采购货物或者服务应当采用公开招标方式的,其具体数额标准,属于中央预算的政府采购项目,由国务院规定;属于地方预算的政府采购项目,由省级人民政府规定;因特殊情况需要采用公开招标以外的采购方式的,应当在采购活动开始前获得设区的市以上人民政府采购监督管理部门的批准。

(5) 在法律责任方面,采购人对应当实行集中采购的政府采购项目,不委托集中采购机构实行集中采购的,由政府采购监督管理部门责令改正;拒不改正的,停止按预算向其支付资金,由其上级行政主管部门或者有关机关依法给予其直接负责的主管人员和其他直接责任人员处分。此外,对于供应商的责任追究,已经出现了"列入不良行为记录名单"等新的责任形式,这也是经济法责任形式的新发展。

二、转移支付法

(一) 转移支付与转移支付法概述

1. 转移支付的概念

财政支出主要可以分为两大类,即购买支出和转移支付。所谓转移支付(transfer payments),又称无偿支出,从广义上说,就是中央政府或地方政府将部分财政收入无偿让渡给其他各级次政府时所发生的财政支出,它是进行宏观调控的一种重要手段。

从转移支付的方向看,政府间的转移支付包括纵向转移支付和横向转移支付。但人们通常最为关注的,是上级政府对下级政府的纵向转移支付,特别是中央政府对地方政府的转移支付,并且,往往把上级政府对下级政府的转移支付作为狭义的转移支付来看待。

2. 转移支付法的概念

转移支付法是调整在财政转移支付的过程中所发生的社会关系的法律规范的总称。它是财政法的重要部门法。

转移支付法与国家的财政体制、经济社会政策等联系至为密切,具有特殊性。它是联结财政法与社会保障法、经济法与社会法的纽带。

转移支付法的调整对象是在转移支付过程中所发生的社会关系,而依转移支付法的规定在转移支付主体之间发生的权利义务关系则为转移支付法律关系,这种法律关系是转移支付法着力加以保护的。

3. 转移支付法产生的经济基础

财政支出的划分历来是各国各级政府之间财政关系中诸多问题的焦点,它反映的是各级政府间的权责关系。一般说来,依据效率的要求,中央和地方政府应根据居民的偏好,分别提供不同层次的公共物品。由于各个地区的居民对一定的区域性公共物品的偏好程度和需求量是各不相同的,因此,地方政府是地方性公共物品的最佳提供者。

中央政府及地方政府提供公共物品,均需要相应的财力支持,但由于体制等诸多原因,各国不同地区的经济状况各异,发展不均衡,因而必然存在"财政失衡"的问题。财政失衡包括纵向失衡和横向失衡两个方面。所谓纵向失衡,是指上下级政府间的财政收支状况的不平衡。例如,当一级政府存在财政赤字,而其他级次政府却存在财政盈余时,即为纵向失衡。所谓横向失衡,是指同级政府之间的财政收支状况的不平衡。例如,当较富足的省、市出现财政盈余,而较贫困的省、市出现财政赤字时,即为横向失衡。

在存在财政纵向失衡的情况下,各级政府所能提供的公共物品不同,依据其所掌握的财力来配置资源的能力也不同;在存在财政横向失衡的情况下,各同级地方政府所能提供的公共物品的质与量存在差别,从而使各区域的经济和社会发展水平亦存在差异。

一般认为,过度的财政失衡是有害的,它不仅是严重的经济问题,而且易引发严重的社会问题乃至政治问题;不仅会严重地影响经济与社会的良性运行和协调发展,而且会影响国家与社会的安全与安定。为此,必须通过财政转移支付制度来解决财政失衡问题,以使各级政府在自然资源禀赋、人口密度、历史文化、经济结构和经济发展程度存在诸多差异的情况下,能够依其级次提供相应的、差别不大的公共物品,即在公共物品的提供方面要大略实现"均等化"。

各国的实践表明,在经济发展不平衡,财政失衡现象普遍存在的情况下,必须建立转移支付制度;而建立转移支付制度,则必须走法制化道路。可见,转移支付法的产生是与经济发展的要求相适应的,有其深厚的经济基础。为此,我国《预算法》规定,国家实行财政转移支付制度。财政转移支付应当规范、公平、公开,以推进地区间基本公共服务均等化为主要目标。中央预算和有关地方预算中应当安排必要的资金,用于扶助革命老区、民族地区、边疆地区、贫困地区发展经济社会建设事业。

(二) 转移支付法律制度的基本内容

转移支付法律制度,应当以一部《转移支付法》为基础,再辅之以配套的制度。但我国至今仍然没有制定《转移支付法》,只是在《预算法》中有若干规定。从应然的角度来看,《转移支付法》应包括以下基本内容:(1) 立法宗旨;(2) 法律的适用范围;(3) 法律的基本原则;(4) 转移支付的主体及其权利义务;(5) 转移支付的形式、方式和条件;(6) 转移支付的预算安排;(7) 转移支付的监督管理;(8) 法律责任。下面着重介绍转移支付的主体、形式、预算安排、监督管理等内容。

1. 转移支付的主体

转移支付的主体包括两类:(1) 发动转移支付的主体,包括中央政府和地方政府;(2) 接受转移支付的主体,通常为下级地方政府。我国《预算法》规定,财政转移支付包括中央对地方的转移支付和地方上级政府对下级政府的转移支付。可见,我国《预算法》所规定的转移支付,是狭义上的政府间的纵向转移支付。

2. 转移支付的形式

政府间转移支付的形式主要有如下两类:

(1) 一般性转移支付。即按照现行的财政体制所实施的无条件拨款。由于各地区的经济发展水平和财政收入水平、各级地方政府辖区内的人口数量、与履行社会管理职能相适应的财力等都是不同的,因而不同地域的人们所享受到的由当地政府提供的公共物品是不尽相同的。为了保障各级政府的顺利运转和保证其具有大体一致的社会服务功能,上级政府必须发挥财政的分配职能,对各地区的可支配财力予以适当的调节,调剂余缺,从而形成一般性的或称体制性的转移支付,它是政府间转移支付的最基本和最主要的形式。

（2）专项转移支付。专项转移支付，是指为了实现某一特定的政治经济目标或专项任务，而由上级财政向下级财政进行的专案拨款。由于我国地域辽阔，人口众多，财政职能范围广，担负的任务繁杂，因而专项转移支付亦经常发生。尤其在遭遇自然灾害等非常情况，以及国家的重大政策调整影响地方财政利益，或者地方担负本应由中央承担的事务的情况下，由中央政府向地方政府进行专项拨款，确实非常必要。

对于上述两类转移支付，也有人从拨款的角度，将其分别称为均衡拨款和专项拨款。从国际经验看，均衡拨款由接受拨款的政府自主使用，上级政府不对其规定具体用途，所以是无条件的转移支付，其目的是实现基本公共服务均等化。而专项拨款则是附条件的、有特定使用范围的，因此又称附条件转移支付。专项拨款可具体分为委托事务拨款、共同事务拨款和鼓励或扶持性拨款。从拨款的目的、条件、用途方面，有助于进一步理解两类转移支付的差别。

目前，我国的转移支付制度还非常不完善，一般性转移支付所占的比重相对较低，而专项转移支付比重偏高，影响了转移支付制度对于区域均衡发展的推动。因此，必须构建规范的转移支付制度，进一步提高转移支付制度的透明度，更好地发挥其宏观调控作用，实现其推进公共物品提供均等化的职能。

3. 转移支付的预算安排

根据我国《预算法》规定，在中央和地方各级一般公共预算中，均包括转移支付预算。其中，一般性转移支付应当按照国务院规定的基本标准和计算方法编制。专项转移支付应当分地区、分项目编制。

在预算下达时间方面，中央对地方的一般性转移支付应当在全国人大批准预算后30日内正式下达。中央对地方的专项转移支付应当在全国人大批准预算后90日内正式下达。

省级政府接到中央一般性转移支付和专项转移支付后，应当在30日内正式下达到本行政区域县级以上各级政府。县级以上地方各级预算安排对下级政府的一般性转移支付和专项转移支付，应当分别在本级人大批准预算后的30日和60日内正式下达。

4. 转移支付的监督管理

由于转移支付的资金来自上级财政，因此，上级政府财政部门是转移支付最主要、最经常的监管主体。

在监管方式上，不同形式的转移支付可以有不同的监管方式。一般性转移支付因其可以就地抵留，成为地方固有财力的组成部分，地方财政可以独立地安排使用，因而对一般性转移支付的监管只能依据《预算法》，通过同级人大和上级财政对预决算的审查和对预算执行的监督来实现。而专项转移支付则可由上级财政部门采用跟踪检查、验收项目等办法进行监管。对于各种转移支付形式的具体监管办法，均可由转移支付法作出规定。

我国《预算法》在预算、决算的审批、法律责任的追究等方面,都对转移支付的监督管理作出了规定。例如,在预算审批方面,需要审查"对下级政府的转移性支出预算是否规范、适当";在决算审批方面,"财政转移支付安排执行情况"是决算审查的重点内容。此外,在法律责任方面,"擅自改变上级政府专项转移支付资金用途的",要承担相应的预算法律责任。

第二十六章 税收法律制度

第一节 税法概述

一、税收的概念、特征和作用

税收是国家为了实现其职能，依照税法规定，凭借政治权力参与国民收入分配和再分配，取得财政收入的一种形式。税收作为一种财政收入，在社会再生产过程中属于分配范畴。征税的过程，就是一部分社会产品和国民收入从社会成员手中转变为国家所有的分配过程。税收是实现国家政治、经济、文化等职能的物质基础，是国家财政收入的主要来源。财政税收制度体现着不同社会制度国家的不同性质。我国的税收是社会主义性质的税收，取之于民，用之于民，体现国家与纳税人在根本利益一致的基础上，为实现社会主义国家的职能，调整整体与局部、长远与眼前利益的收入分配关系。

税收与其他财政收入相区别的形式特征是：

第一，强制性。税收是国家通过法律规定征收的，法律的强制力构成了税收的强制性。纳税是纳税人的法定义务，不依法纳税者要受到法律的制裁。

第二，无偿性。税收是国家将征收的税款归国家所有，不再偿还给各纳税人，也无任何代价作交换，是一种无偿取得。

第三，固定性。税收是国家按照法律预先规定的范围、标准和环节征收的，税法的规定具有相对稳定性。

我国税收的重要作用在于：第一，税收成为国家组织财政收入，筹集社会主义建设资金的主要的、固定的来源。税收为实现社会主义国家职能、组织经济建设、科教文卫建设、民主和法制建设以及国防建设提供了财力保证。第二，税收成为调节社会经济活动，均衡分配，正确处理国家、集体、个人三者经济利益关系的重要手段。税收能够在一定程度上调节各种经济成分、各种行业、各种产品生产经营者的收入差距。第三，税收成为国家宏观经济调控的一个重要杠杆。它有助于完善经济运行机制，引导社会资金流动，调整产业结构，调节生产发展。税种、税目和税率的设置与调整，减免税的规定，体现了国家运用经济杠杆鼓励或者限制生产经营，从而促使社会总需求和总供给的基本平衡，促进企业在公平税负基础上展开竞争，提高社会效益和经济效益。第四，税收有助于促进对外经济技术交流。在涉外税收工作中，通过维护国家主权和税收权益，实行平等互利、税负从轻、优惠从宽、手续从简的原则，达到吸引外资的目的；通过税收鼓励或者限制商品的进出口，保障对外经济技术贸易的正常开展。第五，税收成为强化国家经济监督，健全国家经济管理职能的有力武器。通过税收征管的活动,可以保护合法经营,制裁越权减免税、拖欠税款、偷税和抗税不缴等不法行为。

二、税法的概念和构成要素

税法是调整国家通过税务机关与纳税人之间产生的、无偿征收一定货币或者实物的税收征纳关系的法律规范的总称。一个国家的税收制度总是通过税收立法加以明确规定的。

所谓税收制度是一个国家的税负结构、税收管理体制及征收管理制度的总称。它包括国家向纳税人征税的法律依据及税务部门的工作规程。税负结构即税种体系,它主要解决国家对什么收入和行为征税,征多少,即多大程度上参与国民收入的分配的问题。税收管理体制是指中央和地方之间划分税收管理权限的制度。这些权限包括税收政策的制定、税法的颁布、税种的开征和停征、税目的增减、税率的调整、减税免税权等。我国现行的税收管理体制是"统一领导,分级管理",即分中央和地方(省、自治区、直辖市)两级。税收可划分为中央税、地方税以及中央地方共享税。征收管理制度是指税务部门依据税法开展征税工作的工作规程,一般由管理、检查和征收三个环节构成。

税法的构成要素主要有:

第一,纳税主体,又称纳税人或纳税义务人。这是指税法规定的直接负有纳税义务的社会组织和个人。税法对每一种税都规定了特定的纳税人。税法中往往还规定有扣缴义务人,即负有代扣纳税人应纳税款、代缴给征税机关的义务的单位或个人,如工薪发放单位、房管部门、集市贸易市场管理部门、出版社等。纳税主体不同于税收主体,税收主体指的是国家。

第二,征税对象,又称征税客体或计税依据。这是指对什么征税。根据征税对象可把我国税收分成五类:流转税,是对商品销售额或服务性业务的营业额征税;所得税,是对所得额或收益额征税;财产税,是按财产的价值额或租价额征税;行为税,是依法对特定的行为征税;资源税,是对资源级差收入征税。

第三,税种、税目。税种即税收的种类,指征的什么税。前述五大类税又包括众多种税。税目是指各税种中具体规定的应纳税的项目,是征税对象的具体化,反映征税的范围和广度。税目之下有时设子目。

第四,税率。这是指纳税额占征税对象数额的比例。它是计算应纳税额的主要尺度,是税法中的核心要素。税率的高低,直接关系国家财政收入的多少和纳税人的税负大小,是发挥税收这一经济杠杆作用的主要手段。我国现行税法分别采用比例税率、累进税率和定额税率(固定税额)三种。

比例税率是对同一征税对象,只规定一个百分比,不论数量或金额多少,都按这个百分比征税。适用于对流转额的征税,也适用于对所得额的征税。

累进税率是按征税对象数额的大小,划分为几个等级,各定一个税率递增征税,数额越大税率越高,一般适用于对所得额的征税。累进税率又分为全额累进税率、超

额累进税率、超倍累进税率三种。全额累进税率是把征税对象的数额分为若干级,确定不同等级的税率,按征税对象的全部数额达到哪一级,就按哪一级的税率征税。全额累进税率因为累进的速度过于急剧,不够科学合理,现行税法不再采用。超额累进税率也把征税对象按数额大小划分为若干级距,规定递增等级的税率,但按照规定等级的适用税率分别计征,征税对象数额超过低一级的那个部分,才按高一级税率征税,解决了两个级距的临界部位税负增加超过所得额增加的不公平现象,是现行税法一般采用的税率。超倍累进税率是把征税对象的一定数额作为一个计税基数,以这个基数为一倍,按不同超倍数额采用不同的累进税率计征。

定额税率是对征税对象的每一单位,直接规定固定税额,不采用百分比形式。最典型的是车船使用牌照税,对船舶和载货汽车以每吨为单位,对其他车辆以每辆为单位课征。

第五,纳税环节。这是指应当纳税的产品在其整个流转过程中,税法规定应缴税款的环节。产品从出厂到消费者手中往往需要经过许多环节,在税收上只选择其中一定环节,规定为缴纳税款的环节。

第六,纳税期限。纳税期限是指税法规定纳税人缴纳税款的具体时限。纳税期限基本上分为按期纳税、按次纳税两种。税法规定,纳税人不按期纳税,应交滞纳金。

第七,减税免税。这是指税法对同一税种特定的纳税人或征税对象给予减轻或者免除其税负的一种优惠规定。国家税法具有统一性和严肃性,减免税权要集中到中央,减免税权要集中到国家立法部门,地区和部门不得超越税收管理权限擅自减税免税,违背以法治税的原则。减税免税有三项内容:一是起征点,指税法规定的开始征税的界限,征税对象的数额不达到起征点就不征税,故提高起征点就是优惠;二是免征额,即按一定标准从全部征税对象中预先免予征税的部分,只对超过部分征税;三是减免规定,减税是对应纳税额少征一部分税款,免税是全部免征。

第八,违法处理。对纳税人的欠税、偷税、抗税或未履行纳税登记、申报等违法行为,税务机关可依法对不同违法行为作出不同的处理。

税法的构成要素十分重要。所谓完善税制,一方面是指以上要素要完备,不可或缺;另一方面是指各个要素的内容应符合现实经济体制改革的总要求,尤其应明确鼓励什么、限制什么,这样才能充分发挥税收杠杆的作用。

三、税收法律关系

(一) 税收法律关系的概念和特点

税收法律关系,是指税务机关与纳税人在税收活动中根据税法的规定形成的权利和义务关系。明确税收法律关系,实际上就是要明确谁纳税,谁收税,征纳双方各有什么权利义务,收税是对什么征收,纳税人不纳税应负什么法律责任等问题。

税收法律关系有以下特点:

(1) 税收是以国家为主体的特定分配关系,所以税收法律关系中征税一方主体始终是国家,税务机关代表国家行使征税权。

(2) 税收法律关系中,征税一方享有单方面的征收权利,纳税人负有单方面的缴纳义务,征税一方在征税后不负担相应的补偿义务,缴纳的税款不再返还。

(3) 税法一旦规定了纳税人的纳税义务,纳税人就必须履行纳税义务,税务机关应当行使征税的职责,而不以征纳双方当事人的主观意志为转移。

(二) 税收法律关系的要素

税收法律关系的要素由主体、内容和客体构成。

税收法律关系的主体,是指在税收法律关系中权利的享有者和义务的承担者。

主体资格是税法规定的。主体包括征税主体和纳税主体。征税主体是国家,在具体的税收法律关系中,分别由行政管理机关和税务职能机关代表。纳税主体指纳税义务人,包括社会组织和个人,具体有国有企业、集体企业、联营企业、股份制企业、外商投资企业和外国企业、私营企业、城乡个体工商户、非法人经济实体、税法规定应纳税的个人、以法人名义参与某些经济活动的事业单位等。

税收法律关系的内容,是指征纳双方所享有的权利和应承担的义务。

归纳起来,税收征管机关的权利有:(1) 办理税务登记,审核登记,保证充分征收应纳的税款;(2) 进行纳税鉴定和审核纳税人向税务机关报送的纳税申报表;(3) 及时征收税款并解缴入库;(4) 税务工作人员依法执行税务管理任务,特别是征收任务,任何单位和个人不得刁难、阻挠;(5) 依法对违反税法的纳税人或扣缴义务人直接进行行政处罚,对违法情节严重的送交司法机关处理。税收征管机关的义务有:(1) 将征收的税款按时足额解缴入库,不得截留、挪用;(2) 依法办理减税免税;(3) 进行定期纳税结算;(4) 对纳税人的咨询、请求和申诉作出答复,处理或报请上级税务机关处理;(5) 对纳税人的账务负有保密义务;(6) 对多征的税款应依法退还纳税人。

纳税主体的权利有:(1) 申请减税免税;(2) 就税务问题向税务机关提出咨询、请求;(3) 在与税务机关就纳税问题发生争议时,交纳税款后有权提出申诉,对上级税务机关的复议不服时,有权向人民法院起诉,并有权对税务工作人员的违法行为进行检举、控告;(4) 多缴税款和产品出口可以依法申请退税。纳税主体的义务有:(1) 依法进行税务登记,取得"税务登记证";在营业期间发生企业名称、生产经营范围、营业地址变更,应当在变动后15天内办理变更登记;如因转产、合并、分立、联营等组成另一纳税主体的,应当重新办理税务登记。(2) 向税务机关申报纳税事项并按时足额缴纳税款。(3) 向税务机关提供生产销售情况及其他资料,接受检查;与纳税有关的会计凭证、账簿和报表应当依法保存一定年限。(4) 执行税务机关的行政处罚决定,按照规定交纳滞纳金和罚款。

税收法律关系的客体,是指税收法律关系主体的权利和义务共同指向的对象,包括货币、实物、行为。

税收法律关系的客体是征税对象的法律表现,如流转税中的销售收入额或营业收入额,所得税中的所得额或收益额,财产税中的财产数量、价值或租价,特定行为税中的一定的行为。

(三) 税收法律关系的产生、变更和终止

税收法律关系依据一定的法律事实而产生、变更或终止。

引起税收法律关系产生的法律事实有：纳税义务人发生了税法规定的应税行为和事件；新的纳税义务人出现等。

引起税收法律关系变更的法律事实有：税法的修订；纳税方式的变动；纳税人的收入或财产状况发生变化；由于不可抗力事件致使纳税人难于履行原定的纳税义务等。

引起税收法律关系终止的法律事实有：纳税义务人履行了纳税义务；纳税人符合免税的条件；税种的废除；纳税人的消失等。

四、现行税种

我国税法体系中的税收种类包括：

第一，流转税。其特点是，征税对象是流转额，"流转额"既包括商品销售收入额，也包括各种劳务、服务的业务收入额，征税伴随商品交换和非商品服务进行，计税依据是商品的价格和服务收费。它包括：(1) 增值税；(2) 土地增值税；(3) 消费税；(4) 营业税；(5) 关税。

第二，所得税。其特点是，征税对象是所得额或收益额，税额的多少取决于纳税人的收益额。征税一般以全年所得额或收益额征收，采取分季(月)预交，年终结清，多退少补。它包括：(1) 企业所得税；(2) 个人所得税。

第三，财产税。其特点是，征税对象是房屋等财产的价值额或租价额，税额只同财产的数量或价值相联系；可以就财产的占有征税，也可以就财产的转移征税，因而对限制财产占有、奖励居民自建房屋和保护房主合法权益方面有特殊作用，它属于地方税，是市政建设的一项资金来源。它主要包括：(1) 房产税；(2) 契税；(3) 城市房地产税。

第四，特定行为税。其特点是，具有鲜明的政策性和因时制宜的灵活性，特别是在抑制各类消费行为方面起着特殊作用。它包括：(1) 筵席税；(2) 车船使用税；(3) 印花税；(4) 城市维护建设税；(5) 船舶吨位税。

第五，资源税。其特点是，它是对从事开发矿产资源、盐和开发及使用土地的单位和个人征收的一种税，解决的是由于矿产、盐和土地的资源结构、开采条件和地理位置不同产生级差收入，造成利润水平相差悬殊的问题；能够起到合理利用国家资源，加强经济核算，正确处理国家与开发企业之间的分配关系的作用。它包括：(1) 资源税；(2) 城镇土地使用税；(3) 耕地占用税。

第二节 流转税法

流转税是以商品流转额和劳务收入为征税对象的一个类别的税。流转税税源大、范围广，在我国各种税收收入中占第一位。不论全民或集体、城市或农村都适用，

不论成本高低、盈利或亏损,只要有商品销售经营收入或劳务服务收入就要依法纳税。所以它在保证国家财政收入,配合价格政策,调节生产经营,促进经济核算方面有显著的作用。

一、增值税

增值税,是指以产品新增加的价值,即增值额为征税对象的一种税。所谓增值额就是一个生产环节的销售收入额,扣除同期消耗了的外购原材料、燃料、动力和计入成本的包装物金额后的数额。

增值税制的一大优点是能够避免生产专业化过程中的重复征税问题。根据对外购固定资产所含税金扣除方式的不同,增值税制分为生产型、收入型和消费型三种类型。生产型增值税不允许扣除外购固定资产所含的已征增值税,税基相当于国民生产总值,税基最大,但重复征税也最严重。收入型增值税允许扣除固定资产当期折旧所含的增值税,税基相当于国民收入,税基其次。消费型增值税允许一次性扣除外购固定资产所含的增值税,税基相当于最终消费,税基最小,但消除重复征税也最彻底。在目前世界上 140 多个实行增值税的国家中,绝大多数国家实行的是消费型增值税。

长期以来,我国流转税制对工业品一直采取每一个生产环节按产品金额征税。这样,生产环节多、生产结构复杂的工业品则出现了同一产品因生产结构的不同而税负不同的问题,全能程度越高税负越轻,协作环节越多税负越重。实行增值税则排除了重叠征税,使同一产品不受生产和流通环节多少的影响,有利于"大而全""小而全"生产结构的改组,有利于促进协作生产。1984 年 9 月由国务院发布了《中华人民共和国增值税条例(草案)》,1993 年 12 月国务院又颁布了《中华人民共和国增值税暂行条例》,全面推行增值税。当时,出于财政收入的考虑和抑制投资膨胀,我国选择采用生产型增值税。对于保障财政收入、调控国民经济发展发挥了积极作用。但是,由于生产型增值税不允许企业抵扣购进固定资产的进项税额,存在重复征税问题,制约了企业技术改进的积极性。随着我国社会主义市场经济体制的逐步完善和经济全球化的纵深发展,推进增值税转型改革的必要性日益突出,各界要求增值税由生产型向消费型转变的呼声很高。自 2004 年 7 月 1 日起,经国务院批准,我国东北、中部等部分地区已先后进行改革试点,取得了成功经验。为了进一步消除重复征税因素,降低企业设备投资税收负担,鼓励企业技术进步和促进产业结构调整,有必要尽快在全国推开转型改革。为此,《中华人民共和国增值税暂行条例》于 2008 年 11 月 5 日经国务院第三十四次常务会议修订通过,自 2009 年 1 月 1 日起施行。这就意味着我们将在全国推开增值税转型改革。

我国现行税制为增值税和企业所得税为主的双主体税制结构,这是基本上符合我国现在生产力发展水平的。由于生产力水平的提高需要有一个渐进的过程,增值税将在一段时间里在我国税收领域、经济发展中起重要作用。

我国现行增值税制的主要内容如下:

第一,纳税主体。在我国境内销售货物或者提供加工、修理修配劳务以及进口货物的单位和个人,为增值税的纳税人。增值税的纳税人分为一般纳税人和小规模纳税人两种。小规模纳税人增值税征收率为3%。征税率的调整,由国务院决定。

第二,征税对象。增值税的征税对象是纳税人取得商品的生产、批发、零售和进口收入中的增值额。

第三,增值税税率。纳税人销售或者进口货物,除另有规定外,税率为17%。纳税人销售或者进口下列货物,税率为13%:(1)粮食、食用植物油、鲜奶;(2)自来水、暖气、冷气、热水、煤气、石油液化气、天然气、沼气、居民用煤炭制品;(3)图书、报纸、杂志;(4)饲料、化肥、农药、农机、农膜;(5)国务院规定的其他货物。纳税人出口货物,税率为零;但是,国务院另有规定的除外。纳税人提供加工、修理修配劳务(以下称应税劳务),税率为17%。纳税人兼营不同税率的货物或者应税劳务,应当分别核算不同税率货物或者应税劳务的销售额;未分别核算销售额的,从高适用税率。

第四,免征增值税的项目。根据《增值税暂行条例》第15条规定,下列项目免征增值税:农业生产者销售的自产农产品;避孕药品和用具;古旧图书;直接用于科学研究、科学试验和教学的进口仪器、设备;外国政府、国际组织无偿援助的进口物资和设备;由残疾人的组织直接进口供残疾人专用的物品;销售的自己使用过的物品。

对于利用增值税发票等增值税方面的犯罪,我国刑法有较为严厉的规定。

二、土地增值税

土地增值税是对单位和个人有偿转让土地使用权的增益收益进行征税的一个税种。为了对转让房地产的过高收入作进一步的调节,国家增设土地增值税,加大调节力度,以促进房地产业的健康发展,完善土地产业的有关税收制度。土地增值税的特点是:增值多的多征,增值少的少征,无增值的不征。1993年11月26日国务院通过了《中华人民共和国土地增值税暂行条例》,自1994年1月1日起施行。

我国现行土地增值税制的主要内容如下:

第一,纳税主体。转让国有土地使用权、地上建筑物及其附着物并取得收入的单位和个人,为土地增值税的纳税主体。

第二,征税对象。土地增值税的征税对象是转让房地产所取得的增值额。即纳税人转让房地产所取得的收入减除法定扣除项目金额后的余额。计算增值额的扣除项目包括:取得土地使用权所支付的金额;开发土地的成本、费用;新建房及配套设施的成本、费用,或者旧房及建筑物的评估价格;与转让房地产有关的税金;财政部规定的其他扣除项目。

第三,税率。土地增值税实行四级超额累进税率:增值额未超过扣除项目金额50%的部分,税率为30%。增值额超过扣除项目金额50%、未超过扣除项目金额100%的部分,税率为40%。增值额超过扣除项目100%、未超过扣除金额200%的部分,税率为50%。增值额超过扣除项目金额200%的部分,税率为60%。

三、消费税

消费税是对特定的消费品和消费行为征收的一种税。消费税具有以下特征:第一,征税范围具有选择性。只对一部分消费品和消费行为征税。第二,征税环节具有单一性。只在消费品生产、流通或消费的某一环节征收,而不是在生产、流通、消费的所有环节征收。第三,税率、税额的差别性。根据不同消费品的种类、档次、结构、功能以及供求、价格等情况,制定不同的税率、税额。第四,税负具有转嫁性。最终要转嫁到消费者身上,由消费者负担。第五,消费税是价内税,即以含税价格为计税依据的税。

开征消费税具有重要的意义:消费税可以为国家建设筹集资金;可以正确引导消费方向;可以调节收入,解决社会中存在的分配不公的现象;对一些特殊消费品如烟、酒的生产加以限制。

国务院于1993年12月13日颁布了《中华人民共和国消费税暂行条例》,1993年12月25日财政部颁布了《中华人民共和国消费税暂行条例实施细则》。财政部、国家税务总局于2006年3月22日公布了《消费税税目税率调整细则》,对原消费税税目税率进行了调整。2008年11月5日国务院第三十四次常务会议修订通过了《中华人民共和国消费税暂行条例》,自2009年1月1日起施行。

现在我国消费税制的主要内容如下:

第一,征税范围。征税范围包括14类产品,即烟、酒及酒精(根据2014年财政部、国家税务总局《关于调整消费税政策的通知》,自2014年12月1日起,"酒及酒精"品目相应改为"酒")、化妆品、贵重首饰及珠宝玉石、鞭炮和焰火、成品油、汽车轮胎(根据2014年财政部、国家税务总局《关于调整消费税政策的通知》,自2014年12月1日起,取消汽车轮胎税目)、摩托车、小汽车、高尔夫球及球具、高档手表、游艇、木制一次性筷子、实木地板。消费税范围的确定首先考虑的是我国人民的消费结构,生活必需品一般不征收消费税;也考虑了我国经济发展现状和消费水平、资源供给和消费需求状况及国家财政的需要。

第二,纳税主体。在中华人民共和国境内生产、委托加工和进口本条例规定的消费品的单位和个人,以及国务院确定的销售本条例规定的消费品的其他单位和个人,为消费税的纳税人。

第三,税率。采用比例税率。14类应税消费品的税率有高有低。

税率的设定试图实现引导消费方向、调节市场供求、缓解社会成员之间分配不均等功能。例如,烟类中的甲类卷烟,其从价税率为56%,是应税消费品中税率最高的。又如,乘用车的消费税税率因排气量而异,排气量越大税率越高。气缸容量(排气量,下同)在1.0升(含1.0升)以下的,税率为1%;气缸容量在1.0升以上至1.5升(含1.5升)的,税率为3%;气缸容量在1.5升以上至2.0升(含2.0升)的,税率为5%;气缸容量在2.0升以上至2.5升(含2.5升)的,税率为9%;气缸容量在2.5升以上至3.0升(含3.0升)的,税率为12%;气缸容量在3.0升以上至4.0升(含4.0升)的,税率为25%;气缸容量在4.0升以上的,税率为40%。

四、营业税

营业税是对在我国境内从事提供应税劳务、转让无形资产或者销售不动产的单位和个人就其营业收入额征收的一种税。1984年9月国务院颁布了《中华人民共和国营业税条例(草案)》,开始征收营业税。1993年12月13日国务院颁布的《中华人民共和国营业税暂行条例》调整了营业税的征收范围和税率。2008年11月5日国务院第三十四次常务会议修订通过了《中华人民共和国营业税暂行条例》,自2009年1月1日起施行。2011年11月,财政部和国家税务总局联合下发文件,调整了营业税的起征点。营业税征税范围广,税负均衡合理,征收手续简便,不仅能为国家积聚资金,而且能够发挥税收对一切营业收入的调节作用。

我国营业税制的主要内容如下:

第一,纳税主体。凡在我国境内从事交通运输、金融保险、邮电通信、建筑安装、文化娱乐以及转让无形资产或者销售不动产的单位和个人,为营业税的纳税主体。

第二,税目和税率。税目为9个。交通运输业、建筑业、邮电通信业、文化体育业税率为3%;金融保险业、服务业、转让无形资产、销售不动产税率为5%;娱乐业税率为5%—20%。

第三,免征营业税的项目。根据2008年修订的《营业税暂行条例》第8条的规定,下列项目免征营业税:托儿所、幼儿园、养老院、残疾人福利机构提供的育养服务,婚姻介绍,殡葬服务;残疾人员个人提供的劳务;医院、诊所和其他医疗机构提供的医疗服务;学校和其他教育机构提供的教育劳务,学生勤工俭学提供的劳务;农业机耕、排灌、病虫害防治、植物保护、农牧保险以及相关技术培训业务,家禽、牲畜、水生动物的配种和疾病防治;纪念馆、博物馆、文化馆、文物保护单位管理机构、美术馆、展览馆、书画院、图书馆举办文化活动的门票收入,宗教场所举办文化、宗教活动的门票收入;境内保险机构为出口货物提供的保险产品。除上述规定外,营业税的免税、减税项目由国务院规定。

财政部、国家税务总局于2011年11月17日正式公布营业税改征增值税试点方案。

五、关税

关税,是指设在边境、沿海口岸或国家指定的其他水、陆、空国际交往通道的海关,按照国家的规定,对进出国境的货物和物品所征收的一种税。关税分为进口税和出口税。关税是一种特殊的税种,是国家主权完整的重要表现。它是维护国家主权和经济利益,执行国家对外经济政策的重要手段。它通过对出口货物大部分免税,小部分征税来鼓励出口,增强产品的国际竞争力,保护国内的某些资源。它利用高低不同的税率以及关税的减免,鼓励国内必需品进口,限制非必需品进口,有利于引进技术和先进设备。它还能促使企业加强经济核算,增加国家财政收入。我国关于关税方面的法律主要是《中华人民共和国海关法》(1987年1月22日第六届全国人大常委会第十九次会议通过,2000年7月8日、2013年6月29日全国人大常委会作了两次修订)和国务院发布的《中华人民共和国进出口关税条例》(2003年10月29日国务院第26次常务会议通过,2011年1月8日、2013年12月7日国务院作了两次修订)及《中华人民共和国海关进出口税制》。

我国关税制度的主要内容如下：

第一，纳税主体。关税的纳税主体是进口货物的收货人、出口货物的发货人，进出境物品的所有人(持有人)和进口邮件的收件人。

第二，征税对象。关税的征税对象是准许进出境的货物和物品。货物是指贸易性商品；物品是指入境旅客随身携带的行李物品、个人邮递物品、各种运输工具上的服务人员携带进口的自用物品、馈赠物品以及其他方式进境的个人物品。

第三，税率。关税的税率为比例税率。进出口货物的税率分为进口税率和出口税率。进口税率又分为普通税率和优惠税率。优惠税率适用于与我国签订关税互惠协议的国家或者地区的进口货物，普通税率适用于未签订关税互惠协议的国家或者地区的进口货物。为鼓励出口，只对部分商品征收出口税。

第三节 所得税法

所得税即收益税，是以纳税人的所得额为征税对象的税。

所得税制首创于英国。此后，美国于1913年、法国于1917年、德国于1920年、意大利于1925年纷纷确立所得税制。世界上许多国家都采取以所得税为主体的复税制模式，比如美国、日本的个人所得税就占总税收收入的60%—80%。我国目前采取的是以流转税和所得税并重的复税制模式。所得税的特点主要有：首先，征税对象是纳税人的全年所得额或收益额，只是不同税种间各项所得额包含的范围有所不同；其次，它以纳税人的实际负担能力为征税原则，所得多的多征，所得少的少征，无所得的不征，不像流转税不问有无利润和负担能力都要征税；最后，它是国家对纳税人的收入直接进行调节的手段。

一、企业所得税

按照统一税法、简化税制、公平税负、促进竞争的原则，我国先后完成了中外合资经营企业和外国企业所得税的统一和内资企业所得税的统一。即1991年4月，全国人民代表大会将《中华人民共和国中外合资经营企业所得税法》与《中华人民共和国外国企业所得税法》合并，制定了《中华人民共和国外商投资企业和外国企业所得税法》，并于当年7月1日起施行；1993年12月，国务院将《中华人民共和国国营企业所得税条例(草案)》、《国营企业调节税征收办法》、《中华人民共和国集体企业所得税暂行条例》和《中华人民共和国私营企业所得税暂行条例》，进行整合制定了《中华人民共和国企业所得税暂行条例》，自1994年1月1日起施行。通过改革，我国形成了一套内资企业适用《中华人民共和国企业所得税暂行条例》、外商投资企业和外国企业适用《中华人民共和国外商投资企业和外国企业所得税法》的企业所得税制度，对促进我国产业结构调整和经济平稳较快增长，促进改革开放和吸引外资等都发挥了重要作用。

我国对内、外资企业曾经分别实行不同的所得税制,尽管内、外资企业所得税的名义税率相同,但外资企业(包括中外合资、中外合作、外商独资和外国企业,下同)比内资企业享受更多的税收优惠。过去我国内资企业和外资企业所得税税率均为33%。同时,对一些特殊区域的外资企业分别实行24%、15%的优惠税率,对内资微利企业分别实行27%、18%的二档照顾税率等,税率档次多,使不同类型企业名义税率和实际税负差距较大。毫无疑问,对外资企业实行不同于内资企业的税收优惠政策,这对于吸引外资、促进开放发挥了重要作用。但是,内资、外资企业分别实行不同的所得税制度在执行中也暴露出一些问题。例如,内资税法、外资税法差异较大,在税收优惠、税前扣除等政策上,存在对外资企业偏松、内资企业偏紧的问题,造成企业之间税负不平、苦乐不均;企业所得税优惠政策的差异的存在,致使一些内资企业采取将资金转到境外再投资境内的"返程投资"方式,享受外资企业所得税优惠等。这些制度上的漏洞,扭曲了企业经营行为,造成国家税款的流失;我国加入世贸组织后,国内市场对外资进一步开放,内资企业也逐渐融入世界经济体系之中,面临越来越大的竞争压力,继续采取内资、外资企业不同的税收政策,必将使内资企业处于不平等竞争地位,影响统一、规范、公平竞争的市场环境的建立。

为有效解决企业所得税制度存在的上述问题,有必要尽快统一内资、外资企业所得税。企业所得税"两法合并"改革,有利于促进我国经济结构优化和产业升级,有利于为各类企业创造一个公平竞争的税收法制环境。2007年3月16日,第十届全国人民代表大会第五次会议通过了《中华人民共和国企业所得税法》,将《外商投资企业和外国企业所得税法》和《企业所得税暂行条例》统一成一部《企业所得税法》,并自2008年1月1日起施行。这是适应我国社会主义市场经济发展的一项制度创新。

企业所得税改革的指导思想是:根据科学发展观和完善社会主义市场经济体制的总体要求,按照"简税制、宽税基、低税率、严征管"的税制改革原则,借鉴国际经验,建立各类企业统一适用的科学、规范的企业所得税制度,为各类企业创造公平的市场竞争环境。

按照上述指导思想,企业所得税改革遵循了以下原则:(1)贯彻公平税负原则,解决目前内资、外资企业税收待遇不同,税负差异较大的问题;(2)落实科学发展观原则,统筹经济社会和区域协调发展,促进环境保护和社会全面进步,实现国民经济的可持续发展;(3)发挥调控作用原则,按照国家产业政策要求,推动产业升级和技术进步,优化国民经济结构;(4)依照国际惯例原则,借鉴世界各国税制改革最新经验,进一步充实和完善企业所得税制度,尽可能体现税法的科学性、完备性和前瞻性;(5)理顺分配关系原则,兼顾财政承受能力和纳税人负担水平,有效地组织财政收入;(6)有利于征收管理原则,规范征管行为,方便纳税人,降低税收征纳成本。

根据上述指导思想和原则,参照国际通行做法,我国《企业所得税法》体现了"四个统一":内资、外资企业适用统一的《企业所得税法》;统一并适当降低企业所得税税率;统一和规范税前扣除办法和标准;统一税收优惠政策,实行"产业优惠为主、区域优惠为辅"的新税收优惠体系。

根据《企业所得税法》的规定,我国企业所得税制的主要内容如下:

第一,纳税主体。

在中华人民共和国境内,企业和其他取得收入的组织为企业所得税的纳税人。个人独资企业、合伙企业不适用企业所得税法征收企业所得税。其中的"企业",包括了居民企业和非居民企业。居民企业,是指依法在中国境内成立,或者依照外国(地区)法律成立但实际管理机构在中国境内的企业。而非居民企业,是指依照外国(地区)法律成立且实际管理机构不在中国境内,但在中国境内设立机构、场所的,或者在中国境内未设立机构、场所,但有来源于中国境内所得的企业。区分这两种企业的意义在于,居民企业应当就其来源于中国境内、境外的所得缴纳企业所得税。而非居民企业在中国境内设立机构、场所的,应当就其所设机构、场所取得的来源于中国境内的所得,以及发生在中国境外但与其所设机构、场所有实际联系的所得,缴纳企业所得税。非居民企业在中国境内未设立机构、场所的,或者虽设立机构、场所但取得的所得与其所设机构、场所没有实际联系的,应当就其来源于中国境内的所得缴纳企业所得税。

第二,应纳税所得额。

企业每一纳税年度的收入总额,减除不征税收入、免税收入、各项扣除以及允许弥补的以前年度亏损后的余额,为应纳税所得额。

企业以货币形式和非货币形式从各种来源取得的收入,为收入总额。它包括:销售货物收入;提供劳务收入;转让财产收入;股息、红利等权益性投资收益;利息收入;租金收入;特许权使用费收入;接受捐赠收入;其他收入。

下列收入为不征税收入:财政拨款;依法收取并纳入财政管理的行政事业性收费、政府性基金;国务院规定的其他不征税收入。

在计算应纳税所得额时可以扣除的项目包括:企业实际发生的与取得收入有关的、合理的支出,包括成本、费用、税金、损失和其他支出;企业发生的公益性捐赠支出,在年度利润总额12%以内的部分;企业按照规定计算的固定资产折旧(但房屋、建筑物以外未投入使用的固定资产、以经营租赁方式租入的固定资产、以融资租赁方式租出的固定资产、已足额提取折旧仍继续使用的固定资产、与经营活动无关的固定资产、单独估价作为固定资产入账的土地、其他不得计算折旧扣除的固定资产不得计算折旧扣除);企业按照规定计算的无形资产摊销费用;企业使用或者销售存货,按照规定计算的存货成本;企业转让资产,该项资产的净值;企业发生的相关长期待摊费用的支出(包括已足额提取折旧的固定资产的改建支出、租入固定资产的改建支出、固定资产的大修理支出、其他应当作为长期待摊费用的支出)。

在计算应纳税所得额时,下列支出不得扣除:向投资者支付的股息、红利等权益性投资收益款项;企业所得税税款;税收滞纳金;罚金、罚款和被没收财物的损失;我国《企业所得税法》第9条规定以外的捐赠支出;赞助支出;未经核定的准备金支出;与取得收入无关的其他支出。

企业对外投资期间,投资资产的成本在计算应纳税所得额时不得扣除。

第三,税率。

企业所得税的税率为25%。非居民企业在中国境内未设立机构、场所的,或者虽设立机构、场所但取得的所得与其所设机构、场所没有实际联系的,应当就其来源于中国境内的所得缴纳税率为20%的企业所得税。

第四,应纳税额。

企业的应纳税所得额乘以适用税率,减除依照我国《企业所得税法》规定的关于税收优惠的规定减免和抵免的税额后的余额,为应纳税额。

第五,税收抵免。

居民企业来源于中国境外的应税所得及非居民企业在中国境内设立机构、场所,取得发生在中国境外但与该机构、场所有实际联系的应税所得,如果已在境外缴纳相应所得税税额,可以从其当期应纳税额中抵免,抵免限额为该项所得依照企业所得税法规定计算的应纳税额。超过抵免限额的部分,可以在以后5个年度内,用每年度抵免限额抵免当年应抵税额后的余额进行抵补。

居民企业从其直接或者间接控制的外国企业分得的来源于中国境外的股息、红利等权益性投资收益,外国企业在境外实际缴纳的所得税税额中属于该项所得负担的部分,可以作为该居民企业的可抵免境外所得税税额,在我国《企业所得税法》规定的抵免限额内抵免。

第六,税收优惠。

国家对重点扶持和鼓励发展的产业和项目,给予企业所得税优惠。企业的国债利息收入;符合条件的居民企业之间的股息、红利等权益性投资收益;在中国境内设立机构、场所的非居民企业从居民企业取得与该机构、场所有实际联系的股息、红利等权益性投资收益以及符合条件的非营利组织的收入均为免税收入。

可以免征、减征企业所得税的项目有:从事农、林、牧、渔业项目的所得;从事国家重点扶持的公共基础设施项目投资经营的所得;从事符合条件的环境保护、节能节水项目的所得;符合条件的技术转让所得;在中国境内未设立机构、场所的,或者虽设立机构、场所但取得的所得与其所设机构、场所没有实际联系的非居民企业,其来源于中国境内的所得。

符合条件的小型微利企业,减按20%的税率征收企业所得税。国家需要重点扶持的高新技术企业,减按15%的税率征收企业所得税。

企业的开发新技术、新产品、新工艺发生的研究开发费用,以及安置残疾人员及国家鼓励安置的其他就业人员所支付的工资,可以在计算应纳税所得额时加计扣除。创业投资企业从事国家需要重点扶持和鼓励的创业投资,可以按投资额的一定比例抵扣应纳税所得额。企业综合利用资源,生产符合国家产业政策规定的产品所取得的收入,可以在计算应纳税所得额时减计收入。企业购置用于环境保护、节能节水、安全生产等专用设备的投资额,可以按一定比例实行税额抵免。

第七,源泉扣缴。

在中国境内未设立机构、场所的,或者虽设立机构、场所但取得的所得与其所设机构、场所没有实际联系的非居民企业,其来源于中国境内的所得应缴纳的所得税,实行源泉扣缴,以支付人为扣缴义务人。税款由扣缴义务人在每次支付或者到期应支付时,从支付或者到期应支付的款项中扣缴。对非居民企业在中国境内取得工程作业和劳务所得应缴纳的所得税,税务机关可以指定工程价款或者劳务费的支付人为扣缴义务人。应当扣缴的所得税,扣缴义务人未依法扣缴或者无法履行扣缴义务的,由纳税人在所得发生地缴纳。纳税人未依法缴纳的,税务机关可以从该纳税人在中国境内其他收入项目的支付人应付的款项中,追缴该纳税人的应纳税款。

第八,特别纳税调整。

为了防范一些企业运用各种避税手段规避所得税的现象,我国《企业所得税法》借鉴国际惯例,对防止关联方转让定价作了明确规定,强化了反避税手段,有利于防范和制止避税行为,维护国家利益。

企业与其关联方之间的业务往来,不符合独立交易原则而减少企业或者其关联方应纳税收入或者所得额的,税务机关有权按照合理方法调整。企业与其关联方共同开发、受让无形资产,或者共同提供、接受劳务发生的成本,在计算应纳税所得额时应当按照独立交易原则进行分摊。企业向税务机关报送年度企业所得税纳税申报表时,应当就其与关联方之间的业务往来,附送年度关联业务往来报告表。税务机关在进行关联业务调查时,企业及其关联方,以及与关联业务调查有关的其他企业,应当按照规定提供相关资料。企业不提供与其关联方之间业务往来资料,或者提供虚假、不完整资料,未能真实反映其关联业务往来情况的,税务机关有权依法核定其应纳税所得额。企业实施其他不具有合理商业目的的安排而减少其应纳税收入或者所得额的,税务机关有权按照合理方法调整。

第九,企业所得税的征收管理。

除税收法律、行政法规另有规定外,居民企业以企业登记注册地为纳税地点;但登记注册地在境外的,以实际管理机构所在地为纳税地点。

在中国境内设立机构、场所的非居民企业,应当就其所设机构、场所取得的来源于中国境内的所得,以及发生在中国境外但与其所设机构、场所有实际联系的所得,以机构、场所所在地为纳税地点。非居民企业在中国境内设立两个或者两个以上机构、场所的,经税务机关审核批准,可以选择由其主要机构、场所汇总缴纳企业所得税。在中国境内未设立机构、场所的,或者虽设立机构、场所但取得的所得与其所设机构、场所没有实际联系的非居民企业,其来源于中国境内的所得,以扣缴义务人所在地为纳税地点。

企业所得税按纳税年度计算。纳税年度自公历1月1日起至12月31日止。企业在一个纳税年度中间开业,或者终止经营活动,使该纳税年度的实际经营期不足12个月的,应当以其实际经营期为一个纳税年度。企业依法清算时,应当以清算期间作为一个纳税年度。企业所得税分月或者分季预缴。企业应当自月份或者季度终了之日起15日内,向税务机关报送预缴企业所得税纳税申报表,预缴税款。企业应当自年度终了之日起5个月内,向税务机关报送年度企业所得税纳税申报表,并汇算清缴,结清应缴应退税款。企业在年度中间终止经营活动的,应当自实际经营终止之日起60日内,向税务机关办理当期企业所得税汇算清缴。企业应当在办理注销登记前,就其清算所得向税务机关申报并依法缴纳企业所得税。

第十,过渡性税收优惠。

我国《企业所得税法》公布前已经批准设立的企业,依照当时的税收法律、行政法规规定,享受低税率优惠的,按照国务院规定,可以在《企业所得税法》施行后5年内,逐步过渡到该法规定的税率;享受定期减免税优惠的,按照国务院规定,可以在《企业所得税法》施行后继续享受到期满为止,但因未获利而尚未享受优惠的,优惠期限从《企业所得税法》施行年度起计算。

法律设置的发展对外经济合作和技术交流的特定地区内,以及国务院已规定执行上述地区特殊政策的地区内新设立的国家需要重点扶持的高新技术企业,可以享受过渡性税收优惠,具体办法由国务院规定。

二、个人所得税

我国《个人所得税法》是1980年9月10日发布施行的。实施以来,这部法律对增加国家财政收入,促进对外经济技术合作与交流,起到了积极的作用。为了适应形势发展的需要,1993年10月31日第八届全国人大常委会第四次会议通过了《关于修改〈中华人民共和国个人所得税法〉的决定》,将《中华人民共和国城乡个体工商户所得税暂行条例》、《中华人民共和国个人收入调节税暂行条例》并入《个人所得税法》,从而统一了个人所得税制。该决定自1994年1月1日起施行。1999年8月30日第九届全国人大常委会第十一次会议再次通过了《关于修改〈中华人民共和国个人所得税法〉的决定》,并于公布之日起生效。此后,第十届全国人大常委会于2005年10月27日、2007年6月29日、2007年12月29日,先后三次作出了《关于修改〈中华人民共和国个人所得税法〉的决定》。2011年6月30日第十一届全国人大常委会第二十一次会议又第四次作出了《关于修改〈中华人民共和国个人所得税法〉的决定》,个人所得税免征额从2000元提高到3500元,同时,将个人所得税第1级税率由5%修改为3%,9级超额累进税率修改为7级,取消了15%和40%两档税率,扩大了3%和10%两个低档税率的适用范围。为了实施该法,国务院于2005年12月19日、2008年2月18日、2011年7月19日先后三次作出了《关于修改〈中华人民共和国个人所得税法实施条例〉的决定》,从而对《个人所得税法实施条例》进行了进一步的完善。

2012年7月22日,中央政府有关部门已经准备在当年启动全国地方税务系统个人信息联网工作,为"按家庭征收个人所得税"改革做好技术准备。此前业内一直呼吁的综合税制有望在未来实现。

我国个人所得税制的主要内容如下:

第一,纳税主体。

在中国境内有住所,或者无住所而在境内居住满一年的个人,从中国境内和境外取得的所得;在中国境内无住所又不居住或者无住所而在境内居住不满一年的个人,从中国境内取得的所得,均应依法缴纳个人所得税。

第二,征税对象。

下列各项个人所得,应纳个人所得税:(1)工资、薪金所得;(2)个体工商户的生产、经营所得;(3)对企事业单位的承包经营、承租经营所得;(4)劳务报酬所得;(5)稿酬所得;(6)特许权使用费所得;(7)利息、股息、红利所得;(8)财产租赁所得;(9)财产转让所得;(10)偶然所得;(11)经国务院财政部门确定征税的其他所得。

第三,税率。

个人所得税实行超额累进税率与比例税率相结合的税率体系。(1)工资、薪金所得,适用超额累进税率,税率为3%至45%;(2)个体工商户的生产、经营所得和对企事业单位的承包经营、承租经营所得,适用5%至35%超额累进税率;(3)稿酬所得,适用比例税率,税率为20%并按应纳税额减征30%;(4)劳务报酬所得,适用比例税率,税率为20%。对劳务报酬所得一次收入畸高的,可以实行加成征收;(5)特许权使用费所得,利息、股息、红利所得,财产租赁所得,财产转让所得,偶然所得和其他所得,适用比例税率,税率为20%。

第四,减税、免税。

下列各项个人所得,免纳个人所得税:(1)省级人民政府、国务院部委和中国人民解放军军以上单位,以及外国组织、国际组织颁发的科学、教育、技术、文化、卫生、体育、环境保护等方面的奖金;(2)国债和国家发行的金融债券利息;(3)按照国家统一规定发给的补贴、津贴(这主要是指按照国务院规定发给的政府特殊津贴、院士津贴、资深院士津贴,以及国务院规定免纳个人所得税的其他补贴、津贴);(4)福利费、抚恤金、救济金;(5)保险赔款;(6)军人的转业费、复员费;(7)按照国家统一规定发给干部、职工的安家费、退职费、退休工资、离休工资、离休生活补助费;(8)依照我国有关法律规定应予免税的各国驻华使馆、领事馆的外交代表、领事官员和其他人员的所得;(9)中国政府参加的国际公约、签订的协议中规定免税的所得;(10)经国务院财政部门批准免税的所得。

有下列情形之一的,经批准可以减征个人所得税:(1)残疾、孤老人员和烈属的所得;(2)因严重自然灾害造成重大损失的;(3)其他经国务院财政部门批准减税的。

第五,所得额的计算。

应纳税所得额计算如下:(1)工资、薪金所得,以每月收入额减除费用3500元后的余额,为应纳税所得额。(2)个体工商户的生产、经营所得,以每一纳税年度的收入总额减除成本、费用以及损失后的余额,为应纳税所得额。(3)对企事业单位的承包经营、承租经营所得,以每一纳税年度的收入总额,减除必要费用后的余额,为应纳税所得额。(4)劳务报酬所得、稿酬所得、特许权使用费所得、财产租赁所得,每次收入不超过4000元的,减除费用800元;4000元以上的,减除20%的费用,其余额为应纳税所得额。(5)财产转让所得,以转让财产的收入额减除财产原值和合理费用后的余额,为应纳税所得额。(6)利息、股息、红利所得,偶然所得和其他所得,以每次收入额为应纳税所得额。个人将其所得对教育事业和其他公益事业捐赠的部分,按照国务院有关规定从应纳税所得中扣除。对在中国境内无住所而在中国境内取得工资、薪金所得的纳税义务人和在中国境内有住所而在中国境外取得工资、薪金所得的纳税义务人,可以根据其平均收入水平、生活水平以及汇率变化情况确定附加减除费用,附加减除费用适用的范围和标准由国务院规定。

为了加强个人所得税的征收管理,国家税务总局于1995年4月6日发布了《个人所得税代扣代缴暂行办法》。根据该《办法》,扣缴义务人为支付个人应税所得的单位和个人,按照税法规定代扣代缴个人所得税是扣缴义务人的法定义务,扣缴义务人依法履行代扣代缴税款义务时,纳税人不得拒绝。国家税务总局还颁布了《个人所得税自行申报纳税暂行办法》,于1995年5月1日起施行。我国现行的《个人所得税全员全额扣缴申报管理暂行办法》是国家税务总局为加强个人所得税征收管理,规范扣缴义务人的代扣代缴行为,维护纳税人和扣缴义务人的合法权益,根据我国《个人所得税法》及其《实施细则》《税收征收管理法》及其《实施细则》和其他法律、法规的规定制定的,共有25条,自2006年1月1日起执行。

我国《个人所得税法》规定,个人所得税以所得人为纳税义务人,以支付所得的单位或者个人为扣缴义务人。个人所得超过国务院规定数额的,在两处以上取得工资、薪金所得或者没有扣缴义务人的,以及具有国务院规定的其他情形的,纳税义务人应当按照国家规定办理纳税申报。扣缴义务人应当按照国家规定办理全员全额扣缴申报(全员全额扣缴申报,是指扣缴义务人在代扣税款的次月内,向主管税务机关报送其支付所得个人的基本信息、支付所得数额、扣缴税款的具体数额和总额以及其他相关涉税信息)。

第四节 财产税法、特定行为税法和资源税法

一、财产税法

财产税,是指对拥有应纳税财产的人征收的一种地方税。它包括房产税、城市房地产税、契税,分别根据1986年9月国务院发布的《房产税暂行条例》、1951年8月前中央人民政府政务院发布的《城市房地产税暂行条例》、1997年7月7日国务院发布的《契税暂行条例》征收。财产税的征收对贯彻国家经济政策,保护社会主义公有制和公民的合法权益,增加财政收入有积极意义。

房产税是以城市、县城、建制镇和工矿区的房屋为征税客体,按照房屋的价值或房屋租金向产权所有人征收的一种税。早在20世纪50年代,我国即开征城市房地产税,1951年8月8日中央人民政府政务院发布了《城市房地产税暂行条例》。鉴于我国的城市土地属于国家所有,使用者没有土地所有权,将城市房地产税分为房产税和城镇土地使用税两个税种,国务院于1986年9月15日颁布《房产税暂行条例》,该

条例于同年10月1日起正式实施。同时,20世纪50年代开征的城市房地产税仍保留,适用于在我国有房产的外国侨民和外商投资企业。根据我国《房产税暂行条例》的有关规定,房产税在城市、县城、建制镇和工矿区征收。房产税由产权所有人缴纳。产权属于全民所有的,由经营管理的单位缴纳。产权出典的,由承典人缴纳。产权所有人、承典人不在房产所在地的,或者产权未确定及租典纠纷未解决的,由房产代管人或者使用人缴纳。房产税依照房产原值一次减除10%至30%后的余值计算缴纳。具体减除幅度,由省、自治区、直辖市人民政府规定。没有房产原值作为依据的,由房产所在地税务机关参考同类房产核定。房产出租的,以房产租金收入为房产税的计税依据。房产税的税率,依照房产余值计算缴纳的,税率为1.2%;依照房产租金收入计算缴纳的,税率为12%。该《条例》同时规定,下列房产免纳房产税:国家机关、人民团体、军队自用的房产;由国家财政部门拨付事业经费的单位自用的房产;宗教寺庙、公园、名胜古迹自用的房产;个人所有非营业用的房产;经财政部批准免税的其他房产。房产税按年征收、分期缴纳。纳税期限由省、自治区、直辖市人民政府规定。房产税由房产所在地的税务机关征收。

契税是对在我国境内转移土地、房屋权属,由承受的单位和个人缴纳的一种税。在我国境内转移土地、房屋权属,承受的单位和个人为契税的纳税人,应当依照我国《契税暂行条例》(1997年10月1日起施行)的规定缴纳契税。转移土地、房屋权属是指下列行为:国有土地使用权出让;土地使用权转让,包括出售、赠与和交换,但是不包括农村集体土地承包经营权的转移;房屋买卖;房屋赠与;房屋交换。契税税率为3%—5%的幅度比例税率。契税的适用税率,由省、自治区、直辖市人民政府在前述规定的幅度内按照本地区的实际情况确定,并报财政部和国家税务总局备案。契税的计税依据:国有土地使用权出让、土地使用权出售、房屋买卖,为成交价格;土地使用权赠与、房屋赠与,由征收机关参照土地使用权出售、房屋买卖的市场价格核定;土地使用权交换、房屋交换,为所交换的土地使用权、房屋的价格的差额。前款成交价格明显低于市场价格并且无正当理由的,或者所交换土地使用权、房屋的价格的差额明显不合理并且无正当理由的,由征收机关参照市场价格核定。纳税人应当持契税完税凭证和其他规定的文件材料,依法向土地管理部门、房产管理部门办理有关土地、房屋的权属变更登记手续。纳税人未出具契税完税凭证的,土地管理部门、房产管理部门不予办理有关土地、房屋的权属变更登记手续。

二、特定行为税法

特定行为税,又称特定目的税,是指对某些法定行为的实施征收的一种税,包括筵席税、车船使用税、船舶吨位税、印花税、城镇维护建设税。税率分别为比例税率或定额税率。行为的解释极其广泛,人们的经济活动、社会活动以及文化、体育、娱乐等活动都可以解释为行为。国家可以选择特定的行为来课税,既要增加财政收入,又要做到限制某些行为,达到对社会生活的税收调节,旨在贯彻某一时期的政策目的,为改革开放服务。例如,为更好地带动投资需求,促进经济较快增长,从2000年开始暂停征收固定资产投资方向调节税。

三、资源税法

从广义上讲,资源税,是指对资源级差收入征税,即对开发、使用我国资源的单位和个人,就各地的资源结构和开发、销售条件差别所形成的级差收入征收的一种税。从狭义上讲的资源税,是指对在我国境内开采原油、天然气、煤炭、其他非金属矿原矿、黑色金属矿原矿、有色金属矿原矿、盐的单位和个人取得的收入征收的一种税。该税种根据1993年12月25日国务院发布的《资源税暂行条例》征收。2011年9月30日,国务院公布了《关于修改〈中华人民共和国资源税暂行条例〉的决定》,2011年10月28日,财政部公布了修订的《资源税暂行条例实施细则》,都于2011年11月1日起施行。

开征资源税的目的是调节开发、利用资源的级差收入,促进企业加强经济核算,促进国有资源的有效管理和利用,并增加财政收入。现行税率为地区(气田、油田)差别定额税率,从量核定,就地(场、田)征收,税不重征。

第五节 税收管理与法律责任

一、税收管理体制

税收管理体制,是指划分中央和地方政府之间税收管理权限的一项重要制度。主要内容包括:税收法规的制定、发布及其解释,税种的开征与停征,税目、税率的调整,以及减税免税等权限的划分。

1993年,根据发展社会主义市场经济的总体要求,中央对税收管理体制进行了重大的改革。其中心内容是全面推行分税制,即从1994年1月1日起,将现行地方财政包干体制,改为在合理划分中央与地方事权基础上的分税制,建立中央税收和地方税收体系。全面推行分税制的意义在于,实现各级政府责权利的有机结合和财权与事权的统一,促进资源合理配置和产业结构优化;在整体不增加税负的基础上,通过加强税收征管,防止财源流失,增加财政收入,逐步提高财政收入占国民生产总值的比重;实行中央财政对地方的税收返还和转移支付制度,以调节分配结构和地区结构,特别是扶植经济不发达地区的发展和老工业区的改造。分税制的主要内容有:

第一,按照中央和地方政府的事权,划分各级财政的支出范围。中央财政主要承担国家安全、外交和中央国家机关运转所需经费,调整国民经济结构、协调区域经济发展,实施宏观调控等方面的政策性支出,以及由中央直接管理的事业发展支出。地方财政主要承担本地区政权机关运转以及经济事业发展所需的支出。

第二,根据财权与事权相统一的原则,合理划分中央和地方收入。分税制将税收划分为中央税、地方税和中央地方共享税。中央税包括:消费税、关税、海关代征消费税和增值税、中央企业所得税以及铁道、银行、保险等部门的营业税和所得税等。地方税包括：营业税、地方企业所得税、城镇土地使用税、个人所得税、固定资产投资方向调节税、城市维护建设税、房产税、印花税、农牧业税、耕地占用税、契税、遗产税和赠与税、房地产交易增值税、国有土地有偿出让税。中央地方共享税包括：增值税、资源税、证券交易税。根据分税制的要求，国务院税务主管部门主管全国的税收征收管理工作，原有的税务机关在省以下分为国家税务局和地方税务局，中央税种和中央地方共享税种由中央税务机关负责征收；地方税种由地方税务机构征收。

二、税收征收管理制度

税收征收管理是税务机关对纳税人依法征收税款和进行税务监督管理的总称。我国的税收征收管理制度由《中华人民共和国税收征收管理法》确立。该法于1992年9月4日由第七届全国人大常委会第二十七次会议通过，于1993年1月1日起施行，并根据1995年2月28日第八届全国人大常委会第十二次会议《关于修改〈中华人民共和国税收征收管理法〉的决定》修正。2001年4月28日，第九届全国人大常委会第二十一次会议又修订通过了《中华人民共和国税收征收管理法》，并于2001年5月1日起施行。2013年6月29日，第十二届全国人大常委会第三次会议通过决定，对《中华人民共和国税收征收管理法》第15条第1款作出了修改。

(一) 税务管理

企业、企业在外地设立的分支机构和从事生产、经营的场所，个体工商户和从事生产、经营的事业单位自领取营业执照之日起30日内，持有关证件，向税务机关申报办理税务登记。税务机关应当于收到申报的当日办理登记并发给税务登记证件。从事生产、经营的纳税人，税务登记内容发生变化的，自工商行政管理机关办理变更登记之日起30日内或者在向工商行政管理机关申请办理注销登记之前，持有关证件向税务机关申报办理变更或者注销税务登记。

纳税人、扣缴义务人应按照有关法律、行政法规和国务院财政、税务主管部门的规定设置账簿，根据合法、有效凭证记账，进行核算。

税务机关是发票的主管机关，负责发票印制、领购、开具、取得、保管、缴销的管理和监督。单位、个人在购销商品、提供或者接受经营服务以及从事其他经营活动中，应当按照规定开具、使用、取得发票。增值税专用发票由国务院税务主管部门指定的企业印制；其他发票，按照国务院税务主管部门的规定，分别由省、自治区、直辖市国家税务局、地方税务局指定企业印制。

纳税人必须依照法律、行政法规规定或者税务机关依照法律、行政法规的规定确定的申报期限、申报内容如实办理纳税申报，报送纳税申报表、财务会计报表以及税务机关根据实际需要要求纳税人报送的其他纳税资料。

扣缴义务人必须依照法律、行政法规规定或者税务机关依照法律、行政法规的规定确定的申报期限、申报内容如实报送代扣代缴、代收代缴税款报告表以及税务机关根据实际需要要求扣缴义务人报送的其他有关资料。

(二) 税款征收

税务机关依照法律、行政法规的规定征收税款，不得违反法律、行政法规的规定开征、停征、多征、少征、提前征收、延缓征收或者摊派税款。纳税人未按照规定期限缴纳税款的,扣缴义务人未按照规定期限解缴税款的,税务机关除责令限期缴纳外,从滞纳税款之日起,按日加收滞纳税款万分之五的滞纳金。

纳税人可以依照法律、行政法规的规定书面申请减税、免税。减税、免税的申请须经法律、行政法规规定的减税、免税审查批准机关审批。地方各级人民政府、各级人民政府主管部门、单位和个人违反法律、行政法规规定,擅自作出的减税、免税决定无效,税务机关不得执行,并向上级税务机关报告。

税务机关有根据认为从事生产、经营的纳税人有逃避纳税义务行为的,可以在规定的纳税期之前,责令限期缴纳应纳税款;在限期内发现纳税人有明显的转移、隐匿其应纳税的商品、货物以及其他财产或者应纳税的收入的迹象的,税务机关可以责成纳税人提供纳税担保。如果纳税人不能提供纳税担保,经县以上税务局(分局)局长批准,税务机关可以采取下列税收保全措施:(1)书面通知纳税人开户银行或者其他金融机构冻结纳税人的金额相当于应纳税款的存款;(2)扣押、查封纳税人的价值相当于应纳税款的商品、货物或者其他财产。

纳税人在规定的限期内缴纳税款的,税务机关必须立即解除税收保全措施;限期期满仍未缴纳税款的,经县以上税务局(分局)局长批准,税务机关可以书面通知纳税人开户银行或者其他金融机构从其冻结的存款中扣缴税款,或者依法拍卖或者变卖所扣押、查封的商品、货物或者其他财产,以拍卖或者变卖所得抵缴税款。个人及其所扶养家属维持生活必需的住房和用品,不在税收保全措施的范围之内。

税务机关在征收税款过程中,必要时还可以采取强制执行措施。法律规定从事生产、经营的纳税人、扣缴义务人未按照规定的期限缴纳或者解缴税款,纳税担保人未按照规定的期限缴纳所担保的税款,由税务机关责令限期缴纳,逾期仍未缴纳的,经县以上税务局(分局)局长批准,税务机关可以采取下列强制执行措施:(1)书面通知其开户银行或者其他金融机构从其存款中扣缴税款;(2)扣押、查封、依法拍卖或者变卖其价值相当于应纳税款的商品、货物或者其他财产,以拍卖或者变卖所得抵缴税款。税务机关采取强制执行措施时,对前款所列纳税人、扣缴义务人、纳税担保人未缴纳的滞纳金同时强制执行。个人及其所扶养家属维持生活必需的住房和用品,不在强制执行措施的范围之内。

(三)违反税法的法律责任

违反税法的法律责任,是指违反税法的行为人所应承担的经济责任、行政责任和刑事责任。违反税法的行为,是指纳税主体或征税机关以及直接责任人员故意或过失地侵害了税收征收管理制度的行为。它包括下列两方面的行为:

1. 违反税收征收管理程序的行为

法律规定,纳税人有下列行为之一的,由税务机关责令限期改正,可以处2000元以下的罚款;情节严重的,处2000元以上1万元以下的罚款:(1)未按照规定的期限申报办理税务登记、变更或者注销登记的;(2)未按照规定设置、保管账簿或者保管记账凭证和有关资料的;(3)未按照规定将财务、会计制度或者财务、会计处理办法和会计核算软件报送税务机关备查的;(4)未按照规定将其全部银行账号向税务机关报告的;(5)未按照规定安装、使用税控装置,或者损毁或者擅自改动税控装置的。

纳税人不办理税务登记的,由税务机关责令限期改正;逾期不改正的,经税务机关提请,由工商行政管理机关吊销其营业执照。纳税人未按照规定使用税务登记证件,或者转借、涂改、损毁、买卖、伪造税务登记证件的,处2000元以上1万元以下的罚款;情节严重的,处1万元以上5万元以下的罚款。

扣缴义务人未按照规定设置、保管代扣代缴、代收代缴税款账簿或者保管代扣代缴、代收代缴税款记账凭证及有关资料的,由税务机关责令限期改正,可以处2000元以下的罚款;情节严重的,处2000元以上5000元以下的罚款。

纳税人未按照规定的期限办理纳税申报和报送纳税资料的,或者扣缴义务人未按照规定的期限向税务机关报送代扣代缴、代收代缴税款报告表和有关资料的,由税务机关责令限期改正,可以处2000元以下的罚款;情节严重的,可以处2000元以上1万元以下的罚款。

2. 偷税抗税行为

(1)偷税。偷税是指纳税人伪造、变造、隐匿、擅自销毁账簿、记账凭证,或者在账簿上多列支出或者不列、少列收入,或者经税务机关通知申报而拒不申报或者进行虚假的纳税申报,不缴或者少缴应纳税款的行为。

依照我国《税收征收管理法》的规定,下列行为也属于偷税行为:扣缴义务人采取上述偷税手段,不缴或者少缴已扣、已收税款;纳税人欠交应纳税款,采取转移或者隐匿财产手段,致使税务机关无法追缴欠缴的税款;企业事业单位犯有偷税行为的;纳税人向税务人员行贿,不缴或者少缴应纳税款的;企业事业单位采取对所生产或者经营的商品假报出口等欺骗手段,骗取国家出口退税款等。

纳税人偷税数额占应缴税额10%以上并且数额在1万元以上或用向税务人员行贿方法偷税的,依照有关法律规定按偷税罪处罚;偷税未构成犯罪的,由税务机关追缴其不缴或者少缴的税款,处以不缴或者少缴的税款5倍以下的罚款。具体来讲,纳税人、扣缴义务人编造虚假计税依据的,由税务机关责令限期改正,并处5万元以下的罚款。纳税人不进行纳税申报,不缴或者少缴应纳税款的,由税务机关追缴其不缴或者少缴的税款、滞纳金,并处不缴或者少缴的税款50%以上5倍以下的罚款。纳税人欠缴应纳税款,采取转移或者隐匿财产的手段,妨碍税务机关追缴欠缴的税款的,由税务机关追缴欠缴的税款、滞纳金,并处欠缴税款50%以上5倍以下的罚款;构成犯罪的,依法追究刑事责任。以假报出口或者其他欺骗手段,骗取国家出口退税款,由税务机关追缴其骗取的退税款,并处骗取税款1倍以上5倍以下的罚款;构成犯罪的,依法追究刑事责任。对骗取国家出口退税款的,税务机关可以在规定期间内停止为其办理出口退税。

(2)抗税。抗税是指以暴力、威胁方法拒不缴纳税款的行为。对于抗税者,除由税务机关追缴其拒缴的税款、滞纳金外,依法追究刑事责任;情节轻微,未构成犯罪的,由税务机关追缴其拒缴的税款、滞纳金,并处拒缴税款1倍以上5倍以下的罚款。

税务人员徇私舞弊或者玩忽职守,不征或者少征应征税款,致使国家税收遭受重大损失,构成犯罪的,依法追究刑事责任;尚不构成犯罪的,依法给予行政处分。税务人员滥用职权,故意刁难纳税人、扣缴义务人的,调离税收工作岗位,并依法给予行政处分。税务人员对控告、检举税收违法违纪行为的纳税人、扣缴义务人以及其他检举人进行打击报复的,依法给予行政处分;构成犯罪的,依法追究刑事责任。

违反法律、行政法规的规定,擅自作出税收的开征、停征或者减税、免税、退税、补税以及其他同税收法律、行政法规相抵触的决定的,除依照法律规定撤销其擅自作出的决定外,补征应征未征税款,退还不应征收而征收的税款,并由上级机关追究直接负责的主管人员和其他直接责任人员的行政责任;构成犯罪的,依法追究刑事责任。

(四) 税务争议的解决程序

根据我国《行政复议法》和《税务行政复议规则》的规定,纳税人、扣缴义务人、纳税担保人和其他当事人同税务机关在纳税上发生争议时,必须依照税务机关根据法律、法规确定的税额、期限,先行缴纳或者解缴税款和滞纳金,或者提供相应担保,才可以在缴清税款和滞纳金以后或者所提供的担保得到作出具体行政行为的税务机关确认之日起60日内提出行政复议申请。复议机关收到行政复议申请后,应当在5日内进行审查,决定是否受理。对不符合规定的行政复议申请,决定不予受理,并书面告知申请人。复议机关对被申请人作出的具体行政行为所依据的事实证据、法律程序、法律依据及设定的权利义务内容之合法性、适当性进行全面审查。复议机关应当自受理行政复议申请之日起7日内,将行政复议申请书副本或者行政复议申请笔录复印件发送被申请人。复议机关在对被申请人作出的具体行政行为进行审查时,认为其依据不合法,本机关有权处理的,应当在30日内依法处理;无权处理的,应当在7日内按照法定程序转送有权处理的国家机关依法处理。处理期间,中止对具体行政行为的审查。复议机关应当自受理申请之日起60日内作出行政复议决定。情况复杂,不能在规定期限内作出行政复议决定的,经复议机关负责人批准,可以适当延长,并告知申请人和被申请人;但延长期限最多不超过30日。

对各级税务机关作出的具体行政行为不服的,向其上一级税务机关申请行政复议。对省、自治区、直辖市地方税务局作出的具体行政行为不服的,可以向国家税务总局或者省、自治区、直辖市人民政府申请行政复议。对国家税务总局作出的具体行政行为不服的,向国家税务总局申请行政复议。对行政复议决定不服,申请人可以向人民法院提起行政诉讼,也可以向国务院申请裁决,国务院的裁决为终局裁决。

对复议机关决定不予受理或者受理后超过复议期限不作答复,或者对复议决定不服,可以自接到不予受理决定书或者行政复议期满之日起,或者自收到复议决定书之日起15日内向人民法院起诉。

纳税人、扣缴义务人及纳税担保人对税务机关作出的征税行为,包括确认纳税主体、征税对象、征税范围、减税、免税、退税、抵扣税款、适用税率、计税依据、纳税环节、纳税期限、纳税地点以及税款征收方式等具体行政行为,征收税款、加收滞纳金及扣缴义务人、受税务机关委托征收的单位和个人作出的代扣代缴、代收代缴、代征行为等,对上述这些行为不服的,应当先向复议机关申请行政复议,对行政复议决定不服,可以再向人民法院提起行政诉讼。此种情况下,复议机关决定不予受理或者受理后超过复议期限不作答复的,纳税人及其他当事人可以自收到不予受理决定书之日起或者行政复议期满之日起 15 日内,依法向人民法院提起行政诉讼。而对于除上述须复议前置的具体行政行为之外的其他具体行政行为不服的,可以申请行政复议,也可以直接向人民法院提起行政诉讼。

申请人向复议机关申请行政复议,复议机关已经受理的,在法定行政复议期限内申请人不得再向人民法院起诉;申请人向人民法院提起行政诉讼,人民法院已经依法受理的,不得申请行政复议。复议和诉讼期间,税务具体行政行为不停止执行,但是,有下列情形之一的,可以停止执行:(1) 被申请人认为需要停止执行的;(2) 复议机关认为需要停止执行的;(3) 申请人申请停止执行,复议机关认为其要求合理,决定停止执行的;(4) 法律规定停止执行的。

被申请人应当履行行政复议决定。被申请人不履行或者无正当理由拖延履行行政复议决定的,复议机关或者有关上级行政机关应当责令其限期履行。申请人逾期不起诉又不履行行政复议决定的,或者不履行最终裁决的行政复议决定的,按照下列规定分别处理:(1) 维持具体行政行为的行政复议决定,由作出具体行政行为的行政机关依法强制执行,或者申请人民法院强制执行。(2) 变更具体行政行为的行政复议决定,由复议机关依法强制执行,或者申请人民法院强制执行。

第二十七章　中央银行法律制度

第一节　中央银行法律制度概述

一、中央银行的产生和发展

银行业发展初期,许多银行都可以发行银行券。随着银行业的不断发展,为了避免分散发行造成的货币流通的混乱状况,银行券的发行权逐渐集中到少数大银行手中,为其进一步发展成中央银行奠定了基础。

中央银行产生于17世纪后半期。瑞典银行是最早设立的中央银行。它原是1656年由私人创办的欧洲第一家发行银行券的银行,于1668年由政府出面改组为国家银行,对国会负责,但直到1897年才垄断了货币的发行权,开始履行中央银行职责,成为真正的中央银行。1694年英格兰银行成立,其最初主要是替政府筹募经费,其交换条件则为该银行有权发行货币。1833年英国国会通过法案,规定英格兰银行的纸币为全国唯一的法定货币。1844年的银行法案则限制其他商业银行发行货币的数量。由于英格兰银行发行的纸币流通范围最广,信誉最高,因此英国各私营银行也乐于存款于英格兰银行,作为交换、清偿之用途。这样,英格兰银行就成为英国银行业的现金保管者及票据交换中心,成为"银行的银行"。从1800年至1900年,先后成立中央银行的主要国家有法国、荷兰、奥地利、挪威、丹麦、比利时、西班牙、俄国、德国、日本等。1913年,美国国会通过《联邦储备法》,正式建立中央银行制度,即联邦储备系统,其主要措施之一就是统一发行联邦储备券,并把会员银行的存款准备金集中于12家联邦储备银行,使联邦储备系统执行中央银行的职能。

我国的中央银行产生于20世纪初期。1927年10月,国民党政府颁布了《中央银行条例》,开始筹建中央银行。1928年10月,国民党政府制定了《中央银行章程》。同年11月1日,国民党政府正式建立了中央银行,并特定为国家银行,授予该行具有经理国库、铸造货币、发行兑换券、经募内债和外债的特权。但当时的中央银行并没有独占的货币发行权,直到1942年,中央银行才垄断了货币发行权。

新中国成立后,1978年以前我国实行的是集权型的银行体制,只有一家银行即中国人民银行。这种银行体制虽然曾对我国的经济建设起过重要作用,但其弊病也日益显现。尤其在我国进行经济体制改革后,银行体制的改革已经刻不容缓。从1979年开始,我国陆续恢复和新设了中国农业银行、中国银行和中国人民建设银行。中国人民银行既领导、监督和管理全国的银行和金融事业,又直接办理工商信贷和储蓄存款业务,兼有中央银行和商业银行的双重职能。1983年9月,国务院发布《关于中国人民银行专门行使中央银行职能的决定》,规定中国人民银行是国务院领导和管理全国金融事业的国家机关,不对企业和个人办理信贷业务,强化了中国人民银行的中央银行职能。1984年1月中国工商银行成立,承担了原来由中国人民银行办理的工商信贷和储蓄业务。这样,我国的中央银行体制开始形成。1986年1月,国务院发布了《中华人民共和国银行管理暂行条例》,进一步明确了中央银行、各专业银行和其他金融机构在我国金融体系中的地位。

为了适应社会主义市场经济体制的要求,1993年4月3日,国务院发布了《关于金融体制改革的决定》,将"建立在国务院领导下,独立执行货币政策的中央银行宏观调控体系",确定为我国金融体制改革的重要目标之一。1995年3月18日,第八届全国人民代表大会第三次会议通过的《中华人民共和国中国人民银行法》(以下简称《中国人民银行法》)为这一目标的实现提供了法律依据和保障。《中国人民银行法》是我国金融领域的第一部基本法律,它的颁布和实施,巩固和完善了我国的中央银行体制,标志着我国金融事业步入了法制化、规范化的轨道,是我国金融法制建设的重要里程碑。

2003年12月27日,第十届全国人大常委会第六次会议通过了《关于修改〈中华人民共和国中国人民银行法〉的决定》,对《中国人民银行法》进行了修正。

二、中央银行的特征及所有制形式

与普通银行相比较,中央银行具有以下特征:(1)在各类金融机构之上,处于超然地位;(2)不以营利为目的;(3)代表国家开展业务活动,服务对象具有特定性;(4)不从事普通商业银行业务;(5)肩负服务和金融管理双重职能。

中央银行虽然是国家(政府)的银行,但不一定由国家投资创办。就其所有制形式来看,可以分为以下几类:(1)国家所有制的中央银行,即全部资本归国家所有的中央银行,其产生有两种主要途径:由国家全额投资设立或对非国有中央银行进行国有化改造。大多数国家采取此类型,如英国、法国、荷兰、挪威、印度等国的中央银行。(2)集体所有制的中央银行,指中央银行的资本由金融机构集体持有,如意大利银行和美国联邦储备银行。(3)混合所有制的中央银行,是由国家和私人共同投资组建的中央银行,其中国家一般持控制性股份。如日本银行,比利时央行。(4)多国所有制的中央银行,是指跨国中央银行的资本由跨国中央银行的成员国所共有,如欧洲中央银行。(5)没有资本金的中央银行。这是指设立时没有资本金(无创设资本),而不是说其资产负债表中没有所有者权益,如韩国的中央银行。

在我国,中国人民银行的全部资本由国家出资,属于国家所有。中国人民银行实行独立的财务预算管理制度。中国人民银行的预算经国务院财政部门审核后,纳入中央预算,接受国务院财政部门的预算执行监督。中国人民银行每一会计年度的收入减除该年度支出,并按照国务院财政部门核定的比例提取总准备金后的净利润,全部上缴中央财政。

第二节 中国人民银行的地位、职责和组织机构

一、中国人民银行的地位

中国人民银行是中华人民共和国的中央银行,其全部资本由国家出资,属于国家所有。中国人民银行在国务院领导下,制定和执行货币政策,防范和化解金融风险,维护金融稳定。

中国人民银行在国务院领导下依法独立执行货币政策,履行职责,开展业务,不受地方政府、各级政府部门、社会团体和个人的干涉。为保证中国人民银行的独立性,法律规定中国人民银行实行独立的财务预算管理体制。中国人民银行的预算经国务院财政部门审核后,纳入中央预算,接受国务院财政部门的预算执行监督。

中国人民银行应当向全国人民代表大会常务委员会提出有关货币政策情况和金融业运行情况的工作报告。

二、中国人民银行的基本职能

中央银行一般具有三个基本特征,也可以说是三个主要职能,即发行的银行、政府的银行和银行的银行。发行的银行,是指世界各国的中央银行都享有货币的独占发行权,且法律规定该货币为国内唯一的法定货币。政府的银行,即国家的银行,由于中央银行发行的货币是以国家信用作保证的,且中央银行代表国家制定和执行货币政策并通过货币政策的制定和执行来调控国民经济,因此,各国的中央银行都由国家掌控。银行的银行,主要是指中央银行作为最后贷款人,以商业银行为业务对象,对商业银行的支付能力和风险负有监督责任。

具体而言,中国人民银行三个主要职能体现为:

(一) 发行的银行

中国人民银行作为发行的银行享有货币发行权,货币发行是中国人民银行向流通领域投入货币现金的行为。在我国,人民币是唯一法定货币,以人民币支付中华人民共和国境内的一切公共的和私人的债务,任何单位和个人不得拒收。

具体来说,货币发行是中国人民银行通过发行库把发行基金投入业务库,使一部分货币进入流通领域。发行库是中国人民银行为国家保管发行基金的金库。中国人民银行设立人民币发行库,在其分支机构设立分支库。分支库调拨人民币发行基金,应当按照上级库的调拨命令办理。任何单位和个人不得违反规定,动用发行基金。业务库是各商业银行的基层行处为了办理日常的现金收付而设置的现金库存。业务库所保留的现金是银行办理业务的备用金,处于有收有付、经常周转的状态,主要任务是满足银行日常业务收付的需要。发行库和业务库共同组织货币发行业务。发行库根据调拨命令和出库限额,将发行基金调入业务库,在通过业务库的现金支付,把现金投入市场,增加市场的货币流通量,这就是货币投放;现金从市场流回银行业务

库,业务库的现金超过限额的部分缴回发行库,就是货币回笼。货币发行关系着全国的商品生产和流通,关系着整个国民经济的稳定,必须集中统一管理。坚持货币发行的集中统一管理,国家才能有效地控制货币投放,有计划的发行货币,以保持货币流通的正常进行,保持货币币值稳定。因此,《中国人民银行法》及相关法律规范规定:

(1) 中国人民银行是代表国家掌管货币发行的唯一机关。

(2) 任何单位和个人不得印制、发售代币票券,以代替人民币在市场上流通。

(3) 中国人民银行就年度货币供应量、利率、汇率和国务院规定的其他重要事项作出的决定,报国务院批准后执行。国家批准的发行计划,必须严格执行,不得突破。如全国的货币发行计划需要有所追加,须报经国务院批准。

此外,发行货币要坚持"经济发行"的原则,即货币发行量与商品流通的需要量相适应,根据生产发展和商品流通扩大的需要,通过信贷渠道有计划地发行货币。这样国家发行的货币才有物资保证。如果脱离正常的商品生产和流通,为弥补财政赤字或超过经济发展实际需要而发行货币,就会使流通中的货币过多,导致通货膨胀,影响国民经济的稳定发展。因此,要拒绝财政发行。

中国人民银行不得对政府财政透支,不得直接认购、包销国债和其他政府债券,不得向地方政府、各级政府部门提供贷款。因为财政透支是通过无偿占有一部分货币发行基金弥补赤字的一种方式,其结果往往使中央银行增发货币。中国人民银行直接购买政府债券,实质是用增加货币发行的办法筹集购买债券的资金,也必然会增加货币发行量。这样,就会造成通货膨胀。

(二) 政府的银行

(1) 经理国库。国库的全称为中华人民共和国国家金库,是办理国家预算收支的机关。

(2) 持有、管理、经营国家外汇储备、黄金储备。外汇储备和黄金储备是国家综合国力的象征之一,是对外支付能力的保证,在国际金融往来和国际贸易中是国家信誉的象征,是支持本币币值稳定和平衡国际收支的重要手段,所以必须由中国人民银行持有、管理和经营。

(3) 代理国务院财政部门向各金融机构组织发行、兑付国债和其他政府债券。为了杜绝财政透支,中国人民银行不得直接认购、包销国债和其他政府债券,但为了执行货币政策,中国人民银行可以运用一些货币政策工具,在公开市场上买卖国债和其他政府债券即是其中之一。

(4) 代表国家,从事有关的国际金融活动。这里所指的有关的国际金融活动,是指各国中央银行间的活动,各国政府之间的金融业务交往,各国政府参加的国际金融组织的活动。例如,代表我国政府与别国政府签署支付协定,参加世界银行、国际货币基金、亚洲开发银行等。

(三) 银行的银行

中国人民银行作为银行的银行,主要有要求金融机构按照规定的比例缴存存款准备金;确定中央银行的基准利率;为在中国人民银行开立账户的金融机构办理再贴现;向商业银行提供贷款;向金融机构提供清算服务等职能。

三、中国人民银行的职责

根据《中国人民银行法》的规定,中国人民银行履行下列职责:(1) 发布与履行其职责有关的命令和规章;(2) 依法制定和执行货币政策;(3) 发行人民币,管理人民币流通;(4) 监督管理银行间同业拆借市场和银行间债券市场;(5) 实施外汇管理,监督管理银行间外汇市场;(6) 监督管理黄金市场;(7) 持有、管理、经营国家外汇储备、黄金储备;(8) 经理国库;(9) 维护支付、清算系统的正常运行;(10) 指导、部署金融业反洗钱工作,负责反洗钱的资金监测;(11) 负责金融业的统计、调查、分析和预测;(12) 作为国家的中央银行,从事有关的国际金融活动;(13) 国务院规定的其他职责。

中国人民银行在制定和执行货币政策中,就年度货币供应量、利率、汇率和国务院规定的其他重要事项作出的决定,报国务院批准后执行。其他有关货币政策事项作出决定后,即予执行,并报国务院备案。

四、中国人民银行的组织机构

中国人民银行实行行长负责制,设行长一人,副行长若干人,行长领导中国人民银行的工作,副行长协助行长工作。中国人民银行行长的人选,根据国务院总理提名,由全国人民代表大会决定;全国人民代表大会闭会期间,由全国人民代表大会常务委员会决定,由中华人民共和国主席任免。中国人民银行副行长由国务院总理任免。

中国人民银行根据履行职责的需要设立分支机构,作为中国人民银行的派出机构。《中国人民银行法》颁布实施后,中国人民银行的中央银行职能虽然有所加强,但是,中国人民银行仍然保留过去计划经济体制下按行政区划设置分支机构的管理体制,这种管理体制的弊端在实践中逐渐暴露出来,严重阻碍了中国人民银行正确履行独立执行货币政策,实施金融监管的职能。为了有效实施货币政策,切实加强中国人民银行的对金融业的监督管理,1998 年 11 月,党中央、国务院作出决定,改革中国人民银行管理体制,撤销中国人民银行省级分行,建立 9 个跨省(自治区、直辖市)分行,以增强中央银行执行货币政策的权威性和中央银行金融监管的独立性,提高金融监管的效率。这项改革标志着中国金融改革进入了一个新阶段,迈出了重要的一步。中国人民银行设立的 9 个跨省区市分行分别是:天津分行(管辖天津、河北、山西、内蒙古);沈阳分行(管辖辽宁、吉林、黑龙江);上海分行(管辖上海、浙江、福建);南京分行(管辖江苏、安徽);济南分行(管辖山东、河南);武汉分行(管辖江西、湖北、湖南);广东分行(管辖广东、广西、海南);成都分行(管辖四川、贵州、云南、西藏);西安分行(管辖陕西、甘肃、青海、宁夏、新疆)。撤销北京分行和重庆分行,由总行营业管理部履行所在地中央银行职责。

中国人民银行设立货币政策委员会。货币政策委员会的职责、组成和工作程序,由国务院规定,报全国人民代表大会常务委员会备案。1997年4月15日,国务院发布了《中国人民银行货币政策委员会条例》,规定货币政策委员会是中国人民银行制定货币政策的咨询议事机构,其职责是在综合分析宏观经济形势的基础上,依据国家的宏观经济调控目标,讨论下列货币政策事项并提出建议:(1)货币政策的制定、调整;(2)一定时期内的货币政策控制目标;(3)货币政策工具的运用;(4)有关货币政策的重要措施;(5)货币政策与其他宏观经济政策的协调。中国人民银行报请国务院批准有关年度货币供应量、利率、汇率或者其他货币政策重要事项的决定方案时,应当将货币政策委员会建议书或者会议纪要作为附件,一并报送。中国人民银行报送国务院备案的有关货币政策其他事项的决定,应当将货币政策委员建议书或者会议纪要,一并备案。

《中国人民银行货币政策委员会条例》规定,货币政策委员会由下列单位的人员组成:中国人民银行行长;中国人民银行副行长2人;国家计划委员会副主任1人;国家经济贸易委员会副主任1人;财政部副部长1人;国家外汇管理局局长;中国证券监督管理委员会主席;国有独资商业银行行长2人;金融专家1人。货币政策委员会组成单位的调整,由国务院决定。其中,中国人民银行行长、国家外汇管理局局长、中国证券监督管理委员会主席为货币政策委员会的当然委员。货币政策委员会其他委员人选,由中国人民银行提名或者中国人民银行商有关部门提名,报请国务院任命。货币政策委员会设主席1人,副主席1人。主席由中国人民银行行长担任;副主席由主席指定。

第三节 货币政策和货币政策工具

一、货币政策和货币政策目标

(一)货币政策的含义

《中国人民银行法》第2条规定,中国人民银行作为中华人民共和国的中央银行,在国务院领导下,制定和执行货币政策,防范和化解金融风险,维护金融稳定。所谓货币政策,是指中央银行为实现货币政策目标,调节和控制货币供应量以及处理货币事务的路线、方针、规范和措施的总称。货币政策是国家进行宏观调控的重要手段之一。这是因为,从某种意义上来讲,现代市场经济就是货币经济,经济运行实际上表现为以货币收支为核心的运作过程,货币及其运行是市场经济正常运作的前提。因此,中央银行作为货币的发行者和货币运行的管理者,可以而且能够通过对货币及其运行,尤其是对货币供应量的控制,实现货币供应量与货币必要量的平衡,进而实现社会总需求与社会总供给的平衡。由此可见,货币政策的制定和实施是中央银行实现宏观调控的重要职能。

一般说来,货币政策有以下特征:

第一,货币政策是一种宏观经济政策。货币政策主要涉及国民经济运行中的货币供应量、信用量、利率、汇率及金融市场等宏观经济指标,并通过对这些指标的调节和控制进而影响社会总需求和社会总供给。

第二,货币政策是调控社会总需求的政策。由于社会总需求具体体现为全社会货币支付能力的需求,而货币政策通过调节货币供应量可以调节社会总需求,进而影响社会总需求和社会总供给的互动,实现社会总需求和社会总供给的平衡。

第三,货币政策的实施以间接调控为主。货币政策的实施主要采取经济手段和法律手段,通过对市场主体的管理调控社会总需求。

(二) 货币政策目标的概念和内容

货币政策目标,是指中央银行采取调节控制货币供应量措施所要达到的目标。一般说来,国际上金融立法确认的货币政策目标有四个,即币值稳定、经济增长、充分就业、国际收支平衡。币值稳定,是指货币购买力的稳定,具体包括货币在国内市场上的购买力、由汇率体现的货币在国际市场上的购买力以及由利率体现的货币在不同时间内的购买力的稳定。经济增长,是指国家和地区在一定时期内产品和劳务产出的增加。充分就业,通常是指在某一货币工资条件下愿意就业的人的就业,而非一切有劳动能力的人全部就业。国际收支平衡,是指在国际经济往来中,一国对外贸易收入和支出的平衡。具体而言,国际收支平衡有两种含义:一是国际收支的静态平衡,即在1年的周期内国际收支相抵达到平衡;二是国际收支的动态平衡,即以经济实际运行可以实现平衡的周期为一个平衡周期,在该周期内达到国际收支平衡。

当然,上述货币政策目标之间不可避免存在一定的冲突,其冲突主要表现为下列矛盾:

第一,币值稳定和经济增长之间的矛盾。一般而言,币值稳定能够为经济增长提供良好的金融环境,而经济增长则为币值稳定奠定了可靠的物质基础。但在实践中,经济的快速增长往往伴随着通货膨胀的发生,从而使币值稳定的目标难以实现。

第二,币值稳定和充分就业之间的矛盾。市场经济中,要实现充分就业,就必须扩张信用和增加货币供应,刺激投资和消费等有效需求的增加以增加就业机会,但总需求的增加必然引起一般物价水平的上涨,货币的实际购买力将因此而降低。反之,在通货膨胀时要实现稳定币值,必然要紧缩信用和减少货币供应,抑制投资和消费的有效需求,由于社会总需求减少,生产规模缩小,就业机会也必然减少。

第三,币值稳定与国际收支平衡之间的矛盾。国际收支失衡,即出现国际收支的顺差和逆差,国家会相应增加和减少进口以平衡国际收支,从而引起国内物价水平的下降和上涨,造成货币币值的不稳定。因此,币值稳定与国际收支平衡难以兼得。

第四,充分就业与国际收支平衡之间的矛盾。在充分就业条件下,工资有上升的压力,从而可能引发价格上涨和货币对内价值下降,若汇率不变,则人们愿意购买价格相对较低的进口商品,从而导致国际收支失衡;反之,亦然。

第五,经济增长与充分就业之间的矛盾。在资本构成不变的情况下,经济增长会增加就业机会,而劳动力投入的增加又会促进经济增长。但是,随着经济的发展和工业化程度的提高,劳动密集型产业逐渐被资金密集型产业和知识密集型产业所取代,从而把大量的普通劳动者排斥在外。因此,现代市场经济生活中,经济增长与充分就业两个目标难以和谐和统一。

第六,经济增长与国际收支之间的矛盾。经济增长,进口需求会增加,若出口不能随之增加,则可能出现贸易逆差,导致国际收支失衡。为了平衡国际收支,需压缩进口需求,抑制国内有效需求,从而导致经济增长速度放慢。因此,经济增长与国际收支平衡也难以同时兼得。

由于上述货币政策目标之间的冲突,在一定时间内同时实现上述目标的可能性较小,世界各国和地区在确定其货币政策目标时就有一个权衡与取舍的问题,并形成单一目标的货币政策、双重目标的货币政策和多重目标的货币政策之分。根据《中国人民银行法》第3条规定,我国货币政策目标是保持货币币值的稳定,并以此促进经济增长。

为更好地实现货币政策目标,《中国人民银行法》规定,中国人民银行就年度货币供应量、利率、汇率和国务院规定的其他重要事项作出的决定,报国务院批准后执行。中国人民银行就上述事项以外的其他有关货币政策事项作出决定后。即予执行,并报国务院备案。中国人民银行在国务院领导下依法独立执行货币政策,履行职责,开展业务,不受地方政府、各级政府部门、社会团体和个人的干涉。

二、货币政策工具

货币政策工具,是指中央银行为达到货币政策目标而采取的手段和措施。根据《中国人民银行法》的规定,中国人民银行为执行货币政策,可以运用下列货币政策工具并可以规定具体的条件和程序:

(一)要求金融机构按照规定的比例交存存款准备金

存款准备金,是指接受存款的金融机构依法按存款额的一定比例交存中央银行的存款以及自我保留的库存现金。存款准备金制度的作用有两个:第一,保证存款机构的清偿能力,以备客户提取现金的需要,从而保障存款人的资金安全以及金融机构本身的安全;第二,中央银行通过调整存款准备金率调节信用规模和货币供应量。

(二)确定中央银行基准利率

所谓基准利率,是指中央银行对金融机构的存、贷款利率。通常来说,整个利率体系包括法定利率、基准利率、浮动利率、优惠利率、差别利率和加息利率等多种利率。基准利率是在利率体系中起主导作用的基础利率,它的水平和变化决定着其他各种利率的水平和变化。例如,中央银行通过提高基准利率中的贷款利率,可以抑制金融机构向中央银行贷款,从而限制信贷规模的扩大,减少货币供应量;反之,降低贷款利率,则可以扩大信贷规模,增加货币供应量。

(三)为中国人民银行开立账户的金融机构办理再贴现

贴现是以未到期的票据向金融机构融通资金,金融机构扣除从票据贴现日到到期日的利息后,将票面余额付给持票人的票据转让。再贴现是金融机构以合格的票据向中央银行再次办理贴现。再贴现是中央银行执行货币政策的重要工具之一,原因在于:第一,再贴现可以起到扩张或收缩社会信用的作用。当中央银行需要收缩银根,抑制经济过快扩张时,可以提高再贴现率以提高金融机构向中央银行融通资金的成本,从而抑制信贷需求,减少货币供应量;当中央银行需要放松银根,刺激经济发展时,可以降低再贴现率以降低金融机构向中央银行融通资金的成本,增加货币供应量。第二,再贴现率可以影响市场利率。再贴现是中央银行货币政策工具中最具透明度的措施,具有灵敏的信息传递功能,可以起到及时将货币政策的意图传递给社会,引导人们的信用行为的作用。

(四)向商业银行提供再贷款

中国人民银行通过发放或收回对商业银行的贷款,吞吐基础货币,可以直接影响金融机构信贷资金增加或减少,从而控制信贷总规模。中国人民银行根据执行货币政策的需要,可以决定对商业银行贷款的数额、期限、利率和方式,但贷款的期限不得超过1年。目前再贷款是中国人民银行运用基础货币向商业银行融通资金的最主要的渠道。

(五)在公开市场上买卖国债和其他政府债券及外汇

中国人民银行通过买进或卖出有价证券,可以进行基础货币的吞吐,增加或减少货币供应量,并进而影响利率。在一些发达国家,公开市场业务是一般性货币政策工具中最重要和最常用的一种。为保证公开市场业务的顺利开展,维护交易双方的合法利益,推动国家货币市场的稳步发展,中国人民银行于1997年3月29日发布了《公开市场业务暨一级交易商管理暂行规定》。该《规定》所称公开市场业务,是指中国人民银行为实现货币政策目标而公开买卖债券的活动;所称公开市场业务一级交易商(以下简称一级交易商),是指经中国人民银行审定的,具有直接与中国人民银行进行债券交易资格的商业银行、证券公司和信托投资公司。该《规定》明确了一级交易商资格的确定、变更或者取消等事宜由中国人民银行负责审批;公开市场业务的日常工作由中国人民银行公开市场业务操作室负责,债券交易的券种指政府性金融债券、中国银行融资券、国债以及中国人民银行指定的其他债券。债券交易种类包括买卖和回购,一般采用招标方式进行,包括数量招标和利率招标;债券登记、托管和交割统一在中央国债登记结算有限责任公司进行。此外,该《规定》还对一级交易商的条件及审定、一级交易商资格的变更和终止作出了规定。

(六)国务院确定的其他货币政策工具

中国人民银行在必要时,经国务院批准还可以运用其他货币政策工具,如贷款限额等。

三、人民币的发行管理

为了加强对人民币的管理,维护人民币的信誉,稳定金融秩序,根据《中国人民银行法》,1999年12月28日国务院第24次常务会议通过了《中华人民共和国人民币管理条例》(以下简称《人民币管理条例》),自2000年5月1日起施行。该《条例》规定,中国人民银行是国家管理人民币的主管机关,负责《人民币管理条例》的组织实施,主要内容包括人民的设计和印制、发行和回收以及人民币的保护等。

(一) 人民币的设计和印制

新版人民币由中国人民银行组织设计,报国务院批准。

人民币由中国人民银行指定的专门企业印制。印制人民币的企业应当按照中国人民银行制定的人民币质量标准和印制计划印制人民币,并将合格的人民币产品全部解缴中国人民银行人民币发行库,将不合格的人民币产品按照中国人民银行的规定全部销毁。

印制人民币的原版、原模使用完毕后,由中国人民银行封存。印制人民币的特殊材料、技术、工艺、专用设备等重要事项属于国家秘密。印制人民币的企业和有关人员应当保守国家秘密;未经中国人民银行批准,任何单位和个人不得对外提供。未经中国人民银行批准,任何单位和个人不得研制、仿制、引进、销售、购买和使用印制人民币所特有的防伪材料、防伪技术、防伪工艺和专用设备。

(二) 发行和回收

1. 新版、改版人民币和纪念币

人民币由中国人民银行统一发行。中国人民银行发行新版人民币,应当报国务院批准。中国人民银行应当将新版人民币的发行时间、面额、图案、式样、规格、主色调、主要特征等予以公告。中国人民银行不得在新版人民币发行公告发布前将新版人民币支付给金融机构。

因防伪或者其他原因,需要改变人民币的印制材料、技术或者工艺的,由中国人民银行决定。中国人民银行应当将改版后的人民币的发行时间、面额、主要特征等予以公告。中国人民银行不得在改版人民币发行公告发布前将改版人民币支付给金融机构。

中国人民银行可以根据需要发行纪念币。纪念币是具有特定主题的限量发行的人民币,包括普通纪念币和贵金属纪念币。纪念币的主题、面额、图案、材质、式样、规格、发行数量、发行时间等由中国人民银行确定;但是,纪念币的主题涉及重大政治、历史题材的,应当报国务院批准。中国人民银行应当将纪念币的主题、面额、图案、材质、式样、规格、发行数量、发行时间等予以公告。中国人民银行不得在纪念币发行公告发布前将纪念币支付给金融机构。

2. 发行库

中国人民银行设立人民币发行库,在其分支机构设立分支库,负责保管人民币发行基金。各级人民币发行库主任由同级中国人民银行行长担任。

人民币发行基金是中国人民银行人民币发行库保存的未进入流通的人民币。人民币发行基金的调拨,应当按照中国人民银行的规定办理。任何单位和个人不得违反规定动用人民币发行基金,不得干扰、阻碍人民币发行基金的调拨。

3. 特定版别人民币停止流通

特定版别的人民币的停止流通,应当报国务院批准,并由中国人民银行公告。

办理人民币存取款业务的金融机构应当按照中国人民银行的规定,收兑停止流通的人民币,并将其交存当地中国人民银行。中国人民银行不得将停止流通的人民币支付给金融机构,金融机构不得将停止流通的人民币对外支付。

4. 残缺、污损人民币的兑换

办理人民币存取款业务的金融机构应当按照中国人民银行的规定,无偿为公众兑换残缺、污损的人民币,挑剔残缺、污损的人民币,并将其交存当地中国人民银行。

中国人民银行不得将残缺、污损的人民币支付给金融机构,金融机构不得将残缺、污损的人民币对外支付。

停止流通的人民币和残缺、污损的人民币,由中国人民银行负责回收、销毁。具体办法由中国人民银行制定。

(三) 人民币的保护

禁止伪造、变造人民币。禁止出售、购买伪造、变造的人民币。禁止走私、运输、持有、使用伪造、变造的人民币。

单位和个人持有伪造、变造的人民币的,应当及时上交中国人民银行、公安机关或者办理人民币存取款业务的金融机构;发现他人持有伪造、变造的人民币的,应当立即向公安机关报告。中国人民银行、公安机关发现伪造、变造的人民币,应当予以没收,加盖"假币"字样的戳记,并登记造册;持有人对公安机关没收的人民币的真伪有异议的,可以向中国人民银行申请鉴定。公安机关应当将没收的伪造、变造的人民币解缴当地中国人民银行。

办理人民币存取款业务的金融机构发现伪造、变造的人民币,数量较多、有新版的伪造人民币或者有其他制造贩卖伪造、变造的人民币线索的,应当立即报告公安机关;数量较少的,由该金融机构两名以上工作人员当面予以收缴,加盖"假币"字样的戳记,登记造册,向持有人出具中国人民银行统一印制的收缴凭证,并告知持有人可以向中国人民银行或者向中国人民银行授权的国有独资商业银行的业务机构申请鉴定。对伪造、变造的人民币收缴及鉴定的具体办法,由中国人民银行制定。办理人民币存取款业务的金融机构应当将收缴的伪造、变造的人民币解缴当地中国人民银行。

中国人民银行和中国人民银行授权的国有独资商业银行的业务机构应当无偿提供鉴定人民币真伪的服务。对盖有"假币"字样戳记的人民币,经鉴定为真币的,由中国人民银行或者中国人民银行授权的国有独资商业银行的业务机构按照面额予以兑换;经鉴定为假币的,由中国人民银行或者中国人民银行授权的国有独资商业银行的业务机构予以没收。

中国人民银行授权的国有独资商业银行的业务机构应当将没收的伪造、变造的人民币解缴当地中国人民银行。

伪造、变造的人民币由中国人民银行统一销毁。

(四) 假币的收缴和鉴定

为规范对假币的收缴、鉴定行为,保护货币持有人的合法权益,中国人民银行制定的《中国人民银行假币收缴、鉴定管理办法》,经 2002 年 12 月 3 日第 43 次行长办公会议通过,自 2003 年 7 月 1 日起施行。该《办法》所称货币,是指人民币和外币。

所称假币,是指伪造、变造的货币。

金融机构在办理业务时发现假币,由该金融机构两名以上业务人员当面予以收缴。对假人民币纸币,应当面加盖"假币"字样的戳记;对假外币纸币及各种假硬币,应当面以统一格式的专用袋加封,封口处加盖"假币"字样戳记,并在专用袋上标明币种、券别、面额、张(枚)数、冠字号码、收缴人、复核人名章等细项。收缴假币的金融机构(以下简称"收缴单位")向持有人出具中国人民银行统一印制的"假币收缴凭证",并告知持有人如对被收缴的货币真伪有异议,可向中国人民银行当地分支机构或中国人民银行授权的当地鉴定机构申请鉴定。收缴的假币,不得再交予持有人。

金融机构在收缴假币过程中有下列情形之一的,应当立即报告当地公安机关,提供有关线索:(1) 一次性发现假人民币 20 张(枚)(含 20 张、枚)以上、假外币 10 张(含 10 张、枚)以上的;(2) 属于利用新的造假手段制造假币的;(3) 有制造贩卖假币线索的;(4) 持有人不配合金融机构收缴行为的。

持有人对被收缴货币的真伪有异议,可以自收缴之日起 3 个工作日内,持"假币收缴凭证"直接或通过收缴单位向中国人民银行当地分支机构或中国人民银行授权的当地鉴定机构提出书面鉴定申请。中国人民银行分支机构和中国人民银行授权的鉴定机构应当无偿提供鉴定货币真伪的服务,鉴定后应出具中国人民银行统一印制的"货币真伪鉴定书",并加盖货币鉴定专用章和鉴定人名章。

对盖有"假币"字样戳记的人民币纸币,经鉴定为真币的,由鉴定单位交收缴单位按照面额兑换完整券退还持有人,收回持有人的"假币收缴凭证",盖有"假币"戳记的人民币按损伤人民币处理;经鉴定为假币的,由鉴定单位予以没收,并向收缴单位和持有人开具"货币真伪鉴定书"和"假币没收收据"。对收缴的外币纸币和各种硬币,经鉴定为真币的,由鉴定单位交收缴单位退还持有人,并收回"假币收缴凭证";经鉴定为假币的,由鉴定单位将假币退回收缴单位依法收缴,并向收缴单位和持有人出具"货币真伪鉴定书"。

中国人民银行分支机构和中国人民银行授权的鉴定机构鉴定货币真伪时,应当至少有两名鉴定人员同时参与,并作出鉴定结论。

中国人民银行各分支机构在复点清分金融机构解缴的回笼款时发现假人民币,应经鉴定后予以没收,向解缴单位开具"假币没收收据",并要求其补足等额人民币回笼款。

第四节 中国人民银行的金融监督管理

一、中国人民银行金融监管管理概述

1983 年 9 月,国务院发布的《关于中国人民银行专门行使中央银行职能的决定》,规定中国人民银行是国务院领导和管理全国金融事业的国家机关,不对企业和个人办理信贷业务,强化了中国人民银行的中央银行职能。因此,从 1984 年 1 月 1

日开始,中国人民银行专门行使中央银行职能,成为我国的货币发行唯一主体,并对金融业实施全面监管。

1992年12月,国务院证券委员会(证券委)和中国证券监督管理委员会(证监会)成立,与中国人民银行共同管理证券业。证券委是国家对证券市场进行统一管理的主管机构,证监会是证券委的执行机构,中国人民银行负责证券经营机构的审批和归口管理。

1993年我国正式将"分业经营、分业管理"作为我国金融监管改革的目标,并在1995年颁布的《商业银行法》和1998年颁布的《证券法》中作出明确规定。1997年11月,国务院将中国人民银行对证券经营机构的监管权划归证监会。1998年4月,根据国务院机构改革方案,证券委与证监会合并组成了新的证监会,全面负责对证券、期货市场的监管。1998年11月,中国保险业监督管理委员会成立,负责监管全国商业保险市场。

至此,银行业、证券业、保险业分业监管的体制得以确立。2003年4月,中国银行业监督管理委员会成立,统一监管银行、金融资产管理公司、信托投资公司等金融机构,而中国人民银行的主要职能则转变为"在国务院领导下制定和执行货币政策,防范和化解金融风险,维护金融稳定。"

应当说,中国人民银行拥有的货币发行权在维护金融稳定和金融监管方面有着天然的优势。改革开放以来,经济全球化和金融全球化的趋势使得中国的经济、金融逐渐融入了其中,中国加入WTO后更是加快了这一步伐。全球金融创新的发展和金融综合经营趋势的发展,以及电子技术带来的金融业务在时空上发生的巨大变化,使金融监管的水准要求越来越高。因此,国务院设立银行业监督管理委员会加强银行业金融监管,确保中央银行制定和执行货币政策的独立性。同时,为制定和执行货币政策和维护金融稳定,保留中国人民银行必要的金融监管职权。之所以保留中国人民银行必要的金融监管职权,原因在于:

第一,证券业、保险业、银行业监管职能分离出去以后,中国人民银行为了有效履行其制定和执行货币政策、维护金融稳定、提供金融服务的职责,必须保留一部分监管权利。这种针对金融机构和金融市场的特定业务活动及其所能发挥的基本功能(而不是针对金融机构的名称或基本分类)进行的监管,即为功能性监管。

第二,众所周知,银行监管和制定货币政策密不可分。银行监管的主要目标是确保银行体系的安全与稳健和存款人的合法权益,而货币政策的主要目标是维持币值稳定,并以此促进经济发展。货币政策的决策者必须关注银行系统的安全与稳定,商业银行的不稳定会对支付系统的安全运行构成威胁,影响货币政策的传导,影响信贷资源的配置,增大货币政策的成本。银行监管对货币政策的成效有重大影响。银行监管当局控制风险的措施会对货币政策产生影响。因此,中国人民银行不再承担对商业银行、资产管理公司、信托投资公司以及存款类机构的市场准入和运行监督职能后,要依法检测金融市场的运行情况,对金融市场实施宏观调控,促进其协调发展。

综上所述，中国人民银行主要基于以下需要，履行金融监管职能：

第一，制定和执行货币政策的需要。

为了有效地制定和执行货币政策，中国人民银行必须制定金融统计制度和掌握相关的金融统计数据和其他资料；必须制定准备金管理和利率管理等规则，检查监督金融机构执行相关规定的行为，在此基础上运用相关货币政策手段；必须制定银行间市场和黄金市场的市场组织形式及业务活动规则，在此基础上监测金融市场运行情况和货币政策效应。

第二，维护金融稳定的需要。

为了防范金融风险，维护金融稳定，中国人民银行必须了解金融机构的风险状况及导致风险的原因，因而需要金融机构报送相关的资料，必要时需要对金融机构进行检查监督；必须制定对有问题金融机构实施救助的管理办法并监督执行情况；必须对本币市场实施宏观调控，促进本币市场之间及本外币市场之间协调发展；必须对外汇市场实施管理和宏观调控，防范国际资本流动的冲击。

第三，提供金融服务的需要。

为了管理人民币，中国人民银行必须制定相关规定并检查监督执行规定的行为；为了维护支付、清算系统的顺利运行，中国人民银行必须会同银监会制定支付结算规则并监督执行；为了经理国库，中国人民银行必须制定相关的管理规定并检查监督金融机构执行代理人民银行经理国库的行为；为了管理信贷征信业，推动建立社会信用体系，中国人民银行需要制定有关信用资料采集、汇总和查询等相关的管理办法并检查监督金融机构、其他单位和个人的执行情况。

二、中国人民银行的金融监管职责

（一）中国人民银行金融监管内容

根据《中国人民银行法》及其相关规定，中国人民银行的监管职能具体可以分为以下几个方面：

第一，监督管理银行间市场和黄金市场。包括：对银行间同业拆借市场、银行间债券市场、银行间外汇市场和黄金市场的监管；监测金融市场运行情况，对金融市场实施宏观调控，促进其协调发展。

第二，监督管理作为货币政策操作基础性制度的执行情况。包括：对准备金管理规定和利率管理规定执行情况的监管；根据需要，建议银监会对银行业金融机构进行的检查监督。

第三，监督管理为履行金融服务职能而建立的相关制度的执行情况。包括对人民币管理规定、清算管理规定、关于金融机构代理人民银行经理国库的管理规定、关于人民银行特种贷款的管理规定、信贷征信管理规定等执行情况的监管。

第四，监督管理系统性金融风险。包括对可能危害金融稳定的银行业金融机构的风险监管和金融市场的风险监管。

第五，监督管理有关外汇管理规定和黄金管理规定的执行情况。

第六,监督管理有关反洗钱规定的执行情况。

第七,对中国人民银行系统内部的监督管理。

(二) 中国人民银行金融监管职权

具体来说,《中国人民银行法》将中国人民银行对金融机构的检查权分为三个层次:

第一,直接检查权。针对于中国人民银行的专项职责有关的行为,中国人民银行有权对金融机构以及其他单位和个人的下列行为进行检查监督:(1)执行有关存款准备金管理规定的行为;(2)与中国人民银行特种贷款有关的行为;(3)执行有关人民币管理规定的行为;(4)执行有关银行间同业拆借市场、银行间债券市场管理规定的行为;(5)执行有关外汇管理规定的行为;(6)执行有关黄金管理规定的行为;(7)代理中国人民银行经理国库的行为;(8)执行有关清算管理规定的行为;(9)执行有关反洗钱规定的行为。

第二,建议检查权。中国人民银行根据执行货币政策和维护金融稳定的需要,可以建议国务院银行业监督管理机构对银行业金融机构进行检查监督。国务院银行业监督管理机构应当自收到建议之日起30日内予以回复。

第三,特定情形下的检查权。当银行业金融机构出现支付困难,可能引发金融风险时,为了维护金融稳定,中国人民银行经国务院批准,有权对银行业金融机构进行检查监督。

应当明确的是,对后两个层次检查,中国人民银行无处罚权,可以建议银行业监督管理委员会等专门监管机构进行处罚。

此外,中国人民银行根据履行职责的需要,有权要求银行业金融机构报送必要的资产负债表、利润表以及其他财务会计、统计报表和资料。中国人民银行负责统一编制全国金融统计数据、报表,并按照国家有关规定予以公布。

(三) 中国人民银行与其他监管主体的监管协调

实行银行业、证券业、保险业的分工监管机制,各监管主体在履行各自的监管职责时必然会出现对统一监管对象多头监管的现象,为了避免出现重复监管和监管真空,必须建立监管主体之间有效协调的机制。因此,《中国人民银行法》规定,国务院建立金融监督管理协调机制,具体办法由国务院规定。中国人民银行应当和国务院银行业监督管理机构、国务院其他金融监督管理机构建立监督管理信息共享机制。

三、中国人民银行的金融监管业务

(一) 对支付体系监管

1. 对电子支付的监管

为规范电子支付业务,防范支付风险,保证资金安全,维护银行及其客户在电子支付活动中的合法权益,促进电子支付业务健康发展,中国人民银行制定了《电子支付指引(第一号)》,自2005年10月26日起施行。

根据《电子支付指引(第一号)》规定,电子支付是指单位、个人(以下简称客户)

直接或授权他人通过电子终端发出支付指令,实现货币支付与资金转移的行为。电子支付的类型按电子支付指令发起方式分为网上支付、电话支付、移动支付、销售点终端交易、自动柜员机交易和其他电子支付。境内银行业金融机构(以下简称银行)开展电子支付业务,适用该指引的规定。

(1) 电子支付业务的申请

银行应根据审慎性原则,确定办理电子支付业务客户的条件。

银行应认真审核客户申请办理电子支付业务的基本资料,并以书面或电子方式与客户签订协议。银行应按会计档案的管理要求妥善保存客户的申请资料,保存期限至该客户撤销电子支付业务后5年。

银行为客户办理电子支付业务,应根据客户性质、电子支付类型、支付金额等,与客户约定适当的认证方式,如密码、密钥、数字证书、电子签名等。认证方式的约定和使用应遵循我国《电子签名法》等法律、法规的规定。

(2) 电子支付指令的发起和接收

电子支付指令的发起行应建立必要的安全程序,对客户身份和电子支付指令进行确认,并形成日志文件等记录,保存至交易后5年。

发起行应采取有效措施,在客户发出电子支付指令前,提示客户对指令的准确性和完整性进行确认。发起行应确保正确执行客户的电子支付指令,对电子支付指令进行确认后,应能够向客户提供纸质或电子交易回单。发起行、接收行应确保电子支付指令传递的可跟踪稽核和不可篡改。

(3) 安全控制

银行开展电子支付业务采用的信息安全标准、技术标准、业务标准等应当符合有关规定,并应针对与电子支付业务活动相关的风险,建立有效的管理制度。

银行应根据审慎性原则并针对不同客户,在电子支付类型、单笔支付金额和每日累计支付金额等方面做出合理限制。具体来说,银行通过互联网为个人客户办理电子支付业务,除采用数字证书、电子签名等安全认证方式外,单笔金额不应超过1000元人民币,每日累计金额不应超过5000元人民币。银行为客户办理电子支付业务,单位客户从其银行结算账户支付给个人银行结算账户的款项,其单笔金额不得超过5万元人民币,但银行与客户通过协议约定,能够事先提供有效付款依据的除外。银行应在客户的信用卡授信额度内,设定用于网上支付交易的额度供客户选择,但该额度不得超过信用卡的预借现金额度。

此外,银行应确保电子支付业务处理系统的安全性,保证重要交易数据的不可抵赖性、数据存储的完整性、客户身份的真实性,并妥善管理在电子支付业务处理系统中使用的密码、密钥等认证数据。

银行应采取以下必要措施保护电子支付交易数据的完整性和可靠性:① 制定相应的风险控制策略,防止电子支付业务处理系统发生有意或无意的危害数据完整性和可靠性的变化,并具备有效的业务容量、业务连续性计划和应急计划;② 保证电子支付交易与数据记录程序的设计发生擅自变更时能被有效侦测;③ 有效防止电子支付交易数据在传送、处理、存储、使用和修改过程中被篡改,任何对电子支付交易数据的篡改能通过交易处理、监测和数据记录功能被侦测;④ 按照会计档案管理的要求,对电子支付交易数据,以纸介质或磁性介质的方式进行妥善保存,保存期限为5年,并方便调阅。

银行应采取以下必要措施为电子支付交易数据保密:① 对电子支付交易数据的访问须经合理授权和确认;② 电子支付交易数据须以安全方式保存,并防止其在公共、私人或内部网络上传输时被擅自查看或非法截取;③ 第三方获取电子支付交易数据必须符合有关法律法规的规定以及银行关于数据使用和保护的标准与控制制度;④ 对电子支付交易数据的访问均须登记,并确保该登记不被篡改。

银行应当采取以下措施确保对电子支付业务处理系统的操作人员、管理人员以及系统服务商有合理的授权控制:① 确保进入电子支付业务账户或敏感系统所需的认证数据免遭篡改和破坏。对此类篡改都应是可侦测的,而且审计监督应能恰当地反映出这些篡改的企图。② 对认证数据进行的任何查询、添加、删除或更改都应得到必要授权,并具有不可篡改的日志记录。

银行应采取以下有效措施保证电子支付业务处理系统中的职责分离:① 对电子支付业务处理系统进行测试,确保职责分离;② 开发和管理经营电子支付业务处理系统的人员维持分离状态;③ 交易程序和内控制度的设计确保任何单个的雇员和外部服务供应商都无法独立完成一项交易。

银行可以根据有关规定将其部分电子支付业务外包给合法的专业化服务机构,但银行对客户的义务及相应责任不因外包关系的确立而转移。银行应与开展电子支付业务相关的专业化服务机构签订协议,并确立一套综合性、持续性的程序,以管理其外包关系。

银行采用数字证书或电子签名方式进行客户身份认证和交易授权的,提倡由合法的第三方认证机构提供认证服务。如客户因依据该认证服务进行交易遭受损失,认证服务机构不能证明自己无过错,应依法承担相应责任。

2. 对非金融机构支付服务的监管

为促进支付服务市场健康发展,规范非金融机构支付服务行为,防范支付风险,保护当事人的合法权益,根据《中国人民银行法》等法律、法规,中国人民银行制定的《非金融机构支付服务管理办法》,经2010年5月19日第7次行长办公会议通过,自2010年9月1日起施行。

非金融机构支付服务,是指非金融机构在收付款人之间作为中介机构提供下列部分或全部货币资金转移服务:网络支付、预付卡的发行与受理、银行卡收单以及中国人民银行确定的其他支付服务。其中,网络支付,是指依托公共网络或专用网络在收付款人之间转移货币资金的行为,包括货币汇兑、互联网支付、移动电话支付、固定电话支付、数字电视支付等。预付卡,是指以营利为目的发行的、在发行机构之外购买商品或服务的预付价值,包括采取磁条、芯片等技术以卡片、密码等形式发行的预付卡。银行卡收单,是指通过销售点(POS)终端等为银行卡特约商户代收货币资金的行为。

(1) 非金融机构支付服务的许可

非金融机构提供支付服务,应当依据《非金融机构支付服务管理办法》规定取得"支付业务许可证",成为支付机构。支付机构依法接受中国人民银行的监督管理。未经中国人民银行批准,任何非金融机构和个人不得从事或变相从事支付业务。

"支付业务许可证"自颁发之日起,有效期 5 年。支付机构拟于"支付业务许可证"期满后继续从事支付业务的,应当在期满前 6 个月内向所在地中国人民银行分支机构提出续展申请。中国人民银行准予续展的,每次续展的有效期为 5 年。

支付机构变更下列事项之一的,应当在向公司登记机关申请变更登记前报中国人民银行同意:① 变更公司名称、注册资本或组织形式;② 变更主要出资人;③ 合并或分立;④ 调整业务类型或改变业务覆盖范围。

(2) 非金融机构支付服务的监督与管理

支付机构应当按照"支付业务许可证"核准的业务范围从事经营活动,不得从事核准范围之外的业务,不得将业务外包。支付机构不得转让、出租、出借"支付业务许可证"。

支付机构应当接受中国人民银行及其分支机构定期或不定期的现场检查和非现场检查,如实提供有关资料,不得拒绝、阻挠、逃避检查,不得谎报、隐匿、销毁相关证据材料。中国人民银行及其分支机构依据法律、行政法规、中国人民银行的有关规定对支付机构的公司治理、业务活动、内部控制、风险状况、反洗钱工作等进行定期或不定期现场检查和非现场检查。

中国人民银行及其分支机构可以采取下列措施对支付机构进行现场检查:① 询问支付机构的工作人员,要求其对被检查事项作出解释、说明;② 查阅、复制与被检查事项有关的文件、资料,对可能被转移、藏匿或毁损的文件、资料予以封存;③ 检查支付机构的客户备付金专用存款账户及相关账户;④ 检查支付业务设施及相关设施。

支付机构有下列情形之一的,中国人民银行及其分支机构有权责令其停止办理部分或全部支付业务:① 累计亏损超过其实缴货币资本的50%;② 有重大经营风险;③ 有重大违法违规行为。

支付机构因解散、依法被撤销或被宣告破产而终止的,其清算事宜按照国家有关法律规定办理。

(二) 对同业拆借市场的监管

为进一步发展货币市场、规范同业拆借交易、防范同业拆借风险、维护同业拆借各方当事人的合法权益,根据《中国人民银行法》《商业银行法》等有关法律、行政法规,中国人民银行制定的《同业拆借管理办法》,经 2007 年 6 月 8 日第十三次行长办公会议通过,自 2007 年 8 月 6 日起施行,适用于在中华人民共和国境内依法设立的金融机构之间进行的人民币同业拆借交易。

同业拆借,是指经中国人民银行批准进入全国银行间同业拆借市场(以下简称同业拆借市场)的金融机构之间,通过全国统一的同业拆借网络进行的无担保资金融通行为。全国统一的同业拆借网络包括:全国银行间同业拆借中心的电子交易系统、中国人民银行分支机构的拆借备案系统以及中国人民银行认可的其他交易系统。中国人民银行依法对同业拆借市场进行监督管理。金融机构进入同业拆借市场必须经中国人民银行批准,从事同业拆借交易接受中国人民银行的监督和检查。

1. 市场准入管理

下列金融机构可以向中国人民银行申请进入同业拆借市场:(1)政策性银行;(2)中资商业银行;(3)外商独资银行、中外合资银行;(4)城市信用合作社;(5)农村信用合作社县级联合社;(6)企业集团财务公司;(7)信托公司;(8)金融资产管理公司;(9)金融租赁公司;(10)汽车金融公司;(11)证券公司;(12)保险公司;(13)保险资产管理公司;(14)中资商业银行(不包括城市商业银行、农村商业银行和农村合作银行)授权的一级分支机构;(15)外国银行分行;(16)中国人民银行确定的其他机构。

已进入同业拆借市场的金融机构决定退出同业拆借市场时,应至少提前30日报告中国人民银行或其分支机构,并说明退出同业拆借市场的原因,提交债权债务清理处置方案。金融机构退出同业拆借市场必须采取有效措施保证债权债务关系顺利清理,并针对可能出现的问题制定有效的风险处置预案。

中国人民银行及其分支机构批准金融机构进入同业拆借市场或者接到金融机构退出同业拆借市场的报告后,应以适当方式向同业拆借市场发布公告。在中国人民银行或其分支机构正式发布公告之前,任何机构不得擅自对市场发布相关信息。中国人民银行及其分支机构自发布金融机构退出同业拆借市场公告之日起两年之内不再受理该金融机构进入同业拆借市场的申请。

2. 监督管理

中国人民银行依法对同业拆借交易实施非现场监管和现场检查,并对同业拆借市场的行业自律组织进行指导和监督。中国人民银行省一级分支机构负责拟定辖区同业拆借备案管理实施办法,并对辖区内金融机构通过拆借备案系统进行的同业拆借交易进行监管。

中国人民银行或者其省一级分支机构根据履行同业拆借市场监管职责的需要,可以采取下列措施进行同业拆借现场检查:(1)进入金融机构进行检查;(2)询问金融机构的工作人员,要求其对有关检查事项作出说明;(3)查阅、复制金融机构与检查事项有关的文件、资料,并对可能被转移、销毁、隐匿或者篡改的文件资料予以封存;(4)检查金融机构运用电子计算机管理业务数据的系统。

中国人民银行地市中心支行发现同业拆借异常交易,认为有必要进行同业拆借现场检查的,应报告有管辖权的中国人民银行省一级分支机构批准后实施。中国人民银行及其地市中心支行以上分支机构进行同业拆借现场检查的,应当遵守中国人民银行有关监督检查程序的规定。中国人民银行及其地市中心支行以上分支机构对金融机构实施同业拆借现场检查,必要时将检查情况通报有关监管部门。

中国人民银行及其地市中心支行以上分支机构根据履行同业拆借市场监管职责的需要,可以与金融机构董事、高级管理人员谈话,要求其就金融机构执行同业拆借市场管理规定的重大事项作出说明。

第二十八章 价格法律制度

第一节 价格法的概念和任务

一、价格法的概念

价格是商品价值的货币表现。它反映着一定的生产关系。任何一个国家的价格问题,都是一个与它的国民经济发展休戚相关的重要问题。价格管理的法制化,是国民经济管理法制化的极重要的一环。随着价格改革的逐步深入,我国除不适宜在市场竞争中形成价格的极少数商品和服务项目实行政府指导价及政府定价外,适宜市场竞争的大多数商品和服务项目价格已由市场调节,由经营者自主制定。同时相应制定了一系列价格管理的法律、法规,价格管理工作已纳入法制轨道。

价格法是调整价格关系的法律规范的总称。价格法的调整对象概括地讲就是指与价格的制定、执行和监督有关的各种价格关系。具体地讲就是指以下各种价格关系:

第一,各级价格主管部门、其他有关部门和工商企业之间,在制定和执行价格方针、政策和法律过程中所发生的各种关系。

第二,各级价格主管部门、其他有关部门、工商企业和公民之间在确定作价原则,制定、调整和执行商品价格和非商品收费中所发生的价格关系。

第三,各级价格主管部门、其他有关部门、工商企业和公民之间在价格监督和检查过程中所发生的价格关系。

第四,各种商品的生产者和经营者相互之间以及他们与公民个人之间因提供商品和服务而发生的价格关系。

以前,我国价格管理的主要法规是1987年9月发布的《中华人民共和国价格管理条例》。它曾对我国加强价格管理,推动价格改革,促进商品经济发展,起了积极作用。但是,随着改革的深化,社会主义市场经济体制的建立,已不能适应新的经济形势发展的需要。1997年12月29日,我国第八届全国人大常委会第二十九次会议通过了《中华人民共和国价格法》(以下简称《价格法》),自1998年5月1日起施行。《价格法》共7章48条,其中包括第一章"总则",第二章"经营者的价格行为",第三章"政府的定价行为",第四章"价格总水平调控",第五章"价格监督检查",第六章"法律责任",第七章"附则"。《价格法》是调整我国价格关系的基本规范性文件,是总结我国改革开放以来价格改革和管理的基本经验,巩固价格改革的成果,促进价格形成机制的优化,推动社会主义市场经济发展的重要法律文件。随着我国《价格法》的公布与施行,有关部门又颁布了一批规范性文件,如《禁止价格欺诈行为的规定》

（2002年1月1日起施行）、《政府价格决策听证办法》（2002年12月1日起施行）、《价格监测规定》（2003年6月1日起施行）、《制止价格垄断行为暂行规定》（2003年11月1日起施行）、《价格违法行为处罚规定》（2006年5月1日起施行）等等。这样，我国价格关系的调整有了以《价格法》为核心的一系列规范性文件，使价格执法工作有了坚实可靠的法律依据。

二、价格法的任务

价格法的任务是，国家运用法律手段保证贯彻党和国家的价格方针政策，加强价格管理，规范价格行为，发挥价格合理配置资源的作用，稳定市场物价总水平，保护消费者和经营者的合法权益，促进社会主义市场经济健康发展。

价格法的任务具体表现在以下几方面：

第一，规范市场主体的价格行为，维护价格秩序。随着价格改革的不断扩大和深入发展，我国价格决策的主体也多元化了，现在除极少数重要商品和服务的价格由政府价格主管部门直接制定外，大多数价格均由企业自主制定并在竞争中形成。价格决策和决定主体的多元化、分散化，价格形成方式的市场化，就更需要有统一的规则来规范各市场主体的价格行为，使之有法可依，有章可循。我国《价格法》通过法律形式规定了各级价格主管部门和市场主体的权利和义务，使价格形成方式更加规范化、合理化。这对建立和维护市场价格秩序，克服和减少价格违法行为，推动社会主义市场经济发展，有十分重要的意义。

第二，规范公平竞争环境，优化价格形成机制。在市场经济条件下，以价格为核心的市场机制在资源的配置方面起着基础调节作用。因此，为了更合理地配置资源，就要有一个合理的价格形成机制，使价格能灵活地反映市场供求关系和资源的稀缺程度。而合理的价格形成，除了要有市场主体价格行为的规范化之外，还要有一个公平合理的市场竞争环境，以尽量排除垄断、行政权力和其他非经济因素的干扰，使合理的价格在良好的竞争环境中形成。但公平合理的竞争环境的形成不是自发的，必须靠价格法来规范和保证。价格法规范了价格形成的原则、方式和程序，明令禁止了不正当的市场竞争行为，对公平合理的竞争环境和价格形成环境的建立起了保障作用。

第三，保护经营者和消费者的正当权益，协调生产和消费的关系。随着所有制改革的深入和发展，利益主体也多元化了。市场经济是建立在市场主体的自主经营、自负盈亏基础上的经济体制，只有在经营主体的正当权益得到保障的前提下，企业才能建立起一个好的、有活力的经营机制，同时，价格问题又是涉及广大消费者利益的根本问题，只有限制、禁止非法价格行为，使价格合理化，才能使消费者的权益得到保障，这两者做好了，才能更好协调消费与生产的关系，使社会主义市场经济健康发展。

第四，规范、加强和改善宏观经济调控，稳定市场价格总水平。市场机制能刺激活力，有很大灵活性，但市场调节又有自发性、盲目性、滞后性的一面，市场调节往往带来经济的起伏波动和不稳定状态。因此要加强和改善宏观调控，保持总供给与总需求的基本平衡,保持经济的稳定,避免经济过热和通货膨胀。价格法规范了政府的价格行为和宏观调控制度,明确了宏观调控的模式和手段,就为主要用经济方法调控和干预国民经济,保持国民经济的稳定和健康发展创造了条件。

第二节 价格和价格体系的法律规定

一、价格的范围和构成

我国《价格法》对价格包括的范围和构成作了明确的规定。价格有广义和狭义的区别。狭义的价格是指商品的价格和服务价格。广义的价格则除此之外还包括生产要素的价格,如劳动力价格——工资,资金的价格——利率,外汇的价格——汇率等。我国《价格法》所指的价格是指狭义的商品价格和服务价格。我国《价格法》第2条明确规定,该法所称的价格包括商品价格和服务价格。商品价格是指各类有形产品和无形资产的价格。有形产品价格,如农产品价格、工业产品价格、日常生活用品价格等。无形资产的价格,如专利技术价格、信息资料价格等。服务价格,是指各类有偿服务的收费,如交通运输、邮电通信等经营性收费和医疗、卫生、教育等事业性收费。因为利率、汇率、保险费率、证券和期货的价格有很大的特殊性,需要专门的法律规定和调节,所以我国《价格法》将其调节的范围限定在商品价格和服务价格之内。另外,国家的各类行政收费和事业单位的收费情况比较复杂,有的属于价格性质的收费,有的属于税收性质的收费,需要区别情况,进行清理、规范和严格管理,所以其管理办法要由国务院另行制定。

商品的价格构成又称价格结构,是指构成价格的各个要素在价格中的组成情况。我国《价格法》对价格构成没有明确规定,但《价格管理条例》曾规定商品价格包括生产商品的社会平均成本、税金、利润以及正常的流通费用。这一规定是有道理的。

二、价格体系的概念和构成

价格体系,是指价格的种类和各种价格形式之间的相互关系的总和。价格体系包括按国民经济部门区分的价格体系、按商品流通过程区分的价格体系以及按价格管理形式区分的价格体系。

按国民经济部门区分的价格体系中包括:农产品价格、工业品价格、交通运输价格、建筑产品价格、饮食服务价格等。按商品的流通过程或流通环节区分的价格体系中包括:工业品出厂价格和农产品收购价格、调拨价格、批发价格、零售价格,以及商品的地区差别价格、季节差别价格。按价格管理形式区别的价格体系中包括:市场调节价、政府指导价、政府定价。市场调节价属于非计划价格;政府指导价、政府定价属于计划价格。

三、价格的基本形式

我国《价格法》根据不同的定价主体和价格形成的途径,将价格划分为市场调节价、政府指导价和政府定价三种基本价格形式。市场调节价的定价主体是经营者,通过市场竞争形成价格;政府指导价的定价主体是双重的,政府规定基准价和浮动幅度,引导经营者据以制定具体价格;政府定价的定价主体是政府,价格由政府价格主管部门或者有关部门按照定价权限和范围制定。

在这三种形式中,市场调节价是主要的,凡适于在市场竞争中形成价格的绝大多数商品和服务项目,均实行市场调节价,只有不适于在竞争中形成价格的极少数商品和服务项目才实行政府指导价和政府定价。对此,我国《价格法》第3条第1款明确指出:"国家实行并逐步完善宏观经济调控下主要由市场形成价格的机制。价格的制定应当符合价值规律,大多数商品和服务价格实行市场调节价,极少数商品和服务价格实行政府指导价或者政府定价。"大多数商品和服务项目实行市场调节价,使价格根据价值规律和市场供求状况形成,优化了价格形成机制,有利于资源的优化配置和更好地发挥价格对社会经济的调节作用。

(一) 市场调节价

市场调节价,是指由经营者自主制定,通过市场竞争形成的价格。经营者定价的基本依据是生产经营成本和市场供求状况。其定价主体经营者,是指从事生产、经营商品或提供有偿服务的法人、其他组织和个人。

市场调节价是我国现行价格的主要形式。1996年我国市场调节价在社会商品零售总额中占92.5%,在农副产品收购总额中占79%,在生产资料销售总额中占81.1%。目前除少数缺乏竞争性的,但又对国家政治经济稳定和发展有重大影响的商品和服务价格由政府制定外,其他大部分商品和服务价格由市场调节。

市场调节价由经营者自主制定,是经营者经营自主权的一项重要内容。定价自主权的确定,有利于企业法人地位的形成和巩固,有利于保障企业的合法权益,促进企业更好地面对市场,根据市场供求变化进行生产经营。

市场调节价的确定依据,是生产经营成本和市场供求状况。这是因为,价格虽然是价值的货币表现,但在实际上价值是很难准确测定的,只能根据生产经营成本和市场供求确定市场价格,才能使价格大体反映价值,同时也反映供求关系。

(二) 政府指导价

政府指导价,是指由政府价格主管部门或者其他和政府定价有关的部门,按照定价权限和范围规定基础价及其浮动幅度,指导经营者制定的价格。

政府指导价有几种形式:一种是由政府规定基准价和上下浮动幅度,只允许价格在一定幅度内上下浮动;另一种是最高限价,这种形式只规定上浮幅度,是在市场不太稳定时用以保护消费者利益的价格形式;再一种是最低保护价,只规定下浮幅度,下浮不得超过一定界限,这是在供过于求时用于保护生产者利益的价格形式。

(三) 政府定价

政府定价,是指依照《价格法》的规定,由政府价格主管部门或其他有关部门,依照定价的权限和范围制定的价格。这种价格形式只有极少数商品和服务,其范围由《价格法》规定。

市场经济的健康发展,需要有一个稳定的宏观经济环境,少数重要商品和服务的政府指导价和政府定价由国家制定,有利于经济生活的稳定,是十分必要的。

价格形式问题,实际上就是价格的形成和作用机制问题。我国《价格法》使我国价格运行机制的形式和作用有了强有力的法律保障,这对于发挥价格对市场调节的基础性作用,同时又保障社会经济生活的稳定是有重要意义的。

第三节 价格管理体制的法律规定

一、价格管理体制的概念

我国的价格管理体制,是指价格管理机构的设置、权限的划分和职能的规定。

我国《价格法》第4条规定:"国家支持和促进公平、公开、合法的市场竞争,维护正常的价格秩序,对价格活动实行管理、监督和必要的调控。"这说明价格管理、监督和调控的目的,是支持和促进公平、公开、合法的竞争,维持正常的价格秩序。因为只有在这种条件下,价格机制才能正常运行,发挥其对生产和流通的调节作用。

我国的价格管理机构是政府各级物价主管部门和其他有关部门。《价格法》对其分工作了明确规定:国务院价格主管部门统一负责全国的价格工作。国务院其他有关部门在各自的职责范围内,负责有关的价格工作。县级以上的各级人民政府价格主管部门负责本行政区域内的价格工作。县级以上各级人民政府的其他有关部门在各自的职能范围内,负责有关的价格工作。

对价格的管理,我国曾实行大一统的国家计划管理体制,由国务院价格主管部门直接制定绝大多数商品和服务的价格。改革开放以来,我国对价格实行了调放结合、逐步改革的办法,一方面逐步调整了许多商品的价格,另一方面又放开了许多商品的价格,由市场进行调节。自1979年以来,国家曾先后采用"列名放"和"列名管",以及确定地方提价报国务院"特批"的商品范围等办法,多次调整价格管理权限。"列名放"即明确列出哪些商品的价格放开,由市场进行调节;"列名管"即明确列出哪些商品的价格由国家管理。随着价格体制改革的深化,"列名放"和"列名管"的商品范围不断变化,但总的说来是"列名放"的商品范围不断扩大,"列名管"的商品范围不断缩小。我国《价格法》对价格管理办法进行了调整,以适应社会主义市场经济的需要。这就是除极少数不适宜由市场调节价格的商品外,大多数商品的价格放开,由经营者在国家政策指导下自主制定价格,国家只对其价格行为通过法律、法规进行规范;而对极少数商品和服务的价格,用政府的"定价目录"规定其范围,由政府的价格主管部门和其他有关部门进行管理。这种变化表明,随着市场机制调节作用的加强,价格管理的内容和形式也发生了变化。

二、经营者的价格权利和义务

首先,我国《价格法》明确划定了实行市场调节价的范围,指出商品价格及服务价格,除了按照价格法规定实行政府指导价和政府定价者外,都实行市场调节价,由经营者依照价格法自主制定,从而明确规定了企业对这类商品依法定价的自主权。

其次,我国《价格法》规定了经营者定价的基本原则和定价依据,明确指出,经营者定价应当遵循公平、合法和诚实信用的原则,定价的基本依据是生产经营成本和市场供求状况。这些规定,为进一步规范经营者的价格行为,防止价格欺诈和牟取非法暴利奠定了基础。

再次,我国《价格法》明确规定了经营者的权利和义务。经营者进行价格活动,享有下列权利:

(1) 自主制定属于市场调节的价格;

(2) 在政府指导价规定的幅度内制定价格;

(3) 制定属于政府指导价、政府定价产品范围内的新产品的试销价格,特定产品除外;

(4) 检举、控告侵犯其依法自主定价权利的行为。

我国《价格法》对经营者规定了下列价格义务:

(1) 经营者应当努力改进生产经营管理,降低生产经营成本,为消费者提供合格的商品和服务,并在市场竞争中获取合法利润;

(2) 经营者应当根据其经营条件建立、健全内部价格管理制度,准确记录与核定商品和服务的生产经营成本,不得弄虚作假;

(3) 经营者进行价格活动,应当遵守法律、法规,执行依法制定的政府指导价、政府定价和法定的价格干预措施、紧急措施;

(4) 经营者销售、收购商品和提供服务,应当按照政府价格主管部门的规定明码标价,注明商品的品名、产地、规格、等级、计价单位、价格或者服务的项目、收费标准等有关情况;

(5) 经营者不得在标价之外加价出售商品,不得收取任何未予标明的费用。

为防止不正当竞争的价格行为,我国《价格法》第14条明确规定了经营者不得有下列不正当价格行为:

(1) 相互串通,操纵市场价格,损害其他经营者或者消费者的合法权益;

(2) 在依法降价处理鲜活商品、季节性商品、积压商品等商品外,为了排挤竞争对手或者独占市场,以低于成本的价格倾销,扰乱正常的生产经营秩序,损害国家利益或者其他经营者的合法权益;

(3) 捏造、散布涨价信息,哄抬价格,推动商品价格过高上涨;

(4) 利用虚假的或者使人误解的价格手段,诱骗消费者或者其他经营者与其进行交易;

(5) 提供相同商品或者服务,对具有同等交易条件的其他经营者实行价格歧视;

(6) 采取抬高等级或者压低等级等手段收购、销售商品或者提供服务,变相提高或者压低价格;

(7) 违反法律、法规的规定牟取暴利;

(8) 法律、行政法规禁止的其他不正当价格行为。

最后,我国《价格法》还规定,各类中介机构提供有偿服务和收取费用,经营者销售进口商品、收购出口商品,行业组织的经济活动,均应遵守本法和其他有关法律、法规,加强价格自律,接受政府价格主管部门的工作指导等。

三、政府价格主管部门的职权和责任

第一,我国《价格法》明确规定了政府指导价和政府定价的商品和服务的范围,它包括:(1) 与国民经济发展和人民生活关系重大的极少数商品价格;(2) 资源稀缺的少数商品价格;(3) 自然垄断经营的商品价格;(4) 重要的公用事业价格;(5) 重要的公益性服务价格。

第二,我国《价格法》还进一步指出了政府指导价和政府定价权限的具体适用范围,以中央和地方的定价目录为依据。中央定价目录由国务院价格主管部门规定、修订,报国务院批准后公布。地方定价目录由省、自治区、直辖市人民政府价格主管部门按照中央定价目录规定的定价权限和具体适用范围制定,经本级人民政府审核同意,报国务院价格主管部门审定后公布。省、自治区、直辖市人民政府以下各级地方人民政府不得制定定价目录。

第三,我国《价格法》明确了各级政府价格权限的划分。国务院价格主管部门和其他有关部门,按照中央定价目录规定的定价权限和具体适用范围,制定政府指导价、政府定价;其中重要商品和服务的价格的政府指导价和政府定价,应当按照规定由国务院批准。省、自治区、直辖市人民政府价格主管部门和其他有关部门,应当按照地方定价目录规定的定价权限和具体适用范围制定在本地区执行的政府指导价、政府定价。市、县人民政府可以根据省、自治区、直辖市人民政府的授权,按照地方定价目录规定的定价权限和具体适用范围,制定在本地区执行的政府指导价、政府定价。

第四,我国《价格法》明确了制定政府指导价、政府定价的依据。制定政府指导价、政府定价,应当依据有关商品或者服务的社会平均成本和市场供求状况、国民经济和社会发展的要求及社会的承受能力,实行合理的购销差价、批零差价、地区差价和季节差价。

第五,我国《价格法》规定了制定政府指导价、政府定价的程序。政府价格主管部门或其他有关部门制定政府指导价、政府定价,应当开展价格、成本调查,听取消费者、经营者和有关方面的意见。当政府价格主管部门开展价格成本调查时,有关单位应如实反映情况,提供必要的账簿、文件及其他有关资料。制定关系群众切身利益的公用事业价格、公益性服务价格、自然垄断经营的商品价格等政府指导价、政府定价时,应当建立听证会制度,由政府价格主管部门主持,征求消费者、经营者和有关方面的意见,论证其必要性、可行性。政府指导价、政府定价制定后,由制定价格的部门向消费者、经营者公布。

第六,关于政府指导价、政府定价适用范围的调整。我国《价格法》规定,政府指

导价、政府定价的具体适用范围、价格水平,应当根据经济运行情况,按照规定的定价权限和程序进行调整。消费者、经营者可以对政府指导价、政府定价提出调整建议。

四、价格总水平的调控

经过十几年的价格改革,我国传统的价格管理体制已经发生了根本变化,绝大多数适于在市场竞争中形成价格的商品和服务项目的价格已经放开。但是放开价格并不等于放手不管,新形势下政府对价格的管理必须适应社会主义市场经济的要求。为此,我国《价格法》专设了第四章,对价格总水平的调控作了规定。

首先,明确了价格宏观调控的目标和手段。《价格法》第26条指出:"稳定市场价格总水平是国家重要的宏观经济政策目标。国家根据国民经济发展的需要和社会承受能力,确定市场价格总水平调控目标,列入国民经济和社会发展计划,并综合运用货币、财政、投资、进出口等方面的政策和措施,予以实现。"由此可见,价格总水平调控目标的确定,要根据国民经济发展的需要和社会的承受能力,应尽力避免不切实际的经济发展目标造成严重通货膨胀和物价过分上涨,要保持物价总水平的基本稳定,以利于经济和社会的发展。同时,调控价格总水平,应尽量采用经济手段和法律手段,通过货币政策和手段合理调节货币的供求,通过财政政策和措施控制收支,通过投资政策和手段调节投资需求,通过进出口政策和手段调剂余缺。通过这些手段保持国内总供给和总需求的平衡以及重要的结构平衡,就可以达到预期的价格总水平调控目标。

同时,考虑到某些重要商品对国民经济和人民生活影响极大,而这些商品的生产和供给,又可能出现不稳定状况,所以《价格法》规定:"政府可以建立重要商品储备制度,设立价格调节基金,调控价格,稳定市场。"储备制度的功能在于当市场出现重大的供求不平衡时,通过吞吐储备商品,平衡供求。价格调节基金的功能在于当价格出现较大波动时通过调动基金,以平衡价格。

为了保持市场价格的基本稳定,安定人民生活,2003年以来,中央、省级和(地)市级人民政府建立了价格调节基金制度。

价格调节基金是中央和地方政府多渠道筹集,用于稳定与人民生活关系重大的实行市场调节价的副食等重要商品价格的专项资金。它实行专户储存、专款专用。

价格调节基金按照预算外资金进行管理,实行收支两条线的财务管理制度。当年价格调节基本使用节余部分,结转至下年价格调节基金专户专款,任何单位和部门不得截留、挪用。

同时,要求得价格变化正常,适应价格调控和管理的需要,还要建立价格监测制度。对此,《价格法》作了如下规定:"为适应价格调控和管理的需要,政府价格主管部门应当建立价格监测制度,对重要商品、服务价格的变动进行监测。"

为了保障价格监测数据的真实性、准确性和及时性,发挥价格监测在宏观经济调控中的重要作用,2003年国家发展和改革委员会制定了《价格监测规定》。价格监测是指政府价格主管部门对重要商品和服务价格的变动情况进行跟踪、采集、分析、预测、公布的活动。

价格监测的基本任务是调查和分析重要商品、服务价格,以及相关成本与市场供求的变动情况;跟踪反馈国家重要经济政策在价格领域的反映;实施价格预测、预警,并及时提出政策建议。

价格监测以定点监测和周期性价格监测报表为基础,并开展专项调查、临时性调查、非定点监测等,加强对重要商品、服务价格的动态监测和变化趋势分析,提高价格监测的时效性和准确性。

国务院价格主管部门负责组织和协调全国价格监测工作,县级以上各级人民政府价格主管部门负责组织和协调本地区的价格监测工作。

以上这些规定,为运用经济手段调控价格总水平提供了法律保障。

其次,《价格法》还规定了价格的干预和紧急措施,调控价格主要用经济手段,但在特殊情况下,也不排斥必要的行政手段的调节。为此,《价格法》第30条作了如下规定:"当重要商品和服务价格显著上涨或者有可能显著上涨,国务院和省、自治区、直辖市人民政府可以对部分价格采取限定差价率或者利润率、规定限价、实行提价申报制度和调价备案制度等干预措施。省、自治区、直辖市人民政府采取前款规定的干预措施,应当报国务院备案。"

关于价格紧急措施,《价格法》第31条规定:"当市场价格总水平出现剧烈波动等异常状态时,国务院可以在全国范围内或者部分区域内采取临时集中定价权限、部分或者全面冻结价格的紧急措施。"

以上规定的这些干预措施和紧急措施不是永久性的,当实行干预措施、紧急措施的情形消除后,就应当及时解除干预措施、紧急措施。

第四节 价格监督检查的法律规定

为整顿和建立价格秩序,严明价格纪律,必须严格进行价格的监督检查,建立相应的制度保障其执行。

一、价格监督检查的概念

价格的监督检查,是指价格主管部门、各有关部门、社会团体和人民群众,对违反价格政策、法律、法规的行为所进行的监督和检查、审理和处置等活动的总称。

价格的监督检查是价格管理的一项重要内容。加强价格的监督检查工作,有利于价格法律、法规的贯彻和执行,防止某些经营者在价格方面进行非法活动,有利于严明价格纪律、维护价格秩序。因此,国务院《关于加强物价管理和监督检查的通知》明确指出:"必须大力加强物价管理和监督检查。"

二、价格监督检查的机构及其职责

价格监督检查的执法主体是县级以上的各级人民政府的价格主管部门。我国

《价格法》第 33 条明确规定："县级以上各级人民政府价格主管部门,依法对价格活动进行监督检查,并依照本法的规定对价格违法行为实施行政处罚。"

政府价格主管部门进行价格监督检查时,可以行使下列职权:

第一,询问当事人或者有关人员,并要求其提供证明材料和与价格违法行为有关的其他资料;

第二,查询、复制与价格违法行为有关的账簿、单据、凭证、文件及其他资料,核对与价格违法行为有关的银行资料;

第三,检查与价格违法行为有关的财物,必要时可以责令当事人暂停相关营业;

第四,在证据可能灭失或者以后难以取得的情况下,可以依法先行登记保存,当事人或者有关人员不得转移、隐匿或者销毁。

此外,我国《价格法》还对价格监督检查中双方的责任作了规定:

第一,经营者接受政府价格主管部门的监督检查时,应当如实提供价格监督所必需的账簿、单据、凭证、文件及其他有关资料;

第二,政府部门价格工作人员不得将依法取得的资料或者了解的情况用于依法进行价格管理以外的任何其他目的,不得泄露当事人的商业秘密。

三、社会监督与舆论监督

价格违法行为是一种非常隐蔽的、无孔不入的行为。价格的监督检查是一种复杂艰巨、涉及面广、深入细致的工作,为使监督检查工作能充分有效,单靠价格主管部门的工作是不够的,除此之外,还要有其他社会组织进行的社会监督和舆论监督。对此,我国《价格法》作了相应规定:

一是消费者组织、职工价格监督组织、居民委员会、村民委员会等组织以及消费者,有权对价格行为进行社会监督。政府主管部门应当充分发挥群众的价格监督作用。

二是新闻单位有权进行价格舆论监督。社会监督和舆论监督使价格监督检查工作有了更广泛的群众性和普遍性,是对政府价格主管部门的监督检查工作的有力补充。

四、价格违法行为的举报制度

为使价格监督检查工作更具有广泛性和群众性,我国《价格法》对价格违法行为的举报作了相应规定:

第一,政府价格主管部门应当建立对价格违法行为的举报制度;

第二,任何单位和个人均有权对价格违法行为进行举报,政府价格主管部门应当对举报者给予鼓励,并负责为举报者保密;

第三,价格举报工作人员有泄密、玩忽职守、徇私舞弊的行为以及态度恶劣造成不良影响的,视情节轻重,给予行政处分;构成犯罪的,依法追究刑事责任。

第五节 违反价格法的法律责任

违反价格法的法律责任主要是施行行政处罚。价格违法行为情节严重,构成犯罪的,依法追究刑事责任。

我国《价格法》对经营者、人民政府及其有关部门和价格工作人员的价格法律责任均作了明确规定。

一、经营者的法律责任

我国《价格法》对经营者的法律责任主要规定如下：

第一,经营者不执行政府指导价、政府定价以及法定干预措施、紧急措施的,责令改正,没收违法所得,可以并处违法所得5倍以下罚款;没有违法所得的,可以处以罚款;情节严重的,责令停业整顿。

第二,经营者有《价格法》第14条所列价格违法行为之一的,责令改正,没收违法所得,可以并处违法所得5倍以下罚款;没有违法所得的,予以警告,可以并处罚款;情节严重的,责令停业整顿,或者由工商行政管理机关吊销营业执照。有关法律对该法第14条所列行为的处罚及处罚机关另有规定的,可以按照有关法律的规定执行。

第三,经营者因价格违法行为致使消费者或其他经营者多付价款的,应当退还多付部分;造成损害的,应当依法承担赔偿责任。

第四,经营者违反明码标价规定的,责令改正,没收违法所得,可以并处5000元以下罚款。

第五,经营者被责令暂停相关营业而不停止的,或者转移、隐匿、销毁依法登记保存的财物的,处相关营业所得或者转移、隐匿、销毁的财物价值1倍以上3倍以下的罚款。

第六,拒绝按照规定提供监督检查的所需资料或者提供虚假资料的,责令改正,予以警告;逾期不改正的,可以处以罚款。

二、人民政府及其有关部门和价格工作人员的法律责任

地方各级人民政府或者各级人民政府有关部门违反价格法规定,超越定价权限和范围擅自制定、调整价格或者不执行价格干预措施、紧急措施的,责令改正,并可以通报批评;对直接负责的主管人员和其他责任人员,依法给予行政处分。

价格工作人员泄露国家秘密、商业秘密以及滥用职权、徇私舞弊、玩忽职守、索贿受贿,构成犯罪的,依法追究刑事责任;尚不构成犯罪的,依法给予处分。

我国《价格法》根据价格违法行为的不同情况、情节轻重,分别规定了应负的经济责任、行政责任和刑事责任,对依法进行价格的管理和监督、严明价格纪律、规范价格主体的行为提供了法律保障。

第二十九章 会计和审计法律制度

第一节 会 计 法

一、会计法概述

(一) 会计法的概念

会计是以货币为主要计量单位,对经济活动真实地、准确地、全面地进行记录、计算、分析、检查和监督的一种管理活动。

会计法是调整会计关系的法律规范的总称。会计关系是会计机构和会计人员在办理会计事务过程中以及国家在管理会计工作过程中发生的经济关系。这是对实质意义上讲的会计法的理解。

从形式意义上讲,我国会计法,是指《中华人民共和国会计法》。该法于 1985 年 1 月 21 日由第六届全国人大常委会第九次会议通过。后来,根据 1993 年 12 月 29 日第八届全国人大常委会第五次会议《关于修改〈中华人民共和国会计法〉的决定》,对该法进行了修正。为了规范会计行为,保证会计资料真实、完整,加强经济管理和财务管理,提高经济效益,维护社会主义市场经济秩序,1999 年 10 月 31 日第九届全国人大常委会第十二次会议又对该法进行了修订。经修订的《中华人民共和国会计法》(以下简称《会计法》),分为 7 章,共 52 条,自 2000 年 7 月 1 日起施行。

在会计立法方面,除了《会计法》以外,我国先后制定的行政法规有《总会计师条例》(1990 年)、《企业财务通则》(1992 年)、《企业会计准则》(1992 年)、《企业财务会计报告条例》(2000 年)等,部门规章有《企业会计准则基本准则》(2006 年)等。

(二) 会计法的原则

根据我国《会计法》第一章总则和其他章的规定,会计法主要有以下三项原则:

1. 真实原则

根据我国《会计法》第 3 条、第 4 条的规定,各单位依法设置的会计账簿必须保证其真实性,单位负责人对本单位的会计工作和会计资料的真实性负责。

任何单位或者个人不得以任何方式授意、指使、强令会计机构、会计人员伪造、变造会计凭证、会计账簿和其他会计资料,提供虚假的或隐瞒重要事实的财务会计报告。

2. 完整原则

各单位依法设置的会计账簿必须保证其完整性,单位负责人对本单位的会计工作和会计资料的完整性负责。

3. 合法原则

国家机关、社会团体、企业、事业单位和其他组织必须依照《会计法》办理会计事务。会计机构、会计人员依照《会计法》规定进行会计核算,实行会计监督。

任何单位或者个人不得对依法履行职责、抵制违反《会计法》规定行为的会计人员实行打击报复。对认真执行《会计法》,忠于职守,坚持原则,作出显著成绩的会计人员,给予精神的或者物质的奖励。

对于违反《会计法》,有规定行为之一的,依法追究责任。

(三) 会计管理体制的法律规定

1. 会计工作主管部门

国务院财政部门主管全国的会计工作。

县级以上地方各级人民政府财政部门管理本行政区域内的会计工作。

2. 国家实行统一的会计制度

我国《会计法》第 8 条第 1 款规定:"……国家统一的会计制度由国务院财政部门根据本法制定并公布。"国家统一的会计制度,是指国务院财政部门根据《会计法》制定的关于会计核算、会计监督、会计机构和会计人员以及会计工作管理的制度。

国务院有关部门可以依照我国《会计法》和国家统一的会计制度制定对会计核算和会计监督有特殊要求的行业实施国家统一的会计制度的具体办法或者补充规定,报国务院财政部门审核批准。

中国人民解放军总后勤部可以依照我国《会计法》和国家统一的会计制度制定军队实施国家统一的会计制度的具体办法,报国务院财政部门备案。

二、会计核算的法律规定

(一) 会计核算的基本要求

各单位必须根据实际发生的经济业务事项进行会计核算,填制会计凭证,登记会计账簿,编制财务会计报告。任何单位不得以虚假的经济业务事项或者资料进行会计核算。

会计凭证、会计账簿、财务会计报告和其他会计资料,必须符合国家统一的会计制度的规定。任何单位和个人不得伪造、变造会计凭证、会计账簿及其他会计资料,不得提供虚假的财务会计报告。

(二) 会计核算的内容

我国《会计法》第 10 条规定,下列经济业务事项,应当办理会计手续,进行会计核算:

(1) 款项和有价证券的收付;
(2) 财物的收发、增减和使用;
(3) 债权债务的发生和结算;
(4) 资本、基金的增减;
(5) 收入、支出、费用、成本的计算;

(6) 财务成果的计算和处理;
(7) 需要办理会计手续、进行会计核算的其他事项。

(三) 会计期间与记账本位币

会计核算应当划分会计期间,分期结算账目和编制会计报表。会计期间分为年度、季度和月份。年度、季度和月份的起讫日期采用公历。例如,会计年度自公历1月1日起至12月31日止。

会计核算以人民币为记账本位币。业务收支以人民币以外的货币为主的单位,可以选定其中一种货币作为记账本位币,但是编报的财务会计报告应当折算为人民币。

(四) 企业会计核算的特别规定[①]

企业进行会计核算,除应当遵守我国《会计法》第二章关于"会计核算"的一般规定以外,还应当遵守该法第三章的如下特别规定:

(1) 企业必须根据实际发生的经济业务事项,按照国家统一的会计制度的规定确认、计量和记录资产、负债、所有者权益、收入、费用、成本和利润。

(2) 企业进行会计核算不得有下列行为:随意改变资产、负债、所有者权益的确认标准或者计量方法,虚列、多列、不列或者少列资产、负债、所有者权益;虚列或者隐瞒收入,推迟或者提前确认收入;随意改变费用、成本的确认标准或者计量方法,虚列、多列、不列或者少列费用、成本;随意调整利润的计算、分配方法,编造虚假利润或者隐瞒利润;违反国家统一的会计制度规定的其他行为。

三、会计监督的法律规定

(一) 内部会计监督

各单位应当建立、健全本单位内部会计监督制度。单位内部会计监督制度应当符合下列要求:记账人员与经济业务事项和会计事项的审批人员、经办人员、财物保管人员的职责权限应当明确,并相互分离、相互制约;重大对外投资、资产处置、资金调度和其他重要经济业务事项的决策和执行的相互监督、相互制约程序应当明确;财产清查的范围、期限和组织程序应当明确;对会计资料定期进行内部审计的办法和程序应当明确。

单位负责人应当保证会计机构、会计人员依法履行职责,不得授意、指使、强令会计机构、会计人员违法办理会计事项。会计机构、会计人员对违反《会计法》和国家统一的会计制度规定的会计事项,有权拒绝办理或者按照职权予以纠正。

会计机构、会计人员发现会计账簿记录与实物、款项及有关资料不相符的,按照国家统一的会计制度的规定有权自行处理的,应当及时处理;无权处理的,应当立即向单位负责人报告,请求查明原因,作出处理。

[①] 公司与企业的关系,不是并列关系,而是从属关系。因此,"企业会计核算的特别规定",包括"公司会计核算的特别规定"在内。

(二) 有关部门的监督

财政部门对各单位的下列情况实施监督:是否依法设置会计账簿;会计凭证、会计账簿、财务会计报告和其他会计资料是否真实、完整;会计核算是否符合《会计法》和国家统一的会计制度的规定;从事会计工作的人员是否具备从业资格。

财政、审计、税务、人民银行、证券监管、保险监管等部门应当依照有关法律、行政法规规定的职责,对有关单位的会计资料实施监督检查。

依法对有关单位的会计资料实施监督检查的部门及其工作人员对在监督检查中知悉的国家秘密和商业秘密负有保密义务。

各单位必须依照有关法律、行政法规的规定,接受有关监督检查部门依法实施的监督检查,如实提供会计凭证、会计账簿、财务会计报告和其他会计资料以及有关情况,不得拒绝、隐匿、谎报。

(三) 会计师事务所与会计监督

有关法律、行政法规规定须经注册会计师进行审计的单位,应当向受委托的会计师事务所如实提供会计凭证、会计账簿、财务会计报告和其他会计资料以及有关情况。

任何单位或者个人不得以任何方式要求或者示意注册会计师及其所在的会计师事务所出具不实或者不当的审计报告。

财政部门有权对会计师事务所出具审计报告的程序和内容进行监督。

(四) 任何单位和个人有权检举

任何单位和个人对违反《会计法》和国家统一的会计制度规定的行为,有权检举。收到检举的部门有权处理的,应当依法按照职责分工及时处理,无权处理的,应当及时移送有权处理的部门处理。收到检举的部门、负责处理的部门应当为检举人保密,不得将检举人姓名和检举材料转给被检举单位和被检举人个人。

四、关于会计机构和会计人员的有关规定

(一) 会计机构和会计人员的设置

各单位应当根据会计业务的需要,设置会计机构,或者在有关机构中设置会计人员并指定会计主管人员;不具备设置条件的,应当委托经批准设立从事会计代理记账业务的中介机构代理记账。

国有的和国有资产占控股地位或者主导地位的大、中型企业必须设置总会计师。

(二) 稽核制度的建立

会计机构内部应当建立稽核制度。出纳人员不得兼任稽核、会计档案保管和收入、支出、费用、债权债务账目的登记工作。

(三) 会计人员的条件

从事会计工作的人员,必须取得会计从业资格证书。

担任单位会计机构负责人(会计主管人员)的,除取得会计从业资格证书外,还应当具备会计师以上专业技术职务资格或者从事会计工作3年以上经历。

(四) 会计机构和会计人员的权利、义务

会计机构和会计人员依法进行会计核算和会计监督,除享有我国《会计法》有关规定的权力、履行规定的义务外,根据该法第五章的规定,会计人员应当遵守职业道德,提高业务素质。对会计人员的教育和培训工作应当加强。会计人员调动工作或者离职,必须与接管人员办清交接手续。一般会计人员办理交接手续,由会计机构负责人监交;会计机构负责人办理交接手续,由单位负责人监交,必要时主管单位可以派人会同监交。

五、违反会计法的法律责任

(一) 法律责任的种类

根据我国《会计法》第六章的规定,违反会计法的法律责任的种类包括:责令限期改正、通报、罚款、吊销会计从业资格证书;降级、撤职直至开除的行政处分;追究刑事责任。

(二) 承担法律责任的主体

违反会计法,应当依法承担法律责任的主体包括单位、单位直接负责的主管人员和其他直接责任人员、会计人员、国家工作人员。

(三) 追究法律责任的机关与单位

对于违反会计法的单位、个人,具有依法追究其法律责任的职权的机关与单位包括县级以上人民政府财政部门、国家工作人员所在单位或者有关单位、国家司法机关。

(四) 有关法律责任的其他规定

违反我国《会计法》规定,同时违反其他法律规定的,由有关部门在各自职权范围内依法进行处罚。

第二节 审 计 法

一、审计法概述

(一) 审计法的概念

审计,是指由专职机构和专业人员依法对规定的单位的财政收支、财务收支进行审核、评价的监督活动。这里所说的"专职机构和专业人员",是指审计机关、内部审计机构、社会审计机构及其审计工作人员;"规定的单位",是指国务院各部门、地方各级人民政府及其部门、国有的金融机构和企业事业组织以及其他依法应当接受审计的单位。

按照不同的标准,可以对审计进行多种不同的划分:按审计主体的不同,可以划分为审计机关审计、内部审计和社会审计;按审计内容的不同,可以划分为财政收支审计、财务收支审计、财经法纪审计和经济效益审计;按审计时间的不同,可以划分为事前审计、事中审计和事后审计;按审计有无期限的不同,可以划分为定期审计和不

定期审计;按审计地点的不同,可以划分为就地审计和报送审计;按审计范围的不同,可以划分为全部审计和局部审计;等等。

1982年12月4日,第五届全国人大第五次会议通过的《中华人民共和国宪法》对我国的审计监督制度作出了原则规定。1983年9月,中华人民共和国审计署成立,审计监督工作正式开展。为了将宪法关于审计监督的规定具体化,使审计工作逐步走上法制化、规范化的轨道,国务院先后制定了《关于审计工作的暂行规定》(1985年)、《中华人民共和国审计条例》(1988年)、《中央预算执行情况审计监督暂行办法》(1995年)、《中华人民共和国审计法实施条例》(1997年)等行政法规。2010年2月2日,国务院对该《实施条例》进行了修订,自2010年5月1日起施行。审计署、国有资产监督管理委员会等部门还分别制定了《关于内部审计工作的规定》(2003年)、《中央企业经济责任审计管理暂行办法》(2005年)、《中央企业内部审计管理暂行办法》(2005年)等部门规章。

我国审计立法的成果,集中地表现为《中华人民共和国审计法》(简称《审计法》)的制定和修改。该法于1994年8月31日由第八届全国人大常委会第九次会议通过。2006年2月28日,第十届全国人大常委会第二十次会议通过了《关于修改〈中华人民共和国审计法〉的决定》,自2006年6月1日起施行。现行的《审计法》分为7章,共54条。这一部法律就是形式意义上讲的审计法。

从实质意义上讲,审计法是调整审计关系的法律规范的总称。审计关系是从事审计工作的专职机构和专业人员在审计过程中以及国家在管理审计工作过程中发生的经济关系。

(二) 审计机构的主要任务

审计机构,是指从事审计工作的专职机构。其主要任务是,对国务院各部门和地方各级人民政府及其各部门的财政收支,国有的金融机构和企业事业组织的财务收支,以及其他依照《审计法》规定应当接受审计的财政收支、财务收支的真实、合法和效益,依法进行审计监督,维护国家财政经济秩序,提高财政资金使用效益,促进廉政建设,保障国民经济和社会健康发展。

(三) 审计法的原则

根据我国《审计法》第一章总则和其他章的规定,审计法具有以下六项原则:

1. 依法审计原则

我国《审计法》第3条明确规定:"审计机关依照法律规定的职权和程序,进行审计监督。审计机关依据有关财政收支、财务收支的法律、法规和国家其他有关规定进行审计评价,在法定职权范围内作出审计决定。"

2. 独立审计原则

我国《宪法》第91条第2款规定,审计机关在国务院总理领导下,依照法律规定独立行使审计监督权,不受其他行政机关、社会团体和个人的干涉。我国《审计法》第5条作出了和上述内容相同的规定,同时在有关条款中作出了一些具体规定,对审计人员依法执行职务提供了法律保障。

3. 客观公正原则

我国《审计法》不仅从原则上作出了"审计机关和审计人员办理审计事项,应当客观公正,实事求是"的规定,而且作出了一些体现客观公正原则的有关规定。例如:审计人员办理审计事项的回避制度;审计人员进行审计应当通过调查,以取得证明材料;审计组对审计事项实施审计后,向审计机关报送审计报告前,应当征求被审计单位的意见。

4. 强制性原则

这一原则主要体现在我国《审计法》关于"审计机关权限"和"法律责任"的有关规定之中。

对审计机关的审计监督,被审计单位和有关人员必须予以配合,不得隐瞒事实真相,不得设置障碍,不得进行破坏。审计机关作出的审计结论和决定,被审计单位和有关人员必须执行。对被审计单位正在进行的违反国家规定的财政收支行为、财务收支行为,审计机关有权予以制止。对被审计单位违反国家规定的财政收支行为、财务收支行为,审计机关或有关国家机关有权在其职权范围内依法作出处理。

5. 保守秘密原则

我国《审计法》第6条规定,审计机关和审计人员办理审计事项,应当保守秘密。为了贯彻保密原则,审计机关通报或者公布审计结果,应当依法保守国家秘密和被审计单位的商业秘密。审计人员负有保密的义务,不得泄露秘密。

6. 实行审计工作报告制度的原则

为了加强县级以上各级人大常委会对本级人民政府审计工作的监督,完善审计工作报告制度,我国现行《审计法》第4条在修改原《审计法》有关规定的基础上作出了如下规定:"国务院和县级以上地方人民政府应当每年向本级人民代表大会常务委员会提出审计机关对预算执行和其他财政收支的审计工作报告。审计工作报告应当重点报告对预算执行的审计情况。必要时,人民代表大会常务委员会可以对审计工作报告作出决议。国务院和县级以上地方人民政府应当将审计工作报告中指出的问题的纠正情况和处理结果向本级人民代表大会常务委员会报告。"

二、审计机关审计的法律规定

(一) 审计机关和审计人员

1. 审计机关的设立和领导体制

国家实行审计监督制度。国务院和县级以上地方人民政府设立审计机关。

国务院设立审计署,在国务院总理领导下,主管全国的审计工作。审计长是审计署的行政首长。

省、自治区、直辖市、设区的市、自治州、县、自治县、不设区的市、市辖区的人民政府的审计机关,分别在省长、自治区主席、市长、州长、县长、区长和上一级审计机关的领导下,负责本行政区域内的审计工作。

地方各级审计机关对本级人民政府和上一级审计机关负责并报告工作,审计业务以上级审计机关领导为主。

审计机关根据工作需要,经本级人民政府批准,可以在其审计管辖范围内设立派出机构。派出机构根据审计机关的授权,依法进行审计工作。

审计机关履行职责所必需的经费,应当列入财政预算,由本级人民政府予以保证。

2. 审计人员的条件、任免和审计人员执行职务的有关规定

审计人员应当具备与其从事的审计工作相适应的专业知识和业务能力。

审计人员办理审计事项,与被审计单位或者审计事项有利害关系的,应当回避。

审计人员对其在执行职务中知悉的国家秘密和被审计单位的商业秘密,负有保密的义务。

为了保障审计监督的独立性和真实性,我国《审计法》第15条作出了下列规定:一是审计人员依法执行职务,受法律保护。二是任何组织和个人不得拒绝、阻碍审计人员依法执行职务,不得打击报复审计人员。三是审计机关负责人依照法定程序任免。审计机关负责人没有违法失职或者其他不符合任职条件的情况的,不得随意撤换。四是地方各级审计机关负责人的任免,应当事先征求上一级审计机关的意见。

(二) 审计机关的职责

1. 对有关单位的规定事项进行审计监督

(1) 对预算执行情况和决算以及其他财政收支情况的审计监督

审计机关对本级各部门(含直属单位)和下级政府预算的执行情况和决算以及其他财政收支情况,进行审计监督。

审计署在国务院总理领导下,对中央预算执行情况和其他财政收支情况进行审计监督,向国务院总理提出审计结果报告。

地方各级审计机关分别在省长、自治区主席、市长、州长、县长、区长和上一级审计机关的领导下,对本级预算执行情况和其他财政收支情况进行审计监督,向本级人民政府和上一级审计机关提出审计结果报告。

(2) 对中央银行和国有金融机构的审计监督

审计署对中央银行的财务收支,进行审计监督。

审计机关对国有金融机构的资产、负债、损益,进行审计监督。

(3) 对使用财政资金的事业组织、国有企业、国有资本占控股或者主导地位的企业和金融机构的审计监督

我国《审计法》的有关条款对此作出了以下规定:审计机关对国家的事业组织和使用财政资金的其他事业组织的财务收支,进行审计监督;审计机关对国有企业的资产、负债、损益,进行审计监督;对国有资本占控股地位或者主导地位的企业、金融机构的审计监督,由国务院规定。

(4) 对政府投资和以政府投资为主的建设项目的审计监督

我国《审计法》第22条规定:"审计机关对政府投资和以政府投资为主的建设项目的预算执行情况和决算,进行审计监督。"这一规定扩展了2006年修改前的《审计

法》所规定的对"国家建设项目"进行审计监督的范围,有利于加强对国有资产的保护。

（5）对社会公共基金、资金和国外援助、贷款项目的财务收支的审计监督

审计机关对政府部门管理的和其他单位受政府委托管理的社会保障基金、社会捐赠资金以及其他有关基金、资金的财务收支,进行审计监督。

审计机关对国际组织和外国政府援助、贷款项目的财务收支,进行审计监督。

（6）对国家机关和有关单位主要负责人任期经济责任的审计监督

为了加强对领导干部的监督管理,严格责任追究制度,促进党风廉政建设,2006年我国《审计法》修改时增加了一条,作为第25条:"审计机关按照国家有关规定,对国家机关和依法属于审计机关审计监督对象的其他单位的主要负责人,在任职期间对本地区、本部门或者本单位的财政收支、财务收支以及有关经济活动应负经济责任的履行情况,进行审计监督。"

（7）对其他法律、行政法规规定事项进行的审计监督

我国《审计法》第26条规定:"除本法规定的审计事项外,审计机关对其他法律、行政法规规定应当由审计机关进行审计的事项,依照本法和有关法律、行政法规的规定进行审计监督。"

（8）对特定事项进行的专项审计调查

根据我国《审计法》第27条的规定,审计机关有权对与国家财政收支有关的特定事项,向有关地方、部门、单位进行专项审计调查,并向本级人民政府和上一级审计机关报告审计调查结果。

2. 审计管辖的范围

审计机关根据被审计单位的财政、财务隶属关系或者国有资产监督管理关系,确定审计管辖范围。

审计机关之间对审计管辖范围有争议的,由其共同的上级审计机关确定。

上级审计机关可以将其审计管辖范围内的、我国《审计法》第18条第2款至第25条规定的审计事项,授权下级审计机关进行审计;上级审计机关对下级审计机关审计管辖范围内的重大审计事项,可以直接进行审计,但是应当防止不必要的重复审计。

3. 对内部审计的业务指导、监督,以及对社会审计机构出具的审计报告的审核

依法属于审计机关审计监督对象的单位,应当按照国家有关规定建立健全内部审计制度;其内部审计工作应当接受审计机关的业务指导和监督。

社会审计机构审计的单位依法属于审计机关审计监督对象的,审计机关按照国务院的规定,有权对该社会审计机构出具的相关审计报告进行核查。

（三）审计机关的权限

1. 有权要求被审计单位提供有关资料

审计机关有权要求被审计单位按照审计机关的规定提供预算或者财务收支计划、预算执行情况、决算、财务会计报告,运用电子计算机储存、处理的财政收支、财务收支电子数据和必要的电子计算机技术文档,在金融机构开立账户的情况,社会审计

机构出具的审计报告,以及其他与财政收支或者财务收支有关的资料,被审计单位不得拒绝、拖延、谎报。

被审计单位负责人对本单位提供的财务会计资料的真实性和完整性负责。

2. 有权检查被审计单位有关的资料和资产

审计机关进行审计时,有权检查被审计单位的会计凭证、会计账簿、财务会计报告和运用电子计算机管理财政收支、财务收支电子数据的系统,以及其他与财政收支、财务收支有关的资料和资产,被审计单位不得拒绝。

3. 有权就被审计事项进行调查、查询

审计机关进行审计时,有权就审计事项的有关问题向有关单位和个人进行调查,并取得有关证明材料。有关单位和个人应当支持、协助审计机关工作,如实向审计机关反映情况,提供有关证明材料。

审计机关经县级以上人民政府审计机关负责人批准,有权查询被审计单位在金融机构的账户。

审计机关有证据证明被审计单位以个人名义存储公款的,经县级以上人民政府审计机关主要负责人批准,有权查询被审计单位以个人名义在金融机构的存款。

4. 有权对被审计单位采取规定的措施

我国《审计法》第34条第1款规定,审计机关进行审计时,被审计单位不得转移、隐匿、篡改、毁弃会计凭证、会计账簿、财务会计报告以及其他与财政收支或者财务收支有关的资料,不得转移、隐匿所持有的违反国家规定取得的资产。

审计机关对被审计单位违反以上规定的行为,有权予以制止;必要时,经县级以上人民政府审计机关负责人批准,有权封存有关资料和违反国家规定取得的资产;对其中在金融机构的有关存款需要予以冻结的,应当向人民法院提出申请。审计机关对被审计单位正在进行的违反国家规定的财政收支、财务收支行为,有权予以制止;制止无效的,经县级以上人民政府审计机关负责人批准,通知财政部门和有关主管部门暂停拨付与违反国家规定的财政收支、财务收支行为直接有关的款项,已经拨付的,暂停使用。但是,审计机关采取上述规定的措施不得影响被审计单位合法的业务活动和生产经营活动。

5. 有权建议有关主管部门纠正其有关规定

审计机关认为被审计单位所执行的上级主管部门有关财政收支、财务收支的规定与法律、行政法规相抵触的,应当建议有关主管部门纠正;有关主管部门不予纠正的,审计机关应当提请有关部门有权处理的机关依法处理。

6. 有权通报或者向社会公布审计结果

审计机关可以向政府有关部门通报或者向社会公布审计结果。

审计机关通报或者公布审计结果,应当依法保守国家秘密和被审计单位的商业秘密,遵守国务院的有关规定。

7. 可以提请有关机关协助

为了促进审计机关在工作中与有关机关密切配合,形成监督合力,在2006年我国《审计法》修改时增加了一条,作为第 37 条:"审计机关履行审计监督职责,可以提请公安、监察、财政、税务、海关、价格、工商行政管理等机关予以协助。"

(四) 审计机关的审计程序

1. 组成审计组,送达审计通知书

审计机关根据审计项目计划确定的审计事项组成审计组,并应当在实施审计 3 日前,向被审计单位送达审计通知书;遇有特殊情况,经本级人民政府批准,审计机关可以直接持审计通知书实施审计。

被审计单位应当配合审计机关的工作,并提供必要的工作条件。

2. 审计人员进行审计,并取得证明材料

审计人员通过审查会计凭证、会计账簿、财务会计报告,查阅与审计事项有关的文件、资料,检查现金、实物、有价证券,向有关单位和个人调查等方式进行审计,并取得证明材料。

审计人员向有关单位和个人进行调查时,应当出示审计人员的工作证件和审计通知书副本。

3. 审计组提出审计报告

审计组对审计事项实施审计后,应当向审计机关提出审计组的审计报告。审计组的审计报告报送审计机关前,应当征求被审计对象的意见。被审计对象应当自接到审计组的审计报告之日起 10 日内,将其书面意见送交审计组。审计组应当将被审计对象的书面意见一并报送审计机关。

4. 审计机关审议审计组的审计报告,提出自己的审计报告,依法作出审计决定或者提出处理、处罚的意见,送达审计报告和审计决定

审计机关按照审计署规定的程序对审计组的审计报告进行审议,并对被审计对象对审计组的审计报告提出的意见一并研究后,提出审计机关的审计报告;对违反国家规定的财政收支、财务收支行为,依法应当给予处理、处罚的,在法定职权范围内作出审计决定或者向有关主管机关提出处理、处罚的意见。

审计机关应当将审计机关的审计报告和审计决定送达被审计单位和有关主管机关、单位。审计决定自送达之日起生效。

5. 审计决定的变更或者撤销

为了保证审计监督的准确、公正,2006 年我国《审计法》修改时增加了一条,作为第 42 条:"上级审计机关认为下级审计机关作出的审计决定违反国家有关规定的,可以责成下级审计机关予以变更或者撤销,必要时也可以直接作出变更或者撤销的决定。"

(五) 法律责任

1. 违反我国《审计法》的被审计单位以及直接责任人员的法律责任

(1) 不依法提供有关资料或者拒绝、阻碍检查的法律责任

被审计单位违反我国《审计法》规定,拒绝或者拖延提供与审计事项有关的资料的,或者提供的资料不真实、不完整的,或者拒绝、阻碍检查的,由审计机关责令改正,

可以通报批评,给予警告;拒不改正的,依法追究责任。

(2) 转移、隐匿、篡改、毁弃有关资料或者转移、隐匿违法取得的资产的法律责任

被审计单位违反我国《审计法》规定,转移、隐匿、篡改、毁弃会计凭证、会计账簿、财务会计报告以及其他与财政收支、财务收支有关的资料,或者转移、隐匿所持有的违反国家规定取得的资产,审计机关认为对直接负责的主管人员和其他直接责任人员依法应当给予处分的,应当提出给予处分的建议,被审计单位或者其上级机关、监察机关应当依法及时作出决定,并将结果书面通知审计机关;构成犯罪的,依法追究刑事责任。

(3) 违反国家规定的财政收支行为、财务收支行为的法律责任

根据我国《审计法》第45条的规定,对本级各部门(含直属单位)和下级政府违反预算的行为或者其他违反国家规定的财政收支行为,审计机关、人民政府或者有关主管部门在法定职权范围内,依照法律、行政法规的规定,区别情况采取下列处理措施:一是责令限期缴纳应当上缴的款项;二是责令限期退还被侵占的国有资产;三是责令限期退还违法所得;四是责令按照国家统一的会计制度的有关规定进行处理;五是其他处理措施。

对被审计单位违反国家规定的财务收支行为,审计机关、人民政府或者有关主管部门在法定职权范围内,依照法律、行政法规的规定,区别情况采取上述规定的处理措施,并可以依法给予处罚。

被审计单位的财政收支、财务收支违反国家规定,审计机关认为对直接负责的主管人员和其他直接责任人员依法应当给予处分的,应当提出给予处分的建议,被审计单位或者其上级机关、监察机关应当依法及时作出决定,并将结果书面通知审计机关。

被审计单位的财政收支、财务收支违反法律、行政法规的规定,构成犯罪的,依法追究刑事责任。

(4) 拒不执行应当上缴的款项的法律责任

审计机关在法定职权范围内作出的审计决定,被审计单位应当执行。

审计机关依法责令被审计单位上缴应当上缴的款项,被审计单位拒不执行的,审计机关应当通报有关主管部门,有关主管部门应当依照有关法律、行政法规的规定予以扣缴或者采取其他处理措施,并将结果书面通知审计机关。

此外,需要指出的是,关于申请行政复议、提起行政诉讼或者提请政府裁决的问题。我国《审计法》在对被审计单位的法律责任作出上述规定的同时,为了保障被审计单位的合法权益,在2006年修改时增加了一条,作为第48条:"被审计单位对审计机关作出的有关财务收支的审计决定不服的,可以依法申请行政复议或者提起行政诉讼。被审计单位对审计机关作出的有关财政收支的审计决定不服的,可以提请审计机关的本级人民政府裁决,本级人民政府的裁决为最终决定。"

2. 报复陷害审计人员的法律责任

报复陷害审计人员的,依法给予处分;构成犯罪的,依法追究刑事责任。

3. 审计人员违法的法律责任

我国《审计法》第 52 条规定:"审计人员滥用职权、徇私舞弊、玩忽职守或者泄露所知悉的国家秘密、商业秘密的,依法给予处分;构成犯罪的,依法追究刑事责任。"这与 2006 年修订前的《审计法》比较,增加了追究"泄露所知悉的国家秘密、商业秘密"的法律责任的内容,加大了对国家秘密和商业秘密的保护力度。

三、内部审计的法律规定①

(一) 内部审计机构的设立和法律地位

1. 内部审计机构的设立

我国审计署《关于内部审计工作的规定》第 3 条规定,国家机关、金融机构、企业事业组织、社会团体以及其他单位,应当按照国家有关规定建立健全内部审计制度。

法律、行政法规规定设立内部审计机构的单位,必须设立独立的内部审计机构。

法律、行政法规没有明确规定设立内部审计机构的单位,可以根据需要设立内部审计机构,配备内部审计人员。

有内部审计工作需要且不具有设立独立的内部审计机构、条件和人员编制的国家机关,可以授权本单位内设机构履行内部审计职责。

设立内部审计机构的单位,可以根据需要设立审计委员会,配备总审计师。

2. 内部审计机构的法律地位

内部审计机构在本单位主要负责人或者权力机构的领导下开展工作。内部审计机构应当遵守内部审计准则、规定,按照单位主要负责人或者权力机构的要求实施审计。内部审计机构每年应当向本单位主要负责人或者权力机构提出内部审计工作报告。

内部审计人员实行岗位资格和后续教育制度,本单位应当予以支持和保障。单位主要负责人或者权力机构应当保护内部审计人员依法履行职责,任何单位和个人不得打击报复。内部审计机构履行职责所必需的经费,应当列入财务预算,由本单位予以保证。

内部审计人员办理审计事项,应当严格遵守内部审计职业规范,忠于职守,做到独立、客观、公正、保密。

内部审计机构应当接受审计机关的业务指导和监督,接受审计机关对内部审计业务质量的检查和评估。

(二) 内部审计机构的职责

根据我国审计署《关于内部审计工作的规定》第 9 条的规定,内部审计机构按照本单位主要负责人或者权力机构的要求,履行下列职责:

(1) 对本单位及所属单位(含占控股地位或者主导地位的单位,下同)的财政收

---

① 我国审计署于 2003 年 3 月 4 日发布了《关于内部审计工作的规定》。该《规定》共 21 条,自 2003 年 5 月 1 日起施行。审计署于 1995 年 7 月 14 日发布的《关于内部审计工作的规定》同时废止。本书所说的《关于内部审计工作的规定》,如无特别说明,均指上述现行的部门规章。

支、财务收支及其有关的经济活动进行审计;

(2) 对本单位及所属单位预算内、预算外资金的管理和使用情况进行审计;

(3) 对本单位内设机构及所属单位领导人员的任期经济责任进行审计;

(4) 对本单位及所属单位固定资产投资项目进行审计;

(5) 对本单位及所属单位内部控制制度的健全性和有效性以及风险管理进行评审;

(6) 对本单位及所属单位经济管理和效益情况进行审计;

(7) 法律、法规规定和本单位主要负责人或者权力机构要求办理的其他审计事项。

(三) 内部审计机构的权限

单位主要负责人或者权力机构应当制定相应规定,确保内部审计机构具有履行职责所必需的权限,主要是:

(1) 要求被审计单位按时报送生产、经营、财务收支计划、预算执行情况、决算、会计报表和其他有关文件、资料;

(2) 参加本单位有关会议,召开与审计事项有关的会议;

(3) 参与研究制定有关的规章制度,提出内部审计规章制度,由单位审定公布后施行;

(4) 检查有关生产、经营和财务活动的资料、文件和现场勘察实物;

(5) 检查有关的计算机系统及其电子数据和资料;

(6) 对与审计事项有关的问题向有关单位和个人进行调查,并取得证明材料;

(7) 对正在进行的严重违法违规、严重损失浪费行为,作出临时制止决定;

(8) 对可能转移、隐匿、篡改、毁弃会计凭证、会计账簿、会计报表以及与经济活动有关的资料,经本单位主要负责人或者权力机构批准,有权予以暂时封存;

(9) 提出纠正、处理违法违规行为的意见以及改进经济管理、提高经济效益的建议;

(10) 对违法违规和造成损失浪费的单位和人员,给予通报批评或者提出追究责任的建议。

此外,单位主要负责人或者权力机构在管理权限范围内,授予内部审计机构必要的处理、处罚权;内部审计机构对本单位有关部门及所属单位严格遵守财经法规、经济效益显著、贡献突出的集体和个人,可以向单位主要负责人或者权力机构提出表扬和奖励的建议。

(四) 内部审计协会

内部审计协会是内部审计行业的自律性组织,是社会团体法人。全国设立中国内部审计协会,地方根据需要和法定程序设立具有独立法人资格的地方内部审计协会。

内部审计协会依照法律和章程履行职责,并接受审计机关的指导、监督和管理。

(五) 奖励与惩罚

对认真履行职责、忠于职守、坚持原则、作出显著成绩的内部审计人员,由所在单位给予精神或者物质奖励。

对滥用职权、徇私舞弊、玩忽职守、泄露秘密的内部审计人员,由所在单位依照有关规定予以处理;构成犯罪的,移交司法机关追究刑事责任。

被审计单位不配合内部审计工作、拒绝审计或者提供资料、提供虚假资料、拒不执行审计结论或者报复陷害内部审计人员的,单位主要负责人或者权力机构应当及时予以处理;构成犯罪的,移交司法机关追究刑事责任。

第三十章 对外贸易法律制度

第一节 对外贸易法概述

一、对外贸易的概念

对外贸易,是指一个国家(或地区)同其他国家(或地区)的商品交换活动。

这里说的"商品",不仅包括有形商品,而且包括无形商品。《中华人民共和国对外贸易法》第2条第2款规定:"本法所称对外贸易,是指货物进出口、技术进出口和国际服务贸易。"货物,即有形商品;技术和服务,即无形商品。

这里说的商品"交换活动",由进口和出口组成,故对外贸易亦称进出口贸易。进口是货物输入和技术、服务输入的总称。出口是货物输出和技术、服务输出的总称。

二、对外贸易立法和对外贸易法

为了发展对外贸易,从新中国建立初期开始,我国就制定了一些有关对外贸易的法律、法规,如《中华人民共和国对外贸易暂行条例》(1950年)、《中华人民共和国海关法》(1951年)、《中华人民共和国输出输入商品检验暂行条例》(1954年)等。1979年以来,我国加强了对外贸易立法,制定了一系列有关对外贸易的法律、法规,如《中华人民共和国进口货物许可制度暂行条例》(1984年)、《中华人民共和国海关法》(1987年制定,2000年、2013年修订)、《中华人民共和国进出口商品检验法》(1989年制定,2002年、2013年修订)、《中华人民共和国出口货物原产地规则》(1992年)、《中华人民共和国出口商品管理暂行办法》(1992年)、《中华人民共和国进出口商品经营管理暂行办法》(1994年)、《中华人民共和国对外贸易法》(1994年制定,2004年修订)、《中华人民共和国货物进出口管理条例》(2001年)、《中华人民共和国技术进出口管理条例》(2001年)、《中华人民共和国反倾销条例》(2001年制定,2004年修订)、《中华人民共和国反补贴条例》(2001年制定,2004年修订)、《中华人民共和国保障措施条例》(2001年制定,2004年修订)等。

没有对外贸易立法,就没有对外贸易法;对外贸易立法的加强,推动了对外贸易法的发展。对外贸易法这一概念,有形式意义和实质意义的对外贸易法两种理解。

从形式意义上讲,在我国,对外贸易法,是指于1994年5月12日由第八届全国人大常委会第七次会议通过、2004年4月6日第十届全国人大常委会第八次会议修订的《中华人民共和国对外贸易法》(简称《对外贸易法》)。2004年修订的《对外贸易法》分为 11 章,共 70 条,自 2004 年 7 月 1 日起施行。

从实质意义上讲,对外贸易法,是调整在国家协调本国对外贸易过程中发生的经济关系的法律规范的总称。它的调整对象是在国家协调本国对外贸易过程中发生的经济关系,简称对外贸易关系。需要指出的是:对外贸易法是涉外经济法的组成部分,属于国内法体系的经济法的范围;它不同于国际贸易法,不属于国际法体系的国际经济法的范围。

三、我国《对外贸易法》的立法宗旨和适用范围

我国《对外贸易法》的立法宗旨是:"为了扩大对外开放,发展对外贸易,维护对外贸易秩序,保护对外贸易经营者的合法权益,促进社会主义市场经济的健康发展,制定本法。"这是现行的《对外贸易法》第 1 条的规定。同 2004 年修订前的《对外贸易法》关于立法宗旨的规定相比,增加了"扩大对外开放"和"保护对外贸易经营者的合法权益"的内容,以适应我国对外贸易发展的新形势和加入世界贸易组织后的新要求。

根据我国《对外贸易法》第 2 条第 1 款的规定,该法"适用于对外贸易以及与对外贸易有关的知识产权保护"。可以这样理解:《对外贸易法》的适用范围包括以下几个方面:一是货物进出口;二是技术进出口;三是国际服务贸易;四是与对外贸易有关的知识产权保护。这第四个方面的内容,是 2004 年修订《对外贸易法》时增加的。为了体现总则中的这一变化,该法还以第五章一章专门规定了"与对外贸易有关的知识产权保护"。此外,该法第 67 条、第 69 条还分别规定:与军品、裂变和聚变物质或者衍生此类物质的物质有关的对外贸易管理以及文化产品的进出口管理,法律、行政法规另有规定的,依照其规定;中华人民共和国的单独关税区不适用本法。

四、对外贸易法的原则

我国对外贸易法的原则集中地体现在《对外贸易法》总则的规定之中,具体反映在该法的分则和其他一系列关于对外贸易的法律规定之中。我国《对外贸易法》的原则,主要有以下四项:

(一)国家实行统一的对外贸易制度的原则

我国《对外贸易法》第 4 条规定:"国家实行统一的对外贸易制度,……"国家统一的对外贸易制度体现在全国人大及其常委会和国务院制定的关于对外贸易的方针、政策、法律和行政法规之中。

把实行统一的对外贸易制度确定为一项重要法律原则,对于发展对外贸易,维护对外贸易秩序和国家安全,维护国家主权和国家整体利益,具有重要意义;同时,这与我国缔结或者参加的条约的要求也是一致的。

国家统一的对外贸易制度,全国各地区、各部门、各单位都必须贯彻执行,不得各行其是。它们只能在此前提下,结合本地区、本部门、本单位的具体情况,发挥自己的积极性、主动性和创造性。

(二) 保护对外贸易经营者合法权益,促进对外贸易发展的原则

我国《对外贸易法》不仅对"保护对外贸易经营者的合法权益"作出了原则性规定,而且通过有关具体条款的规定,扩大了对外贸易经营者的范围,将货物和技术进出口经营权由审批制改为备案登记制,取得对外贸易经营权的经营者可以依法自主经营、自负盈亏,其合法权益受法律保护。实践证明,只有保护对外贸易经营者的合法权益,才能充分调动外贸经营者的积极性,促进对外贸易的发展。

我国《对外贸易法》在第1条中就对"发展对外贸易"作出了规定;与此同时,将"对外贸易促进"作了专章规定,在其他条款中也规定了有利于发展对外贸易的一系列措施。还需要指出,通过2004年《对外贸易法》的修订,我国将世界贸易组织的有关规则转化为国内法,使我国在承担作为世界贸易组织成员义务的同时,更好地享受世界贸易组织成员的权利,这对于发展我国的对外贸易也是有益的。总之,切实贯彻落实我国《对外贸易法》,对于发展对外贸易具有重要意义:一是有利于提高出口商品质量、档次和附加值,扩大高新技术产品出口,全面提高出口竞争力;二是有利于扩大先进技术、关键设备及零部件和国内短缺的能源、原材料进口,促进资源进口多元化;三是有利于积极稳妥地扩大服务业开放,建立服务贸易监管体制和促进体系;四是有利于加强对于与对外贸易有关的知识产权的保护。

(三) 维护公平、自由的对外贸易秩序的原则

我国《对外贸易法》第4条明确规定:国家"维护公平、自由的对外贸易秩序"。为了使这一原则能够得到落实,在该法的有关条款和其他有关规范性文件中作出了许多具体规定。

我国《对外贸易法》中对上述原则作出的规定,体现了实行社会主义市场经济的内在要求。公平是我国《对外贸易法》的重要价值取向之一。对外贸易经营者公平地享受权利,公平地承担义务,他们之间的竞争必须是公平竞争。贸易自由,不得损害公平,不是不要秩序。维护自由的对外贸易秩序,对外贸易经营者必须依法经营,有关国家机关要依法监管,依法采取限制或者禁止的措施。只有这样,才能在对外贸易领域营造一个良好的法律环境,保障和促进对外贸易的健康发展。

(四) 坚持平等互利的原则

这一原则在我国《对外贸易法》中得到了充分体现,特别是该法第5条规定:"中华人民共和国根据平等互利的原则,促进和发展同其他国家和地区的贸易关系,缔结或者参加关税同盟协定、自由贸易区协定等区域经济贸易协定,参加区域经济组织。"接着,该法第6条、第7条又分别规定:中华人民共和国在对外贸易方面根据所缔结或者参加的国际条约、协定,给予其他缔约方、参加方最惠国待遇、国民待遇等待遇,或者根据互惠、对等原则给予对方最惠国待遇、国民待遇等待遇;任何国家或者地区在贸易方面对中华人民共和国采取歧视性的禁止、限制或者其他类似措施的,中华人民共和国可以根据实际情况对该国家或者该地区采取相应的措施。这两条规定也体现了平等互利的原则。

坚持平等互利的原则,要在对外贸易中,平等待人,兼顾各方利益,不能以大欺

小、以强凌弱、损人利己。长期以来的实践表明,只有实行平等互利的原则,才能在对外贸易中与其他国家和地区建立和发展正常的贸易关系,才能取得双赢或共赢的满意结果。

第二节 对外贸易经营者

一、对外贸易经营者的概念

在我国,根据《对外贸易法》第 8 条的规定,对外贸易经营者,是指依法办理工商登记或者其他执业手续,依照《对外贸易法》和其他有关法律、行政法规的规定从事对外贸易经营活动的法人、其他组织或者个人。其含义有三:

第一,对外贸易经营者包括法人、其他组织或者个人。这就是说:对外贸易经营者不仅包括法人,而且包括不具有法人资格的其他组织;不仅包括法人和其他组织,而且包括个人。需要说明的是,根据 1994 年制定的《对外贸易法》第 8 条的规定,中国的个人不能够从事对外贸易经营活动。而根据我国加入世界贸易组织的承诺,应当进一步放宽外贸经营权的范围,同时考虑到在技术贸易和国际服务贸易、边贸活动中,个人从事对外贸易经营活动已经大量存在的事实,因此,2004 年修订《对外贸易法》时,在第 8 条中增加了个人可以成为对外贸易经营者的规定。

第二,对外贸易经营者包括依照《对外贸易法》和其他有关法律、行政法规的规定从事对外贸易经营活动的法人、其他组织或者个人,而不包括不依照《对外贸易法》和其他有关法律、行政法规的规定从事对外贸易经营活动的法人、其他组织或者个人。

第三,对外贸易经营者包括依法办理工商登记或者其他执业手续的法人、其他组织或者个人,而不包括没有依法办理工商登记或者其他执业手续的法人、其他组织或者个人。

二、对外贸易经营者的权利

依法取得对外贸易经营者资格的法人、其他组织或者个人,享有对外贸易经营自主权,可以依法自主经营、自负盈亏。

经依法授权的企业,可以经营实行国营贸易管理货物的进出口业务;非授权企业,可以经营国家允许部分数量的国营贸易管理货物的进出口业务。实行国营贸易管理的货物和经授权经营企业的目录,由国务院对外贸易主管部门会同国务院其他有关部门确定、调整并公布。

对外贸易经营者可以接受他人的委托,在经营范围内代为办理对外贸易业务。接受委托的对外贸易经营者作为被委托方,有权与委托方签订委托合同,享有合同约定的权利。

对外贸易经营者有权要求有关部门,为其提交的与其对外贸易经营活动有关的文件及资料保守商业秘密。

三、对外贸易经营者的义务

从事货物进出口或者技术进出口的对外贸易经营者,应当向国务院对外贸易主管部门或者其委托的机构办理备案登记①;但是,法律、行政法规和国务院对外贸易主管部门规定不需要备案登记的除外。备案登记的具体办法由国务院对外贸易主管部门规定。对外贸易经营者未按照规定办理备案登记的,海关不予办理进出口货物的报关验放手续。

对外贸易经营者必须依法经营,遵守《对外贸易法》和其他有关法律、法规、规章的规定。

对外贸易经营者从事对外贸易经营活动,应当信守合同,保证产品质量,提供优质服务。

对外贸易经营者不得违反国家对部分货物的进出口实行国营贸易管理的规定,擅自进出口实行国营贸易管理的货物;否则,海关不予放行。

对外贸易经营者应当按照国务院对外贸易主管部门或者国务院其他有关部门依法作出的规定,向有关部门提交与其对外贸易经营活动有关的文件及资料。

第三节 货物与技术进出口制度

一、关于货物与技术进出口的一般规定

根据我国《对外贸易法》第14条的规定,国家准许货物与技术的自由进出口。但是,法律、行政法规另有规定的除外。这一规定不仅体现了我国对外贸易法的原则,反映了我国对外贸易体制改革的成果,而且同世界贸易组织的规则相一致。改革开放以来,我国货物与技术进出口的自由化程度已经大大提高。目前,除了少数货物与技术基于维护国家安全、保护人的健康或者安全、保护环境、国内供应短缺或者根据我国缔结或者参加的条约的规定等原因,对其进出口采取限制或者禁止的措施以外,都准许自由进出口。当然,准许货物与技术的自由进出口,并不意味着排斥国家对对外贸易的管理,也不是不要采取任何限制与禁止措施。事实上,无论是《世界贸易组织协定》及其附件还是发达国家和发展中国家的对外贸易法都规定,根据一定条件,政府可以限制或者禁止某些货物与技术的进出口。我国《对外贸易法》也有必要作出此类规定。

国务院对外贸易主管部门基于监测进出口情况的需要,可以对部分自由进出口

---

① 根据1994年我国《对外贸易法》第9条第1款的规定,从事货物进出口与技术进出口的对外贸易经营,必须具备相应条件,并经国务院对外经济贸易主管部门许可。此规定,已经不符合《中国加入议定书》第5.1条和《中国加入工作组报告书》第84段中的承诺,即在加入世贸组织后3年内取消对外贸易权的审批,放开货物贸易和技术贸易的外贸经营权。因此,2004年我国《对外贸易法》进行修订时,在第9条第1款中,将货物和技术进出口经营权由审批制改为备案登记制。

的货物实行进出口自动许可并公布其目录。实行自动许可的进出口货物,收货人、发货人在办理海关报关手续前提出自动许可申请的,国务院对外贸易主管部门或者其委托的机构应当予以许可;未办理自动许可手续的,海关不予放行。进出口属于自由进出口的技术,应当向国务院对外贸易主管部门或者其委托的机构办理合同备案登记。

二、对货物、技术进出口的限制或者禁止

我国《对外贸易法》第 16 条规定,国家基于下列原因,可以限制或者禁止有关货物、技术的进口或者出口:为维护国家安全、社会公共利益或者公共道德,需要限制或者禁止进口或者出口的;为保护人的健康或者安全,保护动物、植物的生命或者健康,保护环境,需要限制或者禁止进口或者出口的;为实施与黄金或者白银进出口有关的措施,需要限制或者禁止进口或者出口的;国内供应短缺或者为有效保护可能用竭的自然资源,需要限制或者禁止出口的;输往国家或者地区的市场容量有限,需要限制出口的;出口经营秩序出现严重混乱,需要限制出口的;为建立或者加快建立国内特定产业,需要限制进口的;对任何形式的农业、牧业、渔业产品有必要限制进口的;为保障国家国际金融地位和国际收支平衡,需要限制进口的;依照法律、行政法规的规定,其他需要限制或者禁止进口或者出口的;根据我国缔结或者参加的国际条约、协定的规定,其他需要限制或者禁止进口或者出口的。

对文物和野生动物、植物及其产品等,其他法律、行政法规有禁止或者限制进出口规定的,依照有关法律、行政法规的规定执行。

三、在法定条件下,国家可以对货物、技术进出口采取任何必要的措施

根据我国《对外贸易法》第 17 条的规定,国家对与裂变、聚变物质或者衍生此类物质的物质有关的货物、技术进出口,以及与武器、弹药或者其他军用物资有关的进出口,可以采取任何必要的措施,维护国家安全。

该法第 17 条还规定,在战时或者为维护国际和平与安全,国家在货物、技术进出口方面可以采取任何必要的措施。

四、限制或者禁止进出口的货物、技术目录和目录外的特定货物、技术的确定

国务院对外贸易主管部门会同国务院其他有关部门,依照我国《对外贸易法》第 16 条和第 17 条的规定,制定、调整并公布限制或者禁止进出口的货物、技术目录。

国务院对外贸易主管部门或者由其会同国务院其他有关部门,经国务院批准,可以在我国《对外贸易法》第 16 条和第 17 条规定的范围内,临时决定限制或者禁止前款规定目录以外的特定货物、技术的进口或者出口。

五、对限制进出口的货物、技术的配额和许可证管理

国家对限制进口或者出口的货物,实行配额、许可证等方式管理;对限制进口或

者出口的技术,实行许可证管理。实行配额、许可证管理的货物、技术,应当按照国务院规定经国务院对外贸易主管部门或者经其会同国务院其他有关部门许可,方可进口或者出口。

国家对部分进口货物可以实行关税配额管理。

进出口货物配额、关税配额,由国务院对外贸易主管部门或者国务院其他有关部门在各自的职责范围内,按照公开、公平、公正和效益的原则进行分配。具体办法由国务院规定。

六、商品合格评定制度和原产地管理制度

国家实行统一的商品合格评定制度,根据有关法律、行政法规的规定,对进出口商品进行认证、检验、检疫。

根据我国《对外贸易法》第22条的规定,国家对进出口货物进行原产地管理。具体办法由国务院规定。

第四节　国际服务贸易制度

一、关于国际服务贸易的一般规定

近年来,国际服务贸易迅速发展,其增长率已经超过了货物贸易的增长率。为了适应发展国际服务贸易的需要,规范国际服务贸易行为已经成了《世界贸易组织协定》及其附件的一项重要内容。

改革开放以来,我国的服务业经历着一个逐步开放的过程,得到了迅速发展。与此同时,国家加强了有关立法工作,尤其重要的是我国《对外贸易法》不仅确立了促进包括国际服务贸易在内的对外贸易发展的原则,而且对国际服务贸易作了专章规定。其中,第24条规定:"中华人民共和国在国际服务贸易方面根据所缔结或者参加的国际条约、协定中所作的承诺,给予其他缔约方、参加方市场准入和国民待遇。"我国《对外贸易法》关于国际服务贸易的各项规定,不仅符合我国深化改革、扩大开放和发展国民经济的需要,而且注意到了与世界贸易组织规则的衔接,这对于推动我国服务业的发展、服务市场的建立和完善,以及中国服务业与世界服务业的接轨,具有重要意义。

对国际服务贸易的依法管理,是发展国际服务贸易的需要。根据我国《对外贸易法》第25条规定,国务院对外贸易主管部门和国务院其他有关部门,依照本法和其他有关法律、行政法规的规定,对国际服务贸易进行管理。

二、对国际服务贸易的限制或者禁止

根据我国《对外贸易法》第26条的规定,国家基于下列原因,可以限制或者禁止有关的国际服务贸易:一是为维护国家安全、社会公共利益或者公共道德,需要限制

或者禁止的;二是为保护人的健康或者安全,保护动物、植物的生命或者健康,保护环境,需要限制或者禁止的;三是为建立或者加快建立国内特定服务产业,需要限制的;四是为保障国家外汇收支平衡,需要限制的;五是依照法律、行政法规的规定,其他需要限制或者禁止的;六是根据我国缔结或者参加的国际条约、协定的规定,其他需要限制或者禁止的。

三、在法定条件下,国家可以对国际服务贸易采取任何必要的措施

根据我国《对外贸易法》第27条规定,国家对与军事有关的国际服务贸易,以及与裂变、聚变物质或者衍生此类物质的物质有关的国际服务贸易,可以采取任何必要的措施,维护国家安全。在战时或者为维护国际和平与安全,国家在国际服务贸易方面可以采取任何必要的措施。

四、国际服务贸易市场准入目录的制定、调整和公布

国际服务贸易市场准入目录,由法定的国家机关依法制定、调整和公布。具体来说,就是由国务院对外贸易主管部门会同国务院其他有关部门,依照我国《对外贸易法》第26条、第27条和其他有关法律、行政法规的规定,制定、调整并公布国际服务贸易市场准入目录。

第五节 对外贸易秩序、对外贸易调查和救济

一、对外贸易秩序

维护对外贸易秩序是我国《对外贸易法》立法宗旨中的一个重要内容,是对外贸易法的一项重要原则。为了维护对外贸易秩序,必须反对对外贸易活动中的垄断行为、不正当竞争行为和其他违法行为。

(一)反对对外贸易经营活动中的垄断行为

在对外贸易经营活动中,不得违反有关反垄断的法律、行政法规的规定实施垄断行为。

在对外贸易经营活动中实施垄断行为,危害市场公平竞争的,依照有关反垄断的法律、行政法规的规定处理。

有上述违法行为,并危害对外贸易秩序的,国务院对外贸易主管部门可以采取必要的措施消除危害。

(二)反对对外贸易经营活动中的不正当竞争行为

在对外贸易经营活动中,不得实施以不正当的低价销售商品、串通投标、发布虚假广告、进行商业贿赂等不正当竞争行为。

在对外贸易经营活动中实施不正当竞争行为的,依照我国《反不正当竞争法》和其他有关反不正当竞争的法律、行政法规的规定处理。

有上述违法行为,并危害对外贸易秩序的,国务院对外贸易主管部门可以采取禁止该经营者有关货物、技术进出口等措施消除危害。

(三) 在对外贸易活动中不得有其他违法行为

根据我国《对外贸易法》第34条规定,在对外贸易活动中,不得有下列行为:一是伪造、变造进出口货物原产地标记,伪造、变造或者买卖进出口货物原产地证书、进出口许可证、进出口配额证明或者其他进出口证明文件;二是骗取出口退税;三是走私;四是逃避法律、行政法规规定的认证、检验、检疫;五是违反法律、行政法规规定的其他行为。

此外,对外贸易经营者在对外贸易经营活动中,应当遵守我国《外汇管理条例》等国家有关外汇管理的规定,不得违反。

(四) 对违反对外贸易秩序的行为的公告

违反我国《对外贸易法》的规定,危害对外贸易秩序的,国务院对外贸易主管部门可以向社会公告。

为了维护公平、自由的对外贸易秩序,根据我国《对外贸易法》及其他有关法律、行政法规的规定,商务部于2005年制定和公布了《对外贸易经营者违法违规行为公告办法》。该《办法》第2条规定,它适用于在对外贸易以及与对外贸易有关的知识产权保护中,违反《对外贸易法》的规定,危害对外贸易秩序的违法违规对外贸易经营者及其行为。

向社会公告的违法违规对外贸易经营者及其行为,是指在对外贸易经营活动中有下列行为之一,并且依照法律、行政法规规定受到处理、处罚,或者被依法追究刑事责任的:进出口属于禁止进出口的货物、技术的,或者未经许可擅自进出口属于限制进出口的货物、技术的行为;违反国营贸易管理规定,非经授权擅自进出口实行国营贸易管理的货物的行为;从事属于禁止的国际服务贸易、未经许可擅自从事属于限制的国际服务贸易的行为;进出口货物侵犯知识产权,并危害对外贸易秩序的行为;违反有关反垄断的法律、行政法规的规定实施垄断行为;实施以不正当的低价销售商品、串通投标、发布虚假广告、进行商业贿赂等不正当竞争行为;伪造、变造进出口货物原产地标记,伪造、变造或者买卖进出口货物原产地证书、进出口许可证、进出口配额证明或者其他进出口证明文件;骗取出口退税;走私;逃避法律、行政法规规定的认证、检验、检疫;违反国家有关外汇管理规定;违反法律、行政法规规定,危害对外贸易秩序的其他行为。

公告对外贸易经营者违法违规行为的信息包括:经营者的名称、组织机构代码、住所、经营场所、法定代表人、工商登记注册号;违法违规行为;依照法律、行政法规规定所受到的处理、处罚和被追究刑事责任的内容。

对已受到行政处罚或已被依法追究刑事责任的对外贸易经营者,但属于下列情况之一的,不予或者暂不予以公告:在法律规定的有效期限内对行政处罚提起行政复议或行政诉讼,但尚未作出终局性决定、裁定或判决的;涉及国家安全、商业秘密等法律、法规规定不予披露的。

二、对外贸易调查

对外贸易调查已经成为各主要贸易国家保护本国产业和市场秩序的重要法律手段。为了应对针对我国入世承诺而滥用救济措施的行为,维护国内产业利益,我国《对外贸易法》增加了"对外贸易调查"一章。它作出了以下规定:

(一) 对外贸易调查的部门和内容

为了维护对外贸易秩序,国务院对外贸易主管部门可以自行或者会同国务院其他有关部门,依照法律、行政法规的规定进行对外贸易调查。

根据我国《对外贸易法》第 37 条的规定,对外贸易调查的内容包括下列事项:

(1) 货物进出口、技术进出口、国际服务贸易对国内产业及其竞争力的影响;

(2) 有关国家或者地区的贸易壁垒[①];

(3) 为确定是否应当依法采取反倾销、反补贴或者保障措施等对外贸易救济措施,需要调查的事项;

(4) 规避对外贸易救济措施的行为;

(5) 对外贸易中有关国家安全利益的事项;

(6) 为执行本法有关条款的规定,需要调查的事项[②];

(7) 其他影响对外贸易秩序,需要调查的事项。

(二) 对外贸易调查的程序和方式

启动对外贸易调查,由国务院对外贸易主管部门发布公告。

调查可以采取书面问卷、召开听证会、实地调查、委托调查等方式进行。

国务院对外贸易主管部门根据调查结果,提出调查报告或者作出处理裁定,并发布公告。

(三) 对外贸易调查当事人的义务

国务院对外贸易主管部门和国务院其他有关部门及其工作人员进行对外贸易调查,对知悉的国家秘密和商业秘密负有保密义务。

[①] 2005 年商务部制定和公布了《对外贸易壁垒调查规则》,分为总则、调查申请、审查和立案、调查和认定、附则等 5 章,共 37 条。该《规则》第 3 条规定,外国(地区)政府采取或者支持的措施或者做法,存在下列情形之一的,视为贸易壁垒:一是违反该国(地区)与我国共同缔结或者共同参加的经济贸易条约或者协定,或者未能履行与我国共同缔结或者共同参加的经济贸易条约或者协定规定的义务;二是造成下列负面贸易影响之一:对我国产品或者服务进入该国(地区)市场或者第三国(地区)市场造成或者可能造成阻碍或者限制;对我国产品或者服务在该国(地区)市场或者第三国(地区)市场的竞争力造成或者可能造成损害;对该国(地区)或者第三国(地区)的产品或者服务向我国出口造成或者可能造成阻碍或者限制。

[②] 这些事项有:任何国家或者地区在贸易方面对中华人民共和国采取歧视性的禁止、限制或者其他类似措施的;进口货物侵犯知识产权,并危害对外贸易秩序的;知识产权权利人有阻止被许可人对许可合同中的知识产权的有效性提出质疑、进行强制性一揽子许可、在许可合同中规定排他性返授条件等行为之一,并危害对外贸易公平竞争秩序的;其他国家或者地区在知识产权保护方面未给予中华人民共和国的法人、其他组织或者个人国民待遇,或者不能对来源于中华人民共和国的货物、技术或者服务提供充分有效的知识产权保护的;在对外贸易经营活动中实施垄断行为,并危害对外贸易秩序的;在对外贸易经营活动中实施不正当竞争行为,并危害对外贸易秩序的。

有关单位和个人应当对对外贸易调查给予配合、协助。

三、对外贸易救济

调查本身不是目的。对外贸易调查的目的,是为了从实际情况出发,采取适当的对外贸易救济措施,以解决在对外贸易秩序方面存在的问题。在我国《对外贸易法》的修订过程中,根据世界贸易组织有关协定的规定,结合我国对外贸易的具体情况,完善了对外贸易救济制度。在对外贸易领域,我们要"健全贸易运行监测预警体系和摩擦应对机制,合理运用反倾销、反补贴、保障措施,增强应对贸易争端能力,维护企业合法权益和国家利益"[①]。

(一) 反倾销

我国《对外贸易法》第41条和第42条分别规定:其他国家或者地区的产品以低于正常价值的倾销方式进入我国市场,对已建立的国内产业造成实质损害或者产生实质损害威胁,或者对建立国内产业造成实质阻碍的,国家可以采取反倾销措施,消除或者减轻这种损害或者损害的威胁或者阻碍;其他国家或者地区的产品以低于正常价值出口至第三国市场,对我国已建立的国内产业造成实质损害或者产生实质损害威胁,或者对我国建立国内产业造成实质阻碍的,应国内产业的申请,国务院对外贸易主管部门可以与该第三国政府进行磋商,要求其采取适当的措施。

为了更好地实施我国《对外贸易法》的上述规定,国务院于2004年修订了我国2001年制定的《反倾销条例》。现行的《反倾销条例》分为总则、倾销与损害、反倾销调查、反倾销措施、反倾销税和价格承诺的期限与复审、附则等6章,共59条。《对外贸易法》的有关规定和《反倾销条例》是我国"进行调查,采取反倾销措施"的主要法律依据。

(二) 反补贴

根据我国《对外贸易法》第43条的规定,进口的产品直接或者间接地接受出口国家或者地区给予的任何形式的专向性补贴,对已建立的国内产业造成实质损害或者产生实质损害威胁,或者对建立国内产业造成实质阻碍的,国家可以采取反补贴措施,消除或者减轻这种损害或者损害的威胁或者阻碍。

为了更好地实施我国《对外贸易法》的上述规定,国务院于2004年修订了我国2001年制定的《反补贴条例》。现行的《反补贴条例》分为总则、补贴与损害、反补贴调查、反补贴措施、反补贴税和价格承诺的期限与复审、附则等6章,共58条。《对外贸易法》的有关规定和《反补贴条例》是我国"进行调查,采取反补贴措施"的主要法律依据。

(三) 保障措施

我国《对外贸易法》第44条规定:"因进口产品数量大量增加,对生产同类产品或者与其直接竞争的产品的国内产业造成严重损害或者严重损害威胁的,国家可以采

---

① 《中华人民共和国国民经济和社会发展第十一个五年规划纲要》,载《人民日报》2006年3月17日。

取必要的保障措施,消除或者减轻这种损害或者损害的威胁,并可以对该产业提供必要的支持。"

为了更好地实施我国《对外贸易法》的上述规定,国务院于 2004 年修订了我国 2001 年制定的《保障措施条例》。现行的《保障措施条例》分为总则、调查、保障措施、保障措施的期限与复审、附则等 5 章,共 34 条。《对外贸易法》的有关规定和《保障措施条例》是我国"进行调查,采取保障措施"的主要法律依据。

(四) 其他救济措施

因其他国家或者地区的服务提供者向我国提供的服务增加,对提供同类服务或者与其直接竞争的服务的国内产业造成损害或者产生损害威胁的,国家可以采取必要的救济措施,消除或者减轻这种损害或者损害的威胁。

因第三国限制进口而导致某种产品进入我国市场的数量大量增加,对已建立的国内产业造成损害或者产生损害威胁,或者对建立国内产业造成阻碍的,国家可以采取必要的救济措施,限制该产品进口。

与中华人民共和国缔结或者共同参加经济贸易条约、协定的国家或者地区,违反条约、协定的规定,使中华人民共和国根据该条约、协定享有的利益丧失或者受损,或者阻碍条约、协定目标实现的,中华人民共和国政府有权要求有关国家或者地区政府采取适当的补救措施,并可以根据有关条约、协定中止或者终止履行相关义务。

(五) 对外贸易救济措施的实施

国务院对外贸易主管部门依照我国《对外贸易法》和其他有关法律的规定,进行对外贸易的双边或者多边磋商、谈判和争端的解决。

国务院对外贸易主管部门和国务院其他有关部门应当建立货物进出口、技术进出口和国际服务贸易的预警应急机制,应对对外贸易中的突发和异常情况,维护国家经济安全。

国家对规避《对外贸易法》规定的对外贸易救济措施的行为,可以采取必要的反规避措施。

第六节 对外贸易促进

一、对外贸易促进的意义

促进我国对外贸易的发展,对于落实对外开放的基本国策,推动国民经济的发展,加速社会主义现代化建设,具有重要意义。

发展对外贸易,要深化对外贸易体制改革,加快转变对外贸易增长方式,促进对外贸易由数量增加为主向质量提高为主转变,优化进出口商品结构,实现进出口基本平衡,推动进出口贸易协调发展,扩大服务领域对外开放,切实保护知识产权,不断提高对外开放水平。①

需要注意的是,促进对外贸易的发展也要适度。多年来,我国对外贸易依存度、特别是出口依存度过高,造成内需与外需结构严重不合理。因此,当西方发达国家发生了生产过剩危机,外部需求急剧下降时,我国经济受到了严重的冲击和损害。所以,调整内需与外需的结构,降低出口依存度,扩大国内需求、特别是居民消费需求,这是应对国际经济危机的战略举措。

二、对外贸易促进的对策

促进对外贸易的发展,国家要以制定对外贸易发展战略,建立和完善对外贸易促进机制作为总的对策。与此同时,还要采取下列各项对策:

第一,国家根据对外贸易发展的需要,建立和完善为对外贸易服务的金融机构,设立对外贸易发展基金、风险基金。

第二,国家通过进出口信贷、出口信用保险、出口退税及其他促进对外贸易的方式,发展对外贸易。

第三,国家建立对外贸易公共信息服务体系,向对外贸易经营者和其他社会公众提供信息服务。

第四,国家采取措施鼓励对外贸易经营者开拓国际市场,采取对外投资、对外工程承包和对外劳务合作等多种形式,发展对外贸易。

第五,对外贸易经营者可以依法成立和参加有关协会、商会。有关协会、商会应当遵守法律、行政法规,按照章程对其成员提供与对外贸易有关的生产、营销、信息、培训等方面的服务,发挥协调和自律作用,依法提出有关对外贸易救济措施的申请,维护成员和行业的利益,向政府有关部门反映成员有关对外贸易的建议,开展对外贸易促进活动。

第六,中国国际贸易促进组织按照章程开展对外联系,举办展览,提供信息、咨询服务和其他对外贸易促进活动。

第七,国家扶持和促进中小企业开展对外贸易。

第八,国家扶持和促进民族自治地方和经济不发达地区发展对外贸易。

第七节　违反对外贸易法的法律责任

一、我国《对外贸易法》加大了对对外贸易违法行为的处罚力度

我国1994年制定的《对外贸易法》关于法律责任的规定只有4条,而且不太具体,处罚手段不够,处罚种类也比较单一。2004年修订《对外贸易法》时,根据对外贸易管理出现的新情况、新问题,结合对外贸易管理的实际需要,补充、修改和完善了有

---

① 参见胡锦涛:《坚持和平发展,促进共同繁荣——在亚太经合组织工商领导人峰会上的演讲》(2006年11月17日),载《人民日报》2006年11月18日。

关法律责任的规定,共有9条,通过刑事处罚、行政处罚和从业禁止等多种手段,加大了对对外贸易违法行为的处罚力度。

二、我国《对外贸易法》关于法律责任的规定

(一)违反国家对部分货物的进出口实行国营贸易管理的规定的法律责任

违反国家对部分货物的进出口实行国营贸易管理的规定,未经授权擅自进出口实行国营贸易管理的货物的,国务院对外贸易主管部门或者国务院其他有关部门可以处5万元以下罚款;情节严重的,可以自行政处罚决定生效之日起3年内,不受理违法行为人从事国营贸易管理货物进出口业务的申请,或者撤销已给予其从事其他国营贸易管理货物进出口的授权。

(二)违反关于禁止或者限制有关货物、技术的进口或者出口的规定的法律责任

进出口属于禁止进出口的货物的,或者未经许可擅自进出口属于限制进出口的货物的,由海关依照有关法律、行政法规的规定处理、处罚;构成犯罪的,依法追究刑事责任。

进出口属于禁止进出口的技术的,或者未经许可擅自进出口属于限制进出口的技术的,依照有关法律、行政法规的规定处理、处罚;法律、行政法规没有规定的,由国务院对外贸易主管部门责令改正,没收违法所得,并处违法所得1倍以上5倍以下罚款,没有违法所得或者违法所得不足1万元的,处1万元以上5万元以下罚款;构成犯罪的,依法追究刑事责任。

在上述行政处罚决定生效之日或者刑事处罚判决生效之日起,国务院对外贸易主管部门或者国务院其他有关部门可以在3年内不受理违法行为人提出的进出口配额或者许可证的申请,或者禁止违法行为人在1年以上3年以下的期限内从事有关货物或者技术的进出口经营活动。

(三)违反关于禁止或者限制从事有关国际服务贸易的规定的法律责任

从事属于禁止的国际服务贸易的,或者未经许可擅自从事属于限制的国际服务贸易的,依照有关法律、行政法规的规定处罚;法律、行政法规没有规定的,由国务院对外贸易主管部门责令改正,没收违法所得,并处违法所得1倍以上5倍以下罚款,没有违法所得或者违法所得不足1万元的,处1万元以上5万元以下罚款;构成犯罪的,依法追究刑事责任。

国务院对外贸易主管部门可以禁止违法行为人自上述行政处罚决定生效之日或者刑事处罚判决生效之日起1年以上3年以下的期限内从事有关的国际服务贸易经营活动。

(四)违反我国《对外贸易法》第34条规定的法律责任

根据我国《对外贸易法》第63条第1款规定,违反该法第34条规定,依照有关法律、行政法规的规定处罚;构成犯罪的,依法追究刑事责任。

该法第63条第2款规定,国务院对外贸易主管部门可以禁止违法行为人自前款规定的行政处罚决定生效之日或者刑事处罚判决生效之日起1年以上3年以下的期

限内从事有关的对外贸易经营活动。

(五) 负责对外贸易管理工作的部门的工作人员违法的法律责任

负责对外贸易管理工作的部门的工作人员玩忽职守、徇私舞弊或者滥用职权,构成犯罪的,依法追究刑事责任;尚不构成犯罪的,依法给予行政处分。

负责对外贸易管理工作的部门的工作人员利用职务上的便利,索取他人财物,或者非法收受他人财物为他人谋取利益,构成犯罪的,依法追究刑事责任;尚不构成犯罪的,依法给予行政处分。

(六) 对外贸易经营活动当事人申请行政复议或者提起行政诉讼的权利

对外贸易经营活动当事人对依照我国《对外贸易法》的规定负责对外贸易管理工作的部门作出的具体行政行为不服的,可以依法申请行政复议或者向人民法院提起行政诉讼。

后 记

本书——《经济法学》(第七版)是由八位经济法学者集体编写的一部经济法教材。本书的主编和撰稿人及其分工如下：

主编和撰稿人杨紫烜 北京大学法学院资深教授、博士生导师,第九届全国人民代表大会代表、全国人大法律委员会委员,最高人民法院第一届特邀咨询员,北京市人民政府第七届专家顾问团顾问。撰写序言和第 1、2、3、4、5、6、7、29、30 章。

主编和撰稿人徐杰 中国政法大学资深教授、博士生导师、经济法研究中心主任。撰写第 16、17、26、27 章。

撰稿人王全兴 上海财经大学教授、博士生导师、经济法与社会法研究中心主任,中国经济法学研究会副会长,中国社会法学研究会副会长,中国劳动法学研究会副会长,国家人力资源和社会保障部专家咨询委员会专家委员。撰写第 8 章。

撰稿人时建中 中国政法大学教授、博士生导师、竞争法研究中心主任,中国经济法学研究会副会长,中国科技法学研究会副会长。撰写第 9、10、13、21、22 章。

撰稿人张守文 北京大学法学院教授、博士生导师、院长,北京大学经济法研究所所长,中国经济法学研究会副会长兼秘书长,北京市法学会副会长。撰写第 11、18、25 章。

撰稿人周升涛 中共中央党校政法部资深教授。撰写第 12、15、23、24 章。

撰稿人肖江平 北京大学法学博士,清华大学管理科学与工程博士后,北京大学竞争法研究中心主任,中国经济法学研究会常务副秘书长,北京市经济法学研究会副会长。撰写第 14 章。

撰稿人王守渝 北京大学法学院资深教授。撰写第 19、20、28 章。

全书由主编修改定稿。

对于责任编辑冯益娜付出的辛勤劳动,表示诚挚的感谢！

编 者

2015 年 1 月